나의 정배 요셉피나에게.

서문

저자는 서울대학교 경영대학과 동대학원 석사과정을 마치고 자산운용사에서 재직하던 중 New York University의 Stern School of Business에서 재무금융 전공으로 MBA 과정을 이수했다. 당시 Damodaran 교수의 투자론 수업, Canadian Imperial Bank of Commerce에 재직하며 학교에 와서 강의하던 Courtadon 박사의 Advanced Derivative Securities 수업을 학기 내내 흥미진진하게 들은 기억이 아직도 생생하다. 당시에도 Damodaran 교수의 Corporate Finance 과목은 학생들에게 초절정의 인기였지만, 저자는 그 과목은 다른 교수님 강의를 들었고 마지막 학기에 Damodaran 교수가 당시 신설한 투자론 수업을 들었는데 두 교수님의 강의 모두 exceptional했다.

학부에 경영대학이 거의 없는 미국의 MBA 과정은 학생들에게 경영 이론과 case study 등을 흥미있고 쉽게 강의하는 것이 특색이어서 저자에게는 매우 인상적이었다. 비교한다면, 한국에서 공부할 때는 공부에 흥미를 별로 느끼지 못했지만 NYU Stern MBA 과정에서는 정확히 그 반대였다. 가령 미시경제학 수업에서 팀 프로젝트를 수행하면서, Wall Street 근처의 한 레스토랑을 직접 탐방하여 그 직원들과 소통하며 그 레스토랑의 cost function을 직접 추정하던 일 등도 매우 흥미로웠다. 학업 자체가 신나고 흥미로우니 NYU Bobst Library에서 혹은 Stern 도서관에서 밤늦게까지 공부했고, N, R 지하철을 타고 Brooklyn Heights 자취집으로 귀가했던 날들이 지금도 눈에 아른거린다.

MBA 과정의 인상적인 학습이 계기가 되어 저자는 Stern Ph.D. 과정에 진학했고, 경영학 Ph.D. 학위를 받고 다시 회사에 복귀하여 회사원으로 일했다. 그 후 저자는 대학에서 교편을 잡게 되었고 지금까지 26년을 재무금융 교수로 연구와 강의를 해오고 있다.

2003년에 "채권과 이자율파생상품"을, 2024년에는 "파생상품 강의"를 각각 출간한 바 있는 저자가 이제 지난 26년의 경영대학, 경제학과, 경영대학원 강의 체험을 바탕으로 새로운 채권 입문서를 내놓는다. 지난 20여 년 동안 저자는 초급 및 중급 채권 과목을 강의하며 다양한 강의 노트를 만들었는데, 본서에서는 이 강의 노트 내용을 모두 담았고, 특히 학생들 입장에서의 어려움을 해소하려 본서를 친절하고 쉽게 쓰려고 노력했다. 또 저자가 Stern MBA 과정에서 체험했던 "흥미진진한 강의"를 본서에 구현하고자 힘썼다. 본서를 읽는 독자들이 저명 경영대학원에서 MBA 채권 수업을 수강한 것 이상의 성취를 제공하고자 하는 저자의 의지, 희망이 본서 "채권 강의"에 녹아 있다.

본서는 경영, 경제 전공의 대학생뿐 아니라 고교를 졸업한 모든 일반인들이 읽을 수 있도록 쓰여졌다. 채권 혹은 'fixed income securities'라는 말만 들어도 왠지 부담스럽게만 느꼈던 모든 독자들이 본서를 보다 편하게 읽고 도움을 얻기를 기대한다. 특히 본서 1장을 일단 읽어보기를 권한다. 이 책의 독특한 특성이 1장에 잘 나와 있고, 또한 독자에게 본서에 대한 관심과 열정을 선물할 것으로 기대한다.

최근 재무금융의 적지 않은 서적들은 거의 1,000쪽에 달할 만큼 많은 내용을 담고 있다. 하지만 본서는

- 채권 수학
- 현물 이자율과 선도 이자율
- 차익거래
- 채권의 만기수익률(yield)과 yield curve
- 듀레이션과 컨벡서티
- 모기지론(Mortgage Loans)
- MBS(Mortgage-Backed Securities)

등의 주요 주제를 심도 있게 논의하며, 특히 채권 공부가 처음인 독자들을 배려하여 가능한 쉽고 친절하게 쓰려 노력하였다. 본서에서 다루는 주제들은 내용상으로는 쉽지 않은 것들도 있지만, 고등학교를 졸업한 독자들이라면 쉽게 읽을 수 있도록 최선의 노력을 경주했다. 구체적으로, 80여 개의 Q&A, 100개의 예제 풀이를 통해, 이론적으로 배운 내용을 즉각 구체적인 질문과 예제로 강화하였다. 본서에 대한 문의나 건의는 저자 이메일 (jyoo@hanyang.ac.kr)로 보내주시기를 바란다. 또한 본서 포함 저자의 모든 저서를 저자의 유튜브 채널 https://www.youtube.com/@CFA_MBA에서 강의할 예정이다(채널 이름은 CFA, MBA Easy & Fun).

본서 발간에 즈음하여 깊은 감사를 드리고 싶은 분들이 계신다. 내게 생명, 사랑, 가족과 가정을 주셨을 뿐 아니라, 내가 힘들었을 때마다 나를 손수 들어 올리시어 당신 품에 안고 가신 주님께 다함이 없는 감사와 찬미를 드린다. 이 책을 쓰는 근 1년 동안 주님께서 함께 해 주셔서 까다로운 개념들을 쉽고 직관적으로 설명할 수 있었다. 또 나를 낳으시고 키워 주시고 성원해 주신 부모님, 내게 조건 없는 사랑을 주는 나의 정배 요셉피나, 주님 사랑의 징표인 아들 베드로에게도 사랑과 감사를 전한다.

2025년 8월

유진(Josaphat)

차례

CHAPTER 1

시작하며: LG가 냉장고를 잘 만든다?

우리가 평소 스스로 잘 안다고 생각하는 것들이 실제로 맞는 것들일까요? 1장을 시작하며 저자는 이러한 것들에 어떤 오류가 있을 수 있는지 보여주고자 합니다. 이 사례들은 반드시 채권에 관한 내용일 필요는 없습니다. 우리 삶의 모든 영역이 대상이 됩니다. 가령 다음 질문을 생각해 봅시다. 두 문장에 차이가 있을까요?

A: LG가 냉장고를 잘 만든다.

B: LG는 냉장고를 잘 만든다.

흥미롭게도, 이 질문은 저자가 한 외국인으로부터 받은 질문이었습니다. 저자가 20대 시절 동네의 한 영어회화 학원을 다닌 적이 있었습니다. 그때 그 학원에서 영어회화를 가르치던 한 미국인이 저자에게 (한국어로) 한 질문이었습니다. 두 문장의 차이가 뭐냐고. 저자는 별 생각 없이, 두 문장에 차이가 없다고 답했습니다. 그러자 그 외국인의 반응은, 차이가 있다는 것이었습니다. 무슨 차이가 있냐고 하니 그의 답변은 다음과 같았습니다.

"LG가 냉장고를 잘 만든다."는 문장은,

LG와 다른 업체를, 가령 미국 업체 Whirlpool을, 비교하는 의미가 있다는 것입니다. 즉 LG가 타업체보다 냉장고를 더 잘 만든다는 뉘앙스가 있다는 것입니다. 반면

"LG는 냉장고를 잘 만든다."는 문장은

그런 타업체와의 비교 의미가 없다는 것입니다. 또 이 문장은, 굳이 따진다면, LG는 (에어컨 등 다른 제품에 비해) 냉장고를 (더) 잘 만든다는 의미라는 것입니다. 즉 LG 제품군 내에서의 비교를 뜻한다는 것입니다. 여러분은 이 외국인의 답변에 공감하는지요? 본서를 집필하면서 ChatGPT 등을 통해 두 문장의 의미상 차이를 물어보니, 얼추 유사한 답변을 들을 수 있었습니다.*

이제 그 외국인 영어 강사의 답변이 옳았다고 가정해 보겠습니다. 적어도 제 답변, 즉 두 문장에 차이가 없다는 진술보다는 그의 진술이 더 옳았다고 합시다. 그는 어떻게 한국어 native speaker인 저보다 더 정확히 두 문장의 차이를 알았을까요? 그 이유는, 제가 학교에서 배운 국어 과목에서는 위와 같은 질문을 다룬 적이 거의 없었고, 지인들과의 대화에서도 그런 주제를 논한 적이 없었다는 사실에 있습니다. 반면 그는, 외국인으로서 한국어를 배울 때 매우 꼼꼼하게 배운 것 같습니다. 마치 우리 한국인들이 영어를 배울 때 영어 문법을 매우 꼼꼼하게 배우듯이 말입니다.†

위 에피소드에서 알 수 있듯이, 우리가 무엇인가를 배울 때 올바르게 배워 올바르게 아는 것은 중요합니다. 위 예에서 만일 그 외국인과 저자가 내기(betting)라도 했었다면, 국어 문제에 관한 내기에서 한국인 대학원생이 외국인에게 패배하는 참담한 결과가 되었을 것입니다. 비단 내기에서 돈을 잃지 않기 위해서가 아니더라도, 이왕 배우고 익히는 내용들이라면 올바르게 익히는 것이 중요합니다. 참고로 이보다 더한 사례로, 미국 현직 부통령이 potato 단어의 정확한 철자를 몰라 전세계적으로 망신을 당한 경우도 있습니다.‡

---

* 물론 ChatGPT도 실수할 수는 있습니다만.

† 문법 위주의 영어 수업에 대한 가치 평가는 아닙니다.

‡ 1992년 6월 당시 미국 대통령은 George Bush였고 부통령은 Dan Quayle이었습니다. 이때 대통령은 이른바 '아버지 부시' 대통령을 말합니다. 1992년 6월 15일, 이 부통령은 대통령 선거 캠페인의 일환으로 New Jersey 주의 주도 Treton 시의 한 초등학교를 방문했습니다. 이 방문은 사진 촬영을 통해 그의 친근한 이미지를 보여주기 위한 행사 중 하나였는데, 그는 6학년 학생들이 참여한 맞춤법 대회에 참여하게 되었습니다. 그는 교실에서 교사가 준비한 플래시 카드를 사용하여 맞춤법 대회를 진행했습니다. 한 학생이 "potato"를 정확하게 썼지만, 퀘일은 플래시 카드에 (잘못 표기된) "potatoe"를 보고 그에게 "e"를 추가하라고 지시했습니다. 현장에서는 이렇게 마무리됐지만, 이 잘못된 지시는 이후 언론과 대중의 조롱을 받으며 그 부통령의 정치적 이미지에 타격을 주는 사건으로 남았습니다.

투자자들의 첨예한 이해가 엇갈리며 막대한 금액의 투자가 이루어지는 국내외 채권 시장에서는 정교한 가치평가 및 위험관리가 요구됩니다. 채권 가격의 0.01%라도, 즉 1 basis point라도, 매우 큰 금액이 될 수 있기 때문입니다. 이때 어느 (기관)투자가가 채권들의 가치평가를 얼마나 정확히 하는가는 투자 성과와 직결됩니다. 서로 역량이 비슷비슷한 투자자들 중 남들보다 2% 더 정확한 지식을 보유하면, 아니 1% 더 정확한 지식이라도, 차별적 성과로 이어질 수 있기 때문입니다.

제대로 아는 것의 중요성을 강조하기 위해, 본장에서는 몇 가지 사례를 조금 더 다루어 보겠습니다. 다음 문장을 영어로 번역하면 어떻게 될까요?

그녀는 너무(매우) 정직한 학생이다.

편의상 '너무(매우)'는 (very가 아닌) too 혹은 so를 사용하기로 합니다. 그러면 위 문장의 영어 번역에 필요한 모든 단어는 다음과 같습니다.

A : student, too, she, is, honest, a(n)
B : student, so, she, is, honest, a(n)

과연 정답은 무엇일까요? 거의 초등학교 수준의 영어 문장을 완성하는 데 있어 과연 우리는 제대로 잘 할 수 있을까요? 여기서는 정답을 직접 알려주는 대신, 위 질문과 밀접한 관련이 있는 다른 한 문장을 소개하겠습니다.

➢ 그림 1-1〉 영어 문장 사례

Share full article

Ideally, both Washington and Beijing would pledge aid to assist Seoul in the mammoth task of rebuilding the threadbare North Korean economy.

It is easy enough to list the benefits to China and the United States of ending the Kim dynasty. Achieving a level of trust between the two rivals, capable of sustaining so momentous a joint operation, would be far more difficult.

Washington and Beijing could start with agreements on other thorny problems. Mr. Trump would have to moderate his trade policy demands. Mr. Xi would have to acknowledge other nations' right to freely pass through the South China Sea and end China's militarization of the various islets there

위 내용은 2017년 4월 7일, New York Times에 'Getting rid of North Korea's dictator, with China's help'라는 타이틀로 실린 한 기고문입니다. 이 기고문은 국제정치와 관련된 내용이지만, 여기서는 그 기고문에 실린 한 영어 표현에 집중하겠습니다. 관련된 두 문장은 아래와 같습니다.

It is easy enough to list the benefits to China and the United States of ending the Kim dynasty. Achieving a level of trust between the two rivals, capable of sustaining so momentous a joint operation, would be far more difficult.

위 두 문장을 직역한다면,

김씨 왕조를 끝(장)내는 것이 미국과 중국에 가져다 줄 여러 이점들을 열거하기는 쉽다. 하지만, 두 경쟁국이 그토록 중요한 공동 작전을 지속할 수 있는 신뢰수준을 달성하는 것은 그보다 훨씬 더 어려울 것이다.

입니다.* 위 문장에서와 같이, 'a so momentous joint operation'이 아니고 'so momentous a joint operation'로 쓰는 것이 어법에 맞습니다. 마찬가지로 'a so honest girl'이 아니라 'so honest a girl'이라고 써야 어법에 맞게 쓰는 것입니다. 영단어 'too'도 'so'와 같은 용법(usage)을 따릅니다. 반면 위 문장에서 'very'를 사용했다면 'a very momentous joint operation'이 맞습니다. 사실 이런 내용은, 즉 so, too, such 등의 용법(usage)은, 아마도 고등학교 영어 교재나 참고서에 나와 있고 여러분도 고등학생 당시 배운 적이 있었을 것입니다. 단지 기억을 잘 하지 못할 뿐입니다. 이제 여러분은, 위에서 영단어들이 A, B로 주어졌을 때 어떤 문장을 완성해야 정답이 될지 쉽게 유추할 수 있을 것입니다. 만일 이 정답이 여러분의 애초의 답과 달랐다면 왜 그럴까요? 영어를 10년 이상 공부해 온 우리가 왜 이 간단한 문장을 제대로 쓰지 못했을까요? 그 이유는

"제대로 알지 못했기 때문"

입니다.

---

* 위 문장에서 momentous는 '중대한'의 의미입니다.

영어가 아닌 국어에 대해서는 우리가 제대로 알고 있을까요? 저자가 오래 전 신문 기사에서 본 다음 문장을 봅시다.

택시 이용 요금의 절반 가격으로 자전거를 빌리는 것처럼
전기차를 빌려 누구든 언제나 사용할 수 있다.

이 문장(서두)을 읽으면, 자전거를 택시 요금 절반 가격으로 빌린다는 의미로 착각할 수 있습니다. 정말 그렇다면 자전거를 매우 비싸게 빌리는 셈이 됩니다. 하지만 위 문장의 핵심은

"자전거를 빌리는 것처럼 이제는 전기차도 빌려서 사용할 수 있다"

는 것입니다. "택시 이용 요금의 절반 가격으로"는 단지 전기차를 빌릴 수 있는 가격 수준을 알려 주는, 부가적 정보입니다. 그러므로 다음과 같이 고쳐야 합니다.

자전거를 빌리는 것처럼, 택시 이용 요금의 절반 가격으로 전기차를 빌려 누구든 언제나 사용할 수 있다.

신문 기사를 하나만 더 볼까요?

비트코인 옹호론자들은 수수료가 너무 비싸 감당하기 어렵고 인근에 영업점이 없어 기존 은행 서비스를 이용하기 힘든 개발도상국의 수십억 주민들에게 비트코인이 매우 유용할 것이라고 본다.

비트코인 옹호론자들이 뭔가 감당하기 어렵다는 것처럼 들립니다. 그러나 전체 문맥을 보면 개발도상국 주민들이 (은행 서비스를) 감당하기 어려워한다는 것입니다. 그 이유는 은행 수수료가 비싸고 인근에 은행 영업점이 없기 때문입니다. 그러므로 다음과 같이 바꿔야 합니다.

수수료가 너무 비싸 감당하기 어렵고 인근에 영업점이 없어 기존 은행 서비스를 이용하기 힘든 개발도상국의 수십억 주민들에게 비트코인이 매우 유용할 것이라고 비트코인 옹호론자들은 본다.

위 두 사례는 신문 기사를 발췌한 것이었습니다. 대한민국에서는 가장 글쓰기를 잘

하는 직군인 중앙 일간지의 기자들조차도 이런 훈련이나 교육을 잘 받은 것 같지는 않습니다. 본서 서두부터 이 사안을 강조하는 이유는, 여러분이 채권 공부를 하면서

가능한 정확히 알기를 원하기 때문

입니다. 저자는 여러분이 이왕 채권 공부를 할 바에는 최대한 정확하게 주요 개념들과 관련 내용들을 이해하고 제대로 적용하기를 바라는 마음으로 본서를 썼습니다.*

영어로 "bonds" 혹은 "fixed income securities"라 하는 "채권"은 공부하기가 쉽지 않은 분야로 일반적으로 알려져 있습니다. 이는 무엇보다 주식과 비교하면 쉽게 알 수 있습니다. 주식은 채권과 달리 많은 개인 투자자들이 실제로 투자하고 있기 때문에 주식 공부에 대해서는 일단 사람들이 적잖은 관심을 가지게 됩니다. 또 주식 공부에는 복잡한 수학이나 산수가 그다지 필요하지 않아 주식에 관한 책들도 비교적 쉽게 읽히는 편입니다. 반면 채권은 일반인들이 주식만큼 쉽게 투자할 수 없어 일반인들에게 생소한 편입니다. 게다가 채권 공부를 위해 교재를 구입하려면 시중에 '친절한' 교재도 그다지 많지 않은 것 같습니다.† 이로 인해 독자들이 (무의식적으로) 채권 공부를 다소 어렵고 재미없는 과정으로 여길 수도 있습니다. 반면 본서는 서두에서부터 강조했듯이,

독자들이 채권의 주요 개념과 관련 내용들을 정확히 이해하고 기억하도록

쓰여졌습니다. 또한 독자들이 이런 내용들을 암기 위주로 공부할 필요 없이,

질문과 답변의 대화 형식을 통해, 가능한 직관적 이해를 할 수 있도록

힘썼습니다. 요약하면, 이 책은 채권 공부에 어려움을 겪는 "모든 이들"을 위해 쓰여졌습니다. 이 책의 적절한 독자는 고등학교를 졸업한, 혹은 중등교육을 이수한, 모든 이들이라 할 수 있습니다. 또 대학생뿐 아니라 대학원생, 어쩌면 대학 강사(교수)에게도 이 책이 나름대로 의미가 있을 수 있습니다. 그분들이 채권을 몰라서가 아니라, 이 책의 접

---

* 시중에 나와 있는 일부 채권 관련 서적들도 채권 관련 개념들을 올바르게, 정확히 설명하지 못하는 내용들이 있습니다. 본서에서는 이런 문제들도 개선합니다.

† 저자 소견에는, 일부 채권 관련 서적들은 채권에 관한 내용들을 '무미건조하게' 요약, 정리, 암기 위주로 설명하고 있는 것 같습니다. 이런 점에서는 대부분 서적들이 대동소이해 보입니다. 또 공인회계사나 상담사 등 자격증 시험을 위한 수험서들도 있는데, 수험서들의 특성상 시험 문제들의 정답을 신속히 맞추는 것에 특화되어 있을 개연성이 있습니다.

근방식이 다른 책들의 그것과는 근본적으로 다르기 때문에 한 번 정도 이런 책을 접해 보는 것도 괜찮다고 생각합니다.

대학에서도 주입식 교육이 주를 이루고, 학생들은 수업 중 질문을 거의 하지 않고, 강사(교수)들도 학생들의 질문을 그다지 독려하지 않는 대한민국에서는, 교과서에 나와 있는 내용만을 이해하고 암기하는 것 외에 (색)다른 질문을 생각할 할 필요도, 기회도 없습니다. 오히려 질문을 하려는 학생들은 잘난체한다며 눈총을 받을 수도 있는 것이 대한민국 수업의 현실입니다. 반면 본서는, 위에서 경험했듯이, 1장부터 마지막 장까지 끊임없이 독자들에게 질문을 하고, 그 질문들에 어떻게 접근할 것인가를 논의하며 답을 제시하고자 합니다. 이는 재무금융 분야의 다른 책들과는 확실히 구별되는 특성입니다. 즉 이 책은 독자들에게 끊임없이 문제의식을 가지도록 독려하고 있습니다. 사실 사물이나 현상에 대한 문제의식을 가지고 왜 그런지 질문하고 답하려 시도하는 것이 모든 배움의 근본입니다.

이 질문들은 그냥 나온 것이 아닙니다. 저자가 근 30년간 대학 강단과 외부에서 채권, 파생상품, 위험관리 및 재무관리 강의를 하면서

"어떻게 하면 학생들이 내 강의 내용을 더 쉽게, 더 감각적으로, 더 명확하게 이해할 수 있을까?"

라는 질문을 스스로에게 하다가 나온 질문들입니다. 그렇다면 왜 이런 질문을 하는 것일까요? 이유는 간단합니다.

질문을 하고 답하는 과정에서
알고 있는 것은 더 명확해지고 몰랐던 것은 새로 드러나

결과적으로 학생은 물론 교수자 자신의 이해도 보다 깊어지고 확고해 지기 때문입니다. 이때 강의의 효율성은 최대가 됩니다.

적절한 질문은 새로 배울, 혹은 새로 배운 내용들을 보다 명확하게 알게 해줍니다. 많은 강의나 발표 시 "Q&A"라는 질의/응답 시간을 별도로 마련하는 것이 바로 이것 때문입니다. 저자는 경험을 통해 이 점을 매우 중시하게 되어서, 이 책 전반에 걸쳐 독자들을 위해 적절한 질문들을 지속적으로 시도합니다. 어떤 면에서 배움은 질문과 답변의 지속이기 때문입니다.

다른 예를 하나 더 들어 볼까요? 저자가 오래 전 Journal of Finance라는 학술지의 어떤 논문을 읽다가 다음과 같은 문장이 눈에 띄였습니다.

We consider institutional and individual purchases as discretionary in the sense that investors (other than index funds) are not obligated to purchase new equity issues.*

인덱스펀드처럼 시장의 주가지수를 그대로 복제하려는 펀드는, 새 주식이 상장되어 주가지수에 포함되면 이 주가지수를 복제하기 위해 새로 상장된 주식을 매수해서 펀드에 편입해야 합니다. 하지만 일반 개인투자자나 기관투자자는 반드시 그럴 필요는 없고 자신들의 뜻(재량, discretion)에 따라 새 주식을 매수할 수도 있고 그렇지 않을 수도 있다는 내용입니다. 그런데 이 문장에서는 "consider … as …"라는 표현이 들어가 있습니다. 고등학교 때 영어를 공부한 사람들은 대부분 기억하겠지만, consider라는 동사의 용법(usage)은 뒤에 "as"를 필요로 하지 않습니다. 즉 위 문장에서는 "as"가 없어야 합니다. 그런데 전세계 재무금융 최고의 학술지에서 어처구니 없게도 이런 실수가 나왔던 것입니다. 통상 학자들은 일반인들보다 언어 구사가 더 정확한데도 말입니다. 왜 이런 일이 발생했을까요?

저자에게 가장 먼저 떠오른 것은, 이 논문의 공저자 4명 중 최소 두 저자들은 (성(last names)을 보면 알 수 있듯) 비원어민들(non-native speakers)이라는 사실입니다. 이를 근거로 저자는 '논문 저자 중 비원어민들이 많아 영어 구사에 실수가 나올 확률이 높았을 것'이라고 추정했습니다. 물론 저자의 추정이 틀릴 수도 있지만, 아무튼 저자는 그렇게 이 문제를 해결(?)했습니다. 한국인들도 국어 어법에 맞지 않는 문장을 쓸 수 있듯 영어 원어민들도 영어 구사에 실수가 있을 수 있지만, 비원어민의 경우 그 확률은 더 높을 것이라는 것이 저자의 생각이었습니다. 그런데 또 한 가지 의문이 생겼습니다. 통상 어떤 논문이 학술지에 투고 되면 여러 명의 심사자들이 여러 단계에 걸쳐 논문을 심사하게 됩니다. 그런데 어떻게 심사자들도 위와 같은 영어 실수를 눈치채지 못했을까요?

이 의문에 대해 저자가 내린 추정도 유사합니다. 위 논문의 대부분 공저자가 비원어

---

* Griffin, J., J. Harris, T. Shu, and S. Topaloglu, 2011, "Who drove and burst the tech bubbles?" *Journal of Finance*, 66, 1251-1290.

민인 사실에서 시사하듯, 재무금융 분야에는 (뛰어난) 비원어민 학자들이 매우 많습니다. 그러므로 위 논문의 심사자들도 비원어민 학자들이었을 개연성이 높습니다. 즉, 일반적으로 비원어민이 원어민보다 정확한 영어 구사에 허점이 더 많다고 가정하면, 그리고 비원어민 학자들이 매우 많은 전세계 재무금융 학계의 현실을 감안하면, 위 논문의 심사자들도 비원어민이어서 영어 구사에 허점이 있는 논문이 교정되지 않은 채 버젓이 재무금융 분야의 최고 영어학술지에 실린 것 아닐까라고 저자는 추정해 보았습니다.

과연 저자의 추정이 맞았는지 저자는 아직도 알 수가 없습니다. 단 이 에피소드를 소개하는 이유는, 첫째로 "consider … as …"라는 문장을 봤을 때 의문이 들었고, 그 의문을 풀기 위해 나름의 추론을 시도한 것이 시간 낭비는 아니고 오히려 저자에게는 의미있는 과정이었다는 것입니다. 사소한 것이라 생각할 수 있지만, 우리가 접하는 일상에서 문제점을 발견하고 나름대로 이를 해결하고자 할 때 우리들의 사고는 보다 체계적, 합리적, 효율적이 되고 이는 인생의 모든 영역에서 소중한 자산으로 활용될 수 있습니다. 전공 공부를 포함하는 모든 영역에서 말입니다.

주제를 조금 바꿔 보겠습니다. 흔히 수학을 잘하면 재무금융 공부를 잘할 수 있을 것이라 생각합니다. 재무금융은 근본적으로 가치평가, 손익, 위험관리 등을 다루는 학문이고 이들은 숫자를 통해 표현되므로, 수학을 잘하는, 특히 대수(algebra)를 잘하는 사람에게 유리한 점이 있습니다. 그러나 보다 중요한 사실이 있습니다. 수학(산수)은 초등학생부터 대학 교수까지 모든 이가 접하는 공부(학문) 중 가장 논리적인 분야입니다. 가장 논리적인 수학을 잘하는 사람은 합리적 사고를 할 가능성이 큽니다. 결국 재무금융(을 포함한 모든) 분야에서 중요한 자질은 수학이 아니라 논리적, 합리적 사고입니다.*

사실 우리 삶에는 비합리적인 것들이 많습니다. 이들이 존재하고 있음과 그 이유를 인식하는 것도 합리적 사고를 기르는 좋은 방법이 됩니다. 가령 2025년 6월 현 시점에서는, 우리나라에서도 사람들의 만 나이를 연령의 기준으로 삼고 있습니다만, 불과 2~3년 전까지만 해도 그렇지 않았습니다. 즉, 최근까지도 우리나라에서는 아기가 태어나자마자 1살이고, 달력 날짜로 12월 31일을 넘기면 2살이었습니다. 직장 나이도 마찬가지입니다. 입사 후 첫 12월 31일을 넘기면 무조건 2년(차)입니다. 입사를 11월 1일에 했어

---

* 합리적 사고를 하는 사람도 투자 "행태"가 비합리적일 수 있는데 사고 자체가 비합리적이면 두말할 나위도 없습니다.

도 말입니다. 더 흥미로운 것은 아예 이러한 것들이 합리적이라 주장하기도 했었다는 것입니다. 아래 질문을 한번 생각해 보고 답해 봅시다.

질문 1-1〉 태아가 엄마 뱃속에서 약 1년(270일) 정도를 보내는 것을 감안해서 태어나자마자 1살이 되는 것이 맞다는 주장이 있습니다. 이 주장이 합리적일까요?

태아가 엄마 뱃속에서 약 1년을 보내기 때문에 태어나자마자 1살로 간주한다고 하는 것도 일리가 있어 보입니다. 하지만 엄마 뱃속에서 1년을 보낸 모든 태아 중 왜 어떤 태아는 태어난 지 이틀 후에 2살이 되고 왜 어떤 태아는 태어난 지 11달 후에 2살이 되어야 하는가는 여전히 설명이 되지 않습니다. 그러므로 이 설명은 합리적이지 않습니다. ■

또 하나 유사한 질문을 해보겠습니다. 대한민국이 군인 출신 대통령 치하에 있던 1980년대 중반 어느 날 저자가 본 TV 토론에서 나온 주장입니다. 당시만 하더라도 군장교 중 일부가 (고급)공무원으로 임명 혹은 파견되어 정부 부처에서 일하기도 했던 모양입니다. 사실 당시 대통령이 군 출신일 뿐 아니라 장관, 국회의원, 도지사, 시장 등 정관계 요직을 군 출신들이 지배하던 시대여서 이런 일이 가능했던 것 같습니다.* 당시 TV 토론에 나온 한 사람이 이러한 관행이 잘못된 것이고 군장교들을 특별히 우대하는 제도라고 지적했습니다. 그러자 다른 사람이 다음과 같이 반박했습니다.

질문 1-2〉 "그런 제도도 다 이유가 있는 것입니다. 군에서 선발된 인력을 실제로 공무원으로 일을 시켜보니, 군대도 하나의 조직이고 정부도 하나의 조직이라서 그런지 군장교들이 정부 내에서도 일을 잘하더라 말입니다." 이 주장이 합리적일까요?

"군장교들을 공무원으로 써 보니까 일을 잘하더라"라는 말은 그 잘못된 제도에 대한 합리화일 뿐입니다. 그런 논리라면, 경찰도 하나의 조직이고 기업도 하나의 조직이고 (경제/증권)연구원들도 하나의 조직이므로, 군대뿐 아니라 경찰, 기업, 연구원에서도 정부에 인력을 파견하여 공무원으로 일할 수 있게 해야 합니다. 그런데 그러지 않고 유독

* 당시 지방자치가 이루어지지 않아 도지사, 시장 등을 대통령이 임명했습니다.

군장교들만 공무원으로 일할 수 있게 하는 것은 군장교들에 대한 공공연한 특혜입니다. 설사 군장교 출신들이 일을 괜찮게 한다는 사후적 평가를 받더라도 그 사후적 평가와는 상관 없이, 사전적으로 군장교들에게만 특별 기회를, 준다는 점에서 형평성과 기회의 균등이 결여된 불공정한 제도일 뿐입니다. ■

질문 1-1, 1-2에 대한 최초 답변들은 일견 그럴듯해 보이지만 엄밀히 말하면 동문서답입니다. 왜 이런 엉뚱한 답변이 나왔을까요? 이는 질문의 본질을 제대로 이해하지 못했기 때문입니다. 이런 면에서, 주어진 문제를 합리적으로 해결하려는 출발점은 문제의 본질에 대한 명확한 인식이라 하겠습니다.

이제 1장을 정리하겠습니다. 1장에서 저자가 줄곧 강조한 점은 다음과 같은 질문으로 요약됩니다.

우리가 평소 잘 알고 있다고 생각하는 것들이 과연 우리가 제대로 알고 있는 것이며, 평소 옳다고 생각하는 것들이 실제로도 옳은 것인까?

이런 문제 의식에서 출발해, 본서는 채권에 관해서 기존에 잘못 알려진 오류들을 고치고, 불분명하게 설명된 내용을 명료하게 이해시키며, 기존에 알려지지 않았던 내용들을 새로이 담아 기존 교재들과 차별을 기했습니다. 또한 독자 여러분이 편히 읽을 수 있도록 대화체로 본서를 썼습니다.

마지막으로 저자가 하고 싶은 말은, 본서가 공인회계사, CFA, FRM, 계리사 등의 국내외 자격증을 따기 위한 맞춤 교재는 아닐지라도,

그런 공부를 스스로 잘 해 나갈 수 있는 역량을 키워주는 책

이 될 수 있다는 것입니다. 저자가 물고기를 잡아 여러분에게 주기보다는 본서가

여러분 스스로가 낚시를 잘할 수 있는 방법을 알려 주는 책

이 되기를 저자는 희망합니다. 나아가 이런 자격증만을 위한 공부뿐 아니라, 채권 공부를 향후 더 심층적으로 하고 싶은 독자들에게 본서보다 더 어려운 채권 교재도 스스로 훌륭하게 자습할 수 있는 역량과 자신감을 줄 수 있는 책이 되기를 저자는 희망합니다.

저자의 이러한 시도들이 독자 여러분에게 도움이 되기를 기대하며 이제 본격적인 채권 공부를 시작합니다.

CHAPTER 2

채권 입문

2장은 채권이라는 증권을 소개하는 장으로, 채권의 개념과 용어, 채권의 이자 지급, 채권 발행 주체 및 채권에 내재한 옵션 등의 주제를 차례로 설명합니다. 독자들의 이해를 돕기 위해 Q&A(질의응답) 방식으로도 설명합니다. 기초적인 사항 외에 특히 변동금리채권과 채권에 내재한 옵션에 대한 설명은 향후 채권 공부에도 중요한 만큼 처음부터 잘 이해하는 것이 중요합니다.

질문 2-1〉 채권이란 어떤 증권인가요?

채권(bonds)이란 미래의 현금흐름이 확정된 증권을 의미합니다. 미래 현금흐름이 확정되었다는 의미는 현금흐름의 액수와 시점이 알려져 있다는 의미입니다. 가령 투자자 J가 채권 A를 사면 J는 2030년 12월 31일과 2031년 12월 31일에 $100를 이자로 받고 또 추가적으로 2031년 12월 31일에는 $1,000를 받게 된다는 것입니다. 이처럼 확정된 금액을 확정된 시점에 지급하는 증권이라는 점에서 주식 혹은 옵션 등의 다른 증권과의 차이가 두드러집니다. 왜냐하면 주식 등 다른 증권을 보유하는 경우, 이로 인한 미래 현금흐름이 사전적으로 확정되어 있는 경우가 드물기 때문입니다. 이러한 차이점으로 인하여 채권의 가치평가, 투자전략, 위험관리 기법 등은 미래 현금흐름이 불확실한 다른 증권의 경우와는 매우 다릅니다. 이처럼 일반적인, 전통적인 의미의 채권은 "확정된 현금지급"이라는 본질적 특징을 가지고 있기 때문에 자주 "fixed income security"라는

또 하나의 이름으로도 불립니다. ■

투자자들에게 새로운 효용을 제공하는 증권 혹은 금융상품에 대한 수요가 발생하면, 시간이 지남에 따라 이를 충족시키는 새로운 유형의 증권 혹은 금융상품이 만들어져 왔습니다. 선물, 옵션, 스왑 등의 금융상품이 그 대표적인 예라고 할 수 있을 것입니다. 채권의 경우도 마찬가지여서, 투자자들의 다양한 욕구를 충족시키기 위하여 20세기 후반부터는 하이브리드 증권(hybrid securities) 등 새로운 형태의 채권이 지속적으로 만들어지고 거래되어 왔습니다. 이로 인한 결과 중 가장 두드러진 것은, 미래 현금흐름이 불확실한 채권도 존재하는 등 매우 다양한 형태의 채권이 현재 국내외에서 거래되고 있다는 것입니다. 즉 미래 현금흐름이 확정된 증권으로서의 채권의 범위가 점차 확대되고 있다고 할 수 있습니다. 그 결과 전통적인 가치평가 혹은 위험관리 기법은 이 새로운 유형의 채권들에게는 잘 적용되지 못한다는 한계가 있습니다. 국외의 많은 채권 관련 서적들이 파생상품의 가치평가 및 위험관리를 함께 다루고 있는 이유가 바로 여기에 있습니다.

이와 관련된 예화가 있습니다. J가 세탁물을 가지고 "One-Hour Dry Cleaner"라는 이름의 세탁소에 갔습니다. 세탁소 주인에게 언제 세탁물을 되찾을 수 있느냐고 물으니 "다음 주 월요일"이라 합니다. "한 시간에 된다면서요?" 하고 물으니 주인이 "아, 그건 그냥 세탁소 이름이죠."라고 답합니다.* 이처럼 근래 발행되는 채권들은 "fixed income security"라는 이름과 명실상부하지 않은 경우도 많습니다. 그렇다면 이런 채권들의 가격은 어떻게 결정될까요? 이들은 전통적 의미의 채권에 다양한 옵션 특성이 덧붙여진 경우가 대부분이어서, 이 채권들은 옵션 가치평가 기법을 활용하여 그 가치를 평가합니다.†

한편 국내에서는 (고등학교 졸업자를 가정하여) 채권에 관한 전문 서적이 별로 없습니다. 그런데 아마존의 홈페이지(www.amazon.com)를 방문해서 "bonds" 혹은 "fixed income securities"를 키워드로 입력해 보면 수많은 책과 교재들을 볼 수 있습니다. 뿐만 아니라 미국을 비롯한 전세계 경영대학원(business schools)의 재무금융 분야에서 강의

---

* 이 예화는 Pretitt, Pinto, Pirie가 공저한 "Fixed Income Securities(2015)"에 실려 있습니다.

† 저자의 "파생상품 강의(경문사, 2024)"도 옵션 가치평가를 심도 있게 다루고 있습니다.

되는 과목 중 가장 인기있는 과목들이 바로 채권 과목들입니다. 전세계 채권 시장의 규모가 워낙 커서 미국뿐 아니라 전세계 투자자들에게 매우 중요한 시장이기 때문입니다. 가령 저자가 박사 과정 학생이던 1990년대 중반에도 블룸버그(Bloomberg) 단말기를 이용하여 채권 전문가를 찾는 광고를 보면, "Mortgage-Backed Securities의 Prepayment Modelling 전문가"를 찾는 헤드헌터들의 광고들을 쉽게 접할 수 있었습니다. 채권 전문가에 대한 Wall Street의 수요가 그만큼 구체적이었고 세분화되어 있었습니다. 반면 국내에는 체계적인 채권 전문 서적이 별로 없습니다.

질문 2-2〉 채권 공부와 다른 증권 공부의 가장 큰 차이가 어떤 점일까요?

주식이나 일반 투자론 과목에는 CAPM(capital asset pricing model) 등을 제외하면 이렇다할 체계적 이론이 없습니다. CAPM 자체도 지극히 비현실적인, 다분히 상징적인 이론일 뿐입니다. 또 주식을 이론적으로 잘 공부한다고 해서 실제로 주식 투자의 큰 도움이 되지는 않습니다. 반면 채권 투자에 있어서는 "아는 것이 힘이다"라는 격언이 적잖게 유효합니다. 또 옵션 등의 파생상품 과목들은 수강생들에겐 너무 어렵게 느껴집니다. 옵션을 제대로 공부하려면 물리학의 브라운 운동(Brownian motion)이나 일본 수학자 이토(Ito)가 발견한 법칙인 Ito's Lemma 등을 잘 이해해야 하기 때문입니다. 반면 채권은 어떤 의미에서 이 두 부류의 증권의 중간적 성격을 갖습니다. 곧 채권은 주식에 비해 체계적 이론이 잘 정립되어 있고 또 채권은 옵션만큼 어렵지는 않습니다.

저자가 채권을 근 30년간 강의하면서 항상 학생들에게 강조하는 점은 딱 두가지입니다. 덧셈, 뺄셈, 곱셈, 나눗셈 등 사칙연산만 제대로 할 줄 알면 채권 공부는 얼마든지 가능하다는 것입니다.* 둘째로는, 합리적인 사고만 할 줄 알면 된다는 것입니다. 대부분 학생들에게 채권 공부는 생소합니다. 그러나 생소하다고 해서 반드시 어려워야 하는 것은 아닙니다. 이전에 몰랐던 (생소한) 지름길을 새로 알게 되었다고 해서 그 지름길로 운전해 가는 것이 더 어려워야 할 이유는 없습니다. 그런데도 적잖은 학생들은 단지 이전에 몰랐던 것이라는 이유만으로 채권 공부를 어려워하는 경향이 있습니다. 사실은 공

---

* 사칙연산이 저자 생각만큼 쉽지는 않을 수도 있습니다. 학교에서 중간고사 등의 시험을 치뤄 보면 학생들이 계산 과정에서 틀리는 경우가 가끔 있습니다.

부하려는 의지가 별로 없는 사람에겐 모든 공부가 어떤 이유로든 어렵게 여겨집니다. 그러니 채권 공부를 위한 마지막 조건은 공부하려는 학생의 의지입니다. 이 책을 읽고 있는 여러분들이 채권 공부를 할 진정한 의지가 있다면 이 책은 자못 흥미로울 수도 있습니다. ■

질문 2-3〉 발행 기업에 있어 채권과 주식은 어떤 차이가 있나요?

채권 공부를 본격적으로 시작하기 전에 채권과 주식의 한 가지 차이에 대해 생각해 봅시다. 채권이나 주식은 기업들이 대규모 자금이 필요할 때 발행하는 증권인데, 이 증권들이 투자자들에게 주는 혜택은 상반됩니다. 주식을 보유한 이는 기업의 주주 곧 기업의 주인이 되므로 기업 경영의 손익을 모두 공유합니다. 가령 미국 기업 애플이 아이폰을 만들어 천문학적 이익을 실현했다면 애플 주주들은 주가 상승 및 배당으로 혜택을 받습니다. 반면 애플 채권을 보유한 이들에게는 특별한 추가적 혜택이 없습니다. 애플의 당기순이익이 커졌다고 해서 채권 보유자에게 추가적 혜택이 주어지지는 않고 단지 이미 정해진 이자와 원금(액면가)만을 받기 때문입니다. 그렇다면 애플 입장에서 새 사업을 위해 대규모 자금이 필요할 때 주식을 발행할까요 아니면 채권을 발행할까요?

Well, it depends. Depends on what? 새 사업의 수익성에 따라 다릅니다. 새 사업의 수익성이 높은 것으로 애플이 전망하면, 주식이 아니라 채권을 발행할 것입니다. 주식을 새로 발행하면 새 주주를 불러 들이는 셈이므로, 새 사업으로 발생될 많은 수익을 이들과 나누어야 하기 때문에 애플의 기존 주주들은 그렇게 하고 싶지 않을 것입니다. 반면 채권을 발행하면, 새 사업으로 실제로 많은 수익을 올려도, 채권 보유자들에게는 애초 약속한 이자와 원금만을 지불하면 되기 때문입니다. 마치 은행에서 돈을 빌린 후 갚을 때에는 정해진 이자와 원금만 갚으면 되는 것과 같습니다. 그러므로 만일 주식 시장이 효율적이라면, 혹은 주식 투자자들이 합리적이라면, 어떤 기업이 새 사업을 위해 주식이나 채권을 발행해서 자금을 조달한다고 할 때 그 기업의 주가는 서로 반대 방향으로 움직여야 합니다. 가령 주식으로 조달하겠다고 하면, 곧 유상증자를 통해 조달하겠다고 하면, 이는 곧 새 사업의 수익성이 좋지 않음을 시사합니다. 혹은 그럴 확률이 높습니다. 수익성이 좋다면 굳이 그 수익을 새 주주들과 나눠야 할 이유가 없기 때문입니다. 그렇다면 이 뉴스가 시장에 알려지면 그 기업의 주가는 하락해야 할 것입니다. 반면 채권으로 조달하겠다는 뉴스는 새 사업의 수익성이 높아 그 수익을 새 주주들과 나누지 않고 값싼 이자만 부담하려는 함을 암시하므로, 그 기업의 주가는 상승하는 것이 합리적입니다. 다른 모든 조건이 동일하다면 말입니다. 즉 under the condtion that other thigns are equal. 이를 경제학에서는 간단히 "ceteris paribus"라고도 합니다. ■

질문 2-4〉 "다른 모든 조건이 동일하다면"의 의미는 무엇인가요?

여기서 "다른 모든 조건이 동일하다면"이 무슨 뜻일까요? 주식이나 채권 발행이 그 기업의 주가에 영향을 미칠 조건들이 불변이라는 가정 아래에서만 위 주장이 맞다는 것입니다. 그 기업이 주식으로 새 사업의 자금을 조달할 것이라고 발표했는데, 공교롭게도 이 시점에 달러당 원화 환율이 상승하여 수출기업인 이 회사의 수익이 확대될 가능성이 높아졌다 합시다. 이 소식은 주가에 긍정적인 소식입니다. 그러므로 새 사업에 필요한 자금을 새 주식을 발행하여 조달하겠다는 뉴스 자체는 주가에 악영향을 주겠지만, 이 환율 관계 뉴스는 주가에 긍정적 영향을 줄 것입니다. 만일 후자의 효과가 전자의 효과보다 크면 주가는 상승할 것입니다. 그런데 이렇게 주가가 상승한 것은, 새 사업 자금을 주식으로 조달하겠다는 사안과는 전혀 상관이 없습니다. 이처럼 전체적 상황을 파악하지 않고 주식 발행과 주가 상승이라는 두 상황만 연결시켜 결론을 내린다면 심각한 오류를 저지르는 것입니다. 이를 감안하여, "다른 모든 조건이 동일하다면" 즉 "원화가치 하락 등의 새로운 변수가 없다면" 이 기업의 신주 발행이라는 뉴스는 주가의 하락 요인이 되어야 한다는 것입니다. ■

이제 제1절에서는 전체로서의 채권의 개념과 용어를 소개하고 설명합니다. 제2절에서는 이자 및 액면가 지급 형태를 중심으로 채권의 종류를 파악합니다. 제3절에서는 채권의 발행 주체에 대해서 설명합니다. 한편 발행자 혹은 채권 보유자에게 특별한 선택을 할 수 있는 권리가 함께 부여된 옵션내재채권은 제4절에서 살펴봅니다.

제 1 절 채권의 개념과 용어

1. 개념

채권이란 발행자가 채권보유자에게 확정된 금액을 정해진 일자마다 지급하기로 약속한 증권입니다. 가령 삼성전자가 발행한 특정 회사채(corporate bond)를 여러분이 구매하면, 5년 동안 매 3개월마다 1,000의 이자(coupon)을 받고 채권 만기일인 5년 후에는 이 이자에 더해 100,000의 원금(par value)를 받을 수 있습니다.* 물론 이러한 수치들이 단일하게 정해진 것은 아니며, 가령 만기가 5년이 아니라 3년이 될 수도 있습니다. 우리나라에서는 통상적으로 정부, 지방자치단체, (한국은행 등) 특별법에 의해 설립된 법인이나 공기업, 그리고 사기업 등이 채권을 발행하며 자산운용회사, 보험회사, 상업은행(commercial banks) 등의 금융기관이 채권의 주된 투자자가 됩니다. 전세계적으로는 각국 정부, 연금기금, 뮤추얼펀드, 상업은행 등이 채권의 주된 투자자입니다.

채권이 처음 발행되어 최초로 거래되는 시장을 발행 시장(primary market)이라 하고, 일단 발행시장에서 거래된 후에 다시 투자자들 사이에서 거래되는 시장을 유통 시장(secondary market)이라 합니다. 그러므로 채권의 발행자가 수령하게 되는 최초의 채권 가격은 발행 시장에서 결정되며, 이후의 채권 가격은 발행자의 수령액과는 상관없이 유통 시장에서 투자자들에 의해 결정되는 금액입니다. 유통 시장에서는 기본적으로 채권의 위험과 발행조건을 감안한 투자자들의 수요에 의하여 그 가격이 결정됩니다.

2. 만기

채권 보유자는 그 채권의 효력이 소멸할 때까지 정해진 금액을 정해진 일자마다 지급받게 되는데, 여기서 "채권의 효력이 소멸하는 때"는 채권 발행자가 지급하기로 약속한 미래의 현금 중 마지막 현금을 지급하는 날을 의미하며 이를 채권의 "만기일"이라 하고, 영어로는 maturity date이라 합니다. 또 채권의 "만기"는 채권 발행일로부터 채권

---

* 본서에서 (화폐 단위인) 달러 혹은 원화 표시를 하지 않더라도 논의에 무리가 없기에 화폐 단위를 생략하기도 합니다.

의 만기일까지의 소요 기간을 의미하는 용어로, 3년 만기, 5년 만기 등으로 표시합니다. 영어로는 term to maturity, maturity, 혹은 term이라 합니다. 채권은 그 만기에 따라 단기채(권), 중기채(권), 장기채(권)으로 분류될 수 있는데, 우리나라에서는 일반적으로 만기가 1년 미만의 채권을 단기채, 1년 이상 10년 미만의 채권을 중기채, 10년 이상의 채권을 장기채라 합니다.

3. 액면가와 액면이자

채권 발행자가 채권 보유자에게 지급하는 현금은 액면가와 액면이자의 두 가지가 있습니다. 액면가는 영어로 par value, par, face value, principal이라 하고 액면이자는 "coupon"이라 합니다. 액면가(액) 혹은 원금은 채권 만기일에 지급하기로 명시된 현금 액수입니다. 은행에서 돈을 빌릴 때에도 원금이란 용어를 사용합니다. 이때의 원금은 차입자가 빌린 돈의 액수를 말하는 반면, 채권의 원금은 단지 채권 보유자가 채권 만기일에 (coupon과는 별도로) 받는 금액을 뜻합니다. 단 채권 발행시 발행자가 받는 돈, 즉 채권 발행 가격이 채권 원금 액수와 일치하게 하는 경우가 많습니다. 이른바 "par bond"가 그런 경우인데, 채권은 par bond로 발행되는 경우가 많고, 이때는 채권 원금도 채권 발행자가 받는 금액이 됩니다. 즉 채권 발행자의 차입 원금이 되는 셈입니다.

채권 발행으로 돈을 빌리든 은행 대출로 돈을 빌리든 결과는 유사합니다. 그러므로 채권을 은행 대출과 관련시켜 해석해 볼 수 있습니다. 돈을 빌리는 차입자는 채권을 발행한 기업입니다. 그리고 빌린 돈의 액수는, 즉 은행 대출의 원금에 해당하는 금액은, 기업이 채권을 발행할 때 받는 금액입니다. 그런데 이 금액은 이 기업이 채권 보유자에게 만기일에 갚을 원금(par)과는 일치할 수도 또 일치하지 않을 수도 있습니다. 이 점이 은행 대출과의 차이점입니다.

질문 2-5〉 은행 대출 시 원금과 채권 발행 시 원금의 차이점을 구체적으로 설명해 주세요.

가령 오늘 기업 A가 채권을 발행하여 10억원을 조달하였는데, 이 채권의 만기일인 3년 후까지 이자(coupon)를 지급하지는 않고 단지 만기일에 12억원을 갚는 채권이라 합시다. 이처럼 이자를 지급하지 않는 채권을 무이표채(zero coupon bond)라 하는데,

이 경우 A가 오늘 차입한 10억원과 만기일에 갚을 12억원은 서로 다른 금액입니다. 이때 후자 12억원을 이 무이표채의 원금이라 합니다. 혹은 동일한 상황에서 A가 매년 이자(coupon)를 1억원씩 갚기로 했다면 만기일인 3년 후 갚을 금액은 (coupon 제외하고) 9억원이 될 수도 있습니다. 이때에도 이 9억원을 원금이라 하는데, 이 수치는 A가 빌린 10억원과는 다른 금액입니다. 요컨대, 채권 보유자 J가 기업 A가 발행한 채권 AA를 보유할 때, 채권 AA의 만기일에 (coupon과 별도로) J가 받을 금액 AAA를 채권 AA의 원금이라 하는데, 이는 채권 AA가 발행될 때 발행 시장에서 평가된 채권 가격(B)과는 다를 수 있습니다. AA 채권 발행 시 기업 A가 수령하는 현금 액수가 바로 B입니다. 만일 A가 채권 발행을 하지 않고 은행에서 대출을 받는다면 B는 이 대출의 원금에 해당합니다. 그러므로 기업 A가 채권 만기일에 지급해야 하는 원금 AAA와 은행 대출 시의 원금 B는 그 의미가 다릅니다. 우리말 "원금(principal)"이 이처럼 혼란을 가져올 수 있으므로, 저자는 본서에서 채권의 원금 대신 채권의 액면가 즉 par(value)라는 표현을 사용합니다. ■

한편 채권의 액면이자 즉 coupon은 채권의 발행일 이후 그 만기일까지 채권 발행자가 "매년" 지급하기로 약속한 현금을 의미합니다. 액면이자 금액은 채권 par(액면가)의 일정 비율로 표시되는데, 국가마다 관행에 따라 1년 동안 지급되는 횟수가 달라질 수 있습니다. 주식회사가 발행한 채권을 예로 들면 우리 나라의 경우 액면이자를 1년 중 4회에 걸쳐 지급하며 미국의 경우에는 1년 중 2회에 걸쳐, 유로본드(Eurobond) 시장에서는 1년에 한 번 지급합니다.* 그러므로 우리 나라의 경우 회사채 보유자는 매 3개월마다 액면이자의 1/4을, 미국의 경우 매 6개월마다 액면이자의 1/2을 지급받습니다.

질문 2-6〉 채권에 있어 액면이자율과 시장 이자율의 차이는 무엇인가요?

액면이자율, 즉 "coupon rate"이란 채권의 coupon을 par로 나눈 수치를 의미하는데, par의 몇 %를 매년 채권보유자에게 지급하는가를 나타냅니다. 이를 표면금리라고도 합

---

* 미국 달러화 등의 특정 통화로 표시된 채권이 그 통화를 사용하는 국가가 아닌 타국의 자본시장에서 발행되어 거래될 때 이를 유로본드라고 합니다. 유로본드는, 좁은 의미로는, 유럽의 자본시장에서 외국의 통화로 발행되고 매각되는 채권을 의미합니다.

니다.* 액면가가 동일할 때 액면이자율이 높을수록 채권 보유자에게 매년 지급되는 액면이자 금액은 커집니다. 그런데 채권과 관련된 이자율 용어 중 액면이자율과 구별해야 하는 개념은 시장 이자율(market interest rate)입니다. 이는

투자자들이 채권 투자시 원하는 요구수익률로서
액면이자율과는 별개의 개념입니다. 흔히
"이자율이 상승하면 채권 가격이 하락한다"

라고 말할 때의 이자율은 채권의 액면이자율이 아닌 시장 이자율을 의미합니다.

이처럼 채권 관련 '이자율'은 coupon (interest) rate과 market intereat rate의 두 개념, 두 용어가 있습니다. 이 두 용어로 인한 혼란의 원인은

전 세계적으로 보편적인 채권의 가치평가와 우리나라의 번역 관행이 뒤섞였기

때문입니다.

이 혼란을 불식하고 두 이자율 개념을 제대로 분별하기 위해, 이를 일반인에게 친숙한 주식에 적용해 보겠습니다. 주식은 이자(coupon)를 지급하지 않으므로 "이자율이 상승하면 주식 가격은 하락한다"라는 말 자체가 성립이 안 됩니다. 이 이자율이 coupon rate를 의미할 수 없으니까 말입니다. 그러므로 이를 주식에 적절한 표현으로 바꾼다면,

"수익률이 상승하면 주가는 하락한다"

가 적절합니다. 이 말도 이해가 잘 안 되면, "x는 y이다"를 "y는 x이다"로 바꾸어,

"주가가 하락하면 수익률은 상승한다"

로 표현할 수 있습니다. 이것도 이해가 어려우면 숨겨진 조건을 명시하여,

"다른 모든 것이 동일할 때, 주가가 하락하면 주식 투자 수익률은 상승한다"

로 말할 수 있습니다. 현대차의 영업 이익의 크기 등 다른 조건들이 변하지 않았는데

---

* 더 정확히는, coupon rate이란 채권의 coupon을 par로 나눈 수치에 100을 곱한 것입니다. "Its coupon rate is 3% (rather than 0.03)"라고 통상 말하기 때문입니다.

오늘 무슨 이유에서 주가가 하락했다면, 오늘 투자자 A가 이 낮아진 가격으로 현대차 주식을 사면 (이전에 더 높은 가격으로 매수한 B의 투자 수익률보다) A의 투자 수익률이 더 높을 것이라는 말입니다.

이제 이를 채권에 적용하면,

"다른 모든 것이 동일할 때,
채권 가격이 하락하면 채권 투자 수익률은 상승한다"

가 됩니다. 이 말은 원래의 표현보다 훨씬 더 이해하기 쉽습니다. 이를 간략히 그리고 x, y의 순서를 바꿔 표현하면,

"수익률이 상승하면 채권 가격은 하락한다"

가 됩니다. 사실은 이런 의미로

"이자율이 상승하면 채권 가격은 하락한다"

라고 말하는 것입니다. 그리고 이때 이자율은 채권에 대한 시장의 요구수익률(market interest rate), 다른 말로는 할인율(discount rate)을 의미합니다. 채권에 대한 다른 조건들은 변하지 않았는데 투자자들이 요구하는 투자 수익률이 상승한다면, 이를 충족시키는 유일한 길은 그 채권의 가격이 더 낮아지는 것이기 때문입니다. 이러한 시장의 요구수익률 혹은 할인율을 단순히 시장 이자율이라고도 한다는 것입니다.*

시장 이자율은 채권 유통시장의 그때그때의 상황에 의하여 사후적으로 결정되는 반면 액면이자율은 채권 발행시장에서 사전적으로 결정됩니다. 그러므로 두 이자율 사이에는 특별한 관계가 있다고 할 수 없습니다. 그런데도 두 용어에 모두에 '이자(율)'이란 표현이 사용된다는 이유로 두 이자율이 마치 어떤 관계에 있는 것처럼 혼동될 수 있습니다. 이 또한 우리말 번역에 따른 오해입니다. 영어 표현에서는 액면이자는 coupon이고 시장 이자(율)은 market interest rate 혹은 yield이므로 혼동의 여지가 없습니다. ■

---

* 이런 점에서 사실 특정채권의 "시장 이자율"이란 그 채권의 "시장 가격"을 달리 표현한 것에 불과합니다. 전자가 결정되면 후자가 확정되고, 후자가 결정되면 전자가 확정되는, 1:1의 관계이기 때문입니다.

참고 1〉 재무금융의 근본적인 가치평가 원리

한편 채권 (유통)시장에서 (시장)이자율이 상승하면 채권 가격은 하락하는 이유를 재무금융의 근본적인 가치평가 원리(asset pricing principle)를 통해 설명할 수도 있습니다. 재무금융에서의 자산(asset)의 정의는

미래 현금흐름을 발생시킬 수 있는 모든 것
= anything that can generate future cash flows

입니다. 가령 LA Dodgers 구단이 천문학적 금액을 지불하고 프로야구 선수 오타니를 영입한 이유 중 하나는, 오타니가 그 구단에 (그 천문학적 금액보다도 더 큰) 미래 현금흐름을 창출할 것이라는 믿음 때문이라 할 수 있습니다. 이런 점에서 오타니는 LA Dodgers 구단의 하나의 중요한 자산이라 할 수 있습니다. 즉 부동산, 주식, 채권만이 자산이 아니라 미래에 현금흐름을 창출할 수 있는 모든 것이 자산입니다.* 이런 모든 자산에 적용될 하나의 근본적 가치평가 방식은 다음과 같습니다.

모든 자산의 가격은 그 자산으로부터 발생할 미래 현금흐름의 현재가치
The price of an asset is the present value of its futures cash flows.†

라는 것입니다. 참고로 현재가치를 구하는 방법은 미래 현금을 (적절한) 할인율로 할인하는 것입니다.‡

이 가치평가 원리는 채권이라는 자산에 가장 훌륭하게 적용됩니다. 특정 채권 A의 가격은 A로부터 발생할 미래 현금흐름의 현재가치인데, 채권의 미래 현금흐름은 액면이자와 액면가 이 두 가지밖에 없고, 변동금리 채권 제외한 대부분 채권의 이 두 현금

---

* 로또도 하나의 자산입니다. 모든 (특정) 로또는 그것이 맞을 확률이 0보다 크므로 미해 현금흐름을 창출할 수 있기 때문입니다. 물론 로또 가격에 대비하여 로또의 (기대) 미래 현금흐름이 더 작지만, 통상 자산을 정의할 때는 그 이익(profitability)이 아니라, 즉 그 취득원가를 고려하지 않고, 그것으로부터 발생할 미래 현금흐름만을 감안합니다. 그러므로 로또는 자산이긴 하되, 확률적으로는 손실을 발생시키는 (악성)자산입니다.

† 이론 가격을 말합니다. 현실에서의 자산의 가격은 비합리적인 수치가 될 수도 있습니다.

‡ 가령 어느 자산을 1년 후 \$110의 (예상) 가격으로 팔 수 있다고 예상되고 이 자산의 위험을 고려한 적절한 1년 할인율이 10%라면, 이 자산의 현재가치는 $\frac{\$110}{1+0.1} = \$100$입니다. 이 할인율 0.1이 바로 이 자산에 대해 시장이 요구하는 시장이자율입니다. 현재가치 환산 방법론은 2장 이후 상세히 설명합니다.

흐름은 이미 확정된 수치들이기 때문입니다. 반면 주식, 옵션 등 대부분 자산의 미래 현금흐름은 미리 확정되어 있지는 않습니다. 그리고 특정 채권 A의 확정된 미래 현금흐름의 현재가치(present value, PV)는 그 현금흐름들을 적절한 할인율로 할인함으로써 산출됩니다. (적절한 할인율이라 함은 채권 A의 위험 정도를 감안한 할인율을 말함) 그 (적절한) 할인율의 다른 이름이 바로 채권 A에 대한 투자자들의 요구수익률, 즉 채권 A에 대해 시장(에서 요구하는) 이자율인 것입니다. 채권 A에서 발생하는 미래 현금흐름들은 고정됐는데 이 현금흐름들을 현재가치로 할인할 시장 이자율이 상승하면 A의 현재가치 즉 A의 가격은 하락할 수밖에 없습니다. 이런 연유로

(시장)이자율이 상승하면 채권 가격은 하락

하는 것입니다. ■

한편 채권 (발행)시장에서 액면이자율(coupon rate)이 높게 설정되면 채권 가격은 어떻게 될까요? 물론 이 질문은 다른 모든 조건이 동일함을 전제로 합니다. 액면이자율이 높아지면 채권 보유자가 받는 정기적인 이자(coupon) 금액이 많아지므로 채권 보유의 가치가 커집니다. 그러므로 채권 발행시장에서 액면이자율이 높아지면 채권 가격은 상승합니다. 이와 관련하여, 채권 발행자가 채권을 발행할 때에 액면이자율을 그 채권에 대해 시장(이 요구하는) 이자율보다 높게 결정했다면 채권 발행가격은 par보다 높고(할증발행), 시장이자율보다 낮게 정했다면 발행가격은 par보다 낮으며(할인발행), 시장이자율과 같게 정했다면 발행가격은 par가 됩니다(액면발행). 그 이유는 아래 질문에 대한 답변에서 찾을 수 있습니다.

질문 2-7〉 coupon rate, market interest rate, bond price의 관계는 무엇인가요?

마지막으로 생각해 볼 것은, coupon rate과 market (interest) rate이 어떻게 채권 가격에 영향을 주는가 하는 것입니다. 여기서는 채권 발행시장에서의 가격 결정으로 제한하여 이 문제를 논의해 보겠습니다.

액면이자율은 채권 발행자가 지급하는 (par 대비) 이자율 수준이고 시장 이자율은 특정 채권에 대해 투자자들이 요구하는, 즉 시장이 요구하는, 이자율 수준입니다. 발행 시

장에서 전자가 후자보다 작다면 투자자는 당연히 불만족스러워 할 것이고 이는 곧 그 채권에 대한 수요 감소로 이어집니다. 수요가 감소하면 그 채권의 가격은 하락할 것입니다. 문제는 하락의 기준이 무엇이냐 하는 것입니다. 즉 어떤 금액 아래로 채권 가격이 하락함을 의미하는가 하는 것입니다. 그 답은 "par보다 하락한다"는 것입니다. 즉 쿠폰 이자율이 시장 이자율보다 작다면 투자자는 당연히 불만족스러울 것이므로 그 부족한 수익률을 어떤 식으로든 보상받아야 하는데, 이는 현재의 채권 가격이 만기에 받을 par value(액면가)보다 낮아짐으로써 충족됩니다.

간단한 예로 par = $100인 경우를 생각해 봅시다. 그리고 만기 = 1년, coupon rate = 10%인 채권 A를 가정합시다. 즉 투자자 J가 A를 구입하면 1년 후 par $100와 coupon $10를 받습니다. 이 채권의 적정 가격은 얼마가 되어야 할까요? 만일 J가 이 채권에 대해 요구하는 수익률(시장 이자율)도 10%라면 J는 이 채권을 par, 즉 $100에 살 용의가 있습니다. coupon rate가 par의 10%인데 J가 요구하는 수익률도 10%이니, J는 par만큼 가격을 지불하면 자신이 원하는 수익률을 정확히 달성하기 때문입니다. 즉 J가 $100(=par)을 지불하여 이 채권을 사면 1년 후 이 채권은 par $100와 coupon $10를 합쳐 $110를 지불하므로 J의 요구수익률 10%가 달성됩니다. 이 가격에서 투자자의 요구가 정확히 충족되므로 이 채권의 시장 가격은 $100(=par)가 될 것입니다.

만일 coupon rate = 8%인데, J가 요구하는 수익률이 10%라면 J는 이 채권을 par = $100에 사지 않을 것입니다. 이 채권은 1년 후 par + coupon = $100 + $8 = $108만을 지급하므로 갑의 투자액 $100(=par) 대비 수익률은 8%밖에 안 되기 때문입니다. 이 채권으로부터 J가 받을 금액은 1년 후 $108로 고정되어 있으므로, 이 채권이 갑의 요구수익률 10%를 충족시키는 유일한 방법은 채권을 싸게 사는 것입니다. 이렇게 될 때에만 J는 1년 후 coupon $8의 수익뿐 아니라 상승된 채권 가격(=$100=par)으로 추가적 수익을 올리게 되며 이 두 수익을 합쳐 그의 요구수익률 10%를 충족시킬 수 있습니다. 그리고 이 가격에서 시장은 균형을 이룹니다. 참고로 그 가격은 약 $98.18입니다. 왜냐하면 $98.18 × (1+0.1) = $100(par) + $8(coupon)이기 때문입니다. 이처럼 coupon rate와 market interest rate의 상대적 크기에 의해 채권 가격의 액면가 대비 상대적 크기가 결정되는데, 이에 대해서는 4장에서 보다 자세히 논의합니다. ■

이제 위 질문에 대한 답을 간단히 요약하면 다음과 같습니다. 아래 간단한 정리에 대한 더 상세한 내용은 4장에서 심층적으로 논의합니다.

> **정리 1〉 coupon rate, market interest rate, bond price의 관계**
>
> 1. coupon rate 〉 market interest rate이면 채권 가격은 par보다 높다.
> 2. coupon rate 〈 market interest rate이면 채권 가격은 par보다 낮다.
> 3. coupon rate = market interest rate이면 채권 가격은 par와 같다.

참고로 시장 이자율은 보통 아래와 같은 "yield curve", 우리말로는 "수익률 곡선" 혹은 "이자율 곡선"이라는 그래프로 표시됩니다. 아래 그래프는 인터넷에서 쉽게 검색할 수 있는, 2025년 6월 23일 현재의 미국 국채(government bonds)에 대한 시장 이자율을 나타내는 곡선입니다. x-축은 각 채권의 만기이고 y-축은 특정 만기의 미국 국채에 대해 시장 투자자들이 요구하는 (연율로 환산된) 수익률입니다. x-축에서 M, Y는 각각 1개월, 1년을 뜻합니다. 아래와 같은 그래프에 대해서는 제5장에서 상세히 설명합니다.

➢ 그림 2-1〉 시장 이자율 곡선(yield curve)

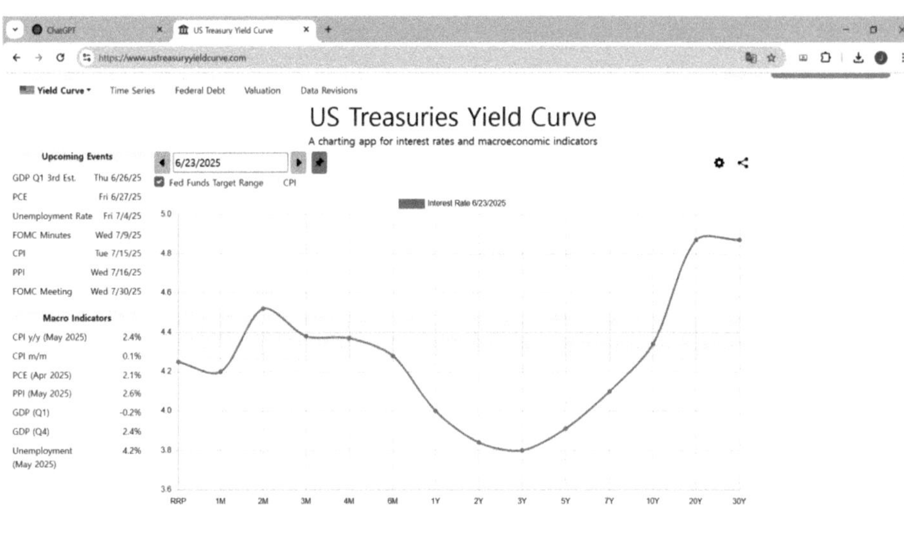

제 2 절 채권의 이자 지급

일반적으로 이자란 타인의 현금을 차입하여 사용하고 추후에 상환하는 서비스에 대한 가격을 말합니다. 이 가격은 통상 (+) 값을 가지는데, 이는 향후 상환금의 총액이 애초의 차입금보다 더 크다는 것을 의미하며, 총 상환금액 중 애초의 차입금을 뺀 나머지 금액이 이자가 됩니다. 가령 은행으로부터 일정한 금액을 대출 받고 향후 일정 기간에 걸쳐 이 대출금을 상환할 때에는 이자를 포함하게 되어 총 상환금은 차입금보다 큰 사실을 생각해 볼 수 있습니다. 또 자동차 할부금융 서비스를 받아 자동차를 구입한 후 향후 일정기간 동안 이를 상환하는 경우에 총 상환금은 애초의 자동차 구입 가격보다 크다는 사실에서도 할부금융 서비스의 소비자가 이자를 지급하고 있음을 알 수 있습니다.

질문 2-8〉 실질적인 이자가 0인 채권도 있나요?

효율적인 금융경제에서는 무임승차라는 것이 있을 수 없습니다. 이는 곧 소비자에게 효용을 제공하는 모든 재화나 서비스의 가격이 0보다 큼을 의미합니다. 현금을 빌려 사용하는 서비스도 마찬가지여서, 타인의 현금을 사용할 경우에는 어떠한 형태로든 (이자)비용을 지급해야 합니다.* 채권 발행자가 지불해야 할 이 이자 비용은 결국 채권 투자자가 채권 구매 시 지불하는 비용(acquisition cost)보다 그 채권으로부터 받게 되는 현금 총액이 더 크게 나타나는 형식으로 실현됩니다. 실제로 대부분의 경우 후자가 전자보다 더 큽니다.

채권의 명목적인 “이자” 즉 “coupon rate = 0”이어도 채권의 실질적인 이자는 0보다 큰 경우가 대부분입니다. 우리가 곧 논의할 무이표채(zero coupon bond)도 이에 해당합니다. 무이표채를 발행한 기업도 coupon이 아닌 다른 형태로 (이자)비용을 지불하고 있기 때문입니다. 즉 위에서 설명한 바와 같이, coupon 지급 대신 채권 가격의 상승으로

---

* 물론 현대 금융(financing) 경제가 활성화되기 이전인 수백년 전에는 현금을 맡겨서 보관하는 서비스의 혜택이 더 커서, 돈을 맡기는 주체가 오히려 비용을 지불한 적도 있습니다만(즉 실질적 이자가 (-)인 경우), 현대 금융 경제에서는 이런 일은 좀처럼 보기 드뭅니다.

투자자에게 보상하는 방식입니다. 투자자 입장에선 coupon을 받아 수익을 올리는 것이나 채권 가격이 상승하여 수익을 올리는 것이나 수익이라는 면에서는 같기 때문입니다.

참고로 2008년 세계금융위기 이후 미국을 비롯한 각국 정부가 경제를 회생시키기 위해서 의도적으로 시장 이자율을 거의 0에 가깝게 유지하려 한 적은 있지만, 이는 전 세계 금융 역사상 매우 예외적인 경우이고 시장의 자생적인 균형이라고는 하기 어렵습니다.* 단, 이론적으로는, 세계 경제가 지속적으로 악화일로를 겪어, 돈을 빌리려는 주체보다 돈을 빌려주려는 주체가 더 많아진다면 실질적인 이자가 0이 되는 경우를 완전히 배제할 수는 없습니다. ■

한편 채권에서의 이자란 은행의 대출 계약에서의 이자와는 다른 측면이 있습니다. 먼저 채권 투자에서는 "차입금"의 개념이 없습니다. 채권 발행자가 받게 되는 금액은 다른 경제 주체로부터 명시적으로 차입한 현금 액수가 아니고 발행 시장에서 투자자들에 의해 평가된 채권의 가격입니다. 또한 채권 발행자가 향후 지불하게 되는 금액은 "차입금 + 이자"가 아니라 채권에 명시된 "par + 만기일까지의 액면이자"인데, 채권의 par와 발행자가 애초에 수령한 금액(= 채권 가격)은 서로 다를 수 있습니다. 그러므로 채권의 발행자가 부담하는 실제의 이자비용은 "만기일까지의 액면이자"가 아니라

"par + 만기일까지의 액면이자 − 발행시장의 채권 가격"

이 됩니다. 또한 채권의 발행자는 발행시장에서 최초로 채권을 구입한 최초 투자자에게 지속적으로 이자를 지급하는 것이 아니라, 현재 그 채권을 보유하고 있는 투자자에게 이자를 지급합니다.

그런데 채권 시장에서는 채권의 "액면이자"를 중심으로 채권의 종류를 논하고 용어를 사용하는 관행이 있습니다. 이는 액면이자(율)가 채권의 가격 결정에서 중요한 요소이고 또 채권 가격의 변동성과도 밀접한 관련이 있어, 채권에 관한 논의에서 항시 중요

---

* 이후 유럽과 일본은 글로벌 금융 위기 이후 경기 부양을 위해 마이너스 금리(이자율) 정책을 실험적으로 도입했습니다. 일본의 중앙은행인 일본은행은 2016년 2월에 세계 최초로 마이너스 금리 정책을 도입하여 2023년 3월에 종료했습니다. 또 유럽중앙은행(ECB)은 2014년 6월부터 마이너스 금리를 적용하기 시작하여 2022년 7월에 종료했습니다. 이에 따라 독일을 포함한 유로존 국가들은 ECB의 정책에 따라 마이너스 금리를 경험했습니다.

한 주제로 인식되었기 때문입니다. 본 절에서도 이 사실을 감안하여 액면이자를 중심으로 채권의 유형을 파악하기로 합니다. 이후 채권의 발행 주체 등 다른 기준으로 채권의 유형을 분류해 보겠습니다.

1. 이표채와 무이표채

> **정의 1〉 이표채(coupon bond)**
> 이표채(coupon bond)란 정기적으로 액면이자(coupon)를 지급하고 만기일에 par를 지급하는 채권이다.

우리 나라의 경우 중앙 및 지방 정부, 공 · 사기업 등 대부분의 채권 발행자들은 이표채를 발행하고 있는데, 만기는 3년, 5년, 10년 등으로 다양하고 매 3개월 또는 매 6개월마다 액면이자를 지급합니다. 가령 3개월 이표채인 경우 정해진 이자지급일마다 액면이자의 1/4을 지급하고 만기일에는 액면이자의 1/4과 par를 지급합니나. 반면

> **정의 2〉 무이표채(zero coupon bond)**
> 무이표채(zero coupon bond)란 액면이자율이 0%여서 액면이자를 전혀 지급하지 않고 만기일에 par만을 지급하는 채권이다.

무이표채를 우리나라에서는 할인채(pure discount bond)라고도 합니다. 참고로 본서에서는 무이표채와 'zero coupon bond'를, 그리고 이표채와 'coupon bond'를 함께 사용합니다. 무이표채, 이표채는 우리나라에서만 쓰이는 표현이지만 두 영어 단어는 전세계적으로 쓰이기 때문입니다.* zero coupon bond는 이처럼 간단한 구조로 되어 있기 때문에 채권의 가치평가, 투자전략 및 위험관리에서 유용한 도구로 기본적인 이해를 위해 자주 활용됩니다. 이제 coupon rate와 관련된 흥미있는 질문을 하나 해 보겠습니다.

---

* 물론 그렇다고 해서 모든 표현들을 우리말 단어와 영단어로 혼용하지는 않습니다. 단 coupon bond와 zero coupon bond는 여러분들이 친숙해져야 할 단어이기에 이렇게 혼용합니다.

질문 2-9〉 coupon rate이 높은 채권이 더 좋은 채권인가요?

여기서 "더 좋은 채권"을 "투자자들이 더 선호하는 채권"이라 해석하고 이 질문에 답해 보겠습니다. coupon bond와 zero coupon bond를 비교할 때 또는 coupon bond들의 coupon rates의 크기를 비교할 때 초보 투자자들에게 떠오르는 의문은, 높은 coupon rate을 제공하는 채권이 낮은 coupon rate을 제공하는 채권보다 더 좋은 투자대상인가 하는 것입니다. 왜냐하면 "다른 모든 조건이 동일할 때" 투자자들은 보다 많은 coupon을 지급하는 채권을 보유할 때 더 큰 효용을 느낄 것이기 때문입니다. 이 의문에 대한 답은,

채권의 coupon rate과 투자자들의 선호도는
특별한 관계가 있다고 할 수 없다

는 것입니다. 왜냐하면 coupon rate가 상이한 채권들은 시장에서 상이한 가격으로 결정되기 때문입니다. 투자자는 더 높은 coupon으로 더 큰 금전적 혜택을 얻으므로 높은 coupon rate를 제공하는 채권의 가격은 낮은 coupon rate를 제공하는 채권의 가격보다 높습니다. 다른 모든 조건이 동일하다면 말입니다.* 이때 투자자는 결국 coupon rate과 채권의 가격을 함께 감안하여 채권 투자를 결정합니다. 그러므로 채권의 coupon rate만으로 투자자의 선호를 단언할 수는 없습니다.

단 투자자들이 '심리적으로' 혹은 '정서적으로' 정기적인 coupon 지급을 원하는 경향이 있다면, 채권 발행자 입장에서는 투자자들의 이러한 욕구를 충족시킨다는 측면에서 coupon rate을 조정할 수는 있습니다. 가령 만기 10년, par = 1억의 채권이 있다고 합시다.† 이 채권이 무이표채이거나 coupon rate = 1%라면, 이 채권 보유자는 만기 되기까지 10년간 이 채권으로부터 받는 현금흐름이 매우 적습니다. 만일 10년 후 만기가 도래하

---

* 즉 동일한 발행 주체가 동일한 par, 동일한 만기의 회사채를 발행할 때 higher-coupon-rate를 제공하는 채권의 가격이 lower-coupon-rate를 제공하는 채권의 가격보다 높습니다. 반면 신용도가 좋은 기업 A와 낮은 기업 B가 발행하는 동일한 par, 동일한 만기의 회사채를 발행할 때 설혹 B의 회사채가 (A 회사채보다) higher-coupon-rate를 제공한다 해도 B 회사채 가격이 A 회사채 가격보다 더 높다고는 할 수 없습니다. 발행 주체의 신용도의 차이가 존재하므로, "다른 모든 조건이 동일하다면"을 위반하기 때문입니다. 가령 부도 위험이 있는 기업 B가 발행한 (higher-coupon-rate의) 채권의 가격과 우량 기업 A가 발행한 채권의 가격을 연상해 보면 이해가 될 것입니다.

† 1억원이든 1억엔이든 1억달러든 상관 없습니다.

기 전에 이 채권 발행회사에 부도(default)라도 발생하여 채권 액면가 1억을 지불하지 못하면 이 채권 투자자는 채권 구입에 투자된 대부분의 현금을 잃습니다. 반면 이 채권의 coupon rate = 10%라면 이런 부도 위험으로부터 어느 정도 보호됩니다. 가령 향후 6년 후 이 채권 발행회사에 부도가 발생하면, 초기 5년 동안 받은 coupon 합계가 par의 50%에 달하기 때문입니다. 이런 점에서도 투자자들이 무이표채보다 이표채를 선호하는 경향이 있다면, 채권 발행회사는 가능한 이표채를 발행할 유인이 있습니다. 또 (제8장 "듀레이션 II"에서 공부하겠지만) coupon rate이 낮을수록 동일한 시장이자율 변화에 대하여 채권 가격의 변동성이 크기에 투자자들에게 더 위험한 채권으로 인식됩니다.*

이제 원래의 질문을 다시 생각해 보겠습니다. 원 질문은

"coupon rate이 높은 채권이 더 좋은 채권인가요?"

이었습니다. 이 질문과 유사한 질문을 생각해 보겠습니다.

배당을 더 많이 주는 주식이
그렇지 않은 주식보다 더 좋은 투자 대상일까요?

수익성, 안정성 등 다른 모든 조건이 유사할 때 배당을 더 많이 주는 주식은 그렇지 않은 주식보다는 분명 더 선호될 가능성이 있습니다. 그렇다면 이런 주식의 가격은 그렇지 않은 주식의 가격보다는 더 높을 가능성이 있습니다. 즉 고배당, high coupon 등 (다른 모든 조건이 유사할 때) 투자자가 더 선호할 가능성이 높은 금융 자산들의 가격은 그만큼 시장에서 더 높은 가격으로 거래될 것입니다. 그러므로 가격 대비 수익성을 감안하면, 고배당, high coupon 채권이 더 좋은 투자 대상인지는 파악하기 쉽지 않습니다. 그러므로 가격 대비 수익성 같은 정량적(quantitative) 요인보다는, 안정적 배당이나 높은 coupon을 선호하는 투자자 개인의 "성향"에 따라 어떤 주식, 채권이 더 "만족스러운" 투자 대상일지가 결정된다고 보는 것이 합리적입니다. ■

---

* 반면 일반적으로 coupon 수익에 대한 세율(tax rate)이 채권의 가격상승(=capital gain)으로 인한 세율보다 높기에, 이 또한 채권 투자자의 coupon rate에 대한 선호도에 영향을 미칠 수 있습니다. 이런 측면들을 모두 종합적으로 볼 때, 일반적으로 장기 채권에 있어서는 투자자들이 (단기 채권에 투자할 때 보다) 상대적으로 더 높은 coupon rate을 선호하는 경향이 있다고 할 수 있습니다.

참고로, 투자자들이 주식이나 채권 같은 증권 중에서 특정 유형의 증권을 더 선호할 수 있는 현상을 (기업재무 분야에서는)

"clientele effect"

라는 용어로 설명합니다. 가령 어떤 투자자들은 배당금을 지급하지 않고 그 자금을 사업 성장에 재투자하는 기업을 선호하는 반면, 다른 투자자들은 높은 배당을 지급하는 주식을 선호하고, 또 다른 투자자들은 배당과 재투자를 균형적으로 실행하는 기업(주식)을 선호할 수 있습니다. 그리고 clientele effect 현상이 발생하는 이유로는, 배당(혹은 coupon)과 자본 이득(capital gain)에 대한 상이한 세율, 개인의 연봉 수준에 따른 상이한 세율, 개인적인 취향 등 다양한 이유가 있을 수 있습니다. 채권에 대해서도 비단 coupon rate뿐 아니라 채권의 다른 특성도 투자자의 차별적 채권 선호의 원인이 될 수 있습니다. 가령, 안정적이고 낮은 위험을 추구하는 투자자는 재정적으로 건전한 회사가 발행한 채권을 선택할 가능성이 높고, 높은 수익률을 위해 더 높은 리스크를 감수할 준비가 된 투자자는 고수익 채권에 더 관심을 가질 수 있습니다.

참고로, 미국 기업 Tesla와 Amazon은 아직도 배당을 (거의) 하지 않고 이익을 모두 내부에 유보하여 재투자 재원으로 활용하고 있습니다. 그럼에도 테슬라나 아마존의 주가는 장기간 계속 상승 추세입니다. Google도 배당을 하지 않다가 2024년에 처음으로 분기 배당을 하였습니다. 이들 기업의 투자자 입장에서는 당장 현금이 필요한 것이 아니라면 배당 없는 주가 상승을 반대할 이유가 없습니다. 가령 (배당 없이) 주가가 계속 상승 추세에 있는 주식이 있다면 이런 주식을 매수하려는 투자자들이 있기 마련이기에, 또 이 주식 보유자들은 현금 필요 시 이 주식 일부를 시장에서 높은 가격으로 매도하면 되기 때문입니다.

2. 고정금리채권, 변동금리채권 및 역변동금리채권

"fixed income security"라는 명칭과는 달리 채권 중에는 미래 현금흐름이 변동하는 경우도 있습니다. 여기서는 이 중 대표적인 변동금리채권과 역변동금리채권에 대해서 파악해 보겠습니다.

질문 2-10〉 그런데 왜 채권 종류가 이렇게 다양할까요?

고정금리채권(fixed rate bonds)은 coupon rate이 확정되어 변하지 않는 채권을 의미합니다. 이는 "fixed income securities"라는 용어에 부합하는 채권으로, 종래에는 채권이라면 통상적으로 고정금리채권을 의미하는 경우가 많았습니다. 그런데 시간의 경과와 함께 채권 투자자와 발행자의 욕구가 보다 다양화되면서 이를 충족하려는 새로운 유형의 채권들이 생겨났는데, 이러한 채권 중의 한 유형으로 변동금리채권(floating rate notes, FRN, floaters)을 들 수 있습니다. 변동금리채권이란

coupon rate이 특정 기준금리에 연동하여 동일한 크기만큼 움직이는 채권

을 의미합니다. 물론 동일한 방향으로 말입니다. 즉 기준금리가 x% 포인트 상승(하락)하면 변동금리채권의 coupon rate도 x% 포인트 상승(하락)하게 됩니다. 변동금리채권의 coupon rate은 보통 특정 기준금리에 일정한 스프레드(spread)가 가산되어 책정됩니다. ■

변동금리채권의 예를 하나 들어서 설명해 봅시다. 삼성전자가 par를 1조원으로, coupon rate을 "KOFR + 200 bp"로 정한 변동금리채권을 오늘 발행한다고 하면, 이 변동금리채권의 기준금리(reference rate)는 KOFR(Korea Overnight Financing Repo Rate)가 됩니다. 가령 오늘의 3개월 KOFR가 (연율로) 5%라고 하겠습니다.* 매 3개월마다 coupon을 지급하는 변동금리채권을 발행하는 기업은 오늘 이 채권 발행 후 3개월이 지나 첫 coupon을 지급할 때 "단기 KOFR + 2%" = 7%의 coupon rate을 적용하여

---

* KOFR는 "은행들이 하루 동안 돈을 빌리고 빌려줄 때 실제 쓰는 이자율"의 평균을 산출한 값으로 한국은행이 매일 발표합니다. 우리나라에서 은행 대출이나 채권에 기준으로 쓰였던 금리들(COFIX, CD금리 등)은 은행 내부 계산이 많고, 시장의 금리 변화를 빠르게 반영하지 못하거나 심지어 조작 우려까지 있었습니다. 그래서 '누구나 확인할 수 있고, 조작 불가능한 실거래 기반 금리'를 만들 필요가 생겼기에 만들어진 것이 KOFR입니다. 2025년 현재까지는 은행 간 거래, 단기 금융상품 평가 등에 주로 쓰이고 있는데, 향후에는 변동금리 채권, 파생상품 같은 곳에 '새로운 기준금리'로 점점 확대 적용될 예정입니다. 단지 KOFR는 "하루짜리 금리"라서 (일반적인 우상향 yield curve에 반영되는) '만기 프리미엄'이 반영되지는 않습니다. 즉 KOFR를 3개월, 6개월의 변동금리의 지표로 사용하기에는 무리가 있습니다. 이런 연유로 (가령) 3개월마다 이자를 주는 변동금리채권 같은 데에 KOFR를 쓰려면, 단순히 하루짜리 금리를 쓰는 게 아니라 그 기간 동안의 KOFR 평균값(예: 3개월 복리평균)을 써야 합니다. 미국의 경우 이 문제를 해결하려고 '3개월 SOFR' 같은 것을 따로 만들어 놨지만, 한국은 아직 KOFR의 기간별 금리(Term KOFR)는 존재하지 않습니다.

$$1\text{조원} \times 0.07 \times \frac{3}{12} = 175\text{억원의}$$

coupon을 채권 보유자들에게 지급하게 됩니다. 즉 오늘 시점에서 확정된 기준금리를 적용하여 (가장 가까운) 미래 coupon 지급 시점에 변동금리로 coupon을 지급합니다. 마찬가지로 오늘로부터 3개월 후의 단기 KOFR를 6%로 가정하면, 이 채권의 두 번째 coupon 지급일인 6개월 후에는 다시 "(새로운) 단기 KOFR + 2%" = 8%의 coupon rate을 적용하여 $1\text{조원} \times 0.08 \times \frac{3}{12} = 200\text{억원의}$ coupon을 채권 보유자들에게 지급합니다.

한편 역변동금리채권(inverse floaters)은 coupon rate이 특정 기준금리에 연동되어 "반대 방향"으로 움직이는 채권을 말합니다. 위의 변동금리채권과 대비하여 역변동금리채권의 예를 하나 들어 봅시다. 삼성전자가 par를 1조원으로 설정하고, coupon rate을 "15% - 단기 KOFR"로 설정한 변동금리채권을 오늘 발행한다고 합시다. 오늘의 단기 KOFR가 5%라고 하면, 이 회사는 앞으로 3개월 후 첫 coupon을 지급할 때 "15% - 5%" = 10%의 coupon rate을 적용하여 $1\text{조원} \times 0.1 \times \frac{3}{12} = 250\text{억원의}$ 현금을 채권 보유자들에게 지급하게 됩니다. 또 이 날의 단기 KOFR 즉 오늘로부터 3개월 후의 단기 KOFR를 6%로 가정하면, 이 채권의 두 번째 coupon 지급일인 향후 6개월 뒤에는 "15% - 6%" = 9%의 coupon rate을 적용하여 $1\text{조원} \times 0.09 \times \frac{3}{12} = 225\text{억원의}$ 현금을 채권 보유자들에게 지급합니다.

참고로 우리나라에서 변동금리의 대표적 지표로는 KOFR 외에도 COFIX(Cost of Funds Index)가 있습니다. COFIX는 은행들이 주택담보대출(mortgage loan)을 변동금리로 제공할 때 주로 사용되는데, 이에 대해서는 모기지론과 MBS(Mortgage-Backed Securities)를 논의하는 본서 10장과 11장에서 설명합니다.

이제 다시 본 주제로 돌아와, 자못 흥미로운 질문을 하나 해 보겠습니다.

질문 2-11〉 고정금리채권과 변동금리채권 중 어느 것이 더 안정적인 투자 대상일까요?

변동금리채권과 관련된 문의 사항으로, 고정금리채권과 변동금리채권 중 어느 채권이 투자자 입장에서 보다 안정적인 투자 대상인가 하는 물음이 있을 수 있습니다. 확정된 이자를 만기일까지 정기적으로 지급하는 채권과 미래의 불확실한 기준금리 수준에 맞추어 이자를 지급하는 채권 중 어느 쪽이 투자자 입장에서 더 안정적일까요? 얼핏 생각하면 고정금리채권이 당연히 더 안정적인 투자 대상일 것 같습니다. 그런데 이 질문에 보다 정교하게 답하기 할 위해서는, 채권으로부터 발생하는 현금흐름의 안정성뿐 아니라 그 현금흐름을 현재가치로 변환시킬 할인율의 안정성도 함께 감안해야 합니다. 이것이 무슨 말인지 더 자세히 설명해 보겠습니다.

투자 대상인 특정 자산이 안정적이다 하면 통상 이 자산의 어떤 특성을 의미하는 것일까요? 그 자산 가격의 변동성이나 불확실성이 작음을 의미합니다. 그런데 고정금리채권의 가격은, 주식이나 파생상품 가격보다는 안정적이지만, 절대적으로 안정적이지는 않습니다. 채권의 가격은 두 변수의 함수인데, 그 채권의

현금흐름과 할인율

의 함수이기 때문입니다. 만일 채권의 현금흐름만 감안하면, 즉 채권의 coupon만 생각하면, coupon이 확정된 고정금리채권이 변동금리채권보다 더 안정적인 채권입니다. 하지만 채권의 현금흐름뿐 아니라 그 현금흐름을 할인할 할인율까지 감안하면, 변동금리채권이 더 안정적인 채권이라고 할 수 있습니다.* 가령 고정금리채권 A에게 적용될 할인율은 다름아닌, 시장에서 투자자들이 A에 대해 요구하는 요구수익률, 즉 A에 대한 시장 이자율입니다. 이 수치는 어제와 오늘이 다를 수 있고 오늘과 내일이 다를 수 있기에, A의 만기일까지 지속적으로 변할 수 있습니다. 이 사실이 의미하는 바는, A의 시장가격이 매일 달라질 수 있다는 것입니다. coupon이 고정되어 있음에도 불구하고 말입니다. 반면 변동금리채권은, coupon과 할인율이 모두 불확실하지만, 이 둘이 함께 작용하면 (역설적으로) 안정적인 가격이 도출됩니다. 이는 변동금리채권(B)의 coupon rate를 결정하는 기준금리가 채권 시장의 대표적인 이자율로 설정되기 때문입니다. 즉 변동금리채권의 특성 상 시장의 대표적 이자율과 B에 대한 투자자들의 요구수익률은 같은 방향으로 움직입니다. 그 결과, B가 미래 시점에 제공할 coupon들의 값은 B에 대해 투자자들이 요구하는 수익률 수준과 같거나 유사합니다. 요약하면, 변동금리채권 B의 coupon(rate)의 크기는 다름아닌 B에 대한 시장 이자율과 같거나, 유사하거나, 적어도 같은

---

* 물론 다른 조건이 모두 동일한 고정금리채권과 변동금리채권을 비교하는 경우에 한해서입니다. 즉 이 두 종류 채권의 발행자, par, 만기 등이 모두 동일한 경우를 말합니다.

방향으로 움직입니다. 그러므로 가령 B에 대한 요구수익률이 상승(하락)하면 B의 coupon들의 값도 상승(하락)하여, 결국 B 가격은 어느 시점에서든 (B의) par와 유사한 값이 됩니다. 항상 투자자들이 요구하는 수준만큼 coupon을 주니, 그러한 채권 가격은 par에 근접할 수밖에 없습니다. 이는 곧 채권 가격 변동성이 작음을 의미하므로, 변동금리채권이 안정적인 채권임을 의미하는 것입니다. 이처럼 미래 시장 이자율의 변화 가능성에도 불구하고 채권 가격이 항상 안정적이라는 점이 변동금리채권의 가장 큰 장점입니다. ■

이를 다음 정리로 요약할 수 있습니다.

정리 2〉 변동금리채권의 안정성

1. 채권 가격은 그 채권으로부터 기대되는 미래 현금흐름(들)과 이를 현재가치로 할인할 시장 이자율의 함수이다.
2. 고정금리채권의 경우 현금흐름은 확정되어 있지만 이를 할인할 시장 이자율의 변동성 위험에 항상 노출되어 있다. 그 결과 채권 가격이 안정적이지 않다.
3. 변동금리채권의 현금흐름은 확정되어 있지 않지만, 이 현금흐름과 이를 할인할 시장이자율이 같은 방향으로 움직이므로, 결과적으로 채권 가격은 안정적이다.

변동금리채권이 고정금리채권보다 더 안정적이라는 결론이 처음에는 다소 모순처럼 들리지만 이처럼 이치를 생각해 보면 이해가 가능합니다. 변동금리채권이 수익성보다는 안정성을 중시하는 (보수적인) 투자자에게는 안정적이어서 더 선호된다는 점은 은행 대출 대부분이 변동금리인 것으로도 잘 설명됩니다. 차입자에게 돈을 빌려주는 은행은, 채권 매매로 생각해 보면, 채권 투자자인 셈입니다. 돈을 빌려주는, 혹은 돈을 투자하는, 은행이 변동금리대출을 선호하는 이유는, 미래 시장 이자율의 변동에 따른 위험을 차입자에게 전가할 수 있기 때문입니다. 시장 이자율이 상승하면, 즉 투자자들이 요구하는 수익률이 상승하면, 고정금리로 대출을 실행한 은행으로서는 손실이 발생합니다. 그 대출로부터 받을 미래 현금흐름은 고정됐는데 그 현금(흐름)을 할인할 할인율이 상승하기 때문입니다. 하지만 변동금리로 대출을 실행한 은행은 손실이 발생하지 않습니다. 시장 이자율이 오르면 은행도 덩달아 더 높은 금리를 받아낼 수 있으므로, 은행 입장에서는 일단 대출한 이후에는 시장 이자율이 변동할 위험에 대해 걱정할 필요가 없습니다. 물론 향후 시장 이자율이 낮아지는 경우도 있지만, 변동금리 대출은 향후 이자율이 높아지든 낮아지든 신경쓸 필요가 없으므로 은행 입장에서는 고정금리대출보다 더 선호되는 대출 방식입니다. 동일한 이유로 안정적 투자를 원하는 투자자들에게는 고정금리채권보다 변동금리채권이 더 선호될 수 있습니다.

질문 2-12〉 변동금리채권 가격이 더 안정적이라는 사실을 비유로 설명해 주세요.

변동금리채권의 강점을 채권투자가 아닌 전혀 새로운 시각에서 파악할 수도 있습니다. 이를테면 세상에서는 절대성보다 상대성이 더 의미있을 때가 많다는 것입니다. 가령 축구 팀 A는 매 경기에 3골을 넣고 B는 매 경기에 상대팀보다 한 골만 더 넣는다 합시다. 감독 입장에서 어느 팀이 더 안정적인 팀일까요? 당연히 B일 것입니다. 투자자에게 있어서 변동금리채권은 정확히 상대팀의 골(할인율)만큼 자신도 골(쿠폰)을 넣어 주는 축구팀에 비유할 수도 있습니다. 상대팀이 넣을 골의 수는 불확실하지만, 즉 시장 이자율은 불확실하지만, 그 골 수가 어떻든간에 자신도 그 골 수만큼 넣는다면 상대팀 골 수의 불확실성은 무력화되고 경기는 항상 무승부가 됩니다. 변동금리채권에 있어서도 마찬가지로 시장 이자율은 불확실하지만 정확히 그 이자율이 요구하는 만큼 쿠폰을 주므로 이 채권의 가격은 (무승부라 할 수 있는) par에 가깝게 형성되는 것입니다. ■

참고 2〉 채권의 원금 상환 시점

지금까지는 채권의 원금(par) 상환 시점을 만기일로만 국한하여 설명했습니다. 그런데 엄밀히 따지면, 채권의 par 상환이 만기일에 100%로 발생하지는 않는 채권도 있습니다. 가령 채권 A의 par가 100억원이고 만기가 5년이며 A의 발행일이 2030년 1월 2일이라 하겠습니다. 또 A의 coupon rate는 0일 수도 0보다 클 수도 있습니다. A의 만기일이 2035년 1월 2일인데, par 100억원이 한꺼번에 몽땅 2035년 1월 2일에 상환되지 않는 채권도 있다는 말입니다. 가령 매년 20억원씩 상환되는 채권도 있습니다. 이처럼 원금의 분할 상환 시점이 사전적으로 확정된 채권들을 sinking fund bond라 합니다.

이러한 채권이 존재하는 이유는 발행자가 만기에 한꺼번에 상환할 원금 100%의 재정적 부담을 낮추고 투자자 입장에선 원금의 채무불이행 위험을 낮추기 위한 것이라 할 수 있습니다. 또 원금의 만기일 이전 상환이 사전적으로 확정되지는 않더라도 채권 발행자가 원하면 만기 이전에 원금 전부를 상환할 수 있는 "prepayment"가 가능한 채권들도 존재합니다. 주택담보대출(mortgages)을 기초자산으로 하여 발행된 "mortgage-backed securities(MBS)"들이 그 대표적인 채권들입니다. mortgages와 MBS에 대해서는 본서 10장과 11장에서 상세히 설명합니다. 참고로 "prepayment"는 우리말로 조기상환 혹은 중도상환이라 합니다.

제 3 절 채권의 발행 주체

제1절에서 설명한 바와 같이, 채권 발행자는 정부, 지방자치단체, 공기업 및 사기업 등입니다. 또 국내에서 경제 활동을 영위하는 외국 기업 혹은 특정한 목적으로 설립된 서류상의 회사(paper company, special purpose company)도 채권을 발행할 수 있습니다. 채권 투자에 있어서 채권의 발행 주체가 중요한 까닭은, 첫째로 발행되는 채권의 종류가 발행 주체에 따라 다를 수 있고, 둘째로 채권발행 주체에 따라 채권의 투자 위험이 달라지기 때문입니다. 채권의 종류와 위험이 발행 주체별로 상이하다면, 채권 투자자의 투자전략은 영향을 받을 수밖에 없습니다. 가령 채권 투자의 위험 중 coupon과 par를 정해진 시점에 정확히 지급받지 못하는 "채무불이행 위험(default risk)"을 회피하고 싶은 투자자들은 일반 사기업이 발행한 채권보다는 대한민국 정부가 발행한 채권을 선호할 것입니다. 모든 정부는 발권력이 있기에 채권의 채무불이행이 발생하지 않는 것으로 인식됩니다.* 그러므로 채권 투자에 있어서 발행 주체의 중요성은, 주식 투자에 있어서 대형우량주, 중소우량주, 벤처기업의 주식의 차이만큼 중요하다고 할 수 있습니다. 본 절에서는 다양한 발행자가 발행하는 채권의 종류에 대하여 살펴봅니다.

---

* 영어로는 "the power to issue currency" 또는 "monetary sovereignty"라고 표현할 수 있습니다.

1. 국채(government securities)

국채란 주권국가가 예산상의 부족을 충당하기 위하여 혹은 국가 사업의 재원을 조달하기 위하여 발행하는 채권입니다. 우리나라의 경우 금액 비중으로 볼 때 주류를 이루는 국고채를 대표적인 국채로 들 수 있습니다. 국고채란 정부 정책 수행에 필요한 자금을 마련하기 위헤 발행하는 국채로 공공자금관리기금이 상환의무를 지는 채권입니다. 만기 별로는 2년, 3년, 5년, 10년, 20년, 30년, 50년까지 있는데, 과거에는 3년만기 국고채 유통수익률은 대표적인 시장이자율 중 하나였으나 근래에는 10년만기 국고채도 대표적인 시장이자율로 인식되고 있습니다.

현재 국채 시장이 전세계적으로 가장 발달되어 있는 국가는 미국으로, 연방 정부가 발행하는 재무부증권(Treasury Securities)은 91일 만기의 단기 채권(Treasury bills)부터 30년 만기의 장기 채권(Treasury bonds)까지 다양합니다. 미달러화와 미연방정부에 대한 국내외의 신용도가 높아 각국의 정부 및 대형 기관들이 이 채권들에 투자하고 있으며, 특히 전세계적인 경제의 불확실성이 높아질 때 이 채권의 가치가 보다 높이 인식되어 그 수요가 증대되는 경향이 있습니다.* 국채를 영어로는 government securities 혹은 government bonds라고 합니다.

2. 지방채(municipal bonds)

교육, 교통, 수도 등 공공사업이나 지방개발 사업에 소요되는 자금을 조달하기 위하여 서울특별시, 경기도, New York City 혹은 California State와 같은 지방자치단체(지방정부)가 발행하는 채권으로, 우리나라의 경우 서울특별시가 발행한 도시철도채권 등이 이에 해당합니다. 지방자치의 역사가 그다지 길지 않은 우리 나라의 경우 지방채의 발행이 매우 활발하지는 못하지만, 지방채 시장이 전세계적으로 가장 규모가 큰 미국의 경우 상환 조건, 신용 위험 및 유동성 등에서 매우 다양한 채권이 거래되고 있고, 외국의 채권 교재에서도 이러한 "municipal bonds"에 대하여 별도의 장(chapters)을 할애하여 설명하고 있습니다. 특히 미국의 경우 많은 지방채는 이자소득에 대해 연방세(tax) 면제

---

* 이러한 현상을 "flight to quality"라 합니다. 이는 quality 높은 자산으로, 즉 리스크가 적은 안전 자산으로 투자자의 선호가 이동하는 것을 뜻합니다.

혜택이 주어지는 경우가 많아 고소득 투자자들에게 유리한 절세 수단으로도 인식되고 있습니다.

3. 특수채

한국전력, 한국토지주택공사, 예금보험공사 등 특별법에 의해 설립된 법인이 발행하고 정부가 보증하는 채권으로, 한국전력공사채권, 한국토지주택공사채권, 예금보험공사채권 등이 있습니다. 통상적으로 지방채와 함께 공채(公債)라 부르기도 하며, 또 국채, 지방채 및 특수채를 포괄하여 국공채로 부르기도 합니다.

4. 통화안정증권(monetary stabilization bond)

한국은행이 통화 정책의 일환으로 단기적으로 시중의 통화량을 흡수하기 위하여 발행하는 채권으로, 시중에 추가적 통화 공급이 필요할 경우 통화안정증권을 환매하여 통화량을 증대시키는 수단으로도 활용됩니다. 간단히 통안채라고 불리기도 하며 국채와 더불어 채권 시장 점유율이 높은 채권으로, 통상 채권 발행 잔액의 10% 이상, 채권 거래량의 15% 정도를 점유하고 있는, 우리나라의 대표적인 채권 중 하나라고 할 수 있습니다. 통화안정증권은 관점에 따라 아래 소개될 금융채 중 하나로 볼 수도 있으나, 채권 시장에서의 중요성으로 인해 통상 별도로 파악되는 경향이 있습니다. 만기는 14일에서 2년까지 다양하며 이중 주로 만기 3개월, 1년, 2년의 채권들이 많이 거래됩니다.

5. 금융채

우리나라의 경우 한국은행, 한국산업은행, 기업은행 등과 같은 특수금융기관과 일반 시중은행(commercial banks)이 발행하는 채권을 금융채라 하여 별도로 분류하고 있는데, 이러한 발행 주체에 의한 분류는 전세계적으로 매우 일반적인 현상은 아닙니다. 우리 나라의 이러한 특수금융기관이 발행하는 채권으로는 위에서 설명한 바 있는 한국은행의 통화안정증권(통안채), 한국산업은행이 산업 개발에 필요한 자금을 조달하기 위하여 발행하는 산업금융채권(산금채), (IBK기업은행이 발행하는) 중소기업 육성지원을 위한 중소기업금융채권(중금채) 등을 들 수 있습니다. 또 일반 상업은행이 발행하는 은행

채도 금융채로 분류됩니다.

6. 회사채(corporate bonds)

회사채란 상법상의 주식회사가 발행하는 채권을 말하며 사채(社債)라고도 합니다. 여기서 말하는 '사채(社債)'는 기업이 발행하는 채권을 뜻하는 것으로, 개인 간에 고금리로 자금을 빌리고 빌려주는 의미의 '사채(私債)'와는 다릅니다.* 우리나라의 경우 회사채는 전통적으로 국채와 지방채보다 활발히 발행 · 거래되며 채권 시장의 주종을 이루고 있었습니다만 1997년의 아시아 통화위기(The Asian Currency Crisis, 속칭 "IMF 위기") 이후에는 정부가 정책적으로 국채 시장 활성화에 힘써 현재는 국채 시장이 우리나라의 대표적인 채권시장이라 할 수 있습니다.† 회사채의 만기는 과거에는 3년이 주류였으나 현재에는 3년, 5년, 7년으로 다양해졌으며 이자는 주로 3개월마다 지급됩니다. 미국의 경우 사기업이 발행한, 기업의 채무를 표시한 채무증권(debt securities)은 corporate bonds, medium-term notes, commercial paper 및 asset-backed securities 등으로 분류됩니다. 이러한 다양한 자금조달방식 중, 20년 이상 30년까지의 만기를 가지는 회사채(corporate bonds)의 발행이 가장 일반적이며 또 가장 규모가 큽니다.

7. 타 기준에 의한 채권 분류

발행 주체에 의한 분류 외에도 채권은 다양한 기준에 의해 분류될 수 있습니다. 가령 원리금에 대한 제3자의 지급보증 여부에 따라 보증채와 무보증채로 나누어 볼 수 있습니다. 보증채는 보증주체에 따라 정부보증채와 신용보증기금 · 보증보험회사 · 은행 등이 지급을 보증하는 일반보증채로 구분되며 무보증채는 발행주체의 자기 신용에 의해서 발행되는 채권을 말합니다. 또한 채권 발행자의 담보제공 여부에 따라 담보부채권과 무담보부채권으로 나누어 볼 수 있습니다. 담보부채권에는 발행주체가 채권을 발행할 때 신용을 보강하기 위해 담보를 제공하는 일반담보부채권과 유동화전문회사가 매입한

---

* 사채(私債)를 영어로는 'loan sharking'이라 합니다. 여기서 'shark'가 사용된 이유는 상어가 먹잇감을 한 번 물면 절대 놓지 않는 것처럼, 고리대금업자들이 채무자를 일단 잡으면 집요하게 돈을 받아내고, 갚지 못하면 채무자를 재정적으로 파괴하는 모습을 연상시키기 때문입니다.

† 현재 국고채 수익률과 회사채 수익률은 대표적인 채권 금리 지표로 사용되고 있습니다.

회사채, 은행대출채권, 카드매출채권 등의 자산을 기초로 발행하는 자산유동화 증권이 있습니다. 그리고 이자지급방법에 따라서는 무이표채(zero-coupon bond), 이표채(coupon bond), 복리채(compound interest bond) 등으로 구분됩니다. 이와 같이 채권은 다양한 형태로 발행될 뿐 아니라 같은 종류의 채권이라도 잔존만기와 표면금리가 다를 경우 각각 다른 종류의 채권으로 취급되기 때문에 채권의 종목수는 크게 늘어나게 됩니다.

채권은 돈을 차입하는 수단이므로 채권 투자자에게는 이자와 원금을 제때 받을 수 있을지 여부가 매우 중요합니다. 그런데 채권 투자자들이 개별 기업의 신용도를 제대로 파악하기란 쉽지 않은데, 신용평가회사들이 투자자들의 이러한 어려움을 완화시켜 줍니다. 뉴스에서 듣던 Moody's Investors Service, Standard & Poor's Global Ratings, Fitch Ratings 등의 신용평가회사들은 개별 채권의 이자와 원금이 제때 지급될 것인지를 판단하여 등급으로 표시해 줍니다. 투자자들은 신용평가회사들의 이 등급을 보고 투자할 수 있습니다. 이 세 신용평가회사들은 회사채 발행 기업의 신용도를 평가하기 위해 각기 별도의 등급 체계를 사용합니다. 이 등급 체계에 대해서는 제4장 제3절 "채권 투자의 위험"에서 '신용 위험'을 소개할 때 같이 설명됩니다.

국채나 지방채는 중앙정부 또는 지방정부가 발행하는 채권이므로 이자와 원금을 제때 지급할 가능성이 매우 매우 높습니다. 세금을 걷을 수 있기 때문입니다. 특별법에 의해 설립된 법인들이 발행하는 특수채나 한국은행이 발행하는 통화안정증권은 정부가 보증하기에 이자와 원금을 받지 못할 가능성은 거의 없다고 볼 수 있고, 일반 상업은행이 발행하는 은행채도 이자와 원금을 못받을 가능성은 매우 낮습니다. 그러므로 신용위험의 주요 대상은 상법상 주식회사가 발행하는 회사채가 됩니다.

회사채 발행기업의 신용등급이 낮은 경우 당연히 자금 차입의 어려움이 존재하므로, 이런 경우 이른바 '신용보강(credit enhancement)'이 필요하며, 가령 보증기관의 보증, 담보 설정, 채권의 선순위/후순위 구조 등이 활용됩니다. 가장 일반적으로는 보증인을 세우는 방법이 이용됩니다. 물론 여기서 보증인이란 보증하는 사람이 아니라 보증하는 기관을 말합니다. 보증인은 채권 발행자가 이자나 원금을 제때 지불하지 않는 경우 채권 발행자를 대신해서 지불해야 하기에, 보증인이 확실하면 채권 발행자의 신용등급이 매우 낮더라도 돈을 차입할 수 있게 됩니다. 따라서 보증인으로 가장 선호되는 대상은 중앙정부 또는 지방정부가 됩니다.*

제 4 절 채권에 내재한 옵션

투자자와 발행자의 새로운 욕구로 인하여 점차 다양한 증권이 만들어지면서 금융경제가 발전되어 온 사실은 앞에서도 설명한 바 있습니다. 채권의 경우도 마찬가지여서 오늘날 존재하는 채권들 중 일부는 발행자 혹은 채권 보유자에게 특별한 선택권, 즉 옵션(option)이 함께 부여되어 있기도 합니다. 본절에서는 이러한 옵션내재채권(bonds with embedded options) 중 대표적인 전환사채, 신주인수권부사채, 교환사채, 수의상환채권(callable bond), 상환요구채권 (puttable bond)에 대하여 살펴봅니다.

1. 전환사채(convertible bond, CB)

전환사채란 채권 보유자에게 채권을 주식으로 전환할 수 있는 권리(전환권)가 부여된 채권입니다. 채권 보유자의 전환권 행사에는 일정 조건이 충족되어야 합니다. 가령 기업 A가 만기 5년, par 100만원, coupon rate 8%의 채권을 발행할 때, 발행 후 1년이 지난 시점에서야 이 채권 보유자가 이 채권을 A 기업의 보통주로, 가령 보통주 10주로, 전환할 수 있는 권리(전환권)를 행사할 수 있습니다. 채권 보유자는 본인의 판단에 따라 이 전환권을 행사할 수도 있고 행사하지 않을 수도 있습니다. 즉 본인이 전환권을 행사하여 추가 혜택을 받을 상황이 만기일까지도 도래하지 않는다면, 이 채권 만기일까지도 전환권을 행사하지 않을 수도 있습니다.†

일단 전환권이 행사되면 부채(전환사채)가 자본(주식)으로 전환되어 발행회사로서는

---

* 우리나라의 경우 지방에서 이루어지는 공공사업은 통상 그 지방정부가 보증하는 경우가 많은데, 강원도의 레고랜드의 경우 지방정부의 보증도 믿을 수 없게 되는 일이 벌어졌습니다. 세계적 기업인 레고의 '레고랜드'를 춘천에 유치하는 사업에 강원도가 지급보증을 했는데 도지사가 바뀌면서 지급보증 관련 혼란이 발생했고, 혼란이 일파만파로 확산되면서 여타 지방정부 도지사들이 다급하게 지급보증을 확실하게 이행하겠다고 공동 발표를 하게 되었습니다.

† 물론 이는 사후적으로 그렇다는 것입니다. 사전적으로는, 전환권을 행사할지 안 할지 알 수 없습니다.

재무구조 개선 효과가 있습니다. 이 전환권은 채권 발행자가 아닌 채권 보유자가 소유하는 권리이므로, 즉 채권 보유자에게 혜택(이익)을 제공하므로 이 채권의 가치는 (다른 조건이 동일한) 일반 채권의 가치보다 높습니다. 왜냐하면 채권보유자는 일반 채권 보유자로서의 권리와 주식으로 전환할 수 있는 전환권을 모두 향유하고 있기 때문입니다. 이런 이유로 전환사채는 채권 투자자들에게는 인기 있는 투자 대상이 될 수 있습니다. 전환사채가 투자자들에게 인기가 있으므로, 발행 회사로서는 이 채권의 coupon rate를 낮게 설정해도 시장에서 잘 유통될 수 있습니다.

전환권의 적절한 가치 평가는 전환사채의 가치 평가에 매우 중요한데, 이 또한 옵션 가치평가를 활용하여 이루어집니다. 즉 특정 전환사채 A의 채권으로서의 가치를 먼저 산출한 후, A의 전환권의 (옵션으로서의) 가치를 별도로 산출하여 이 두 가치를 합산하여 전환사채 A의 가치를 산정합니다. 이 채권은 영어로는 convertible bond라고 하는데 종종 CB라는 약어로 불립니다.

2. 신주인수권부사채(bond with warrant, BW)

신주인수권부사채란 새로이 발행될 주식을 일정한 가격에 일정 수량만큼 구입할 수 있는 권리(신주인수권, warrant)가 부여된 채권입니다. 즉 기업 A가 발행한 채권의 보유자가 다음과 같은 권리를 갖게 되는 경우입니다. 가령 A가 향후 발행할 신주 중 50주를 1주당 9만원에 매입할 수 있는 권리를 함께 부여받는 경우 이 채권을 신주인수권부사채라고 합니다. 이 채권은 종종 par가 작고 또 coupon rate이 매우 낮거나 0인 조건으로 발행되기에, 채권으로서의 가치는 매우 낮고 신주인수권으로서의 가치만이 평가되는 경우가 많습니다. 신주인수권의 가치 평가에도 옵션의 가치평가 방법론이 자주 사용됩니다. 이 채권은 영어로는 bond with warrant라고 하는데 종종 BW라는 약어로 불립니다.

신주인수권부사채와 전환사채는 공통점도 있고 차이도 있습니다. 가장 중요한 공통점은 미래에 특정 조건으로, 가령 특정 가격으로, 주식을 매수할 권리가 부여된 채권이란 사실입니다. 반면 주식 인수에 관해서 차이점도 존재합니다. 전환사채의 보유자가 주식을 인수하는 경우 채권으로서의 가치가 소멸됩니다. 즉 채권과 주식을 맞바꾸는, 채권이 주식으로 전환되는 것입니다. Hence the term 'convertible bond.' 하지만 신주인수권부사채는 그 보유자가 채권으로서의 가치를 그대로 보유한 채로 주식을 특정 조건, 가령 특정 가격으로, 매수할 수 있습니다. 이와 관련된 두 채권의 또 하나의 차이점이 있습니다. 전환사채는 채권이 주식으로 전환되는 것이기에, 일반적으로 주식 인수시에 현금을 지불하지는 않습니다. 채권을 포기하는 대가로 주식을 (무상으로) 인수하면 됩니다. 반면 신주인수권부사채는 채권을 포기하지 않기에, 신주인수권을 행사하여 신주를 인수할 때 1주당 미리 정해진 가격을 지불해야 합니다. 즉 두 채권이 전환권 혹은 인수권을 행사할 때 현금흐름의 차이가 존재합니다.

3. 수의상환채권(callable bond)

이 채권은 발행자가 원할 경우 만기일 이전이라도 채권을 상환할 권리가 부여되어 있는 채권입니다. 이러한 권리를 행시할 수 있는 조건 즉 (수의)상환 기긴과 (수의)상환액(call price) 등은 채권 발행 시점에 이미 확정되므로, 시장에서의 채권 가격은 이러한 조건이 적절하게 감안되어 결정됩니다. 상환액은 상환 기간 전체에 걸쳐 단일한 금액으로 결정될 수도 있고 상환 시기에 따라 다양한 상환액이 주어지는 상환스케줄(call schedule)을 가질 수도 있습니다.

수의상환채권의 간단한 예를 들어 보겠습니다. 삼성전자가 만기 5년, par 100억원, coupon rate 8%의 채권을 100억원의 가격으로 성공적으로 발행하였습니다. 이처럼 par와 채권 가격이 일치할 때 이 채권을 'par bond'라 합니다. 그런데 발행 후 1년이 지난 시점부터는 언제라도 삼성전자가 원하면 103억원을 채권 보유자(들)에게 지급하여 이 채권을 100% 상환할 수 있는 조건이 부여되어 있습니다. 이때 이 채권을 수의상환채권(callable bond)이라 합니다. 또 이 103억원을 영어로는 "call price", 우리말로는 상환가 혹은 상환액이라 합니다.

그렇다면 과연 미래 어떤 상황이 도래할 때 삼성전자가 이 채권을 만기 이전에 상환하려고 할까요? 그런 상황을 하나 예를 들어 보겠습니다. 삼성전자가 발행한 이 채권에 대하여 시장의 채권 투자자들이 요구하는 연수익률이 채권 발행시에는 8%였지만 1년이 지난 후에는 6%로 하락하였다고 합시다. 투자자들이 이 채권에 요구하는 수익률이 6%로 하락한 상황이 되면, 8%의 coupon을 지급하는 이 채권은 과다한 coupon을 지급하는 셈이 되어 채권 투자자들에게는 희소식이 됩니다. 그러므로 이 채권의 수요는 증대하고 채권 가격은 상승하여 발행 당시 가격인 100억원을 초과할 수 있습니다. 이와 관련된, 2장에서 제시된 정리를 리뷰, 소환해 보겠습니다. 아래 정리에서 market interest rate은 바로 이 채권에 대한 투자자들의 요구수익률을 의미합니다. 편의상 일반 채권에 대한 내용을 활용합니다.

소환〉 coupon rate, market interest rate, bond price의 관계

1. coupon rate〉 market interest rate이면 채권 가격은 par보다 높다.
2. coupon rate〈 market interest rate이면 채권 가격은 par보다 낮다.
3. coupon rate = market interest rate이면 채권 가격은 par와 같다. ■

이처럼 채권 가격이 100억원 이상으로 상승한다는 사실은 이 채권의 발행 당시 정해진 coupon(rate)이 현재 상황에서는 적정 수준 이상으로 높다는 의미이므로, 과도한 coupon을 지급하는 삼성전자에게는 불리한 상황이 됩니다. 가령, 애초 100억원에, 즉 par와 같은 가격으로 발행된 이 채권이 1년 후에는 시장에서 110억원으로 평가되는 상황을 들 수 있습니다. 이 채권 가격이 110억원이라 함은, 이 시점에서 삼성전자가 부담하는 부채 평가액이 (애초 100억원에서) 110억원으로 상승했다는 뜻입니다.

이 채권의 coupon rate = 8%로 불변이지만
시장에서 이 채권에 대한 요구수익률이 낮아졌기에
8% coupon rate가 삼성전자에 (애초보다) 더 부담이 되는 상황

이 되었기 때문입니다. 쉽게 말하면, 100억원 가치의 부채가 110억원 가치의 부채로 변하게 된 것입니다. 채권의 현금흐름 자체는 변하지 않았지만, 이 채권의 현재가치를 결정할 또 다른 변수인 할인율, 즉 투자자들의 이 채권에 대한 요구수익률이 변해서 이 채권의 부채로서의 가치가 상승한 것입니다.*

그런데 이 채권이 수의상환채권으로 발행된 경우 발행자는 call price인 103억원을 지불하며 채권을 상환할 수 있는 권리를 보유하므로, 삼성전자는 이 권리를 행사하여 과다한 8% coupon 지급을 피할 수 있습니다. 그러면 삼성전자는 어떻게, 어떤 자금으로

---

* 실세계에서도 어떠 사람이나 사물이 외형적으로는 변하지 않았는데 그 사람이나 사물을 보는 사람의 마음이나 태도가 변하면 그 대상이 다르게 보일 수 있습니다. 본문 예에서 수의상환채권 자체는 변하지 않았지만 이 채권에 대한 투자자들의 마음(= 요구수익률)이 변했기에 그 채권의 현재가치가 달라진 경우입니다.

이 채권을 상환할까요? 가장 간단한 방법은 새 채권을 발행하는 것입니다. 원 채권의 상환 일정을 감안하면 이젠 4년 만기 채권을 새로 발행하면 될 것입니다.* 이때는 시장의 요구수익률이 6%이므로 coupon rate 6%인 채권을 발행해도 100억원의 가격으로 팔릴 수 있으니, coupon rate이 6%를 조금만 넘겨도, 가령 coupon rate이 6.4%만 되어도 이 새 채권이 103억원에 팔릴 수 있습니다. 이는 8% coupon rate보다 훨씬 낮은 수치입니다. 그 결과 삼성전자는 기존의 자금조달비용 연 8%를 이제는 연 6.3%로 줄일 수 있습니다. 이는 곧 110억원의 부담이 되는 부채를 103억원의 부담으로 바꿀 수 있음을 뜻합니다. 즉 상환권 행사로 인해 7억원의 이익이 발생하는 것입니다. 이처럼 발행자에게 특정 선택권, 즉 상환권이 부여되어 있으면 이를 향후 자신에게 매우 유리하게 활용할 수 있습니다.

이 상환권은 채권 발행자에게 부여된 것으로 채권 보유자에게는 불리한 조항입니다. 즉 채권 발행자의 권리인 상환권은 이 채권 보유자에게는 상환 위험으로 작용합니다. 참고로 이 상환 위험을 영어로는 "call risk"라고 합니다. 그러므로 수의상환채권의 시장가격은 채권 보유자의 이러한 call risk가 감안되어 일반 채권의 가격에서 상환권을 뺀 가격으로 거래됩니다.† 이 상환권 가치를 평가하기 위해서는 옵션 가치평가 방법론이 활용됩니다. 상환권은 미래 시점에 항상 행사되는 권리가 아니라 상황에 따라 행사되는 선택적 권리, 즉 옵션(option)이기 때문입니다. 이것이 바로 채권 가치평가와 옵션 가치평가가 종종 상호 관련이 있는 한 이유입니다.‡

질문 2-13〉 위 수의상환채권 질문에 대한 답변에서 문제가 될 수 있는 부분은 무엇입니까?

네, 위 수의상환채권의 사례는 상환이 발생하는 상황만을 강조한 사례였습니다. 그런데 수의상환채권의 정교한 가치 평가에는 다소 부족한 점이 있습니다. 바로 아래 내용

---

* 물론 4년 아닌 만기의 채권을 새로 발행해도 됩니다..

† "일반 채권"을 "straight bond", "plain vanilla bond"라 합니다. 물론 여기서 일반 채권이란 수의상환채권과 다른 모든 조건은 동일하고 단지 상환권만이 없는 채권을 말합니다.

‡ 상환원의 가치를 평가하려면 먼저 미래 채권 가치가 어떠한 확률분포를 가질 것인가를 추정하여야 합니다. 채권의 가치는 (시장) 이자율의 함수이므로, 상환권의 현재가치는 미래 이자율의 확률분포와 밀접한 관련이 있습니다. 이는 본서의 수준을 넘는 관계로 자세한 내용은 생략합니다만, 결론만 말하면, "이자율 모형"을 이용하여 미래 이자율의 확률분포를 추정하여 상환권의 적정 가치를 산출할 수 있습니다.

입니다.

삼성전자가 만기 5년, par 100억원, coupon rate 8%의 채권을 100억원의 가격으로 성공적으로 발행하였습니다, 즉 par bond로 발행한 것입니다. (중략)
삼성전자가 발행한 이 채권에 대하여 시장의 채권 투자자들이 요구하는 연수익률이 채권 발행시에는 8%였지만 1년이 지난 후에는 6%로 하락하여 그 시장 가격이 110억원이 됐습니다.

위 내용에 따르면, 8%와 6%가 삼성전자의 일반 채권에 관한 요구수익률인지 삼성전자의 수의상환채권에 대한 요구수익률인지 불분명합니다. 위 채권은 일반 채권이 아닌 수의상환채권이므로, 애초 발행 시 "상환권" 자체도 가치평가가 이루어집니다. 즉 투자자로서는 이 상환권이 불리한 조항이므로

수의상환채권 가격 = 일반 채권 - 상환권

의 관계가 성립합니다. 그러므로 엄밀히 따진다면, 위의 8%와 6%는 삼성전자 일반 채권에 대한 투자자들의 요구수익률이 아니고 삼성전자의 수의상환채권에 대한 요구수익률로 정의되어야 합니다. 다만 위 질문에서는 이런 복잡한 내용을 한꺼번에 다 반영하지 않고, "수의상환채권 요구수익률이 낮아질 때 이 채권이 상환될 수 있음"만을 강조했던 것입니다.

마찬가지로 다음 내용도 엄밀히 따져 볼 필요가 있습니다.

삼성전자는 어떻게 이 채권을 상환할까요? (중략) 4년 만기 채권을 새로 발행합니다. 이때는 시장의 요구수익률이 6%이므로 coupon rate 6.4%인 채권을 발행해도 103억원의 가격으로 팔릴 수 있습니다.

이때의 요구수익률 6%는, 위 논의에 따르면, 삼성전자의 "수의상환채권"에 대한 요구수익률입니다. 그러므로 삼성전자는 구 수의상환채권을 상환하고 신 수의상환채권을 발행함을 의미합니다. 그러나 현실적으로 이처럼 구 수의상환채권을 신 수의상환채권으로 "refinancing"하는 경우는 거의 없습니다. 그러므로 새로이 발행될 채권이 일반 채권이라 전제하면, 일반 채권에 대한 투자자들이 요구수익률을 반영한 coupon rate가 적용되어야 할 것입니다. 그런데 일반 채권에 대한 요구수익률은 (투자자에겐 상환 위험

이 존재하는) 수의상환채권에 대한 요구수익률보다 일반적으로 낮습니다.* 그러므로, 위 예에서 수의상환채권의 새 요구수익률이 6%이 되었다면 일반 채권의 요구수익률은 6%보다도 더 낮아야 합니다. 가령 5%가 될 수 있습니다. 즉 이제 삼성전자는 구 수의상환채권을 103억원으로 상환하는데, 이 상환 자금을 어떻게 조달하는가 하면, 5.4% 정도의 coupon rate을 지급하는 일반 채권을 발행하여 조달하면 됩니다.† 물론 혹시라도 새 수의상환채권을 발행하여 103억원을 조달하는 경우에는 6.4%의 coupon rate을 지급하는 수의상환채권을 발행하면 됩니다. 여기서 6.4%나 5.4%는 단지 6%나 5%보다는 높은 coupon rate이 되어야 해당 채권이 (100억원보다 큰) 103억원 정도에 팔림을 가정해서 나온 수치일 뿐입니다. ■

4. 상환요구채권(puttable bond)

상환요구채권은 수의상환채권과 대비되는 채권으로, 채권 보유자가 원할 경우 만기일 이전이라도 빌행자에게 채권의 상환을 요구할 수 있는 권리가 부여되어 있는 채권입니다. 상환요구 기간과 상환요구액(put price) 등은 채권 발행 시점에서 확정되는데, 시장의 채권 가격은 이러한 조건이 적절하게 감안되어 일반 채권보다 높은 가격으로 결정됩니다. 상환요구액은 상환요구 기간 전체에 걸쳐 단일한 금액으로 결정될 수도 있고 상환요구 시기에 따라 상환요구액이 상이하게 주어지는 스케줄을 가질 수도 있습니다.

상환요구채권 발행자가 어느 상황에서 채권 보유자에 의해 상환 요구를 받을 것인가는 위의 수의상환채권의 사례를 (반대 방향으로) 참고하면 추론할 수 있습니다. 간단한 예를 들어 보겠습니다. 삼성전자가 만기 5년, par 100억원, coupon rate 8%의 채권을 100억원의 가격으로 성공적으로 발행하였습니다.‡ 그런데 발행 후 1년이 지난 시점부터는 언제라도 채권 보유자가 원하면 put price인 101억원으로 삼성전자가 상환할 것을 요구

---

* 즉 "call risk(상환 위험)"로 인해 수의상환채권은 일반 채권보다 더 높은 수익률을 투자자들은 원합니다.

† 5%보다는 더 높은 coupon rate을 제공해야 이 채권이 103억원 정도에 팔릴 수 있을 것이기 때문입니다. 5%의 coupon rate를 제공하면 이 채권은 100억원에 팔리는데, 이에 관해서는 제4장 "이자율과 채권의 가격"에서 상세히 설명합니다.

‡ 즉 이 상환요구채권에 대한 투자자들의 요구수익률이 8%였습니다.

할 수 있습니다. 1년 이상 시간이 경과했을 때 이 채권에 대한 시장의 요구수익률이 10%로 상승하면서 이 채권의 시장 가격은 95억원으로 하락했습니다. 이때 이 채권 보유자들은 삼성전자에 이 채권을 101억원으로 상환해 줄 것을 요구할 수 있습니다.

상환요구채권과 수의상환채권의 한 가지 차이점은, 상환요구채권은 위의 사례처럼 발행 기업에 불리한 옵션이 채권 보유자에게 주어지기에, 기업 입장에선 굳이 이 채권을 발행할 이유가 별로 없습니다.* 반면 수의상환채권은 발행 기업에 유리한 옵션이 주어지기에 당연히 상환요구채권보다는 더 자주 발행됩니다. 그러므로 채권 시장에서 상환요구채권의 중요성은 수의상환채권의 그것에 비해 많이 낮습니다.

5. 교환사채(exchangeable bonds)

이는 채권 발행자가 보유한 상장유가증권으로 교환할 수 있는 권리가 채권 보유자에게 부여된 채권입니다. 가령 특정 상업은행이 발행한 채권을 보유한 투자자에게 이 채권을 삼성전자의 보통주 50주로 교환할 수 있는 권리가 부여된 경우입니다. 교환사채는 실제 교환시 발행사의 자산(보유 유가증권)과 부채(교환사채)가 동시에 감소한다는 점에서 전환사채와 차이가 있습니다. 전환사채의 경우에는 부채와 자본이 서로 바뀌기만 하기에 '부채 + 자본'의 크기나 자산의 크기는 변하지 않습니다. 또 교환사채 투자자 입장에서는 향후 주식 가격이 상승할 경우 시세차익을 얻을 수 있고 발행회사는 낮은 이율로 회사채를 발행하여 coupon 지급 부담을 경감하며 자금조달을 촉진시킬 수 있는 장점이 있습니다. 참고로 2001년 이전에는 타회사 주식만이 교환 대상이었는데, 2001년부터는 채권 발행사가 보유한 자사주로도 교환할 수 있는 교환사채 발행이 허용되었습니다. 이는 2001년 7월 24일 개정된 상법에 따른 것으로, 구체적으로는 상법 시행령 제22조에 따라 자사주를 대상으로 하는 교환사채 발행이 허용되었습니다.

한편 채권에 이처럼 옵션적인 특성이 내재하게 되면 통상적인 방법으로 채권의 가치를 평가하기 어렵습니다. 게다가 채권에 한 가지 종류의 옵션만 내재하는 것이 아니라 동시에 두 가지 이상의 옵션이 내재하는 경우에는 가치평가가 보다 복잡해집니다. 가령 채권 보유자에게는 상환요구권(puttable)과 주식전환권을, 발행자에게는 수의상환권

* 물론 이 불리한 점을 상쇄하고도 남을 정도로, 일반 채권보다 훨씬 더 높은 가격으로 상환요구채권이 발행될 수 있다면 발행자는 상환요구채권을 발행할 수 있습니다.

(callable)을 동시에 부여하는 복합적인 내용의 채권이 발행될 수 있습니다. 이런 (복잡한) 옵션내재채권의 가치를 평가하기 위해서는, 먼저 이 채권의 일반 채권으로서의 가치를 산정하여야 합니다. 다음 위의 3개 권리의 가치를 각각 산출한 후, 보유자가 행사할 수 있는 권리의 경우는 채권의 가치를 높여주므로 일반 채권으로서의 가치에 이 권리의 가치를 더해주고, 반대로 발행자의 권리의 경우는 일반 채권의 가치에서 차감하여 옵션내재채권의 가치를 산출합니다.

이외에 채권 투자 시 수반되는 위험으로는 이자율 위험, 재투자 위험, 신용 위험, 유동성 위험 등이 있는데, 이에 대해서는 제4장에서 상세히 설명합니다.

6. 채권 발행의 유연성

지금까지 채권에 내재한 구체적 옵션에 따른 다양한 채권 유형을 소개했습니다. 여기서는 채권 발행 옵션은 아니지만 참고로 채권 발행의 유연성, 융통성에 대해 간략하게 설명하겠습니다. 제1절에서 채권의 만기, 액면가와 액면 이자를 설명했습니다. 이 세 가지는 채권의 핵심 요소입니다. 단 최근에는 이 세 가지가 덜 엄격해지고 있습니다. 금융시장에서는 자주, 아니 항상 변화가 발생하기 마련입니다. 가령 금융상품 발행자가 변화를 필요로 하고 또 금융상품 투자자들이 그 변화를 수용하면 새로운 금융상품이 개발됩니다. 마찬가지로 투자자들이 변화를 원하고 금융상품 발행자가 그 변화를 수용한다면 새 금융상품이 개발됩니다. 불법이 아닌 한 말입니다. 본절에서는 액면가와 만기의 완화, 그리고 채권 발행의 융통성을 소개합니다. 참고로 액면 이자를 고정금리 아닌 변동금리로 설정하는 내용은 제2절에 설명되어 있습니다.

(1) 액면가의 변동

액면가 혹은 원금은 채권 만기일에 지급하기로 명시된 현금 액수입니다. 액면가는 채권 현금흐름의 대부분을 차지하고 있기에 채권 투자 수익률 결정에 매우 중요합니다. 즉 발행 당시 결정된 채권 액면가가 변하면 채권의 현금흐름이 바뀌면서 채권 투자 수익률도 변하기에 액면가는, 상식적으로 볼 때, 고정되어야 합니다. 그런데 채권 발행자와 채권 투자자가 수용할 수 있다면 액면가의 변경도 불가능하지는 않습니다. 가령 물가연동국채는 원금과 이자를 물가에 연동시켜 물가 변동 위험을 제거함으로써 투자자의 실질 구매력을 보장하는 국채입니다. 물가연동국고채권은 원금이 물가에 연동되어 증감하기 때문에 발행 이후 물가 변동에 따라 원금 및 지급되는 이자(coupon)도 달라집니다.

구체적으로, 물가연동국고채권의 원금은

$$\text{물가연동국고채권 발행 당시 액면가} \times \text{물가연동계수}$$

로 산출하게 됩니다. 또 물가연동계수는

$$\frac{\text{지급일소비자물가지수}}{\text{발행일소비자물가지수}}$$

로 산출됩니다. 이렇게 정해지는 원금(액)에 coupon rate(표면금리)을 곱하여 이자 지급액이 산출되기 때문에 coupon 지급액도 물가수준에 따라 변동합니다.

(2) 만기의 변동

영구채권이란 만기가 무한히 긴 채권입니다. 즉 사실상 만기가 없고 coupon만 지급하는 채권입니다. 실제로 이런 채권이 발행된 적이 있는데 영국에서 이런 영구채권이 발행되었고 당시 이 채권의 명칭은 'Consolidated Annuities'였고 이를 줄여서 흔히 'Consol'이라고 부릅니다.* 우리나라에서는 만기 30년 이상인 채권이 일정 조건을 갖추는 경우 영구채권으로 인정합니다. 그런데 30년이라는 기간은 채권 발행자나 투자자 모두에게 너무 긴 시간일 수 있기에 이 경우 통상 5년마다 채권 발행자가 조기상환(수의상환)을 할 수 있습니다. 따라서 만기 30년인 준영구채에 투자할 때 투자자들은 5년 후 혹은 10년 후 등의 시점에 수의상환이 될 것이라 기대하고 투자하게 됩니다. 통상적으로 말입니다. 즉 이 채권의 표면적인 만기는 30년 이상으로 설정됐지만 실제 만기는 5년이 되는 셈입니다. 가장 이른 시점에 수의상환이 발생한다면 말입니다.

그런데 채권 발행자가 채권 투자자들의 이러한 기대를 무시하면 어떤 일이 발생할까요? 실제 그런 일이 발생한 적이 있습니다. 2022년에 우리나라의 모 보험사가 5억 달러

---

* 영국에서 이 채권은 더 이상은 발행되지 않습니다. 영국 정부는 주로 18세기 및 19세기에 영구채권을 발행했는데, 2015년에 모든 잔존 영구채권들을 상환(redeem)했습니다. 영구채권이 상환된 이유는, 발행 당시 영구 정부가 조기상환권(prepayment option)을 보유하고 있었기 때문입니다.

규모의 영구채를 발행한 후 5년이 되었을 때 수의상환을 하지 않겠다고 결정하였습니다. 수의상환을 하지 않는 경우 coupon rate이 더 상향되는 조건이 있기는 했지만 말입니다. 이 보험사의 결정은 영구채 발행의 관행을 신뢰한 투자자들에게 큰 충격을 주었고 우리나라 영구채에 대한 국제 신뢰도에도 영향을 주게 되어 결국 엿새 만에 그 보험사는 입장을 번복하여 수의상환을 하였습니다.

CHAPTER 3

채권 수학의 기초

본장에서는 미래의 현금흐름을 현재가치로 환산하는 방법론과 현재 현금을 미래 현금으로 환산하는 방법론을 자세히 공부합니다. 그리고 재무금융 전 분야의 가치평가에 있어서 매우 중요한, 그러나 혼돈의 소지가 있는, 연속복리법에 대해 사세이 일아봅니다.

제 1 절 현재가치와 미래가치

시점 $t = 0$에서의 현금 $P(0)$가 "단위기간의 이자율 r"로 n 기간 동안 복리로 투자될 때, n 기간 후 이 현금의 미래가치 $P(n)$은 아래 식과 같습니다. 여기서 단위기간은 통상 1년을 가정하지만, 단위기간이 6개월 등이 되어도 아래 식은 일반적으로 적용됩니다. 왜냐하면 단위기간 길이와 관계 없이 "단위기간의 이자율 $= r$"을 가정했기 때문입니다.

➢ 식 1〉 현금의 미래가치

$$P(n) \;=\; P(0)\times\,(1+r)^n.$$

그러므로 n 기간 후의 현금 $P(n)$을 현재가치로 할인한 값 $P(0)$는 아래 식과 같습니다.

> ➤ 식 2〉 미래 현금의 현재가치
>
> $$P(0) \;=\; \frac{P(n)}{(1+r)^n}.$$

여기서 시점 $t = 1$ 혹은 $t = n$의 정확한 의미를 한 번 살펴보겠습니다. 그렇지 않으면 추후 혼선이 발생할 수도 있기 때문입니다.

➤ 그림 3-1〉 $\boldsymbol{t = n}$의 의미

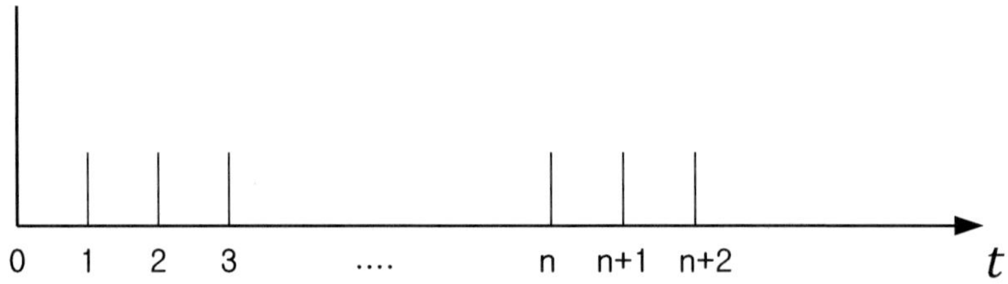

위 그림에서 $x-$축 값들은 모두 '시점'입니다. 가령 단위기간이 1년이고 (현) 시점 $t = 0$이 2030년 1월 1일이면, 시점 $t = 1$은 2031년 1월 1일입니다. 그런데 $t = 1$ 시점을 우리는 두 개의 명칭으로 부를 수도 있습니다. $t = 0$으로 시작되는 (단위) 기간의 말(end), 혹은 $t = 1$로 시작되는 기간의 초(beginning)라고 말입니다. 가령 단위기간이 1년이라면, $t = 1$을 우리는 "0년 말" 혹은 "1년 초"라고 부를 수 있습니다. 마찬가지로 $t = n$을 "$(n-1)$년 말" 혹은 "n년 초"라고 부를 수 있습니다. 이를 기억하며 본장을 진행하겠습니다. ■

위의 두 식으로부터 알 수 있는 바, 현재가치를 미래가치로 환산하는 경우에 사용하는 수익률 r과 미래가치를 현재가치로 할인할 때 사용하는 할인율 r은 동일한 값을 가집니다. 그 이유는, 수익률과 할인율은 동전의 양면(two sides of a coin)과 같이, 실체는 하나이지만 두 가지 관점을 대변하고 있기 때문입니다. 가령, 미래의 현금흐름이 확정

된 채권의 현재가치를 산출하기 위해서는 할인율을, 현재의 시장 가격이 주어진 채권의 미래가치를 추정하기 위해서는 (재투자)수익률을 사용하는데, 동일한 채권의 할인율과 수익률 값은 같습니다. 본서에서는 현재 시점 $t = 0$을 명시할 필요가 있을 경우에는 현재가치를 $P(0)$로 표기하고, 명시하지 않아도 혼돈의 우려가 없는 경우에는 간단히 P로 표시하기로 합니다.

위 두 식에서의 (단위)기간은 통상 1년을 의미하지만, 이보다 짧거나 긴 기간에도 이 식들을 적용할 수 있습니다. 가령 6개월을 단위기간으로 하고, (1년 이자율이 r일 때) 6개월 이자율 $\frac{r}{2}$로 n년간 (복리로) 투자될 때 현금 $P(0,2)$의 n년 후 미래가치 $P(n,2)$는 아래 식과 같습니다. 이를

복리계산 주기(compounding frequency)가 6개월이라고도 하고
(복리) 단위기간이 6개월이라고도

합니다. 또 단위기간은 영어로는 "compounding period" 혹은 "interest period"라고 합니다.

> ➢ 식 3〉 연간복리계산이 2회일 때 현금의 미래가치
>
> $$P(n,2) = P(0,2) \times \left(1 + \frac{r}{2}\right)^{2n}.$$

또 n년 후의 현금 $P(n,2)$를 6개월을 단위기간으로, 6개월 "할인율"인 $\frac{r}{2}$(복리)를 사용하여 현재가치로 할인한 값 $P(0,2)$는 아래 식과 같습니다.

> ➢ 식 4〉 연간복리계산이 2회일 때 미래 현금의 현재가치
>
> $$P(0,2) = \frac{P(n,2)}{\left(1 + \frac{r}{2}\right)^{2n}}.$$

동일한 논리로, 현금 $P(0,k)$이 $\frac{1}{k}$년을 단위기간으로, 이 단위기간에 대한 이자율 $\frac{r}{k}$로 n년간 투자될 때, n년 후 $P(0,k)$의 미래가치 $P(n,k)$는 아래 식과 같습니다.

> ➢ 식 5〉 연간복리계산이 $\boldsymbol{k}$회일 때 현금의 미래가치
>
> $$P(n,k) \;=\; P(0,k) \times \left(1+\frac{r}{k}\right)^{k\cdot n}.$$

또 n년 후의 현금 $P(n,k)$를, 단위기간 $\frac{1}{k}$년, 이 단위기간에 대한 할인율 $\frac{r}{k}$을 사용하여 현재가치로 할인한 값 $P(0,k)$는 아래 식과 같습니다.

> ➢ 식 6〉 연간복리계산이 k회일 때 미래 현금의 현재가치
>
> $$P(0,k) \;=\; \frac{P(n,k)}{\left(1+\frac{r}{k}\right)^{k\cdot n}}.$$

그러므로 위 식들의 표기에서 $P(0)$와 $P(n)$은 각각 $P(0,1)$, $P(n,1)$을 간략하게 표시한 것임을 알 수 있습니다. 이처럼 연간복리계산이 1년에 2번 이상인 경우를 본서에서 다루는 까닭은, 국내외 실제 채권 시장에서 발행-거래되는 대부분의 이표채들은 1년에 2회 이상 coupon을 지급하는 채권이고 이 채권들의 가치평가에는 이러한 복리계산이 필요하기 때문입니다.

참고로, 1년에 2회 이상 고정된 coupon 혹은 고정된 이자를 지급할 때의 실질적인 연 수익률 혹은 연 이자율을

"effective annual yield(EAY)" 혹은 "effective annual rate(EAR)"

이라 합니다.* 또 이 경우 이러한 여러 번에 걸친 이자를 복리가 아닌 단순 이자(단리) 방식으로 연(annual) 단위로 환산한 수익률을 "명목 이자율"이라 하는데 영어로는

"nominal interest rate", 혹은 "annual percentage rate(APR)"

이라 합니다. "nominal interest rate"이란 표현은 경제 분야서 자주 사용되고 "APR"은 재무금융분야에서 많이 사용됩니다. 가령 명목이자율 APR = 10% = 0.1이고 이자 계산의 단

---

* 채권의 경우에는 yield 개념이 관행적으로 사용되므로 "effective annual yield"라는 용어를 자주 사용하는 반면, 채권 아닌 (일반적인) 대출, 예금 등의 경우에는 "effective annual rate"을 통상 사용합니다.

위 기간이 6개월이라면 EAR은 다음과 같이 산출됩니다.

$$1 + EAR = \left(1 + \frac{APR}{2}\right)^2 = \left(1 + \frac{0.1}{2}\right)^2.$$

$$\rightarrow \quad EAR = \left(1 + \frac{APR}{2}\right)^2 - 1 = \left(1 + \frac{0.1}{2}\right)^2 - 1 = 0.1025.$$

위 관계를 일반화하면, 즉 1년에 이자 계산을 k번 하면 다음이 성립합니다.

$$EAR = \left(1 + \frac{APR}{k}\right)^k - 1.$$

이처럼 서로 관련된 수익률 개념에 대해서는 6장 "채권의 수익률 II"에서 상세히 설명됩니다.

아래 도표는 연간복리계산이 k회, 연이자율(APR)은 10%일 때 현재가치 100의 1년 후의 미래가치 $P(1,k)$와 30년 후의 미래가치 $P(30,k)$를 계산한 결과입니다. 기간 n이 주어지면($n = 1,\ 30$) 연간복리계산을 더 많이 할수록 미래가치가 더 커짐을 알 수 있고, 특히 n이 크면 연간복리계산 횟수에 따라 미래가치의 차이가 더욱 현저함을 알 수 있습니다.

➢ **도표 3-1〉 연간복리계산 횟수와 미래가치**

k	P(0, k) = 100	
	P(1, k)	P(30, k)
1	110.00	1744.94
2	110.25	1867.92
4	110.38	1935.81
100	110.51	2005.55

한편 아래 도표는 연간복리계산이 k회, 연이자율은 10%일 때, 주어진 미래가치 $P(1,k) = 100$과 $P(30,k) = 100$의 현재가치 $P(0,k)$를 각각 계산한 결과입니다. 미래가치가 주어진 경우 연간복리계산을 더 많이 할수록 현재가치가 더 작아짐을 알 수 있고, 특히 보다 먼 미래시점의 가치를 현재가치로 변환할 때에는 연간복리계산 횟수에 따라 현재가치의 차이가 더욱 현저함을 알 수 있습니다. 가령 $k = 1$일 때 현재가치와

$k = 100$일 때의 현재가치를 비교해 보겠습니다. 1년 후 미래가치가 100으로 주어졌을 때 연간복리계산을 1회 및 100회로 한 현재가치들은 각각 90.91과 90.49로서, 이들의 상대적 크기는 $\frac{90.49}{90.91} = \mathbf{0.995}$로서 그 차이가 0.005 = 0.5%에 불과합니다. 반면 30년 후 미래가치가 100으로 주어졌을 때 연간복리계산을 1회 및 100회로 한 현재가치들은 각각 5.73과 4.99로서, 이들의 상대적 크기는 $\frac{4.99}{5.73} = \mathbf{0.871}$로서 그 차이가 0.129 = 12.9%에 달합니다. 즉, 보다 먼 미래시점의 가치를 현재가치로 변환할 때에는, 연간복리계산 횟수에 따라 현재가치의 차이가 더욱 두드러집니다.

➢ 도표 3-2〉 연간복리계산 횟수와 현재가치

k	P(0, k) = ?	
	P(1, k) = 100	P(30, k) = 100
1	90.91	5.73
2	90.70	5.35
4	90.60	5.17
100	90.49	4.99

제 2 절 연금(annuity)의 현재가치

단위기간의 할인율이 r로 주어졌을 때 매 기간 말 C의 현금을 n 기간 동안 받는 연금(annuity)의 현재 가치 $P(0)$는 아래 식과 같습니다.*

➢ 식 7〉 연금의 현재가치

$$P(0) = \frac{C[(1+r)^n - 1]}{r(1+r)^n}.$$

* 우리나라에서는 국민연금 등의 “pension”도 “연금”이라 번역되는데, 본서의 “연금(annuity)”은 pension과는 관계없고, 특정 기간 동안 매년 혹은 매 단위기간마다 받는 지속적인 현금을 뜻합니다.

위 식은 중등교육 수학 교재에 나오는 등비수열의 공식을 사용하여 쉽게 증명할 수 있는데,* 보다 간편한 증명이 제5절 "보론"에 제시되어 있습니다. 한편 매 기간 말 $C의 현금을 "무한히" 지속적으로 받는 (영구)연금(perpetuity)의 현재가치 $P(0)$는 아래 식과 같습니다. 앞의 '채권 발행의 유연성' 주제에서 설명된 'Consol'은 'perpetuity'가 채권에 적용된 구체적 사례에서의 그 채권의 이름입니다. 즉 perpetuity는 영구연금 혹은 영구채권이라는 "개념"을 말하고, Consol은 실제 영국에 존재했던 특정한 영구채권을 뜻합니다.

> ➢ 식 8〉 영구연금(perpetuity)의 현재가치
>
> $$P(0) = \frac{C}{r}.$$

식 8은 여러분이 고등학교 시절 배웠던 무한등비급수(infinite geometric series) 공식을 이용하면 다음과 같이 입증됩니다$\left(0 < \frac{1}{1+r} < 1\right)$.

$$\begin{aligned} P(0) &= \frac{C}{1+r} + \frac{C}{(1+r)^2} + \frac{C}{(1+r)^3} + \frac{C}{(1+r)^4} + \dots \\ &= \frac{C}{1+r} + \frac{C}{1+r}\cdot\left(\frac{1}{1+r}\right) + \frac{C}{1+r}\cdot\left(\frac{1}{1+r}\right)^2 + \frac{C}{1+r}\cdot\left(\frac{1}{1+r}\right)^3 \\ &\quad + \dots \\ &= \frac{\frac{C}{1+r}}{1-\left(\frac{1}{1+r}\right)} \\ &= \frac{C}{r}. \end{aligned}$$

* 단 $r = 0$인 경우에는 위 식은 적용될 수 없습니다.

예제 3-1〉 영구연금의 현재가치

어느 건물로부터 매년 말 임대료로 9,000,000의 현금이 유입되고 이 임대료 수입의 불확실성이 전혀 없다고 가정합시다. 시장의 연 무위험 이자율이 10%라고 하면, 위 식으로부터 이 건물의 현재가치는 다음과 같습니다.

$$P(0) = \frac{C}{r} = \frac{9,000,000}{0.1} = 90,000,000.$$

이 건물의 가치가 현금 90,000,000과 같은 이유는, 현금 90,000,000을 매년 10%의 이자를 지급하는 무위험 자산에 투자하면 매년 이자수입으로 9,000,000의 현금이 유입되기 때문입니다. 즉 문제의 건물을 매입하여 임대하는 경우나 현금 90,000,000을 무위험 자산에 투자하는 경우나 공히 매년 9,000,000의 현금유입이 발생하므로, 이 건물의 가치는 현금 90,000,000과 동일하다고 할 수 있는 것입니다. ■

유한한 기간의 연금(annuity)은 이표채의 coupons의 현금흐름과 유사하기 때문에, 연금의 현재가치를 구하는 방법은 이표채의 coupons의 현재가치를 구할 때에도 동일하게 적용됩니다. 결국 현재가치를 구하는 위 식들은 채권의 par와 coupons의 현재 가치를 구할 때 직접 활용되는 기본적인 공식들이라 할 수 있습니다.

여기서 흥미있는 질문을 하나 하겠습니다. 위 식이나 위 예제에 따르면, 현금 9천만원이라는 자산(A)과 매년말 9백만원을 영구하게 받는 현금흐름(B)이라는 자산의 가치가 동일합니다. 1년 무위험 이자율이 0.1이라고 가정할 때 말입니다. 가령 투자자 J가 현금 9천만원을 무위험 이자율을 제공하는 자산에 예치해 두면 매년 이자로 9백만원을 영구히 받을 수 있습니다. 왜냐하면 이 자산을 1년간 예치해 두면 1년 후 원리금이 9천9백만원이 되는데, 이 원리금에서 9백만원을 인출하여 자신의 수입으로 삼고 나머지 9천만원을 그대로 예치해 두면 1년 후 또다시 그 원리금이 9천9백만원이 되기 때문입니다. 이때에도 이자 9백만원을 인출하여 자신의 수입으로 삼고 나머지 9천만원을 그대로 예치하는 것을 매년 계속하면, 결국 매년 말 9백만원의 현금흐름을 영구히 받을 수 있습니다. 즉 자산 B를 보유하는 것과 동일한 결과를 만들 수 있습니다. 단지 A 보유와 B 보유의 차이가 있다면, A를 보유하면 B의 현금흐름을 창출하면서도 원금 9천만원을 추가적으로 보유한다는 사실입니다.

> 질문 3-1〉 그런 의미에서는, 자산 B를 보유하는 것보다 자산 A를 보유하는 것을 투자자들은 더 선호하지 않을까요? "$\mathbf{A} = \mathbf{B} +$ 원금 **9**천만원"이므로 두 자산의 가치는 $\boldsymbol{A} > \boldsymbol{B}$가 성립하지 않을까요?

그런 생각을 할 수 있습니다. 하지만 다시 한 번 생각해 보면 자산 A와 자산 B의 가치(가격)는 정확히 동일합니다. 왜냐하면, A가 B에 비해 추가적으로 보유하는 원금 9천만원에서는 단 1원도 인출할 수 없기 때문입니다. 만일 미래 어느 시점에서 단 1원이라도 이 원금에서 인출하면, 그후부터는 매년 말 9백만원의 이자 수입을 얻을 수 없습니다. 원금 9천만원이 온전히 유지되어야만 그 연 수입 이자가 9백만원이 되기 때문입니다. 그러므로 형식적으로는 자산 A의 가치가 자산 B의 가치에 원금 9천만원을 더한 것처럼 보일 수 있지만, 내용상으로는 이 (추가적인) 원금 9천만원의 가치는 0입니다. 그 원금을 단 1원이라도 인출할 수 없기 때문입니다. 영원히 말입니다. 즉 원금 9천만원의 (현재)가치는 0입니다. 즉 사산 X의 현재가치를 $PV(\mathrm{X})$라 표시하면, 자산 A는 현금 9천만원이므로

$$PV(A) \;=\; 90{,}000{,}000$$

이고

$$\begin{aligned} PV(B + 90{,}000{,}000) \;&=\; PV(B) \;+\; PV(90{,}000{,}000) \\ &=\; PV(B) \;+\; 0 \\ &=\; PV(B) \end{aligned}$$

이 되어

$$PV(A) \;=\; PV(B)$$

가 성립합니다. ■

위 질문과 관련된 질문을 하나 더 해 보겠습니다. 이 질문을 통해서 위 질문의 답을 더 명료하게 이해할 수 있습니다.

질문 3-2〉 매년 말 현금 900만원을 100년 동안만 주는 자산(B′)과, 이 자산 B′에 더해 추가적으로 100년 후 9천만원의 현금까지 주는 자산(A′)가 있다고 합시다. 두 자산들의 현재가치의 차이는 얼마가 될까요?

네, 두 자산의 (현재)가치 혹은 PV의 차이는, 정확히 100년 후의 현금 9천만원의 현재가치가 됩니다. 즉 다음 식이 성립합니다. 아래 식에서 PV(X)는 자산 X의 현재가치를 뜻합니다.

$$PV(A') = PV(B') + PV(100\text{년 후 9천만원}).$$

그리고

$$PV(100\text{년 후 9천만원}) = \frac{90{,}000{,}000}{(1+0.1)^{100}} = 6{,}531$$

입니다. 즉 100년 후 9천만원의 현재가치는 단지 6500원 정도입니다. 그러므로 100년 후 원금 9천만원을 추가적으로 포함하는 자산(A')이 있다 하더라도 그런 원금이 없는 자산(B')의 가치에 단돈 6500원 정도만 더 큰 가치를 가집니다. 그러니, 영구히 원금 9천만원을 온전히 보유해야 하는 자산(A)의 가치는, 설혹 그 9천만원을 100년 후에 인출할 수 있다 하더라도, 또 다른 자산(B)의 가치보다 6500원 정도만 더 큰 것입니다. 만일 200년 이후에 원금 9000만원을 인출할 수 있다면,

$$PV(200\text{년 후 9천만원}) = \frac{90{,}000{,}000}{(1+0.1)^{200}} = 0.47$$

이 됩니다. 즉 A'의 가치는 자산 B'의 가치보다 단돈 0.47원만 더 큰 가치를 가집니다. 그러니, 원 질문에서 A의 가치와 B의 가치가 왜 동일한지 감각적으로도 이해할 수 있습니다. ■

제 3 절 연금의 미래가치

단위기간의 이자율이 r일 때, 매 기간 말 C의 현금을 n 기간 동안 받는 연금의 시점 $t = n$(년초)에서의 (미래)가치 $P(n)$은 아래 식과 같습니다.

> ➢ 식 9〉 연금의 미래가치
>
> $$P(n) = \frac{C[(1+r)^n - 1]}{r}.$$

위 식도 등비수열의 공식을 사용하여 증명할 수 있는데, 여기서는 $P(n)$과 $P(0)$의 관계를 이용하여 증명해 보겠습니다.

증명 1〉 연금 미래가치 증명

우리가 이미 배운 $P(0) = \frac{C[(1+r)^n-1]}{r(1+r)^n}$과 위 식 $P(n) = \frac{C[(1+r)^n-1]}{r}$는, 동일한 현금흐름을 시점을 달리하여 평가한 수치들입니다. 두 시점의 차이는 정확히 n년입니다.

➢ 그림 3-2〉 $\boldsymbol{P(0)}$와 $\boldsymbol{P(n)}$

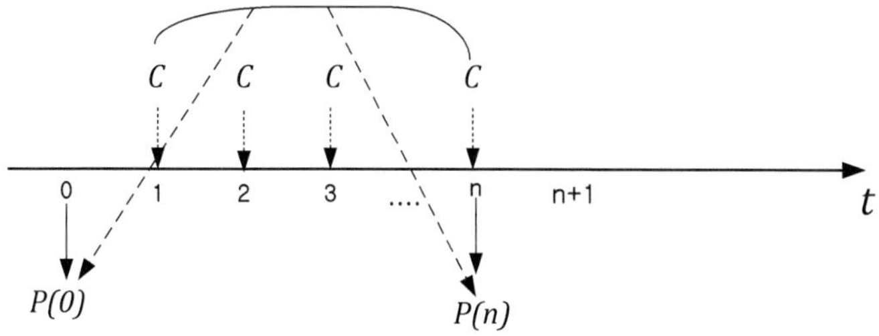

그러므로 $P(n)$과 $P(0)$ 사이에는 다음 관계가 성립합니다. (n년 동안 연 수익률 = r 가정)

$$P(n) = P(0) \times (1+r)^n.$$

이제 $P(0) = \frac{C[(1+r)^n-1]}{r(1+r)^n}$를 위 식에 대입하면 다음 결과가 도출됩니다.

$$P(n) = P(0) \times (1+r)^n = \left[\frac{C[(1+r)^n-1]}{r(1+r)^n}\right](1+r)^n = \frac{C[(1+r)^n-1]}{r}.$$

■

예제 3-2〉 연금의 미래가치

매년 말 임대료로 9,000,000의 수입을 창출하는 어느 건물의 미래가치를 평가하는 경우를 생각해 봅시다. 현 시점은 $t = 0$이고 $t = 1$(년)부터 임대료를 받는데, 앞으로 5년 후($t = 5$)까지 임대료를 받고 그 직후 이 건물을 매각하려는 계획을 가진 건물주가 이 5년 동안 받게 되는 임대료 총액의 5년 후 시점($t = 5$)에서의 미래가치를 계산하면 다음과 같습니다. (5년 동안 연 수익률 = 10%로 가정)

$$P(5) = \frac{9{,}000{,}000[(1+0.1)^5-1]}{0.10} = 54{,}945{,}900.$$

■

제 4 절 연속복리법

본절에서는 재무금융 세계에서 매우 중요한 연속복리법(continuous compounding)에 대해 공부합니다. 본절 내용은 다소 딱딱하지만 재무금융 공부에 가장 기본적인 내용입니다.

1. 개념

우리는 1년 이자율 r이 주어졌을 때, 미래 가치를 (혹은 현재 가치를) 계산하는 단위 기간으로 통상 1년, 6개월, 혹은 3개월 등을 사용하였습니다. 이와 같이 계산하는 방식을 "이산복리법(discrete compounding)"이라 합니다. 이산복리법을 사용할 경우, 현재의 투자액 $P(0)$, (연)이자율 r, 그리고 투자 기간 n(년)이 주어졌을 때 연간복리계산횟수 k에 따라 이 투자의 미래가치 $P(n, k)$는 다음과 같이 변동하게 됩니다.

정리 1〉 이산복리법과 미래가치

이산복리법 사용 시, 현재의 투자액 $\boldsymbol{P(0)}$, (연)이자율 $\boldsymbol{r}$, 투자 기간 $\boldsymbol{n}$(년)이 주어졌을 때 연간 복리계산횟수 $\boldsymbol{k}$에 따라 이 투자의 미래가치 $\boldsymbol{P(n, k)}$는 다음과 같다.

$$P(n, k) \;=\; P(0) \times \left[1 + \frac{r}{k}\right]^{n \cdot k}.$$

가령 k 값이 달라지면 미래가치 $P(n, k)$는 다음과 같습니다.

➢ 도표 3-3〉 이산복리법의 미래가치

연간복리계산횟수 k	미래가치 $P(n, k)$
1번	$P(0) \times (1 + r)^n$
2번	$P(0) \times \left(1 + \frac{r}{2}\right)^{2n}$
m번	$P(0) \times \left(1 + \frac{r}{m}\right)^{m \cdot n}$

이 내용을 예제로 확인해 보겠습니다.

예제 3-3〉 연간복리계산횟수와 미래가치

현재의 현금 \$1를 1년 이자율 (혹은 수익률) 10%로 1년 동안 투자할 때, 이자 계산 단위기간을 각각 1년과 6개월로 하여 $n = 1$년 후의 미래가치 P(1, k)를 계산하여 봅시다. 이 경우 단위기간이 1년인 경우는 $1 \times (1 + 0.1) \;=\;$ \$1.1이고, 단위기간이 6개월 = $\frac{1}{2}$년인 경우는 \$1.1025가 됩니다.*

* \$1.1025와 \$1.1의 차이인 \$0.0025는, 6개월 이자 금액인 \$0.05에 다시 6개월 이자율 0.05를 곱해서 산출된 금액입니다.

$$P(n,k) = P(1,2) = P(0)\left(1+\frac{r}{k}\right)^{kn} = 1 \times \left(1+\frac{0.10}{2}\right)^{2\times 1}$$
$$= 1 \times (1+0.05)(1+0.05) = (1+0.05)(1+0.05) = 1.1025.$$

■

이처럼 이자 계산 단위기간이 짧아질 때 미래가치가 커지는 이유는, 즉 1.1025 〉 1.1의 이유는, 첫 번째 산출된 이자 금액 \$0.05가 두 번째 이자 계산시 원금(=1+0.05)에 포함되어 다시 자신의 이자를 만들어 내기 때문입니다. 즉 \$1.1025와 \$1.1의 차이인 \$0.0025는, 6개월 이자 금액인 \$0.05에 다시 6개월 이자율 0.05를 곱해서 산출된 금액입니다.

이번에는 다소 극적인 경우를 한 번 생각해 보겠습니다.

예제 3-4〉 연간복리계산횟수와 미래가치

복리 이자를 한 번 계산하는 단위기간이 1일이라면 \$1의 1년 후의 미래가치는 어떤 값을 가질까요? 이 경우는 연간복리계산횟수 k = 365이므로 P(1, 365)는 다음과 같이 \$1.105156가 됩니다.

$$P(1,365) = P(0)\left(1+\frac{r}{k}\right)^{kn}$$
$$= 1 \times \left(1+\frac{0.10}{365}\right)^{365\times 1} = 1 \times (1+0.000274)^{365}$$
$$= 1.105156.$$

■

만일 복리 이자를 계산하는 단위기간이 1초처럼 (무한히) 작다면 1년 후의 미래가치는 어떤 값을 가질까요? 이는 결국 $k \to \infty$가 될 때의 P(1, k)를 구한다는 의미인데, 이처럼 이자 계산의 단위기간을 무한히 짧게 하여 미래의 가치를 구하는 접근법을

"연속복리법(continuous compounding)"

이라 하고, 연속복리법이 적용되는 이자율을 "연속복리 이자율"이라 합니다. 위의 예의

경우 r =0.10, P(0)=\$1이므로 연속복리법에 의한 $P(1,\infty)$의 산출식은 다음과 같습니다.

$$P(1,\infty) = 1 \times \left[\lim_{k\to\infty}\left(1+\frac{0.10}{k}\right)^k\right]$$

그런데 위의 극한값은 다음의 값으로 알려져 있습니다.

> ➢ 식 10〉 연속복리의 정의
>
> $$\lim_{k\to\infty}\left(1+\frac{r}{k}\right)^k = (2.718281828\ldots.)^r = e^r.$$

이자율 r의 함수인 이 극한값을 우리는 "지수함수(exponential function)"라 하는데, 여기서 지수 e는 2.71828···값을 나타내는 자연 상수(natural constant)입니다. 즉

$$e \; = \; 2.718281828\ldots.$$

입니다. 위 예제의 경우 이자율 $r = 0.10$이므로 $P(1,\infty)$의 값은 다음과 같이 1.105171이 됩니다.

$$\begin{aligned} P(1,\infty) \; &= \; 1 \times \left[\lim_{k\to\infty}\left(1+\frac{0.10}{k}\right)^k\right] \; = \; (2.718281828\ldots.)^{0.10} \\ &= \; e^{0.10} \; = \; 1.105171. \end{aligned}$$

이처럼 이자율 r이 주어졌을 때, 연속복리법에 의한 $P(1,\infty)$의 값 1.105171은 이산복리법에 의한 $P(1,k)$의 그 어떤 값보다도 (미세하나마) 큰 값을 가지게 됩니다. 이제 지수 e에 대해 조금만 더 알아 보겠습니다.

참고 1〉 지수 e의 정의와 사용법

지수 e의 원래 정의는 $e = \lim_{c\to\infty}\left(1+\frac{1}{c}\right)^c$ 입니다. 그런데 이 식에서 c 값으로 $c = \frac{k}{r}$를 대입할 수 있습니다. 여기서 r은 임의의 양수인 상수이고 k는 (양의) 변수입니다. 이렇게 하면

$$e = \lim_{\frac{k}{r} \to \infty} \left(1 + \frac{1}{\frac{k}{r}}\right)^{\frac{k}{r}} = \lim_{k \to \infty} \left(1 + \frac{r}{k}\right)^{\frac{k}{r}}$$

이 성립합니다. 다시 양변을 r승 하면

$$(e)^r = \lim_{k \to \infty} \left[\left(1 + \frac{r}{k}\right)^{\frac{k}{r}}\right]^r = \lim_{k \to \infty} \left(1 + \frac{r}{k}\right)^k$$

이 되어 비로소 상수 e와 연속복리법의 의미가 명확해집니다. ■

여기서 연속복리법의 상수 e에 관해 질문을 하나 하겠습니다.

> 질문 3-3〉 $\boldsymbol{e = 2.71828}$...에서 2.71828...은 어떤 값으로 해석될(interpreted) 수 있을까요?

$$e^r = \lim_{k \to \infty} \left(1 + \frac{r}{k}\right)^k = 1 \times \lim_{k \to \infty} \left(1 + \frac{r}{k}\right)^k = (2.71828)^r$$

이므로 e^r는 원금 1을 투자했을 때 1년 후 원리금을 의미합니다. 또한 $e = 2.71828$이므로 $e^1 = (2.71828)^1 = 2.71828$이 됩니다.

이제 1년 중에 이자계산 횟수가 무한하고($k \to \infty$) 연이자율 $r = 1 = 100\%$라 합시다. 오늘 $1를 투자하면 연속복리법에 의한 1년 후 원리금은 위 식에 의해

$$e^r = (2.71828)^r = (2.71828)^1 = 2.71828 \approx 2.7$$

이 됩니다. 즉 연속복리법 하에서 원금 $1를 1년 동안 연이자율 100%로 투자할 때 1년 후 받게 되는 원리금이 $2.71828입니다. 반면 1년 동안 이자계산 횟수가 한 번이라면 연이자율이 100%일 때 1년 후 원리금이 $2가 됩니다. $2.7는 $2보다 약 35% 큰 수치이니 두 수치의 차이가 꽤 크다는 것을 알 수 있습니다. 이렇게 큰 차이의 원인은 첫째로는 1년 중 이자계산 횟수의 차이 때문이고, 둘째로는 연이자율 $r = 1 = 100\%$ 자체가 매우 큰 수치이기 때문입니다. 첫째 조건이 충족되더라도 연이자율 수치가 0.05처럼 작

은 수치라면, 두 방식의 차이가 이렇게 크게 확대되어 산출되지는 않습니다. ■

지금까지는 동일한 이자율 r을 사용하여 이산복리법과 연속복리법을 적용하였을 때의 미래 채권 가치 P(1, k)를 계산하고 비교해 보았습니다. 그런데 채권의 현재 가치와 미래 가치가 고정되었을 때, 이산복리법으로 산출한 이자율(수익률)과 연속복리법에 의한 그것은 서로 다릅니다. 왜냐하면 이자율을 계산하기 위한 단위기간이 동일하지 않기 때문입니다. 즉 연속복리법은 이자율 계산의 단위기간이 무한히 짧아 무한히 많은 복리 계산이 이루어집니다. 그러므로 동일한 미래가치를 산출하기 위한 연속복리이자율은 보다 작은 값으로 계산됩니다. 이를 예제를 통해 알아 봅시다.

예제 3-5〉 연속복리이자율

$P(0) = 0, P(1) = 1.1$로 실현된 경우 이 기간 동안의 투자 수익률을 두 방법으로 구하면, 1년을 단위기간으로 한 이산복리 수익률은 $P(1) = P(0) \times (1 + r)$로부터 $r = 0.1$로, 연속복리 수익률은 $P(1) = P(0) \times e^R$로부터 $R = 0.09531$로 산출됩니다.* ■

또 현재 투자액 $P(0)$를 연속복리이자율 r로 n년 동안 투자하는 경우 미래 시점 $t = n$(년초)에서의 가치 $P(n, \infty)$는 아래와 같이 나타낼 수 있습니다.

➢ 식 11〉 연속복리법과 미래 가치

$$\begin{aligned} P(n,\infty) &= P(0) \times \left[\lim_{k\to\infty}\left(1+\frac{r}{k}\right)^k\right]^n = P(0) \times (e^r)^n \\ &= P(0) \times e^{r\cdot n}. \end{aligned}$$

* R을 산출하는 방법은 다음과 같습니다. 먼저 관련된 식을 정리하면 $e^R = \frac{P(1)}{P(0)} = 1.1$이 됩니다. 이제 밑수를 e로 하는 자연로그, 즉 $\log_e(\cdot) = ln(\cdot)$를 양 변에 취하면 좌변은 $\log_e(e^R) = R$, 우변은 $\log_e(1.1) = \ln(1.1)$이 되어 $R = \ln(1.1) = 0.09531$이 산출됩니다. 이렇게 구한 "로그수익률" R이 연속복리 수익률 값으로 사용됩니다. 이에 대하여는 본 절의 후반에 다시 설명합니다.

예제 3-6〉 연속복리법과 미래가치

현재 투자액 $100을 연속복리이자율 0.10으로 3년 동안 투자하는 경우 3년 후 시점에서의 이 투자의 가치 P(3)은 다음과 같습니다.

$$P(3,\infty) = P(0) \times e^{r \cdot n} = 100 \times e^{0.10 \times 3} = 100 \times e^{0.30}$$
$$= 100 \times (2.71828)^{0.30} = 134.9859.$$

■

한편 이자계산 횟수 k가 커짐에 따라 (r = 0.1일 때) 현재 투자액 $100의 1년 후, 30년 후의 가치는 아래와 같습니다. 아래 도표에서 알 수 있듯이, 이산 복리법과 연속복리법의 미래가치 차이는 1년 후에는 그리 크지 않지만, 장기간인 30년 후에는 꽤 큽니다. 가령 1년에 한 번 이자계산을 하는 경우는 30년 후 원리금이 $1,745 정도임에 반해 연속복리법 적용 시에는 약 $2,009가 되어 약 15% 정도의 차이가 발생합니다.

➢ 도표 3-4〉 연속복리법의 미래가치

k	P(0, k) = 100	
	P(1, k)	P(30, k)
1	110.00	1744.94
2	110.25	1867.92
4	110.38	1935.81
10	110.46	1978.85
infinity(무한대)	110.52	2008.55

2. 이산복리 이자율과의 비교

여기서는 연속복리법을 사용하는 이유에 대하여 파악해 봅시다. 복잡해 보이는 연속복리법을 굳이 사용하는 이유는, 우리에게 보다 익숙한 이산복리법이 비과학적 특성을 지니고 있어서 이를 사용할 경우 혼란스러운 결과가 나타날 수 있는 반면 연속복리법은 이러한 문제점이 없기 때문입니다. 여기서는 채권의 가치 평가와 관련하여 이산복리법의 대표적인 문제점들 즉 연속복리법의 대표적인 장점들을 살펴보기로 합니다.

질문 3-4〉 여러분의 연봉이 향후 4년간 다음과 같이 변한다고 합시다. 가령 최초 2년간은 매년 10%씩 상승하고 마지막 2년간은 매년 10%씩 하락합니다. 이때 4년 후 여러분의 연봉은 현재의 그것보다 많을까요, 아니면 적을까요?

얼핏 생각하면 현재나 4년 후나 연봉 수준이 같을 것처럼 보입니다. 연봉이 매 2년 동안 동일한 정도로 성장 및 하락을 했으니까 말입니다. 그런데 계산을 해보면 4년 후 연봉이 현재 연봉보다 적음을 알게 됩니다. 가령 현재 연봉이 1이라고 하면 4년 후 연봉은 다음과 같습니다.

$$\begin{aligned} 1 \times (1+0.1)^2 \times (1-0.1)^2 &= 1.1^2 \times 0.9^2 = (1.1 \times 0.9)^2 = 0.99^2 \\ &= 0.9801 \end{aligned}$$

즉 4년 후 연봉은 현재 연봉 1보다 작습니다. 왜 이런 모순 같은 일이 발생했을까요? 이는 이산복리법, 즉 (1+r) 혹은 (1-r) 방식을 사용했기 때문입니다. 곧 (1+r)×(1-r)은 1과 같지 않기 때문입니다. 이제 똑같은 상황에서 연속복리법으로 4년 후 연봉을 계산해 보겠습니다. 먼저 이산복리법의 (1+r) 방식은 연속복리법 하에서는 e^r 방식으로 표현됨을 기억합시다. 그러면 4년 후 연봉은 다음과 같이 계산됩니다.

$$\begin{aligned} 1 \times (e^{0.1})^2 \times (e^{-0.1})^2 &= e^{0.2} \times e^{-0.2} = e^0 \\ &= (2.71828)^0 = 1 \end{aligned}$$

즉 4년 후 연봉도 현재 연봉과 같은 1이 됩니다. 왜냐하면 (1+r) × (1-r)의 연속복리형 버전인 $e^r \times e^{-r} = e^{r-r} = e^0 = 1$이 되기 때문입니다. ■

또 하나의 사례를 보겠습니다.

질문 3-5〉 원달러 환율이 ₩1000/$에서 ₩1500/$로 변했습니다. 이때 달러화 가치는 몇% 절상되고 원화 가치는 몇 % 절하되었을까요?

두 환율 수치에 1,000과 1,500이 보이므로 얼핏 생각하면 달러화 가치는 50% 절상되고 원화가치는 50% 절하된 것처럼 보입니다. 그런데 이는 사실과 다릅니다. 먼저 달러화 가치는 50% 절상된 것이 맞습니다. 원화나 달러화나 모두 자산(통화)임을 기억하고 달러라는 자산으로 원화라는 자산을 구매하는 경우를 봅시다. 예전에는 $1로 1,000개의 원(₩)을 구입했는데 지금은 $1로 1,500개의 원(₩)을 구매할 수 있습니다. 동일한 $1로 구매할 수 있는 (원화)자산이 1,000개에서 1,500개로 늘었으니 $1의 가치는 50% 상승한 것입니다.

이제 원화라는 자산으로 달러라는 자산을 구매하는 경우를 봅시다. 예전에는 ₩3,000으로 3개의 달러($)를 구입했는데 새 환율에서는 단지 2개의 달러($)를 구입할 수 있습니다. 동일한 ₩3,000으로 구매할 수 있는 (달러화)자산이 3개에서 2개로 줄었으니 $3,000의 가치는, 즉 원화 가치는, 33% 하락한 것입니다. 이처럼 두 통화의 상대적인 상승률과 하락률이 다르게 산출됩니다.

왜 이런 불일치가 발생했을까요? 그 이유는 동일한 ₩500/$의 변동이라도 1,000을 출발점으로 할 때와 $\frac{1}{1000}$을 출발점으로 할 때 측정되는 변동률이 다르기 때문입니다. 애초 $1의 가치는 1,000개의 원(₩)이었으므로 달러화 가치는 이 1,000개가 몇 개로 변하는지를 따지면 됩니다. 위 예의 경우 1,500개로 변했으니 50% 평가절상이 이루어진 것입니다. 반면 애초 ₩1의 가치는 $\frac{1}{1000}$개의 달러($)였으므로, 원화 가치는 이 $\frac{1}{1000}$개가 몇 개로 변하는 것인가를 따지면 됩니다. 위 예의 경우 $\frac{1}{1500}$개로 변했습니다. 이를 소수로 표시하면 1원의 가치가 0.001개의 달러에서 0.00067개의 달러로 변한 것입니다. 이는 마치 100개에서 67개로 변한 것과 같으므로 원화 가치는 33% 하락한 것입니다.

달러화 절상 정도를 x라 하면, $1000 \times (1 + x) = 1500$에서 $x = 0.5$가 됩니다. 반면 원화 절하 정도를 y라 하면, $\frac{1}{1000} \times (1 - y) = \frac{1}{1500}$이 됩니다. 양변에 1000×1500을 곱하면, $1500 \times (1 - y) = 1000$이 되고 $y = 0.33$이 됩니다. 결국 $1000 \times (1 + x) = 1500$과 $1500 \times (1 - y) = 1000$을 만족시키는 x와 y 값이 서로 다르다는 말입니다. 그 이유는 $1 + x, 1 - y$를 사용하여 평가절상, 평가절하 정도를 측정하는 방식이 $1 + r, 1 - r$을 사용하는 이산복리법 방식이기 때문입니다.

만일 $1 + x, 1 - y$ 의 연속복리법 버전인 e^x, e^{-y}를 애초에 사용했다면 어떻게 될까요? $1000 \times e^x = 1500$에서 $e^x = \frac{1500}{1000} = 1.5$이고, 양변에 자연로그 $ln(\cdot) = log_e(\cdot)$을

취하면 $x = \ln(1.5) = 0.41$ 이 도출됩니다. 또한 $\frac{1}{1000} \times e^{-y} = \frac{1}{1500}$ 에서 양변에 1000×1500 을 곱하면, $1500 \times e^{-y} = 1000$ 이 됩니다. 이제 양변에 e^y 를 곱하면 $1500 = 1000 \times e^y$ 가 되므로 $e^y = \frac{1500}{1000} = 1.5$ 이고, 양변에 자연로그 $ln(\cdot) = log_e(\cdot)$ 을 취하면 $y = \ln(1.5) = 0.41$ 이 되어 $x = y = 0.41$ 이 됩니다. 즉 달러화 평가절상 정도와 원화 평가절하 정도가 정확히 일치합니다. 그러므로 통화의 평가절상, 평가절하에서도 애초에 연속복리법 방식을 사용하면 일관적이고 편리한 결과를 얻습니다. 이처럼 연속복리법은 이산복리법에 비해 합리적이고 체계적인 분석과 결과가 가능하기 때문에 재무금융이나 경제 분야에서는 이 방식을 필요에 의해 자주 사용합니다. ■

보다 일반적으로 말하면, 이산복리법의 문제점은 다음과 같습니다.

정리 2〉 이산복리법의 문제점

(1) 증권의 가격이 (-) 값을 가지는 경우가 발생한다.
(2) 이자 계산의 중간 시점에서의 가치 평가가 일치하지 않는다.
(3) 평균 수익률 계산에서 오류가 있다.

이제 이 세 가지 문제점을 하나씩 파악하여 봅시다.

(1) 증권의 가격이 (−) 값을 가지는 경우가 발생합니다.

현재 시점 $t = 0$에서의 어느 주식의 가격 $P(0)$가 주어지고 $t = 1$(년초)에서의 미래 가치 $P(1)$을 추정한다고 가정합시다. 미래는 불확실하므로 $P(1)$을 어느 하나의 값으로만 추정할 수는 없고 여러 개의 값들과 그 값들의 확률로 추정하여야 할 것입니다. 이는 곧 $P(1)$의 확률분포를 추정함을 의미합니다. $P(1)$의 확률분포를 추정하기 위하여 가장 일반적으로 사용되는 방법은, 이 주식의 수익률 r의 확률분포를 추정하고 이를 이용하여 $P(1) = P(0)(1 + r)$의 확률분포를 추정하는 방법입니다.

확률변수의 여러 분포 중 그 특성이 잘 알려져 있고 또 모든 분야에서 가장 광범위하게 쓰이는 정규분포를 r의 확률분포로 사용한다고 가정하여 봅시다. 정규분포의 특성상 r은 $(-\infty)$부터 $(+\infty)$까지의 모든 값을 가질 수 있는데, 이러한 특성은 매우 곤혹스러운 결과를 초래합니다. 즉 정규분포의 특성에 의하여 $r = -0.1,\ -1,\ -10$ 등의 값을 가질 수 있는데 특히 $r < (-1)$인 경우 $P(1) = P(0) \times (1 + r) < 0$이 되어 1년 후 주가 $P(1)$이 (-) 값을 가지는 결과가 초래됩니다. (-) 값을 가지는 주가는 현실적으로 불가능합니다.

반면 "연속복리법"에 의한 수익률 R이 정규분포를 따른다고 가정할 경우 음(-)의 주가 가능성이 완전히 제거됩니다. $P(1) = P(0) \times e^R$에서 정규분포를 따르는 R의 어떠한 (음수) 값에 대해서도 $e^R = (2.71808)^R > 0$이므로 $P(1) = P(0) \times e^R > 0$이 됩니다. 그러므로 연속복리법에서 주가 $P(1)$은 음수 값을 가질 수 없습니다.

(2) 이자 계산의 중간 시점에서의 가치평가가 일치하지 않습니다.

지금까지 우리는 여러 조건에서 현재가치와 미래 가치를 구해 보았습니다. 그런데 현재 가치와 미래 가치는 동전의 양면과 같이, 시점을 달리하여 동일한 실체를 파악한 수치들입니다. 여기서의 동일한 실체란 주어진 현금(흐름)을 의미합니다. 이제 하나의 가정을 해 봅시다. 모든 채권들에 대한 시장 이자율이, 채권들의 만기와 관계없이, 연 10%라 합시다. 가령 정부가 발행한 모든 만기의 채권들에 대한 시장 이자율이 연 10%인 경우입니다. 그리고 2년 만기 무이표채의 액면가(par)가 \$121이라 합시다. 그러면 이 무이표채의 현재 가격이 \$100로 산출됩니다. 곧 제4장에서 배우겠지만, par 121, 만기 2년, 연 수익률 0.1인 무이표채의 현재가치는

$$\frac{par}{(1+r)^n} = \frac{121}{(1+0.1)^2} = 100$$

이기 때문입니다. 이 사실이 의미하는 바는, $t = 0$인 현재 시점에서의 \$100와 $t = 2$인 미래 시점에서의 \$121가 투자자들에게는 동등하다는(equivalent) 것입니다.

그리고 100과 121의 값이 상이한 이유는, 즉 현재가치와 미래가치 수치들이 서로 다른 이유는 단지 평가 시점이 다르기 때문입니다. 만일 평가시점이 같아진다면 두 가치도 같아져야 합니다. 가령 평가 시점이 $t = 1$인 경우를 생각해 보겠습니다. $t = 0$ 시점의 가치 100에다 수익률 10%를 적용하여 구한 $t = 1$ 시점의 가치와 $t = 2$ 시점의 가치 121에다 할인율 10%를 적용하여 구한 $t = 1$ 시점에서의 가치는 같아야 합니다. 실제로 전자는 $100 \times (1 + 0.1) = 110$, 후자는 $\frac{121}{1+0.1} = 110$으로 양자는 일치합니다.

그렇다면, 평가시점이 $t = \frac{3}{12}$과 같이 중간 시점인 경우에도 양자는 일치할까요? 채권 시장에서는 1년 미만 기간 동안의 이자율은 단리(simple interest)로 계산하는 관행이 있습니다. 그러므로, $t = 0$ 시점의 가치로부터 $t = \frac{3}{12}$ 시점의 가치를 환산하는 경우

$$100 \times \left[1 + \left(0.1 \times \frac{3}{12}\right)\right] = 102.5$$

이고, $t = 2$ 시점의 가치로부터 환산하는 경우에는

$$\frac{121}{(1 + 0.1)\left(1 + 0.1 \times \frac{9}{12}\right)} = 102.3256$$

으로 두 수치는 일치하지 않습니다.* 이 불일치는 이산복리법의 계산 원리로부터 필연적으로 발생하는 문제입니다. 반면 연속복리법을 사용할 경우 특정 현금 흐름은 특정 시점에서 언제나 단일한 가치만을 가집니다. 위의 예에서, 시장의 연속복리이자율이 연 10%이어서 만기 2년, par $121인 무이표채의 현재 가치가

$$\frac{121}{e^{0.1\times 2}} (= 99.0664)$$

로 산출되어 채권 시장에서 거래되고 있다 합시다. 이제 평가 시점이 $t = \frac{3}{12}$ 인 경우의 이 채권의 가치는, $t = 0$ 시점의 가치로부터 환산하는 경우

$$\frac{121}{e^{0.1\times 2}} \times e^{0.1\times\frac{3}{12}} = 121 \times e^{0.1\times\left(-\frac{21}{12}\right)} (= 101.5743)$$

이고, $t = 2$ 시점의 가치로부터 환산하는 경우에도

$$\frac{121}{e^{0.1} \cdot e^{0.1\times\frac{9}{12}}} = \frac{121}{e^{0.1\times\frac{21}{12}}} = 121 \times e^{0.1\times\left(-\frac{21}{12}\right)} (= 101.5743)$$

으로 일치합니다. 연속복리법은 이처럼 특정 현금 흐름의 가치가 특정 시점에서 하나의 값으로 결정되는 합리적인 계산 방식인 반면 이산복리법은 그렇지 못하다는 취약점을

---

* 참고로 1년 미만의 기간을 위처럼 적용하지 않고 승수(exponent, power)에 적용하는 경우에는 두 값은 일치합니다. 다만 이 방식은 실무에서 항상 사용되지는 않을 수 있습니다.

가지고 있습니다.

(3) 평균 수익률 계산에서 오류가 있습니다.

투자 기간(investment horizon)이 1년을 초과하는 경우 연평균 수익률을 계산하여 투자 성과를 측정하게 됩니다. 가령 현재 주가가 100,000인 삼성전자 주식에 향후 2년간 투자하는 경우를 상정합시다. 이 기간 동안의 주가의 움직임이 1년 뒤에는 110,000 그리고 2년 뒤에는 다시 100,000이 된다고 하면, 이 2년 동안 연수익률은 첫해에는

$$\frac{110{,}000}{100{,}000} - 1 = 0.1,$$

둘째 해에는

$$\frac{100{,}000}{110{,}000} - 1 = -0.090909\ldots \approx -0.09091$$

입니다. 투자기간 동안의 연평균 수익률을 구하기 위하여 두 1년 수익률 수치들을 합산한 후 투자기간으로 나누면 $\frac{0.1 + (-0.09091)}{2} = 0.00455$입니다. 그러나 실제적으로는 투자원금 100,000과 2년 후의 가치가 동일하므로 투자기간 2년 동안의 (연)평균수익률은 0이 됩니다. 그러므로 이산복리법에 의한 평균 수익률과 실제의 평균 수익률은 오차를 보이게 됩니다.

반면 연속복리법에 의한 연수익률 $r(1)$, $r(2)$를 구하면,

$$100{,}000 \times e^{r(1)} = 110{,}000, \qquad 110{,}000 \times e^{r(2)} = 100{,}000$$

이므로, 각 식 양변에 자연로그 $ln(\cdot) = log_e(\cdot)$을 취하고 $r(1)$, $r(2)$에 관해 정리하면

$$r(1) = ln\left(\frac{110{,}000}{100{,}000}\right) = 0.09531, \qquad r(2) = ln\left(\frac{100{,}000}{110{,}000}\right) = -0.09531$$

이 됩니다. 이때 연평균 수익률은 $\frac{r(1) + r(2)}{2} = \frac{0.09531 - 0.09531}{2} = 0$이 되므로 실제의 평균 수익률(= 0)과 일치함을 알 수 있습니다.

이처럼 재무금융 분야의 수익률 계산에서는 이산복리법의 단점이 다양하게 존재합니다. 연속복리법은 이러한 단점이 없는 체계적인 수익률 계산 방법이라는 점에서, 재

무금융 분야에서는 자주 이산복리법을 대체하여 사용되고 있습니다. 본서에서도 보다 명료한 분석이 필요할 경우에는 연속복리법을 사용하여 예를 들고 논의를 전개하기로 합니다. 마지막으로 예전에 저자가 한 신문에 기고한 연속복리법 관련 칼럼 내용을 본 단원을 정리할 겸 보겠습니다.

■ 〈수익률과 연속복리〉

향후 2년간 내 연봉이 첫 해에는 10% 상승(또는 하락)하고 다음 해에는 10% 하락(또는 상승)한다 하자. 2년 후 내 연봉은 현재 연봉보다 많을까? 또 환율이 달러당 1,000원에서 1,500원으로 변하면, 달러화(원화)의 가치는 몇% 절상(절하)되었을까? 이 두 질문의 직관적, 즉각적 대답은, "2년 후 연봉은 현재 내 연봉과 같다"와 "달러 가치는 50% 절상, 원화 가치는 50% 절하"이다.

그런데 틀렸다. 첫째 질문의 답은 $1 \times (1 + 0.1) \times (1 - 0.1) = 1.1 \times 0.9 = 0.99$가 되어, 오늘 연봉 1억원은 2년 후 9,900만원이 된다. 둘째로, 달러화는 원화 대비 50% 절상된다. 예전에는 1달러로 원화라는 자산을 1,000개 구입했는데 이제는 1,500개 구입할 수 있으니까. 반면 예전에는 3,000원으로 달러를 3개 구입했는데 이제는 2개만 구입할 수 있으므로 원화는 달러화 대비 33% 평가절하된다.

왜 우리 직관과 정답이 다를까? 그 이유는 (1+이자율) 혹은 (1+절상율)이라는 방식이 비일관적이기 때문이다. 연봉 10% 인상과 10% 인하의 경우, 같은 "10%"가 적용되는 토대(base)가 다르다. 10% 연봉 인상이 발생하면 새 연봉이 일억천만원이 되어 천만원 상승하지만, 그 후 10% 인하가 발생하면 일억천만원의 토대에 10% 인하가 적용되어 천백만원이 하락한다. 이처럼 10% 인상의 결과와 10% 인하의 결과가 다르다.

환율은 어떤가? 달러당 천원에서 천오백원으로 환율이 변하면, 달러 절상 계산의 토대는 천과 천오백이라는 두 값이다. 반면 원화 절하 계산의 토대는 천분의 일과 천오백분의 일이라는 두 값이다. 예전에 1원으로 달러 $\frac{1}{1000}$개를 샀지만 지금은 $\frac{1}{1500}$ 개만을 살 수 있기 때문이다.

주식 투자 등에서도 (1+수익률)로 계산하면, 수익률이 정규분포를 따른다는 일반적 가정을 활용할 수 없다. 정규분포에서는 수익률 값이 -1.2도 될 수 있는데, 이 경우 투자 결과가 음수가 되기 때문이다. 이 모든 오류들을 막기 위해 재무금융에서는 "연속복리"를 사용하는데 이는 특수한 지수함수 e^x를 이용하는 것이다. 여기서 $e = 2.7183\ldots$이라는 상수로 $e^{0.1} = 1.1052$, $e^{-0.1} = 0.9048$ 이 되어 1+0.1, 1−0.1과 거의 같다. 하지만 $1 \times e^{0.1} \times e^{-0.1} = e^0 = 1$이 되어 (1+수익률)의 비일관성 오류를 정정할 수 있다. 참고로 전자계산기 자판의 e는 바로 이 e이다. 이러한 특성 때문에 채권 수익률을 이론적으로 계산(호가)할 때 연속복리를 사용하기도 한다. (한국경제신문, 2016년 4월 28일, A28면)

3. 연속복리법과 로그정규분포

여기서는 연속복리법과 매우 밀접한 관련을 가지고 있는 로그정규분포에 대하여 알아 보기로 합시다. 수식을 위한 용어는 위에서 쓰던 용어를 그대로 사용합니다. 먼저 어떤 증권의 현재 가격 $P(0)$, 1년 후 가격 $P(1)$, 그리고 이 증권의 1년간 (연속복리)수익률 R의 관계는 다음과 같습니다.

$$P(0) \times e^R = P(1).$$

즉

$$e^R = \frac{P(1)}{P(0)}$$

이고, 양변에 자연로그 $log_e(\cdot) = ln(\cdot)$을 취하면 좌변은

$$log_e(e^R) = R$$

이고 우변은

$$ln\left(\frac{P(1)}{P(0)}\right)$$

이 되어 결국

$$R = ln\left(\frac{P(1)}{P(0)}\right)$$

입니다. 또 R이 평균 μ, 분산 σ^2의 정규분포를 따른다면

$$ln\left(\frac{P(1)}{P(0)}\right) = R \sim N(\mu, \sigma^2)$$

이 성립합니다. 여기까지는 수익률이 정규분포를 따른다는 내용입니다. 그런데 로그의 특성에 따라 위 식은 다음과 같이 변환할 수 있습니다.

$$ln\big(P(1)\big) - ln\big(P(0)\big) = R \sim N(\mu, \sigma^2).$$

$P(0)$는 현 시점에서 알 수 있는 값이므로 $ln\big(P(0)\big)$는 상수입니다. 그러므로 양변에

$ln(P(0))$을 더하면

$$ln(P(1)) \; = \; ln(P(0)) \; + \; R \sim N(ln(P(0)) + \mu, \sigma^2)$$

이 성립합니다. 이때 좌변 $ln(P(1))$은 수익률이 아니고 일종의 가격입니다. 즉 1년 후 이 증권 가격 $P(1)$에 로그를 씌운 것뿐입니다. 이 증권이 주식이라면 이를 로그주가라 부릅니다. 그리고 미래 주가인 $P(1)$은 우리가 그 값을 현재로서는 알 수 없는 확률변수입니다. 위 식의 의미는, 확률변수인 미래 주가 $P(1)$에 로그를 취한 로그주가 $ln(P(1))$이 평균 $ln(P(0)) + \mu$, 분산 σ^2인 정규분포를 따른다는 것입니다. 이처럼

확률변수 X에 로그를 취한 $ln(X)$가 정규분포를 따르면
확률변수 X가 "로그정규분포"를 따른다

고 말합니다. 위 예의 경우 확률변수 $P(1)$은 평균 $ln(P(0)) + \mu$, 분산 σ^2의 로그정규분포를 따릅니다.

애초 우리는 연속복리 수익률 혹은 로그 수익률이 정규분포를 따른다고 출발했는데, 주가가 로그정규분포를 따른다는 결과가 도출되었습니다. 이처럼, 연속복리법이 적용되는 (증권의) 로그수익률이 정규분포를 따른다고 하면 이 증권의 가격은 로그정규분포를 따름을 의미합니다. 재무금융 교재에서 자주 언급되는, 주식이나 채권 가격이 로그정규분포를 따른다는 가정의 배경에는 이러한 원리가 존재하는 것입니다.

한편 이산복리 수익률 r을 보면

$$r \; = \; \frac{P(1) \; - \; P(0)}{P(0)} \; = \; \frac{P(1)}{P(0)} \; - \; 1,$$
$$P(1) \; = \; P(0) \times (1 + r)$$

이고 연속복리 수익률 R은

$$R \; = \; \ln\left[\frac{P(1)}{P(0)}\right] \; = \; \ln\left[\frac{P(0) \times (1 + r)}{P(0)}\right] \; = \; \ln[1 + r]$$

인데 r이 작을수록, 즉 0에 가까워질수록, R에 가까워집니다.* 가령 $r = 0.001$이면

* 이는, 본서에서 채권의 컨벡서티(convexity) 공부할 때 접하는, "테일러 정리(Taylor Series)"를 이용하여

$R = \ln(1+0.001) = 0.0009995 \approx 0.001$입니다.

이제 이 관계를 도표를 통하여 확인해 보겠습니다.

➢ 도표 3-5〉 이산복리 수익률($\boldsymbol{r}$)과 연속복리 수익률($\boldsymbol{R}$)의 차이($\boldsymbol{P(0)}$, $\boldsymbol{P(1)}$ 주어짐)

r	R	차이
0.1000	0.095310180	0.004689820
0.0100	0.009950331	0.000049669
0.0010	0.000999500	0.000000500
0.0001	0.000099995	0.000000005

위 두 도표에서처럼 r 혹은 R이 작으면 $r \approx R$이 되고 이에 따라

$$1+r \approx e^R = \exp[R]$$

이 됩니다. 즉 증권의 현재가치 $P(0)$와 미래가치 $P(1)$이 주어졌을 때, r이 작으면 이 가치들로부터 역산한 이산복리 수익률과 연속복리 수익률 차이가 점차 사라진다는 말입니다.

한편 현재가치 $P(0)$만 주어지고 미래가치 $P(1)$이 주어지지 않았을 때에는 다음이 성립합니다. r, R이 같은 값이더라도, 즉 $r = R$이어도, 그 값이 작아질수록 $1+r \approx e^R$이 됩니다. 즉 연속복리 이자율 R과 이산복리 이자율 r이 같은 값일 때($R = r$), r이 작을수록 현재 가치로부터 산출한 두 미래 가치의 차이가 작아진다는 것입니다. 이를 도표로 보겠습니다.*

➢ 도표 3-6〉 이산복리 수익률($\boldsymbol{r}$)과 연속복리 수익률($\boldsymbol{R}$)의 차이($\boldsymbol{P(0)}$만 주어짐)

r = R	1 + r	e^R	차이
0.1000	1.1000	1.105170918	0.005170918
0.0100	1.0100	1.010050167	0.000050167
0.0010	1.0010	1.001000500	0.000000500
0.0001	1.0001	1.000100005	0.000000005

증명할 수 있습니다.

* 이를 역으로 말하면, 연속복리이자율과 이산복리이자율이 같은 값일 때, 특정 미래 가치로부터 산출한 두 현재 가치의 차이가, r이 작을수록, 작아진다는 의미가 됩니다.

그러므로 R과 r은 다음과 같은 관계를 가집니다.

> **정리 3〉 이산복리 수익률($\boldsymbol{r}$)과 연속복리 수익률($\boldsymbol{R}$)의 관계**
>
> (1) 현재가치와 미래가치가 주어졌을 때 r이 작으면 $r \approx R$ 이다.
>
> (2) r, R이 같고 작은 값이면 $1+r \approx e^{R}$이다.

참고로 이산복리 이자율과 연속복리 이자율의 보다 정확한 수리적 관계는 본서 후반부에 배울 채권의 변동성 주제에서 제9장 "채권의 컨벡서티(convexity)"를 배울 때 보다 상세히 공부할 예정입니다.

제 5 절 보 론

여기서는 연금(annuity)의 현재가치 공식인 다음 식을 증명합니다.

$$P(0) = \frac{C[(1+r)^n - 1]}{r(1+r)^n}$$

단위기간이 1년이라고 합시다. 이때 매년 말 C의 현금을 n번 받는 현금흐름을 X라고 합시다. 단 $t = 0$에서 알 수 있듯이, "0년"부터 시간을 계산합니다. 즉 X는

0년 말부터 $(n-1)$년 말까지 n번의 C를 받는

현금흐름입니다. 혹은

1년 초부터 n년 초까지 n번의 C를 받는

현금흐름입니다. 아래 그림들을 참조할 수 있습니다.

➢ 그림 3-3〉 X의 현금흐름

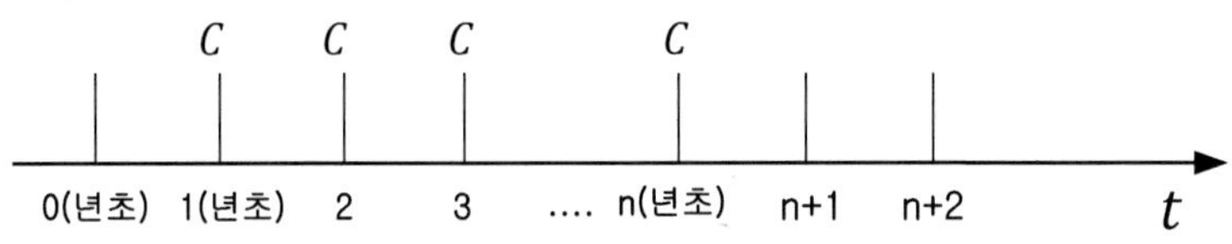

➢ 그림 3-4〉 Y, Z의 현금흐름

	1(년초)	2	3	...	n	n+1	n+2	n+3	...
X	C	C	C	C	C				
Y	C	C	C	C	C	C	C	C	C
Z						C	C	C	C

한편 Y는 1년 초부터 무한히 매년 C를 받는 현금흐름을, 그리고 Z는 $(n+1)$년 초부터 무한히 매년 C를 받는 현금흐름이라고 합시다. 그러면, 현금흐름 X는 현금흐름 (Y − Z)와 동일합니다. 즉 X = Y − Z입니다. 따라서 X의 현재가치와 (Y − Z)의 현재가치도 동일합니다. 즉 X의 현재가치와 (Y의 현재가치 - Z의 현재가치)도 동일합니다.

$$PV_0(X) \;=\; PV_0(Y) \;-\; PV_0(Z).$$

여기서 $PV_0(X) = PV_{t=0}(X)$, 즉 시점 $t = 0(= 0$년 초)의 현금흐름 X의 현재가치를 의미합니다. 이제 영구연금(perpetuity)의 현재가치 식을 이용하면 Y의 현재가치 $PV_0(Y)$는 다음과 같습니다.

$$PV_0(Y) \;=\; \frac{C}{r}.$$

Z의 현재가치는 두 단계를 거쳐 구할 수 있습니다. 먼저 현재 시점을 n년 초, 즉 위 그림에서 $t = n$으로 상정하고 Z의 현재가치를 계산하여 봅시다. 현재 시점이 n년 초이므로, $(n+1)$년 초부터 매년 C를 무한히 받는 Z는, 1년 후부터 매년 C를 무한히 지속적으로 받는다는 것을 의미합니다. 그러므로 Z의 n년 초 시점에서의 현재가치 $PV_n(Z)$는 영구연금 식이 적용되어 다음과 같습니다.

$$PV_n(\mathrm{Z}) \;=\; \frac{C}{r}.$$

이제 현재 시점을 원래의 $t = 0$(년초)로 복원하여 Z의 현재가치를 산출하여 봅시다. 미래 현금의 현재가치 식인 $P(0) = \frac{P(n)}{(1+r)^n}$를 적용하면 $PV_0(\mathrm{Z})$는 다음과 같이 구해집니다.

$$PV_0(\mathrm{Z}) = \frac{PV_n(\mathrm{Z})}{(1+r)^n} - \frac{\frac{C}{r}}{(1+r)^n} = \frac{C}{r(1+r)^n}.$$

이제 $PV_0(X) = PV_0(Y) - PV_0(Z)$ 관계를 이용하면

$$\begin{aligned} PV_0(X) &= PV_0(Y) - PV_0(Z) \\ &= \frac{C}{r} - \frac{C}{r(1+r)^n} \\ &= \frac{C}{r}\left[1 - \frac{1}{(1+r)^n}\right] \\ &= \frac{C}{r}\left[\frac{(1+r)^n - 1}{(1+r)^n}\right] \end{aligned}$$

이 되어 $P(0) = \frac{C[(1+r)^n - 1]}{r(1+r)^n}$ 이 성립합니다. 즉 본문의 "연금의 현재가치 $P(0)$"는 여기 보론의 $PV_0(X)$에 해당합니다.

참고로 연금의 현재가치, 무이표채와 이표채의 현재가치 등은 재무계산기(financial calculator)에 내장된 공식들을 이용하여 손쉽게 구할 수 있습니다. 계산기 사용설명서에 이 공식들이 자세히 안내되어 있습니다. 계산기로 이 수치들을 쉽게 구할 수 있더라도, 본절에서는 수리적으로 그 내용들을 증명함으로써 여러분들이 그 수식들에 더 확신을 가질 수 있기를 바랍니다.

CHAPTER 4

이자율과 채권의 가격

4장은 본서의 근본, 기초(basic building blocks)를 이루는 내용들입니다. 채권과 떼려야 뗄 수 없는 관계인 (여러) 이자율에 대해, 또 다양한 채권의 가격 결정에 대해, 그리고 채권 투자의 위험에 대해, 마지막으로 채권 가격 결정과 관련된 차익거래에 대해 공부합니다. 본장은 여러 주제를 포함하고 있어 다소 길지만, 그 하나하나가 모두 향후 채권 공부에 매우 중요한 내용이기 때문에, 독자 여러분들의 적극적인 학습 의지가 요청됩니다.

제 1 절 시장 이자율

오늘 1을 투자하여 1년 후 1.1을 창출할 수 있다면, 현재의 1과 1년 후의 1.1은 본질적으로 동등한 가치라고 할 수 있을 것입니다. 이 경우 현재가치를 미래가치로 또 미래가치를 현재가치로 변환하는데 필요한 개념이 "이자율"입니다. 미래가치가 현재가치보다 큰 근본적인 이유는 현재의 1을 1년 후 확실하게 1.1로 만들어 주는 "기회"가 존재하기 때문입니다.* 미래가치는 이러한 기회의 존재를 반영하여 현재가치보다 높기 마련

* 만일 이러한 기회가 언제나 확실하게 존재하지 않다면 미래가치가 현재가치보다 언제나 크다고 전제할

이고, 시장 이자율은 현재가치와 미래가치가 실질적으로 동등한 가치를 나타내도록 투자자들이 요구하는 수익률을 반영하여 결정됩니다. 현재가치를 미래가치로 변환하는데 사용되는 이자율을 통상 "수익률"이라고 부르고 반대로 미래가치를 현재가치로 변환하는데 사용된 이자율을 "할인율"이라 합니다.

현재가치와 미래가치의 관계를 결정하는 (연)이자율은 미래 시점에 따라 다르게 결정될 수 있습니다. 미래 시점에 따라 적용되는 이자율이 다르다는 사실은 채권의 coupon의 지급 시점에 따라 적용되는 할인율이 다르다는 의미입니다. 가령 만기가 2년이고 coupon을 6개월에 한 번씩 지급하는 coupon bond는 미래의 coupon 지급 시점이 모두 4개 존재하므로 이 채권의 현재 가격 산출에 적용되는 할인율은 4개가 됩니다.

1. 현물 이자율

이자율이라 함은 통상 "현물 이자율(spot rates)"을 의미하는데 이에 대해 알아 봅시다. 현물 이자율이란 현재 시점에서 자금을 투자할 때 실현할 수 있는 연간 수익률입니다. 또한 현물 이자율은 이러한 수익률만을 의미하는 것이 아니고, 맥락에 따라서는 미래의 현금을 현재가치로 할인할 때의 연간 할인율을 의미하기도 합니다. 수익률과 할인율 개념을 모두 의미하는 이유는, 현물 이자율은 현재 시점의 가치 A와 미래 시점의 가치 B를 연결하는데, 어느 방향으로 A, B를 바라보는가에 따라 현물 이자율이 다르게 "해석"될 수 있기 때문입니다. 현재 시점에서 미래 시점을 향해 이자율을 볼 때는 수익률이지만, 미래 시점으로부터 현재 시점을 향해 이자율을 볼 때는 할인율인 것입니다. 여기서 A는 현재 가치(PV, present value)라 하고 B는 미래 가치(FV, future value)라고 합니다. 사실 이 두 가치는 동등(equivalent)합니다. 즉 1년 현물 이자율이 10%일 때 오늘의 100과 1년 후의 $100 \times (1 + 0.1) = 110$은 실질적으로는(effectively) 동일한 가치를 의미하고, 단지 측정 시점이 다를 뿐입니다. 이때 우리는 현재 가치로서의 100과 미래 가치로서의 110이 "동등하다"고 말합니다. 그리고 여기서 이 0.1을 맥락에 따라 수익률

수 없으나, 현대의 금융경제에서는 이러한 기회의 존재가 보편적으로 증명됩니다. 참고로 2008년 세계 금융위기 이후 미국을 비롯한 각국 정부가 경제를 회생시키기 위해서 의도적으로 시장 이자율을 거의 0에 가깝게 유지하려 한 적은 있지만, 이는 전 세계 금융 역사상 매우 예외적인 경우이고 시장의 자생적인 균형이라고는 하기 어렵습니다.

혹은 할인율이라 합니다. 즉 1년 후의 가치 110을 현재 시점의 가치 100으로 환산할 때 이 0.1이 사용되면 할인율이라 불리고, 현재 시점의 가치 100를 1년 후의 가치 110으로 변환할 때 이 0.1이 사용되면 수익률이라 불립니다.

참고로 현물 이자율은 단순히 현재 시점과 미래 시점을 연결하는 모든 이자율을 의미하는 것은 아닙니다. 그럼 어떤 이자율을 의미하는 것일까요? 구체적으로 현물 이자율은, 채무불이행 위험(default risk)이 없는 미래 현금에 대한 기대 수익률, 요구수익률 혹은 할인율을 의미하는데, 현실적으로는 정부가 발행한 국채로부터 기대되는 미래 현금 흐름에 대한 할인율이 대표적인 현물 이자율입니다. 일반 사기업 등이 발행한 채권은 채무불이행 위험이 있다고 간주되어 국채에 대한 현물 이자율에 위험 프리미엄이 가산된 할인율에 의하여 가격이 결정됩니다.

이제 각 만기에 따른 현물 이자율 $\{r(t)|t = 1, 2, 3, 4\}$가 다음과 같이 주어졌다고 가정합시다.

➤ 도표 4-1〉 현물 이자율

t	1	2	3	4
r(t)	3.0%	4.0%	5.0%	6.0%

현물 이자율이 이렇게 주어지면 오늘의 현금 100과 미래 특정 시점의 미래 가치는 다음과 같은 관계를 가집니다. 즉 오늘 현금 100을

1년간 투자하면 1년 후의 미래 현금의 크기는 $100 \times (1 + 0.03) = 103$,
2년간 투자하면 2년 후의 미래 현금은 $100 \times (1 + 0.04)^2 = 108.16$,
3년간 투자 시 3년 후의 미래 현금은 $100 \times (1 + 0.05)^3 = 115.7625$,
4년간 투자하면 4년 후의 미래 현금은 $100 \times (1 + 0.06)^4 = 126.247696$

이 됩니다. 여기서 투자란 만기가 각각 1, 2, 3, 4년인 무이표채(zero coupon bond)를 구입하여 만기까지 보유하는 것을 의미합니다. 즉 오늘 이 채권들에 투자하면, 이 채권들의 만기일까지는 아무런 현금(coupon) 지급이 없고 만기일이 되면 약속한 일정액(par value)을 지급하는 채권들을 의미합니다. 은행의 정기예금 같은 투자입니다. 만기일에 약속된 이자를 포함한 원리금을 한꺼번에 받는 투자인 것입니다. 만일 만기 이전에도

이런 투자로부터 일정 현금(cash flow)이 지급된다면 이 투자의 실질 수익률에는 이 현금 수입까지 반영해야 하므로 다소 복잡하므로 이런 수치를 굳이 기본적인 이자율로 사용할 이유가 없습니다. 그러므로 만기일 이전까지 아무 현금 지급이 없는 무이표채에 대한 수익률 혹은 할인율이 현물 이자율인 것입니다.

여기서 중요한 사실은, 현물 이자율은

투자 기간의 총수익률이 아니고 "연평균 수익률"

이란 사실입니다. 위에서 2년 투자의 경우 오늘의 100이 2년 후 108.16이 되므로 총수익률은 8.16%이지만 현물 이자율은 4%입니다. 이처럼 총수익률이 아닌 연율로 표시하는 이유는 이자율간의 비교를 의미있게 하기 위함입니다. 만일 1년간 총수익률이 3%인 투자와 2년간 총수익률이 6.05%인 투자의 수익성을 비교한다면, 얼핏 보아서는 후자의 수익성이 더 높아보일 수 있습니다. 하지만 연평균 수익률을 보면 후자는 $(1.0605)^{0.5} - 1 = 0.0298 = 2.98\%$로서 전자인 3%보다 작습니다. 그러므로 채권의 수익률은 비교 가능하게 항상 연율로 표시됩니다.

한편 미래 가치의 할인율로서의 현물 이자율의 의미는 다음과 같습니다. 즉

1년 후의 미래 현금 100의 현재가치는 $\frac{100}{1+0.03} = 97.087,$

2년 후의 현금 100의 현재가치는 $\frac{100}{(1+0.04)^2} = 92.456,$

3년 후 그것의 현재가치는 $\frac{100}{(1+0.05)^3} = 86.384,$

4년 후 그것의 현재가치는 $\frac{100}{(1+0.06)^4} = 79.209$

가 됩니다. 또 $x-$축을 만기로, $y-$축을 현물 이자율로 표시한 그래프를 수익률 곡선(yield curve)라 합니다.* 그리고 여기에서의 현재가치란, par가 100이고 만기가 각각 1, 2, 3, 4년인 zero coupon bond의 현재 시장 가격을 의미합니다. 이처럼 채권 가격과 관련해서는 수익률 개념과 할인율 개념이 모두 활용되므로, 현물 이자율에 대한 두 개의 해석을 모두 이해할 필요가 있습니다. ■

---

* 5장에서 수익률 곡선을 심도 있게 공부합니다. 가령 수익률 곡선이 0.05로 수평하다면(flat), 1년 현물 이자율, 2년 현물 이자율을 포함한 모든 만기의 현물 이자율이 연간 5%임을 뜻합니다.

이처럼 현물 이자율은 zero coupon bond의 par와 가격으로부터 쉽게 추출할 수 있습니다. 즉 현재 시점에서 특정 zero coupon bond를 시장 가격으로 구입하고 이를 만기일까지 보유하여 par를 받는다고 가정할 때, 이 투자로부터 얻게 되는 연평균 수익률이 바로 현물 이자율이라고 할 수 있습니다.

예제 4-1〉 zero coupon bond의 가격과 현물 이자율 계산

만기 3년, par 100인 zero coupon bond의 시장 가격이 74.62라면

$$\frac{100}{[1+r(3)]^3} = 74.62,$$

이므로 3년 만기 현물 이자율 $r(3) = 10.25\%$로 산출됩니다. 만일 이자율 계산의 단위기간이 6개월이라면

$$\frac{100}{\left(1+\frac{r(3)}{2}\right)^6} = 74.62,$$

혹은

$$74.62 \times \left(1+\frac{r(3)}{2}\right)^6 = 100$$

에 의하여 $r(3) = 10\%$가 됩니다. 이처럼 이자율 계산의 단위기간이 서로 상이하면 산출되는 현물 이자율도 달라집니다. 하나의 팁(tip)으로, 이자율 계산 단위기간이 1년이 아닌 경우에 현물 이자율 산출은, 이 방식에 익숙하지 않은 사람들에겐 다소 생소하거나 어려울 수 있어, 개인적인 연습(practice)이 필요합니다.* ■

채권 시장에서 다양한 만기의 zero coupon bond들이 모두 거래되고 있다면 이 zero coupon bond들의 가격으로부터 모든 현물 이자율이 구해질 수 있습니다. 그러나 실제 시장에서 모든 만기에 대한 zero coupon bond가 존재하는 경우는 없으므로, 거래되는

---

* 실제로 학교 시험에서 이런 문제들을 출제하면, 이자율 단위 기간이 1년이 아닌 경우에는, 학생들이 실수를 꽤 합니다.

zero coupon bond 및 coupon bond의 가격들로부터 통계학적 방법론을 사용하여 (더 많은) 현물 이자율들이 추정됩니다. 가령 만기 1년, 2년, 3년의 무이표채들만이 시장에서 거래된다 하더라도, 이들로부터 만기 1.5년, 2.5년의 현물 이자율들도 추정될 수 있다는 것입니다. 그 방법론은 지극히 실무적인 내용으로 본서에서는 생략합니다.*

2. 할인요소

현물 이자율과 밀접한 관련을 가지는 개념으로 할인요소(discount factors)를 들 수 있습니다.

> **정의 1〉 할인요소**
>
> 할인요소란 미래가치를 현재가치로 변환해 주는 값으로, 구체적으로는 미래 현금 1을 현재가치로 변환해주는 값을 뜻한다.

가령 할인율이 10%일 때 1년 후 1.1의 할인요소 d는

$1.1 \times d = 1$에 의해 $d = 0.9091$이 됩니다.

혹은 2년 후 1.21의 할인요소 d는

$1.21 \times d = 1$에 의해 $d = 0.8264$가 됩니다.

이 할인요소는 할인율과 밀접한 관련이 있습니다. $d = 0.9091$의 경우 d는 1년 할인율 $r = 0.1$의 함수로

$$d = 0.9091 = \frac{1}{1+0.1} = \frac{1}{1+r}$$

의 관계가 성립합니다. 이처럼 할인요소와 할인율(= 이자율)은 1:1의 관계를 가집니다. 다시 말하면, 할인요소가 특정 수치로 주어지면 할인율도 특정 수치로 결정되며, 그 역

---

* 본서가 채권에 관해서 모든 주제를 포함하고 있지는 않는데, 추후 저자가 '채권 강의 II' 교재를 집필한다면 이 주제를 포함할 수 있습니다.

도 성립합니다.

그런데 미래 현금을 현재가치로 환산할 때 할인율 r로 충분히 환산할 수 있는데, 왜 굳이 할인요소를 알아야 할까요? 우리에게 익숙한 할인율 외에 할인요소를 별도로 공부하는 이유는, 미국 등 외국에서는 할인율 못지 않게 할인요소를 사용하여 현재가치를 계산하는 방법이 널리 사용되고 있기 때문입니다. 원래 주식, 채권 등의 증권은 네덜란드, 이태리 같은 국가에서 최초로 만들어지고 영국 등에서 활성화된 것이기에 이들 증권에 관한 지식 체계에도 이들의 사고방식이 녹아있습니다. 가령 할인율은 나눗셈 개념이고 할인요소는 곱셈 개념인데, 아무래도 곱셈이 더 편리하게 인식되기 때문이 아닌가 생각합니다.*

구체적으로, 할인요소 $d(n,k)$는 만기 n년의 현물 이자율 $r(n)$과 연간복리계산 횟수가 k로 주어졌을 때, n년 후의 현금 1의 현재가치를 뜻합니다. 그러므로 $d(n,k)$는 만기 n년, par 1인 zero coupon bond의 현재가치를 의미하기도 합니다. k 값이 달라짐에 따라 $d(n,k)$ 값은 다음과 같습니다.

➢ 식 1〉 par = 1인 zero coupon bond의 가치와 할인요소

$$d(n,1) = \frac{1}{(1+r(n))^n} = \left(1+r(n)\right)^{-n},$$

$$d(n,k) = \frac{1}{\left(1+\frac{r(n)}{k}\right)^{kn}} = \left(1+\frac{r(n)}{k}\right)^{-kn},$$

$$d(n,\infty) = \lim_{k\to\infty}\frac{1}{\left(1+\frac{r(n)}{k}\right)^{kn}} = e^{-n\cdot r(n)}. \dagger$$

* (후천적인) 산수 능력은 평균적으로 한국인들이 외국인들보다 다소 더 뛰어난 것 같습니다. 가령 우리는 물건을 매매할 때 매도자나 매수자가 거스름돈을 거의 즉각 계산하지만 이들은 그렇지 못한 경우가 많습니다. 가령 미국에서 $10를 주고 $3.5짜리 물건을 사면 이들은 먼저 50센트(=$0.5)를 꺼내면서 "$4"라 말하고 다시 $1를 더하면서 "$5"라 말하며, 이런 식으로 마지막 $1를 꺼내면서 "$10"를 말하며 거스름돈을 주는 경우가 꽤 있습니다.

† 연속복리 이자율의 정의 $\lim_{k\to\infty}\left(1+\frac{r}{k}\right)^k = e^r$로부터 도출된 결과입니다.

이처럼 $d(n,k)$는 n년 후의 1을 현재가치로 할인하는 요소로서의 기능을 가지기 때문에 할인요소(discount factor)라고 합니다. 위 식에서 알 수 있듯이 할인요소는 현물 이자율과 밀접한 관련성이 있는데, 현물 이자율 $r(n)$과 연간 이자 계산 횟수 k가 주어지면 할인요소의 값 $d(n,k)$도 위 식에 의해 자동적으로 결정됩니다. 그러므로 현물 이자율과 할인요소는

동일한 실체를 서로 다른 관점에서 파악한, 동전의 양면과 같은 개념

이라고 할 수 있습니다.

임의의 par를 가지는 zero coupon bond의 현재가치를 할인요소 $d(n,k)$를 이용하여 구하면, 연간복리계산 횟수 k, 만기 n년, par는 "Par"인, zero coupon bond의 현재가치 $P(0,\ k)$는 다음 식으로 표시됩니다.

➢ 식 2〉 액면가 = $\boldsymbol{Par}$인 zero coupon bond의 현재가치

$$P(0,1) \;=\; \frac{Par}{(1+r(n))^n} \;=\; Par \times d(n,1),$$

$$P(0,k) \;=\; \frac{Par}{\left(1+\dfrac{r(n)}{k}\right)^{kn}} \;=\; Par \times d(n,k),$$

$$P(0,\infty) \;=\; \lim_{k\to\infty} \frac{Par}{\left(1+\dfrac{r(n)}{k}\right)^{kn}} \;=\; Par \times d(n,\infty).$$

위 식으로부터, 임의의 액면가 "Par"를 가지는 zero coupon bond는 액면가 "1"의 zero coupon bond가 Par(개수)만큼 포함된 포트폴리오와 동일한 가치를 가짐을 알 수 있습니다. 왜냐하면 (가령)

$P(0,1) \;=\; Par \times d(n,1)$에서 $d(n,1) =$ '액면가 1의 무이표채의 가격'

이라고 해석할 수 있기 때문입니다.

예제 4-2〉 zero coupon bond의 가치

삼성전자가 발행한 만기 1년, par 100의 zero coupon bond에 대하여 요구되는 시장 이자율이 연 10%이고, 연간복리계산 횟수가 2회일 경우 이 채권의 시장 가격은

$$P(0,k) = \frac{Par}{\left(1+\frac{r(n)}{k}\right)^{kn}} = \frac{100}{\left(1+\frac{0.10}{2}\right)^{2\times 1}} = 90.7$$

이 됩니다. ■

위 예제로부터, zero coupon bond의 가치는 par, 만기(n), (현물)이자율($r(n)$) 그리고 복리계산 횟수(k)에 의하여 결정됨을 알 수 있습니다. zero coupon bond의 가치와 각 요인과의 관계에 대해서는 다음 절에서 자세히 파악하기로 합니다.

3. 선도 이자율(Forward rates)

채권이나 파생상품 학습에 있어 선도 이자율은 매우 매우 중요한 개념입니다. 또한 대부분의 초심자들에게 있어 선도 이자율 개념은 다소 낯선 개념이기도 합니다. 마치 공매도 개념을 모르는 이들에게 이 개념은 적어도 처음에는 매우 낯선 개념이듯이 말입니다. 그런데 학습 자체가 사실은 낯선 내용들을 지속적으로 배우는 것 아니겠습니까? 그러니 본서 자체가 여러분들에겐 대부분 낯선 내용들일 수밖에 없습니다. 하지만 낯선 내용이라 해서 반드시 복잡하거나 어려운 내용들만 있는 것은 아닙니다. 본서를 읽는 여러분들에게 선도 이자율이 처음엔 낯설겠지만, 종국적으로는 선도 이자율을 활용하는 차익거래까지도 명확히 이해할 수 있기를 기대합니다.* 차익거래는 본장 제4절에서 본격적으로 공부합니다.

* You can rely on this book.

(1) 선도 이자율의 의미

정의 2〉 선도 이자율

선도 이자율이란(forward rates)이란 현재 시점이 아닌 미래 시점에서 투자할 때 실현할 수 있는 연간 수익률을 의미합니다. 다시 말하면, 선도 이자율은 "두 미래 시점"을 연결하는 이자율을 말합니다.

선도 이자율 개념을 확실히 파악하기 위하여 일단 연간복리계산 횟수를 1회로 간주합시다. 또 만기 t에 따라 시장의 현물 이자율 $\{r(t)\}$가 아래 도표와 같이 주어졌다고 합시다.

➢ 도표 4-2〉 만기와 현물 이자율

t	1	2	3	4	5	6	7	8
r(t)	3.0%	4.0%	5.0%	6.0%	7.0%	6.5%	6.0%	5.5%

zero coupon bonds를 만기까지 보유한다면, 위 도표에 의하여, 1년 만기의 zero coupon bond에 투자할 경우의 연수익률은 3%, 2년 만기의 zero coupon bond에 투자할 경우의 연(평균)수익률은 4%임을 알 수 있습니다. 이처럼 연수익률이 차이가 나는 것은 만기가 서로 다른 zero coupon bonds에 투자하기 때문입니다. 그런데

만기 2년의 zero coupon bond에 투자한다 함은
1년 만기의 zero coupon bond에 2년 동안 연속적으로 투자하는 것

과 유사합니다. 단지 후자의 경우 1년 후 시점에서의 "1년 현물 이자율"이 현재로서는 불확실하기 때문에, 현재로부터 2년 동안의 총수익률 혹은 연평균 수익률이 불확실합니다. 반면 만기 2년의 zero coupon bond에 투자하면 이러한 불확실성이 제거되어 연평균 수익률이 4%로 확정됩니다. 그러므로 만기 2년의 zero coupon bond에 투자한다는 것은 마치 '1년 후 시점의 향후 1년 수익률'을 현재 시점에서 확정하는 것과 같습니다. 그런데

$$(1+0.04)^2 \approx (1+0.03)\times(1+0.05)$$

입니다. 그러므로, 1년 현물 이자율이 3%로 주어졌을 때, 향후 2년 동안 연수익률 4%로 (2년 만기) zero coupon bond에 투자한다 함은, 1년 후의 1년 수익률을 약 5%로 확정하면서 투자하는 결과가 됩니다. 이때

현 시점에서 확정된 1년 후의 1년 수익률 5%를

"선도 이자율(forward rates)"이라 합니다.

"선도(forward)"의 개념은 이자율뿐만 아니라 주식 가격, 환율 등에도 적용되는 일반적인 개념으로,

현재 시점에서 확정된 미래의 값

이라는 의미입니다. 그러므로 선도 이자율은 현재 시점에서 확정된 미래의 이자율이라는 의미가 됩니다. 이러한 점에서 선도 이자율과 현물 이자율의 차이가 두드러집니다. 즉 현물 이자율은 현재 시점 t_0와 미래 시점 t_1을 연결해 주는 이자율인 반면, 선도 이자율은 미래 시점 t_1과 또 다른 미래 시점 t_2를 연결해 주는 이자율입니다. 위의 예에서의 선도 이자율은 $t_1 = 1$과 $t_2 = 2$의 두 미래 시점을 연결해 주고 있습니다.

(2) 선도 계약

수익률로서의 선도 이자율은 미래의 투자 조건을 오늘 확정할 때 유효하게 사용됩니다. 현물 이자율이 위 도표와 같이 주어졌을 때 한 투자자가 1년 후 임의의 금액 A를 1년 동안 투자하는 계약을 오늘 맺는다고 하면 2년 후 받을 금액이 어떻게 결정되어야 할까요? 선도 이자율 5%를 활용하면, 2년 후 받을 금액이 $A \times (1 + 0.05) = 1.05 \cdot A$로 결정되어야 한다는 것을 알 수 있습니다. 만일 2년 후 받을 금액이 $1.05 \cdot A$ 가 아니라면, 효율적인 시장에서는 존재하기 어려운 시장 불균형 상태가 존재하게 됩니다. 이를 예제를 통하여 파악하여 봅시다.

예제 4-3〉 선도 계약

2년 후 받을 금액이 $1.06 \cdot A$로 정해져 이 1년의 약정 이자율이 6%가 된다고 합시다. 가령 투자자 J가 여러분에게 6%의 이자율로 미래 시점 $t = 1$(년 후)부터 $t = 2$까지 돈

을 빌리거나 빌려줄 용의가 있다고 하겠습니다. 이때 J의 약정 이자율 6%는 현물 이자율들로부터 결정되는 선도 이자율 5%보다 높은 수익률이므로, 투자자들은 이 기회를 이용하기 위해

(2년 만기의 zero coupon bond를 사지 않고)
1년 만기의 zero coupon bond를 사고
동시에 수익률 6%의 이 계약을 오늘 맺을

것입니다. 이러한 거래를 함으로써 현재 채권 시장에서 얻을 수 있는 2년의 연평균수익률 4%를 초과할 수 있습니다.

이를 구체적으로 살펴보겠습니다. 2년 만기 par = 100인 zero coupon bond의 시장가격은 $\frac{100}{(1+0.04)^2} = 92.46$이므로,

i) 오늘 92.46으로 2년 만기의 zero coupon bond를 매입한 후 만기까지 보유하면 2년 후 100을 얻게 됩니다.

ii) 반면 오늘 1년 만기의 zero coupon bond를 사고 동시에 1년 후 6%의 약정 이자율로 (J에게) 1년간 투자하는 계약을 한다고 가정하여 봅시다.

1년 현물 이자율이 3%이므로 95.23의 par를 가지는 만기 1년의 zero coupon bond의 현재 시장가격은 $\frac{95.23}{1+0.03} = 92.46$입니다. 그러므로

오늘 92.46으로 만기 1년의 zero coupon bond를 매입하면
1년 후 par 금액인 95.23을 받게 됩니다.

그리고 1년 후에 받게 될 이 95.23이 위 계약에 의해 약정 이자율 6%로 J에게 1년간 투자되면 1년 후 $95.23 \times (1 + 0.06) = 100.94$가 됩니다. 이 금액은, 앞에서 2년 만기의 zero coupon bond에 92.46을 투자한 경우에 얻게 되는 100보다 큽니다. 그러므로 2년 동안 확정된 수익률로 투자하려는 모든 투자자들은

2년 만기 zero coupon bond를 매입하지 않고
1년 만기 zero coupon bond를 매입하고

동시에 J와 이러한 계약을 맺어 수익을 극대화

하려 할 것입니다.* 이러한 거래는 J의 약정 이자율과 (현물 이자율로부터 추출되는) 선도 이자율이 같아질 때까지 계속될 것이므로 두 이자율이 같아질 때 이러한 계약은 사라집니다. ■

이와 같은 이유로 효율적인 시장에서는 J와 같은 투자자들이 제시하는 수익률은 (현물 이자율에서 추출되는) 선도 이자율인 5%와 가까운 값이 되는데, 위 계약, 즉 미래 특정 시점에 특정 수익률로 특정 기간 동안 투자할 것을 오늘 확정하는 계약을 "선도 계약"이라 합니다. 위 사례의 선도 계약 이자율 f가

$$(1 + 0.04)^2 = (1 + 0.03) \times (1 + f)$$

를 충족하지 못하면 시장은 균형을 이루지 못하고, 궁극적으로 f가 위 식을 충족할 때에만 시장은 균형을 이룹니다. 그런데 더 나아가, 위 식이 충족되지 못하면,

어느 투자자라도
자신의 자금 없이도, 아무 위험 부담 없이, 즉각적으로 이익을 실현할 수

있습니다. 이른바 "무위험 차익(arbitrage profit)"을 실현할 수 있다는 말입니다. 이러한 거래를 "차익거래(arbitrage transaction)"라 하는데, 선도 이자율과 관련된 이 차익거래에 대해서는 제4절 차익거래에서 상세히 논의됩니다.

정의 3〉 선도 계약
미래 특정 시점에 특정 수익률로 특정 기간 동안 투자할 것을 오늘 확정하는 계약

즉 선도 계약의 당사자들은 오늘 시점에서 계약을 확정하지만, 이 계약에 따른 거래 자체는 미래 시점에서 실행됩니다. 미래 시점에서 이루어질 거래이지만, 그 미래 시점

* 보다 정확히 말하면, 투자자들은 2년 만기 무이표채를 발행하여 혹은 공매도(short sale)하여 받게 되는 금액으로 1년 만기 무이표채를 매입하고 위의 계약을 맺음으로써 무위험 차익을 실현할 것입니다. 이를 차익거래라 하는데, 차익거래에 관해서는 4절에서 상세히 설명합니다.

의 주가, 이자율, 환율에 자신들의 거래를 맡기지 않고, 오늘 시점에서 약속한 주가, 이자율, 환율로 거래를 실행한다는 것입니다. 이때 이 선도 계약에서 약속한 주가, 이자율, 환율은 제멋대로 결정되지는 않고, 위 예제에서와 같이 현재 시점에서 존재하는 변수들과 긴밀한 관계를 맺으며 결정됩니다. 가령 위 예제에서는 선도 이자율이 5% 혹은 이와 매우 가까운 값으로 결정됩니다. 이 5%는 오늘 시점에 존재하는 두 개의 현물 이자율, 즉 1년 현물 이자율 3%와 2년 현물 이자율 4%로부터 추출되는 값입니다. 선도 이자율이 이처럼 현물 이자율에 의하여 결정된다는 의미에서 이를 특히

현물 이자율 값에 내포된 선도 이자율(implied forward rates)

이라 합니다.

> **정의 4〉 Implied Forward Rate**
>
> 현 시점에 (만기가 다른) 두 현물 이자율에 의해 결정되는, 차익거래를 허용하지 않는 선도 이자율

"implied forward rate"이 선도 거래와 관련하여 차익거래를 허용하지 않는 선도 이자율임은 4절 차익거래에서 상세히 입증, 설명됩니다. 물론 4절에서는 차익거래의 정의부터 공부할 것입니다.

(3) 선도 이자율 계산*

오늘로부터 $(t-1)$년 후 1년 동안 투자하는 선도 계약을 오늘 체결할 때 적용되는 선도 이자율을 $f(t)$로 쓰기로 합시다.† 가령 1년 후 시점에서 1년 동안 투자할 때 혹은 자금을 빌릴 때 사용되는 선도 이자율은 $f(2)$입니다. 현물 이자율이 위 도표와 같이 주어지면, 2년 만기의 zero coupon bond를 92.46만큼 매입하여 만기까지 보유할 경우, 이러한 투자로부터 오늘 확정되는 2년 후 미래가치는

$$92.46 \times (1+0.04)^2$$

---

* 본 주제는 다소 깁니다(long).

† 선도 이자율 표기에는 $t-1$과 t를 모두 사용하기도 합니다. 본서에서는 t만 사용합니다.

입니다. 한편 1년 만기의 무이표채를 92.46만큼 매입하고 동시에 $f(2)$의 이자율로 선도 계약을 체결할 경우, 이러한 투자로부터 오늘 확정되는 2년 후 미래가치는

$$92.46 \times (1 + 0.03)(1 + f(2))$$

입니다.

즉 92.46의 투자자금으로 2년간 투자하는 이 두 경우에 있어서 전자의 경우 오늘 확정된 2년 후의 미래가치가 $92.46 \times (1 + 0.04)^2$이고 후자의 경우는 확정된 2년 후의 미래가치가 $92.46 \times (1 + 0.03)(1 + f(2))$입니다. 두 경우 모두 2년 후 받게 될 현금이 확정되어 불확실성이 전혀 없으므로, 투자자들이 합리적이라면 혹은 시장이 효율적이라면 양자는 같아져야만 합니다. 즉

$$92.46 \times (1 + 0.04)^2 \;=\; 92.46 \times (1 + 0.03)(1 + f(2))$$

가 됩니다. 이를 정리하면

$$f(2) \;=\; \frac{(1 + 0.04)^2}{1 + 0.03} \;-\; 1$$

이 됩니다.

일반적으로, 현물 이자율 $\{r(t)|t = 1,\ 2,\ 3, \dots\}$가 주어지고 이자 계산의 단위기간이 1년일 때, $(t - 1)$년 후 1년 동안 투자하는 선도 계약의 이자율 $f(t)$는 아래 식과 같이 결정됩니다. 단 $r(0) = 0$으로 정의됩니다.

> ➢ 식 3〉 선도 이자율 $\boldsymbol{f(t)}$ 결정
>
> $$f(t) \;=\; \frac{[1 + r(t)]^t}{[1 + r(t-1)]^{t-1}} \;-\; 1, \qquad \text{혹은(equivalently)}$$
>
> $$[1 + r(t)]^t \;=\; [1 + r(t-1)]^{t-1} \times [1 + f(t)].$$

위 두 번째 식은 첫 번째 식을 다소 다르게 표현한 것임을 쉽게 알 수 있습니다. 즉 두 식은 동치(equivalent)입니다. 위 첫 번째 식에 $t = 1$을 대입하면, $f(1)$은 '1-1 = 0'년 후 1년 동안 투자하는 선도 계약의 이자율이므로, 이는 곧 현 시점에서 1년 동안 투자하는 이자율, 즉 현물 이자율 $r(1)$을 의미함을 알 수 있습니다. 그러므로 $f(1) = r(1)$

이 성립합니다.

예제 4-4〉 선도 이자율 계산

아래 도표와 같이 현물 이자율 $\{r(t)\}$가 주어졌을 때 위 식을 이용하여 선도 이자율 $f(4)$를 구하면

$$f(4) = \frac{[1+r(4)]^4}{[1+r(3)]^3} - 1$$
$$= \frac{1.06^4}{1.05^3} = 0.0906$$
$$= 9.06\%$$

입니다. 같은 방법으로 선도 이자율 $\{f(t)\}$를 구하면 아래 도표와 같습니다.

➤ 도표 4-3〉 만기, 현물 이자율과 선도 이자율

t	1	2	3	4	5	6	7	8
r(t)	3.00%	4.00%	5.00%	6.00%	7.00%	6.50%	6.00%	5.50%
f(t)	3.00%	5.01%	7.03%	9.06%	11.10%	4.03%	3.05%	2.07%

참고로, 이 책을 읽는 독자들은 위 예제 같은 경우 눈으로 보기만 하지 말고 실제 계산기를 이용하여 계산해 보고 스스로 확인을 해보기를 권합니다. 재무금융 공부는 눈으로만 하는 것이 아니고 계산 과정을 체험함으로써 더 잘 이해하고 더 오래 기억할 수 있습니다.

한편 이자 계산의 단위기간이 6개월이고 현물 이자율 $\{r(t)|t = 0.5, 1, 1.5, \ldots\}$가 주어졌을 때에는, $(t-0.5)$년 후 0.5년 동안 투자하는 선도 계약의 이자율 $f(t)$는 아래 식과 같이 결정됩니다. 물론 여기서 $t = 0.5, 1, 1.5, \ldots$입니다. 이때 $r(0) = 0$으로 정의되고, 아래 식에 의하여 $f(0.5) = r(0.5)$입니다.

> ➢ 식 4〉 선도 이자율 $\boldsymbol{f(t)}$ 결정 (1년에 2회 복리계산)
>
> $$\frac{f(t)}{2} = \frac{\left[1+\frac{r(t)}{2}\right]^{2t}}{\left[1+\frac{r(t-0.5)}{2}\right]^{2(t-0.5)}} - 1.$$

위 식을 쉽게 이해하는 한 방법은 오늘 1(원)을 $\boldsymbol{t}$년 동안 투자하는 두 가지 전략을 비교해 보는 것입니다. 하나는 선도 이자율이 필요하지 않은 전략이고 다른 하나는 위의 선도 이자율 $\boldsymbol{f(t)}$가 필요한 전략입니다. 첫 번째 전략은 다음과 같습니다. 오늘 내가 만기 $\boldsymbol{t}$년의 무이표채를 사서 이 기간 동안 투자하면 $\boldsymbol{t}$년 후 내가 받을 금액이 확정될 것입니다. 그리고 $\boldsymbol{t}$년 후 내가 받을 금액은 다름아닌 그 무이표채의 액면가(par)인 것입니다. 가령 그 무이표채의 가격이 1이라면, 그 액면가(par)는

$$par = 1\times\left(1+\frac{r(t)}{2}\right)^{2t}$$

가 됩니다. 한편 오늘 1을 $\boldsymbol{t}$년 동안 투자하는 또 다른 전략은 오늘 내가 만기 "$\boldsymbol{t-0.5}$"년의 무이표채를 사서 이 기간 동안 투자하고, 그 후의 0.5년은 선도 거래의 선도 이자율 $\boldsymbol{f(t)}$로 확정하여 투자하는 것입니다. 물론 이 남은 0.5년은 두 미래 시점 "$\boldsymbol{t-0.5}$"와 "$\boldsymbol{t}$"사이의 기간입니다. 이 경우에도 오늘 내가 투자한 1의 $\boldsymbol{t}$년 후 가치가 확정됩니다. 그러므로 이 두 전략으로 인한 "확정적인" 두 미래 가치는 같아야 합니다.* 이 두 확정적인 미래 가치는

$$1\times\left(1+\frac{r(t)}{2}\right)^{2t} = 1\times\left(1+\frac{r(t-0.5)}{2}\right)^{2(t-0.5)}\times\left(1+\frac{f(t)}{2}\right)$$

입니다. 그리고 위 식을 $f(t)$에 관해서 정리하면

$$\frac{f(t)}{2} = \frac{\left[1+\frac{r(t)}{2}\right]^{2t}}{\left[1+\frac{r(t-0.5)}{2}\right]^{2(t-0.5)}} - 1$$

---

* 그렇지 않으면 차익거래에 의해 신속히 같아집니다. 차익거래에 대해서는 4절에서 공부합니다.

이 됩니다. 참고로 두 번째 투자 전략에서 $\left(\mathbf{1}+\frac{\boldsymbol{r(t-0.5)}}{\mathbf{2}}\right)^{\mathbf{2(t-0.5)}}$는 다름아니고 만기가 "$\boldsymbol{t-0.5}$"(년)인 무이표채의 액면가입니다. 이 무이표채에 오늘 1을 투자하면 만기일인 "$\boldsymbol{t-0.5}$"년 후에는 이 액면가를 받게 됩니다.

예제 4-5〉 선도 이자율의 계산

아래 도표에서와 같이 현물 이자율이 주어졌을 때 위 선도 이자율 공식을 이용하여 선도 이자율 $f(t)$를 구하면 다음과 같습니다.

➢ 도표 4-4〉 만기, 현물 이자율과 선도 이자율

t	0.5	1	1.5	2	2.5	3	3.5
r(t)	2.5%	10.0%	20.0%	20.5%	21.0%	21.5%	22.0%
f(t)	2.5%	17.8%	41.5%	22.0%	23.0%	24.0%	25.0%

이제 1년을 이자 계산 단위로 하여 산출한 선도 이자율 공식

$$[1+r(t)]^t \;=\; [1+r(t-1)]^{t-1}\times[1+f(t)]$$

를 이용하여 현물 이자율과 선도 이자율의 관계를 다른 관점에서 살펴봅시다. 이 식으로부터 현물 이자율을 선도 이자율들의 함수로 표시할 수도 있습니다. 즉

$$[1+r(\mathrm{t})]^t=[1+f(\mathrm{t})]\times[1+r(t-1)]^{t-1}$$

이 성립하는데, 여기서 $[1+r(t-1)]^{t-1}$은 다시

$$[1+r(t-1)]^{t-1} \;=\; [1+f(t-1)]\times[1+r(t-2)]^{t-2}$$

가 됩니다. 그러므로

$$\begin{aligned}&[1+r(t)]^t\\&=[1+f(\mathrm{t})]\times[1+r(t-1)]^{t-1}\\&=[1+f(\mathrm{t})]\times[1+f(t-1)]\times[1+r(t-2)]^{t-2}\end{aligned}$$

입니다. 이를 반복하면 현물 이자율 $r(t)$를 다음과 같이 선도 이자율만의 함수로 표현할 수 있습니다.

> ➢ 식 5〉 현물 이자율과 선도 이자율
>
> $$[1+r(t)]^t = [1+f(t)] \times [1+f(t-1)] \times \cdots \times [1+f(1)] = \prod_{k=1}^{t} [1+f(k)].$$

그러므로 $[1+r(\mathrm{t})]$는 $[1+f(1)]$, $[1+f(2)]$, ㆍㆍㆍ, $[1+f(\mathrm{t})]$의 기하평균과 같습니다. 하지만

현물 이자율 $r(t)$ 자체는
t개의 선도 이자율 $f(1)$, $f(2), \ldots$, $f(t)$의 기하평균이 아닙니다.

그러므로 흔히 현물 이자율이 선도 이자율의 기하평균이라고 말하는 것은 엄밀히 따지면 잘못된 것입니다. 단지 위 식의 구조상, 현물 이자율 $r(t)$는 t 개의 선도 이자율 $\{f(t)|t = 1, 2, \ldots, t\}$의 최대값과 최소값 사이의 값으로만 결정되므로, $r(t)$는 이 선도 이자율들의 일종의 평균값에 가까울 것이라 편의적으로 해석할 수 있습니다. 실제로 $r(t)$는 (관련된) t 개의 선도 이자율들의 산술평균과 매우 가깝습니다. 가령 (1년을 단위기간으로 한) 아래 도표를 보면

t	1	2	3	4	5
r(t)	3.00%	4.00%	5.00%	6.00%	7.00%
f(t)	3.00%	5.01%	7.03%	9.06%	11.10%

만기 4년의 현물 이자율 0.0600은 관련된 4개의 선도 이자율 0.0300, 0.0501, 0.0703, 0.0906의 산술평균 0.0603과 매우 가까운 것을 확인할 수 있습니다.

마찬가지로, 이자계산의 단위기간이 6개월인 경우의 현물 이자율은 아래 식과 같이 6개월 기간의 선도 이자율들의 함수로 표현됩니다.

> ➢ 식 6〉 현물 이자율과 선도 이자율 (연간 2회 복리계산)
>
> $$\left[1+\frac{r(t)}{2}\right]^{2t} = \left[1+\frac{f(t)}{2}\right]\times\left[1+\frac{f(t-0.5)}{2}\right]\times\cdots\times\left[1+\frac{f(1)}{2}\right]\times\left[1+\frac{f(0.5)}{2}\right]$$
> $$= \prod_{k=1}^{2t}\left[1+\frac{f\left(\frac{k}{2}\right)}{2}\right].$$

이제 예제를 하나 풀어 보겠습니다.

예제 4-6〉

현물 이자율 $\{\boldsymbol{r(t)|t=0.5,\ 1,\ 1.5,\ \ldots}\}$가 아래 도표에서와 같이 주어졌을 때, 위 선도 이자율 공식을 이용하여 선도 이자율 $\boldsymbol{f(t)}$를 구하면 다음과 같습니다.

t	0.5	1	1.5	2	2.5	3	3.5
r(t)	2.5%	10.0%	20.0%	20.5%	21.0%	21.5%	22.0%
f(t)	2.5%	17.8%	41.5%	22.0%	23.0%	24.0%	25.0%

■

한편 이자계산의 단위기간이 무한히 작은 연속복리법의 경우에는 현물 이자율과 선도 이자율의 관계가 보다 명료하게 나타납니다. 가령 아래 도표에 주어진

t	1	2	3	4	5	6	7	8
r(t)	3.0%	4.0%	5.0%	6.0%	7.0%	6.5%	6.0%	5.5%

현물 이자율(들)이 연속복리법으로 산출된 이자율이라면, 오늘 100을 2년 만기의 무이표채에 투자하여 만기까지 보유하는 경우, 확정되는 2년 후 미래가치는 $100\times e^{2\times0.04}$입니다. 반면 1년 만기의 무이표채를 100만큼 매입하고 동시에 $f(2)$의 이자율로 선도 계약을 체결하는 투자로부터 확정되는 2년 후 미래가치는

$$100\times e^{0.03}\times e^{f(2)} \;=\; 100\times e^{0.03+f(2)}$$

입니다. 이 두 확정된 수치는 효율적 시장에서는 같아야 하므로

$$100 \times e^{2\times0.04} \;=\; 100 \times e^{0.03+f(2)}$$

이고 결국

$$f(2) \;=\; 2 \times 0.04 - 0.03 \;=\; 0.05$$

가 됩니다.

마찬가지로, 오늘 100을 3년 만기의 무이표채에 투자하여 만기까지 보유하는 경우 확정되는 3년 후 미래가치는 $100 \times e^{3\times0.05}$이고, 2년 만기의 무이표채를 100만큼 매입하고 동시에 $f(3)$의 이자율로 선도 계약을 체결하는 투자로부터 확정되는 3년 후 미래가치는 $100 \times e^{2\times0.04} \times e^{f(3)} = 100 \times e^{2\times0.04+f(3)}$입니다. 양자는 같아져야 하므로

$$f(3) \;=\; 3 \times 0.05 \;-\; 2 \times 0.04 \;=\; 0.07$$

이 됩니다.

일반적으로, 연속복리로 산출된 현물 이자율 $\{r(t)|t = 1,\ 2, \ldots\}$가 주어지면 $(t-1)$년 후에 1년 동안 투자하는 선도 계약의 이자율 $f(t)$는 다음과 같습니다. 단 $r(0) = 0$입니다.

> ➢ 식 7〉 선도 이자율 결정 (연속복리법)
>
> $$f(t) = t \times r(t) - (t-1) \times r(t-1).$$

연속복리를 가정하고, 주어진 현물 이자율 $\{r(t)\}$에 대해 선도 이자율 $\{f(t)\}$를 구하면 아래 도표와 같습니다. 이산복리법을 적용한 선도 이자율과 달리 연속복리법 적용 시 각 선도 이자율은 3%, 4% 등으로 깔끔하게 산출됩니다. 이는 (곧 설명되겠지만) 연속복리법에서는 현물 이자율이 정확히 선도 이자율들의 산술평균이기 때문입니다.

➢ 도표 4-5〉 연속복리법과 선도 이자율

t	1	2	3	4	5	6	7	8
r(t)	3.00%	4.00%	5.00%	6.00%	7.00%	6.50%	6.00%	5.50%
f(t)	3.00%	5.00%	7.00%	9.00%	11.00%	4.00%	3.00%	2.00%

한편 $f(t)$ 공식을 활용하면 $f(t-1)$은 다음과 같습니다.

$$f(t-1) \;=\; (t-1)\times r(t-1) - \;(t-2)\times r(t-2).$$

이를 $r(t-1)$로 정리하면 다음과 같습니다.

$$(t-1)\times r(t-1) \;=\; (t-2)\times r(t-2) \;+\; f(t-1).$$

이를 다시 $f(t)$ 공식에 대입하면 다음이 성립합니다.

$$\begin{aligned} f(t) \;&=\; t\times r(t) \;-\; (t-1)\times r(t-1) \\ &=\; t\times r(t) \;-\; (t-2)\times r(t-2) - f(t-1). \end{aligned}$$

이를 $r(t)$로 정리하면 다음과 같습니다.

$$t\times r(t) \;=\; f(t) \;+\; f(t-1) \;+\; (t-2)\times r(t-2).$$

마찬가지로, $f(t)$ 공식을 활용하여 $f(t-2)$를 $r(t-2)$와 $r(t-3)$의 함수로 표시할 수 있고 (위에서처럼) 몇 번 더 정리하면 다음 식이 도출됩니다.

$$t\times r(t) \;=\; f(t) + \; f(t-1) \;+\; f(t-2) \;+\; (t-3)\times r(t-3).$$

이 과정을 반복하면

$$t\times r(t) \;=\; f(t) \;+\; f(t-1) \;+\; f(t-2) \;+\; \ldots \;+\; f(1)$$

이 성립합니다. 이 식을 $r(t)$에 대하여 정리하면 아래 식과 같습니다.

> ➢ 식 8〉 현물 이자율과 선도 이자율 (연속복리법)
>
> $$r(t) \;=\; \frac{f(1)+f(2)+\cdots+f(t-1)+f(t)}{t} \;=\; \sum_{k=1}^{t}\frac{f(k)}{t}.$$

즉 연속복리법으로 이자율을 계산할 경우 현물 이자율은 선도 이자율의 “정확한” 산술평균이 됩니다.

> **정리 1〉 연속복리법, 현물 이자율과 선도 이자율**
>
> 연속복리법 사용 시 현물 이자율은 선도 이자율(들)의 산술평균이다.

한편 현물 이자율 $r(t)$가 t 기간 동안의 "평균 이자율"로 해석된다면, 선도 이자율 $f(t)$는 t 기간의 "한계 이자율"로 해석될 수 있습니다. 즉 투사 기간 t가 한 단위 더 늘어날 때, 새 평균 수익률은 현물 이자율이고 추가적인 수익률은 선도 이자율이라고 해석할 수 있습니다. 아래 그림에서 선도 이자율의 변화는 급격한 반면 현물 이자율의 변화는 완만함을 알 수 있는데, 이러한 차이도 한계 이자율과 평균 이자율의 차이로 이해될 수 있습니다.

t	1	2	3	4	5	6	7	8
r(t)	3.00%	4.00%	5.00%	6.00%	7.00%	6.50%	6.00%	5.50%
f(t)	3.00%	5.00%	7.00%	9.00%	11.00%	4.00%	3.00%	2.00%

아래 그래프에는 변동이 심한 한계 이자율로서의 선도 이자율과 변동이 완만한 평균 이자율로서의 현물 이자율의 차이가 잘 나타나 있습니다.

➢ 그림 4-1〉 만기, 현물 이자율과 선도 이자율

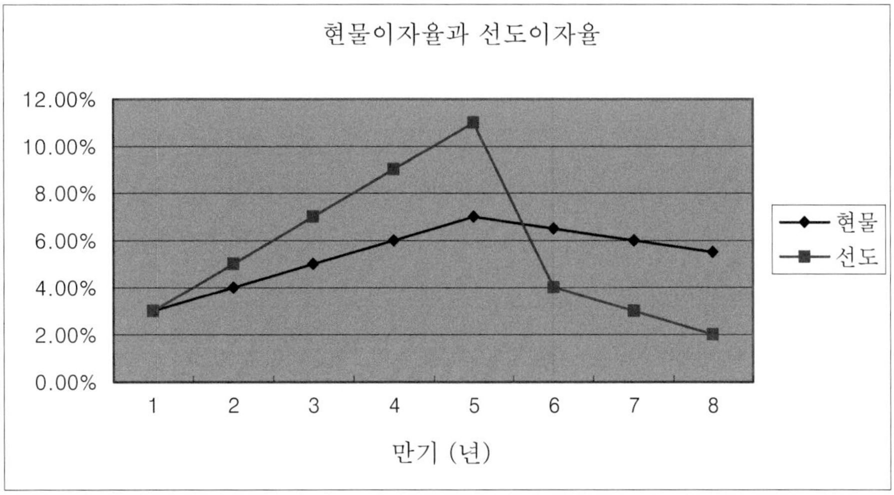

현물 이자율과 선도 이자율과 관련된 비유를 하나 들어 보겠습니다. 2025년 현재 미국 프로야구(MLB) 에서 활약 중인 선수 오타니의 게임당 자책점과 평균 자책점을 생각해 볼 수 있습니다.* 통상 게임당 자책점은 특정 시합에서 투수가 내 준 점수 중 자신에게 책임이 있는 점수를 의미하고, 평균 자책점은 투수가 9이닝까지 완투했을 경우로 환산한 자책점입니다. 여기서는 편의상 오타니 투수가 매 게임마다 항상 9이닝 완투함을 가정하겠습니다. 이 투수의 경기 수가 많아질수록, 새 경기에서의 게임당 자책점이 지금까지의 평균 자책점에서 크게 벗어나도 새로 업데이트된 평균 자책점이 크게 달라지지 않습니다. 가령 지난 10경기에서의 이 투수의 게임당 자책점은 항상 2점이어서 그의 평균자책점도 2였는데, 오늘의 새 경기에서 게임당 자책점이 크게 낮아져 1점이 되었다 하더라도 새로운 평균자책점은 21/11 = 1.91점이 됩니다. 이때 새 평균 자책점 1.91은 현물 이자율에 비유할 수 있고, 새 게임당 자책점 1점은 선도 이자율에 해당합니다.

반면 이 투수의 평균자책점이 2.0에서 새 경기 후 2.2가 되었다면, 새 경기에서의 게임당 자책점은 $2.2 \times 11 - 20 = 4.2$ 점이 됩니다. 평균자책점은 2.0에서 2.2로 10%만 상승했는데 게임당 자책점은 2점에서 4.2점으로 110% 상승했습니다. 마찬가지로 현물 이자율이 조금만 변해도 (이와 관련된) 선도 이자율은 크게 변하게 되고 이는 위 그래프에 잘 나타나 있습니다.

그런데 여러분, 위 그래프들이 어디선가 본 적이 있는 것 같지 않나요? 네 맞습니다. 모든 경제학 입문서에 나와 있는, 한계비용과 평균비용 그래프와 유사합니다. 사실 선도 이자율과 현물 이자율의 개념 상 차이는 경제학에서 한계비용과 평균비용의 차이와 유사합니다. 상품이나 서비스를 (n개에서 $(n+1)$개로) 한 단위 더 생산할 때의 추가되는 비용인 한계비용이 (n개 생산 시의) 평균비용보다 높다고 합시다. 가령 한 스마트폰 제조사가 특정 스마트폰을 100개 생산할 때의 평균비용이 (1개당) 20만원이라 합시다. 이 제조사가 이 스마트폰을 101개 생산할 때 추가되는 비용이 30만원이라면, 이때 한계비용은 30만원이고 새 평균비용은 $\frac{100\times 20 + 30}{101} \approx 20.1$만원이 됩니다. 또 한계비용이 10만원이면 새 평균비용은 $\frac{100\times 20 + 10}{101} \approx 19.9$만원이 됩니다. 여기서의 한계 비용이

* 2016년에 발행된 저자의 다른 책에서는 류현진 선수를 예로 들었는데, 2025년 현재로서는 오타니 선수가 메이저리그를 대표하는, 국내에도 잘 알려진 선수라 오타니 선수를 활용(?)합니다. 이 선수는 국적을 떠나 실력은 물론 본받을만한 인격을 갖춘 인물로 알려져 있습니다.

선도 이자율에 해당하고 평균 비용이 현물 이자율에 해당하는 것입니다.

그렇다면 선도 이자율의 변화가 현물 이자율에 어떤 영향을 미치고, 역으로 현물 이자율의 변화는 선도 이자율에 어떤 영향을 미칠까요? 네 이 문제는 보다 상세히 구분하여 살펴볼 필요가 있습니다. 비교 대상이 무엇인가에 따라 정답이 달라지기 때문입니다. 이 질문에 대한 설명은 아래에서처럼 심화된 내용으로 전개되고 길이도 깁니다. 잠시 쉬었다가 본인의 의지를 확인한 후 아래 질문과 답을 정독하는 것도 한 방법입니다.

질문 4-1〉 선도 이자율과 현물 이자율이 서로에게 미치는 영향은?

일단 첫 번째로 현물 이자율 $r(n)$, $r(n-1)$의 크기와 $r(n)$과 선도 이자율$(=f(n))$의 크기에 관해 파악해 보겠습니다. 현물 이자율이 만기가 길어질수록 커짐을(작아짐을) 가정하고, 선도 이자율과 현물 이자율의 크기를, 즉 $f(n)$과 $r(n)$을, 비교해 보겠습니다. 두 이자율에는 다음 관계가

$$[1+r(n)]^n \;=\; [1+f(n)] \times [1+r(n-1)]^{n-1}$$

성립하므로, $r(n) > r(n-1)$이면 $f(n) > r(n)$가 성립합니다. 가령 $n=3$인 경우, 즉 $r(3)=0.1,\ r(2)=0.09$이면, 양변을 일치시키는 $f(3)$은

$$f(3) \;=\; \frac{[1+r(3)]^3}{[1+r(2)]^2} \;-\; 1 \;=\; \frac{1.1^3}{1.09^2} \;-\; 1 \;=\; 0.12$$

가 되어 $f(3)=0.12>0.1=\ r(3)$가 성립합니다. 이를 일반화하여 입증해 보겠습니다. $r(n)=r(n-1)+a\ (a>0)$라 하겠습니다. 위 식에 이를 대입하면 다음이 성립합니다.

$$[1+r(n-1)+a]^n \;=\; [1+f(n)] \times [1+r(n-1)]^{n-1}.$$

만일 $f(n)=r(n)=r(n-1)+a$라면 위 등식의 좌변과 우변은 각각 다음과 같습니다.

$$[1+r(n-1)+a]^n \quad vs. \quad [1+r(n-1)+a] \times [1+r(n-1)]^{n-1}.$$

$a>0$이므로 좌변이 우변보다 더 크게 됩니다. 이런 문제가 발생한 까닭은 $(r(n) =$

$r(n-1)+a$가 주어졌을 때) 우변의 $f(n)=r(n)=r(n-1)+a$ 값이 너무 작게 설정되었기 때문입니다. 우변 값이 더 커져서 좌변과 같아지기 위해서는 $f(n)$ 값이 이 값보다 (훨씬) 더 커져야 합니다.* 즉 $f(n)>r(n)$이어야 합니다. 그러므로 $r(n)>r(n-1)$이면 $f(n)>r(n)$가 성립합니다.

반대로 $r(n)=r(n-1)-a\ (a>0)$라면 아래 식이 성립합니다.

$$[1+r(n-1)-a]^n \ = \ [1+f(n)]\times[1+r(n-1)]^{n-1}$$

이때 $f(n)=r(n)=r(n-1)-a$라면 위 등식의 좌변과 우변은 각각 다음과 같습니다.

$$[1+r(n-1)-a]^n \quad vs. \quad [1+r(n-1)-a]\times[1+r(n-1)]^{n-1}.$$

$a>0$ 이므로 위식의 좌변이 우변보다 더 작습니다. 이런 문제가 발생한 까닭은 ($r(n)=r(n-1)-a$가 주어졌을 때) 우변의 $f(n)=r(n)=r(n-1)-a$ 값이 너무 크기 때문입니다. 우변 값이 더 작아져서 좌변과 같아지기 위해서는 $f(n)$ 값이 이 값보다 더 작아야 합니다. 즉 $f(n)<r(n)$이어야 합니다. 그러므로 $r(n)<r(n-1)$이면 $f(n)<r(n)$가 성립합니다.

한편 이 문제를 연속복리법으로 접근하면 더 쉽고 직관적으로 풀 수 있습니다. 두 이자율에는 아래 식 A가 성립함을 기억하기 바랍니다.

$$n\times r(n) \ = \ (n-1)\times r(n-1) \ + \ f(n). \qquad \text{(식 A)}$$

이제 $r(n)=r(n-1)+a\ (a>0)$라 하겠습니다. 식 A 좌변에 이를 대입하면

$$n\times[r(n-1)+a]=n\cdot r(n-1)+n\cdot a=(n-1)\cdot r(n-1)+r(n-1)+n\cdot a$$

가 됩니다. 식 A 우변은

$$(n-1)\times r(n-1) \ + \ f(n).$$

---

* 양변의 n승과 '$n-1$'승을 감안하면, $f(n)$ 값이 $r(n)$보다 훨씬 더 커져야 합니다. n이 커질수록 말입니다. 가령 $n=5$이고 $r(5)=0.1$, $r(4)=0.09$면, 양변을 일치시키는 $f(5)$는 0.141로 산출됩니다. $f(5)=0.141$이 $r(5)=0.1$보다 더 큰 정도는, 본문에서 $t=3$일 때 $f(3)=0.12$가 $r(3)=0.1$보다 더 큰 정도보다 더 큽니다.

이고 식 A의 좌변과 우변을 일치해야 하므로 결국

$$f(n) \;=\; r(n-1)+n\cdot a \;=\; r(n-1)+a+(n-1)\cdot a \;=\; r(n)+(n-1)\cdot a$$

가 되어 $f(n)>r(n)$이 성립합니다.

반대로 $r(n)=r(n-1)-a\ (a>0)$라 하겠습니다. 식 A 좌변에 이를 대입하면

$$n\times[r(n-1)-a]=n\cdot r(n-1)-n\cdot a=(n-1)\cdot r(n-1)+r(n-1)-n\cdot a$$

가 됩니다. 식 A 우변은

$$(n-1)\times r(n-1)\;+\;f(n).$$

이고 식 A의 좌변과 우변을 일치해야 하므로 결국

$$f(n) \;=\; r(n-1)-n\cdot a \;=\; r(n-1)-a-(n-1)\cdot a \;=\; r(n)-(n-1)\cdot a$$

가 되어 $f(n)<r(n)$이 성립합니다. 이를 요약하면 다음과 같습니다.

정리 2〉 현물 이자율(들)의 상대적 크기와 선도 이자율

현물 이자율이 만기가 증가함에 따라 상승(하락)하면 선도 이자율 값은 상응하는 현물 이자율 값보다 높다(낮다). 이를 수식으로 표시하면 다음과 같다.

$$\begin{Bmatrix} r(n)>r(n-1) & \rightarrow & f(n)>r(n) \\ r(n)<r(n-1) & \rightarrow & f(n)<r(n) \end{Bmatrix}.$$

사실 이 결론은 직관적으로도 이해할 수 있습니다. $r(n-1)$은 오늘로부터 향후 '$n-1$'년에 대해 적용될 연 평균 이자율로 해석되고, $f(n)$은 미래 시점 '$n-1$'년과 n년에 적용될 (1년의) 한계 이자율입니다. 이는 마치 특정 국가고시 시험 과목이 A, B, C, D, E의 5개인데, A, B, C, D, E의 다섯 과목 평균이 70이고 A, B, C, D의 네 과목 평균이 65라면 과목 E 성적이 (다섯 과목 평균) 70보다 더 커야한다는 당위성과 내용상으로 같습니다. 물론 E 성적이 70보다 (훨씬) 더 커야, 평균이 65에서 70으로 상승할 수 있습니다. 여기서 A, B, C, D, E의 다섯 과목 평균이 $r(5)$에 해당하고 과목 E 성적이 $f(5)$이며 A, B, C, D의 네 과목 평균이 $r(4)$에 해당합니다. 이 경우, 즉 $r(5)>r(4)$이면 $f(5)>r(5)$

가 되고, 일반적으로 $r(n) > r(n-1)$ 이면 $f(n) > r(n)$ 이 성립합니다. 마찬가지로 $r(n) < r(n-1)$이면 $f(n) < r(n-1)$도 성립합니다.

자, 그러면 그 역도 참일까요? 즉 다음은 참일까요?

$$\begin{Bmatrix} f(n) > r(n) & \rightarrow & r(n) > r(n-1)\ ? \\ f(n) < r(n) & \rightarrow & r(n) < r(n-1)\ ? \end{Bmatrix}$$

결론부터 말하면 참입니다. 이를 수식으로 입증해 보겠습니다.

$r(n) = \frac{f(1)+f(2)+\cdots+f(n-1)+f(n)}{n}$이니 $f(n) > r(n)$은 다음 조건을 말합니다.

$$f(n) > r(n) \quad \rightarrow \quad f(n) > \frac{f(1)+f(2)+\cdots+f(n-1)+f(n)}{n}.$$

$f(n) = \frac{n \times f(n)}{n}$이므로 위 부등식은 다음을 의미합니다.

$$\frac{n \times f(n)}{n} > \frac{f(1)+f(2)+\cdots+f(n-1)+f(n)}{n}.$$

양변의 분자에서 $f(n)$을 빼면 다음이 성립합니다.

$$\frac{(n-1) \times f(n)}{n} > \frac{f(1)+f(2)+\cdots+f(n-1)}{n}.$$

분모가 같으니 분자만 비교하면 다음과 같습니다.

$$(n-1) \times f(n) > f(1)+f(2)+\cdots+f(n-1).$$

양변을 '$n-1$'로 나누면 다음이 성립합니다.

$$f(n) > \frac{f(1)+f(2)+\cdots+f(n-1)}{n-1} = r(n-1).$$

$f(n) > r(n-1)$이므로 $f(n) = r(n-1) + a$로 치환될 수 있습니다($a > 0$). 그러면 다음이 성립합니다.

$$
\begin{aligned}
r(n) &= \frac{f(1)+f(2)+\cdots+f(n-1) \ + \ f(n)}{n} \\
&= \frac{f(1)+f(2)+\cdots+f(n-1) \ + \ [r(n-1)+a]}{n} \\
&= \frac{(n-1)\cdot r(n-1) \ + \ [r(n-1)+a]}{n} \\
&= \frac{n\cdot r(n-1) \ + \ a}{n} \\
&= r(n-1) \ + \ \frac{a}{n} > r(n-1).
\end{aligned}
$$

즉 $r(n) > r(n-1)$입니다. $f(n) > r(n)$이라면 말입니다. 또 위 과정에서 $a < 0$으로 가정한다면 $r(n) < r(n-1)$임을 입증할 수 있습니다. $f(n) < r(n)$이라면 말입니다.

위 과정의 결론은 다음 단계들을 거쳤습니다.

$$f(n) > r(n) \quad \rightarrow \quad f(n) > r(n-1) \quad \rightarrow \quad r(n) > r(n-1)$$

보다 직관적으로, 위의 다섯 과목 시험 성적으로 비유하며 (이 단계들을 거치며) 위 결론을 설명해 보겠습니다. (비유가 더 어려울 수도(?) 있으니 생략해도 됩니다.)

비유 1〉 선도 이자율과 과목 성적

과목 E의 성적 79가 (E를 포함한) 5 과목의 평균 성적 AV_5보다 높은 경우입니다 ($79 > AV_5$). 이때 우리는 E의 성적 79가, (E 제외한) 4 과목의 평균 성적 AV_4보다 더 높음을 알 수 있습니다. 왜냐하면, E의 성적 79가 AV_4보다 낮다면, '$79 > AV_5$'가 불가능하기 때문입니다. 만일 E 성적 79가 AV_4보다 낮았다면, E 성적이 포함된 5과목 평균인 AV_5은 AV_4보다 낮을 것입니다. 즉 $79 < AV_4$ 및 $AV_5 < AV_4$가 성립합니다.

그런데 여기서 79와 AV_5 중 어느 것이 더 낮을까요? $79 < AV_5$일 것입니다. AV_4보다 낮은 79점이 새로 포함되기에 5과목 평균 AV_5도 AV_4보다 낮아지는데, AV_5가 AV_4보다 작은 정도는 79점이 AV_4보다 작은 정도보다 더 셉니다. 79와 AV_4의 차이가 100% 그대로 AV_5에 반영되지 않고 그 차이의 $\frac{1}{5}$만큼만 희석되어 반영되기 때문입니다. 가령 $AV_4 = 90$이라면

$$AV_5 = \frac{4 \times AV_4 + 79}{5} = \frac{4 \times 90 + 79}{5} = 87.8 > 79\ (= E)$$

가 되기 때문입니다. 그러면 애초의 가정 $79 > AV_5$을 위배하게 되는 모순이 초래되는데, 이런 모순이 발생한 이유는 우리가 $79 < AV_4$로 잘못 생각했기 때문입니다. 결국 $79 > AV_4$가 성립해야 하며, 이로써 애초의 가정 $79 > AV_5$과 이 결론 $79 > AV_4$이 모두 성립합니다. 그렇다면, $79 > AV_4$이므로, 즉 E 성적 79점이 (E 제외한) 4과목 평균 AV_4보다 높으므로 (E 성적 79가 포함된) 5과목의 평균 AV_5는 AV_4보다 더 높을 것입니다. 그렇기에 $AV_5 > AV_4$가 도출되는 것이며, 이는 곧 $r(5) > r(4)$를 의미합니다. 그리고 애초의 가정 $79 > AV_5$은 $f(5) > r(5)$를 의미하는 것이구요. ■

이를 요약하면 다음과 같습니다.

> **정리 3〉 선도 및 현물 이자율 크기와 현물 이자율 변화**
>
> 선도 이자율 값이 상응하는 현물 이자율 값보다 높으면(낮으면), 현물 이자율들은 만기가 증가함에 따라 상승(하락)한다.
>
> $$\begin{Bmatrix} f(n) > r(n) & \rightarrow & r(n) > r(n-1) \\ f(n) < r(n) & \rightarrow & r(n) < r(n-1) \end{Bmatrix}.$$
>
> 이 정리의 역도 참이므로 결국 양 조건들은 필요충분조건이 된다. 그러므로 좌우변을 바꾸어서 표현해도 성립한다.
>
> $$\begin{Bmatrix} r(n) > r(n-1) & \leftrightarrow & f(n) > r(n) \\ r(n) < r(n-1) & \leftrightarrow & f(n) < r(n) \end{Bmatrix}.$$

위 정리는 우리가 이미 본 아래 그림을 통해서도 확인됩니다. $r(n) > r(n-1)$의 의미는, 만기가 길어짐에 따라 현물이자율들이 상승한다는 것입니다. 이런 경우에는 선도 이자율 값 $f(n)$이 현물 이자율 값 $r(n)$보다 크다는 것이며, 이는 아래 그래프에서 두 이자율의 상대적 위치를 보면 확인됩니다. 마찬가지로, $r(n) < r(n-1)$의 의미는, 만기가 길어짐에 따라 현물이자율들이 하락한다는 것이고, 이때 선도 이자율 값 $f(n)$이 현물 이자율 값 $r(n)$보다 낮음이 아래 그래프에서 확인됩니다. 이 정리의 내용은 추후 6장의 (만기)수익률 곡선(yield curve)를 공부할 때 다시 소환되는데, 현물 이자율 곡선과

선도 이자율 곡선의 상대적 위치가 어떤 조건에서 어떻게 결정되는 것에 대한 근거가 됩니다.

소환〉 만기, 현물 이자율과 선도 이자율

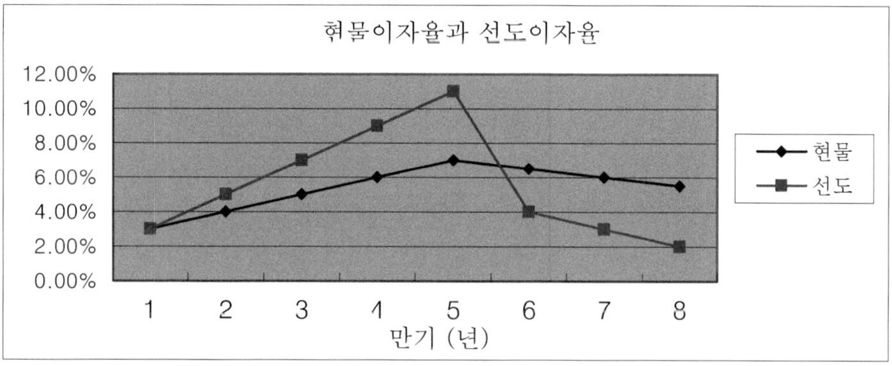

이제 두 번째 질문으로, $f(n)$, $r(n-1)$의 상대적 크기가 $r(n)$과 $r(n-1)$의 상대적 크기에 관해 미치는 영향을 파악해 보겠습니다. 이 질문의 요지는 다음 관계가 성립하는가를 물어보는 것입니다.

$$\left\{\begin{matrix} f(n) > r(n-1) & \rightarrow & r(n) > r(n-1)\ ? \\ f(n) < r(n-1) & \rightarrow & r(n) < r(n-1)\ ? \end{matrix}\right\}$$

이 질문도 연속복리법을 사용하여 풀어 보겠습니다. 식 A를 다시 활용하겠습니다.

$$n \times r(n) \ = \ (n-1) \times r(n-1) \ + \ f(n). \qquad \text{(식 A)}$$

이제 $f(n) = r(n-1) + a \ (a > 0)$라 하겠습니다. 식 A 우변에 이를 대입하면

$$\begin{aligned} &(n-1) \cdot r(n-1) \ + \ r(n-1) \ + \ a \\ &= \ n \times r(n-1) \ + a \end{aligned}$$

가 됩니다. 식 A 좌변은 $n \times r(n)$이므로 양변을 일치시키면 다음이 성립합니다.

$$n \times r(n) \ = \ n \times r(n-1) \ + \ a.$$

결국

$$n \times [r(n) - r(n-1)] \;=\; a(>0)$$

이 성립하므로 좌변도 0보다 커야 하므로 $r(n) - r(n-1) > 0$이 됩니다. 또 a가 음수였다면 $(a < 0)$, 즉 $f(n)$이 $r(n-1)$보다 작은 경우에도, 위 과정을 그대로 거치면 다음이 성립하므로

$$n \times [r(n) - r(n-1)] \;=\; a(<0)$$

결국 $r(n) - r(n-1) < 0$이 됩니다.

사실 이 결론은 직관적으로도 이해할 수 있습니다. $r(n-1)$은 오늘로부터 향후 '$n-1$'년에 대해 적용될 연 평균 이자율로 해석되고, $f(n)$은 이 기간 직후 1년간 적용될 한계 이자율입니다. 이는 마치 특정 국가고시 시험 과목이 A, B, C, D, E의 5개인데, A, B, C, D의 네 과목 평균이 60일 때 과목 E 성적이 60보다 크다면, (E를 포함한) 5개 과목의 평균이 60보다 더 클 것인가와 내용상으로 같은 문제입니다. 그리고 이 경우 (E를 포함한) 5개 과목의 평균이 60보다 더 크다는 것을 직관적으로 알 수 있습니다. 이때 A, B, C, D의 네 과목 평균이 $r(4)$에 해당하고 과목 E 성적이 $f(5)$이며 5개 전체 과목의 평균이 $r(5)$에 해당합니다. 그리고 $f(5) > r(4)$이면 $r(5) > r(4)$이 되고, 일반적으로 $f(n) > r(n-1)$이면 $r(n) > r(n-1)$이 성립합니다. 마찬가지로 $f(n) < r(n-1)$이면 $r(n) < r(n-1)$도 성립합니다.

정리 4〉 선도 및 현물 이자율 상대적 크기와 현물 이자율의 변화

만기 '$n-1$'년 현물 이자율 $r(n-1)$보다 'n'년의 선도 이자율 $f(n)$이 더 크면(작으면), $r(n)$이 $r(n-1)$보다 크다(작다).

$$\begin{Bmatrix} f(n) > r(n-1) & \rightarrow & r(n) > r(n-1) \\ f(n) < r(n-1) & \rightarrow & r(n) < r(n-1) \end{Bmatrix}.$$

자, 그러면 위 정리의 역도 참일까요? 즉 다음은 참일까요?

$$\begin{Bmatrix} r(n) > r(n-1) & \rightarrow & f(n) > r(n-1)\ ? \\ r(n) < r(n-1) & \rightarrow & f(n) < r(n-1)\ ? \end{Bmatrix}$$

결론부터 말하면 "참"입니다. 이를 우리가 알고 있는 사실을 활용하여 입증할 수도 있고 수식으로 입증할 수도 있습니다. 전자의 경우, 우리가 알고 있는 사실 중 아래 내용을 봅시다.

$$\begin{Bmatrix} r(n) > r(n-1) & \leftrightarrow & f(n) > r(n) \\ r(n) < r(n-1) & \leftrightarrow & f(n) < r(n) \end{Bmatrix}.$$

이를 바로 이용하면 다음 결과 즉 따름정리(Corollary)가 도출됩니다. 왜 이 따름정리가 성립하는지는 여러분이 한 번 생각해 보기 바랍니다.

$$\begin{Bmatrix} r(n) > r(n-1) & \rightarrow & f(n) > r(n) & \rightarrow f(n) > r(n-1) \\ r(n) < r(n-1) & \rightarrow & f(n) < r(n) & \rightarrow f(n) < r(n-1) \end{Bmatrix}.$$

자, 이미 결론은 정해졌지만 수식으로도 입증해 보겠습니다.

$\boldsymbol{r(n)} = \frac{\boldsymbol{f(1)+f(2)+\cdots+f(n-1)+f(n)}}{\boldsymbol{n}}$이므로 $\boldsymbol{r(n)} > \boldsymbol{r(n-1)}$은 다음을 의미합니다.

$$r(n) > r(n-1) \rightarrow \frac{f(1)+f(2)+\cdots+f(n-1)+f(n)}{n} > r(n-1).$$

$f(1)+f(2)+\cdots+f(n-1) = (n-1)\times r(n-1)$ 이므로 위 부등식은 다음과 같습니다.

$$\frac{(n-1)\times r(n-1)+f(n)}{n} > r(n-1).$$

좌변의 $\frac{(n-1)\times r(n-1)}{n}$을 우변으로 옮기면 다음이 성립합니다.

$$\frac{f(n)}{n} > r(n-1) - \frac{(n-1)\times r(n-1)}{n} = \frac{r(n-1)}{n}.$$

양변 분모가 n으로 서로 같으니 결국 다음이 성립합니다.

$$f(n) > r(n-1).$$

$r(n) < r(n-1)$의 경우에도 유사한 과정을 거치면 $f(n) < r(n-1)$이 성립합니다.

이 결과들은 다음의 정리로 요약할 수 있습니다.

정리 5〉 선도 및 현물 이자율 상대적 크기와 현물 이자율의 변화

$r(n)$이 $r(n-1)$보다 크면(작으면) $f(n)$이 $r(n-1)$보다 크다(작다).

$$\begin{Bmatrix} r(n) > r(n-1) & \rightarrow & f(n) > r(n-1) \\ r(n) < r(n-1) & \rightarrow & f(n) < r(n-1) \end{Bmatrix}.$$

이 정리의 역도 참이므로 결국 양 조건들은 필요충분조건이 된다.

$$\begin{Bmatrix} r(n) > r(n-1) & \leftrightarrow & f(n) > r(n-1) \\ r(n) < r(n-1) & \leftrightarrow & f(n) < r(n-1) \end{Bmatrix}.$$

지금까지 $f(n)$과 $r(n)$에 관한 두 개의 정리를 정립했습니다. 이를 모두 반영하여 요약하면 다음과 같습니다. 필요충분조건이므로 좌우변을 바꾸어도 성립합니다.

소환〉 선도 이자율과 현물 이자율

$$\begin{Bmatrix} r(n) > r(n-1) & \leftrightarrow & \begin{Bmatrix} f(n) > r(n) \\ f(n) > r(n-1) \end{Bmatrix} \\ r(n) < r(n-1) & \leftrightarrow & \begin{Bmatrix} f(n) < r(n) \\ f(n) < r(n-1) \end{Bmatrix} \end{Bmatrix}.$$

이로써 이 긴 질문을 마칩니다.* ■

* 이 질문은 "선도 이자율과 현물 이자율이 서로에게 미치는 영향은?"이었습니다.

4. 선도 이자율(심화 학습)

이제 본절의 마지막으로 선도 이자율과 관련된 다소 advanced topics를 공부해 보겠습니다. 이것까지 학습하면 여러분들은 선도 이자율에 관해서는 아마도 누구도 따라올 수 없는 수준의 지식을 보유하게 될 것입니다.

채권이나 파생상품에 있어 선도 이자율은 매우 매우 중요한 개념입니다. 또한 대부분의 초심자들에게 있어 선도 이자율은 다소 낯선 개념이기도 합니다. 현물 이자율과 구별되는(distinct) 선도 이자율의 핵심적 개념을 알기 위해 다음 질문을 해 보겠습니다.

질문 4-2〉 par bond의 상이한 coupon rates 결정:

현물 이자율 $\{\boldsymbol{r(t)}|\boldsymbol{t} = \mathbf{1},\ \mathbf{2},\ \mathbf{3}, \ldots\}$과 선도 이자율 $\{\boldsymbol{f(t)}|\boldsymbol{t} = \mathbf{1},\ \mathbf{2},\ \mathbf{3}, \ldots\}$가 아래 도표와 같다. 여기서 선도 이자율 = implied forward rates를 말한다. 만기 4년인 이표채 A의 액면가는 100이고, A의 매년 말 지급되는 coupon이 단일한 액수가 아니고 서로 다를 수 있다. 이때 A의 가격이 100이 되려면, 즉 이 채권이 par bond가 되려면, 매년 받을 coupon rate는 어떻게 설정되어야 할까?

➢ 도표 4-6〉 현물 이자율과 선도 이자율

t	1	2	3	4
r(t)	3%	4%	5%	6%
f(t)	3.0%	5.0%	7.0%	9.1%

네, 이 문제는 뭔가 매우 어려운 문제로 여겨집니다. 그런데 사실 이 문제에 대한 정답은 무한히 많이 있습니다. 왜냐하면 다음의 방정식을 충족하는 모든 coupon rates는 이표채 A를 par bond로 만들어 주기 때문입니다.

$$100 = \frac{c_1 \times 100}{1 + r(1)} + \frac{c_2 \times 100}{[1 + r(2)]^2} + \frac{c_3 \times 100}{[1 + r(3)]^3} + \frac{c_4 \times (1 + 100)}{[1 + r(4)]^4}$$

$$= \frac{c_1 \times 100}{1 + 0.03} + \frac{c_2 \times 100}{[1 + 0.04]^2} + \frac{c_3 \times 100}{[1 + 0.05]^3} + \frac{c_4 \times (1 + 100)}{[1 + 0.06]^4}.$$

즉 방정식은 1개인데 미지수는 4개나 되니, 위 방정식을 충족하는 $\{c_1, c_2, c_3, c_4\}$ 조합은 무한히 많기 때문입니다. 가령 임의로 $c_1 = 0.01, c_2 = 0.02, c_3 = 0.03$ 으로 설정한다면

$$100 = \frac{1}{1+0.03} + \frac{2}{[1+0.04]^2} + \frac{3}{[1+0.05]^3} + \frac{(1+c_4)\times 100}{[1+0.06]^4}$$

을 충족하는 c_4는 다음과 같이 결정됩니다.

$$\begin{aligned} 100 &= 0.971 + 1.849 + 2.592 + \frac{c_4 \times 100}{[1+0.06]^4} + 79.209 \\ &= 84.621 + \frac{c_4 \times 100}{[1+0.06]^4}. \end{aligned}$$

즉,

$$\begin{aligned} c_4 &= \frac{[1+0.06]^4 \times (100 - 84.621)}{100} \\ &= 0.19416 \end{aligned}$$

입니다. 그런데 우리는 지금 선도 이자율에 대해 논의하고 있습니다. 그러므로, 가능하면 이 $\{c_1, c_2, c_3, c_4\}$ 조합을 선도 이자율과 관련시켜 생각해 보겠습니다. 그럼, 선도 이자율과 관련시켜 생각해 본다는 말의 의미가 뭘까요? 네, 정답부터 알아 보겠습니다. $\{c_1, c_2, c_3, c_4\}$이 다음과 같은 값이면 채권 A는 par bond가 됩니다.

$$\begin{aligned} A's\ Price &= \frac{c_1 \times 100}{1+r(1)} + \frac{c_2 \times 100}{[1+r(2)]^2} + \frac{c_3 \times 100}{[1+r(3)]^3} + \frac{(1+c_4)\times 100}{[1+r(4)]^4} \\ &= \frac{0.03 \times 100}{1+r(1)} + \frac{0.05 \times 100}{[1+r(2)]^2} + \frac{0.07 \times 100}{[1+r(3)]^3} + \frac{(1+0.091)\times 100}{[1+r(4)]^4} \\ &= \frac{3}{1+0.03} + \frac{5}{[1+0.04]^2} + \frac{7}{[1+0.05]^3} + \frac{100+9.1}{[1+0.06]^4} \\ &= 2.913 + 4.623 + 6.047 + 86.417 \\ &= 100. \end{aligned}$$

이 네 개의 coupon rates, 즉 $\{c_1 = 0.03, c_2 = 0.05, c_3 = 0.07, c_4 = 0.091\}$은 과연 어떤 숫자들인가요? 선도 이자율과 어떤 관계일까요? 이들은 다름 아닌

$$c_1 = f(1), \quad c_2 = f(2), \quad c_3 = f(3), \quad c_4 = f(4)$$

입니다. 즉 채권 A가 par bond가 되기 위한 하나의 경우가 다음과 같습니다.

$$100 = \frac{100 \times f(1)}{1 + r(1)} + \frac{100 \times f(2)}{[1 + r(2)]^2} + \frac{100 \times f(3)}{[1 + r(3)]^3} + \frac{100 \times [f(4) + 1]}{[1 + r(4)]^4}.$$

즉 A의 매년(말) coupon rate c_t가, $c_t = f(t)$로 설정되면 A는 par bond가 되는 것입니다. 이제 그 이유를 알아 보겠습니다.

질문 4-3〉 어느 이표채의 매년 말 지급되는 coupon rate $\boldsymbol{c_t}$가 "$\boldsymbol{c_t = f(t) = (implied)}$ $\boldsymbol{forward\ rate}$"으로 설정될 때 그 채권이 par bond가 되는 이유는?

네, 이는 우연이 아니고 필연입니다. 직관적으로 먼저 설명하고, 수식으로도 증명하겠습니다. 선도 이자율 $f(t)$(들)의 의미가 무엇이었을까요? 이들은 우연히 나온 수치가 아니라, 현물 이자율들 $\{r(\mathrm{t})\}$가 주어졌을 때 이 현물 이자율들 서로의 관계로부터 추출된 것입니다. 영어로 "implied forward rates"란 명칭을 기억하면 도움이 될 것입니다. 현물 이자율들로부터 암시되는 선도 이자율 혹은 현물 이자율들에 내재된 선도 이자율이란 뜻입니다. 즉 현물 이자율들 $\{r(\mathrm{t})\}$가 주어졌을 때 각 선도 이자율의 의미는

$f(1)$ = 시장의 투자자들이 '오늘 시점(= 1년 초)'과 '1년 말'의 1년간 요구하는 수익률
$f(2)$ = 시장의 투자자들이 '2년 초'와 '2년 말'의 1년간 요구하는 수익률
$f(3)$ = 시장의 투자자들이 '3년 초'와 '3년 말'의 1년간 요구하는 수익률
…
$f(t)$ = 시장의 투자자들이 't년 초'와 't년 말'의 1년간 요구하는 수익률

인 것입니다.* 그렇다면, 매년 말 이 정도의 coupon rate를 정확히 지급하는 채권의 적

* 본서 앞에서는 현재 시점을 '0년 초'라 설정했는데, 선도 이자율 관련 설명에서는 현재 시점을 '1년 초'라 설정하는 게 더 적절하여 그렇게 합니다. $f(t)$가 't년 초'냐 '$(t-1)$년 초'냐가 중요하다기보다는, $f(t)$가 특정 1년간의 선도 이자율이란 의미가 더 중요합니다.

정 가격은 어떻게 될까요? 투자자들이 요구하는 (매 기간) 수익률보다 더 높은 coupon rate(s)을 제공하는 채권의 가격은 높을 것이고, 투자자들이 요구하는 수익률보다 더 낮은 coupon rate(s)을 제공하는 채권의 가격은 낮을 것입니다. 그렇다면, 투자자들이 요구하는 (매 기간) 수익률과 정확히 일치하는 coupon rate(s)을 제공하는 채권의 가격은 높지도 낮지도 않은, 중립적 가격이 될 것입니다. 이 중립적 가격이 뭘 의미할까요?

다름아닌 이 채권의 "par"가 됩니다. 이 채권 만기에 받을 금액이 "par"이고, 매년 말 투자자들의 요구수익률과 동일한 coupon rate을 정확히 지급하니, 이 채권 투자자들은 오늘 이 채권을 "par"의 가격으로 매입하면 완벽한 "fair price"에 매입하는 것이기 때문입니다. 자신이 지급한 "par" 금액은 만기에 온전히 되돌려 받고, 만기까지 매년 자신이 요구하는 수익만큼을 coupon으로 받으니 말입니다.

이제 이 사실을 수식으로 증명해 보겠습니다. 현물 이자율과 선도 이자율의 관계는, 단위기간이 1년일 때, 다음과 같음을 이미 공부했습니다.

소환〉 현물 이자율과 선도 이자율

$$[1+r(t)]^{\mathrm{t}} = [1+f(1)] \times [1+f(2)] \times [1+f(3)] \times \cdots \times [1+f(t)] = \prod_{k=1}^{t}[1+f(k)].$$

위 식을 채권 A에 적용해 보겠습니다. 즉 각 $[1+r(\mathrm{t})]^{\mathrm{t}}$를 $f(1), f(2), \dots, f(t)$의 함수로 표현해 보겠습니다. 그러면 맨 마지막 항의 분자, 분모에 공통인 $[1+f(t)]$가 상쇄되어 차차 항이 하나씩 줄어듭니다.

$$\begin{aligned} A's\ Price &= \frac{100 \times f(1)}{1+r(1)} + \frac{100 \times f(2)}{[1+r(2)]^2} + \frac{100 \times f(3)}{[1+r(3)]^3} + \frac{100 \times [f(4)+1]}{[1+r(4)]^4} \\ &= \frac{100 \times f(1)}{1+f(1)} + \frac{100 \times f(2)}{[1+f(1)] \cdot [1+f(2)]} \\ &\quad + \frac{100 \times f(3)}{[1+f(1)] \cdot [1+f(2)] \cdot [1+f(3)]} \\ &\quad + \frac{100 \times [f(4)+1]}{[1+f(1)] \cdot [1+f(2)] \cdot [1+f(3)] \cdot [1+f(4)]} \end{aligned}$$

$$
\begin{aligned}
&= \frac{100 \times f(1)}{1+f(1)} + \frac{100 \times f(2)}{[1+f(1)]\cdot[1+f(2)]} \\
&\quad + \frac{100 \times f(3)}{[1+f(1)]\cdot[1+f(2)]\cdot[1+f(3)]} \\
&\quad + \frac{100}{[1+f(1)]\cdot[1+f(2)]\cdot[1+f(3)]} \\
&= \frac{100 \times f(1)}{1+f(1)} + \frac{100 \times f(2)}{[1+f(1)]\cdot[1+f(2)]} \\
&\quad + \frac{100 \times [f(3)+1]}{[1+f(1)]\cdot[1+f(2)]\cdot[1+f(3)]} \\
&= \frac{100 \times f(1)}{1+f(1)} + \frac{100 \times f(2)}{[1+f(1)]\cdot[1+f(2)]} + \frac{100}{[1+f(1)]\cdot[1+f(2)]} \\
&= \frac{100 \times f(1)}{1+f(1)} + \frac{100 \times [f(2)+1]}{[1+f(1)]\cdot[1+f(2)]} \\
&= \frac{100 \times f(1)}{1+f(1)} + \frac{100}{[1+f(1)]} \\
&= \frac{100 \times [f(1)+1]}{1+f(1)} \\
&= 100.
\end{aligned}
$$

이처럼 수식으로도 명확하게 채권 A의 적정 가격은 그 "par"에 해당하는 100이 됩니다. ■

이제 선도 이자율의 파워(power)를 실감하셨나요? 사실 이외에도 선도 이자율 개념을 명확히 이해하면 채권 투자에서 의미있는(significant) 도움을 받을 수 있습니다. 두 가지만 여기 소개합니다.

(i) 만기의 변동에 따른 채권 가격의 변화 방향을 예측할 수 있다.
(ii) 장 · 단기 채권에의 투자의사결정에 중요한 정보를 얻을 수 있다.

먼저 (i)에 대하여 설명하여 봅시다. coupon rate 4%, par 100이 주어졌을 때 만기가 다른 채권들의 가격은 아래 도표와 같이 산출됩니다.* 이때 만기가 길어짐에 따라 현재의 채권 가격이 움직이는 방향은 선도 이자율의 값을 살펴봄으로써 합리적으로 예측할 수 있습니다. 가령 넷째 행(row)의 P는 이 채권 만기가 각각 1년, 2년, 3년, 4년, 5년일 때의 현재 시점에서의 채권 가격입니다. 물론 coupon rate 4%, par 100은 고정되어 있습니다.

➢ 도표 4-7〉 만기가 길어질 때 coupon bond 가격 (coupon rate = 4%)

t	1	2	3	4	5
r(t)	3.0%	3.5%	4.0%	3.5%	3.0%
f(t)	3.000%	4.002%	5.007%	2.014%	1.024%
P	100.971	100.969	100.073	101.804	104.371
	Par =	100	c =	0.04	
t					
1	104	4	4	4	4
2		104	4	4	4
3			104	4	4
4				104	4
5					104

위 도표에서 선도 이자율 $\{f(t)\}$는 주어진 현물 이자율 $\{r(t)\}$에 의해 산출된 것입니다. 이 도표의 넷째 행(row)의 P는, coupon rate과 만기가 고정된 상황에서, 이 채권의 만기가 길어짐에 따라 변화하는 시장 가격(P)을 나타냅니다. 이때 이 채권 가격의 변화의 방향은 선도 이자율 $f(t)$를 살펴봄으로써 이해할 수 있습니다. 만기가 1년에서 2년으로 길어질 때, 이 coupon bond의 coupon rate 4%는 시장에서 결정된 선도 이자율 $f(2) = 4.002\%$ 보다 작기 때문에 이 채권의 가격은 하락하게 됩니다(100.971 → 100.969). 이 선도 이자율 4.002%는 시장의 투자자들이 1년 말과 2년 말의 1년 동안 요구하는 수익률인데, 이 채권의 coupon rate는 (그 1년 동안) 4%이므로 시장의 요구수익률을 충족시키지 못해서 그 대신 채권 가격의 하락으로 즉 저렴한 채권 가격으로 투자자들을 보상해 주고 있는 것입니다. 만기가 2년에서 3년으로 길어질 때에도, 이 채권의

* 이표채의 가치평가에 대한 자세한 사항은 다음 절에서 설명됩니다.

coupon rate 4%가 선도 이자율 $f(3) = 5.007\%$보다 작기 때문에 이 채권의 가격은 다시 하락합니다(100.969 → 100.073).

반면 만기가 3년에서 4년으로 길어질 때에는, coupon rate 4%가 선도 이자율 $f(4) = 2.014\%$보다 크기 때문에 이 채권의 가격은 상승합니다(100.073 → 101.804). 만기가 4년에서 5년으로 길어질 때에도 같은 이유로 상승합니다(101.804 → 104.371). 만기에 따른 채권 가격의 변화는 이처럼 선도 이자율의 관점에서 명확하게 파악됩니다. 즉 추가되는 1년에 대해 시장의 요구수익률인 선도 이자율을 이 채권의 coupon rate가 충족하지 못하면 채권 가격이 하락합니다. coupon은 충분하지 못하지만 낮아진 매수 가격으로 투자자에게 수익의 일부를 보상해주는 것입니다. 물론 가격 하락은 선도 이자율을 정확히 충족시키는 수준에서 멈춥니다. 가격 상승도 동일한 원리로 설명될 수 있습니다.

선도 이자율과 채권 가격이 이러한 관계를 가지는 이유는 다음과 같이 수식으로 설명할 수 있습니다.

증명 1〉 선도이자율과 채권 가격

시장에서 현물 이자율과 선도 이자율이 $\{r(t)|t = 1,\ 2,\ 3, \ldots\}$ 및 $\{f(t)|t = 1,\ 2,\ 3, \ldots\}$ 로 주어졌을 때 만기 1년, par는 "Par," coupon rate c인 coupon bond의 시장 가격 $P_{n=1}$은

$$P_{n=1} = \frac{Par \times (1+c)}{1+r(1)}$$

입니다. 또, 다른 모든 조건은 동일하고 만기 2년인 채권의 가치는

$$\begin{aligned} P_{n=2} &= \frac{Par \times c}{1+r(1)} + \frac{Par \times (1+c)}{[1+r(2)]^2} \\ &= \frac{Par \times c}{1+r(1)} + \frac{Par \times (1+c)}{[1+r(1)] \cdot [1+f(2)]} \end{aligned}$$

입니다. 이제 두 채권 가격을 비교하기 위하여 $P_{n=1}$을 다음과 같이 표시하여 봅시다.

$$P_{n=1} = \frac{Par \times (1+c)}{1+r(1)}$$
$$= \frac{Par \times c}{1+r(1)} + \frac{Par}{1+r(1)}$$
$$= \frac{Par \times c}{1+r(1)} + \frac{Par \cdot [1+f(2)]}{[1+r(1)] \cdot [1+f(2)]}.$$

그러므로 다음이 성립합니다.

$$P_{n=2} - P_{n=1}$$
$$= \left\{\frac{Par \times c}{1+r(1)} + \frac{Par \times (1+c)}{[1+r(1)] \cdot [1+f(2)]}\right\} - \left\{\frac{Par \times c}{1+r(1)} + \frac{Par \cdot [1+f(2)]}{[1+r(1)] \cdot [1+f(2)]}\right\}$$
$$= \frac{Par \times (1+c)}{[1+r(1)] \cdot [1+f(2)]} - \frac{Par \cdot [1+f(2)]}{[1+r(1)] \cdot [1+f(2)]}$$
$$= \frac{Par \times [c - f(2)]}{[1+r(1)] \cdot [1+f(2)]}.$$

즉 $c > f(2)$이면 $P_{n=2} > P_{n=1}$임이 증명됩니다. 참고로 이 주제와 관련된 보다 상세한 증명은 본장 제5절에 실려 있습니다. ■

이제 선도 이자율의 또 다른 파워(power)를 알아보겠습니다. 선도 이자율은, (ii)에서 언급된 것처럼, 일정한 투자기간(investment horizon)이 주어졌을 때 투자수익률(horizon return)을 극대화하기 위한 투자의사결정에 활용될 수 있습니다. 가령 투자기간이 2년으로 정해졌을 때

① 만기 1년의 채권을 매입한 후 1년 후 다시 만기 1년의 채권을 매입하는 "단기채권" 투자 전략과

② 2년의 채권을 매입하여 2년 동안 보유하는 "장기채권" 투자전략

중 어느 쪽이 투자수익률을 극대화하는 전략이 될 것까요? 이 문제는 물론 1년 후의 단기 이자율 즉 1년 후의 현물 이자율 $r(1,1)$이 어떤 값으로 실현되는가에 달려 있는데, $r(1,1)$은 현재 시점에서 알 수 없습니다. 단 현재 시점에서 $r(1,1)$에 대하여 유일하게 도움이 되는 정보가 하나 있는데 바로 선도 이자율 $f(2)$입니다. $f(2)$가 $r(1,1)$에 대하여 시사하는 바는 다음과 같습니다. 결론부터 제시합니다.

$r(1,1) \;=\; f(2)$이면 두 전략의 수익률이 같고
$r(1,1) \;>\; f(2)$이면 "단기채권" 투자 전략의 수익률이 더 높고
$r(1,1) \;<\; f(2)$이면 "장기채권" 투자 전략의 수익률이 더 높습니다.

자, 그럼 왜 이런 결론이 도출됐는지 따져 보겠습니다. 먼저 위 도표를 다시 소환하겠습니다.

t	1	2	3	4	5
r(t)	3.0%	3.5%	4.0%	3.5%	3.0%
f(t)	3.000%	4.002%	5.007%	2.014%	1.024%

위 도표와 같이 시장 이자율이 주어졌을 때, 오늘 100을 만기 2년의 zero coupon bond에 투자할 경우 2년 후 이 투자의 가치는

$$100 \times (1 + 0.035)^2 \;\approx\; 107.12$$

가 됩니다. 이 경우 미래 단기 이자율 $r(1,1)$과 관계없이 언제나 107.12의 가치를 가지게 됩니다. 반면 오늘 100을 만기 1년의 zero coupon bond에 투자하고 1년 후 다시 만기 1년의 zero coupon bond에 투자하는 단기채권 투자전략의 2년 후 미래가치는 1년 후 $r(1,1)$ 값에 의하여 확정됩니다. 먼저 오늘 100을 만기 1년의 zero coupon bond에 투자하면 1년 후의 가치는

$$100 \times (1 + 0.03) = 103$$

이 됩니다. 1년 후 $r(1,1)$이 선도 이자율 $f(2)$와 같은 4.002%의 값으로 실현된다면, 단기채권 전략의 2년 후 미래가치는

$$100 \times (1+0.03) \times (1+0.04002) \approx 107.12$$

가 되니 앞의 장기채권 전략의 가치와 동일해집니다. 만일 $r(1,1)$이 $f(2)$보다 큰 값으로 실현된다면, 단기채권 전략의 2년 후 가치는

$$100 \times (1+0.03) \times (1+0.04002+\alpha) > 107.12$$

이 되므로 장기채권 전략의 가치보다 커집니다($\alpha > 0$). 한편 1년 후 실현될 $r(1,1)$이 $f(2)$보다 작으면 단기채권 전략의 2년 후 가치는

$$100 \times (1+0.03) \times (1+0.04002-\beta) < 107.12$$

가 되어 장기채권 전략의 가치보다 작아집니다($\beta > 0$).* 그러므로 1년 후의 $r(1,1)$ 값에 대한 확신을 가지고 있는 투자자는 자신의 전망과 시장의 선도 이자율 $f(2)$를 비교하여 투자전략을 수립할 수 있을 것입니다. 반면 $r(1,1)$에 대한 확신이 없는 투자자의 경우는 (이자율) 위험을 회피하기 위하여 장기채권 전략을 활용해야 할 것입니다. (이자율 위험은 3절에서 소개됩니다.)

이처럼 장기 혹은 단기채권투자 전략이 $f(2)$와 밀접한 관련을 가지는 이유는, $f(2)$가 아래 식처럼 $r(2)$와 특별한 관계를 가지고 있기 때문입니다.

$$[1+r(2)]^2 = [1+r(1)] \times [1+f(2)].$$

만기 2년의 zero coupon bond에 투자하여 만기까지 보유한다 함은 2년간 연평균수익률 $r(2)$로 투자함을 의미합니다. 그런데 이는 또, 위 식처럼, 첫 1년간의 수익률 = $r(1)$, 1년 후 1년간의 수익률 = $f(2)$로 확정하여 투자하는 것과 같은 의미가 됩니다. 그렇기 때문에 1년 후 $r(1,1)$이 $f(2)$보다 작으면, $r(1,1)$의 이자율로 (1년 후) 1년 동안 투자해야 하는 단기채권 전략의 수익률이 장기채권 전략의 그것보다 작아지는 것입니다. 한편 장기채권 전략을 따르면 1년 후의 이자율을 $f(2)$로 확정하여 단기채권 전략의 이자율 위험을 언제나 헤지(hedge)할 수 있습니다. 이러한 측면에서 $f(2)$와 같은 선도 이자

---

* 왜 이번에는 β를 사용했을까요? 만일 동일한 α를 사용했다면, $r(1,1)$이 $f(2)$보다 크거나 작은 정도가 항상 동일한 사례만으로 국한되므로, 보다 일반적으로 β를 사용한 것입니다. 즉 같은 α를 두 번 모두 사용했다면, $r(1,1) = f(2) + 0.006$ 혹은 $r(1,1) = f(2) - 0.006$과 같은 사례에만 위 논리가 적용되는 것처럼 주장하는 것이기에 오해의 소지가 있습니다.

율을 “헤지 이자율(hedgeable rate)”이라고도 합니다.

제 2 절 채권의 가격결정

채권의 가격(가치)과 시장 이자율은 동전의 양면과 같이 서로 다른 관점에서 파악한 동일한 실체입니다. 즉 전자는 가격의 관점에서 다른 하나는 수익률 혹은 할인율 관점에서 채권을 파악한 것입니다. 그러므로 시장 이자율은 곧 채권의 가치를 나타낸다고도 할 수 있습니다. 본절에서는 1절에서 간략하게 언급된 채권의 가격결정을 시장 이자율과 관련하여 학습합니다. 먼저 고정금리채권인 zero coupon bond와 coupon bond의 가치평가에 대하여 배운 후, 변동금리채권, 역변동금리채권, 수의상환채권, 상환요구채권, 전환사채 및 신주인수권부사채에 관하여 차례로 살펴봅니다.

본격적인 가격-수익률 관계를 공부하기 전에 저자가 이와 관련하여 쓴 칼럼 내용을 한 번 보도록 하겠습니다.

■ 〈채권 가격과 이자율에 대한 오해〉

흔히 “이자율이 상승하면 채권 가격은 하락한다”라고 말한다. 그런데 이는 전 세계적으로 보편적인 채권의 가치평가와 우리나라의 번역 관행이 뒤섞인 표현으로, 어찌 보면 당연하고 또 어찌 보면 2% 부족한 표현이다. 이 말을 제대로 이해하기 위해, 이를 일반인에게 보다 친숙한 주식에 적용하면 어떻게 될까?

주식은 이자를 지급하지 않으므로 “이자율이 상승하면 주식 가격은 하락한다”라는 말 자체가 성립이 안 된다. (물론 이자율이 시장의 할인율을 의미하는 경우를 제외) 위 표현을 주식에 응용한다면, “수익률이 상승하면 주가는 하락한다”가 적절한 표현이다. 이 말도 잘 이해가 안 되면, “x는 y이다”를 “y는 x이다”로 바꾸어,

“주가가 하락하면 수익률은 상승한다”

로 표현할 수 있다. 이것도 이해가 어려우면 숨겨진 조건을 명시하여,

“다른 모든 것이 동일할 때, 주가가 하락하면 주식 투자 수익률은 상승한다”

로 말할 수 있다. 현대차의 수익성 등 다른 조건들이 변하지 않았는데 오늘 무슨 이유에서 주가가 하락했다면, 오늘 J가 이 낮아진 가격으로 현대차 주식을 사면 (이전에 더 높은 가격으로 매수한 K의 투자 수익률보다) J의 투자 수익률이 더 높을 것이라는 말이다.

이를 다시 채권에 적용하면,

"다른 모든 것이 동일할 때,
채권 가격이 하락하면 채권 투자 수익률은 상승한다"

가 된다. 이 말은 원래의 표현보다 훨씬 더 이해하기 쉽다. 이를 간략히 그리고 x, y의 순서를 바꿔 표현하면,

"수익률이 상승하면 채권 가격은 하락한다"

가 된다. 사실은 이런 의미로 "이자율이 상승하면 채권 가격은 하락한다"라고 말하는 것이다. 그리고 이때 이자율은 채권에 대한 시장의 요구수익률, 즉 할인율(discount rate)을 의미한다. 채권에 대한 다른 내용들은 변하지 않았는데 투자자들이 요구하는 수익률이 상승한다면, 이를 충족시키는 유일한 길은 그 채권의 가격이 더 낮아지는 것이기 때문이다.

마지막으로, 대부분의 채권은 채권 보유자에게 만기 시 원금(par)을 지급할 뿐 아니라 매년 일정한 금액을 지급한다. 후자를 영어로는 쿠폰(coupons)이라 하는데, 우리나라에서는 이를 이자 혹은 액면이자라 번역한다. 이 쿠폰을 우리나라에서는 "이자"로 번역을 해왔기에, "이자율이 상승하면 채권 가격이 하락한다"는 말이 혼선을 야기할 수 있는 것이다. 즉 이 말에서의 이자는 채권의 액면이자(쿠폰)가 아닌, 채권 투자자들의 요구수익률을 의미하는데 이는 영어로는 "market interest rate" 혹은 "yield"에 해당한다. (한국경제신문, 2016년 3월 31일, A30면)

채권 가치평가의 보편타당한 원칙은,

채권으로부터 기대되는 미래의 현금들을 현재가치로 할인하여 합산

한 것이 채권의 현재 시점에서의 가치가 된다는 것입니다. 이때 사용되는 할인율은 현금이 지급되는 미래 시점과 연계된 현물 이자율입니다. 그러므로 미래 현금흐름이 만기에만 발생하는 zero coupon bond의 가치평가에는 단 하나의 현물 이자율만을 필요로 하지만, 미래 현금흐름이 2번 이상인 coupon bond의 가치평가에는 복수의 현물 이

자율들을 할인율로 사용하게 됩니다. 그리고 zero coupon bond(zcb)가 여러 개 포함된 채권 포트폴리오로서의 coupon bond의 가격은 이를 구성하는 zcb들의 가격들의 합이 됩니다.

1. 무이표채(zero coupon bond)

여러 종류의 채권 중 가장 기본적인 채권이 zero coupon bond(zcb)입니다. 만기일 지급되는 par가 유일한 현금흐름인 zcb의 가격은 이 par를 시장의 적정 할인율로 할인한 값입니다. 그리고 여기에서 적정 할인율이란 이 채권의 만기와 동일한 미래 시점에 대한 현물 이자율입니다.

예제 4-7〉 zero coupon bond의 가격

시장에서 다음과 같이 만기(t)에 따른 현물 이자율 $\{r(\mathrm{t})\}$가 주어졌다고 합시다. 이자계산 단위기간은 6개월입니다(semi-annual comnpounding). 이때 par 100, 만기가 각각 3년, 3.5년인 zero coupon bond A, B의 가격을 구해봅시다. 연간복리계산 횟수는 k =2로 가정합니다.

t	0.5	1	1.5	2	2.5	3	3.5
r(t)	2.5%	3.0%	3.5%	4.0%	4.5%	5.0%	5.5%
P	98.77	97.07	94.93	92.38	89.47	86.23	82.70

우리는 1절에서 zcb의 가치평가를 다음과 같이 배웠습니다.

$$P(0,k) = \frac{Par}{\left(1+\frac{r(n)}{k}\right)^{kn}}.$$

위 식에 의해 A, B의 가격 P(A), P(B)는 다음과 같이 산출됩니다.

$$P(A) = \frac{Par}{\left(1+\frac{r(n)}{k}\right)^{kn}} = \frac{100}{\left(1+\frac{0.05}{2}\right)^{2\times3}} = 86.23$$

$$P(B) = \frac{Par}{\left(1+\frac{r(n)}{k}\right)^{kn}} = \frac{100}{\left(1+\frac{0.055}{2}\right)^{2\times3.5}} = 82.704$$

■

이 예제에서와 같이, zero coupon bond의 가격은 par, 시장 이자율, 만기 및 복리계산법의 함수입니다. 이러한 변수들과 zero coupon bond의 가격 사이의 구체적인 관계는 다음 정리와 같습니다. (상식적인 내용이니 굳이 외우려 할 필요 없습니다) 아래 정리에서는 항상 "다른 모든 조건이 동일할 때"를 전제로 합니다. 그러지 않으면 비교 대상이 너무 막연하고 광범위하기 때문입니다.

정리 6〉 zero coupon bond(zcb) 가격의 결정

(i) (다른 모든 조건이 동일할 때) 만기가 길어짐에 따라 zcb의 가격은 하락합니다

(ii) par가 커짐에 따라 zcb의 가격은 상승합니다

(iii) 이자율이 높아짐에 따라 zcb의 가격은 하락합니다

(iv) 연간복리계산 횟수가 증가할수록 zcb의 가격은 하락합니다.

(i)은 미래 현금의 현재 가치는 먼 미래일수록 작다는 "화폐의 시간가치"가 zcb의 가격에 적용된 것입니다. (ii)는, par가 "Par"인 zcb는 par가 $1인 zcb가 "Par"개 합쳐진 포트폴리오와 동등하다는 사실을 의미합니다. (iii)은, 이자율이란 미래 현금을 현재가격으로 환산하는 "할인율"이므로 이 할인율이 클수록 미래 현금의 현재가치가 작아짐을 의미합니다. 마지막으로 (iv)는, 연간복리계산 횟수가 증가할수록 미래 현금의 현재가치가 작아지기 때문입니다.

zcb 가격결정은 비교적 이해하기 쉽고 간단합니다. 그런데 zcb 가격결정의 중요성은 coupon bond의 가격결정에서 그 진가가 나타납니다. 왜냐하면 coupon bond는 zcb로 구성된 채권 포트폴리오로 간주될 수 있기 때문입니다.

2. 이표채(coupon bond)

채권 시장에서 발행, 거래되는 대부분의 채권은 coupon bond라는 점에서 coupon bond의 가치평가는 매우 중요합니다. coupon bond는 coupon을 지급한다는 점에서 zero coupon bond(zcb)와 확실하게 구별되지만, 두 유형의 채권을 동일한 범주에서 파악하는 것이 coupon bond의 이해에 도움이 됩니다. 가령 zcb는

coupon rate이 0%인, 특별한 coupon bond

라고 볼 수 있습니다. 또 coupon rate이 매우 낮은 coupon bond는 zcb에 가까우므로 zcb의 속성과 유사한 속성을 가짐을 추정할 수 있습니다. 한편 하나의 coupon bond는 여러 개의 zcb로 구성된 채권 포트폴리오에 해당합니다. 그러므로 한 coupon bond의 가치는 그 coupon bond를 구성하는 zcb들의 가치를 합산한 것과 같습니다. 이처럼 zcb와 coupon bond를 동일한 범주 안에서 파악하면 후자의 가치평가, 위험관리 및 투자전략의 이해가 보다 용이합니다.

예제 4-8〉 coupon bond의 가격결정

coupon을 연간 2회 지급하는 경우 삼성전자가 발행한 만기 1년, par 100, coupon rate 8%인 coupon bond의 가치를 파악하여 봅시다. 이 coupon bond의 현금흐름은 6개월 후 4 및 1년 후 104와 같은 2개의 미래 현금의 합이 됩니다. 이 현금흐름은 다음 포트폴리오의 현금흐름과 동일합니다. 즉 삼성전자가 발행한 만기 6개월 par 4인 zcb와 만기 1년 par 104인 zcb로 이루어진 포트폴리오의 현금흐름과 동일합니다. 그러므로 이 coupon bond의 가치는 두 개의 zcb들의 가치를 합산한 것과 같습니다. 만일, 이 채권들에 대한 시장 이자율들이 $r(0.5) = 0.09$, $r(1) = 0.10$이라 하면, 만기 1년, par 100, coupon rate 8%인 이 coupon bond의 가치는

$$4 \times \left(1 + \frac{0.09}{2}\right)^{-1} + 104 \times \left(1 + \frac{0.10}{2}\right)^{-2} = 3.83 + 94.33 = 98.16$$

이 됩니다. 이때 3.83과 94.33은 각각 만기 6개월, par 4인 zcb와 만기 1년, par 104인 zcb의 가치와 동일합니다. ■

현물 이자율이 $\{r(\mathrm{t})|t > 0\}$로 주어지고 연간복리계산 횟수 = k회일 때, par = Par, 만기 = n년, coupon rate = c인 coupon bond의 가격 $P(0,k)$는 아래 식과 같습니다.

> ➤ 식 9〉 coupon bond의 가격
>
> $$\boldsymbol{P(0,1) = \sum_{t=1}^{n} \frac{Par \times c}{(1+r(t))^t} + \frac{Par}{(1+r(n))^n}}$$
>
> $$= \sum_{t=1}^{n} [(Par \times c) \times d(t,1)] + Par \times d(n,1).$$
>
> $$P(0,2) = \sum_{t=1}^{2n} \left[\left(Par \times \frac{c}{2}\right) \times d\left(\frac{t}{2},2\right)\right] + Par \times d(n,2).$$
>
> $$P(0,k) = \sum_{t=1}^{kn} \left[\left(Par \times \frac{c}{k}\right) \times d\left(\frac{t}{k},k\right)\right] + Par \times d(n,k).$$

위에서 유의할 점이 하나 있습니다. 가령 연간복리계산 횟수 = $k = 2$회일 때

$$P(0,2) = \sum_{t=1}^{2n} \left[\left(Par \times \frac{c}{2}\right) \times d\left(\frac{t}{2},2\right)\right] + Par \times d(n,2)$$

을 해석해 보겠습니다. $t = 1$에서 $t = 2n$까지 계산하는 형태지만, 실제로는 이 t 값들이 적용되는 내용은 $d\left(\frac{t}{2},2\right)$에 의해 t 값이 아닌 $\frac{t}{2}$ 값이 적용됩니다. 그런데

$$\sum_{t=1}^{2n} \left[\left(Par \times \frac{c}{2}\right) \times d\left(\frac{t}{2},2\right)\right]$$

로 표기되었기에, 제3자는 이를 $t = 1$년부터 $t = 2n$년까지의 현금흐름을 합계하는 것으로 오해할 수 있습니다. 그러나 이 coupon bond의 만기는 $2n$년이 아니고 엄연히 n년입니다. 단지 현금흐름의 개수가 $2n$개라는 의미입니다. 가령 만기 $n = 5$(년)인 이표채의 현금흐름은 $2n = 10$개라는 의미일 뿐입니다. 그러므로 이 사실을 기억해야 합니다. coupon을 1년에 2회 이상 지급하는 모든 경우에 말입니다. 한편 이 오해를 완화하

기 위해서는 위 표현을

$$\sum_{k=1}^{2n}\left[\left(Par\times\frac{c}{2}\right)\times d\left(\frac{k}{2},2\right)\right]$$

로 할 수도 있기는 합니다. 즉 t 아닌 문자를(k)를 사용하는 것입니다. 하지만 이 경우 k가 현금흐름 "시점"과 관련된 변수임을 잊을 리스크가 있습니다. 본서에서는 coupon 지급 횟수가 연 2회 이상인 경우 $t=1,2,3,\dots,2n$으로, 혹은 $k=1,2,3,\dots,2n$으로 표기하기로 합니다.

참고로 연간 쿠폰지급횟수가 무한대이어서 coupon이 연속적으로 지급된다면, 매우 짧은 시간 dt마다 $Par\times c\times dt$의 coupon을 지급하는 경우가 됩니다. 즉 coupon을 받는 시점은 $dt,\ 2dt,\ 3dt,\dots,(n-1)dt,\ n$(년)이 되고 각 시점마다 받는 coupon 액수는 $Par\times c\times dt$가 됩니다. 여기서 dt는 0에 가장 가까운 작은 수치로, 가령 dt를 1초로 가정한다면 $dt\ =\ \frac{1}{360\times24\times60\times60}\ =\ 0.000000031$(년)이 됩니다. (실제로는 dt는 이보다 더 작은, 0에 무한히 가까운 양수입니다.) 한편 coupon을 받는 시점이 미래 시점 t이면, 이 coupon의 현재가치는 $[Par\times c\times dt]\times e^{-t\cdot r(t)}$가 됩니다. 그러면 이 coupon bond의 현재가치 $P(0,\ \infty)$는, 시점 $t=0$에서부터 $t=n$(년)이 될 때까지 받는 이 coupon들의 현재가치 및 Par의 현재가치를 더한 값이 이 채권의 현재가치 $P(0,\ \infty)$가 됩니다.

$$P(0,\infty)\ =\ \int_0^n\left[e^{-t\cdot r(t)}\cdot Par\cdot c\right]dt\ +\ Par\times e^{-n\cdot r(n)}$$

위 내용을 요약하면, 특정 coupon bond의 구성요소인 zcb들은 다음과 같습니다.

정리 7〉 coupon bond의 구성 요소

액면가는 Par, 만기 = n년, coupon rate = c인 coupon bond는 다음 두 종류의 zcb들의 포트폴리오와 같습니다. 즉

par = Par, 만기 = n년인 zcb와

par = $Par\times c$, 만기 = t인 n개의 zcb들 ($t=1,\ 2,\dots,\ n$)

로 이루어진 포트폴리오와 같습니다. 만일 연간 coupon 지급 횟수 = 2회라면 위 coupon bond는 par = Par, 만기 = n년인 zcb와 par = $\frac{Par \times c}{2}$, 만기 = t인 $2n$개의 zcb들로 이루어진 포트폴리오입니다. ($t = 0.5,\ 1,\ 1.5, \dots ,\ n - 0.5,\ n$)

예제 4-9〉 coupon bond의 가치

coupon을 1년에 2회 지급하는 채권에 대한 현물 이자율이 다음과 같이 파악되었다고 합시다.

만기	0.5년	1년	1.5년
현물 이자율	3%	4%	5%

coupon bond의 가치평가 식을 이용하여 coupon rate 5%, 만기 1.5년, par 100인 채권의 시장 가격을 구하면 다음과 같습니다.

$$P(0,2) = 2.5 \times \left(1 + \frac{0.03}{2}\right)^{-1} + 2.5 \times \left(1 + \frac{0.04}{2}\right)^{-2} + 102.5 \times \left(1 + \frac{0.05}{2}\right)^{-3}$$

$$= 100.05.$$

■

한편 coupon bond의 가치평가 식으로부터 coupon bond의 현재가치는 coupon rate, par, 만기, 시장 이자율, 복리계산방법의 함수임을 알 수 있습니다. 이 함수관계는 다음과 같이 요약됩니다. (이 또한 상식적으로 이해가능하면 굳이 외우려 할 필요 없습니다.) 물론 "다른 모든 조건이 동일할 때"라는 전제가 적용됩니다.

정리 8〉 coupon bond 가격 결정 (다른 모든 조건이 동일할 때)

(i) coupon rate이 커짐에 따라 coupon bond의 가치는 상승한다.
(ii) par가 커짐에 따라 coupon bond의 가치는 상승한다.
(iii) 시장 이자율이 높아짐에 따라 coupon bond의 가치는 하락한다.
(iv) 연속복리계산 횟수가 증가함에 따라 coupon bond의 가치는 하락한다.

이 중에서 (i)을 제외하고는 zcb와 coupon bond 가치 결정요인이 일치함을 알 수 있습니다. 한편, zcb와는 달리, 다른 모든 조건이 동일하고 만기만이 변동할 때 coupon bond의 가치가 일률적으로 증가 혹은 감소한다고 단정할 수는 없습니다. 1절의 선도 이자율에서 설명된 것처럼, 만기가 길어짐에 따라 채권 가격이 움직이는 방향은 선도 이자율의 크기에 달려 있기 때문입니다. 이를 한 번 더 설명하면 다음과 같습니다.

zcb는 coupon rate = 0인, 특수한 coupon bond입니다. 그러므로 coupon bond에 대하여 일반적으로 성립하는 법칙은 zcb에서도 성립합니다. 반면 zcb에 대하여 성립하는 법칙이 반드시 coupon bond에도 성립한다고는 할 수 없습니다. 그 하나의 예로, zcb의 경우 만기가 길수록 채권의 가치가 감소하지만 coupon bond의 경우에는 이것이 일반적으로는 성립하지 않는다는 사실을 들 수 있습니다. 구체적으로, 특정 coupon bond의 coupon rate, 액면가 등 기존 사양(specifications)은 동일하게 유지되는 전제에서, 특정 coupon bond의 만기만이 증가할 때 이 채권의 가격이 상승할 것인지의 여부는, 만기가 한 단위 증가할 때 이 채권이 제공하는 coupon rate의 크기와 그 새 단위기간에 대한 시장의 선도 이자율의 크기에 달려 있습니다. 즉 coupon rate이 더 크면(작으면) 이 채권은 그 만기가 길어짐에 따라 가격이 상승(하락)합니다. 이는 제1절 선도 이자율에서도 상세히 설명되었습니다.

3. 변동금리채권

변동금리채권(floating rate notes, FRN)이란 액면 이자율이 특정 기준금리에 연동하여 동일한 방향, 동일한 크기만큼 움직이는 채권으로, 기준금리가 변동하면 이 채권의 coupon rate도 동일하게 변동하는 채권을 의미합니다. 이와 관련 저자가 한 신문에 기고한 변동금리채권 관련 칼럼 내용을 먼저 보겠습니다.*

■ 〈변동금리채권의 매력〉

원금과 액면이자(쿠폰)를 모두 지급하는 채권을 이표채라 한다. 초기에는 원금의 4% 등 매년 고정된 쿠폰을 지급하는 이표채가 다수였지만 현대에는 쿠폰 수준이 변하는 변동금리채권(floater)도 자주 발행된다. 가령 (2장에서 소개된) KOFR에 2%를 더한 수치가 특정 변동금리채권의 액면이자율이 될 수 있다. 이때 KOFR을 기준금리(reference rate), 2%를 가산금리(spread)라 하며, 이 채권의 액면이자율은 매 6개월 혹은 1년마다 시장의 KOFR 수준에 따라 변한다. 그렇다면 만기와 원금이 동일한 고정금리채(권)과 변동금리채(권) 중 어느 것이 투자자에게 더 좋은 투자 대상일까?

재무금융에서 더 좋다 함은 더 높은 수익률 혹은 더 낮은 위험을 뜻한다. 두 채권의 원금은 같으므로 액면이자가 더 많은 채권의 수익률이 더 높은데, 변동금리채의 미래 액면이자는 알 수 없으므로 수익률 비교는 불가능하다. 반면 향후 받게 될 쿠폰이 확정된 고정금리채권이 더 안정적임은 확실하다. 그러면 투자자에게 고정금리채가 더 좋은 투자 대상일까? 그런데 왜 대부분 은행에서는 차입자에게 변동금리로 대출을 하는 것일까? 대출은 은행 입장에선 자산인데, 왜 은행은 변동금리대출 즉 변동금리자산을 선호할까?

채권 가격은 미래 받을 현금을 적절한 할인율로 할인함으로써 결정된다. 고정금리채의 원금과 쿠폰은 고정됐지만 그것의 할인율은 채권시장의 상황에 따라 다르다. 즉 고정금리채의 가격은 할인율에 의해 변동한다. 반면 변동금리채는 할인율과 쿠폰이 모두 변한다. 할인율이란 투자자들의 요구수익률인데, 변동금리채의 신용등급이 낮아 원금과 쿠폰을 제때에 다 받지 못할 위험이 클수록 할인율은 높아진다. 그런데 그런 위험이 클수록 투자자들이 요구하는 가산금리도 높다. 또 전반적인 시장 이자율이 높아지면 채권의 할인율도 당연히 높아지는데, 이때 이 채권의 기준금리도 높아진다. 이처럼 변동금리채권은 쿠폰과 할인율이 모두 불확실하지만, 이 둘이 같은 방향으로 움직이므로 (원금과) 쿠폰을 할인율로 할인한 채권 가격은 역설적으로 안정적이다. 즉 변동금리채(변동금리대출)는 가격(가치)이 안정적이어서 투자자(대출자)에게 안전한 자산이다.

세상사에서는 절대성보다 상대성이 더 의미있을 때가 많다. 가령 축구 팀 A는 매 경기에 3골을 넣고 B는 매 경기에 상대팀보다 한 골만 더 넣는다 하자. 감독 입장에서 어느 팀이 더 안정적인 팀일까? 변동금리채권은 정확히 상대팀의 골(할인율)만큼 자신도 골(쿠폰)을 넣는 축구팀에 비유할 수 있다. (한국경제신문, 2016년 4월 7일, A29면)

---

* 당시 사용한 LIBOR(London Interbank Offered Rate)를 KOFR로 대체합니다.

어때요, 다소 도움이 됐나요?

이제 변동금리채권의 가치 산정을 보다 명료하게 논의하기 위하여, 정부가 발행한 변동금리채권의 기준금리가 특정 국채의 시장 이자율이 되는 경우를 분석하기로 합니다. 보다 구체적으로, 정부가 발행한 2년 만기 변동금리채권의 기준금리가 만기 1년의 현물 이자율에 연동되고 이자 계산의 단위기간은 1년이라 합시다. 이 변동금리채권의 par를 Par, 현재의 1년 만기 현물 이자율을 $r(1)$, 그리고 1년 후 1년 현물 이자율을 $r(1,1)$이라고 합시다. 그러면 이 채권을 보유할 때 1년 후, 2년 후 지급받는 현금은 각각 $Par \times r(1)$, $Par \times [1 + r(1,1)]$이 되고, 이 채권의 시장 가격은 이 두 미래의 현금을 현재가치로 할인하여 더한 수치가 됩니다. 전자의 현재가치는 $\frac{Par \times r(1)}{1+r(1)}$이 됩니다.

한편 후자의 금액 $Par \times [1 + r(1,1)]$에서 $r(1,1)$은 현재 그 값이 알려져 있지 않으므로, 두 단계를 거쳐서 현재가치를 파악해 봅니다. 먼저 1년 후 시점에서의 현재가치를 구한 후 다시 이 수치를 오늘의 시점으로 할인합니다. 현 시점을 $t = 0$(년초)라 하면, $t = 2$(년초) 시점에서 받게 될 $Par \times [1 + r(1,1)]$의 $t = 1$ 시점의 가치를 구해봅시다. 이는 $t = 1$ 시점의 1년 현물 이자율로 $Par \times [1 + r(1,1)]$을 할인한 값입니다. 그런데 $t = 1$ 시점의 1년 현물 이자율은 $r(1,1)$ 이므로 이 시점에서의 가치는 $\frac{Par \times [1+r(1,1)]}{[1+r(1,1)]}$이 됩니다. 이 금액을 다시 오늘의($t = 0$) 현재가치로 환산하려면 $r(1)$으로 할인하여야 합니다. 이러한 방식으로 현재가치를 구하면 변동금리채권의 현재가치 P는 다음과 같이 Par와 일치합니다. 이 값은, 미래 실현될 $r(1,1)$이 어떤 값을 갖든 영향받지 않는, 고정된 값입니다. 즉 변동금리채권에는 이자율 위험이 없습니다.

➢ 식 10〉 변동금리채권의 가치

$$\begin{aligned} P &= \frac{Par \times r(1)}{1 + r(1)} + \frac{Par \times [1 + r(1,1)]}{[1 + r(1)] \times [1 + r(1,1)]} \\ &= \frac{Par \times r(1)}{1 + r(1)} + \frac{Par}{[1 + r(1)]} \\ &= \frac{Par \times [1 + r(1)]}{1 + r(1)} \\ &= Par. \end{aligned}$$

위 식에서 알 수 있듯이, 변동금리채권의 시장 가격은 기본적으로 그 채권의 par와 같습니다. 그 이유는, 미래 시장 이자율의 변동만큼 이 채권의 coupon rate이 조정되기 때문에, 매 시점에 투자자들이 이 채권에 대하여 요구하는 수익률을 정확히 충족시키기 때문입니다. 그런데 실제로 변동금리채권을 발행할 때에는 위의 예처럼 단순하게 조건을 정하기보다는, ① 변동금리의 상한(cap)과 하한(floor)를 설정하고 ② 기준금리를 "특정 기준금리 + α"로 설정하는 경우가 많습니다. 그러므로 이러한 경우의 변동금리채권의 시장 가격은 정확히 par와 일치하지는 않고, 상한과 하한의 크기 및 가산금리 α의 크기에 따라 다소의 차이가 있을 수 있습니다.

질문 4-4〉 변동금리채권이 투자자에게 주는 특별한 이점이 있습니까?

변동금리채권 고유의 이점이 존재합니다. 위 식에서 알 수 있듯이 변동금리채권은 시장 이자율의 변동에 관계 없이 액면가(par)의 가치를 그대로 유지합니다. 즉 이자율 위험이 없거나 매우 적습니다. 채권의 위험 중 가장 중요한 위험 중 하나인 이자율 위험이 거의 없다는 것은 변동금리채권의 매우 중요한 특성이고 이점이라 할 수 있습니다.

이는 은행의 변동금리대출의 경우에서 잘 나타납니다. 은행의 대출이란 은행 입장에서는 일종의 투자 행위이고, 그러므로 대출은 (대출)자산이 됩니다. 은행이 차입자에게 변동금리로 대출을 해 주면, 이는 마치 은행이 변동금리채권이라는 자산을 구입한 것과 같습니다. 즉 변동금리로 대출해 준 (대출)자산이나 변동금리채권이라는 금융자산이나 자산 보유자에게 있어 두 자산의 특성은 같습니다. 시장 이자율에 연동되어 대출 이자율이 변동하므로, 역설적으로 이 대출 자산의 현재가치는 시장 이자율에 관계 없이 언제나 고정된 가치를 가집니다. 마치 변동금리채권이 항상 액면가(par)로 가치가 결정되는 것과 같은 이치입니다. 그러므로 변동금리대출을 제공한 은행은 그 대출 자산에 한해서는 이자율 위험이 거의 없다 할 수 있습니다. 뿐만 아니라 은행의 총체적인 자산-부채 구조(asset liability management)를 보다 안정적으로 설계할 수 있습니다. ■

4. 역변동금리채권

역변동금리채권(inverse floaters)은 액면이자율이 특정 기준금리에 연동되어 반대 방향으로 움직이는 채권입니다. 역변동금리채권의 예로는, 정부가 발행한 2년 만기 채권의 기준금리가 (15% − 1년 현물 이자율)로 정해지는 경우를 들 수 있습니다.* 이 채권의 액면가를 Par, 현재의 1년 만기 현물 이자율을 r(1), 그리고 1년 후의 그것을 r(1,1)이라 한다면, 이 채권을 보유할 때 1년 후와 2년 후 지급받는 현금은 각각 $Par \times [0.15 - \mathrm{r}(1)]$, $Par \times [1 + 0.15 - \mathrm{r}(1,1)]$ 이 됩니다.

역변동금리채권의 시장 가격을 구하기 위한 간편한 방법은, 변동금리채권과 역변동금리채권을 합친 채권 포트폴리오의 가치를 활용하는 것입니다. 위의 예의 경우 두 채권을 합친 포트폴리오로부터 기대되는 1년 후의 현금은

$$\begin{aligned} Par \times r(1) \ + \ Par \times [0.15 - \mathrm{r}(1)] &= Par \times 0.15 \\ &= 2 \times Par \times 0.075 \end{aligned}$$

이고, 2년 후의 현금은

$$\begin{aligned} Par \cdot [1 + \mathrm{r}(1,1)] + Par \cdot [1 + 0.15 - \mathrm{r}(1,1)] &= Par \cdot [2 + 0.15] \\ &= 2 \cdot Par \cdot [1 + 0.075] \end{aligned}$$

입니다. 그러므로 이 채권 포트폴리오는 액면가는 "$2 \times Par$"이고 액면 이자율은 7.5%인 채권으로 간주됩니다. 혹은 액면가 = Par, 액면이자율 = 7.5%인 이표채 2개로 이루어진 포트폴리오로도 이해할 수 있습니다. 이 포트폴리오의 가치에서 변동금리채권의 현재가치인 Par를 차감하면 역변동금리채권의 가치가 산출됩니다.

일반적으로, 액면가가 Par이고 만기 n년인 역변동금리채권의 기준금리가 "$r(*) -$ 1년 현물 이자율"로 정해졌을 때, 이 채권의 현재가치 $P(0)$는 아래 식과 같이 결정됩니다.

---

* 편의상 1년 현물 이자율이 15%를 초과하는 경우는 없다고 가정합니다. 그러나 이 가정이 완화되더라도 본문의 논의는 여전히 유효합니다.

➢ 식 11〉 역변동금리채권의 가치

$$P(0) = \left(\sum_{t=1}^{n} \frac{Par \cdot [r(*) - r(t)] \ + \ Par \cdot r(t)}{[1 + r(t)]^t} + \frac{Par \cdot 2}{[1 + r(n)]^n}\right) - Par$$

$$= \left(\sum_{t=1}^{n} \frac{2 \cdot Par \cdot \frac{r(*)}{2}}{[1 + r(t)]^t} + \frac{Par \cdot 2}{[1 + r(n)]^n}\right) - Par$$

$$= 2\left(\sum_{t=1}^{n} \frac{Par \cdot \frac{r(*)}{2}}{[1 + r(t)]^t} + \frac{Par}{[1 + r(n)]^n}\right) - Par.$$

그런데 도대체 왜 역변동금리채권이 존재하게 되었을까요? 그 한 이유를 파악하기 위해 다음의 예제를 풀어 봅시다.

예제 4-10〉 역변동금리채권의 특장점

현재 $r(1) = 0.05$이고 다음 세 종류 채권이 있습니다. 모두 만기는 1년, 액면가는 100인 coupon bond로, 아래 도표에서 "Fixed"는 coupon rate 0.05인 일반 채권, "FRN"은 항상 coupon rate = $r(1)$을 충족시키는 변동금리채권, 그리고 "Inverse Floater"는 "$0.1 - \mathrm{r}(1)$"이 coupon rate으로 설정된 역변동금리채권입니다. 이들 채권의 현재가치 P는 공히 다음 식에 의해 결정됩니다. 물론 coupon rate 형태는 세 채권 모두가 다릅니다만.

$$P \ = \ \frac{100 \times (1 + coupon \ rate)}{1 + r(1)}.$$

이 세 채권의 1년 후 현금흐름은, 시장 이자율 $r(1)$ 값에 따라 아래 그림과 같이 서로 상이하게 도출됩니다. 아래 그림에서 $x-$축은 $r(1)$ 값이고 $y-$축은 각 채권의 1년 후 현금흐름입니다. 편의상 현재의 $r(1) = 0.05$인데, 내일 갑자기 $r(1)$이 $0.01 \sim 0.10$ 중의 하나의 값으로 변할 수 있다고 가정합니다. 이때 일반 채권(Fixed)의 1년 후 현금흐름은 변하지 않고, FRN의 현금흐름은 $r(1)$에 대해 선형적으로 증가하며, Inverse Floater의 그것은 $r(1)$에 대해 선형적으로 감소함을 알 수 있습니다.

➢ 그림 4-2〉 일반 채권, 변동금리채권 및 역변동금리채권의 현금흐름

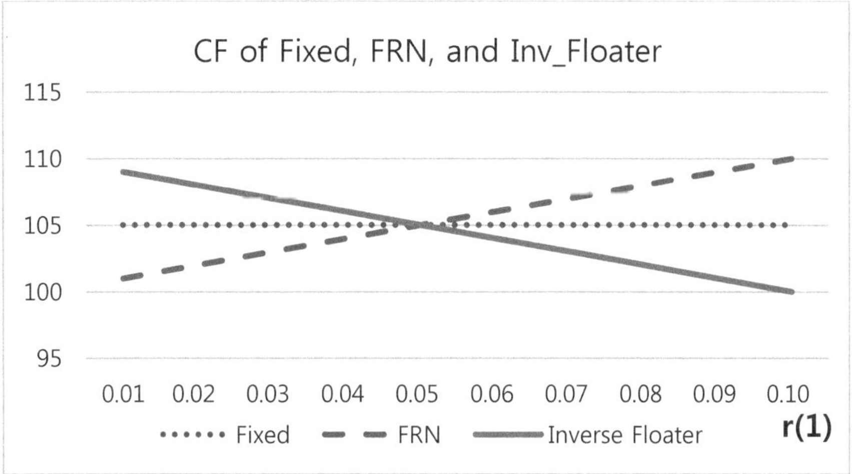

한편 이 세 채권의 (현재) 가격은 $r(1)$ 값에 따라 아래 도표와 같이 산출됩니다.

➢ 도표 4-8〉 일반 채권, 변동금리채권 및 역변동금리채권과 시장 이자율

Par =	100	Coupon Rate =	0.05
r(1)	Fixed	FRN	Inverse Floater
0.01	103.96	100	107.92
0.02	102.94	100	105.88
0.03	101.94	100	103.88
0.04	100.96	100	101.92
0.05	100	100	100
0.06	99.06	100	98.11
0.07	98.13	100	96.26
0.08	97.22	100	94.44
0.09	96.33	100	92.66
0.10	95.45	100	90.91

질문 4-5〉 $\boldsymbol{r}(\mathbf{1})$이 변함에 따라 이 세 채권들의 가격은 어떻게 상이하게 달라질까요?

일반 채권(Fixed-Rate Bond)은 당연히 시장 이자율 $r(1)$이 커질수록 그 가격이 하락합니다. 변동금리채권(FRN)은 시장 이자율과 관계 없이 항상 고정된 가격 100을 갖습니다. 반면 역변동금리채권(Inverse Floater)은 시장 이자율 $r(1)$이 커질수록 (일반 채권보다 더) 채권 가격이 하락합니다. 채권 할인율인 시장 이자율이 커지는 것에 더해서 이 채권의 coupon도 감소하기 때문입니다. 즉 $r(1)$이 커짐에 따라 이 채권의 가치평가식의 분자 $100 \times (1 + 0.1 - r(1))$가 작아지는데, 동시에 분모 $1 + r(1)$는 커집니다. 즉 "perfect storm"에 직면하게 됩니다. 두 악재를 동시에 만나는 셈입니다.

그러나 시장 이자율 $r(1)$이 하락한다면? 네, 위 도표가 보여 주듯, 채권 가격이 급상승합니다. 일반 채권 가격도 이 경우에는 상승하지만 Inverse Floater는 그보다 더 상승합니다. 채권 가치평가식의 분자 $100 \times (1 + 0.1 - r(1))$가 커지며, 동시에 분모 $1 + r(1)$은 작아집니다. 즉 "perfect opportunity"을 맞게 됩니다. 두 호재를 동시에 만나는 셈입니다. 그러므로, 가령 투자자 A에게 있어 시장 이자율이 하락하면 자신의 다른 자산들의 가치가 하락할 경우 이에 대한 헤지 방안으로 Inverse Floater를 매수해 둘 수 있습니다. ■

질문 4-6〉 시장 이자율이 하락할 때 일반 채권의 가격도 상승하는데, 굳이 Inverse Floater를 매수해 놓을 필요가 있을까요? 일반 채권을 매수해 두어도 괜찮지 않을까요?

가령 일반 채권을 두 단위 이상 매수해 놓으면 Inverse Floater 한 단위 매수한 것과 유사한 효과가 있지 않을까요? 네. 이는 투자자 A의 다른 자산 혹은 계약의 가치가 시장 이자율 하락시 어느 정도 영향받는가에 달려 있습니다. 또한 A의 자금 여력(budget constraint)와도 관련 있습니다. 가령 A가 체결해 놓은 이자율 스왑(interest rate swap) 계약의 구조상 $r(1)$이 하락하면 A가 손실을 입을 수 있습니다.* $r(1) = 0.05$에서 $r(1) = 0.01$로 (갑자기) 하락할 때 A의 이자율 스왑의 가치가 약 10 정도 하락한다고 합시다. 일반 채권을 한 단위 매수해 놓았다면, $r(1)$이 그만큼 하락할 때 이 채권의 가치 상승

* 이자율 스왑 같은 금융상품 등을 분석하는 교재를 저자가 준비 중에 있습니다.

이 약 3.96, 즉 4에 그칩니다(위 도표 참조). 반면 Inverse Floater를 한 단위 매수해 놓았다면, $r(1)$이 그만큼 하락할 때 이 채권의 가치 상승이 약 7.92, 즉 8에 달합니다. 그러므로 A는 자신의 전체 자산 가치의 안정을 위해서라면 일반 채권보다는 Inverse Floater를 매입하는 것이 효과적입니다. A의 예산 제약으로 인해 현재 A에게 100 정도의 현금만이 남아 있다면 말입니다.

이와 같은 Inverse Floater만의 특성으로 인해 자신의 현 자산 구조상 이런 채권을 편입해 놓을 필요가 있는 투자자들이 존재할 수 있습니다. 이들에게 Inverse Floater는 타 자산들이 제공할 수 없는 혜택과 효용을 만끽하게 해 줍니다. 단 Inverse Floater 그 자체는 일반 채권보다 리스크가 거의 두 배에 달하니, 타 자산과의 연계 없이 향후 시장 이자율 하락에만 betting하면서 Inverse Floater를 매수하는 것은 전형적인 'speculative investment'임에 유의할 필요가 있습니다.

주식 하락 위험을 헤지하기 위해 주식 보유자가 Inverse ETF에 투자하듯이, 시장 금리 하락으로 재무적 손실이 예상되는 투자자들은 일반 채권 혹은 Inverse Floater를 매입하여 금리 하락 위험에 대비할 수 있습니다. 특히 조달가능한 자금이 제한적인 경우, 더 강력한 헤지를 원한다면 일반 채권 매입보다 Inverse Floater 매입이 더 효과적일 수 있습니다. 이는 마치 주식 투자자가 자신의 헤지 강도(intensity)에 따라 'Inverse ETF' 혹은 '레버리지 Inverse ETF'를 선택하는 방식과 유사합니다.* ■

5. 전환사채

전환사채(convertible bonds, CB)는 채권 보유자에게 채권을 주식으로 전환할 수 있는 권리가 부여된 채권을 말합니다. 그러므로 주식으로 전환할 수 있는 전환권의 가치를 산정한 후 일반채권으로서의 가치에 이를 가산하여 그 가치를 산정하여야 합니다. 이러한 권리의 가치를 산정하기 위해서는, 미래 주가 수익률에 대한 가정과 이를 평가할 옵션 모형 등이 필요한데 이는 본서의 범위를 벗어납니다. 여기서는 전환사채의 전통적 분석방법을 중심으로 살펴보기로 합니다. 전환사채의 경우는 특히 관련된 여러 용어의

---

* (Inverse) ETF 혹은 Leverage (Inverse) ETF에 대한 설명도 필요합니다만, 본서와 직접적인 관련이 적어 독자 여러분들이 인터넷 등을 참고하기 바랍니다. 이 개념을 아는 독자들에겐 괜찮은 비유라 생각되어 본문에서 활용했습니다.

이해가 중요한데, 이는 예제를 통하여 가장 잘 설명될 수 있습니다.

(1) 전환사채의 전통적 분석

예제 4-11〉 전환사채의 용어와 개념

삼성전자가 다음과 같은 전환사채를 발행하였다고 가정하고, 이 채권의 현재 시점 2033/10/7의 시장가격 = ₩1,065만이라 합시다.

① 발행일 : 2032/6/1
② 만기일 : 2042/6/1
③ 액면가 : ₩1,000만
④ 액면이자 : 5.75%
⑤ 발행액 : ₩100억(액면가채권으로 발행)
⑥ 수의상환 : 2035/6/1 이후 ₩1,030만의 가격으로 가능*
⑦ conversion ratio : 액면가 ₩1,000만당 삼성전자보통주 25.32 주
⑧ 삼성전자 보통주 가격 : 2033/10/7 현재 1주당 ₩33만
⑨ 삼성전자 보통주 배당 : 1년에 ₩9,000

여기서 "conversion ratio"란 전환사채 보유자가 이 채권을 주식으로 전환할 때 받게 되는 주식의 수를 의미합니다. 위의 경우 액면가 ₩1,000만의 전환사채는 전환시 삼성전자 보통주 25.32주와 교환됩니다. conversion ratio는 (발행조건에 따라) 시간의 경과와 함께 변동될 수 있습니다. 그러나 주식 분할, 주식 배당 등 1주의 가치를 인위적으로 변경시키는 경우에는 특별한 발행 조건이 없더라도 언제나 자동적으로 조정됩니다. 한편 "conversion price"란, 전환사채가 최초로 발행될 때 암묵적으로 적용되는 주식 1주의 가격을 말합니다. 예로써 위 전환사채가 애초에 액면가 ₩1,000만으로 발행된 경우 이 때의 conversion price는

---

* 대부분의 전환사채는 위와 같이 수의상환채권으로 발행되는데, 위와 같이 수의상환 기간 동안 단일한 수의상환액으로 주어질 수도 있고 또 시점에 따라 상환액이 상이하게 주어지는 상환스케줄을 가질 수도 있습니다. 전환사채는 또한 경우에 따라 상환요구채권으로 발행될 수도 있습니다.

$$\frac{1{,}000\text{만원}}{25.32\text{주}} = 39.4944\text{만원} = 394{,}944\text{원}$$

입니다.

"parity value" 혹은 "conversion value"는, 전환사채가 즉각적으로 전환될 경우의 이 채권의 가치를 의미합니다. 위의 경우 현재 1주당 주가가 ₩33만인 삼성전자 25.32주로 지금 당장 전환된다면 이 전환사채의 가치는

$$25.32 \times 330{,}000\text{원} = 8{,}355{,}600\text{원}$$

입니다. 이 가치는 현재 시점에서 전환사채의 주식으로서의 가치를 뜻합니다. 한편 현재 이 채권의 시장 가격은 ₩1,065만 = ₩10,650,000이므로 parity value 이상으로 평가되고 있다고 합시다. 이것이 가능한 이유는 전환사채는 주식으로서의 가치뿐만이 아니라 채권으로서의 가치도 있기 때문입니다. 그러면 이 전환사채의 채권으로서의 가치가 ₩10,650,000이라고 말할 수 있을까요? 그렇지는 않습니다. 왜냐하면 전환권 자체도 일정한 가치를 가지고 있기 때문입니다. 그러므로 보다 정확히 분석하면, 전환사채의 시장 가격은

"전환권"과 "(전환권을 제외한) 채권으로서의 가치와 주식으로서의 가치 중 보다 큰 값"

이 합산된 가격이라 할 수 있습니다. 위 전환사채의 경우 전환권을 제외한 채권으로서의 가치는 구체적으로 수의상환채권으로서의 가치를 뜻합니다. 예로써 수의상환채권의 가치가 ₩9,000,000이라고 합시다. 그러면

전환사채의 시장 가격 ₩10,650,000
= 전환권 + maximum of (주식가치, 채권 가치)
= 전환권 + Max[₩8,355,600, ₩9,000,000]
= 전환권 + ₩9,000,000

이 되어 전환권은 ₩1,650,000으로 추정됩니다.

한편 "market conversion price" 혹은 "market parity price"는 전환사채의 시장 가격을 "conversion ratio"로 나눈 값입니다. 위의 경우

$$\frac{1{,}065\text{만원}}{25.32\text{주}} = 42.0616\text{만원} = 420{,}616\text{원}$$

이 이 값이 됩니다. 이 수치는 전환사채를 주식으로만 볼 경우의 1주의 “매입가격”이라고 할 수 있습니다. 그런데 실제적으로는 전환권 또 채권으로서의 가치까지도 포함되어 전환사채의 시장 가격이 형성되므로, 이 “매입가격”은 현재의 주가(₩330,000)에 일정한 프리미엄이 가산된 값입니다. 여기서 1주당 프리미엄을 “market conversion premium per share”라고 합니다. 위의 경우에는

₩420,616 − ₩330,000 = ₩90,616

이 그 값이 됩니다. 이 값을 다시 현재의 주가로 나누면 1주당 프리미엄의 상대적 크기를 의미하는데 이를 “market conversion premium ratio”라 합니다. 위의 경우 그 값은 ₩90,616/₩330,000 = 27.46%가 됩니다.

전환사채의 매입은 주식의 간접 매입과 유사합니다. 그런데 전환사채 가격에는 전환권 등이 포함되므로, 전환사채를 통한 주식의 간접매입 비용은 주식의 직접매입 비용보다 비쌉니다. 반면 전환사채로부터 유입되는 현금(액면이자)은 보통 주식으로부터 유입되는 현금(배당금)보다는 큽니다. 그러므로 주식의 매입가격 측면에서는 전환사채가 보통주보다 비싸지만 현금 유입의 측면에서는 전환사채가 보통주보다 저렴합니다. 시간이 지남에 따라 액면이자로 인한 초과현금흐름은 점차 축적되어 어느 시점에서는 전환사채의 비싼 구입비용을 완전히 상쇄할 수 있게 되는데 그 시점을 “premium payback period”라고 합니다.

이제 위 전환사채의 “premium payback period”를 구해봅시다. 먼저 이 채권의 액면이자율은 5.75%이므로 매년 액면이자는

$$1000\text{만원} \times 0.0575 = 57.5\text{만원} = 575{,}000\text{원}$$

입니다. 한편 이 채권은 삼성전자 보통주 25.32주로 전환될 수 있으므로, 이 전환사채에 적용되는 매년 배당금은

$$25.32\text{주} \times 1\text{주당 배당금}(= \text{div. per share}) = 25.32 \times 9{,}000\text{원} = 227{,}880\text{원}$$

입니다. 그러므로 이 채권의 보유자가 받는 ₩575,000의 현금(액면이자)는 25.32주의 주식으로 전환시 받는 현금(배당금) ₩227,880보다 ₩347,120만큼 더 큽니다. 이를 1주당 차이로 환산하면 ₩347,120/25.32 = ₩13,709가 됩니다. 즉 이 전환사채로 인한 현금흐름은 주식으로 보유할 때의 그것보다 매년 ₩347,120만큼이 더 유입되는데 이는 곧 1주당 ₩13,709만큼이 더 유입됨을 의미합니다. 한편 전환사채 가격의 주식 1주당 프리미엄인 market conversion premium per share = ₩90,616이었는데, 이는 전환사채 가격이 주가보다 얼마나 더 비싼가를 나타냅니다. 이 프리미엄이 매년 전환사채에 유입되는 초과현금 ₩13,709로 점차 상쇄된다고 할 때, 이 프리미엄의 완전 상쇄에 소요되는 기간은 ₩90,616/₩13,709 = 6.6(년)입니다. 이 6.6년이 바로 이 채권의 "premium payback period"입니다.

한편 전환사채의 가격 ₩1,065만과 (전환권을 제외한) 채권으로서의 가치 ₩900만의 차이인 ₩165만을 상대적 비율로 나타내면

$$\frac{1{,}065\text{만원}}{900\text{만원}} \quad 1 = 0.183 - 18.3\%$$

가 됩니다. 이 값을 "premium over straight value"라고 합니다. ■

이제 전환사채와 관련된 개념을 요약하면 다음과 같습니다.

정리 9〉 전환사채의 개념 및 용어

conversion ratio = 전환사채가 주식으로 전환될 때 지급되는 주식의 수

conversion price = 전환사채 발행가격에 근거한 주식 1주당 가격

conversion value = 보통주 가격 × conversion ratio

$$\text{market conversion price} = \frac{\text{전환사채 가격}}{\text{conversion ratio}}$$

market conversion premium per share = market conversion price − 보통주 가격

$$\text{market conversion premium ratio} = \frac{\text{market conversion premium per share}}{\text{보통주 가격}}$$

$$\text{1주당 현금흐름 차이} = \frac{\text{액면이자} - (\text{conversion ratio} \times \text{1주당 배당금})}{\text{conversion ratio}}$$

$$\text{premium payback period} = \frac{\text{market conversion premium per share}}{\text{1주당 현금흐름 차이}}$$

참고로, 우리나라에서는 전환사채와 관련된 용어가 다소 다르게 사용됩니다. 즉 위의 예를 들면

$$전환가격(conversion\ price) = \frac{전환사채의\ 액면가}{conversion\ ratio} = \frac{1{,}000만원}{25.32} = 394{,}945원$$

$$전환프리미엄(conversion\ premium) = \frac{전환가격}{보통주\ 가격} - 1 = \frac{394{,}945원}{330{,}000원} - 1 \approx 20\%$$

$$패러티(parity) = \frac{보통주\ 가격}{전환\ 가격} = \frac{330{,}000원}{394{,}945원} \approx 84\%$$

$$괴리율 = \frac{전환사채\ 가격 - conversion\ value}{conversion\ value}$$

$$= \frac{10{,}650{,}000 - 25.32 \times 330{,}000}{25.32 \times 330{,}000} = \frac{10{,}650{,}000 - 8{,}355{,}600}{8{,}355{,}600} \approx 27\%$$

로 계산됩니다. 여기서 conversion value만이 위 정리에서와 같은 의미입니다.

(2) 옵션내재채권의 가치평가

전환사채의 전통적 분석방법은 채권의 적정가치를 산출하는 방법이 아니라 주어진 시장가격을 분석하는 방법입니다. 그러므로 이 채권의 가치를 평가하기 위해서는 이와는 다른 방법론이 필요합니다. 전환사채는 채권과 주식의 합성증권(hybrid security)이므로 채권 보유자의 선택에 의하여 (전환기간 내에는) 언제라도 주식으로 전환할 수 있는 권리, 즉 옵션이 부여된 증권입니다. 이러한 증권의 가치는 (전환권이 없는) 채권으로서의 가치에다 주식으로 바꿀 수 있는 전환권의 가치가 가산되어 결정됩니다. 채권으로서의 가치평가는 본서 전체에 걸쳐서 다루고 있지만, 전환권 즉 옵션의 가치평가에는 정교한 옵션평가모형이 필요하므로 본서의 영역을 넘어서는 부분입니다.

그러므로 여기서는

옵션평가모형을 사용하여 전환사채의 가치를 평가할 때의 기본 원리

만을 제시하고자 합니다. 두 개 이상의 증권의 성격을 가지는 합성증권의 가치평가는 단번에 이루어지기는 어렵고 단계적으로 이루어집니다. 즉 각 증권의 가치를 별도로 평가한 후, 합성증권의 속성에 따라 이 가치들을 합산하거나 차감하여 최종적인 가치를 구합니다. 가령 일반채권(plain vanilla bond)에 전환권이 가미된 단순한 전환사채의 가치

는 일반채권으로서의 가치에 전환권의 가치를 더하여 구해집니다. 한편 전환사채가 수의상환채권으로 발행된 경우나 혹은 이에 더하여 상환요구채권의 조건으로도 발행된 경우에는 전환사채의 가치평가가 복잡해집니다. 하지만 이 경우에도 여전히 전환사채 가치평가의 원칙은 명료합니다. 그것은 다름아닌,

채권 보유자에게 채권 가치를 높이는 "권리"는 일반채권으로서의 가치에 가산,
채권 가치를 떨어뜨리는 "의무"는 일반채권으로서의 가치에서 차감

한다는 것입니다. "수의상환"은 채권 보유자에게는 아무런 권리도 없고 일방적으로 수용해야 하는 의무만 있으므로 채권의 가치를 떨어뜨리는 반면, "상환요구"는 채권 보유자가 일방적으로 행사할 수 있는 권리이므로 채권의 가치를 높입니다. 그러므로 수의상환채권이면서 동시에 상환요구채권인 조건으로 전환사채가 발행되면 이 채권의 가치는 다음과 같이 결정됩니다.

전환사채 가치
= 채권의 가치 + 전환권의 가치
= (일반채권의 가치 − 수의상환권의 가치 + 상환요구권의 가치) + 전환권의 가치
= (일반채권의 가치 − ① + ②) + ③

위 식에서 ①, ②, ③은 모두 옵션가치평가 모형에 의하여 적정가치가 산출될 수 있습니다.*

6. 신주인수권부사채

신주인수권부사채(bonds with warrants, BW)는 새로이 발행될 주식을 일정한 가격에 일정 수량만큼 구입할 권리가 부여된 채권을 말합니다. 이 채권의 가치평가도 전환사채의 그것과 유사합니다. 즉 신주인수권(warrants)의 가치를 산정한 후 일반채권으로서의 가치에 이를 가산하여 그 가치를 산정하여야 합니다. 신주인수권의 가치를 산정하기 위해서는 미래 주가 수익률에 대한 가정과 이를 평가할 블랙-숄즈 모형 등이 필요합니다.

* 참고로, 저자의 교재 "파생상품 강의(2024, 경문사)"를 참고하여 옵션 가치평가를 파악할 수도 있습니다.

이 채권에 관해서는 2장 4절 “채권에 내재한 옵션”에서 이미 상세히 언급했습니다.

7. 수의상환채권과 상환요구채권

수의상환채권(callable bonds)과 상환요구채권(puttable bonds)도 “일반 채권”에 특별한 선택권, 즉 옵션이 내재되어 있는 채권들입니다. 이러한 채권들의 가치평가도 전환사채나 신주인수권부사채의 가치평가와 그 원칙이 동일합니다. 먼저 수의상환채권 혹은 상환요구채권에 내재한 옵션의 가치를 산출한 후, 이 옵션이 채권 보유자에게 부여되었으면 일반채권의 가치에 이 옵션의 가치를 더하고, 반대로 이 옵션을 발행자가 사용할 수 있으면 일반채권의 가치에 옵션의 가치를 차감하여 계산합니다. 즉 수의상환채권의 경우에는 발행자가 상환의 권리를 가지므로 일반채권으로서의 가치에서 수의상환권의 가치를 빼고, 또 상환요구채권의 경우에는 채권 보유자가 상환의 권리를 보유하므로 일반채권으로서의 가치에서 상환요구권의 가치를 더하여 각 채권의 가치를 산정합니다. 이에 관한 상세한 내용은 2장 4절 “채권에 내재한 옵션”을 참고할 수 있습니다.

제 3 절 채권투자의 위험

주식, 채권, 부동산, 은행 예금 등 모든 자산의 가치는 그 자산에 투자했을 때 당면하는 투자 위험과 분리하여 파악할 수 없습니다. 일반적으로, 다른 모든 조건이 동일한 경우 특정 자산에 내재된 투자위험이 클수록 그 자산의 가치는 감소하기 때문입니다. 채권 투자에는 다양한 위험이 존재하는데, 본절에서는 특히 채권의 가치평가와 보다 밀접한 관련을 가지는 이자율 위험, 재투자 위험, 신용 위험 및 상환 위험에 대하여 중점적으로 알아봅니다.

1. 이자율 위험

채권의 가치에 영향을 미치는 가장 중요한 두 가지 위험 요소는 이자율 위험(interest rate risk)과 신용 위험이(credit risk)라 할 수 있습니다. 여기서는 먼저 이자율 위험에 대해 살펴보겠습니다. 미래의 현금흐름이 확정되어 있는 대부분의 채권에 있어서 가치평가란 다름 아닌 이 미래의 현금들을 시장의 현물 이자율로 할인하여 현재가치를 구하는 작업을 의미합니다. 이는 제2장 제1절 "액면가와 액면이자"에서 제기한 질문의 답으로 (대략적으로) 이미 설명한 바 있습니다. 그 내용을 다시 소환해 보겠습니다.

소환〉

이런 모든 자산에 적용될 하나의 근본적 가치평가 방식은 다음과 같습니다.

> 모든 자산의 가격은 그 자산으로부터 발생할 미래 현금흐름의 현재가치
> (The price of an asset is the present value of its futures cash flows.)

라는 것입니다. 참고로 현재가치를 구하는 방법은 미래 현금을 (적절한) 할인율로 할인하는 것입니다. 이 가치평가 원리는 채권이라는 자산에도 훌륭하게 적용됩니다. 즉 특정 채권 A의 가격은 A로부터 발생할 미래 현금흐름의 현재가치입니다. 그런데 채권의 미래 현금흐름은 액면이자와 액면가 이 두 가지밖에 없고, 대부분 채권의 경우 이 두 현금흐름은 이미 확정된 수치들입니다. (변동금리 채권 제외) 그리고 특정 채권 A의 확정된 미래 현금흐름의 현재가치(present value, PV)는 그 현금흐름들을 적절한 할인율로 할인함으로써 산출됩니다. (적절한 할인율이라 함은 채권 A의 위험 정도를 감안한 할인율을 말함) 그 (적절한) 할인율의 다른 이름이 바로 채권 A에 대한 투자자들의 요구수익률, 즉 채권 A에 대한 시장(에서 요구하는) 이자율인 것입니다. 채권 A에서 발생하는 미래 현금흐름들은 고정됐는데 이 현금흐름들을 현재가치로 할인할 시장 이자율이 상승하면 A의 현재가치 즉 A의 가격은 하락할 수밖에 없습니다. ■

위에서 특정 채권의 현금흐름을 할인할 적절한 할인율 중 하나가 바로 현물 이자율인 것입니다. 물론 현물 이자율은 'credit risk' 즉 신용 위험이 없는 국채에 대해서 적용되는 할인율인데, 본서에서는 통상 국채를 대상으로 채권 가치평가를 수행하므로, 위에

서 언급된 "채권에 대한 적절한 할인율"은 바로 현물 이자율을 말합니다. 이때 현물 이자율은 투자자들이 채권 투자시 기대하는 요구수익률을 반영하는데 이 요구수익률은 경쟁적인 채권 거래에 의하여 결정되는 시장 이자율로 결정됩니다. 그러므로 미래의 현금흐름이 주어진 채권의 경우 이 채권의 현금흐름에 대한 요구수익률 즉 시장 이자율이 결정되면 이 채권의 가치(가격)도 정해집니다. 이때 채권의 현재가치는 만기일까지 정기적으로 지급되는 coupon들의 현재가치와 만기일 지급되는 par의 현재가치를 합하여 계산합니다.

이처럼 채권의 가치(가격)는 시장 이자율의 함수로, 채권 투자에 있어서 가장 큰 위험 중 하나는 시장 이자율이 시간이 지남에 따라 변동하여 채권 가격이 변동하는 위험이라고 할 수 있습니다. 이 위험을 "이자율 위험(interest rate risk)"이라 하는데, 이자율은 또한 시장에서 결정되므로 "시장 위험(market risk)"이라고도 합니다. 보다 구체적으로 이자율 위험은 향후의 시장 이자율이 현재의 그것보다 높아져서 채권의 가격(= 현재가치)이 하락할 위험을 의미합니다.

모든 종류의 채권이 모두 같은 정도의 이자율 위험을 가지고 있지는 않습니다. 가령 coupon rate이 특정 기준금리에 연동되어 움직이는 변동금리채권은 시장 이자율이 변동하는 경우 coupon도 동일한 비율로 변동하기 때문에 이자율 위험이 거의 없다고 할 수 있습니다. 일반적으로 채권의 coupon rate, 만기 등에 따라 특정 채권의 이자율 위험의 정도가 달라지는데, 이러한 이자율 위험에 대한 자세한 내용은 본서 제7장, 제8장, 제9장의 "채권 가격의 변동성"에서 논의합니다.

2. 재투자 위험(reinvestment risk)

시장 이자율은 미래의 현금을 현재가치로 할인하는 경우에만 사용되는 것이 아니고, 현재의 현금을 미래가치로 변환하는 데에도 사용됩니다. 가령 채권을 만기일까지 보유하는 투자 전략의 경우, 정기적으로 지급받는 coupon을 그 시점의 시장 이자율로 만기일까지 재투자하는 것을 전제로 채권의 미래가치를 산정하게 됩니다.* 그러므로 이 경

---

* 이때 "그 시점의 시장 이자율"을 영어로는 "the then prevailing interest rate"이라 합니다. "the"와 "then"이 붙여져 쓰여져서 생소하게 느낄 수 있어도, 그것은 우리들의 느낌이고 영어에서는 아무 문제 없습니다. "the + 부사 + 형용사 + 명사"의 형태입니다. 즉 궁극적으로 "the 명사"의 형태인데, 이 명사를 수식하

우의 시장 이자율은 곧 coupon의 재투자 수익률이 됩니다. 채권 만기일까지 정기적으로 지급받는 coupon을 그 시점의 시장 이자율로 재투자한다고 가정하면 이 coupon들의 만기일 미래가치의 합은 연금의 미래 가치 식

$$P(n) \; = \; \frac{C[(1+r)^n - 1]}{r}$$

을 이용하여 구할 수 있습니다. 물론 위 식에서 C는 coupon bond의 coupon 액수가 됩니다.

이때 향후 시장 이자율이 현행 시장 이자율보다 낮아지면 coupon의 재투자 수익률이 낮아지므로 채권의 미래가치는 하락합니다. 즉

$$\frac{\partial P(n)}{\partial r} \; = \; \frac{\partial\left(\frac{C[(1+r)^n - 1]}{r}\right)}{\partial r} > 0$$

이기에, r이 낮아지면 채권의 미래가치 $P(n)$이 하락하는데 이는 곧 아래에서 증명하겠습니다.

이처럼 시간이 지남에 따라 시장 이자율이 변하여(하락하여) 채권의 미래가치가 변동할(하락할) 위험을 “재투자 위험(reinvestment risk)”이라 합니다. 이와 대비하여 앞에서 설명한 “이자율 위험”은, 시간이 지남에 따라 시장 이자율이 변하여(상승하여) 채권의 현재가치가 변동할(하락할) 위험을 의미합니다. 다만 보는 관점에 따라서는, 재투자 위험 또한 이자율(=재투자 수익률)과 관련되어 있다는 점에서 이자율 위험의 한 측면으로 인식하는 경우도 있습니다.

채권 투자에 있어서 현재가치뿐만 아니라 미래가치의 변동 또한 중요한 이유는

미래가치 지향적인 투자자가 존재하기

때문입니다. 주식 투자에 있어서도, 지속적인 매매를 통하여 비교적 단기간에 초과수익을 올리려는 투자자들에게는 장기적인 관점에서 실현될 주가, 즉 미래의 주가보다는, 현재 주가 혹은 매우 가까운 미래의 주가가 더 중요할 것입니다. 반면 장기적인 투자자들은 현재의 주가(변동)보다 장기적인 균형 주가에 투자 포인트를 맞추어 투자 의사결

는 수식어가 “then prevailing = 부사 + 형용사(형태)”가 되는 것입니다.

정을 할 것입니다. 마찬가지로, 채권 투자의 경우에도 여러 다양한 투자 동기가 있는데, 그 중에는 채권의 현재가치보다는 미래가치에 보다 중점을 두는 동기도 있을 수 있습니다. 가령 미래 특정 시점에 특정 액수의 현금이 필요한 투자자가 있다면, 이 확정된 미래 현금을 확보하기 위하여 채권에 투자할 수 있습니다. 왜냐하면, 은행의 정기 예금은 수익률이 너무 낮아 본인이 원하는 미래의 현금 액수에 못 미칠 수 있고, 주식은 안정성이 낮아 이 미래의 현금을 안정적으로 확보하기 어렵기 때문입니다. 그러므로 이러한 경우에는 채권이 보다 적합한 투자 대상이 되는데, 대부분의 채권은 coupon bond이므로 필연적으로 (채권 만기일까지) coupon의 재투자 위험이 문제가 되는 것입니다.

모든 종류의 채권이 모두 같은 정도의 재투자 위험을 가지고 있지는 않습니다. 가령 만기일 이전까지 coupon의 지급이 전혀 없는 zero coupon bond의 경우에는 재투자 위험이 전혀 없습니다. 일반적으로 특정 채권의 재투자 위험의 크기는 coupon rate, 만기 등에 따라 달라집니다.

증명 2〉 이자율(재투자 수익률)과 채권의 미래가치

$$\frac{\partial P(n)}{\partial r} = \frac{\partial\left(\frac{C[(1+r)^n - 1]}{r}\right)}{\partial r} = C \cdot \frac{\partial\left(\frac{(1+r)^n - 1}{r}\right)}{\partial r}$$

$$= C\left(\frac{\frac{\partial[(1+r)^n - 1]}{\partial r}\cdot r \ - \ [(1+r)^n - 1]\cdot\frac{\partial r}{\partial r}}{r^2}\right).$$

분자 중 C와 분모 r^2은 모두 양수이므로 이들을 제외한 나머지 식의 부호만을 파악하면 $\frac{\partial P(n)}{\partial r}$의 부호가 파악됩니다.

$$\begin{aligned}
&\frac{\partial[(1+r)^n - 1]}{\partial r}\cdot r \ - \ [(1+r)^n - 1]\cdot\frac{\partial r}{\partial r} \\
&= n(1+r)^{n-1}\cdot r \ - \ [(1+r)^n - 1]\cdot 1 \\
&= n(1+r)^{n-1}\cdot r \ - \ (1+r)^n \ + \ 1 \\
&= (1+r)^{n-1}\cdot[nr \ - \ (1+r)] \ + \ 1.
\end{aligned}$$

위 식을 $f(r)$이라 합시다. $f(r)$의 부호를 수리적으로 파악하려면 여러 번 편미분을 해야 하므로, 여기서는 간단히 $n = 2$인 경우의 위 식의 값을 산출해 보겠습니다. 참고로, $f(r)$의 부호가 양(+)임을 입증해야 하는 우리로서는, $n = 2$는 가장 불리한 값입니다. 왜냐하면 $f(r)$ 식의 형태 상 n이 커질수록 $f(r)$ 값이 커지기 때문입니다. $n = 2$인 경우 $f(r)$ 값은 r 값이 커짐에 따라 아래 표와 같이 항상 양수입니다.

r	0.01	0.02	0.03	0.04	0.05	0.06	0.07	0.08	0.09	0.1
f(r)	0.0001	0.0004	0.0009	0.0016	0.0025	0.0036	0.0049	0.0064	0.0081	0.01

이는 $n = 3, 4, 5, \ldots$인 경우도 마찬가지입니다. 결국 모든 n에 대해 $f(r) > 0$이고, 이는 곧 모든 n에 대해 $\frac{\partial P(n)}{\partial r} > 0$임을 뜻합니다. $P(n)$은 coupon bond의 미래가치이므로, $\frac{\partial P(n)}{\partial r} > 0$의 의미는, 재투자 수익률 r이 커질수록 이 채권의 미래가치는 상승하고, 반대로 재투자 수익률 r이 작아질수록 이 채권의 미래가치는 하락한다는 것입니다.(증명 끝) ■

3. 신용 위험(credit risk)

채권 발행자가 쿠폰(coupon)이나 액면가(par)를 정해진 시점에 지급하지 못할 위험을 채무불이행 위험(default risk)이라고도 합니다. 반면 신용 위험(credit risk)은 이런 채무불이행 위험을 포함하나 이에 국한되지는 않습니다. 경우에 따라 두 위험을 같이 혼용할 수도 있는데, 보다 구체적으로는,

> 신용 위험은 채권 발행자의 신용 상태가 악화되어 채권 가치가 하락할 위험

을 의미합니다. 그러므로 채무불이행 위험은 신용 위험과 밀접한 연관이 있는데, 결론부터 말하면 채무불이행 위험은 신용 위험의 (중요한) 일부라 할 수 있습니다. 특정 채권의 채무불이행 위험이 커지면 당연히 그 채권의 신용 위험도 커지기 때문입니다. 하지만 굳이 채권의 채무불이행 위험의 유의미한 상승이 없더라도 신용 위험이 커지는 경우도 있습니다. 신용 위험을 평가하는 기관들이 그 채권에 대한 신용 등급(credit rating)을 강등시키는 경우가 그 한 경우입니다. 국제적인 신용평가기관으로는 무디스(Moody's Investors Service), S&P(Standard & Poor's Global Ratings), 피치(Fitch Ratings) 등

이 있습니다. 가령 특정 채권에 대한 S&P의 신용 등급이 현재 AAA인데, 이 채권의 등급이 그 아래 등급인 AA 등으로 하락할 위험이 현실에서의 신용 위험이라 할 수 있습니다. 이때 신용 등급의 하락은 대부분 채무불이행 위험의 증대 때문인 경우가 많지만, 채무불이행 위험의 유의미한 상승이 없어도 다른 다양한 이유로 신용 등급이 하락하는 경우도 배제할 수는 없기에, 채무불이행 위험과 신용 위험은 엄밀히 따지면 동일한 개념은 아니고 후자가 전자보다 더 광의의 개념이라 할 수 있습니다. 참고로 위 세 국제 신용평가사들은 기업이나 국가가 발행한 개별 채권뿐만 아니라 국가 전체의 신용 위험도 평가합니다. 그 결과 이들의 평가는 해당 국가나 기업이 발행한 채권의 가격뿐만 아니라 해당 국가 주식 시장의 주가에도 큰 영향을 미칩니다.

위에서 간략히 설명한 신용 위험을 보다 상세히 설명하면 다음과 같습니다. 일반적으로 우량 채권의 경우, 채무 불이행이 실제로 발생하는 빈도는 (매우) 낮습니다. 예를 들어, 삼성전자가 발행한 채권은 이 회사가 설립된 이후 단 한 번도 채무불이행이 발생하지 않았습니다. 따라서, 이런 채권의 신용 위험은 실제로 채무불이행이 발생할 위험이라기보다는

향후 투자자들의 신용 인식이 나빠질 가능성

에 초점이 맞추어집니다. 만약 특정 기업(J)이 발행한 채권(A)에 대해 신용 인식이 악화된다면, 투자자들은 더 높은 요구수익률을 기대하게 되고 A의 가격은 하락할 것입니다. 이러한 가격 하락은 전체 시장의 이자율 상승이 아니라 J 기업의 신용 수준에 대한 투자자들의 신뢰 하락으로 인해 발생한 것입니다.

그러면 투자자들의 신뢰 하락이 발생하는 주요 원인은 무엇일까요? 가장 대표적인 원인으로는

신용평가기관이 매긴 신용등급의 하락

입니다. 즉 전문 신용평가기관이 평가한 신용등급의 하락에 의해 (J가 발행한) 채권 A의 신용 수준이 하락하면 투자자들은 A 채권 투자 때 더 큰 (신용) 위험을 감수한다고 인식하므로 예전보다 더 높은 수익률(할인율)을 요구하게 됩니다. 채권 A의 미래 현금흐름은 확정되어 있는데 이를 현재가치로 할인할 할인율이 더 높아지므로, 그 결과 A 가격은 하락하게 됩니다.

참고로, 발행기업의 신용등급 하락으로 인해 채권 가격이 하락하는 위험을 신용 스프레드 위험(credit spread risk)이라고도 합니다. 신용등급이 낮은 채권일수록 국채 기준 금리에 더 높은 스프레드가 더해져, 즉 더 높은 가산금리가 더해져, 그 채권의 요구수익률이 되고 그 결과 채권 가격이 하락하는 위험을 말합니다. 그러므로 현실적으로는 신용 위험은 신용 스프레드 위험과 채무불이행 위험을 모두 합쳐 의미한다고 할 수 있습니다.

신용 위험과 이자율 위험은 모두 채권 가격 변동에 중요한 요소이지만, 이자율 위험은 더 오래전부터 수리적으로 깊이 연구된 반면(quantitative analysis), 신용 위험은 질적 분석(qualitative analysis)이 중심이 되어 상대적으로 연구가 미진했습니다. 최근에는 신용 위험에 대한 수리적 분석이 발전했지만, 두 위험을 동시에 고려하는 모형은 여전히 부족합니다. 따라서, 채권 교재나 실무에서 채권 가격 변동성을 논의할 때, 신용 위험에 의한 변동은 종종 제외되고 이자율 위험만 다루는 경향이 있습니다.

참고 1〉 주요 신용평가기관의 신용등급의 의미

세계적으로 인정받는 무디스(Moody's), S&P(Standard & Poor's), 피치(Fitch)는 채권 발행자의 신용도를 평가하기 위해 각기 별도의 등급 체계를 사용합니다. 이렇게 설정된 등급은 투자자들에게 채권의 안전성을 알리는 기준이 됩니다. 여기서는 주요 신용 등급의 특성을 살펴보겠습니다. 단 각 등급에 대한 설명은 다소 추상적이어서 일반인들에게는 아주 명료한 구분을 제시하지는 못하는 면도 있습니다. 아래에서는 편의상 S&P의 등급 체계를 사용하는데, S&P의 등급 체계는 피치의 그것과 거의 같고, 무디스는 다소 다릅니다. 가령 S&P와 피치의 최고 등급은 AAA이고 무디스는 Aaa입니다. 또 S&P와 피치의 최고 B등급은 BBB+인 반면 무디스의 그것은 Baa1입니다.

AAA 등급:

세 기관 모두 최고 수준의 신용도를 나타내는 등급으로, 채무불이행 가능성이 사실상 없다고 평가됩니다. 이는 채권 발행자의 재정 건전성, 경제 변화에 대한 저항력, 미래 지급 능력이 매우 높다는 것을 의미합니다. 역사적으로 미국, 영국 등 금융-경제 선진국 정부 혹은 (대단히 예외적으로) Microsoft 같은 글로벌 안정기업의 채권이 이 등급을 받고 있습니다. 참고로 최근에는 미국 정부의 신용 등급도 더 이상 최고 등급이 아니고, 세 기관 모두에서 차상위 혹은 준최고 등급으로 하향되었습니다. 이는 곧 미국의 국채도 더 이상 최고 등급 아닌 차상위, 준최고 등급임을 시사합니다.*

AA 등급:

AAA와 거의 동일하게 높은 신용도를 보이지만, 소폭의 위험 요소가 존재합니다. 가령 채권 발행자의 경제 상황이 변화할 경우 약간의 default risk 발생 가능성이 있는 기업들이 이 등급을 받고 있습니다.

A 등급:

안정적인 신용도를 유지하지만, 급격한 경제적 변화에 따라 영향을 받을 가능성이 있습니다. 장기적으로 안정적인 대기업들이 이 등급을 받습니다.

BBB- 등급:

투자 등급의 가장 낮은 단계로, 현재는 안정적이나 외부 충격에 따라 신용도가 하락할 가능성이 있습니다.

BB ~ B 등급:

투자 등급보다 한 단계 낮은 "투기 등급(speculative grade)"으로 분류되는데, 이 등급 받은 채권들은 '정크 본드(junk bond)'라고 불립니다. 신용 위험이 높아 채무불이행 가능성이 큰 반면 높은 수익률을 기대할 수 있는 고위험 고수익 채권입니다. 재정적으로 어려움을 겪거나 시장에서 신용도가 낮게 평가된 기업이 발행한 채권이 이러한 등급을 받습니다.

CCC 등급 이하:

심각한 재정적 어려움을 겪고 있는 기업들이 이 등급을 받습니다. 채무불이행 가능성이 높고 투자자에게 위험성이 큽니다. ■

---

* S&P(Standard & Poor's)는 2011년에 미국의 신용등급을 AAA에서 AA+로 강등하였고, Fitch도 2023년에 같은 등급으로 낮추었습니다. Moody's는 2025년에 Aaa에서 Aa1으로 하향 조정했습니다. 참고로 AA+는 AA 등급군에 포함되며, Aa1도 Aa 등급군에 속합니다.

4. 유동성 위험

모든 투자 자산에 있어서 유동성 위험(liquidity risk)이란

짧은 시간에 그 자산을 매각하여 현금화하려고 할 때
공정한 시장 가치(fair market value)보다 낮게 매각될 위험

을 말합니다. 유동성 위험은 시장의 참여자 수와 거래 비용에 의해 크게 영향을 받습니다. 구체적으로, 시장의 참여자가 많고 거래 비용이 작으면 유동성 위험은 작아집니다. 가령 우리나라에서 건물, 토지 등 부동산의 유동성 위험은 주식의 그것보다 훨씬 크다고 할 수 있습니다. 반면 현대자동차 등의 글로벌 우량 주식은 거래가 활발하고 시장 참여자가 많아 그 유동성 위험은 매우 작습니다. 가령 현대자동차의 현재 주가가 30만원일 때, 이 기업의 어느 주주가 이 주식 50주를 신속히 매도하려 하면 30만원에 매우 근사한 가격으로, 가령 30만원보다 한 tick 아래인 299,500원의 가격으로 매도될 수 있습니다. 반면 특정 건물의 알려진 시가가 50억원이라 할 때, 이 건물을 신속히 매도하려 할 때에는, 50억원과 상당한 차이가 있는 가격으로, 가령 49억원의 가격으로 매각될 수 있습니다.

채권의 유동성 위험은 채권을 매도할 때 매도자가 실제로 받는 최종 현금이 채권의 시장 가격보다 얼마나 작은가로 측정됩니다. 이는 주로 채권 시장의 딜러(dealer)가 제시하는 호가의 차이(bid-ask spread)에 의하여 결정됩니다. 즉 현재 특정 채권 A의 시장 가격은, 혹은 가장 최근 매매된 A 가격은 90만원인데, 채권 시장의 전문 딜러들이 A를 사겠다고 (팔겠다고) 제시한 가격이 895,000원(903,000원)이면 이 채권의 매수(bid)-매도(ask) 가격 차이(spread)인 8,000원이 A의 유동성 위험의 한 척도가 됩니다. 가령 동일한 시장 가격의 B 채권의 그것이 6,000원이라면, B 채권보다 A 채권의 유동성 위험이 더 큰 것입니다. 참고로 이처럼 (일반 투자자가 아닌) 전문 딜러(delaers, market makers)들의 호가에 의해 증권 가격이 결정되는 시장을 "quote-driven market" 혹은 호가기반시장이라 하고 일반 투자자들의 주문 및 직거래에 의해 증권 가격이 결정되는 시장을 "order-driven market" 혹은 주문기반시장이라 합니다. "order-driven market"의 대표적인 예로는, 우리나라에서 주식 투자자들이 증권회사들의 '홈트레이딩시스템(home trading system, HTS)을 이용하여 매매를 실행하는 상황을 들 수 있습니다. 이 경우 개별 투자자

들은 자신이 거래하려는 주식에 대해 매수 호가(bid price)와 매도 호가(ask price)를 직접 제시하며, 이러한 호가들이 매칭(matching)되면 거래가 성사됩니다. 반면 동일한 주식들이 "quote-driven market"에서 거래된다면 어떨까요? 투자자들이 개별적으로 매수나 매도 가격을 지정하여 직접 거래하는 것이 아니고, 전문 딜러(dealers) 또는 시장조성자(market makers)가 제시하는 매수 호가(bid price)와 매도 호가(asked price)를 기준으로 거래가 이루어집니다. 투자자들은 이들이 제시한 가격들을 수용하는 방식으로만 매매에 참여할 수 있습니다.

참고로, 과거에는 "order-driven market"과 "quote-driven market"이 명확히 구분되어 운영되었으나, 최근에는 두 시장의 특징이 결합된 형태의 거래소(exchange)가 전세계적으로 점차 증가하고 있습니다. 이러한 혼합형 시장에서는 투자자들의 주문이 가격 형성에 중요한 역할을 하면서도, 시장 조성자(market makers)가 제공하는 유동성을 통해 거래 효율성이 향상됩니다. 예를 들어, 일부 거래소에서는 주문 기반(order-driven) 구조를 기본으로 유지하면서도, 거래가 활발하지 않은 상황에서는 딜러들이 시장 유동성을 보완하는 역할을 수행합니다. 이로 인해 두 시장의 장점을 결합한 하이브리드(hybrid) 시스템이 형성되고 있습니다. 이와 같은 혼합형 시장 구조는 다양한 자산 클래스(주식, 채권, 외환 등)에서 활용되며, 시장 효율성과 투자자 편의성을 동시에 높이는 데 기여하고 있습니다.

다시 유동성 위험 주제로 돌아 오겠습니다. 유동성 위험은 가격결정 요소로서는 중요하지만 이를 가치평가 모형에 반영하기는 어려운데, 이는 유동성 위험이 질적인(qualitative) 위험의 성격을 띄기 때문입니다. 예를 들어, 유사한 만기-액면가-coupon rate 등의 조건(specifications)을 가진 두 채권이라도, 거래가 활발한 국채는 유동성 위험이 작고, 거래가 드문 회사채는 유동성 위험이 클 수 있습니다.

이 외에도 수익률곡선 위험(yield curve risk), 변동성 위험(volatility risk), 인플레이션 위험(inflation risk), 환위험(exchange rate risk) 등이 채권 투자의 위험으로 인식되고 있습니다. 그러나 이 위험들은 중요성에 있어서 앞에 언급된 위험들과는 상대적으로 덜 중요하게 인식되므로 본서에서는 별도로 다루지 않습니다.

제 4 절 차익거래와 공매도

본절에서는 재무금융의 자산 가치평가에서 매우 중요한 의미를 갖는 차익거래에 관하여 파악합니다. 또 차익거래가 효율적으로 이루어지기 위한 한 조건인 공매도에 관해서도 배웁니다.

1. 차익거래(arbitrage transaction)

차익거래(arbitrage transaction)란 위험(risk)을 전혀 부담하지 않으면서 이익을 실현하는 거래를 의미합니다. 한 예로 삼성전자 주식이 유가증권시장과 KOSDAQ 시장 모두에 상장되어 거래되고 있다고 합시다.* 만일 유가증권시장에서 거래되는 삼성전자 1주의 가격이 현재 10만원이고 KOSDAQ에서의 가격이 11만원이라면 차익거래가 발생할 수 있습니다. 즉 유가증권시장에서 삼성전자를 1주당 10만원에 매수한 후 코스닥(KOSDAQ) 시장에서 11만원에 신속하게 매도하면 리스크 없이 1주당 1만원의 무위험 차익을 실현할 수 있습니다.†

재무이론에서는 차익거래가 가능한 상황에서는 시장은 균형을 이루지 못한다고 전제합니다.‡ 왜냐하면 합리적인 모든 투자자들은 이러한 공짜 이익의 기회를 내버려 두지 않을 것이기 때문입니다. 가령 위 사례의 경우 많은 투자자들이 차익거래를 통하여

---

* KOSDAQ 시장은 "Korean Securities Dealers Automated Quotations"의 약어로, 대한민국의 중소기업과 벤처기업이 자본을 조달하고 성장할 수 있도록 지원하는 주식시장으로, 1996년에 출범했습니다. 주로 IT, 바이오, 콘텐츠 등 기술 기반의 고성장 기업이 상장되어 있으며, 대형 안정 기업이 주로 상장된 유가증권 시장(KOSPI 시장)과는 달리, 코스닥은 혁신과 성장 가능성을 중시합니다. 미국 NASDAQ(National Association of Securities Dealers Automated Quotations)을 모델로 설계된 이 시장은 초기에는 딜러 중심(quote-driven)으로 운영되었으나, 현재는 주문 기반(order-driven) 시스템으로 발전했습니다. 코스닥은 높은 성장 가능성을 제공하는 동시에, 변동성이 크고 투자 위험이 상대적으로 높다는 특징을 가지고 있습니다.

† 물론 실제 거래에서는 거래 수수료, 거래세금 등을 차감해야 순차익(net arbitrage profit)이 산출됩니다.

‡ 이러한 전제 혹은 가정은 이론적인 필요성에 의한 것이고 또 실제 금융 시장에서 차익거래가 자주 발생하기는 합니다. 다만 차익거래가 발생할 수 있는 모든 조건에서 반드시 차익거래가 충분히 많이 발생하여 자산 가격들이 차익거래에 의해서만 결정된다고 할 수는 없습니다. 그럼에도 불구하고 대부분의 재무금융 교재에서는 차익거래가 가능한 상황에서는 시장은 균형을 이루지 못한다고 전제하고 논의를 전개합니다. 이론 전개의 효율성 때문입니다.

1주당 1만원의 공짜 이익을 얻으려고 할 것이 틀림없다고 전제한다는 것입니다. 이러한 상황에서 삼성전자의 유가증권시장 주가 10만원과 KOSDAQ 시장의 주가 11만원이 각 시장의 균형 가격이 될 수는 없습니다. 투자자들의 매수 주문이 몰리는 전자의 경우는 주가가 상승하며, 투자자들의 매도 주문이 폭주할 후자의 경우는 주가가 하락합니다. 궁극적으로는, 두 시장의 주가가 일치할 때에만 더 이상의 차익거래가 발생하지 않게 되고 이 때의 주가가 삼성전자 1주의 시장 균형 가격이라고 할 수 있습니다.

이와 관련하여, 무위험 이익 혹은 공짜 이익이라 할 수 있는 "차익(arbitrage profit)"의 개념에 대하여 살펴보기로 합니다. 학자에 따라서는 무위험 이익을 실현할 확률이 0보다 큰 경우까지 포함하여 차익을 정의하기도 하지만, 여기서는 보다 명쾌한 정의를 위하여 보다 엄밀한 의미에서 차익을 정의하기로 합니다.

정의 5〉 차익(arbitrage profit)

차익이란 다음 세 조건을 충족하는 이익 개념입니다.

(i) no risk

(ii) no money

(iii) no time

첫째 조건은 문자 그대로 위험이 수반되지 않아야 한다는것입니다. 통상 차익거래라 하면 이 조건만을 충족시키는 거래로 생각되는 경우가 많습니다. 그러나 엄밀한 의미에서는 "무위험"은 차익거래의 충분조건이 아니라 필요조건입니다.

둘째 조건은 자신의 자금이 없어도 거래를 할 수 있어야 한다는 것입니다. 만일 차익거래를 수행할 때 투자자 자신의 (막대한) 자금이 반드시 필요하다면, 차익거래가 투자자의 한정된 자금 범위 내에서만 수행되므로 시장 가격에 미치는 영향력이 제한됩니다. 그러므로 타인의 자금을 빌려서 투자하는 것이 가능하여야 합니다. 그런데 이 경우에도 자금 차입의 범위가 한정되면 차익거래의 규모가 여전히 제한됩니다. 그러므로 차익거래가 시장 가격에 온전한 영향력을 행사하기 위하여는 무제한의 자금 차입이 가능해야 합니다.

셋째 조건은 이익 실현이 즉각적으로 지금 당장 이루어져야 한다는 것입니다. 가령 미래에 "무위험 이익"이 실현될 경우, 이 불확실성 없는 이익은 당연히 무위험 이자율로 할인되어 현재 가치로 환산될 수 있습니다. 이처럼 미래의 이익을 현재 시점에서 즉각적으로 실현할 수 있어야, 현재 시점에서 현금화 할 수 있어야, 진정한 차익이 됩니다. 이때 현재가치로 환산된 이익의 크기가 바로 차익의 크기가 됩니다. 이처럼 현재 실현될 이익 크기를 진정한 차익 규모로 보는 또 하나의 이유는, 재무금융 영역 외부에서 발생할 수 있는 위험도 존재하기 때문입니다. 가령, 최악의 경우, 천재지변이나 전쟁 발발 등의 위험까지도 감안하면, 설혹 미래에 실현할 이익에 재무적 관점에서 아무 리스크가 없다고 현재 여겨지더라도, 그 이익을 오늘 현재 시점에서 현금화하는 것이 가장 확실한 차익 실현 방식입니다.

2. 공매도(short sale)

한편 차익거래와 관련해서는 공매도를 거론하지 않을 수 없습니다. 차익거래가 실행되려면, 차익거래자(arbitrager)가 반드시 자산 A는 매수하고 또 다른 자산 AA는 매도해야 하기 때문입니다. 이때 자산 AA를 매도하기 위해서 차익거래자가 AA를 반드시 소유하고 있을 필요는 없습니다. 왜냐하면, 소유하고 있지 않은 자산도 매도가 가능하기 때문입니다. 네, 무슨 말인지 잘 모르겠죠? 이처럼 현재 소유하고 있지 않은 자산을 매도하는 것을 “공매도”라 하는데, 영어로는 short sale, short selling, shorting 등으로 표현됩니다. 그럼 차익거래를 공부하기 앞서 공매도가 무엇인지부터 알아 보겠습니다.

질문 4-7〉 공매도(short sale)란 무엇인가요?

모든 배움에 있어 일정 시점에 도달하면 고비가 옵니다. 그것이 고비인 것은 종래의 사고로는 수용하기 쉽지 않기 때문입니다. 저자가 중학생일 때 수학에서 가장 새로웠던 부분은 음수의 도입이었습니다. “5 − 3 = 2”가 5에다 (-3)을 더하면 2가 된다는 것으로 이해할 수 있다는 것입니다. 영어도 마찬가지입니다. ‘한 사람도 오지 않았다’를 ‘nobody came’이라고 한다는 것입니다. 누군가 오긴 왔는데 ‘nobody’가 왔다는 것이고, 이것이 곧 아무도 오지 않았다는 뜻이 된다는 것입니다. 처음에는 생소했지만, 나중에는 음수나 nobody를 매우 유용하게 사용하게 되었습니다.

투자에도 공매도(short sale)라는 개념이 있는데 이를 이해하기 위해선 투자에 대한 선입견을 버려야 합니다. 일반적으로 주식이나 채권 투자로 이익을 얻으려면 싸게 사서 비싸게 팔아야 합니다. 즉 매수가 먼저고 매도가 나중입니다. 그런데 대한민국 헌법이나 자본시장법에 매수가 꼭 먼저여야 한다는 조항은 없습니다. 그렇다면 먼저 비싸게 매도해 놓고 나중에 싸게 매수해도 이익을 얻을 수 있지 않을까요? 그런데 내가 가지고 있지도 않은 주식을 어떻게 먼저 팔 수 있을까요?

흥미롭게도, 이 문제는 거래자 사이에 신뢰만 있으면 해결됩니다. 가령 투자자 A(B)는 삼성전자 주식의 현재 주가 12만원이 과소평가(과대평가)되어서 추후 상승(하락)할 것으로 믿는다고 합시다. A, B 누구도 이 주식을 가지고 있지 않지만 A는 이 주식을 사서 이익을 얻고 싶고 B는 이 주식을 팔아 이익을 얻고 싶습니다. 편의상 A와 B가 1년 후에는 이런 투자를 끝낸다고 합시다. 그렇다면, 오늘 A가 B에게 12만원을 송금하고, 1년 후에는 그때 주가에 해당하는 금액을 B가 A에게 송금하기로 약속할 수 있습니다.* 또 1년 중 어느 시점에 삼성전자가 주당 배당금 1만원을 주주들에게 지급한다면, 같은 시점에 B가 A에게 1만원을 송금하기로 합니다. A, B가 향후 1년간 이런 약속을 충실히 이행하면, A는 오늘 주식을 사고 1년 후 팔고, B는 오늘 주식을 팔고 1년 후 사는 것과 100% 동일한 효과가 있습니다. 이때 B가 오늘 (보유하지 않은) 주식을 먼저 팔고 12만원을 받는 것을 공매도라 합니다. 그리고 이때 B의 현금흐름은

cash inflow(현금유입)가 먼저 발생하고 cash outflow(현금유출)가 후에 발생

합니다. 즉 B는 오늘 12만원을 (A로부터) 받은 후, 1년 후의 주가가 9만원이 된다면 그때 9만원을 A에게 지급합니다.† 이것이 현실적으로도 충분히 가능한 이유는, A, B 중 누구도 이 주식을 실물로 침대 밑에 소중히 보관한 후, 매일 밤 잠자리에 들 때 이 주식을 꺼내 자기 품에 소중히 안고 자려는 사람들이 아니기 때문입니다. 두 사람 모두, 이 주식 거래를 통해 돈을 버는 것이 (주)목적이지 그 외 다른 이유로 이런 거래를 하지는 않습니다. 또 실제로 그 어떤 투자자도 주식 거래 시 실물 주식을 개별적으로 보유하는 게 아니고 한국예탁결제원에서 모든 보관-기록-결제를 담당하며, 이 기관을 믿고 있기

---

* "(1년 후) 그때 주가에 해당하는 금액"을 영어로는 "the then prevailing stock price"라고 표현 할 수 있습니다.

† 만일 이 기간 중 어느 시점 t에 삼성전자가 주당 5천원의 배당금을 지급한다면, B도 동일한 시점에 A에게 5천원을 지급합니다$(0 < t < 1)$.

에 투자자들은 의심 없이 단순히 자신들 계좌에 주식이 있다는 기록에 의지하여 투자 활동을 하는 것입니다. 그러므로, 서두에 강조했듯, 투자자들이 서로 신뢰한다면 위의 공매도가 얼마든지 가능합니다.

한편 공매도가 완전히 새로운 개념은 아닙니다. 자동차 보험을 판매하는 보험사는 1년분 보험료를 계약자로부터 먼저 받고 향후 1년 동안 그 계약자의 사고와 관련된 비용을 부담합니다. 이때 보험회사에 발생하는 현금 흐름의 순서는 공매도의 그것과 비슷합니다. 현금 유입 즉 cash inflow가 먼저 발생하고 현금 유출 즉 cash outflow는 나중에 발생합니다. 오늘 모든 혜택을 미리 받고 향후 그와 관련된 채무를 갚는 식입니다. ■

그러므로 공매도를 실행하는 투자자에게는 다음과 같은 현금흐름이 발생합니다.

정리 10〉 공매도의 현금흐름

매도가 먼저이므로, cash inflow가 먼저 발생하고 cash outflow가 후에 발생한다.

비유한다면, 공매도 또한 투자인데, 단지 (-) 부호가 붙은 투자라고 할 수 있습니다. 이제 공매도의 특성을 면밀히 파악하기 위해 예제를 풀어 보겠습니다.

예제 4-12〉 공매도 사례

현금 400을 보유한 투자자 J가 H 주식과 S 주식에 1년간 투자할 것을 고려하고 있습니다. H와 S의 현재 주가는 각각 200, 100인데, 1년 후 경제 상황에 따라 호황(Good state) 시 이들의 주가는 각각 280, 130이 되고 불황(Bad state) 시에는 각각 190, 90이 될 것으로 예상됩니다. 호황과 불황의 발생 확률은 0.5로 동일합니다. 이때 J는 어떻게 최적 투자를 실행할 수 있을까요?

Money =	$400		# of shares	w =
	H=	$200		
t = 0	S =	$100		
			Σw =	
		t = 1		
	Probability	0.5	0.5	
Economy	State	Good	Bad	Expected
	H=	280	190	235
Price	S =	130	90	110

먼저 J가 두 주식에 각각 50% 비중으로 투자하는 경우를 보겠습니다. 이는 곧 J가 H와 S에 각각 200을 투자하는 경우니, H를 1주 그리고 S를 2주 사는 경우입니다. 즉 두 주식의 투자 비중(w)이 각각 0.5인 경우입니다. 이때 H 1주의 가치는 미래 호황 시 280, 불황 시 190이고, S 2주의 가치는 호황 시 260, 불황 시 180입니다. 그러므로 J는 호황 시 합계 540, 불황 시 합계 370의 주식 가치를 보유하며, 평균 가치는 455로서 투자 400 대비하여 약 13.8%의 기대 수익률을 실현합니다. 아래 도표가 이를 요약해 보여줍니다. 도표에서 'Σw'는 각 주식 투자 비중의 합으로 이 값은 항상 1입니다.

Money =	$400		# of shares	w =
	H=	$200	1	0.5
t = 0	S =	$100	2	0.5
			Σw =	1
		t = 1		
Economy	State	Good	Bad	Expected
	from H	280	190	235
Cash Flow (CF)	from S	260	180	220
Total CF		540	370	455
				Expected return
Portfolio return =		35.0%	-7.5%	13.8%

그런데 만일 J가 자신 투자의 기대 수익률 극대화에만 관심 있다면 어떻게 투자하는 것이 최적일까요? J가 두 주식의 예상 주가 행태를 자세히 살펴보니, 1년 후 호황이 되든 불황이 되든 주식 H가 주식 S보다 항상 더 우월한 주식임을 알게 되었습니다. 두 주식 투자에 있어 중요한 사항은 주가 자체가 아니라 수익률인데, 호황 시 H의 수익률은

$$\frac{280}{200} - 1 = 1.4 - 1 = 0.4 = 40\%$$

이고 S의 그것은

$$\frac{130}{100} - 1 = 1.3 - 1 = 0.3 = 30\%$$

입니다. 또 불황 시 H의 수익률은 $\frac{190}{200} - 1 = 0.95 - 1 = -0.05 = -5\%$이고 S의 그것은 $\frac{90}{100} - 1 = 0.9 - 1 = -0.1 = -10\%$입니다. 즉 1년 후 경제가 어떤 상태가 되든 주식 H 수익률이 주식 S 수익률보다 높습니다. 그러므로 기대 수익률을 극대화하려는 J에게 최적인 투자는 두 주식에 분산 투자하는 것보다는 주식 H에 투자금 400 전액을 투자하는 것입니다.* J가 투자금 400을 H에만 투자하면, 즉 H 주식만을 2주 사면, J 투자의 기대 가치는 470이 되고 기대 수익률은 17.5%이 됩니다.

Money =	$400		# of shares	w =
	H=	$200	2	1
t = 0	S =	$100	0	0
			Σw =	1
t = 1				
Economy	State	Good	Bad	Expected
	from H	560	380	470
Cash Flow (CF)	from S	0	0	0
Total CF		560	380	470
				Expected return
Portfolio return =		40.0%	-5.0%	17.5%

혹시 두 주식 중 수익률이 항상 더 높은 H 주식에만 100% 투자하는 것보다 더 좋은 투자가 있을까요? 기대 수익률 관점에서 말입니다. 네, 있습니다. 그것은 다름아니고,

J의 투자금 400에, S 주식을 팔아 얻는 현금까지 합쳐 몽땅 H 주식에 투자

하는 것입니다. 이것이 무슨 말일까요? J는 애초 S 주식을 보유하고 있지 않은데 어떻게 S 주식을 팔아 현금을 얻을 수 있을까요? 네,

---

* 일반적으로는 분산 투자가 투자 위험을 줄이므로 더 선호되지만, 이 경우 J는 위험에는 신경 쓰지 않고 기대 수익률 최대화에만 관심 있는 투자자 유형으로 가정했습니다. 현실에서도 이런 투자자가 존재하는데, 이를 "위험중립적 투자자"라 하며 영어로는 risk-neutral investor라 합니다. 물론 위 사례는 분산 투자의 혜택이 하나도 없는 경우이기도 합니다. 두 주식의 수익률의 상관계수가 1이 되기 때문입니다.

S 주식을 공매도

하면 됩니다. 공매도가 가능하다면 말입니다. 가령 오늘 J가 S 주식을 2주 공매도하여 얻는 현금 200까지 합친 현금 600으로 H 주식 3주를 사면 다음 결과가 도출됩니다.

Money =	$400		# of shares	w =
	H=	$200	3	1.5
t = 0	S =	$100	-2	-0.5
			Σw =	1
		t = 1		
	Probability	0.5	0.5	
Economy	State	Good	Bad	Expected
	H=	280	190	235
Price	S =	130	90	110
Economy	State	Good	Bad	Expected
	from H	840	570	705
Cash Flow (CF)	from S	-260	-180	-220
Total CF		580	390	485
				Expected return
Portfolio return =		45.0%	-2.5%	21.3%

위 도표를 보면 공매도 메커니즘을 정확히 이해할 수 있습니다. 먼저 현재 S 주가가 100이므로 이 주식 2주를 J가 (공)매도하면 200의 현금을 얻습니다. 이 200에다 J의 투자 자금 400을 더하면 600이 되어 H 주식 3주를 살 수 있습니다. 이때 J의 투자 자금 400에 있어서 각 주식 매입 비중 w_H, w_S는

$$w_H = \frac{600}{400} = 1.5,\ w_S = \frac{-200}{400} = -0.5$$

가 되어 그 합은 1이 됩니다. 그런데 S 주식 2주 (공)매도로 인한 200은 빌린 돈이나 마찬가지이고 J의 순투자금(net investment)은 400입니다. 그러므로 J의 투자 수익률을 계산할 때 J의 투자 원금은 여전히 400이 됩니다.* 그리고 S 주식 2주를 매입한 것이 아니고 매도한 것이기에, S 주식 매입 비중은 -0.5가 되는 것입니다. 또 J가 S 주식 2주를 다른 투자자(C)에게, 200의 현금을 받고 공매도했으므로, C는 J로부터 S 주식 2주를 매입한

* 이른바 '레버리지 투자'와 유사합니다.

것과 동일한 혜택을 받아야 합니다. 즉 C는 1년 후 S 주가가 130이 되면 J로부터 260을 받고 S 주가가 90이 되면 J로부터 180을 받아야 합니다. 그 결과 J의

S 주식 2주 공매도 및 H 주식 3주 매수의 결과

는 1년 후 H, S 주가에 따라 J에게 다음의 가치를 산출할 것입니다. 즉 1년 후 호황이 도래하면 J의 투자 가치는

$$3 \times 280 \ + \ (-2) \times 130 \ = \ 840 - 260 \ = \ 580$$

이 되고, 1년 후 불황이 도래하면 J의 투자로 인한 가치는

$$3 \times 190 \ + \ (-2) \times 90 = \ 570 - 180 \ = \ 390$$

이 됩니다. (위 도표 참조.) 그 결과 J 투자의 기대 가치는

$$0.5 \times (580 \ + \ 390) \ = \ 485$$

가 되고 기대 수익률은 $\frac{485}{400} - 1 = 21.3\%$가 됩니다. 이 수치들은, J가 자신의 투자금 400을 H에만 투자했을 때의 실현할 기대 가치 470 및 기대 수익률 17.5%보다 더 높습니다. 이것이 공매도를 포함한 J의 투자 성과입니다. ■

위 예제를 통해 여러분이 공매도의 개념, 과정, 결과를 어느 정도 이해했을 것으로 예상합니다. 여기서 한 가지 질문을 해 볼까요?

질문 4-8〉 그러면 위 예제의 경우, 공매도를 많이 할수록 J에게는 이익이 되겠네요?

Well, yes and no. 네, 위 진술(statement)은 한편으로는 맞지만 또다른 한편으로는 틀릴 수도 있습니다. 가령 J가 S를 6주 공매도한 600을 원 투자금 400에 더해 H를 5주 사는 경우 J의 투자 성과는 기대 가치 515, 기대 수익률 28.8%가 됩니다. 한마디로, J의 투자 이익이, S 2주 공매도 할 때보다, 확대됩니다.

Money =	$400		# of shares	w =
	H=	$200	5	2.5
t = 0	S =	$100	-6	-1.5
			Σw =	1
Economy	State	Good	Bad	Expected
	from H	1,400	950	1175
Cash Flow (CF)	from S	-780	-540	-660
Total CF		620	410	515
				Expected return
Portfolio return =		55.0%	2.5%	28.8%

하지만, 동시에 다른 값도 더 확대됩니다. 투자의 위험도 확대되고, 이는 투자(수익률)의 표준 편차가 확대되는 것으로 입증됩니다. 위 도표 상으로 투자 성과의 표준편차를 산출하면 (기대 가치가 515이므로)

$$\sqrt{0.5 \times (620 - 515)^2 + 0.5 \times (410 - 515)^2} = 105$$

입니다. 즉 평균 투자 성과 515를 중심으로 620 혹은 410의 투자 성과가 실현되고 그 각 확률이 0.5이므로, 투자 성과의 (평균) 차이가 정확히 105가 되는 것입니다.* 이를 투자 수익률의 표준편차로 환산하면 (기대 수익률이 0.288이므로)

$$\sqrt{0.5 \times (0.55 - 0.288)^2 + 0.5 \times (0.025 - 0.288)^2} = 0.263$$

입니다. 즉 평균 수익률 0.288을 중심으로 0.55 혹은 0.025의 투자 성과가 확률 0.5로실현되고 그 각 확률이 0.5이므로, 수익률의 (평균) 차이가 정확히 0.55 - 0.288 = 0.262 혹은 0.288 – 0.025 = 0.263이 됩니다. (0.262는 반올림 오차에 기인)

반면, 공매도 없는 경우의 (혹은 공매도를 적게 한 경우) 이 수치들을 살펴보면, 동일한 계산 과정을 거쳐, 투자 가치의 표준편차는 85, 투자 수익률의 표준편차는 0.182가 됩니다. 또 S 주식 2주만 공매도한 경우의 이 수치들은 95, 0.237이 됩니다. 이를 요약해 보겠습니다.

* 위 예제 같은 이항 모형의 경우에는, 그리고 각 확률이 0.5인 경우에는, 표준편차는 단순히 620 – 515 = 105 혹은 515 – 410 = 105로 간편하게 구할 수도 있습니다.

투자 전략	기대 수익률	수익률 표준편차
공매도 0	0.138	0.212
S 2주 공매도	0.213	0.237
S 6주 공매도	0.288	0.263

이처럼 공매도 규모가 확대될수록 J의 투자 기대 수익률도 높아지지만 투자의 위험도 커집니다. 물론 J가 기대 수익률 극대화에만 관심있는 투자자라면 여전히 더 많은 S 주식 공매도를 선호할 것입니다만, 현실적으로 그런 투자자는 별로 없습니다. 그러므로 단순히 공매도 규모가 커질수록 J의 투자 효용이 증대된다고 일반적으로 주장하기는 어려운 면이 있습니다. ■

참고로, 투자 성과 평가 때 자주 사용되는 'Sharpe Ratio'를 위 세 전략에 적용하면, 무위험 이자율 값과 큰 관계 없이, 항상 "S 6주 공매도"가 위험 대비 수익이 가장 높은 전략으로 평가됩니다. 이는 위 문제에서 애초 S가 H 대비 열등한 주식으로 설정되었기 때문인 것으로 보입니다. 즉 H를 가능한 많이 포함하고 S를 가능한 덜 포함하거나 매도할수록 더 좋은 투자가 되는 것입니다. 투자안 p의 Sharpe Ratio는 $\frac{r_p - r_f}{\sigma_p}$의 공식(값)을 뜻하며, r_f, r_p, σ_p는 각각 무위험 이자율과 p의 기대수익률 및 p의 수익률 표준편차입니다. Sharpe Ratio가 높을수록 위험 대비 수익이 높은, 가성비 높은 투자로 평가됩니다.

질문 4-9〉 공매도 이유를 수익률 관점이 아니라 가격 관점에서도 찾을 수 있다던데요?

네 맞습니다. S 주식을 (공)매도 하는 이유를 가격 관점에서 설명해 보겠습니다. 공매도는 매도의 한 형태이므로 공매도 이유는 매도 이유와 동일할 것입니다. 그렇다면 특정 주식을, 가령 위 예제의 S 주식을, 매도 혹은 공매도하는 이유는 무엇일까요? 네, 한마디로, 주식이 고평가되어 있기 때문입니다. 쉽게 말해, 주식이 너무 비싸기 때문에 주가가 다시 하락하기 전에, 혹은 보다 가성비 좋은 다른 저렴한 주식을 매수하기 위해, 지금 고평가된 주식을 매도하는 것입니다. 그런데 S 주식이 고평가되어 있다는 사실은 어떻게 알 수 있을까요? 네, 위 예제에서는 H 주식에 비해 상대적으로 고평가되어 있어, 상대적으로 현재 비싼 가격임을 알 수 있습니다. 다시 원 도표를 소환해 보겠습니다.

Money =	$400		# of shares	w =
t = 0	H=	$200		
	S =	$100		
			Σw =	
t = 1				
Economy	Probability	0.5	0.5	
	State	Good	Bad	Expected
Price	H=	280	190	235
	S =	130	90	110

오늘 주식 S를 100에 매수하면 1년 후 S 주식 수익률은 30%(Good state) 혹은 "-10%"(Bad)입니다. 반면 오늘 주식 H를 200에 매수하면 1년 후 H 수익률은 40%(Good state) 혹은 "-5%"(Bad)입니다. 그러면 왜 S 수익률이 낮을까요? 그 이유는 다름아니고 오늘 현재 S 주가가 (H 주가보다) 상대적으로(comparatively) 높기 때문입니다. 가령 오늘 S 주가가 91이라면 1년 후 S 주식 수익률은

$$\frac{130}{91} - 1 = 43\% \text{ 혹은 } \frac{90}{91} - 1 = -1\%$$

가 되어, H 주식보다 더 수익성 높은 주식이 되기 때문입니다. 그러므로 공매도 이유를 가격 측면에서 본다면, (타 주식보다) 고평가되어 있기 때문이라 할 수 있습니다.* ■

* 그런데 왜 시장에서 공매도를 허용할까요? 무엇보다 시장가격이 모든 정보를 신속히 반영하도록 하기 위함입니다. 삼성전자 주가가 저평가된 것으로 인식되면 누구라도 매수할 수 있지만, 고평가된 경우에

3. 선도 계약과 차익거래

여기에서는 선도 계약 혹은 선도 이자율과 관련한 차익거래를 구체적으로 파악해 보겠습니다. 또 이 차익거래가 차익의 정의에 따른 세 조건을 충족하는 사실도 확인해 보겠습니다.

현물 이자율이 $r(1) - 0.03$, $r(2) = 0.04$로 주어져 있을 때, 투자자 A와 B가 1년 후 임의의 투자자금을 1년 동안 이자율 f로 투자하는 선도 계약을 오늘 맺는다고 합시다. 이때, 이론적인 선도 이자율을 $f(2)$로 표시할 때 $f(2)$는 어떤 값으로 결정되어야 할까요? 우리의 논의에 의하면

$$f(2) \;=\; \frac{(1+0.04)^2}{1+0.03} \;-\; 1 \;\approx 0.0501$$

이 되어야 합니다. 왜냐하면, 실제 선도 이자율을 f라 할 때, $f \neq f(2) = 0.0501$이면 합리적인 투자자는 공짜 이익을 실현할 수 있기 때문입니다. 그리고 이 때의 이익은 (i) no risk (ii) no money (iii) no time의 세 조건을 완벽히 충족시키는 차익이 됩니다. 이를 증명해 봅시다.

A와 상대방(B)과의 선도 계약에서 결정된 선도 이자율이 $f = 0.045$라고 합시다. 그러면 다음 부등호가 성립합니다.

$$(1+0.04)^2 > (1+0.03) \times (1+0.045).$$

이를 다른 방식으로 표현하면 다음과 같습니다.

는 주식을 보유한 사람만이 매도할 수 있습니다. 매수에는 제한이 없고 매도에는 제한이 있으므로 그 결과 주가는 저평가보다 고평가 되어 있는 경우가 더 많습니다. 공매도를 통해 주식 보유 여부와 관계없이 누구라도 매도할 수 있다면 주가는 긍정적, 부정적 정보를 균형 있게 반영할 것입니다. 그런데 전세계 증권당국은 공매도를 매우 제한적으로만 허용합니다. 공매도 허용시 치를 대가가 크기 때문입니다. 주가 하락으로 행복해할 사람은 별로 없지만 주가가 상승하면 투자자를 포함해 대부분의 경제주체들이 행복합니다. 부자가 된 개인이나 기업은 소비나 실물투자를 늘려 내수가 진작되고 정부는 더 많은 세금을 거둘 수 있습니다. 결국 시장의 효율성보다 경제주체들의 이익을 더 중요시하기 때문에 증권당국이 공매도를 제한한다고 볼 수도 있습니다. 주가가 이해관계에 따라 결정되는 대표적인 사례입니다. 공매도를 제한해서 경제주체들이 행복하게 된다면 이 행복은 지속가능할까요? 공매도를 제한할 때도 여러 (기회)비용이 발생합니다. 항상 고평가되어 있는 주가는 어느 시점에서는 급락의 부메랑으로 돌아올 수 있습니다. 세상에 공짜란 없는 법입니다.

$$[1+r(2)]^2 > [1+r(1)] \times (1+f).$$

이는 또 다음을 의미합니다.

$$1 \times [1+r(2)]^2 > 1 \times [1+r(1)] \times (1+f).$$

좌변은 무엇입니까? 오늘 A가 1원을 2년 만기 무표채에 투자할 때 2년 후 받게 될 "확정된" 금액입니다. 우변은 무엇일까요? 우변은 다음 두 가지 투자의 결과입니다. 오늘 A가 1원을 1년 만기 무표채에 투자합니다. 이를 "투자 1"이라 합시다. 동시에, 오늘 A가 상대방 B와 다음 선도 계약을 맺는 것입니다. 즉 A는 1년 후 "투자 1"의 결과 실현할 현금 $1 \times [1+r(1)]$ 을 f 라는 1년 수익률로 B에게 빌려주고 B는 그 1년 후 $[1+r(1)] \times (1+f)$의 금액을 A에게 되갚는 선도 계약을 오늘 맺습니다. 이를 "투자 2"라 하겠습니다. 오늘 A가 실행할 '투자 1'과 '투자 2'로부터 A는 2년 후 $[1+r(1)] \times (1+f)$의 현금을 "확정적으로" 받습니다.* 결국 위 식의 양변은

A의 2년 투자로 받게 될 두 상이한 투자 전략의 '확정된 최종 원리금'

을 의미합니다. 즉 두 투자로부터 얻을 (확정된) 2년 후 현금 액수입니다. 그런데 좌변이 우변보다 크니, A는 당연히

2년 만기 채권에 2년간 투자하는 전략(좌변)을
1년 만기 채권에 투자하고 동시에 선도 계약을 맺는 전략(우변)보다

선호합니다. 그러므로 A가 두 투자(전략) 중 하나만 선택하여야 한다면 좌변의 투자 전략을 선택할 것입니다.

---

* 물론 선도 거래 상대방이 선도 계약을 충실히 이행한다는 전제 하에서 말입니다.

질문 4-10〉 그런데 A에게 그보다 더 좋은 투자 전략이 있다면서요?

네, 환상적인 투자 전략이 있습니다. 편의상

2년 만기 채권에 2년간 투자하는 전략 = X
1년 만기 채권 투자 및 선도 거래 맺는 전략 = Y

라고 하겠습니다. 투자자 A가 X, Y 중 하나에 투자하는 것보다 더 좋은 투자 전략은

X, Y 모두에 투자

하는 것입니다. 더 정확히 표시하면

X와 (-Y)에 투자

하는 것입니다. 이는 다름아니고 X를 매입하고 Y를 공매도하는 것입니다. 다시 말하면, X라는 전략은 매수 포지션(long position)을 취하고 Y라는 전략은 매도 포지션(short position)을 취하는 것입니다. 우리는 이미 공매도 개념과 사례를 공부했습니다. 그러므로 이제 우리는 주어진 채권을 매수 혹은 주어진 이자율로 투자하는 것만을 생각하지 않고 채권 공매도 혹은 주어진 이자율로 차입하는 것도 생각할 수 있습니다.

가령 (이론적 선도 이자율을 모르는) B가 상대방과의 위 선도 계약에서 $f = 0.045$의 선도 이자율이 공정한 이자율로 착각해서 이 이자율로 상대방에게 투자할 용의도(돈을 빌려줄 용의도) 또 차입할 용의도(돈을 빌릴 용의도) 있다고 하겠습니다. 이 경우 (이론적 선도 이자율 개념을 알고 있는) A는 $f = 0.045 < f(2) = 0.0501$이므로 B와의 선도 계약에서는 $f = 0.045$의 선도 이자율로 돈을 "차입할" 것입니다. 이렇게 빌린 돈을 그의 차익거래에 활용할 것입니다. 이를 구체적으로 알아 보겠습니다. $(r(1) = 0.03, r(2) = 0.04)$

A가 par 100의 2년 만기 무이표채 Z_2에 오늘 투자한다고 합시다. Z_2 가격은 $\frac{100}{(1+0.04)^2} = 92.4556$입니다. A는 이 금액을 1년 만기 무이표채 Z_1을 공매도함으로써 구할 수 있습니다. 즉 par 95.2293의 1년 만기 Z_1을 시장 가격인 $\frac{95.2293}{1+0.03} = 92.4556$에 (공)매도하여 그 매도 대금으로 2년 만기 Z_2를 매입합니다.* 오늘 공매도한 Z_1으로 인

* 두 채권의 가격이 동일해야만 이런 거래가 가능합니다. 두 채권 가격은 동일하지만 만기가 다르므로,

해, 1년 후 A가 공매도 상대방 C에게 95.2293의 par 금액을 지급해야 합니다. 이 95.2293 지급을 오늘 시점에서 확정하기 위해, 오늘 A는 B와의 선도 계약을 통해 1년 후 95.2293을 0.045의 이자율로 1년간 차입하기로 합니다. 여기서 key는

"A가 오늘 더 정확히는 지금 당장 B와 이 선도 계약을 맺는다"

는 사실입니다. 내일이 되면, 혹은 1시간 지나면, 위 채권들의 시장 가격들이 어떻게 변할지, B 마음이 어떻게 바뀔지 모르기 때문입니다. 현 시점에서 모든 것을 확정해야 차익거래가 성공적으로 실행될 수 있습니다. 그러므로 A는 B와 위 선도 계약을 오늘 맺어, 1년 후에는 B로부터 95.2293을 빌리고 2년 후에는 B에게 $95.2293 \times (1 + 0.045) = 99.5146$을 지불해야 합니다.

그 결과를 살펴봅시다. 먼저 오늘 시점에서 A의 현금흐름은 0입니다. 왜냐하면 par 95.2293의 1년 만기 Z_1을 92.4556에 공매도한 후 그 매도 대금으로 par 100인 2년 만기 Z_2를 매입하였기 때문입니다. 1년 후 A의 현금흐름 또한 0입니다. 오늘 공매도한 1년 만기 Z_1으로 인하여 1년 후에는 공매도 상대방 C에게 95.2293을 지급하여야 하는데, A는 이 금액을 선도 계약 상대방인 B로부터 차입하기로 했기 때문입니다. 마지막으로 2년 후 시점에서 A의 현금흐름은 두 종류입니다. 먼저 만기가 된 2년 만기 Z_2 가격이 그 par인 100이 되어 (+100)의 현금흐름이 발생합니다. 둘째는 선도 계약을 이행하기 위하여 $95.2293 \times (1 + 0.045) = 99.5146$의 금액을 B에게 지불해야 하므로 (-99.5146)의 현금흐름이 발생합니다. 결론적으로 2년 후의 현금흐름은

$$100 \ - 99.5146 \ = \ +0.4854$$

이고 이것이 향후 2년 동안 유일한 현금흐름이 됩니다. 그러므로 오늘 A가

(1) 2년 만기 무이표채 Z_2 매수
(2) 1년 만기 무이표채 Z_1 공매
(3) $f = 0.045$를 선도 계약의 차입 이자율로 약정

하면, 향후 시장 이자율들이 어떤 값이 되어도 2년 후 +0.4854의 현금흐름이 아무런 리

두 채권의 par 금액은 서로 다릅니다.

스크 없이 확보됩니다. 이 0.4854의 무위험 이익은 현재 시점에서는 어떤 값이 될까요? 이는 par 0.4854인 2년 만기 무이표채의 현재 가격과 같습니다. 즉

$$\frac{0.4854}{(1+0.04)^2} = 0.4488$$

입니다. 즉 A의 차익거래로 인해 A는 이 'par 0.4854인 2년 만기 무이표채'를 공짜로 보유하게 된 것이나 다름없고, 오늘 이 채권 가격이 0.4488입니다. A는 par 0.4854의 이 채권을 투자자 D에게 공매도하여 오늘 0.4488의 차익을 실현하고, 2년 후 A가 얻을 0.4488을 D에게 전달하면 A의 차익거래는 완벽하게 완성됩니다.

그러므로 0.4488 이 수치가 바로 A가 (i) no risk (ii) no money (iii) no time의 세 조건을 충족시키면서 오늘 실현하는 차익이 됩니다. 이 0.4488의 차익은 명실상부한 공짜 이익이므로, 이러한 차익거래의 원리를 아는 모든 투자자는 $f = 0.045$의 선도 계약으로 (B로부터) 자금을 차입하려고 할 것입니다. 이처럼 선도 계약에 의한 자금 차입의 수요가 증대되면 B는 그의 (대출) 이자율 f를 인상시킬 수 있습니다. 그런데 f가 상승하더라도 $f < 0.0501 = f(2)$라면 여전히 차익거래가 가능합니다. 그러므로 종국적으로는 $f = 0.0501 = f(2)$가 될 때 이런 차익거래는 불가능하게 되고 이때 선도 계약의 이자율은 균형을 이룹니다. ■

참고로 위 차익거래 내용을 타임라인 표로 정리하면 아래 도표와 같습니다.

➢ **도표 4-9〉 선도 거래 통한 차익거래 수행**

시점	거래 내용	현금흐름
오늘	par 95.2293의 1년 만기 Z_1을 공매도하고 par 100의 2년 만기 무이표채 Z_2 매수. 1년 후 공매도 상대방에게 95.2293 지급해야 함. 선도 계약에서 1년 후 95.2293을 0.045의 이자율로 1년간 차입하기로 약정. 2년 후 선도 계약 상대방에게 $95.2293 \times (1+0.045) = 99.5146$ 지급해야 함	$\frac{95.2293}{1+0.03} - \frac{100}{(1+0.04)^2} = 0.$
1년 후	선도 계약 상대방에게 95.2293을 차입하여 내 공매도 상대방에게 지급하고 공매도 청산.	$95.2293 - 95.2293 = 0.$
2년 후	Z_2 만기일에 par 100 받아 선도 계약 상대방에게 99.5146 지급하고 선도 계약 청산	$100 - 99.5146 = 0.4854.$

4. 이표채와 무이표채의 차익거래

앞에서는 장단기 채권과 선도 계약을 연계한 차익거래를 설명했습니다. 이에 더해, 여기에서는 시장의 zero coupon bond 및 coupon bond 가격들이 주어졌을 때, 또 선도 계약의 이자율이 주어졌을 때 차익거래의 가능성을 어떻게 포착하며 또 차익거래 기회를 실제로 어떻게 이용하여 차익을 실현하는지 파악하여 봅시다.

예제 4-13〉 차익거래

만기 1년, par 100인 무이표채(zcb) A와, 만기 2년, par 100인 zcb B, 그리고 만기 2년, par 100, coupon rate 10%인 coupon bond C가 시장에서 각각 90, 80 그리고 100에 거래되고 있다고 합시다(아래 도표 참조). 또 현재 투자자 X가 상대방과의 (1년 후 실행될) 선도 계약에서 $f = 0.1 = 10\%$ 이자율로 1년간 돈을 빌려주거나 돈을 빌릴 의사가 있다고 하겠습니다. 이때 가능한 차익거래의 종류는 어떠한 것들이고 또 어떻게 차익을 실현할 수 있는지 살펴봅시다. 참고로 아래 도표에서 $r(1) = 0.1111,\ r(2) = 0.118$는 두 무이표채 A, B로부터 산출되는 현물 이자율이고, $f(2) = 0.125$는 $r(1), r(2)$로부터 산출되는 선도 이자율(implied forward rate)입니다.

➢ 도표 4-10〉 채권 시장 상황

채권	가격	현금흐름 1	현금흐름 2
A	90	100	
B	80		100
C	100	10	110

이자율	r(1)	r(2)	f(2)
	11.11%	11.80%	12.50%

우리는 coupon bond와 zcb들의 가격 관계에서 차익거래 가능성을 타진할 수 있고, 또 zcb들의 가격과 선도 계약의 이자율로부터도 차익거래 기회를 살펴볼 수 있습니다. 먼저 전자의 경우를 다루어 봅시다. 여기서 coupon bond C는 zcb A와 B의 조합으로 복제될 수 있는데, C의 1년 후와 2년 후의 현금흐름인 10과 110을 복제하기 위하여 A와 B를 각각 a, b개 만큼 매입하면 a와 b는 다음의 두 방정식을 충족하여야 합니다.

$$a \times 100 = 10,$$
$$b \times 100 = 110.$$

두 방정식을 충족시키는 값은 a = 0.1, b = 1.1입니다. 이는 곧 A, B를 각각 0.1개, 1.1개 구입하면 C를 복제할 수 있다는 뜻입니다. 왜냐하면 0.1개의 A로부터는 1년 후 $0.1 \times 100 = 10$의 현금흐름이, 1.1개의 B로부터는 2년 후 $1.1 \times 100 = 110$의 현금흐름이 발생하여 C의 현금흐름과 동일하기 때문입니다. 그러므로 이처럼 완벽하게 C를 복제하는 두 zcb들의 가격의 합은 coupon bond C의 가격과 일치하여야 합니다. A, B의 가격은 각각 90, 80이므로 0.1개의 A와 1.1개의 B를 구입하려면

$$0.1 \times 90 \ + \ 1.1 \times 80 \ = \ 9 \ + \ 88 \ = \ 97$$

의 비용이 소요됩니다. 한편 C의 가격은 100이므로 이 두 zcb들을 매입하는 비용보다 더 비싸게 거래되고 있습니다. 그러므로 채권 A, B, C의 현재 가격들롤부터 차익거래가 가능하며, 그 차익거래는 아래 도표와 같이 실행될 수 있습니다.

➢ 도표 4-11〉 채권 간 차익거래 수행

시점	거래 내용	현금흐름
오늘	A를 0.1개, B를 1.1개 매입하고 C를 공매도	$100 - 0.1 \times 90 - 1.1 \times 80 = 3.$ (차익 3 오늘 실현)
1년 후	채권 0.1A로부터 $0.1 \times 100 = 10$ 받아 C의 공매도 상대방에게 지급	$10 - 10 = 0.$
2년 후	채권 1.1B로부터 $1.1 \times 100 = 110$ 받아 C의 공매도 상대방에게 지급하고 공매도 포지션 청산	$110 - 110 = 0.$

5. 차익 실현 시점

참고로, 채권 가격만을 이용한 차익거래 외에 또 다른 유형의 차익거래도 가능합니다. 이미 앞에서 언급했던 선도 계약을 이용한 차익거래인데. 여기서는 이 주제를 다시 한 번 리뷰하고 또 심화 학습을 해 보겠습니다.

질문 4-11〉 위 표에서 다른 형태의 차익거래도 가능할까요?

네, 또 다른 차익거래의 가능성은 zcb A, B의 가격과 선도 계약의 이자율로부터 찾아볼 수 있습니다. 이 내용은 앞에서도 설명한 적 있지만, 본 예제에서 한 번 더 설명하겠습니다. A, B의 가격 90 및 80으로부터 현물 이자율 r(1), r(2)는 다음과 같이 파악됩니다.

$$90 = \frac{100}{1+r(1)} \rightarrow r(1) = 0.111,$$

$$80 = \frac{100}{[1+r(2)]^2} \rightarrow r(2) = 0.118.$$

그리고 r(1), r(2)에서 시사되는 선도 이자율 f(2)는 다음과 같이 산출됩니다.

$$f(2) = \frac{[1+r(2)]^2}{1+r(1)} - 1 \rightarrow f(2) = 0.125.$$

그런데 실제 (사적인) X와의 선도 계약에서의 1년 후 1년 약정 이자율 $f = 0.1$이고, 채권 시장에서 결정된 r(1), r(2)에서 시사되는 선도 이자율 $f(2) = 0.125$는 이보다 큽니다. 그렇다면 이론적으로 합당한 선도 이자율 $f(2)$보다 작은 실제 선도 이자율 f를 이용하여 이익을 실현하려면, 당연히 f 값으로 현금을 "빌려야" 할 것입니다. 이처럼 선도 계약에서 f로 현금을 빌려서 차익거래를 완성하려면, 어떻게 채권 A, B, C에 투자해야 할까요? 결론부터 말하면 나는 오늘 혹은 지금 당장 다음과 같은 세 가지 투자를 합니다.

(i) 1년 만기 zcb A를 (투자자 Y에게) 공매도하고
(ii) 1년 후 Y에게 갚을 돈을 $f = 0.1$의 이자율로 X로부터 빌리는 선도 계약을 맺고
(iii) 1년 만기 zcb A를 매도하여 받은 돈으로 2년 만기 zcb B에 투자한다.

그 결과 나의 2년 후의 내 순 현금흐름은 (+) 값이 되며 이것이 바로 내 차익이 됩니다. (이 차익을 오늘 당장 실현하거나 1년 후 실현할 수도 있습니다.) 이를 아래 도표로 파악해 보겠습니다.

➢ 도표 4-12〉 선도 이자율 이용한 차익거래

시점	거래 내용	현금흐름
오늘	A를 $\frac{8}{9}$개 공매도하고 B를 1개 매수. (1년 후 공매도 상대방에게 A 채권 par의 8/9인 $\frac{8}{9} \times 100 = 88.89$ 지급해야 함.) 선도 계약에서 88.89의 자금을 0.1의 이자율로 1년 후 차입하여 그 1년 후 갚기로 약정.	$\frac{8}{9} \times 90 - 80 = 0.$
1년 후	선도 계약에 의해 88.89의 자금을 차입하여 내 공매도 상대방에게 지급하고 공매도 청산. 이제 1년 후 선도 계약 상대방에게 $88.89 \times (1 + 0.1) = 97.78$ 지급해야 함.	$88.89 - \frac{8}{9} \times 100 = 0.$
2년 후	채권 B 만기일에 par 100 받아 선도 계약 상대방에게 97.78 지급하고 선도 계약 청산.	$100 - 97.78 = 2.22.$

2년 후 이익 2.22는 오늘 차익거래 행위를 마치면 2년 후 확정적으로 산출될 이익입니다. 나는 이 확실한 이익 2.22를 $r(2)$의 할인율로 현재 시점으로 할인하여 오늘 당장 이 차익을 실현할 수 있습니다. 그러므로 이 차익거래로 인한 (오늘의) 차익은

$$\frac{2.22}{[1 + r(2)]^2} = \frac{2.22}{[1 + 0.118]^2} = 1.78$$

입니다. 차익을 오늘 실현하는 한 방법은, 액면가 2.22의 만기 2년 zcb의 오늘 가격이 1.78이므로, 이 채권을 오늘 1.78의 가격으로 공매도하고 2년 후 내가 실현할 2.22의 현금액을 이 공매도 상대방에게 전달하면 됩니다. ■

그런데 여기서 여러분은 다음과 같은 질문을 할 수도 있습니다.*

질문 4-12〉 2년 후의 차익 2.22를 내가 오늘의 현재가치로 할인할 때 $\boldsymbol{r(1)}$과 $\boldsymbol{f = 0.1}$을 사용할 수 있나요?

정답부터 말하면, 사용할 수 없습니다. $f = 0.1$은 위 선도 계약의 당사자인 X만이 제공할 수 있는 이자율로서, 일반적으로 모든 투자자들이 이용할 수 있는 수치가 아니기

* 실제 제 수업 시간에 몇몇 학생들이 질문한 내용이기도 합니다.

때문입니다. 가령 X가 상대할 수 있는 선도 계약 상대방의 수효가 무한정일 수 없습니다. 즉 $\frac{2.22}{(1+r(1))(1+f)} = \frac{2.22}{(1+0.1111)(1+0.1)} = 1.82$가 내가 오늘 실현할 수 있는 차익이 된다고 보장할 수 없습니다. 반면 만기 2년, par 2.22인 무이표채는 현재 채권 시장에서 1.78로 거래되고 있으므로($r(2) = 0.118$이 이를 뜻함), 나를 포함한 어느 투자자라도 이 채권을 오늘 공매도하면 1.78을 얻을 수 있고 2년 후 2.22를 갚아주면 됩니다. ■

이제 마지막으로 다소 advanced question으로, 위 차익을 1년 후 실현하는 방법을 알아 보겠습니다.

질문 4-13〉 위 2년간 차익거래의 차익을 1년 후 실현할 수 있을까요?

네, 생각보다 쉽게 이를 달성할 수 있습니다. 그 방법은, 2년 후 실현될 차익 2.22에 해당하는 금액만큼을 X로부터 더 빌리는 것입니다. 2년 후 차익을 실현하는 애초 방식은 현재와 1년 후 시점의 현금흐름을 모두 0이 되게 하고 2년 후 시점에서 차익을 얻는 것입니다. 반면 1년 후 차익을 실현하는 방식은 현재와 2년 후 시점의 현금흐름을 모두 0이 되게 하고 1년 후 시점에서 차익을 얻는 것입니다. 그렇다면, 애초의 차익거래 방식에서는 1년 후 현금흐름이 0이므로, 즉 1년 만기 zcb A 8/9개 공매도에 대한 부채 88.89를 지급하기 위해 X로부터 88.89만큼만 빌렸습니다. 그렇다면 X와의 선도 계약에서 88.89만 빌리지 않고 88.89에다 2.22의 현재가치(PV)만큼을 더 빌려서 1년 후 차익 PV를 실현하고, 2년 후의 현금흐름을 0으로 만들면 됩니다.

그러기 위해서는 X에게 1년 후 돈을 빌리는 선도 계약을 오늘 맺을 때 2.22의 현재가치인 $\frac{2.22}{1+f} = \frac{2.22}{1+0.1} = 2.018$만큼을 더 빌리면 됩니다. 즉 오늘 X와 선도 계약 맺을 때

(1년 후) $88.89 + 2.018 = 90.908$를 빌리고

(2년 후) $90.908 \times (1+f) = 90.908 \times (1+0.1) = 99.999 \approx 100$을 X에게 갚으면

됩니다. 이를 도표로 표시하면 아래와 같습니다.

➤ 도표 4-13〉 선도 이자율 이용한 차익거래: 1년 후 차익 실현

시점	거래 내용	현금흐름
오늘	A를 8/9개 공매도하고 B를 1개 매수. 1년 후 공매도 상대방에게 A 채권 par의 8/9인 $\frac{8}{9} \times 100 = 88.89$ 지급해야 함. 선도 계약에서 90.908의 자금을 0.1의 이자율로 1년 후 차입하여 그 1년 후 갚기로 약성.	$\frac{8}{9} \times 90 - 80 = 0.$
1년 후	선도 계약에 의해 90.908의 자금 차입하여 내 공매도 상대방에게 88.89 지급하고 차익 2.018 실현. 1년 후 선도 계약 상대방에게 $90.908 \times (1 + 0.1) = 100$ 지급해야 함.	$90.908 - \frac{8}{9} \times 100$ $= 90.908 - 88.89$ $= 2.018.$
2년 후	채권 B 만기일에 par 100 받아 선도 계약 상대방에게 100 지급하고 선도 계약 청산	$100 - 00 = 0.$

■

결과적으로 오늘 혹은 1년 후 혹은 2년 후 중 언제라도 내 선택에 의해 차익을 실현할 수 있습니다. 단 엄밀한 의미의 차익의 크기는 오늘 실현될 이익 금액이 됩니다.

제 5 절 선도 이자율: 심화 학습

여기서는 이표채들의 가격과 선도이자율과의 관계에 대해 심층적으로 논의하겠습니다. 말그대로 심화 학습, 심층 학습이니 여러분들도 각오하고(?), 네 학문의 즐거움을 각오하고, 또한 학문의 엄밀함을 각오하고 읽으면 마음의 평화를 얻을 수 있습니다.

두 이표채 가격들을 비교하는데, 모든 것이 동일하되 만기가 다른 두 이표채의 가격 중 어느 것이 더 높은지를 선도 이자율과 이 채권들의 (공통된) coupon rate과의 관계를 통해 살펴보겠습니다. 먼저 다음과 같이 용어들을 정의하겠습니다.*

---

* ':=' 기호는 정의(definition)를 의미.

Par := 두 채권의 (동일한) 액면가 금액,

c := 두 채권의 (동일한) coupon rate,

$n, n+1$:= 두 채권의 만기,

$f(k)$:= $(k-1)$년과 k년의 선도 이자율(= implied forward rate, 현 시점은 $t = 0$(년))

$P(n)$:= 액면가 Par, coupon rate c, 만기 n(년)인 coupon bond의 가격.

먼저 이 채권들의 coupon rate c와 선도 이자율 $f(n+1)$을 생각해 봅시다. 위 정의에 따라 $f(n+1)$은, 현시점이 $t = 0$(년)일 때, 미래 두 시점 $t = n$과 $t = n+1$ 사이의 선도 이자율을 뜻합니다. c와 $f(n+1)$ 사이 다음 관계가 성립한다 합시다.

$$c \;=\; f(n+1) \;-\; a.$$

$a > 0,\ a = 0,$ 혹은 $a < 0$일 수 있습니다. 여기서는 $a > 0$인 경우를 분석하며, 이 분석 결과를 보면 $a = 0$ 혹은 $a < 0$인 경우의 결과도 쉽게 유추할 수 있습니다.

참고로 현물 이자율 $r(k)$와 선도이자율 $f(k)$들과의 다음 관계를 기억하기 바랍니다.

$$\begin{aligned}
[1+r(n)]^n &= [1+r(n)]^{n-1} \times [1+f(n)] \\
&= [1+r(n-2)]^{n-2} \times [1+f(n-1)] \times [1+f(n)] \\
&= \ldots \\
&= [1+r(1)] \times [1+f(2)] \times \ldots \times [1+f(n)] \\
&= [1+f(1)] \times [1+f(2)] \times \ldots \times [1+f(n)] \\
&= \prod_{i=1}^{n} [1+f(i)].
\end{aligned}$$

이제 만기가 n(년)인 채권과 만기가 $n+1$인 채권 가격들인 $P(n)$과 $P(n+1)$을 생각해 봅시다. $P(n)$은 다음과 같이 결정됩니다.

$$\begin{aligned}
P(n) &= \sum_{k=1}^{n} \left\{ \frac{Par \cdot c}{[1+r(k)]^k} \right\} + \frac{Par}{[1+r(n)]^n} \\
&= (Par \cdot c) \cdot \sum_{k=1}^{n} \left\{ \frac{1}{[1+r(k)]^k} \right\} + \frac{Par}{[1+r(n)]^n}.
\end{aligned}$$

마찬가지로 $P(n+1)$은 다음과 같이 결정됩니다.

$$P(n+1) = (Par \cdot c) \cdot \sum_{k=1}^{n+1} \left\{ \frac{1}{[1+r(k)]^k} \right\} + \frac{Par}{[1+r(n+1)]^{n+1}}.$$

이제 이 $P(n+1)$ 수식을 $P(n)$과 유사한 형태로 만들어 봅시다. 아래 전개에서 각 단계를 전 단계와 비교하여 왜 동일한 식인지 이해하기 바랍니다. 0이 되는 수식을 더하거나, 한 항(term)을 두 항으로 분해하거나, 두 항을 한 항으로 합치는 방식입니다.

$$P(n+1) = (Par \cdot c) \cdot \sum_{k=1}^{n+1} \left\{ \frac{1}{[1+r(k)]^k} \right\} + \frac{Par}{[1+r(n+1)]^{n+1}}$$

$$= (Par \cdot c) \cdot \sum_{k=1}^{n+1} \left\{ \frac{1}{[1+r(k)]^k} \right\} + \frac{Par}{[1+r(n+1)]^{n+1}}$$

$$+ \frac{Par \cdot [f(n+1) - f(n+1)]}{[1+r(n+1)]^{n+1}}$$

(→ 0이 되는 셋째 항을 더함)

$$= (Par \cdot c) \cdot \sum_{k=1}^{n+1} \left\{ \frac{1}{[1+r(k)]^k} \right\} + \frac{Par \cdot [1+f(n+1)]}{[1+r(n+1)]^{n+1}}$$

$$- \frac{Par \cdot f(n+1)}{[1+r(n+1)]^{n+1}}$$

$$= Par \cdot c \cdot \sum_{k=1}^{n+1} \left\{ \frac{1}{[1+r(k)]^k} \right\} + \frac{Par \cdot [1+f(n+1)]}{[1+r(n)]^n \cdot [1+f(n+1)]}$$

$$- \frac{Par \cdot f(n+1)}{[1+r(n+1)]^{n+1}}$$

$$= Par \cdot c \cdot \sum_{k=1}^{n+1} \left\{ \frac{1}{[1+r(k)]^k} \right\} + \frac{Par}{[1+r(n)]^n} - \frac{Par \cdot f(n+1)}{[1+r(n+1)]^{n+1}}$$

$$= Par \cdot c \cdot \sum_{k=1}^{n} \left\{ \frac{1}{[1+r(k)]^k} \right\} + \frac{Par \cdot c}{[1+r(n+1)]^{n+1}} + \frac{Par}{[1+r(n)]^n}$$

$$- \frac{Par \cdot f(n+1)}{[1+r(n+1)]^{n+1}}$$

$$= Par \cdot c \cdot \sum_{k=1}^{n} \left\{ \frac{1}{[1+r(k)]^k} \right\} + \frac{Par \cdot [f(n+1)-a]}{[1+r(n+1)]^{n+1}} + \frac{Par}{[1+r(n)]^n}$$

$$- \frac{Par \cdot f(n+1)}{[1+r(n+1)]^{n+1}}$$

(∵ 가정 $c = f(n+1) - a$ 에 의해)

$$= Par \cdot c \cdot \sum_{k=1}^{n} \left\{ \frac{1}{[1+r(k)]^k} \right\} - \frac{Par \cdot a}{[1+r(n+1)]^{n+1}} + \frac{Par}{[1+r(n)]^n}$$

$$= Par \cdot c \cdot \sum_{k=1}^{n} \left\{ \frac{1}{[1+r(k)]^k} \right\} + \frac{Par}{[1+r(n)]^n} - \frac{Par \cdot a}{[1+r(n+1)]^{n+1}}$$

$$= \sum_{k=1}^{n} \left\{ \frac{Par \cdot c}{[1+r(k)]^k} \right\} + \frac{Par}{[1+r(n)]^n} - \frac{Par \cdot a}{[1+r(n+1)]^{n+1}}$$

$$= P(n) - \frac{Par \cdot a}{[1+r(n+1)]^{n+1}}.$$

결국 $c = f(n+1) - a$일 때 $P(n+1)$은 $P(n)$보다 $\frac{Par \cdot a}{[1+r(n+1)]^{n+1}}$만큼 작습니다.

$$P(n+1) = P(n) - \frac{Par \cdot a}{[1+r(n+1)]^{n+1}} < P(n).$$

이제 왜 이런 결과가 나왔는지 논의해 보겠습니다. 현물 이자율 $r(n)$, $r(n+1)$이 주어졌을 때, 미래 시점 n(년)과 $n+1$(년)의 1년간 시장이 요구하는 수익률은 $f(n+1)$인데, 위 이표채의 coupon rate c는 가정 '$c = f(n+1) - a$'에 의해 $f(n+1)$보다 a만큼 작습니다. 만일 $c = f(n+1) - a = f(n+1)$ 이었다면, 즉 $a = 0$ 이었다면, 시장에서 요구하는 이 1년간 수익률 $f(n+1)$과 이 채권이 제공하는 coupon rate c가 같으므로 이 채권 가격의 변화는 없었을 것입니다. 즉

$$P(n+1) \;=\; P(n) \;-\; \frac{Par \cdot a}{[1+r(n+1)]^{n+1}} \;=\; P(n)$$

일 것입니다. 만기가 1년 늘어났지만, 투자자가 요구하는 그 1년 수익률이니 이 채권이 제공하는 coupon rate가 같기에, 이 채권의 가격이 상승하거나 하락할 이유가 없기 때문입니다. 이 채권의 coupon rate가 투자자의 요구수익률을 충족하므로, 이 채권이 (새로이 낮아진) 가격으로 별도의 보상을 투자자에게 제공할 필요가 없기 때문입니다. 반면 우리 문제에서는 $c = f(n+1) - a < f(n+1)$이기에, 만기 1년 늘어날 때 그 1년에 대해 투자자의 요구수익률 $f(n+1)$을 이 채권의 coupon rate c가 충족하지 못하기에, 채권 가격의 하락으로 보상하는 것입니다. 그리고 만기 $n+1$년의 이 채권의 가격 $P(n+1)$이 만기 n년의 채권 가격 $P(n)$보다 작은 정도는 정확히 a에 비례합니다. 즉

$$P(n+1) \;-\; P(n) \;=\; -\;\frac{Par \cdot a}{[1+r(n+1)]^{n+1}}$$

입니다. coupon rate c가 이 1년간 요구수익률 $f(n+1)$보다 a만큼 작아서 $t = n+1$ 시점에서 투자자들이 요구하는 coupon 액수에 비해 $Par \cdot a$만큼 덜 지급합니다. 이 덜 지급되는 미래 현금의 현재 가치는 바로

$$\frac{Par \cdot a}{[1+r(n+1)]^{n+1}}$$

이므로, 만기 $n+1$ 년의 채권 가격 $P(n+1)$ 이 만기 n 년 채권 가격 $P(n)$ 보다 $\frac{Par \cdot a}{[1+r(n+1)]^{n+1}}$만큼 작은 것입니다. 오늘 현재 말입니다.

같은 이치로, $c = f(n+1) + a > f(n+1)$이면($a > 0$), 만기 $n+1$년의 이표채 구입 시 새로 늘어난 1년간 이 채권의 coupon rate c가 투자자의 요구수익률 $f(n+1)$을 초과하므로, $P(n+1) > P(n)$이 도출됩니다. 이때에도 정확히

$$P(n+1) \;-\; P(n) \;=\; \frac{Par \cdot a}{[1+r(n+1)]^{n+1}} > 0$$

이 성립합니다. 효율적인 시장에는 공짜가 없기 때문에, 이 채권이 초과로 제공하는 coupon rate $c - f(n+1) = a$에 비례하여 채권 가격이 더 큰 것입니다.

질문 4-14〉 이 내용을 비유로 설명해 주세요.

네, 비유로 설명해 보겠습니다. 정기예금에 현금 100 정도를 예치하려는 예금자 A가 원하는 연(평균)수익률은 10%라 합시다. 모든 만기에 걸쳐서 말입니다. 은행 X는 1년 정기예금 이자율을 5%에 제공하고, 2년 정기예금 이자율은 첫 1년은 5%, 둘째 1년은 10%라 하겠습니다. 가령 누군가 X에 현금 100을 1년 정기예금에 예치하면 1년 후 원리금 $100 \times (1 + 0.05) = 105$를 얻습니다. 100을 2년 정기예금에 예치하면 2년 후 원리금 $100 \times (1 + 0.05)(1 + 0.1) = 115.5$를 얻습니다. 그렇다면 1년 후 105를 주는 1년 정기예금과 2년 후 115.5를 주는 2년 정기예금을 A는 어떻게 가치평가를 할까요?

이를 구하려면 A의 요구수익률을 사용하여 이 미래의 현금액을 할인하면 됩니다. A는 모든 기간에 걸쳐 연수익률 10%를 요구하므로, 이 10%를 할인율로 사용할 것입니다. 그러므로 1년 후 105를 주는 1년 정기예금에 대해 A가 평가하는 현재가치는

$$\frac{100 \cdot (1 + 0.05)}{1 + 0.1} = \frac{105}{1.1} = 95.4545$$

입니다. 또 1년 후 115.5를 주는 2년 정기예금에 대해 A가 평가하는 현재가치도

$$\frac{100 \cdot (1 + 0.05) \cdot (1 + 0.1)}{(1 + 0.1) \cdot (1 + 0.1)} = \frac{100 \cdot (1 + 0.05)}{1 + 0.1} = \frac{105}{1.1} = 95.4545$$

가 되어, 1년 정기예금에 대한 A의 평가액과 같습니다. 왜 같을까요? 위 식에서도 알 수 있듯이, 만기가 1년 더 늘어난 2년 정기예금의 경우, 그 새 1년에 대해 A가 요구하는 요구수익률 10%와 은행 X가 제공하는 (그 1년에 대한) 연이자율 10%가 같기 때문입니다. 만일 X가 제공하는 2년째 이자율이 10%보다 작다면, 가령 $0.1 - a$라면($a > 0$), X가 평가하는 이 2년 정기예금의 현재가치는 (1년 정기예금의 현재가치인) 95.4545보다 작을 것입니다. (위 식 분자가 $100 \cdot (1 + 0.05) \cdot (1 + 0.1 - a)$이 되니까요.) 이것이 우리의 원래의 두 채권 가격 문제에서, $c < f(n+1)$이기에 만기 $n+1$년 채권 가격이 만기 n년 채권 가격보다 낮은 이유입니다.

위 예에서는 1년 정기예금 이자율이 A 요구수익률 10%보다 낮은 5%였지만, 이 정기예금 이자율이 10%와 같거나 더 높은 경우에도 이 원리는 변하지 않습니다. 즉 A가 평가하는 1년 정기예금의 현재가치와 2년 정기예금의 현재가치의 차이는 오로지 A의 2년째 요구수익률과 2년 정기예금의 2년째 이자율에 의해서만 결정되고, 1년 정기예금의 이자율과는 상관이 없습니다. 이는 위 수식을 보면 알 수 있습니다. 위 수식에서 1년 정기예금의 현재가치와 2년 정기예금의 현재가치가 일치하는 이유를 다시 살펴봅시다. 그러면 2년 정기예금의 현재가치는 다음 원리에 의해 1년 정기예금의 현재가치 95.4545와 일치하는 것을 알 수 있습니다.

$$\frac{100\cdot(1+0.05)\cdot(1+0.1)}{(1+0.1)\cdot(1+0.1)} = \frac{100\cdot(1+0.05)}{1+0.1} = \text{1년 정기예금 현재가치}$$
$$= 95.4545.$$

이 원리에 의해, 2년째 정기예금 연이자율이 어떤 값이라도 그 값이 A가 요구하는 2년째 1년 수익률과 같기만 하면(위 사례에선 10%), 1년 정기예금의 현재가치와 2년 정기예금의 현재가치는 일치합니니다. 가령 두 수치가 모두 y라면

$$\frac{100\cdot(1+0.05)\cdot(1+y)}{(1+0.1)\cdot(1+y)} = \frac{100\cdot(1+0.05)}{1+0.1} = \text{1년 정기예금 현재가치}$$
$$= 95.4545$$

가 됩니다. 마지막으로, 1년 정기예금 이자율이 임의의 값 x이고 A가 요구하는 1년째 이자율이 임의의 값 z이라도, A가 요구하는 2년째 1년 수익률과 이 정기예금의 2년째 이자율이 y로 같다면(위 사례에선 $y = 0.1$), 1년 정기예금의 현재가치와 2년 정기예금의 현재가치는 일치합니니다. 왜냐하면 이 경우에도 2년 정기예금의 현재가치가

$$\frac{100\cdot(1+x)\cdot(1+y)}{(1+z)\cdot(1+y)} = \frac{100\cdot(1+x)}{1+z} = \text{1년 정기예금 현재가치}$$

가 되기 때문입니다. 여기서 1년 정기예금의 현재가치인 $\frac{100\cdot(1+x)}{1+z}$의 크기는 중요하지 않습니다. 이 값의 크기와 관계없이, 두 정기예금의 현재가치의 상대적 크기는 2년 정기예금의 2년째 이자율과 A의 2년째 요구수익률의 상대 크기에 의해 결정됩니다. ■

원래 문제인 두 채권 가격에 있어서도, 애초 $P(n)$의 크기는 중요하지 않습니다. $P(n)$이 그 어떤 값이더라도, 이 채권 만기가 1년 늘어날 때 c와 $f(n+1)$의 상대 크기에 따라 $P(n+1)$과 $P(n)$의 상대 크기가 결정된다는 원리가 중요한 것입니다. 원 문제에서 이 이표채는 만기가 n에서 $n+1$로 커질 때, 새 1년간 시장이 요구하는 수익률 $f(n+1)$보다 a만큼 작은 c를 투자자들에게 제공합니다. 그로 인한 투자자들의 손실(의 현재가치)은 즉각 이 만기 $n+1$년의 채권 가격 $P(n+1)$에 반영됩니다.

그러면 이 새로운 1년의 요구수익률 $f(n+1)$보다 a만큼 작은 c가 이 채권 가격 $P(n+1)$에 미치는 영향(impact)는 어느 정도일까요? 위에서 설명했지만, 이 추가된 1년에 받을 쿠폰의 시점은 $n+1$(년)입니다. 시점 $n+1$에 시장 요구보다 a만큼 작은 coupon rate이 적용되니, 이 손실의 절대 금액은 '$a \cdot Par$'이고, 채권 가격은 항상 현재가치로 산출되니 그 손실의 절대액의 현재가치는 바로

$$\frac{Par \cdot a}{[1+r(n+1)]^{n+1}}$$

이 되는 것입니다. 그렇기에 $c = f(n+1) - a$ 정도의 coupon rate을 제공하는 이 이표채의 만기가 n에서 $n+1$로 늘어나면, 이 채권의 가격은 위 손실을 반영하여

$$P(n+1) \;=\; P(n) \;-\; \frac{Par \cdot a}{[1+r(n+1)]^{n+1}}$$

이 되는 것입니다. 마찬가지로 ($a > 0$일 때)

$$\mathrm{c} = f(n+1)\text{이면 } P(n+1) \;=\; P(n),$$

$$\mathrm{c} = f(n+1) + a\text{이면 } P(n+1) \;=\; P(n) \;+\; \frac{Par \cdot a}{[1+r(n+1)]^{n+1}}$$

가 됨을 보일 수 있습니다.*

* 최초 식에서 $a = 0$, 혹은 $a < 0$을 가정해도 같은 결과가 됩니다. 즉 전자의 경우 $P(n+1) = P(n)$이고, 후자의 경우 $P(n+1) = P(n) - \frac{Par \cdot a}{[1+r(n+1)]^{n+1}}$이지만 $\frac{Par \cdot a}{[1+r(n+1)]^{n+1}} < 0$이니 $P(n+1) > P(n)$입니다.

질문 4-15〉 연속복리법 사용하는 경우에도 입증이 될까요?

네, 그렇습니다. 그럼 연속복리법을 사용하여 이표채의 coupon rate c와 선도 이자율 $f(n+1)$의 상대 크기가 두 이표채 가격에 미치는 영향을 살펴보겠습니다. 연속복리법은 이산복리법보다 더 체계적인 방법이어서 오히려 더 간편하게 분석할 수 있습니다. 먼저 이산복리법과 연속복리법에서 현물 이자율와 선도 이자율 관계를 비교하면 다음과 같습니다.*

$$[1+r(n)]^n = \prod_{i=1}^{n}[1+f(i)] \quad vs. \quad \left[e^{r(n)}\right]^n = e^{f(1)+f(2)+\cdots+f(n)}.$$

참고로 coupon rate c가 주어졌을 때, 연속복리 하에서의 쿠폰 지급액은 $Par \cdot c$가 아니고 $Par \cdot (e^c - 1)$이 됩니다. 왜냐하면 $e^c > 1$이어서 e^c은 순수한 coupon rate이 아니라 1이 포함된 총수익률(gross return) 개념이기 때문입니다.† 이산복리법에서의 쿠폰 지급액 $Par \cdot c$는 연속복리법에서는 $Par \cdot (e^c - 1)$이 됩니다. 마찬가지로, 미래 시점 n(년)의 현금 $X(n)$의 현재가치 $PV_0[X(n)]$도

$$PV_0[X(n)] = \frac{X}{[e^{r(n)}]^n} = \frac{X}{e^{r(n)\times n}} = \frac{X}{e^{f(1)+f(2)+\cdots+f(n)}}$$

$$= X \cdot e^{-(f(1)+f(2)+\cdots+f(n))}$$

이 됩니다. 편의상 $f(k)$를 f_k로 표시하면 $P(n)$과 $P(n+1)$도 다음과 같이 표시됩니다.

$$P(n) = Par \cdot (e^c - 1) \cdot \sum_{k=1}^{n} e^{-(f_1+f_2+\cdots+f_k)} + Par \cdot e^{-(f_1+f_2+\cdots+f_n)},$$

$$P(n+1) = Par \cdot (e^c - 1) \cdot \sum_{k=1}^{n+1} e^{-(f_1+f_2+\cdots+f_k)} + Par \cdot e^{-(f_1+f_2+\cdots+f_{n+1})}.$$

---

* 여기서는 1년 coupon을 매 시점 dt마다 분할하여 $Par \cdot c \cdot dt$만큼 지급한다는 가정을 활용하지는 않고 coupon은 1년에 한 번 지급함을 그대로 활용했습니다. 단 $Par \cdot c \cdot dt$만큼 분할 지급을 가정해도 동일한 결론이 도출됩니다.

† 실제 수치 상으로도 (c가 작을 때) '$e^c \approx 1 + c$'이므로 $c \approx e^c - 1$이 됩니다.

그러므로 $P(n+1)$은 다음과 같이 표현할 수 있습니다.

$$P(n+1)$$

$$= Par(e^c - 1)\sum_{k=1}^{n+1} e^{-(f_1+\cdots+f_k)} + Par \cdot e^{-(f_1+\cdots+f_{n+1})}$$

$$= Par \cdot (e^c - 1)\sum_{k=1}^{n} e^{-(f_1+\cdots+f_k)} + Par \cdot (e^c - 1) \cdot e^{-(f_1+\cdots+f_{n+1})}$$

$$+ Par \cdot e^{-(f_1+\cdots+f_{n+1})}$$

$$= Par \cdot (e^c - 1)\sum_{k=1}^{n} e^{-(f_1+\cdots+f_k)} + Par \cdot (e^c - 1) \cdot e^{-(f_1+\cdots+f_{n+1})}$$

$$+ Par \cdot e^{-(f_1+\cdots+f_{n+1})} + Par \cdot e^{-(f_1+\cdots+f_n)} - Par \cdot e^{-(f_1+\cdots+f_n)}$$

$$\left(\rightarrow Par \cdot e^{-(f_1+\cdots+f_n)}\text{을 더하고 빼줌}\right)$$

$$= \left(Par \cdot (e^c - 1)\sum_{k=1}^{n} e^{-(f_1+\cdots+f_k)} + Par \cdot e^{-(f_1+\cdots+f_n)}\right)$$

$$+ Par \cdot (e^c - 1) \cdot e^{-(f_1+\cdots+f_{n+1})} + Par \cdot e^{-(f_1+\cdots+f_{n+1})} - Par \cdot e^{-(f_1+\cdots+f_n)}$$

$$= P(n) + Par \cdot (e^c - 1) \cdot e^{-(f_1+\cdots+f_{n+1})} + Par \cdot e^{-(f_1+\cdots+f_{n+1})}$$

$$- Par \cdot e^{-(f_1+\cdots+f_n)}$$

$$= P(n) + Par \cdot e^{-(f_1+f_2+\cdots+f_{n+1})}\left[(e^c - 1) + 1 - e^{f_{n+1}}\right]$$

$$= P(n) + Par \cdot e^{-(f_1+f_2+\cdots+f_{n+1})}\left[e^c - e^{f_{n+1}}\right]$$

$$= P(n+1).$$

그런데 $Par \cdot e^{-(f_1+f_2+\cdots+f_{n+1})} > 0$이므로 다음이 성립됩니다.

$$\begin{Bmatrix} c > f_{n+1} & \rightarrow & P(n+1) > P(n) \\ c = f_{n+1} & \rightarrow & P(n+1) = P(n) \\ c < f_{n+1} & \rightarrow & P(n+1) < P(n) \end{Bmatrix}.$$

그리고, 가령 $c = f_{n+1} - a$일 때($a > 0$) $P(n+1)$과 $P(n)$의 금액 상 차이는

$$P(n+1) \;-\; P(n) \;=\; Par \cdot e^{-(f_1+f_2+\cdots+f_{n+1})}\left[e^c - e^{f_{n+1}}\right]$$

입니다. 그런데 연속복리법에서는 $\left[e^{r(n+1)}\right]^{n+1} \;=\; e^{f(1)+f(2)+\cdots+f(n+1)}$이므로 우변은

$$\begin{aligned}
Par \cdot e^{-(f_1+f_2+\cdots+f_{n+1})}\left[e^c - e^{f_{n+1}}\right] &= Par \cdot \left[e^{-r(n+1)}\right]^{n+1} \cdot \left[e^c - e^{f_{n+1}}\right] \\
&= Par \cdot \left[e^{-r(n+1)}\right]^{n+1} \cdot \left[e^{f_{n+1}-a} - e^{f_{n+1}}\right] \\
&= Par \cdot \frac{e^{f_{n+1}-a} - e^{f_{n+1}}}{[e^{r(n+1)}]^{n+1}}
\end{aligned}$$

이 됩니다. 그런데 (무위험 채권의) coupon rate c나 f_{n+1}는 통상 0.02 ~ 0.04 정도의 작은 수치입니다. 그러면

$$e^c \;-\; e^{f_{n+1}} \;=\; e^{f_{n+1}-a} \;-\; e^{f_{n+1}} \;\approx -a$$

가 됩니다. 예를 들어 $f_{n+1} = 0.02,\ a = 0.005,\ c = f_{n+1} - a = 0.015$라면

$$e^c - e^{f_{n+1}} \;=\; e^{0.015} - e^{0.02} = \;-0.00509 \;\approx -0.05 = \;-a$$

입니다. 그러므로 위 식은 다음과 같이 표시할 수 있습니다.

$$P(n+1) \;-\; P(n) \;=\; Par \cdot \frac{e^{f_{n+1}-a} - e^{f_{n+1}}}{[e^{r(n+1)}]^{n+1}} \;\approx\; -\;\frac{Par \cdot a}{[e^{r(n+1)}]^{n+1}}.$$

이를 이산복리법에서의 $P(n+1) \;-\; P(n)$과 비교해 볼까요?* 이산복리법에서는

$$P(n+1) \;-\; P(n) = \;-\;\frac{Par \cdot a}{[1 + r(n+1)]^{n+1}}$$

입니다. 두 채권 가격의 차이 $Par \cdot a$를 현재가치로 할인하는 방식이 연속복리 방식과 이산복리 방식으로 바뀌었을 뿐 그 내용은 동일함을 알 수 있습니다.

---

* 앞의 본문에서는 $P(n+1) \;=\; P(n) \;-\; \frac{Par\cdot a}{[1+r(n+1)]^{n+1}}$로 표시되었습니다.

이처럼 연속복리법을 사용해도, 두 이표채의 만기만이 증가할 때 채권이 제공하는 한계 수익률인 c와 투자자들이 요구하는 한계 수익률인 $f(n+1)$와의 상대 크기에 따라, 두 채권 가격이 합당하게 달라짐을 알 수 있습니다. ■

CHAPTER 5

채권의 수익률 I

본장에서 중점적으로 다룰 내용은 채권에 투자할 때 기대되는 수익률 개념입니다. 그런데 수익률이란 채권의 투자 금액 대비 수입을 의미하고, 채권에서 수입이란 투자 기간 동안 coupon으로 받은 금액과 채권 매각 시 받은 금액을 말하므로, 채권을 매각하기 전에는 투자수익률을 파악한다는 것이 근본적으로 불가능합니다. 그런데 채권에 대해서는 채권 매각 이전에도 그 수익률을 논의할 수 있습니다. 이른바 만기수익률(yield to maturity)이 그것입니다. 왜 이것이 가능할까요?

질문 5-1〉 왜 채권 공부할 때에는 (사전적으로) 수익률을 거론할까요?

이는 채권의 특성 때문입니다. 채권은 주식과 달리 미래 창출할 현금이 이미 정해져 있기 때문입니다. 이것이 무슨 말일까요? 주식, 채권 등의 자산의 투자 수익률을 산출하려면 오늘 투자된 금액과 앞으로 받을 금액을 대비해야 합니다. 주식의 경우 오늘 투자된 금액 즉 오늘 주가는 알 수 있지만, 향후 이 주식으로부터 받을 금액은 불확실합니다. 주당 배당금 정도는 최근 몇 년의 추세를 참고하여 추정할 수 있겠지만, 주식 매각 시 받을 미래 주가는 대단히 불확실하기 때문입니다. 반면 채권은 오늘의 채권 가격과 향후 이 채권으로부터 받을 금액이 확실하기 때문에 투자 수익률을 산출할 수 있다는 것입니다. 주식의 배당금에 해당하는 채권의 coupon 수령액도 미리 알 수 있고, 주식 매도 금액에 해당하는 채권의 par 금액도 이미 확정됐기 때문입니다. 물론 이는 채권을 만기까지 보유한다는 가정하에서입니다. ■

질문 5-2〉 보다 엄밀한 수익률 계산을 위한 내용을 설명해 주세요.

네, 보다 정확하게 채권의 투자 수익률을 계산하려면 다음과 같은 문제에 봉착합니다. 채권 만기일이 되기 전에 채권을 매도할 경우에는, 주식 매각 금액처럼, 미래 매도 시점의 채권 가격은 현 시점에서는 알 수 없습니다. 채권 가격은 항상 시장 이자율의 함수, 즉 $r(k)$ 등의 현물 이자율의 함수인데, 미래 현물 이자율을 현 시점에서 알 수는 없기에, 미래 채권 매도 시점의 채권 가격도 현 시점에서는 알 수 없습니다. 단 채권을 만기일까지 보유하면, 만기일 채권의 매도 가격은 채권의 par가 될 수밖에 없기에 채권 매도 가격을 알 수 있습니다.* 만기일에 채권 보유자가 받을 par와 coupon을 합친 금액을 "만기일 채권 매도 가격"이라 해석할 수 있기 때문입니다.

이제 채권을 만기일까지 보유한다고 가정해 보겠습니다. 그러면, 채권 수익률 계산에 있어서 투자 금액은 오늘 채권 매수 금액이라 할 수 있고, 채권으로부터 받는 총 수령액은 채권 만기일까지 보유하여 받을 모든 coupon과 par 금액입니다. 더 정확하게 따지면, 만기일 이전에 받는 각 coupon 금액을 투자자가 채권 만기일까지 단순히 현금으로 보유하지 않고 무위험 이자율로 (재)투자하는 것이 투자자에게 이득입니다. 그러므로 만기일 이전에 받을 모든 coupon을 만기일까지 (재)투자할 때 귀결될 미래 coupon 가치와 채권의 par 금액을 합친 총가치가 채권 만기일까지 보유 시 투자자가 받는 총 미래 현금 액수가 됩니다. 그런데 여기서 한 가지 문제는, 만기일 이전에 받는 coupon들을 만기일까지 재투자할 때 적용할 무위험 수익률(즉 미래의 현물 이자율)은 현재로서는 알 수 없습니다. 이 (미래의) 재투자 수익률을 정확히 알아야 채권 투자로 인한 총 수익이 완벽하게 산출되는데 말입니다.

그러므로 채권의 투자 수익률을 구하기 위하여는

coupon의 재투자 수익률 등에 대한 일정한 가정이 필요

합니다. 그렇다면 어떻게 가정하여 coupon들의 재투자 수익률을 결정할까요? 네, 이 부분은 추후 본장에서 채권 만기수익률(yield)을 공부할 때 상세히 논의하겠습니다. ■

---

* 물론 만기일에 받는 채권의 coupon까지 채권 매도 금액의 일부로 해석할 수 있습니다.

이와 관련 저자가 한 신문에 기고한 채권의 수익률 관련 칼럼 내용을 먼저 보겠습니다.

■ 〈채권 수익률과 재투자위험〉

주식, 부동산 같은 자산은 미래 현금흐름이 불확실하지만 채권은 (채무 불이행(default)이 발생하지 않는 한) 미래 현금흐름이 확정되어 있다. 이 특성 때문에 채권 투자에서는 사전적으로 수익률(yield)을 파악할 수 있다. 일반적으로 수익률이란 투자 원금 대비 총수익을 의미하는 것으로, 투자 원금을 횟수하여 투자를 종료한 한 후에야 산출할 수 있다. 하지만 채권은 만기까지 받을 쿠폰과 만기일에 받을 원금(par)이 확정되어 있다. 그러므로 이 금액들을 다 받는다고 가정하면 오늘의 투자 금액 대비 총 얼마만큼의 수익을 실현할지 계산할 수 있어, 결국 투자를 시작하는 시점에서 투자 수익률을 산출할 수 있다.

만일 다른 자산들도 채권처럼 미래 현금흐름이 확정되어 있다면 투자 수익률을 미리 산출할 수 있다. 가령 투자자 갑이 오늘 한 오피스텔을 특정 가격에 구입하여 향후 5년간 자신이 정하는 임대료를 무사히 다 받고 5년 후 특정 가격에 제3자에게 이 오피스텔을 파는 것을 모두 확정할 수 있다면 갑은 이 오피스텔 투자의 수익률을 오늘 시점에서 계산할 수 있다. 그런데 채권은 만기에 정해진 원금을 받으므로 오피스텔 경우처럼 미래 매도 가격을 추정할 필요도 없다. 즉 만기까지 채권을 보유하기만 하면 모든 미래 현금흐름이 확정되어, 위의 오피스텔 경우보다 수익률 계산이 훨씬 더 용이하다.

그렇지만 설혹 만기까지 채권을 보유한다 해도 채권 수익률을 과신해선 안 된다. 하나의 예로 1년 후 100원, 5년 후 100원을 주는 채권 A가 있다 하자. A의 현재 가격이 174원 정도라면 채권 A의 수익률은 5%로 산출된다. 그렇다면 A를 5년간 보유하면 연평균수익률 5%가 보장될까?

그렇지는 않다. A의 1년 후 및 5년 후 현금흐름은 확정되었지만, 1년 후 받을 100원을 남은 4년 동안 "재투자"할 때 적용될 시장이자율은 오늘 시점에선 확정되어 있지 않다. 이로 인해 5년 후 투자자 갑이 받을 총현금 액수는 불확실하다. 이를 채권의 "재투자 위험(reinvestment risk)"이라 하는데, 이는 미래 시장이자율이 낮아져 그 결과 채권 투자 수익률이 낮아질 위험을 말한다. 위에서 5%로 산출된 A의 수익률은 사실은 1년 후 받을 100원을 남은 4년 동안에도 연수익률 5%로 재투자함을 편의적으로 가정해서 나온 값이다. 이 가정이 미래에 들어맞지 않으면 5년 후 A의 실제 수익률은 사전적 수익률 5%와 달라진다. 또 만기가 길거나 만기일 이전에 받을 현금이 많을수록 재투자 위험은 커진다. 이런 의미에서 채권의 "yield"는 "사전적 수익률"로 이해되어야 한다.

(한국경제신문, 2016년 5월 19일, A29면)

이제 현실에서 채권 가격이 어떻게 결정될지, 즉 채권 수익률은 어떻게 결정될지 알아봅시다. 채권 수익률을 결정짓는 첫 번째 요인은 국내외 경제 동향이라 할 수 있습니다. 글로벌 마켓은 크게 다음의 다섯 권역으로 분류됩니다. 미국, 중국, 유로존(유로화 사용 19개국), 일본, 그리고 이머징 마켓(emerging markets)입니다. 이 권역들의 경제 동향이 우리나라를 비롯한 전세계 채권 시장의 수익률에 일차적으로 영향을 미칩니다. 국내 경제 동향으로는 GDP, CPI(소비자물가지수), 수출입 동향, 산업 생산, 소비, 투자 등의 동향의 요인을 들 수 있습니다.

두 번째 요인으로 각국의 주요 정책, 특히 중앙은행의 통화 정책을 들 수 있습니다. 통화 정책은 특히 미국의 4대 투자은행이었던 리먼브라더스(Lehman Brothers)가 2008년 파산한 이후 경기 회복을 위한 주요 정책수단으로 활용되어 왔는데, 통화량 공급을 결정함으로써 (채권 수익률을 비롯한) 시장 이자율에 큰 영향을 미칩니다. 원래 통화 정책의 가장 중요한 목표는 물가 안정과 실업률 조절이라 할 수 있습니다. 2008년 세계금융위기 이후로 각국은 경기 침체 및 디플레이션 우려가 커지면서 실업률을 낮추기 위해 즉 고용 확대와 경기 회복을 위해 확장적인 재정 및 통화 정책을 실행함으로써 2016년까지 시장 이자율은 하향 일변도의 움직임을 보였습니다.

세 번째 요인으로는, 자명한 것이지만, 그때그때의 채권 발행 물량입니다. 채권의 공급(과 수요)은 국내외 경제 상황에 따라 탄력적으로 이루어지기 때문에, 채권 공급 규모는 단기적 채권 전망에서는 매우 중요한 시장 지표가 됩니다. 참고로 위의 첫 번째, 두 번째 요인은 신규 채권 발행 물량과 관계 없이, 기발행된 채권들의 가격을 결정하는 요인들입니다.

위에서 설명한 내용은 채권 실무자들이 공감하는 채권 가격 결정 요인들입니다. 실무적 관점에서의 설명은 이 정도로 하고, 본장에서는 이론적인 관점에서 채권의 수익률과 가격을 공부하겠습니다.

제 1 절 채권의 만기수익률

1. 수학적 정의

미래 현금흐름이 알려져 있는 모든 투자 자산에 있어서 만기수익률(yield to maturity, yield)이란, 이 자산의 시장 가격과 이론적인 현재가치를 일치하게 만드는 단일한 할인율을 의미합니다.* 즉 이 투자 자산의 시장가격을 P, t년 말의 현금흐름을 $CF(t)$, 마지막 현금 흐름의 시점이 향후 n년, 그리고 연간복리계산횟수가 1회인 경우, 만기수익률은 다음 식을 충족시키는 y 값으로 정의됩니다.

정의 1〉 만기수익률의 일반적 정의 (모든 자산)

$$P = \frac{CF(1)}{1+y} + \frac{CF(2)}{(1+y)^2} + \frac{CF(3)}{(1+y)^3} + \cdots + \frac{CF(n)}{(1+y)^n}$$

$$= \sum_{t=1}^{n} \frac{CF(t)}{(1+y)^t}.$$

여기서

좌변은 자산의 시장가격 P를,
우변은 이 자산의 현금흐름에 기초한 이론가격을

뜻합니다. 즉 자산의 시장가격과 이론가격을 일치시키는 단일한 할인율이 만기수익률 y입니다.

---

* "yield"라는 단어 자체가 동사로서도 "(수익률 등을) 산출하다"는 뜻을 가지고 있습니다.

이제 모든 자산에 대해 정의된 위 만기수익률 공식을 채권에 대해 적용해 보겠습니다. 참고로 본서에서는 '만기수익률'과 'yield'를 100% 동일한 의미로 혼용합니다. 이제 채권의 경우 액면가를 Par, coupon rate을 c라 하고 coupon이 연 1회 지급된다면, yield는 아래 방정식을 충족시키는 y 값으로 정의됩니다.

정의 2〉 채권의 yield 정의

$$P = \left(\frac{Par \times c}{1+y} + \frac{Par \times c}{(1+y)^2} + \cdots + \frac{Par \times c}{(1+y)^n}\right) + \frac{Par}{(1+y)^n}$$

$$= \sum_{t=1}^{n}\left[\frac{Par \times c}{(1+y)^t}\right] + \frac{Par}{(1+y)^n}.$$

위 식은 (n+1)개의 항으로 이루어진 식인데 이를 간결히 표시하여 봅시다. 첫 n개의 항인

$$\sum_{t=1}^{n}\frac{Par \times c}{(1+y)^t}$$

는 1년 후부터 n년 후까지 지속적으로 받는 $Par \times c$, 즉 coupon의 현재 가치입니다. 할인율이 y일 때, 일정 기간 동안의 고정적 현금흐름 $Par \times c$의 합(sum)의 현재가치는

$$\frac{Par \times c \times [(1+y)^n - 1]}{y(1+y)^n}$$

입니다.* 그러므로 다음과 같이 간단히 표시됩니다.

---

* 본서 제3장 연금의 현재가치를 참고할 수 있습니다. 단 3장에서는 할인율이 r입니다.

> ➢ 식 1〉 채권 yield의 간편 공식
>
> $$\begin{aligned} P &= \sum_{t=1}^{n}\left[\frac{Par\times c}{(1+y)^t}\right] + \frac{Par}{(1+y)^n} \\ &= \frac{Par\times c\times[(1+y)^n-1]}{y(1+y)^n} + \frac{Par}{(1+y)^n} \\ &= \frac{Par\times c\times(1+y)^n - Par\times c}{y(1+y)^n} + \frac{Par}{(1+y)^n} \\ &= \frac{Par\times c}{y} - \frac{\frac{Par\times c}{y}}{(1+y)^n} + \frac{Par}{(1+y)^n} \\ &= \frac{Par\times c}{y} + \frac{Par\left(1-\frac{c}{y}\right)}{(1+y)^n}. \end{aligned}$$

이제 위 간편한 만기수익률 공식에 대해 한 가지 질문을 해 봅시다.

질문 5-3〉 이표채의 현재가치 $\boldsymbol{P}$를 구성하는 $\frac{\boldsymbol{Par\times c}}{\boldsymbol{y}}$ 와 $\frac{\boldsymbol{Par\left(1-\frac{c}{y}\right)}}{\boldsymbol{(1+y)^n}}$ 의 두 항을 어떻게 해석하면(interpretation) 좋을까요?

원래 $(n+1)$개의 항으로 이루어져 있던 채권 가격 P가 결과적으로 두 항으로만 표시된 이유를 이해하기 위해 각 항의 의미를 알아봅시다.

첫 항인 $\frac{Par\times c}{y}$은 영구연금 $Par\times c$에 대한 할인율이 y일 때의 이 영구현금의 현재가치를 의미합니다. 그런데 만기 n년의 이 채권은 n년까지만 coupon을 받고 그 이후는 받지 않으므로, coupon을 영구연금처럼 받지는 않습니다. 즉 이 영구연금은 이 채권의 coupon 가치를 과대평가하고 있는 것입니다. 그러므로 과대평가된 몫만큼은 다시 빼줘야 하는데 이것이 바로 두 번째 항에 잘 나타나 있습니다.

두 번째 항은 n년 후 만기일에 받는 Par의 현재가치인 $\frac{Par}{(1+y)^n}$가 포함되어 있고 또 $-\frac{Par\cdot\frac{c}{y}}{(1+y)^n}(= \ -X)$도 포함되어 있습니다. $-X$라고 표기한 이유는, 과대평가된 이 채권의 coupon들의 (현재)가치가 X이기에 이 X만큼 다시 빼준다는 의미입니다. 만기일인 n

년 이후에도 계속, 영원히 coupon를 받는 영구연금은 이 채권의 실제 현금흐름에 비해 n년 이후의 (영구)연금만큼 과대평가되어 있습니다. 이 과대평가된 영구연금(의 현재가치)를 채권 가격에서 다시 빼줘야 하는데, 이는 두 단계로 산출됩니다. 먼저, '$n+1$'년부터 coupon을 영구히 지급받는 영구연금의 현재가치 X_n을 만기일인 "n년 후 시점"에서 산출합니다. 그리고 이 X_n을 다시 오늘의 시점으로 할인해 주면 되는데 이 값을 X라 하겠습니다. X_n을 구하면 $\frac{Par\times c}{y}$가 됩니다. 그리고 X를 구하면 $\frac{X_n}{(1+y)^n} = \frac{\frac{Par\times c}{y}}{(1+y)^n}$가 됩니다. 이만큼 빼주어야 하니 결국 "$-X$"는 $-\frac{\frac{Par\times c}{y}}{(1+y)^n}$가 됩니다.

이를 표로 요약하면 아래와 같습니다. 첫째와 둘째 행(row)은 시점 t(년)을 나타내고, 셋째부터 여섯째 행에는 상이한 4개의 채권의 현금흐름과 그 현재가치(PV)가 표기되어 있습니다. 물론 셋째 행이 우리가 논의하는 coupon bond입니다.

(PV)	(t)							
	1	2	3	…	n	$n+1$	$n+2$	…
P	$Par\cdot c$	$Par\cdot c$	$Par\cdot c$		$Par\cdot c + Par$			
$\frac{Par\cdot c}{y}$	$Par\cdot c$	$Par\cdot c$	$Par\cdot c$	$Par\cdot c$	$Par\cdot c$	$Par\cdot c$	$Par\cdot c$	$Par\cdot c$
$\frac{Par}{(1+y)^n}$					Par			
$-\frac{\frac{Par\times c}{y}}{(1+y)^n}$						$-Par\cdot c$	$-Par\cdot c$	$-Par\cdot c$

■

만일 coupon이 연 2회 지급된다면 yield는 아래의 식를 만족시키는 y 값이 됩니다.* 아래 식은, coupon이 연간 2회 지급되는 경우 먼저 1기간의 액면이자 $Par\times\frac{c}{2}$를 계산하고 단위기간 yield를 $\frac{y}{2}$로 하여 (연간) yield y를 산출하는 방법을 나타냅니다. 이 방식은 복리계산의 원리를 간과했다는 점에서 정확한 yield 산출방식이라고는 할 수 없으나 채권 시장에서는 관행적으로 이 방식으로 yield를 구합니다.†

---

* 아래 식을 만족하는 $\frac{y}{2}$가 아니라 y가 이 채권의 yield가 됩니다.

† 액면이자가 연 2회 이상 지급되는 경우 이러한 방식으로 구한 채권의 yield를 특히 "채권식 만기수익률

정의 3〉 채권의 yield (연간 이자지급 2회)

$$P = \left(\frac{Par \cdot \frac{c}{2}}{\left(1+\frac{y}{2}\right)} + \frac{Par \cdot \frac{c}{2}}{\left(1+\frac{y}{2}\right)^2} + \dots + \frac{Par \cdot \frac{c}{2}}{\left(1+\frac{y}{2}\right)^{2n}} \right) + \frac{Par}{\left(1+\frac{y}{2}\right)^{2n}}$$

$$= \sum_{t=1}^{2n} \left[\frac{Par \cdot \frac{c}{2}}{\left(1+\frac{y}{2}\right)^t} \right] + \frac{Par}{\left(1+\frac{y}{2}\right)^{2n}}.$$

이 식도 다음과 같이 간결하게 표시할 수 있습니다.

➢ 식 2〉 채권의 yield 간편 공식 (연간 coupon 지급 2회)

$$P = \sum_{t=1}^{2n} \left[\frac{Par \cdot \frac{c}{2}}{\left(1+\frac{y}{2}\right)^t} \right] + \frac{Par}{\left(1+\frac{y}{2}\right)^{2n}}$$

$$= \frac{Par \times \frac{c}{2}}{\frac{y}{2}} + \frac{Par\left(1 - \frac{\frac{c}{2}}{\frac{y}{2}}\right)}{\left(1+\frac{y}{2}\right)^{2n}}.$$

나아가, 만일 coupon이 연속적으로 지급된다면, 매우 짧은 시간 dt마다 $Par \times c \times dt$의 coupon을 지급하게 됩니다. 즉 액면이자를 받는 시점은 $dt,\ 2dt,\ 3dt, \dots,\ n-dt,\ n$(년)이 되고 이 각 시점마다 받는 이자액은 $Par \times c \times dt$가 됩니다.* 여기서 dt는 0에 가까운 매우 작은 수치, 즉 무한소(infinitesimal)로서, 예로써 dt를 1초로 가정한다면

$$dt = \frac{1}{365 \times 24 \times 60 \times 60} = 0.000000031$$

(Bond Equivalent Yield, BEY)"이라고도 합니다.

* 시간의 무한소인 dt를 마치 상수처럼 취급한 것입니다. 아주 엄밀히는, 수학적으로 이런 해석이 다소 무리가 있을 수 있으나, 본서 수준에서는 아무 문제 없습니다. 이 footnote도 읽지 않을 독자들에게는 더욱 더 아무 문제 없습니다.

이 됩니다. 한편 coupon을 받는 시점이 미래 시점 t 라면, 이 coupon의 현재가치는 $\frac{Par\times c\times dt}{e^{ty}} = e^{-ty}\times(Par\times c\times dt)$ 입니다. 그리고 시점 $t=0$ 에서부터 $t=n$(년)이 될 때까지 연속적으로 받는 이 coupon들의 현재가치와 액면가 Par의 현재가치 $Par\times e^{-ny}$를 더한 수치가 채권의 현재가치 P가 됩니다. 그러므로 이 경우의 yield는 다음 식의 y 값이 됩니다.

> ➢ 식 3〉 채권의 yield (연속복리법)
>
> $$P = \int_0^n [e^{-ty}\times(Par\times c\times dt)] \; + \; Par\times e^{-ny}$$
> $$= Par\times\left[c\int_0^n [e^{-ty}\cdot dt] \; + \; e^{-ny}\right].$$

2. 경제적 의미

다음 기본 공식을 충족하는 채권의 yield y는 수학적으로 정의된 개념입니다.

$$P \;=\; \sum_{t=1}^{n}\frac{Par\times c}{(1+y)^t} \;+\; \frac{Par}{(1+y)^n}.$$

하지만 채권 투자와 관련하여서는 yield 개념의 경제적 의미를 파악할 필요가 있습니다. 그리고 더 세밀하게 구분하면,

채권을 매수하여 만기까지 보유하는 것을 가정하는 경우와
만기 이전에 매각할 가능성을 포함하는 경우

가 있습니다. 이들을 현 시점에서 모두 상세히 공부하기는 다소 복잡하므로, 여기에서는 이해하기 더 용이한 '만기까지 보유'할 때의 yield의 경제적 의미를 공부하겠습니다. 참고로, 만기 이전에 매각하는 경우의 yield의 경제적 의미는 다음 장인 6장 1절 "만기수익률: 사전적 vs. 사후적"에서 논의합니다.

먼저 현금흐름이 단순한 무이표채(zcb)의 yield의 의미를, 그리고 coupon bond의 그

것을 차례로 살펴보기로 합시다. 편의상 단위기간도 1년으로 합시다. 현물 이자율 $r(1),\ r(2),\ \ldots\ ,r(n)$이 주어졌을 때 만기 n년, 액면가 Par인 zcb의 시장 가격 P는 다음과 같습니다.

$$P\ =\ \frac{Par}{\left(1+r(n)\right)^n}.$$

또한 채권의 yield는 수학 공식 $P=\sum_{t=1}^{n}\left(\frac{Par\times c}{(1+y)^t}\right)\ +\ \frac{Par}{(1+y)^n}$를 충족시키는 y 값입니다. zcb는 coupon rate $c=0$인 경우이므로, 만기 n년, 액면가 Par인 zcb의 yield는 다음을 만족시키는 y 값이 됩니다.

$$P=\sum_{t=1}^{n}\frac{Par\times 0}{(1+y)^t}\ +\ \frac{Par}{(1+y)^n}\ =\ \frac{Par}{(1+y)^n}$$

위 식과 $r(n)$의 함수로서의 $P\left(=\ \frac{Par}{\left(1+r(n)\right)^n}\right)$를 비교하면

$$y\ =\ r(n)$$

임을 알 수 있습니다. 이처럼 zcb의 경우 yield는 언제나 (동일한 만기의) 현물 이자율이 되므로, zcb의 yield의 의미도 현물 이자율의 의미와 같습니다. 현물 이자율 $r(n)$의 의미는, 채무불이행 위험이 없는 zcb를 매입하여 만기 n년까지 보유할 때 기대되는, 혹은 투자자가 요구하는, 연 수익률인데, 이것이 곧 zcb 만기수익률의 경제적 의미입니다.

그런데 여기서 조금 더 확실히 할 것이 있습니다. 만기수익률을

> 채무불이행 위험 없는 zcb를 매입하여 만기까지 보유할 때 기대되는 연 수익률
> 혹은 투자자가 요구하는 연 수익률

로 정의하는 것은 사전적 정의(ex-ante definition)입니다. 그런데 zcb의 경우 만기까지 보유시 사후적으로도 yield가 그대로 연수익률로 실현됩니다. 가령 $n=2,\ r(n)=r(2)=0.1,\ Par=100$인 이 zcb의 가격은 $P=\frac{Par}{\left(1+r(n)\right)^n}=\frac{100}{(1+0.1)^2}=82.64$입니다. 그리고 이 채권의 yield도 $y=r(2)=0.1$입니다. 오늘 이 zcb를 82.64에 매수해서

만기까지 보유해 $Par = 100$을 받으면, 이 투자의 실제 연수익률도 0.1입니다. 그러므로 zcb의 경우, 만기수익률은 사전적인 수익률 개념뿐 아니라 (만기까지 보유 시) 사후적으로도 항상 실현되는 수익률입니다.

정리 1〉 무이표채(zcb)의 만기수익률(y)의 경제적 의미

채무불이행 위험이 없는 zcb를 매입하여 만기까지 보유할 때
오늘 시점에서 기대되고, 만기 시점에서 실현되는, 연 수익률이
무이표채의 만기수익률 y이다.

자, 이제는 coupon bond의 yield의 의미를 파악하여 봅시다. 액면가 Par, coupon rate c, 만기 2년의 coupon bond A의 yield를 구한다고 가정합시다. 1년 및 2년 현물 이자율이 각각 r(1), r(2)라고 하면, A의 시장 가격 P(A)는 다음과 같이 결정됩니다.

$$P(A) \;=\; \frac{Par \times c}{1 + r(1)} + \frac{Par[1 + c]}{\left(1 + r(2)\right)^2}.$$

한편 P(A)를 yield y(A)의 함수로 표시하면 다음과 같습니다.

$$P(A) \;=\; \frac{Par \times c}{1 + y(A)} + \frac{Par[1 + c]}{\left(1 + y(A)\right)^2}.$$

두 식의 우변은 같아야 하므로, r(1), r(2) 및 y(A)는 다음 식을 충족합니다.

➢ **식 4〉 만기수익률과 현물 이자율**

$$\frac{Par \times c}{1 + r(1)} + \frac{Par[1 + c]}{\left(1 + r(2)\right)^2} = \frac{Par \times c}{1 + y(A)} + \frac{Par[1 + c]}{\left(1 + y(A)\right)^2}.$$

이제 편의상 $r(1) < r(2)$라고 합시다. 그러면 위 식의 구조 상 yield y(A)의 범위는 다음과 같습니다.

$$r(1) < y(A) < r(2)$$

왜냐하면, $y(A) \geq r(2)$ 이면 위 식의 우변은 좌변보다 작아지고, 반대로 $y(A) \leq r(1)$ 이면 위 식의 우변은 좌변보다 커져 위 등식이 성립되지 않기 때문입니다. 결국 y(A)는 이 채권과 관련된 현물 이자율 r(1)과 r(2) 사이의 값임을 알 수 있습니다. 여기서 r(1)과 r(2)는 이 coupon bond의 두 현금흐름에 대한 할인율, 즉 수익률입니다. 첫 coupon인 $Par \times c$ 에 대한 수익률은 r(1)이고 두 번째 coupon 및 액면가 $Par \cdot [1 + c]$ 에 대한 수익률은 r(2)입니다. 그러므로 이 채권의 평균 수익률은 r(1)과 r(2) 사이의 값을 가집니다. 한편 이 채권의 만기수익률 y(A)도 r(1)과 r(2) 사이에 위치합니다. 이런 점에서, 이 채권의 만기수익률 y(A)는, 이 채권을 만기까지 보유하여 모든 coupon과 액면가 Par 를 지급받을 때 기대되는 (연)평균 수익률의 의미를 가집니다. 또 $r(1) > r(2)$ 인 경우에도 동일한 결론이 얻어집니다) 이것이 coupon bond의 만기수익률의 경제적 의미입니다. 시장에서 거래되는 대부분의 채권들은 coupon bond이므로, 통상적으로 채권의 만기수익률을 거론할 때는 coupon bond의 만기수익률(yield)를 의미한다고 생각해도 됩니다.

그런데 여기서 유의해야 할 사실은

무이표채(zcb)의 만기수익률과 이표채의 그것은 본질적 차이

가 있다는 사실입니다. zcb의 yield(y)는 위에서 정의된 대로

채무불이행 위험이 없는 zcb를 매입하여 만기까지 보유할 때
오늘 시점에서는 기대되고, 만기 시점에서는 실현되는, 연 수익률

입니다. 즉

zcb를 만기까지 보유하면 y가 연(평균)수익률로 "자동적으로 실현"

됩니다. 반면 이표채의 경우에는 단지 만기까지 보유만 한다 해서 사전적으로 계산된 yield 수치(x)가 자동적으로 연수익률로 실현되지는 않습니다. 왜냐하면, zcb와는 달리, 이표채의 경우 만기까지 여러 번 coupon을 받기 때문입니다. 이 coupon들을 만기까지 여하히 투자하는가에 따라, 즉 coupon의 투자 성과에 따라, 만기 시점에서의 연(평균)

수익률이 (사전에 기대됐던) x와 같을 수도 다를 수도 있습니다. 사전적인 만기수익률 수치 x와 사후적 만기수익률 수치가 같으려면 (다음 장에서 배울) 까다로운 추가 조건을 충족해야 하기 때문입니다. 그러므로 이표채의 만기수익률은 현 단계에서는 사전적 의미로만 정의합니다.

> **정리 2〉 이표채 만기수익률의 경제적 의미**
>
> 이표채(coupon bond)를 매수하여 만기까지 보유할 때 예상되는 혹은 기대되는 연 평균 수익률

이제 위의 논의를 계속하겠습니다. 위 부등식 $r(1) < y(A) < r(2)$ 혹은 $r(1) > y(A) > r(2)$로부터 다음이 추정됩니다. 즉,

(r(1), r(2)를 포함한) 시장 이자율이 전체적으로 상승하면 y(A)도 상승하고
시장이자율이 전체적으로 하락하면 y(A)도 하락함

을 알 수 있습니다. 즉 채권 투자자들에게 있어서 전체적인 시장 이자율의 상승(하락)은 곧 특정 채권 만기수익률의 상승(하락)도 의미하고, 이런 점에서 “시장 이자율”이란 많은 채권들의 만기수익률을 간접적으로 의미하기도 합니다. 일례로 미국 금융시장의 대표적인 이자율 중 하나인 30년 만기 국채에 대한 “시장 이자율”이라 함은 바로 이 채권의 만기수익률을 의미합니다. 그 이유는, 30년 만기 (coupon bond인) 국채와 관련된 시장 이자율은 너무 많기 때문입니다. 왜냐하면 이 채권이 매년 두 번의 coupon 지급을 하는 것을 감안하면, 이를 할인하는 이자율만 해도 60개나 됩니다. 이 60개 모두를 이 채권의 “대표적인” 이자율로 간주할 수는 없으므로, 이 채권에 하나만 존재하는, “30년 만기까지 보유 시의 평균 수익률”의 의미를 가진 만기수익률을 이 채권에 대한 시장의 (대표적인) 이자율로 인식하는 것입니다.

참고 1〉 30년 만기 미국 국채의 만기수익률(yield)

이 채권의 만기수익률을 더 정확히 설명한다면, 나중에 배울, “par bond”라는 30년만기 국채의 만기수익률을 의미합니다. “par bond”란 채권 가격과 그 액면가(par)가 같은 채권을 말합니다. 그러므로 30년 만기의 미국 국채의 만기수익률은, 30년 만기로 가장 최근에 발행된 par bond의 만기수익률을 보통 의미합니다. 만기가 30년인 미국 국채는 1년에 여러 번 발행되는데 이 중 가장 최근에 발행된 채권을 “on-the-run issue”라 하며, 당연히 이 채권의 (남은) 만기가 30년에 가장 가깝습니다. 이보다 이전에 발행된 채권들은 “off-the-run issue”라 하며, 당연히 “on-the-run issue”보다 만기가 짧습니다.*

통상적으로는 “on-the-run issue”의 거래량이 가장 많습니다. 그리고 동일 만기의 채권이 새로 발행되면 그때까지 “on-the-run issue”였던 채권은 “off-the-run issue”가 됩니다. 그러니 가령 30년 만기로 1년 전에 (당시 “on-the-run issue”으로) 발행된 현재 “off-the-run issue”와, 오늘 29년 만기로 발행된 “on-the-run issue”가 있다면 이 두 채권은 모든 조건이 같은, 사실상 같은 채권들입니다. 그런데 후자가 단지 “on-the-run issue”이라는 이유로 거래량이 더 많고, 가령 수요가 더 많기에, 그 가격이 전자보다 더 높을 수도 있습니다. 그렇다고 해서 차익거래가 쉽게 이루어지지는 못할 수 있습니다. 왜냐하면 이러한 두 채권의 요상한 가격 차이가 언제 확실하게 해소된다는 보장이 없기 때문입니다. 가령 향후 20년 이상 이러한 차이가 지속될 수도 있습니다.† 물론 만기까지 가면 확실한 차익을 실현할 수는 있습니다. 29년 동안 동일한 현금흐름을 제공하는 두 채권 중 더 저렴한 채권을 사고 더 비싼 채권을 공매도하면, 만기일까지 보유하면 확실히 차익을 실현할 수는 있습니다. 그러나 그 도중에는 그 가격 차이가 더 불리한 방향으로 커질 가능성도 배제할 수 없습니다. 그러므로 “on-the-run issue”와 “off-the-run issue”의 가격 차이를 이용한 차익거래는 실행하기 쉽지 않을 수 있습니다. ■

* 저자가 Stern School MBA 강의를 듣다가 이 표현을 처음 접했는데, 당시 강의하던 분이 “국채가 뛴다(run)”는 식으로 농담했던 기억이 납니다.

† 흥미로운 사실은 on-the-run-issue였기에 더 가격이 높았던 채권도 시간이 지나면 off-the-run-issue가 된다는 것입니다. 이런 면에서 투자자들이 on-the-run-issue에 집착할 필요가 없지만 투자자들의 행태가 항상 합리적이지는 않습니다. 오죽하면 Behavirol Finance가 태동했겠습니까? 그것도 수십 년 전에...

이제 이표채의 만기수익률을 계산하는 문제를 하나 풀어 보겠습니다.

예제 5-1〉 coupon bond의 yield 계산

액면가 100, coupon rate 10%, 만기 3년인 coupon bond의 만기수익률을 구해봅시다. 1년, 2년 및 3년 만기 현물 이자율이 각각 5%, 6%, 7%라고 하면, 이 채권의 시장 가격 P는 다음과 같이 108.22이 됩니다.(반올림 오차 존재)

$$\begin{aligned} P &= \frac{10}{1+0.05} + \frac{10}{(1+0.06)^2} + \frac{110}{(1+0.07)^3} \\ &= 9.5238 + 8.9000 + 89.7928 \\ &= 108.22. \end{aligned}$$

한편 이 채권의 만기수익률은 다음의 식을 충족하는 y 값입니다.

$$P = 108.22 = \frac{10}{1+y} + \frac{10}{(1+y)^2} + \frac{110}{(1+y)^3}.$$

이 식을 충족하는 y 값은 $y \approx 0.0688 = 6.88\%$입니다. 이 값은 이 채권과 관련된 현물 이자율 5%, 6%, 7%의 최소값과 최대값 사이에 위치하고 있습니다. 또 이 값은 1년 만기 혹은 2년 만기 현물 이자율 값보다 3년 만기 현물 이자율 값 7%에 보다 가깝습니다. y 값이 3년 만기 현물 이자율 값에 보다 가까운 이유는, 이 채권의 현금흐름 중 대부분인 110의 현금흐름이 3년 후에 발생하기 때문에 이 현금흐름과 관련된 수익률(할인율) 7%의 비중도 그만큼 높아지기 때문입니다. ■

참고로, (채권들의) 만기수익률에 숨겨진 전제가 하나 있습니다. 너무나도 자명하다 보니 투자자들이 평소에는 잘 인식하지 못할 수도 있습니다. 그것은 다름 아니고, 채권의 만기까지 coupon과 par를 제대로 지급해야 한다는 것입니다.* 이는 만기수익률 정의에서 이미 암시되고(implied) 있습니다.

---

* 무이표채의 경우에는 par만이 대상입니다.

$$P = \sum_{t=1}^{n}\left[\frac{Par \times c}{(1+y)^t}\right] + \frac{Par}{(1+y)^n}.$$

위 식에서 알 수 있듯이, 만기 n년까지의 기간 동안 coupon이나 par 중 어느 것이라도 단 한 번이라도 제대로 지급되지 않는다면 위 식 자체가 무의미합니다.
그리고 여기서

coupon과 par를 "제대로" 지급

한다 함은, 미리 정한 시점(들)에 미리 정한 금액(들)을 지급해야 한다는 의미입니다. 즉 dollar amount와 timing을 모두 포괄하는 개념입니다. 단 1원이라도, 단 1일이라도 미리 정한 내용과 다르게 지급되면, 엄격히 말해 그 채권에는 채무불이행(default)이 발생한 것이기 때문입니다. 단, (발권력이 있는) 각국 정부가 발행한 채권들에는 채무불이행이 발생할 확률이 거의 0이므로, 정부 발행 채권들의 만기수익률을 논할 때에는 이 가정은 종종 생략되기도 합니다.

3. 만기수익률 산출

여기서는 현물 이자율이 주어졌을 때 특정 만기 coupon bond의 만기수익률을 구체적으로 구하는 과정을 파악합니다. 만기수익률 y를 정의한 식

$$P = \sum_{t=1}^{n}\left[\frac{Par \times c}{(1+y)^t}\right] + \frac{Par}{(1+y)^n}$$

는 y에 관한 n차 방정식입니다. 그런데 n이 3(년) 이상인 고차 방정식이 되면 위 식을 충족하는 y의 일반적인 해가 산출되지는 않습니다. (위 식의 좌변은 단순히 이 채권의 시장 가격) 이 경우 우리는 여러 y 추정치를 위 식에 대입하여, 위 식의 양변을 가장 근사하게 일치시키는 y 추정치를 이 식의 해로 간주하는데, 이런 방식을 흔히

y를 구하는 시행착오법(trial and error method)

이라 합니다. coupon bond는 만기 3년 이상이 대부분이라서, 특히 단위기간이 6개월이

면 만기가 1.5년 이상만 되어도 3차방정식이 되므로, y 값을 'closed-form solution'으로 구하기 어렵습니다. 즉 하나의 공식으로 구하기 어렵기에, 이처럼 시행착오법을 자주 사용하며, Excel 같은 spreadsheet program에서도 이 방식으로 y를 구합니다. 여기서는 이 시행착오법이 작동하는 원리를 설명해 보겠습니다.

위 식의 우변은 y의 함수로 표시된 채권 가격 즉 $P(y)$가 됩니다.

$$P = \sum_{t=1}^{n}\left[\frac{Par \times c}{(1+y)^t}\right] + \frac{Par}{(1+y)^n} = P(y).$$

위 식에서 좌변은 주어진 채권 시장가격이고($= P$) 우변은 y의 함수로서의 채권 이론가격입니다. 이때 $P(y)$는 y의 감소함수(strictly decreasing function)이어서 y가 커짐에 따라 $P(y)$는 작아집니다. 즉

$$\frac{dP(y)}{dy} < 0$$

입니다. 그러므로 우변의 주어진 P 값과 일치하는 y 값은 단일하게 존재합니다. 가령 추정치 y_1을 위 식에 대입한 결과 $P < P(y_1)$이 된다면, 이는 y_1이 지나치게 작은 값으로 추정되었다는 의미입니다. 그러므로 두 번째 시행으로는 y_1보다 큰 y_2를 대입하여 $P(y_2)$를 산출한 후 이를 P 값과 다시 비교합니다. 이러한 시행을 계속하면 어느 시점에서는 P 값에 가장 가까운 $P(y^*)$ 값이 산출되는데, 이때의 추정치 y^*를 이 채권의 만기수익률로 확정하는 방식이 시행착오법입니다. 위의 예의 경우 y 추정치, $P(y)$ 및 P를 비교하면 아래 도표와 같은 결과를 얻을 수 있습니다.

➢ 도표 5-1〉 만기수익률 산출과 시행착오법

n	y_n (= yield 추정치)	$P(y_n)$	P	차이
1	0.0686	108.2615	108.2165	0.0449
2	0.0687	108.2337	108.2165	0.0171
3	0.0688 $(= y^*)$	108.2059	108.2165	−0.0107
4	0.0689	108.1781	108.2165	−0.0385

위 도표에서 알 수 있듯이, 주어진 P 값과의 (절댓값) 차이가 가장 작은 $P(y_n)$를 산출하는 y_n은 $y_n = 0.0688 = y^*$이므로 이 값을 이 채권의 만기수익률로서 확정합니다.

한편 편의적으로 만기수익률을 근사치로 추정하는 간단한 방법도 존재합니다. 이 방법은 시행착오법처럼 매우 정교하게 y^* 값을 산출하지는 않지만, y^*의 근사치를 단 한 번의 시행으로 산출하기 때문에 경우에 따라 유효하게 사용할 수 있습니다. 또 효율적인 시행착오법 사용을 위한 첫 번째 시행값($= y_1$)으로 활용될 수 있습니다.

> ➢ 식 5〉 만기수익률의 근사치 공식
>
> $$y_* = \frac{Par \times c + \dfrac{Par - P}{n}}{\dfrac{Par + P}{2}}.$$
>
> 여기서,
>
> y_* = 만기수익률 근사치
>
> Par = 채권의 액면가
>
> c = 채권의 coupon rate
>
> P = 채권의 가격
>
> n = 채권의 만기(년)

무이표채의 $c = 0$인데, $c = 0$인 경우에도 위 식은 유효합니다. 위 식의 분자 부분을 먼저 살펴봅시다. $Par \times c$는 연간 지급받는 coupon, '$Par - P$'는 만기까지의 n년 동안의 채권 가치 상승, 즉 자본이득(capital gain, capital appreciation)이므로 $\frac{Par - P}{n}$는 연평균 자본이득을 의미합니다. 결국 위 식의 분자는 이 채권으로부터 실현할 수 있는 연평균 수익(의 합)을 나타냅니다. 이 식의 분모는 현재의 채권 가치 P와 만기시의 채권 가치 Par의 평균으로, 현재부터 만기까지의 이 채권의 연평균 가격(가치)을 나타냅니다. 그러므로 위 식의 y_*는 채권의

$$\frac{annual\ average\ income}{average\ price}$$

을 의미하므로, 이 채권을 만기까지 보유할 때의 연평균 수익률이라는 의미가 되어 만기수익률의 본래의 의미와 크게 다르지 않습니다. 이 식에 대해 한 가지 질문을 해 보

겠습니다.

질문 5-4〉 위 식에서 분모가 왜 현재 가격이 아닌 연평균 가격일까요?

왜냐하면 채권 가격은 시간이 경과함에 따라 변하기 때문입니다. 곧 공부하겠지만, 가령 채권 가격이 그 액면가보다 큰 할증 채권(premium bond)은 시간 경과에 따라 점차 채권 가격이 하락합니다. 그러므로 전체 만기 동안의 이 채권의 연평균 수익률인 만기 수익률(근사치)을 구하기 위해서는, 채권의 현재 가격뿐 아니라 미래 가격(변화)도 감안해야 합니다. 그리고 모든 채권에 대해 가장 대표적인, 공통적인 미래 가격은 만기시에 받는 액면가(Par)입니다. 또 이 (미래) 가격은 시장 이자율과 상관 없이 이미 확정된 값이니 편리하게 사용할 수 있습니다. 이런 이유로 연평균 가격을 산출하기 위해서 Par를 필요로 하는 것입니다. ■

이제 위 공식을 이용하여 만기수익률 근사치를 구해 보고 이 수치를 실제 만기수익률 수치와 비교해 보겠습니다.

예제 5-2〉 만기수익률 근사치 구하기

위의 예제에서처럼 $Par = 100$, $c = 10\%$, $n = 3$, $P = 108.22$인 coupon bond의 만기수익률 근사치를 구하여 봅시다. 근사치 공식을 이용하면 $y = 6.97\%$로 산출됩니다.

$$y = \frac{Par \times c + \dfrac{Par - P}{n}}{\dfrac{Par + P}{2}} = \frac{100 \times 0.1 + \dfrac{100 - 108.22}{3}}{\dfrac{100 + 108.22}{2}}$$

$$= \frac{10 + \left(\dfrac{-8.22}{3}\right)}{\dfrac{208.22}{2}} = \frac{7.26}{104.11} = 0.0697 = 6.97\%.$$

■

이 값은 시행착오법으로 구한 값 y = 6.88%와의 차이가 0.09% 포인트 = 0.0009로 그다지 크지 않습니다. 그러므로 대략적인 만기수익률 값만이 필요한 경우 혹은 시행착오법을 사용할 때 첫 시행값으로 이 근사치를 사용할 수 있습니다.

4. 만기수익률과 가격

여기서는 채권의 만기수익률과 관련된 다양한 세부 주제에 관하여, 특히 '채권 가격의 시간적 변화'에 관하여 공부합니다.

(1) 채권의 가격 곡선

특정 채권의 현금흐름이 주어졌을 때 채권투자 수익률이 높기(낮기) 위해서는 채권의 현재 가격이 낮아야(높아야) 하므로

채권 가격과 (요구)수익률은 서로 반대방향으로

움직입니다. 연평균 수익률로서의 만기수익률에도 이 관계가 적용되어 채권 가격과 만기수익률도 서로 반대방향으로 움직입니다. 만기수익률과 채권 가격의 이러한 관계를 무이표채(zcb)의 경우를 들어 살펴봅시다.

예제 5-3〉 무이표채(zcb)의 가격과 만기수익률

만기 n년, 액면가 Par인 zcb의 가격 $P(y)$와 이 채권에 대한 투자자들의 요구수익률인 만기수익률 y와의 관계는 $P(y) = \frac{Par}{(1+y)^n}$ 입니다. 이 식을 사용하여 만기 5년, 액면가 100인 zcb의 가격과 만기수익률의 관계를 수치로 나타내면 다음과 같습니다.

만기수익률 (= y)	5%	6%	7%	8%	9%	10%
가격 (= P(y))	78.35	74.73	71.30	68.06	64.99	62.09

그러므로 zcb의 경우 만기수익률과 채권 가격은 서로 반대방향으로 움직이는 것을 확인할 수 있습니다. ■

위 예제에서 파악한 만기수익률과 채권 가격의 관계는 무이표채뿐 아니라 coupon bond의 경우에도 성립합니다. 만기, 액면가, coupon rate 등이 주어졌을 때 채권의 만기수익률과 가격 곡선의 일반적인 관계를 그래프로 나타내면 다음과 같습니다. 참고로 아래 그림은 채권 가격과 만기수익률 관계를 나타내는 가장 잘 알려진 그림으로, 여러분들은 이 그림을 잘 기억할 필요가 있습니다.

➢ 그림 5-1〉 채권의 가격 곡선

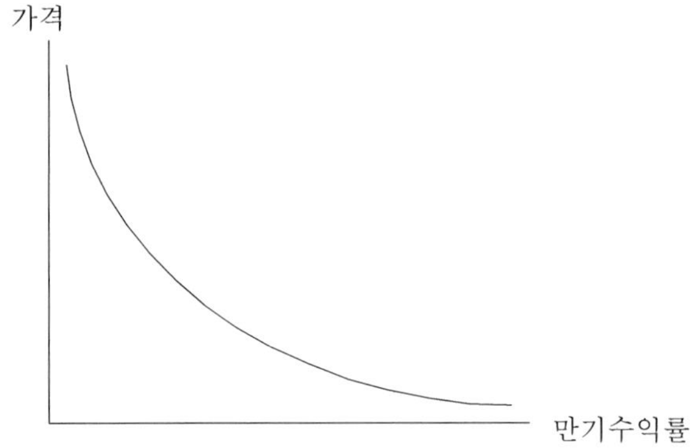

위 그림에서 알 수 있듯이 채권의 가격 곡선은 만기수익률의 감소함수이며 또 원점에 대하여 볼록한 형태를 띱니다. 이 관계는 수의상환채권(callable bond) 등 옵션이 부가된 채권을 제외한 일반채권(straight bonds)에 있어서 일반적으로 성립합니다. 채권의 가격 곡선의 특성에 대하여는 제9장 "채권 가격의 변동성 II"에서 자세히 논의합니다.

(2) coupon rate과 채권 가격

"par bond"란 액면가 par와 시장가격이 같은 coupon bond로 우리말로는 "액면가채권"이라 합니다. 가령 만기 2년, 액면가 100, coupon rate 10%인 coupon bond의 시장 가격이 100이라면 이 채권은 par bond입니다. 한편 액면가보다 가격이 높은 채권은 할증채권(premium bonds), 액면가보다 가격이 낮은 채권은 할인채권(discount bonds)이라 합니다. 모든 채권은 par bond, premium bond 혹은 discount bond 중 어느 하나에 해당하는데,* 이를 결정하는 것은 채권에 대한 투자자들의 요구수익률(=시장 이자율)과 채권의 coupon rate의 상대적인 크기입니다. 그런데 coupon bond에 적용되는 시장 이자율은 coupon 지급 시점의 수만큼 여럿 있고, 이 미래 시점들에 대한 시장 이자율들을 모두 반영하는 것이 채권의 만기수익률입니다. 결국

특정 채권이 액면가채권, 할증채권, 할인채권인지를 결정하는 요소는
채권 만기수익률과 coupon rate의 상대적인 크기

입니다. 채권의 만기수익률은 특정 채권에 대한 투자자들의 요구수익률로서, 이 요구수익률을 충족시키는 coupon rate을 제시하는 coupon bond의 가격은 액면가와 같게 되어 par bond가 됩니다. 이보다 높은(낮은) coupon rate을 제시하는 coupon bond의 가격은 액면가보다 높아(낮아)지므로 이러한 coupon bond는 할증채권(할인채권)이 됩니다. 이 관계는 다음과 같이 정리됩니다. coupon rate = c, 만기수익률 = y, 채권 가격 = P, 액면가 = Par라 하겠습니다.

정리 3〉 채권의 만기수익률(c), coupon rate(y), 액면가(Par)와 가격(P)

$c < y$	$P < Par$ (discount bond, 할인채권)
$c = y$	$P = Par$ (par bond, 액면가채권)
$c > y$	$P > Par$ (premium bond, 할증채권)

위 정리는 논리적 사고의 귀결이었습니다. 만일 위 정리를 수리적으로 증명하려면 어떻게 해야 할까요?

---

* 이는 무이표채에게도 해당합니다. 그렇다면 무이표채는 par bond, premium bond 혹은 discount bond 중 어느 쪽에 해당할까요? 시장의 현물 이자율이 모두 0보다 크다는 전제에서 말입니다.

증명 1〉 위 정리를 증명해 보세요.

위 정리를 증명하는 간단한 방법을 활용해 보겠습니다. 우리가 앞에서 논의한 "채권의 만기수익률 간편 공식"을 소환해 보겠습니다. 액면가 Par, coupon rate c, 만기수익률 y인 coupon bond의 현재 가격 P는 다음과 같이 표시할 수 있습니다.

$$P = \frac{Par \times c}{y} + \frac{Par\left(1-\frac{c}{y}\right)}{(1+y)^n}.$$

이제 양변을 Par로 나누어 봅시다.

$$\frac{P}{Par} = \frac{c}{y} + \frac{1-\frac{c}{y}}{(1+y)^n}.$$

이제 $c = y + a$로 설정해 봅시다. 여기서 a값은, 양수, 음수, 0의 그 어떤 값도 가질 수 있습니다.

$$\begin{aligned}\frac{P}{Par} &= \frac{y+a}{y} + \frac{1-\frac{y+a}{y}}{(1+y)^n} \\ &= 1 + \frac{a}{y} - \frac{\frac{a}{y}}{(1+y)^n} \\ &= 1 + \frac{a}{y}\cdot\left[1-\frac{1}{(1+y)^n}\right].\end{aligned}$$

우변의 둘째 항에서 $y > 0,\ 1-\frac{1}{(1+y)^n} > 0$이므로 아래 관계가 성립합니다.

$$\begin{Bmatrix} \frac{P}{Par} > 1 & if\ a > 0 \\ \frac{P}{Par} = 1 & if\ a = 0 \\ \frac{P}{Par} < 1 & if\ a < 0 \end{Bmatrix} \rightarrow \begin{Bmatrix} premium\ bond & if\ c > y \\ par\ bond & if\ c = y \\ discount\ bond & if\ c < y \end{Bmatrix}.$$

(증명 끝) ■

(3) 채권 가격의 시간적 변화

한편 채권 가격은 시간의 경과에 따라 변동합니다. 미래의 채권 가격은 미래 현물 이자율(들)의 함수이므로 사전적으로 이를 추정하는 것은 불가능합니다. 그러므로 특정한 가정 아래에서만 미래의 채권 가격 변화를 살펴볼 수 있는데, 여기서는 채권의 만기수익률(yield) 즉 채권에 대한 투자자의 요구수익률이 채권 만기까지 변화하지 않는다고 가정합니다.*

할인채권의 경우에는 coupon rate이 투자자의 요구수익률보다 작아서 coupon만으로는 투자자의 요구가 충족되지 않으므로 다른 형태의 보상이 필요합니다. 투자자의 수익은 coupon의 수령 및 보유 채권의 가격 상승에 의해서 이루어지므로, coupon이 충분히 크지 않으면 채권 가격의 상승으로 보상되어야 합니다. 왜냐하면 투자자들은 할증채권, 액면가채권 혹은 할인채권 중 어떤 채권에 투자해도 동일한 요구수익률 실현을 원하기 때문입니다. 그리고 투자자의 요구수익(률)은 coupon만이 아니라 채권 가격의 상승(하락)도 반영합니다.

예제 5-4〉 할인채권(discount bond)의 가격 변화

만기 2년, coupon rate 10%, 액면가 1,000, 시장 가격이 847.22인 채권의 yield는 20%로 산출됩니다. 만기까지 이 요구수익률이 변하지 않는다고 가정할 때 채권 가격의 변화를 구하면 아래 도표와 같습니다.

➤ 도표 5-2〉 할인채권의 가격 변화

c =	y =	n =	Par =	P(0) =
10%	20%	2	1000.00	847.22

t	P(t)	Coupon	P(t+ 1)	Δ P	C + Δ P	Total return
0	847.22	100	916.67	69.44	169.44	20%
1	916.67	100	1000.00	83.33	183.33	20%

---

* yield가 지속적으로 변하면 미래 채권 가격을 예측할 수는 없습니다. 그런데 실제 시장에서는 yield가 변할 수 있으므로, 본문의 논의는 실무적으로는 한계가 있습니다. 그럼에도 불구하고 discount bond와 premium bond의 가격 변화에 대해서는 의미있는 내용을 담고 있습니다.

투자 첫 해에 투자자는 coupon으로 $1000 \times 10\% = 100$을 지급받습니다. 또 이 채권의 yield가 여전히 20%라면 첫해 말의 이 채권의 가격은 $\frac{1000\times(1+0.1)}{1+0.2} = 916.67$이고, 채권 가격의 상승분은 916.67 − 847.22 = 69.45입니다(도표와의 차이는 반올림 오차). 그러므로 투자한 첫 해의 수익률은 $\frac{100 + 69.45}{847.22} = 20\%$ 입니다. 또 두 번째 해의 수익은 coupon 100과 채권 가격의 상승분인 1,000 − 916.67 = 83.33을 합쳐서 183.33이 됩니다. 이 총수익과 첫해 말의 채권 가격을 비교하여 두 번째 해의 수익률을 구하면 $\frac{100 + 83.33}{916.67} = 20\%$입니다. 결과적으로, coupon과 채권 가격의 상승분을 더하면 채권 보유로 인한 매년 수익률은 이 채권의 yield와 같은 20%가 됩니다. 이처럼 할인채권의 경우 투자자의 요구수익률 20%를 충족시킬 수 있도록 채권 가격이 지속적으로 상승합니다. 채권 가격이 점차 상승함에 따라 coupon 100의 상대적 크기는 점차 작아지므로, 투자자의 요구수익률 20%가 충족되기 위해서는 채권 가격이 점차 더 크게 상승해야 합니다. 위 도표에서 두 번째 해의 가격 상승 83.33이 첫 번째 해의 69.44보다 큰 이유도 여기에 있습니다. 이처럼 할인채권은 시간이 경과함에 따라 가격 상승이 보다 커지며 만기 시의 가치는 (coupon을 제외하고) 액면가와 일치하게 됩니다. ■

이번에는 할증채권(premium bond)이 시간이 지남에 따라 가격이 변하는 양상을 보도록 하겠습니다.

예제 5-5〉 할증채권의 가격 변화

만기 2년, coupon rate 30%, 액면가 1,000, 시장 가격이 1,152.78인 채권의 yield는 20%로 산출됩니다. 만기까지 이 채권에 대한 요구수익률이 변하지 않는다고 가정할 때 채권 가격의 변화를 구하면 다음 도표와 같습니다.

➢ 도표 5-3〉 할증채권의 가격 변화

c =	y =	n =	Par =	P(0) =
30%	20%	2	1000.00	1152.78

t	P(t)	Coupon	P(t+1)	Δ P	C + Δ P	Total Return
0	1152.78	300.00	1083.33	-69.44	230.56	20%
1	1083.33	300.00	1000.00	-83.33	216.67	20%

투자 첫 해에 투자자는 coupon으로 $1000 \times 30\% = 300$을 지급받습니다. 또 이 채권의 yield가 여전히 20%라면 첫해 말의 이 채권의 가격은 $\frac{1000\times(1+0.3)}{1+0.2} = 1083.33$이고, 채권 가격의 변화는 1083.33 − 1,152.78 = -69.45 즉 채권 가격이 69.45만큼 하락합니다(도표와의 차이는 반올림 오차). 그러므로 투자한 첫 해의 수익률은 $\frac{300\ -\ 69.45}{1152.78} = 20\%$ 입니다. 또 두 번째 해의 수익은 coupon 300과 채권 가격의 변화인 1,000 − 1,083.33 = -83.33을 더한 값으로(216.67), 두 번째 해의 수익률은 $\frac{300\ -\ 83.33}{1083.33} = 20\%$입니다. 결과적으로, coupon과 채권 가격의 하락분을 더하면 채권 보유로 인한 매년 수익률은 이 채권의 yield와 같은 20%가 됩니다. 이처럼 할증채권의 경우 투자자의 요구수익률 20%를 충족시킬 수 있도록 채권 가격이 지속적으로 하락합니다. 채권 가격이 점차 하락함에 따라 coupon 300의 상대적 크기는 점차 "커지므로" 투자자의 요구수익률 20%가 충족되기 위해서는 채권 가격이 점차 더 크게 하락해야 합니다. 위 도표에서 두 번째 해의 가격 하락 '-83.33'이 첫 번째 해의 하락 '-69.44'보다 (절대값으로) 더 큰 이유도 여기에 있습니다. 이처럼 할증채권은 시간이 경과함에 따라 가격 하락이 보다 커지며 만기 시의 가치는 (coupon을 제외하고) 액면가와 일치하게 됩니다. ■

한편 액면가채권(par bond)의 경우 채권의 coupon rate과 투자자의 요구수익률이 같으므로 coupon의 지급으로 투자자의 요구는 충족되어 채권 가격의 변화가 추가적으로 필요하지 않습니다.* 그러므로 par bond는 시간이 경과함에 따라 가격의 변동이 없음을 알 수 있습니다. 이처럼 할인채권, 할증채권 및 par bond 가격의 시간적 변화는 다음 그림으로 나타낼 수 있습니다.

---

* 물론 coupon 지급일 사이의 시점에서는 시간의 경과와 함께 채권 가격이 변합니다.

➤ 그림 5-2〉 채권 가격의 시간적 변화

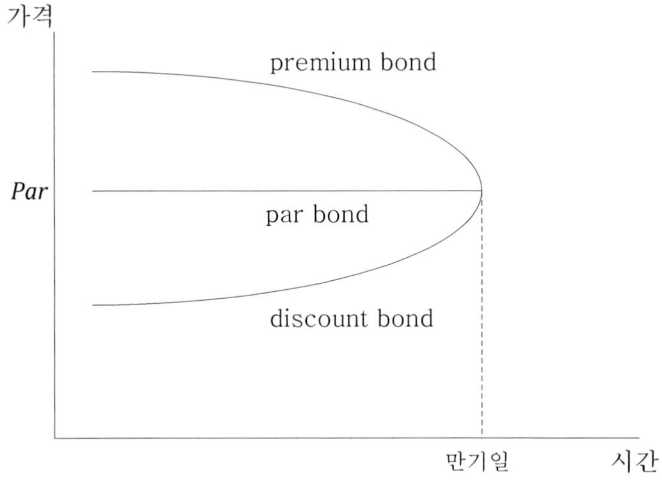

참고로 채권 가격이 시간 경과에 따라 변하는 것을 수식으로 증명하면 다음과 같습니다. 2년 만기 coupon bond를 가정합니다. 이 채권의 coupon rate을 c, yield를 y라 합니다. 그러면 $c = y + a$로 표시할 수 있습니다. 만일

$a > 0$이면 coupon rate이 yield보다 큰 채권, 즉 premium bond,

$a < 0$이면 discount bond,

$a = 0$이면 par bond

인 경우입니다. 아래는 이 채권의 현재가격(P_0)과 1년 후 가격(P_1)의 차이, 즉 시간 경과에 따른 차이가 왜 발생하는지를 수식으로 설명하고 있습니다. 결국 c와 y의 차이 때문에 발생함을 알려주고 있습니다. 물론 시간이 경과하더라도 만기수익률 y는 일정함을 가정합니다.

$$P_0 = \frac{Par \cdot c}{1+y} + \frac{Par(1+c)}{(1+y)^2}$$

$$= \frac{Par(y+a)}{1+y} + \frac{Par(1+y+a)}{(1+y)^2}$$

$$= \frac{Par(y+a) \ + \ \frac{Par(1+y+a)}{1+y}}{1+y}$$

$$= \frac{Par \cdot y \ + \ Par \cdot a \ + \ Par \ + \ \frac{Par \cdot a}{1+y}}{1+y}$$

$$= \frac{Par(1+y) \ + \ Par \cdot a\left(1+\frac{1}{1+y}\right)}{1+y}$$

$$= Par \ + \ \frac{Par \cdot a}{1+y} \ + \ \frac{Par \cdot a}{(1+y)^2}.$$

이제 P_1을 알아 봅시다.

$$\begin{aligned} P_1 &= \frac{Par(1+c)}{1+y} \\ &= \frac{Par(1+y+a)}{1+y} \\ &= Par \ + \ \frac{Par \cdot a}{1+y}. \end{aligned}$$

그러므로 다음이 성립합니다.

$$\begin{aligned} & P_1 \ - \ P_0 \\ &= \left[Par \ + \ \frac{Par \cdot a}{1+y}\right] - \left[Par \ + \ \frac{Par \cdot a}{1+y} \ + \ \frac{Par \cdot a}{(1+y)^2}\right] \\ &= -\frac{Par \cdot a}{(1+y)^2} = \begin{Bmatrix} <0 & if\ a>0 \\ =0 & if\ a=0 \\ >0 & if\ a<0 \end{Bmatrix} = \begin{Bmatrix} <0 & if\ premium\ bond \\ =0 & if\ par\ bond \\ >0 & if\ discount\ bond \end{Bmatrix}. \end{aligned}$$

이를 요약하면 다음과 같습니다.

$$\begin{Bmatrix} P_1 < P_0 & if\ premium\ bond \\ P_1 = P_0 & if\ par\ bond \\ P_1 > P_0 & if\ discount\ bond \end{Bmatrix}.$$

그러므로 다음 정리가 성립합니다.

정리 4〉 채권 가격의 시간에 따른 변화 (yield 불변 가정)

1) 할증채권(premium bond)의 가격은 하락한다.
2) 할인채권(discount bond)의 가격은 상승한다.
3) 액면가채권(par bond)의 가격은 불변이다.

그런데 지금까지는 만기 n년의 채권에 있어 시점 $t = 0, 1, 2, \ldots, n-1, n$ 등의 coupon 지급(일) 시점만의 가격 변화 양상이었습니다. 반면 $t = 0.6, 1.5, 2.3, \ldots, n-0.8$ 등 coupon 지급 시점 사이의 채권 가격의 변화는 어떻게 될까요? 이 문제는 보다 집중을 요하는 내용이라서 다음 절에서는 정교하게 논의를 해 보겠습니다.

제 2 절 coupon 지급일 사이 채권 가격의 변화

주식과 달리 채권은 그 효력이 소멸하는 만기가 존재하고 미래 현금흐름이 정해져 있습니다. 바로 이로 인해 채권의 (시장)가격 변화는 주식의 그것과 매우 다른 양상을 띠게 됩니다. 일반적으로 주식의 경우 해당 기업 가치를 올려 줄 좋거나 나쁜 소식(good or bad news)이 있어야만 주가가 변합니다. 하지만 채권 가격은 반드시 이런 요인에 의해서만 변동하지는 않습니다. 채권의 경우 그 가격을 상승하게 할 좋은 뉴스란 그 채권에 대한 만기수익률의 하락입니다. 채권 보유자가 미래 받을 coupon이나 par는 확정되어 있는데, 이 현금들의 현재가치를 계산할 할인율(= 요구수익률)인 yield가 하락하면 그 현금들의 현재가치가 상승하기 때문입니다. 가령, 채권의 부도 위험(default risk)이 감소하면(채권 보유자에게 good news) 채권 가격은 상승합니다. 그런데 이런 특별한 good news가 없어도 채권 가격이 상승할 수 있습니다. 즉 yield가 낮아지지 않아도, 심지어 다소 높아져도, 단지 시간이 경과하면 채권 가격은 상승할 수 있습니다. 하루하루 시간이 지나면서

향후 그 채권으로부터 받을 coupons과 par의 현재가치가 상승

하기 때문입니다.

그러므로 특정 채권의 오늘 가격이 어제 가격보다 상승했다면 과연 어떤 요인이 어떻게 작용해서 가격이 상승했는지 정확히 알기 어렵습니다. yield와 관련하여서는 세 개의 경우의 수가 있습니다.

1) yield는 변하지 않고 단지 시간의 경과로 채권의 현재가치(= 가격) 상승
2) yield도 하락하고 시간도 경과하여 채권 가격이 상승
3) yield는 미세하게 상승했으나 시간 경과로 coupon, par의 현재가치 상승 효과가 더 커서 채권 가격이 상승

할 수 있다는 것입니다. 1), 2) 경우는 자명합니다. 3)은 적어도 이론적으로는 가능한 경우로, yield가 아주 미세하게 상승하여 채권 가격이 아주 미세하게 하락했지만, 하루라는 시간 경과로 coupon과 par 받을 시점이 가까워지며 채권 가격 상승 효과가 더 큰 경우입니다.

게다가 yield와 전혀 관련 없이도 채권 가격이 변할 수 있습니다. 구체적으로, coupon 지급일에는 갑자기 coupon 금액만큼의 가치가 채권 가격에서 빠져나가게 됩니다.* 그러니 시간 경과에 따른

채권 가격의 변화는 "yield, time, coupon"과 관련되어 세 가지 원인

---

* 더 정확하게는 쿠폰제외일(ex-coupon date)에 채권 가격이 쿠폰 가치만큼 하락하는 것을 말합니다. ex-coupon date는 쿠폰기준일(record date)보다 거래일로 하루 빠른 날짜가 됩니다. record date으로 지정된 날짜에 채권을 보유하고 있(다고 등록되어 있)는 주체가 쿠폰을 받게 됩니다. 주식에 있어 배당기준일(record date)과 배당제외일(ex-dividend date)도 이와 유사합니다. 그리고 쿠폰 지급으로 채권 가격이 하락하는 것은 배당금 지급으로 주가가 하락하는 것과 유사한 원리입니다.

이 있습니다.

(i) yield의 변화
(ii) 시간 경과에 의해, 채권 현금흐름(= coupon들과 par)의 현재가치 상승
(iii) coupon 지급에 의한 채권 가격 하락

이 그것들입니다. 특히 iii)의 경우 coupon 가치만큼 채권 가격의 급격한 하락이 있게 되어 채권 가격이 coupon 지급할 때마다 불연속적으로 크게 하락하게 됩니다. 그리고 ii), iii)은 모두 시간 경과와 관련이 있습니다. coupon도 일정 시간이 경과해야 지급되기 때문입니다.

이렇게 따져 보니 시간 경과에 따른, 즉 만기가 가까워짐에 따른, 채권 가격의 변화 양상이 꽤 복잡해 보입니다. 여기서 이 문제를 보다 명쾌하게 풀기 위해, 주식과 비교하며 설명해 보겠습니다. 주식의 경우 단순히 시간이 경과한다고 주가가 변하지 않습니다.

기업에 대해 좋은 혹은 나쁜 소식(정보)이 있어야 주가가 변합니다.

그런 특별한 소식이 없으면 어제 주가와 오늘 주가가 거의 동일할 것입니다. 그렇다면 채권의 경우도 이런 방식으로 가격 변화에 접근할 수 있지 않을까요? 즉, 단순히 시간이 경과되어 채권 가격이 변하는 것이 아니라, 혹은 단순히 coupon 받았다고 채권 가격이 하락(쿠폰락) 하는 것이 아니라

(채권 발행) 기업에 대해 좋거나 나쁜 소식이 있어야 채권 가격이 변하는

환경을 만들어 볼 수 있을까요? 물론 여기서 채권에 대한 좋은 혹은 나쁜 소식이란 채권의 yield가 하락하거나 상승하는 뉴스를 말합니다. 가령 기대 인플레이션이 낮아져 투자자들이 채권에 요구하는 수익률(= yield)이 낮아진다든지, 아니면 채권의 default risk가 낮아져 채권의 yield가 낮아진다면 이는 채권 투자자들에게는 좋은 소식이므로 채권 가격의 상승으로 이어집니다.* 그렇다면,

시간이 경과해도 채권 가격의 변화가 없고

---

* 다만 국채의 경우 default risk는 관련 없습니다.

yield 변화(= 좋은 혹은 나쁜 뉴스)에 의해서만 채권 가격이 변하는

그런 이상적인 환경을 만들어 볼 수 있을까요? 만일 이렇게 된다면, 채권 가격의 변화가 투자자들에게 암시하는 바가 명확해 집니다. 마치 주가 상승이 투자자에게 그 기업에 좋은 소식이 있음을 암시하는 것과 마찬가지로 말입니다.

이제 다음 질문을 다루어 보겠습니다.

질문 5-5〉 yield 변화에 의해서만 채권 가격이 변하게 하려면 어떻게 해야 할까요?

이 질문에 대한 설명을 차근차근 제시하겠습니다. 설명이 긴 이유는 여러 작은 주제들을 하나씩 논의해야 하기 때문입니다. 사실 국내외 거의 모든 채권 교재에서는 이 부분을 최소한도로만 다루고 있습니다만, 이 부분은 채권 가치평가에 있어 이론적으로나 실무적으로 상당히 중요한 내용입니다.

yield 변화에 의해서만 채권 가격이 변하게 만들고 싶으면

yield가 변하지 않으면 시간이 경과해도 채권 가격이 변하지 않게

하면 됩니다. 그러므로, (yield가 불변일 때) 시간이 경과하면 채권 가격을 상승시키는 변수의 값을 파악하여

시간 경과로 상승한 채권 가격에서 그 변수의 값을 빼주면

이 문제를 해결할 수 있습니다.

편의상 1년에 coupon을 한 번 지급하고, 할인 단위기간도 1년으로 합니다.* 액면가 Par, 만기 n년, 만기수익률 y, 그리고 coupon rate c인 coupon bond의 시점 $t = 0$에서의 가격 P_0는 다음과 같습니다.

$$P_0 = \sum_{t=1}^{n} \frac{Par \times c}{(1+y)^t} + \frac{Par}{(1+y)^n}.$$

* 실제로는 0.5년 등이 coupon 지급 기간인 경우가 많은데 본문의 논의를 다소 수정하여 적용할 수 있습니다.

이제 시간이 경과하여 현 시점이 $t = \tau$이라 합시다($0 < \tau < 1$). 이 시점의 채권 가격 P_τ는 다음과 같습니다. 시간이 τ(년)만큼 경과했으므로, 이 채권으로부터 coupon이나 par를 받을 시점들이 $1,\ 2, \ldots,\ n$(년)이 아니고 $1-\tau,\ 2-\tau, \ldots,\ n-\tau$(년)이 됩니다.

$$
\begin{aligned}
P_\tau &= \sum_{t=1}^{n} \frac{Par \cdot c}{(1+y)^{t-\tau}} + \frac{Par}{(1+y)^{n-\tau}} \\
&= \sum_{t=1}^{n} \frac{Par \cdot c}{(1+y)^{t} \cdot (1+y)^{-\tau}} + \frac{Par}{(1+y)^{n} \cdot (1+y)^{-\tau}} \\
&= \sum_{t=1}^{n} \left[\frac{Par \times c}{(1+y)^{t}} \cdot (1+y)^{\tau} \right] + \frac{Par}{(1+y)^{n}} \cdot (1+y)^{\tau} \\
&= (1+y)^{\tau} \cdot \left(\sum_{t=1}^{n} \left[\frac{Par \times c}{(1+y)^{t}} \right] + \frac{Par}{(1+y)^{n}} \right) \\
&= (1+y)^{\tau} \cdot P_0
\end{aligned}
$$

가 됩니다. 결국, 시간이 τ 만큼 경과하면 새 가격 P_τ는 애초 가격 P_0에 (연)수익률 y가 τ년만큼 적용된 수치가 됩니다. 이를 직관적으로도 설명할 수 있습니다. 이 채권에 대한 투자자들의 요구수익률이 yield y인데 이 y 값이 변하지 않는 한, 그리고 아직 첫 번째 coupon을 받지 않은 한($\tau < 1$), 이 채권의 (연율 환산) 수익률이 y로 실현되어야 하기 때문에 다음이 성립하는 것입니다.

$$P_\tau = P_0 \cdot (1+y)^{\tau}, \qquad where\ 0 < \tau < 1.$$

이 채권이 $c = y$인 par bond라면 '$P_0 = Par$'입니다. 혼동을 막기 위해

$\tau = 1$의 채권 가격 P_1을 coupon 지급 "직전"의 가격으로 설정하면

$P_1 = (1+y)^1 \cdot P_0 = P_0 \cdot (1+y)$가 됩니다. 그러면 이 par bond의 $\tau = 1$ 시점의 가격은

$$P_1 = P_0 \cdot (1+y) = P_0 \cdot (1+c) = Par \cdot (1+c) = Par + Par \cdot \mathrm{c}$$

가 됩니다. 그렇다면, 이 1년 동안 채권 가격의 상승은

$$P_1 - P_0 = (Par + Par \cdot \mathrm{c}) - Par = Par \cdot \mathrm{c}$$

가 됩니다. 즉

1년 동안 채권 가격은 1년치 coupon만큼 증가

한 것입니다. 그렇다면 1년보다 짧은, 즉 coupon 지급 기간보다 짧은

τ년 동안이($0 < \tau < 1$) 채권 가격은 얼만큼 증가할까요?

par bond가 직관적인 이해가 쉬우니 이것도 par bond를 대상으로 이 문제를 풀어 보겠습니다.* par bond의 채권 가격의 변화는

$$
\begin{aligned}
P_\tau - P_0 &= P_0 \cdot (1+y)^\tau - P_0 \\
&= Par \cdot (1+c)^\tau - Par
\end{aligned}
$$

가 됩니다. 그럼 이 차액은 과연 무엇을 의미할까요? 그 답은,

이 차액은 기간 τ(년) 동안의 coupon 적립액 혹은 발생액

입니다. 즉 모든 coupon bond는 시간에 비례하여 coupon 적립액이 점차 증가하는 것이 채권 가격에 반영되고 있는 것입니다.† par bond의 경우 이때까지의 coupon 적립액은 "$Par \cdot (1+c)^\tau - Par$"인데 이를

coupon 지급일 사이의 accrued interest라 하고 (간단히 A.I.)

우리말로는 발생이자, 경과이자라 하며, 이 기간까지 적립된 coupon 액수로 인식됩니다.

가령 $Par = 100$, $c = y = 3\%$이고 $\tau = 0.5(= 6$개월)라면 accrued interest는

$$
\begin{aligned}
P_1 - P_0 &= Par \cdot (1+c)^\tau - Par \\
&= 100 \cdot (1+0.03)^{0.5} - 100 \\
&= 101.49 - 100
\end{aligned}
$$

---

* 물론 par bond가 아닌 discount bond나 premium bond도 동일한 설명이 가능합니다만, par bond의 경우 $c = y$이므로 수식이 간단해져 직관적으로 이해하기 쉽습니다.

† 그러다가 coupon 지급일(ex-coupon day)에 coupon을 지급하며 채권 가격이 그만큼 하락합니다.

$$= 1.49 \approx 1.5$$

가 되어, 1년 coupon 액수인 $Par \cdot c = 100 \times 0.03 = 3$의 약 $\frac{1}{2}$인 1.5만큼 채권 가격이 상승한 것입니다. 그렇다면 왜 정확히 1.5가 아니고 약 1.49만큼 채권 가격이 증가했을까요? 이는 이 coupon 액수의 증가에 (이산)복리법이 적용됐기 때문입니다. 1년 중 첫 6개월과 두번째 6개월 중에서, 첫 6개월 동안 적립된 coupon 가치는 1년치 coupon의 $\frac{1}{2}$보다 작고, 둘째 6개월 동안 적립된 그것은 1년치 coupon의 $\frac{1}{2}$보다 크며, 1년이 경과하면 (자명하지만) 정확히 1년치 coupon과 일치합니다.* 가령 둘째 6개월 동안 이 coupon bond의 가격 증가는 다음과 같이 1.51 입니다($y = c = 0.03$). 즉 첫 6개월 동안 coupon 액수 3 중에서 1.49가 발생하고 둘째 6개월 동안 coupon 액수 3 중에서 1.51이 발생합니다.

$$\begin{aligned} P_1 - P_{0.5} &= P_0 \cdot (1+y)^1 - P_0 \cdot (1+y)^{0.5} \\ &= P_0 \cdot (1+c)^1 - P_0 \cdot (1+c)^{0.5} \\ &= 100 \cdot (1+0.03)^1 - 100 \cdot (1+0.03)^{0.5} \\ &= 103 - 101.49 \\ &= 1.51. \end{aligned}$$

위에서 첫 6개월의 채권 가격 증가분인 1.49나 둘째 6개월의 그것인 1.51을 모두 "accrued interest"라 부르며, 이는 coupon 지급 기간(1년)보다 짧은 기간에 적립된 coupon 가치를 의미합니다.

그런데 이 accrued interest 산출에 단리(simple interest)가 적용된다면 첫 6개월이나 나중 6개월이나 모두 1.5 만큼의 coupon 발생액이 산출될 것입니다. 가령 단리 적용 시 두 시점 $t = 0$과 $\tau = 0.5$에서의 채권 가격 차이는

$$\begin{aligned} P_\tau - P_0 &= P_0 \cdot (1 + \tau \cdot y) - P_0 \\ &= P_0 \cdot (1 + \tau \cdot c) - P_0 \\ &= P_0 \cdot \tau \cdot c \end{aligned}$$

---

* 이는 2년간 100을 무위험이자율 $r = 0.1$로 예치했을 때 첫 1년의 예금 증가는 10이고, 그후 1년의 예금 증가는 11이 되는 것과 같은 이치입니다.

$$= 100 \times (1 + 0.5 \times 0.03) - 100$$
$$= 1.5$$

가 됩니다. 그리고 이 수치들은 이산복리 적용 시의 1.49나 단리 적용 시의 1.5나 별 차이가 없습니다. 그렇기에

실무에서는 단리를 적용하여 accrued interest를 산출하며

accrued interest는 par bond를 포함한 모든 coupon bond에 적용됩니다.

정의 4〉 accrued interest (A.I., 발생이자)

액면가 Par, coupon rate c인 coupon bond에 있어
최근 coupon 지급일로부터 τ(년)이 지난 시점까지($0 < \tau < 1$)
적립되었다고 인정되는 coupon 액수를 "accrued interest", A.I.라 한다.
accrued interest는 단리로 산출된다.

$$A.I.(\tau) = Par \times c \times \tau, \qquad where\ 0 < \tau < 1.$$

만일 1년에 coupon을 두 번 지급하면 다음이 성립한다.

$$A.I.(\tau) = Par \times \frac{c}{2} \times \tau, \qquad where\ 0 < \tau < \frac{1}{2}.$$

자, 지금까지의 논의에서 우리가 알게 된 것은 무엇일까요?

τ만큼의 시간 경과에 따른 채권 가격 증가는
1년치(혹은 단위기간) coupon을 그 경과 기간만큼 분배한 것
(= accrued interest)

이라는 사실입니다. 이제 위 예를 활용하여 복리와 단리 적용 시의 채권 가격의 변화를 살펴보겠습니다.

아래 도표에서 B열(column)과 C열은 (각각 복리와 단리의) 시간 경과(τ)에 따른 coupon 적립액(accrued interest)을 의미합니다. τ는 1개월$\left(=\frac{1}{12}\right)$부터 적용했는데, coupon 지급하는 기간(=1년)이 꽉 차면($\tau = 1$), coupon 액수도 정확히 $P_0 \times c = 100 \times 0.03 =$

3이 됩니다. 한편 '$A-B$'열과 '$A-C$'열은 채권 가격에서 이 accrued interest를 뺀 값입니다. (이산)복리 적용한 '$A-B$'에서는 시간이 경과해도 항상 $P_0 = 100$을 유지하고, 단리를 적용한 '$A-C$'는 단리의 문제로 인해 $P_0 = 100$을 정확히 유지하지는 못하고 99.99정도의 값을 유지합니다. 즉 채권 가격은 복리로 증가하는데 coupon 가치는 단리로 증가시켰기에 미세한 오차가 발생합니다. 하지만 단위기간(=1년)이 꽉 차면($\tau = 1$) 복리나 단리나 coupon 가치가 확실히 3이 되므로, '$A-B$'열이나 '$A-C$'열의 채권 가격도 정확히 $P_0 = 100$과 같아집니다. 이 결과는

1) 이 채권의 yield $y = 0.03$이 변하지 않고 (시간이 지나도)
2) $c = y$인 par bond

에 해당하는데 여기서 중요한 것은 1)입니다. 2)의 경우가 덜 중요한 이유는 대부분의 이표채가 이미 par bond로 발행되고, par bond가 아닌 이표채라도 1)이 충족된다면 아래 도표와 유사한 도표가 산출되기 때문입니다.*

➢ 도표 5-4〉 채권 가격의 변화

$\tau =$	A	B	$A-B$	C	$A-C$
	$P_0 \times (1+c)^\tau$	coupon 가치 (복리)		coupon 가치 (단리)	
0	100	0	100	0	100
1/12	100.247	0.247	100	0.25	99.997
2/12	100.494	0.494	100	0.5	99.994
3/12	100.742	0.742	100	0.75	99.992
4/12	100.990	0.990	100	1	99.990
5/12	101.239	1.239	100	1.25	99.989
6/12	101.489	1.489	100	1.5	99.989
7/12	101.739	1.739	100	1.75	99.989
8/12	101.990	1.990	100	2	99.990
9/12	102.242	2.242	100	2.25	99.992
10/12	102.494	2.494	100	2.5	99.994
11/12	102.747	2.747	100	2.75	99.997
1	103	3	100	3	100

* 가령 $y > c$인 경우 1년 동안 채권 가격 증가가 coupon 가치 증가보다 더 크겠죠. 투자자들이 요구하는 이 채권에 대한 요구수익률인 yield y만큼은 투자자들이 보상받아야 하는데, coupon rate이 작기에 추가적인 채권 가격 상승으로 보상받아야 합니다. 즉 이때는 $P_1 > P_0 \cdot (1+c)$가 됩니다. 그 결과 시간이 경과할수록 "$P_0 \times (1+y) - coupon$ 가치" 즉 '$A-B$'열이나 '$A-C$'열의 값은 애초 P_0보다 더 크고, 시간 τ가 커질수록 P_0보다 더 커집니다. 그리하여 $\tau = 1$일 때 $y > c$가 100% 반영되어 그 차이가 극대화됩니다.

위 도표에서 알 수 있듯이

$$C = P_0 \cdot c \cdot \tau \ > \ B = P_0 \cdot (1 + c)^\tau - P_0$$

가 성립하여, 단리로 계산한 accrued interest C가 복리로 계산한 accrued interest B 보다 항상 (다소) 더 큽니다.* 이를 그림으로 나타내면 아래와 같고, 특히 $\tau = 0.5$(년)일 때의 단리와 복리의 accrued interest를 비교할 수 있습니다.†

➢ 그림 5-3〉 단리와 복리의 accrued interest

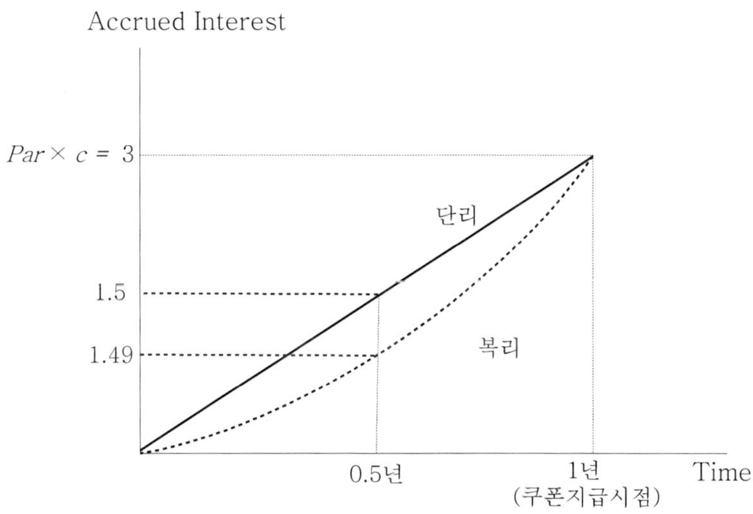

이제부터는 실무에서 (채권 시장에서) 이 이슈를 어떻게 다루는지 논의해 보겠습니다. 위 도표에서 A열은 각 시점에서의 채권 가격입니다. 그런데 채권 발행 기업에 관해 아무런 좋은 소식이 없음에도 불구하고 채권 가격은 시간이 지나면서 상승하고 있습니다. accrued interest 때문입니다. 반면 '$A - B$'열의 조정된 채권 가격은 시간이 지나도 아무런 변화가 없습니다. 그러므로 채권 가격도 (주가처럼) 좋은 소식이 있어야만 상승하는 환경을 만들려면, 시장에서 채권 가격을 표시할 때 '$A - B$'열처럼 표시하면 됩니

---

* Taylor series를 이용하면 $(1 + c)^\tau < 1 + \tau \cdot c$를 입증할 수 있는데, 이는 본서 수준을 넘으므로 여기서는 생략합니다. 단 $c > 0$, $0 < \tau < 1$인 경우입니다. 가령 $\tau = 1$이면 양변은 일치합니다.

† 1.5와 1.49의 차이를 다소 과장해서 그렸습니다.

다. 그렇게 되면, 투자자의 요구수익률인 yield가 변하지 않을 때 시간이 지나도 채권 가격은 변하지 않는 값으로 표시될 것입니다.

이 '$A-B$'열처럼, 즉

채권 가격에서 accrued interest를 빼준 값을 채권의 clean price

라 합니다. 채권 가격이 $Par(=100)$로 간단히 표시되기 때문입니다. 그리고 시장에서는 이 값으로 채권 가격을 부르기에 이를 또

"quoted price" 즉 호가

라고도 합니다. 반면 'A'열의 채권 가격이 실제 시장에서의 채권 가격인데. 이는 영어로는 보통 dirty price라 하며 full price, invoice price라고도 합니다.*

자, 이제 마지막 추가 설명이 남았습니다. 채권 시장에서 accrued interest를 뺀 clean price로 채권 가격을 표시하는 이유는, 본절 서두에 밝힌 바와 같이, 채권 가격 변화의 착시효과를 방지하고 투자자들에게 yield 관련하여 정확한 정보를 전달하기 위해서입니다. 그런데 accrued interest를 뺄 때, '$A-B$' 방식과 '$A-C$' 방식이 있습니다.

$\tau=$	A $P_0\times(1+c)^\tau$	B coupon 가치 (복리)	$A-B$	C coupon 가치 (단리)	$A-C$
0	100	0	100	0	100
1/12	100.247	0.247	100	0.25	99.997
5/12	101.239	1.239	100	1.25	99.989
9/12	102.242	2.242	100	2.25	99.992
11/12	102.747	2.747	100	2.75	99.997
1	103	3	100	3	100

다시 보니, B열의 accrued interest 수치가 너무 복잡하지 않나요? 반면 (단리 적용한) C열의 수치들은 매우 깔끔합니다. 그래서 시장에서는 accrued interest를 산출할 때 C 방식으로 (단리로) 산출하고, '$A-C$' 방식으로 산출된 "clean price"를 채권 가격의 "quoted price"(호가)로 사용합니다.

---

* dirty price라 하는 이유는, clean price와 비교하면 이해할 수 있습니다.

정의 5〉 dirty price와 clean price

시장에서의 채권의 실제 가격을 "dirty price"라 하고
이 가격에서 accrued interest(A.I.)를 뺀 가격을 "clelan price"라 한다.
단 이때 accrued interest 값은 (정의에 의해) 단리로 산출된다.

그런데 이로 인해 흥미있는 결과가 도출됩니다. accrued interest만 보면 C가 B보다 깔끔합니다. 하지만 C를 적용한 채권 시장의 호가(quoted price)인 '$A-C$'의 가격은 '$A-B$'의 수치보다 더 복잡합니다. 하지만 시장에서는 채권 가격을 호가할 때 '$A-C$' 방식을 씁니다. 왜 그럴까요?

질문 5-6〉 시장에서는 왜 accrued interest를 단리로 산출하나요?

이 질문에 대한 한 가지 대답은

투사사들의 coupon 수입에 대한 세금을 누가 얼만큼 내는가

를 감안하여 단리인 C방식 및 '$A-C$' 방식을 채택한 것으로 추정된다는 것입니다. 네 이 대답도 조금 의외죠? 이제 이를 설명해 보겠습니다.

주식에 있어서도 배당금에 대한 세율과 주가 상승(= 자본이득, capital gain)에 대한 세율이 다른 나라가 많습니다. 마찬가지로 채권에 있어서도 coupon 수령에 대한 세율과 채권가격 상승에 대한 세율이 다른 나라가 많습니다. 가령 coupon 소득에 대한 세율이 20%이고 채권 가격 상승(capital gain)에 대한 세율이 10%라고 합시다.* 투자자 X가 위 par bond을 오늘($\tau=0$) 100의 가격으로 매수하여 시점 $t=\frac{5}{12}$에서 Y에게 101.239의 가격으로 매도한다고 가정하겠습니다. Y가 이 채권을 시점 $t>1$까지 보유한다고 합시다. 더 정확히는, 시점 1 직후인 시점 $1+\epsilon$에 이 채권 보유자에게 coupon 3이 지급된다고 가정하고 Y가 이 채권을 $t\geq 1+\epsilon$ 시점까지 보유하면 Y는 시점 $t=1+\epsilon$에 coupon 3을 받게 됩니다. 그러면

---

* 통상 coupon은 소득(income)으로 인정되어 소득세가 적용되고, capital gain은 보유 기간 등을 감안한 자본이득에 대한 세율이 적용됩니다. 또 소득세율은 개인의 소득세율 구간(tax bracket)에 따라 다소 다를 수 있습니다. 여기서는 편의상 전자를 20%, 후자를 10%라 가정했습니다.

이 coupon 3에 대한 세금 $3 \times 0.2 = 0.6$은 Y만이 모두 부담할까요?

Nope. 그렇지 않습니다. X가 시점 $t = \frac{5}{12}$에 매도한 이 채권의 가격 101.239에 이미 1년치 coupon 3의 일부가 포함되어 있습니다. 복리(B)로는 1.239, 단리(A)로는 1.25만큼 말입니다. X 보유 기간 동안 이만큼 적립된 coupon은 고스란히 이 채권 가격에 포함되어 Y에게 매도되었으므로, 이렇게 적립된 coupon에 대한 세금은 X가 부담해야 합니다. 이때 시점 $t = \frac{5}{12}$까지 적립된 coupon의 액수를

1.239(복리)로 할 것인지 1.25(단리)로 할 것인지의

문제가 존재합니다. 여러분이 국세청이라면 어떻게 할 것 같습니까? 적어도 미국 등 대부분 금융 선진국에서는 간편하게 1.25(단리)를 적립된 coupon 가치로 산정하고 이에 대한 세금을 X에게 매깁니다.*

단, X가 $t = \frac{5}{12}$에 이 채권을 101.239에 매도하면,

coupon 수입에 대한 세금과
채권가격 상승(capital gain)에 대한 세금을

각각 내야 합니다. 먼저 coupon에 대한 세금은 $1.25 \times 0.2 = 0.25$입니다. 그리고 capital gain에 대한 세금은 다음과 같이 산정됩니다. 이 채권은 101.239에 매도됐는데 이 중 1.25의 coupon 적립액에 대해서는 이미 0.25의 세금을 부담했습니다. 그러므로 101.239의 매도가격에서 매수가격 100을 뺀 값에 capital gain tax를 부과하면 안 되고, 1.25의 'coupon 적립 가치'를 제외한 매도가에서 매수가 100을 뺀 값에 capital gain tax를 부과해야 합니다. 그러면 capital gain은

$$(101.239 - 1.25) - 100 \;=\; -0.011,$$

즉 음수가 되므로 X는 capital gain tax를 부과받지 않습니다.

자, 이렇게 세금 계산의 편리를 위해서 coupon 적립액, 곧 accrued interest를 단리(C)로 산정했습니다. 그러면 채권 호가(quoted price)에서도 accrued interest를 복리(B)

---

* 어차피 두 수치 차이가 거의 없습니다.

로 계산한 '$A-B$'보다는 단리(C)로 계산한 '$A-C$'를 사용하는 것이 더 일관적일 것입니다. 이런 이유로도 시장에서는 채권 가격의 호가(quoted price)로 '$A-C$' 방식을 채택한 것입니다. 그리고 A열의 실제 채권 가격을 dirty price, full price, invoice price라 부르고, '$A-C$'열의 채권 호가(quoted price)를 clean price, flat price라 부릅니다.

그런데 우리가 어떻게 이런 논의을 하게 되었나요? 이를 기억하기 위해 원래의 질문을 여기 소환해 보겠습니다.

소환〉 yield 변화에 의해서만 채권 가격이 변하게 하려면 어떻게 해야 할까요?

네, 위 질문에 답하는 과정에서 여기까지 논의가 이루어졌던 것입니다. 그리고 위 질문에 대한 정답은

매 시점(τ) 채권의 실제 시장가격(A)에서
(단리로 계산한) coupon 적립액(C)을 뺀 값으로 호가를 정한다

는 것입니다. ■

이제 본주제에서 논의한 내용을 간결하게 요약하겠습니다.

위 도표에서 시점 τ에서 채권 시장가격(A)을 $P_0 \cdot (1+c)^\tau$로 표시했는데, 이는 두 가지 전제에 의한 것입니다. 첫째는 coupon rate과 yield가 같고($c=y$), 시점 τ까지 yield 값 y가 불변이라는 전제입니다. 그러면 시점 τ에서($0<\tau<1$) 채권의 가격(= 현재가치)은

$$\begin{aligned} P_\tau &= \sum_{t=1}^{n} \frac{Par \cdot c}{(1+y)^{t-\tau}} + \frac{Par}{(1+y)^{n-\tau}} \\ &= \sum_{t=1}^{n} \left[\frac{Par \times c}{(1+y)^t} \cdot (1+y)^\tau \right] + \frac{Par}{(1+y)^n} \cdot (1+y)^\tau \\ &= (1+y)^\tau \cdot \left(\sum_{t=1}^{n} \left[\frac{Par \times c}{(1+y)^t} \right] + \frac{Par}{(1+y)^n} \right) \\ &= (1+y)^\tau \cdot P_0 \end{aligned}$$

가 되고, $y = c$인 par bond이므로($P_0 = Par$) 이는 곧

$$P_\tau = P_0 \cdot (1+c)^\tau = Par \cdot (1+c)^\tau$$

가 됩니다. 이 표시에서 알 수 있듯이, 시간 경과에 따라 이 채권의 가격은 coupon rate c의 (연)수익률로 커지며, $\tau = 1$(년)이 되면 $P_1 = Par \cdot (1+c) = Par + Par \cdot c$가 되어 coupon 1년치 적립액이 채권 가격에 "fully 반영"됩니다. 이 시점 직후($\tau = 1 + \epsilon$) coupon이 지급되면 이 채권 가격은 coupon락 되어(ex-coupon price) 도로 Par가 됩니다($P_{1+\epsilon} = Par \cdot (1+c) - Par \cdot c = Par$). 시장의 채권 가격(dirty price)은 이 과정을 만기일 n(년)까지 지속하게 됩니다. 그러므로 이 채권에 대한 새로운 소식(정보)이 없음에도 불구하고 (왜냐하면 $y = c$로 불변) 채권 가격은

지속적 상승 및 coupon 지급 시 크게 하락

을 되풀이하게 되어, 투자자들을 현혹할 수 있습니다. 채권의 위험을 반영하는 yield의 변화로 채권 가격이 변동한 것인지 다른 이유로 변동한 것인지 알 수 없기 때문입니다.

반면 이 채권의 가격을 "clean price"로 표시하면, 즉 매 시점까지 적립된 coupon액을 채권 가격에서 빼주면, 이 clean price는 시간 경과에도 불구하고 (거의) 변하지 않습니다. yield 변화가 없다면 말입니다. 그러므로 clean price를 채권 시장에서 공식적인 "호가(quoted price)"로 채택한 것입니다.

추가적으로 dirty price에 대한 짤막한 부연 설명을 끝으로 본절을 마칩니다. 여러분은 이제 dirty price와 clean price에 대해서 명확히 구분할 수 있을 것입니다. 가령 아래 그림, 즉 (이미 배운) "채권 가격의 시간적 변화"에서의 채권 가격은 "clean price"를 말하는 것입니다. 그렇기에 coupon 지급일 사이에 coupon이 적립되는 것이, 즉 accrued interest(A.I.)가 적립되는 것이, 반영되지 않고 그림들이 매끈한 것입니다.

➢ 그림 5-4〉 clean price의 시간적 변화

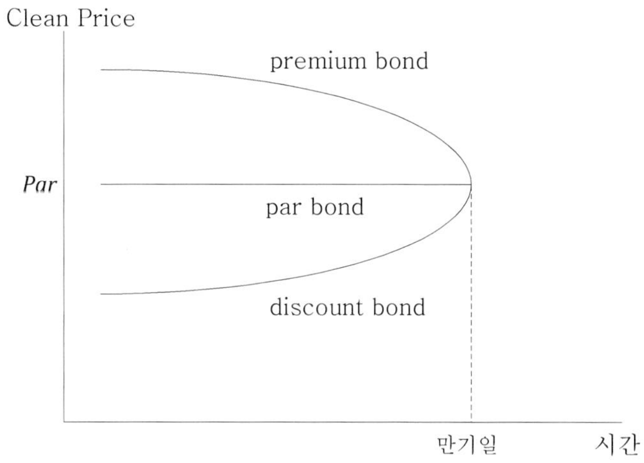

만일 y −축이 채권의 "dirty price"였다면 accrued interest(A.I.)로 인해 다음의 양상을 보일 것입니다. 가령 par bond라면 위 그림처럼 수평한 직선이 아니라,

coupon 지급 시점까지 채권가격이 coupon 적립액(A.I.)만큼 상승하다가
coupon 지급 직전($\tau = 1, 2, \ldots, n$)에는 coupon만큼 상승하고 ($P_\tau = Par + Par \cdot c$)
coupon 지급 직후($t = \tau + \epsilon$)에는 coupon만큼 하락 ($P_{\tau+\epsilon} = Par$)

하는 양상을 보이게 됩니다.* 이 채권의 yield(y)가 불변일 때 말입니다.

discount bond 혹은 premium bond의 dirty price가 변하는 양상도 마찬가지입니다. par bond과의 유일한 차이는, par bond의 clean price는 직선인 반면 이 채권들의 그것들은 곡선이라는 것입니다.† 가령 discount bond의 경우 $c < y$이기에 투자자들이 요구하는 yield(y)가 coupon 지급만으로는 충족이 안 되므로, 시간 경과에 따라 채권 가격이 상승해서 투자자들의 yield를 충족시켜야 합니다. coupon 발생액(A.I.)을 제외한 clean price가 말입니다. (물론 dirty price는 더 크게 상승합니다.) 또 premium bond의 경우는

---

* τ의 '시점 정의'를 coupon 지급 직전으로 했기 때문입니다. 비유하자면 coupon 지급 시점을 매년 12월 31일 자정이 아니고 그보다 1초 늦은 시점에 coupon을 지급한다는 가정입니다.

† 엄밀히 말하면 직선이라기보다는 거의 직선입니다. $c = y$인데, 시간 경과에 따라 y에 비례하는 채권 가격 상승은 복리로 이루어지는 반면 c에 비례하는 coupon 적립액(A.I.)은 단리로 계산하기 때문입니다. 단 채권 가격(clean price)에서 이 차이는 대부분 무시할 수 있을 정도로 작습니다.

그 반대입니다. $c > y$이기에 투자자들이 요구하는 yield(y)보다 coupon이 더 크므로, 시간 경과에 따라 채권 가격(clean price)이 하락해야 투자자들의 yield가 충족됩니다. 한편 premium bond의 "dirty price"는 상승합니다. 사실

coupon 지급일 사이에는 시간 경과에 따라 "모든" 채권의 dirty price는 상승

합니다. 그 이유는 명료합니다.

채권의 dirty price는 (지금까지 우리가 말해 온) 채권 시장 가격이기 때문

입니다. 미래 현금흐름이 고정된 모든 채권에 있어, 시간이 경과하면 그 현금흐름의 현재가치가 커지므로 채권 가격은 상승할 수밖에 없는데, 여기서 채권 가격이란 채권의 dirty price를 말하기 때문입니다. 단 coupon 지급일에는 채권의 dirty price도 coupon 지급액만큼 하락합니다. 하지만 coupon 지급일 사이에는 채권의 (dirty) 가격은 시간 경과와 함께 항상 상승합니다.

참고로, discount bond이든 premium bond이든 par bond이든 시간 경과와 함께 dirty price가 증가하는 것을 굳이 수식으로 입증하면 다음과 같습니다.

증명 2〉 모든 채권의 dirty price는 시간 경과시 증가한다.

(편의를 위해) 만기 1년, coupon rate $c = y + a$인 coupon bond를 가정합니다. 채권 가치평가에 (체계적인) 연속복리를 사용하면 이 채권의 시점 τ의 시장 가격(dirty price)은 다음과 같습니다.

$$\frac{Par \cdot (1 + c)}{e^{(1-\tau)\cdot y}} = \frac{Par \cdot (1 + y + a)}{e^{(1-\tau)\cdot y}}.$$

여기서 $0 \leq \tau \leq 1$, 그리고 $a \geq 0$ 혹은 $a < 0$이며 $y + a \geq 0$ 입니다. $\tau = 1$은 coupon 지급 '직전'이라 가정합니다. 가령

$\tau = 0$이면 이 채권의 dirty price는 $\frac{Par \cdot (1+y+a)}{e^{y}}$

$\tau = 0.4$면 이 채권의 dirty price는 $\frac{Par \cdot (1+y+a)}{e^{0.6 \cdot y}}$

$\tau = 1$이면 이 채권의 dirty price는 $Par \cdot (1 + y + a)$

입니다.* 이제 이 dirty price를 시점 τ로 미분해 보겠습니다. 이 미분 결과가 양수(+)이면 채권의 dirty price는 시간 경과와 함께 상승함을 의미합니다. 위 식에서 다른 값들은 모두 상수이니 이 coupon bond의 dirty price를 $P(\tau)$로 표기합니다.

$$P(\tau) = \frac{Par \cdot (1 + y + a)}{e^{(1-\tau) \cdot y}} = K \cdot e^{(\tau-1) \cdot y}, \qquad where\ K = Par \cdot (1 + y + a) > 0.$$

이를 τ로 미분하면 (K는 상수)

$$\begin{aligned} \frac{dP(\tau)}{d\tau} &= \frac{d\left[K \cdot e^{(\tau-1) \cdot y}\right]}{d\tau} \\ &= K \cdot \frac{d\left[e^{(\tau-1) \cdot y}\right]}{d\tau} \\ &= K \cdot e^{(\tau-1) \cdot y} \cdot y \\ &= Par \cdot (1 + y + a) \cdot e^{(\tau-1) \cdot y} \cdot y > 0.\dagger \end{aligned}$$

여기서 a가 양수인지 음수인지 0인지는 위 부등호에 아무 영향을 미치지 못합니다. 그러므로 시간(τ) 경과와 함께 premium, par, discount bond의 dirty price는 (coupon 지급 직전까지는) 항상 상승함이 입증됩니다. 채권의 yield y 값이 불변이라면 말입니다.

추가적으로, 연속복리가 아닌 이산복리를 사용할 경우에도 $\frac{dP(\tau)}{d\tau} = \frac{d\left[\frac{Par \cdot (1+y+a)}{(1+y)^{1-\tau}}\right]}{d\tau} > 0$을 입증할 수 있습니다.

$$P(\tau) = \frac{Par \cdot (1 + y + a)}{(1 + y)^{1-\tau}} = K \cdot (1 + y)^{\tau-1}, \qquad where\ K = Par \cdot (1 + y + a) > 0.$$

$$\frac{dP(\tau)}{d\tau} = \frac{d[K \cdot (1 + y)^{\tau-1}]}{d\tau} = K \cdot \frac{d[(1 + y)^{\tau-1}]}{d\tau}$$

---

* $\tau = 1$의 경우 coupon 지급 직전의 이 채권의 dirty price입니다.

† $e^{(\tau-1) \cdot y} > 0$ 입니다. 왜냐하면 $0 \le \tau \le 1$ 및 $0 < y < \infty$의 가정에 의해 $-1 \le \tau - 1 \le 0$이고 $-y \le (\tau - 1) \cdot y \le 0$이므로 $-\infty < (\tau - 1) \cdot y$입니다. 또 $e^{-\infty} = 0$ 이니 $e^{(\tau-1) \cdot y} > e^{-\infty} = 0$입니다.

$$= K \cdot (1+y)^{\tau-1} \cdot ln(1+y)$$

$$= Par \cdot (1+y+a).(1+y)^{\tau-1} \cdot ln(1+y) > 0.$$

왜냐하면 $(1+y)^{\tau-1}$를 지수함수로 표현하면 $(1+y)^{\tau-1} = e^{(\tau-1)\cdot\ln(1+y)}$이고, 이를 τ 로 미분하면 $\frac{d[(1+y)^{\tau-1}]}{d\tau} = \frac{d[e^{(\tau-1)\cdot\ln(1+y)}]}{d\tau} = e^{(\tau-1)\cdot\ln(1+y)} \cdot \ln(1+y) = (1+y)^{\tau-1} \cdot \ln(1+y)$이기 때문입니다. ■

결국 채권의 dirty price 변화는, 채권 유형에 따라 아래 그림과 같습니다. 즉 coupon 지급일 사이에는 항상 clean price에다 coupon 발생액(A.I.)이 더해진 값이 dirty price이고, coupon 지급일(ex-coupon day)에는 이 가격이 coupon 가치만큼 하락하여 채권의 dirty price와 clean price가 같아집니다. 이 시점에는 coupon 발생액(A.I.)이 0이기 때문입니다. 아래 그림에서 par bond의 경우 수평선이 clean price를, 그 위에 놓인 곡선이 dirty price를 나타내며, premium bond나 discount bond의 경우에도 아래 굵은 곡선이 clean price를, 그 위에 놓인 곡선이 dirty price를 나타냅니다. 가령 특정 시점 (t^*)에서의 par bond의 clean price와 dirty price가 아래 그림에 표시되어 있습니다.

➢ 그림 5-5〉 채권의 dirty price의 시간적 변화

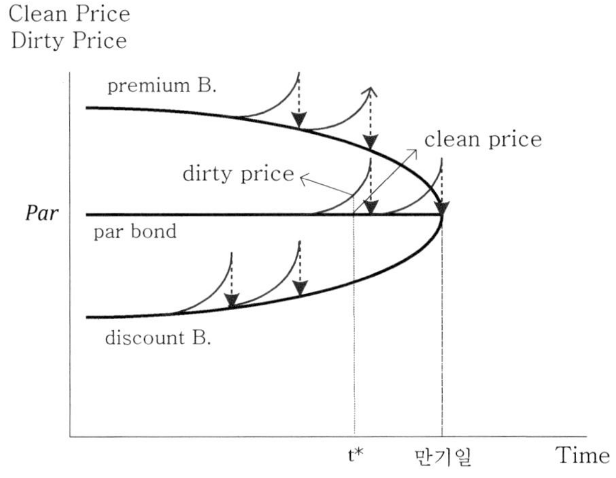

이제 마지막 확인 작업으로 discount bond와 premium bond의 dirty price와 clean price, 그리고 accrued interest의 변화 양상을 도표를 통해 살려 보겠습니다. discount bond의 경우 $c = 0.03 < y = 0.1$이고, premium bond의 경우 $c = 0.1 > y = 0.03$입니다. 편의상 만기는 모두 1년입니다. accrued interest는 물론 단리로 산출됐습니다.

➢ 도표 5-5〉 discount bond과 premium bond 가격의 변화

Discount Bond			
$c=$	0.03	$y=$	0.1
Par =	100		
τ	dirty price	accrued interest	clean price
0	93.636	0	93.636
1/12	94.383	0.25	94.133
2/12	95.136	0.5	94.636
3/12	95.894	0.75	95.144
4/12	96.659	1	95.659
5/12	97.430	1.25	96.180
6/12	98.207	1.5	96.707
7/12	98.990	1.75	97.240
8/12	99.779	2	97.779
9/12	100.575	2.25	98.325
10/12	101.377	2.5	98.877
11/12	102.185	2.75	99.435
1	103	3	100

Premium Bond			
$c=$	0.1	$y=$	0.03
Par =	100		
τ	dirty price	accrued interest	clean price
0	106.796	0	106.796
1/12	107.060	0.83	106.226
2/12	107.324	1.67	105.657
3/12	107.588	2.5	105.088
4/12	107.854	3.33	104.520
5/12	108.120	4.17	103.953
6/12	108.386	5	103.386
7/12	108.654	5.83	102.820
8/12	108.921	6.67	102.255
9/12	109.190	7.5	101.690
10/12	109.459	8.33	101.126
11/12	109.729	9.17	100.563
1	110	10	100

위 도표에서 알 수 있듯이, discount bond이건 premium bond이건 dirty price는 시간 경과와 함께 항상 커집니다. 그러다 coupon 지급 직전에 가장 커집니다($\tau = 1$ 시점). 이 과정을 조금만 더 설명하겠습니다. 만기 1년인 discount bond의 발행 당시의 가격(dirty price)은 93.636에 불과합니다. $Par = 100$ 임에도 말입니다. 왜냐하면 이 채권의 coupon rate $c = 0.03$이 투자자 요구수익률 $y = 0.1$보다 훨씬 작기 때문입니다. 즉

$$P_0 \;=\; \frac{100 \times (1 + 0.03)}{1 + 0.1} = 93.636$$

입니다.* 그러나 시간이 지나면서 accrued interest가 커지며, 이와 별도로 이 채권의 clean price도 커집니다. 그리고 이 채권을 만기까지 1년간 보유하면 accrued interest = 1년치 coupon 3이 되고, 이 채권의 clean price도 93.636에서 $Par = 100$까지 커집니다. 그러므로 만기 시점에 이 채권의 (연)수익률 y는

$$\frac{3 \; + \; 100}{93.636} - 1 \;=\; 0.1$$

이 되는 것입니다. 결국 시점 $\tau = 1$에서는 이 채권의

dirty price = 103,

accrued interest = 3,

clean price = 100

입니다.

반면 만기 1년인 premium bond의 발행 가격(dirty price)은 106.796이나 됩니다. $Par = 100$임에도 말입니다. 왜냐하면 이 채권의 coupon rate $c = 0.1$이 투자자 요구수익률 $y = 0.03$보다 훨씬 크기 때문입니다. 즉

$$P_0 \;=\; \frac{100 \times (1 + 0.1)}{1 + 0.03} = 106.769$$

입니다.† 그리고 시간이 지나면서 accrued interest가 커지며, 이와 별도로

---

* 물론 clean price 또한 93.636입니다. accrued interest = 0이기 때문입니다.

† 물론 clean price 또한 106.769입니다. accrued interest = 0이기 때문입니다.

이 채권의 clean price는 작아집니다.

왜냐하면 이 채권 가격(dirty price)이 커지는 비율은 투자자들이 요구하는 연수익률 $y = 0.03$이지만 accrued interest는 $c = 0.1$에 비례하여 계산되기 때문입니다. 즉 채권 가격(dirty price)이 커지는 속도는 복리로 연율 $y = 0.03$인데 이보다 accrued interest가 커지는 속도가 더 크기 때문에 이 채권의 clean price는 작아집니다. 시간 경과와 함께. 그리고 이 채권을 만기까지 1년간 보유하면 accrued interest = 1년치 coupon 10이 되고, 이 채권의 clean price도 106.769에서 $Par = 100$까지 작아집니다. 그러므로 만기 시점에 이 채권의 (연)수익률 y는

$$\frac{10 + 100}{106.769} - 1 = 0.03$$

이 되는 것입니다. 결국 시점 $\tau = 1$에서는 이 채권의

dirty price = 110,

accrued interest = 10,

clean price = 100

입니다.

정리 5〉 시간 경과와 dirty price

premium-, par-, discount bond의 dirty price는 시간 경과와 함께 커진다.

CHAPTER 6

채권의 수익률 II

본장에서는 5장에서 미처 다루지 못한, 이표채 만기수익률의 경제적 의미 등을 엄밀한 의미에서 재조명하며 만기수익률의 다양한 특성을 공부합니다. 무이표채는 시장에서 거래되는 채권 중 특별한 경우이고 대부분의 채권은 이표채입니다. 이런 점에서, 본장에서 심화학습하는 만기수익률(yield)도 대부분 이표채의 만기수익률입니다.

제 1 절 만기수익률: 사전적 vs. 사후적

본절에서는 만기수익률(yield)의 명확한 의미에 대해 심층적으로 공부합니다. 참고로 yield에 대한 이런 심화 학습은 국내외 타 교재에서는 자주 다루지는 않는데, 본서에서 이런 내용을 제공하는 이유는, yield 개념은 채권(특히 이표채)의 경우 가장 기본적이면서도 가장 중요한 내용이라 해도 지나치지 않기 때문입니다.

1. 만기수익률의 사후적 실현

yield는 채권 투자와 관련하여 가장 자주 언급 및 사용되는 개념인데, 엄격한 가정 아래에서만 유효한 개념이기 때문에 이의 해석은 보다 신중을 기해야 합니다. 여기서는

yield의 현실성, 즉 사후적 실현 가능성에 대해 논의합니다.

질문 6-1〉 yield 수치를 활용할 때 유의해야 할 점은 무엇입니까?

먼저 yield(y)의 정의식을 다시 살펴서 이 식에 감추어진 또 다른 가정을 파악하여 봅시다. coupon rate c, 만기 n년, yield y의 특정 coupon bond의 현재 가격 P는 다음과 같이 표시됩니다.

$$P = \sum_{t=1}^{n} \frac{Par \times c}{(1+y)^t} + \frac{Par}{(1+y)^n}.$$

이 식의 양변에 $(1+y)^n$을 곱하면 다음과 같습니다.

$$\begin{aligned} P(1+y)^n &= \sum_{t=1}^{n} \frac{Par \times c \times (1+y)^n}{(1+y)^t} + \frac{Par}{(1+y)^n} \times (1+y)^n \\ &= \sum_{t=1}^{n} Par \times c \times (1+y)^{n-t} + Par. \end{aligned}$$

이 식의 우변은, 매 시점 t(년)에 지급받는 coupon $Par \times c$를 만기 n년까지 연수익률 y로 재투자함을 가정하여, 만기일의 이 coupon들의 미래가치 $Par \times c \times (1+y)^{n-t}$의 합계와 만기일에 지급받는 액면가 Par를 더한 금액입니다. 즉 이 금액은 이 채권의 $t = n$ 시점에서의 미래가치입니다. 한편 이 채권을 현재 가격 P로 구입하여 만기까지 보유할 때 연평균 수익률이 만기수익률 y와 같다면, 시점 n에서의 이 채권의 미래 가치는 $P(1+y)^n$이 됩니다. 그리고 이는 곧 위 식의 좌변에 해당합니다. 즉, 오늘 가격 P에 매수한 채권이

만기까지 연평균 수익률 y를 실현하여 미래가치 $P(1+y)^n$을 창출함은 (좌변)
매년 지급받는 coupon을 만기 n년까지 (연)수익률 y로 재투자함을 (우변)

의미합니다. 그러므로 만기까지 보유할 때 기대되는 연평균 수익률로서의 만기수익률

y에 내재한 암묵적 가정은, 이 채권으로부터 매 시점 t(년)에 지급받는 coupon $Par \times c$를 만기일 n(년)까지 (연)수익률 y로 재투자한다는 것입니다. 단순히 이 채권을 만기일까지 보유한다고 해서 사후적으로 (연)수익률이 y가 되는 것이 아니고, 매 시점의 coupon을 수익률 y로 항상 재투자해야 비로소 이 채권의 만기까지의 연수익률이 y가 된다는 것입니다. 그런데 미래 시점에 받는 각 coupon을 재투자할 때 적용 받는 수익률은 현재로서는 알 수 없는 확률변수이므로* 이 가정이 실현된다는 보장은 없습니다. 그러므로 yield 수치를 해석, 활용할 때에는 이 한계를 기억해야 합니다. 요약하면,

이표채를 만기일까지 보유하고
미래 모든 coupon을 연수익률 y로 만기일까지 재투자한다

는 가정을 충족할 때 yield의 경제적 의미가 존재하고, 채권 매수 시 계산된 '사전적 yield 값'이 채권 만기 시점의 '사후적 yield 값'과 같아집니다.

자 그렇다면, 과연 이러한 가정들은 충족될 수 있을가요? 하나의 가능성으로,

현재 "모든" 현물이자율 $\{r(k)|k = 1, 2, \ldots, n\}$에 있어서 $r(k) = y$이고
채권 만기까지 모든 $r(k)$가 $r(k) = y$를 유지

한다면 "사전적 yield 값 = 사후적 yield 값"이 됩니다. yield curve가 이 y 값에서 편평하고(flat), 이 형태가 채권 만기까지 그대로 유지되는 경우입니다. 하지만 실제 채권 시장에서 이런 현상이 나타난 적은 (거의) 없습니다. ■

그런데 흥미롭게도 이표채의 "사전적 yield = 사후적 yield"가 가능한 경우가 있습니다. 어떤 경우일까요? 무엇보다도

"만기까지 보유하지는 않는 경우"

입니다. 네, "만기"수익률을 논의하는데, 이표채를 만기까지 보유하지 않는 경우를 거론하니 좀 이상하죠? 하지만 우리가 지금 다루는 이슈는

---

* 더 정확히는 확률과정(stochastic process)이라 합니다. 확률과정은 일반적인 확률변수에 시간의 흐름을 가미한 것입니다.

사전적 yield가 현실적으로 의미있는 경우가 언제일까, 즉
사전적 yield가 사후적 yield와 같아지는 경우가 언제일까

입니다. 이 조건을 충족하기 위해서라면, "만기까지 보유하지는 않는 것"이 더 유리하다는 것입니다. 왜냐하면, 만기까지 보유하면,

만기 이전에 받을 모든 coupon을
사전적 yield와 동일한 수익률로 만기까지 재투자를 해야만
사후적 yield와 사전적 yield가 일치

하기 때문입니다. 반면

만기까지 보유하지 않으면

사전적 yield와 사후적 yield가 일치하기가 오히려 훨씬 더 쉽습니다. 무엇보다도, (모든) coupon 재투자 수익률이 사전적 yield와 같아야 한다는 요건을 충족할 필요가 없습니다. 가령 극단적 경우로

coupon을 한 번도 받지 않고 채권을 처분하는 경우

를 생각해 보겠습니다. 이때 사전적 및 사후적 yield(s)가 일치할 경우는

채권 매도 시의 yield curve가 (사전적) yield와 같은 값에서 flat하거나
채권 매도 시 채권 현금흐름들을 할인할 현물 이자율들이 yield 값과 같거나
현물 이자율들이 특정 (방정식을 충족할) 값들이 되는

경우입니다. 좀 어렵게 들리겠지만 이 내용을 예제로 살펴보면 훨씬 쉽게 이해할 수 있습니다.

예제 6-1〉 사전적 yield와 사후적 yield의 일치

현재 1년, 2년 및 3년 만기 현물 이자율이 각각 5%, 6%, 7%이고, 액면가 100, coupon rate 10%, 만기 3년인 coupon bond가 오늘 108.22의 가격으로 발행될 때 투자자 A가 이

채권을 매수한다고 가정하겠습니다. 이 채권의 사전적 yield(y_b)는 $y_b \approx 0.0688$입니다. 즉 다음 방정식의 해가 $y_b \approx 0.0688$입니다.*

$$
\begin{aligned}
108.22 &= \frac{10}{1+0.05} + \frac{10}{(1+0.06)^2} + \frac{110}{(1+0.07)^3} \\
&= \frac{10}{1+y} + \frac{10}{(1+y)^2} + \frac{110}{(1+y)^3}.
\end{aligned}
$$

이제 9개월(=0.75년) 후, 즉 첫 번째 coupon을 받기 전에, A가 이 채권을 매도한다 합시다. 이 채권의 가격은 매도 시점의 현물 이자율들을 할인율로 사용해서 구해집니다. 이때 이 현물 이자율들의 수준이 $r(t) = 0.0688 = y_b$라 합시다.† 즉, 이 시점에서 채권 시장에서 적어도 $0 < t \leq 2.25$인 모든 t에 대해 $r(t) = 0.0688$인 “flat yield curve”가 나타난 것입니다. 이때 이 시점에서의 이 채권의 매도 가격은 어떤 값이 될까요? 이 시점에서 이 채권의 현금흐름들은 향후 0.25년, 1.25년, 2.25년에 받게 되므로, 이 채권의 매도 가격은 다음과 같습니다.

$$
\begin{aligned}
&\frac{10}{[1+r(0.25)]^{0.25}} + \frac{10}{[1+r(1.25)]^{1.25}} + \frac{110}{[1+r(2.25)]^{2.25}} \\
&= \frac{10}{[1+0.0688]^{0.25}} + \frac{10}{[1+0.0688]^{1.25}} + \frac{110}{[1+0.0688]^{2.25}} \\
&= 9.84 + 9.20 + 94.71 \\
&= 113.75.
\end{aligned}
$$

자, 그러면 이 채권의 사후적 yield는 어떤 값으로 산출될까요? 이 채권을 108.22의 가격으로 매수하여 9개월 후 113.75의 가격으로 매도했으니, 이 채권의 사후적 yield y_a는 다음 식을 충족합니다.

---

* 이는 5장 1절의 예제 “coupon bond의 yield 계산”을 그대로 소환한 것입니다.

† b of y_b stands for “before.”

$$108.22 \times (1 + y_a)^{0.75} = 113.75.$$

양변에 자연로그를 취해 y_a를 결정할 수도 있고, 시행착오법을 통해 y_a를 결정할 수도 있는데, 위 방정식의 해는 한 개만 있으므로 후자를 통해 y_a 값을 결정하겠습니다. 즉 y_a가 커질수록 위 방정식의 좌변은 커지는데, 우변은 113.75로 고정됐으니, 좌변과 우변을 일치시키는 y_a 값은 단 하나만 존재합니다. 그러므로 여러 y_a 값을 위 식의 좌변에 대입할 때, 좌변 전체의 값이 우변의 113.75와 거의 일치하면 그때의 y_a 값이 바로 위 방정식의 해가 됩니다. $y_a = 0.0688$을 대입하면 위 식 좌변은

$$108.22 \times (1 + 0.0688)^{0.75} = 113.75$$

가 되므로, 위 식의 해는 $y_a = 0.0688$가 됩니다. 이것이 의미하는 바는, 이 채권을 108.22의 가격으로 매수하여 9개월 후 113.75의 가격으로 매도하면 이 채권의 사후적 yield y_a는 0.0688이 되는데, 이 값은 이 채권 매수 시의 사전적 yield $y_b = 0.0688$가 같다는 것입니다.

그러므로 다음 결론이 도출됩니다. 첫 coupon 수령 이전에 채권을 매도할 때 채권의 사전적 yield와 사후적 yield가 일치하기 위해서는 매도 시점에서 채권의 미래 현금흐름을 할인할 현물 이자율들이 이 채권의 사전적 yield와 일치해야 합니다. 이를 "조건 A"라 합시다.

그런데 조건 A와 $r(t) = 0.0688\ (0 < t \leq 2.25)$의 조건은 다릅니다. $r(t) = 0.0688(0 < t \leq 2.25)$은 "flat yield curve"를 의미하지만, 조건 A는 단순히

$$r(0.25) = r(1.25) = r(2.25) = 0.0688$$

을 의미하므로, "세 현물 이자율만 0.0688이면 된다"는 것입니다. 그러므로 엄밀히 말해서, 채권의 사전적 yield 값이 사후적으로 실현되기 위해 "flat yield curve"란 요건은 반드시 필요하지는 않습니다. 즉 이 요건은 'more than enough(과잉 요건)'임을 알 수 있습니다.*

나아가 $r(0.25) = r(1.25) = r(2.25) = 0.0688$이 아니어도, 심지어 이 세 현물 이

* 이런 내용을 국내외 채권 교재에서는 명료하게 설명하지 못하는 것 같습니다.

자율 중 그 어느 하나도 0.0688이 아니어도, 사전적 yield와 사후적 yield가 일치할 수도 있습니다. 이를 수식으로 보이겠습니다. 위에서와 동일하게, 이 채권 발행 시 이 채권을 매수한 A가 9개월 후 이 채권을 $P_{0.75}$의 가격으로 매도한다 합시다. $P_{0.75} = 113.75$이면 사후적 yield = 0.0688이 됨을 우리는 위에서 파악했습니다. 그러므로 세 현물 이자율 $r(0.25)$, $r(1.25)$, $r(2.25)$의 값들이 다음을 충족하면 됩니다.

$$\begin{aligned} P_{0.75} &= 113.75 \\ &= \frac{10}{[1+r(0.25)]^{0.25}} + \frac{10}{[1+r(1.25)]^{1.25}} + \frac{110}{[1+r(2.25)]^{2.25}}. \end{aligned}$$

위 방정식의 해는 무한히 많습니다. 방정식은 하나인데 변수는 세 개이기 때문입니다. 가령 $r(0.25) = r(1.25) = 0.05$이라면 위 방정식은

$$\begin{aligned} 113.75 &= \frac{10}{[1+0.05]^{0.25}} + \frac{10}{[1+0.05]^{1.25}} + \frac{110}{[1+r(2.25)]^{2.25}} \\ &= 19.29 + \frac{110}{[1+r(2.25)]^{2.25}} \end{aligned}$$

가 되는데, $r(2.25) = 0.07$이면 우변 값은

$$19.29 + \frac{110}{[1+0.07]^{2.25}} = 113.75$$

가 됩니다. 결국 위 방정식을 충족하는 $\{r(0.25),\ r(1.25),\ r(2.25)\}$의 조합은 거의 무한합니다. 그러므로 이 채권의 사전적 yield와 사후적 yield를 일치시키는 세 개의 현물 이자율들 중 그 어느 하나라도 사전적 yield $y_b = 0.0688$과 같지 않은 경우는 거의 무한히 많이 존재합니다.

이제 애초 본 예제의 목적으로 돌아가면, 사전적 및 사후적 yield(s)가 일치할 경우는 다음 세 경우라 할 수 있습니다. coupon을 한 번도 받지 않고 채권을 매도한다는 전제에서

- 채권 매도 시 yield curve가 (사전적) yield와 같은 값에서 flat하거나
- 채권 매도 시 채권 현금흐름들을 할인할 현물 이자율들이 yield 값과 같거나
- 채권 현금흐름들을 할인할 현물 이자율들 값들이 두 yields를 일치시키는 방정식을 충족하는 경우

이다. ■

네, 위 예제는 최초 발행된 채권 매수 후 첫 coupon을 받지 않고 매도하는, 대단히 특별한 경우였습니다. 이런 특별한 예를 채택한 이유는 여러분의 이해를 쉽게 하려는 것이었습니다. 어떤 이해 말입니까? 네, 채권의 사전적 및 사후적 yields가 일치하는 경우에 대한 이해였습니다. 이제 보다 일반적으로

한 번 이상의 coupon을 받은 후 만기일 이전에 채권을 매도할 때
채권의 사전적 및 사후적 yields가 일치하는 조건

을 알아 보겠습니다. 실제로도 채권 매수 후, 특히 장기 채권 매수 후, 만기일까지 보유해야 한다는 법도 없고 모든 채권 투자자들이 실제로 그렇게 하는 것도 아닙니다. 그런데 이런 일반적인 분석에 있어서도 방금 위에서 분석한 “첫 coupon 수령 전 채권 매도” 사례가 좋은 길잡이가 될 수 있습니다. 이 경우 두 yields가 일치할 조건은 다음과 같았습니다. 채권 매도하는 시점에서

(i) yield curve가 (사전적) yield와 같은 값에서 flat하거나
(ii) 채권 현금흐름들을 할인할 현물 이자율들이 (사전적) yield 값과 같거나
(iii) 현물 이자율들이 특정 (방정식을 충족할) 값들이 되는

조건이었습니다. 이 조건들이 의미하는 바를 기억하면서

coupon을 한 번도 안 받는 경우와 coupon을 한 번 이상 받는 경우의 차이

를 적절히 반영하면, “일반적인 채권 투자 때 두 yields가 일치”하는 조건들을 찾을 수 있습니다. 그런데 그 차이의 본질은

coupon들을 받는 경우 그 coupon들을 채권 매도 시점까지 재투자해야 한다는 사실입니다. 그리고 이 coupon들의 재투자 수익률이 바로 그 채권의 사전적 yield와 같아야 합니다. 이는 애초 여러분이 본서에서 만기수익률의 경제적 의미를 공부했을 때 익혔던 내용입니다. 물론 당시에는 만기까지 보유한다는 가정을 했었습니다만. 이제는 투자자들이 채권을 만기까지 보유하지는 않는, 보다 일반적인 채권 투자에 있어서 두 yields가 일치할 조건을 찾는데, 결론부터 말하면 다음과 같습니다.

정리 1〉 채권 투자 시 사전적 및 사후적 yields의 일치 조건

a) 채권 매도 시점까지 yield curve가 (사전적) yield와 같은 값에서 flat하거나

b) coupon들의 재투자 수익률이 yield와 같고, 채권 매도 시 특정 현물 이자율들도 yield와 같거나

c) 우연히 채권 매도 시점의 사후적 yield가 사전적 yield와 같은 경우

이를 아래 예제로 설명해 보겠습니다. 이 정리의 a), b) c) 세 조건과 위의 i), ii), iii)의 세 조건이 유사함을 알 수 있습니다. 이제 위 예제의 가정들을 그대로 활용하면서 이 정리를 예제 형태로 입증해 보겠습니다.

예제 6-2〉 일반적 채권 투자 시 '사전 yield'와 '사후 yield'의 일치

현재 1년, 2년 및 3년 만기 현물 이자율이 각각 5%, 6%, 7%이고, 액면가 100, coupon rate 10%, 만기 3년인 coupon bond가 오늘 108.22의 가격으로 발행될 때 투자자 A가 이 채권(B)을 매수한다고 가정하겠습니다. 위 예제에서 B의 사전적 yield(y_b)는 $y_b \approx 0.0688$로 판명되었습니다. 이제 18월(= 1.5년) 후, 즉 첫 번째 coupon을 받고 두 번째 coupon을 받기 전에, A가 B를 매도한다 합시다. 이때 위 정리의 세 조건, a), b), c) 중 어느 하나라도 만족하면 B 채권 투자에 있어 사전적 및 사후적 yields가 일치함을 보이겠습니다.

먼저 a) 조건을 적용해 보겠습니다. 이 조건은, B 발행 시점($t = 0$)부터 매도 시점($t = 1.5$)까지 현물 이자율들의 yield curve가 0.0688로 수평인 경우가 계속 유지되는 경우입니

다. 즉 모든 만기 $n(\geq 0)$, 모든 시점($0 \leq t \leq 1.5$)에 있어서 $r_t(n) = 0.0688$이 성립합니다.* 여기서 $r_t(n) = 0.0688$은 시점 t(년)에 존재하는 만기 n(년)의 현물 이자율 값을 말합니다. B를 매수한 A가 $t = 1$(년)에서 받은 첫 coupon 10을 $t = 1.5$까지 $r_1(0.5) = 0.0688$로 재투자합니다. 그러면 B 매도 시점인 $t = 1.5$에 이 coupon의 가치는

$$10 \times [1 + r_1(0.5)]^{0.5} = 10 \times 1.0688^{0.5} = 10.34$$

가 됩니다. 또 이 시점의 B 매도 가격은

$$\frac{10}{[1 + r_{1.5}(0.5)]^{0.5}} + \frac{10 + 100}{[1 + r_{1.5}(1.5)]^{1.5}}$$

$$= \frac{10}{[1 + 0.0688]^{0.5}} + \frac{10 + 100}{[1 + 0.0688]^{1.5}} = 109.22$$

입니다. 즉 B 매도 시 A가 B로부터 받은 총수익은

$$10.34 + 109.22 = 119.56$$

입니다. $t = 0$ 시점에서 A가 B를 108.22에 매수하였습니다. 그리고 $t = 1.5$ 시점에서 총수익 119.56을 얻었으니, 이 기간 동안 A의 연평균 수익률 즉 사후적 yield y_a는 다음과 같이 산출됩니다.

$$108.22 \times (1 + y_a)^{1.5} = 119.56.$$

위 식에 로그(ln)를 취해서 풀면

$$1.5 \times ln(1 + y_a) = ln\left(\frac{119.56}{108.22}\right) = 0.0997 \text{ 이므로}$$

$$y_a = e^{\frac{0.0997}{1.5}} - 1 = 0.0687$$

이 되어 (반올림 오차 제외하면) 사전적 수익률 $y_b = 0.0688$과 같습니다.

---

* a) 경우의 "모든 시점"은 B 매도 시점까지를 말합니다.

이제 위 정리의 조건 b)가 충족되는 경우를 살펴보겠습니다. 조건 b)는

coupon들의 재투자 수익률이 yield와 같고
채권 B 매도 시 특정 현물 이자율들도 yield와 같다는

조건입니다. coupon의 재투자 수익률이 yield와 같으므로 B 매도 시점의 이 coupon의 가치는

$$10 \times [1 + r_1(0.5)]^{0.5} = 10 \times 1.0688^{0.5} = 10.34$$

입니다. 또 B 매도 시 (모든 만기의 현물 이자율이 $y_b = 0.0688$과 같지 않더라도) 특정 두 현물 이자율인 $r(0.5)$와 $r(1.5)$가 $y_b = 0.0688$과 같은 경우입니다. 그러면 B 매도 가격은

$$\frac{10}{[1 + r_{1.5}(0.5)]^{0.5}} + \frac{10 + 100}{[1 + r_{1.5}(1.5)]^{1.5}}$$

$$= \frac{10}{[1 + 0.0688]^{0.5}} + \frac{10 + 100}{[1 + 0.0688]^{1.5}} = 109.22$$

가 됩니다. 결과적으로, 이 조건 b)만 충족하더라도 조건 a)와 동일한 수치들이 산출되기에 조건 b)를 만족하는 경우에도 B의 사후적 yield y_a는 사전적 yield y_b와 같은 값인 0.0688이 됩니다.

이제 위 정리의 조건 c)가 충족되는 경우를 살펴보겠습니다. 조건 c)는

우연히 채권 매도 시점의 사후적 yield가 사전적 yield와 같은 경우

입니다. coupon의 재투자 (연)수익률을 r_{reinv}이라 표기하면 B 매도 시점의 이 coupon의 가치는 다음과 같습니다.

$$10 \times [1 + r_{reinv}]^{0.5}.$$

또 B 매도 가격은 다음과 같습니다.

$$\frac{10}{[1+r_{1.5}(0.5)]^{0.5}}+\frac{10+100}{[1+r_{1.5}(1.5)]^{1.5}}.$$

그러므로 B 매도 시점의 총수익은 이 둘의 합계입니다. 이 총수익이 119.56이 되면 이 채권의 사후적 yield y_a는 사전적 yield y_b와 같은 0.0688이 됩니다. 이는 위에서 우리가 a) 조건을 증명할 때 산출된 결과입니다. 이 채권 매수 가격이 108.22이므로 이는 다음 식이 충족되어야 두 yields가 일치한다는 의미가 됩니다.

$$\begin{aligned}&108.22\times(1+0.0688)^{1.5}\\&\quad=10\times[1+r_{reinv}]^{0.5}+\frac{10}{[1+r_{1.5}(0.5)]^{0.5}}+\frac{10+100}{[1+r_{1.5}(1.5)]^{1.5}}.\end{aligned}$$

위 식을 충족할 해는 무수히 많습니다. 방정식은 하나인데 미지수는 세 개이기 때문입니다. 세 개의 미지수는 바로 r_{reinv}, $r_{1.5}(0.5)$, $r_{1.5}(1.5)$입니다. 그러므로 이 세 개의 미지수가 우연히 위 방정식을 충족한다면, 이 채권의 두 yields는 0.0688로 일치합니다. (사실 $r_{reinv} = r_{1.5}(0.5)$입니다. Why?) ■

지금까지 채권 yield에 대하여 그리 쉽지 않은 내용들을 숨가쁘게 살펴보았습니다. 결국 여러분이 알게 된 새로운 사실은, yield의 실질적 의미 혹은 해석을 논할 때 자주 소환되는

flat yield curve가 반드시 필요하지는 않을 수 있다는

것입니다. 또,

만기 이전에 채권을 매도해도

채권의 (사전적)yield가 100% 그대로 사후적으로 실현될 수 있다는 것입니다. 이를 요약하면 다음과 같습니다.

정리 2〉 사전적 및 사후적 yields 일치의 주요 특성

1) 모든 현물 이자율 값이 동일하다는 flat yield curve가 필요조건은 아니다.

2) 만기 이전에 채권을 매도해도 두 yields가 일치할 수 있다.

마지막으로 여러분이 yield 관련하여 주의해야 할 사항을 예제의 형태로 알아 보겠습니다. 아래 내용을 요약하면, 투자자 A가 보유한 채권의 (사전적) yield가 투자자 B가 보유한 채권의 yield보다 높다 해서 A가 채권 투자를 더 잘했다는 의미는 아니라는 것입니다.

예제 6-3〉 yield와 채권 투자 성과

시장의 현물 이자율이 다음과 같이 주어졌다고 가정합시다.

t	1	2	3
r(t)	3.0%	3.5%	4.0%

이때 채권 펀드매니저 A는 액면가 100, coupon rate 4%, 만기 2년의 채권을 100.568에 매입하였고, 매니저 B는 동일한 액면가와 coupon rate, 그리고 만기 3년의 채권을 100.278에 매입하였습니다. 매니저 A, B가 매입한 채권의 yield $y(A)$, $y(B)$를 계산하면,

$$y(A) = 3.7\%, \qquad y(B) = 3.9\%$$

입니다. 과연 어느 매니저가 더 투자를 잘 하였다고 할 수 있을까요? 만일 yield만을 비교한다면 매니저 B의 성과가 더 높은 것처럼 보입니다. 그러나 yield의 수치가 실질적으로 의미 있으려면 "채권 투자 시 사전적 및 사후적 yields의 일치 조건"을 충족해야 하고 이 조건들은 현실적으로 충족하기 어려운 것들입니다. 그러므로 단순히 사전적 yield인 $y(A) = 3.7\%$, $y(B) = 3.9\%$를 비교해서 두 펀드 매니저의 채권 투자 성과를 평가하는 것은 합당하지 않습니다.

실제로 이 경우 A, B가 매입한 채권의 공정한 시장가격 $P(A)$, $P(B)$는

$$P(A) = \frac{4}{1.03} + \frac{104}{1.035^2} = 100.969,$$

$$P(B) = \frac{4}{1.03} + \frac{4}{1.035^2} + \frac{104}{1.04^2} = 100.073$$

입니다. 즉 A는 공정한 시장가격보다 더 저렴하게 B는 그보다 더 비싸게 채권을 매입한 셈이므로 B가 A보다 더 효율적인 투자를 하였다고는 할 수 없습니다. 그러므로 yield 수치만으로 채권 투자의 성과를 분석하는 것이 비합리적일 수 있음을 알 수 있습니다. ■

2. 포트폴리오의 만기수익률

여기서는 개별 채권이 아닌 여러 채권의 만기수익률, 즉 채권 포트폴리오의 만기수익률(yield)에 대해 알아봅시다. 채권 포트폴리오의 yield는 포트폴리오에 포함된

채권들의 현금흐름 시점과 크기에 의하여 결정

됩니다. 즉 현금흐름들의 timing과 size에 의하여 결정됩니다. 포트폴리오의 yield와 현금흐름(채권)의 관계는 일반적으로 다음과 같은 규칙을 따릅니다. 이 규칙들은 처음에는 생소하겠지만 사실은 조금만 생각해 보면 상식적인 내용들입니다.

정리 3〉 "포트폴리오 yield"의 결정요인

(i) 만기가 긴 채권의 yield가 "포트폴리오 yield"에 더 큰 영향을 미친다.
(ii) 가격이 높은 채권의 yield가 포트폴리오 yield에 더 큰 영향을 미친다.
(iii) "채권 포트폴리오 yield"는 그 포트폴리오를 구성하는 각 채권의 yield의 가중평균이 아니다.
(iv) "채권 포트폴리오 yield"는 그 포트폴리오를 구성하는 각 채권의 금액 듀레이션(dollar duration)을 가중치로 사용한 yield들의 가중평균과 근사하다.

이러한 규칙을 예제를 통하여 하나씩 파악해 봅시다.

예제 6-4〉 채권의 만기와 포트폴리오 yield

만기는 상이하지만 시장가격은 동일한 두 채권으로 이루어진 포트폴리오의 yield를 구하여 봅시다. 채권들의 yield가 다음과 같이 주어졌다고 가정합시다.

채권	액면가	만기	시장가격	Yield
무이표채 A	110.00	1	100	0.10
무이표채 B	619.17	10	100	0.20
A + B			200	?

이때 채권 A와 B로 구성된 포트폴리오의 yield를 구하여 봅시다. 시행착오법을 사용하여 포트폴리오 "A+B"의 현 시장가격 200에 가장 가까운 가격을 산출하는 yield 값을 구하기 위하여, 이 포트폴리오의 yield로

y(A+B) = 0.10, 0.20, 0.15, 0.191을 사용할 때의 이 포트폴리오의 가격

을 산출해 보면 다음과 같습니다.

	A	B	A + B
Par	110	619.17	
Price	100.0	100.0	200.0
Maturity	1	10	
y	0.1	0.2	

y(A+B) =	P(A)	P(B)	P(A) + P(B) =
0.100	100.0	238.7	338.7
0.150	95.7	153.0	248.7
0.191	92.4	107.8	200.2
0.200	91.7	100.0	191.7

특정 'yield 후보' 값 x를 두 채권에 적용하여 두 채권 가격을 구할 때 그 합계가 (실제 두 채권 가격) 200에 가장 가까우면 그 x가 이 채권 포트폴리오의 yield라고 추정할 수 있습니다. 위 표에서 알 수 있듯이 y(A+B) = 0.10로 간주하여 이 포트폴리오의 가격을 구하면

$P(A) = \frac{110}{1+0.1} = 100$으로 현재 가격과 동일하게 산출되나

$P(B) = \frac{619.17}{(1+0.1)^{10}} = 238.7$로 산출되어 B의 실제 가격 100과는 큰 괴리를

보입니다. 이처럼 큰 괴리를 보이는 까닭은, 원래의 yield y(B) = 0.2가 아닌 0.10을 사용하여 P(B)를 산출할 때, 분모의 승수효과(10승)로 인하여 그 오차가 매우 크게 확대되기 때문입니다. 즉 $(1 + 0.1)^{20}$과 $(1 + 0.1)^{10}$의 괴리가 매우 크기 때문입니다.

반면, y(A+B) = 0.20을 사용하여 이 포트폴리오의 가격을 구하면

$P(B) = \frac{619.17}{(1+0.2)^{10}} = 100$으로 현재 가격과 동일하게 산출되고
$P(A) = \frac{110}{1+0.2} = 91.7$이어서 A의 실제 가격 100과 큰 괴리를 보이지는 않습니다.

큰 괴리를 보이지 않는 까닭은, 원래의 yield y(A) = 0.1이 아닌 0.2를 사용하여 P(A)를 산출할 때, 분모의 승수효과(1승)가 작아서 그 괴리가 크게 확대되지는 않기 때문입니다. 즉 $(1 + 0.2)^{1}$과 $(1 + 0.1)^{1}$의 차이가 크지 않기 때문입니다. 이처럼

분모의 승수효과를 고려하면
만기가 더 긴 채권의 yield에 가까운 값으로 포트폴리오의 yield가 결정

됩을 알 수 있습니다. 실제로 이 포트폴리오의 yield는 y(A+B) = 0.191로서, 승수가 큰 채권 B의 만기수익률인 y(B) = 0.20과 매우 가까운 값임을 알 수 있습니다(위 표 참조). 그런데 여기서의 승수란 채권 B의 만기이므로, 결국 포트폴리오의 yield는 만기가 더 긴 채권의 yield로부터 더 큰 영향을 받음을 의미합니다.

한편 이 포트폴리오의 yield 0.191은 이 포트폴리오를 구성하는 두 채권의 만기수익률들의 가중평균인 $\frac{0.1 + 0.2}{2} = 0.15$와도 차이가 크다는 것을 알 수 있습니다. 그러므로, 주식 포트폴리오의 베타(β)가 그 포트폴리오를 구성하는 주식들의 베타의 가중평균인 것과는 대비적으로, 채권 포트폴리오의 yield는 그 포트폴리오를 구성하는 채권들의 yield의 가중평균이 아님을 기억하여야 합니다. ■

지금까지의 논의를 재요약하면 아래와 같습니다.

정리 4〉 포트폴리오 yield 결정 요인: 만기

1) 포트폴리오에 편입된 채권들의 가격이 비슷하면, 만기가 더 긴 채권(들)의 yield에 더 가까운 값으로 포트폴리오 yield가 결정된다.
2) 하지만 포트폴리오 yield가 그 포트폴리오를 구성하는 채권들의 yield의 가중평균은 아니다. (각 채권의 상대 가격을 가중치로 사용한 경우)

이제 위 예제를 조금 수정하여, 만기는 서로 유사하지만 상이한 시장 가격을 가지는 두 채권으로 이루어진 포트폴리오의 yield를 구하여 봅시다.*

예제 6-5〉 채권의 가격과 포트폴리오 yield

채권	액면가	만기	시장가격	Yield
무이표채 A	110.00	10	42.4	0.10
무이표채 B	729.58	9.9	120.0	0.20
A + B			162.4	?

이때 채권 A와 B로 구성된 포트폴리오의 yield y(A+B)를 구하여 보면 다음과 같이 y(A+B) = 0.178로 구하여집니다. 이 값이 B의 yield 0.20에 매우 가까운 값을 가지는 이유는 B의 시장가격이 A의 그것보다 훨씬 높기 때문입니다.

* 무이표채 A, B의 만기가 동일한 경우에는 만기수익률도 동일하므로 분석의 의미가 없습니다. 만기가 같고 coupon rate이 다른 coupon bond들의 경우에는 만기수익률이 서로 다르므로 분석 대상이 됩니다. 본서에서는 설명의 편의를 위하여 무이표채의 예로 한정하였습니다.

	A	B	A + B
Par	110	729.58	
Price	42.4	120.0	162.4
Maturity	10	9.9	
y	0.1	0.2	
y(A+B) =	P(A)	P(B)	P(A) + P(B) =
0.100	42.4	284.0	326.4
0.150	27.2	182.9	210.1
0.178	21.4	144.1	165.5
0.200	17.8	120.0	137.8

위 표에서 알 수 있듯이 y(A+B) = 0.10로 간주하여 이 포트폴리오의 가격을 구하면

$P(A) = \frac{110}{(1+0.1)^{10}} = 42.4$으로 현재 가격과 동일하게 산출되나

$P(B) = \frac{729.58}{(1+0.1)^{9.9}} = 284$로 산출되어 B의 실제 가격 120.0과 160의 괴리를

보입니다. 반면, y(A+B) = 0.20을 사용하여 이 포트폴리오의 가격을 구하면

$P(B) = \frac{729.58}{(1+0.2)^{9.9}} = 120$으로 산출되어 B의 실제 가격과 같고

$P(A) = \frac{110}{(1+0.2)^{10}} = 17.8$로 산출되어 A의 실제 가격 42.4와 24.6의 괴리를

보입니다. 각 채권의 원래 yield와 다른 값을 사용했을 때 산출되는 채권 가격과 실제 가격과의 괴리가 이처럼 채권마다 다른 것은, 채권 B의 가격이 120으로 A의 가격 42.4 보다 매우 크기 때문입니다. 그러므로 결과적으로 이 포트폴리오의 yield는 시장 가격이 보다 큰 채권의 yield 값과 가까운 수치가 됩니다. 이는 마치 가격이 3,000인 A 주식 1주와 가격이 300,000인 B 주식 1주로 이루어진 주식 포트폴리오의 수익률이 주식 B의 수익률에 크게 영향 받지만 주식 A의 수익률에는 거의 영향을 받지 않는 원리와 유사하다고 할 수 있습니다. ■

이를 재요약하면 아래와 같습니다.

> **정리 5〉 포트폴리오 yield 결정 요인: 가격**
>
> 가격이 더 높은 채권의 yield가 포트폴리오 yield에 더 큰 영향을 미친다.

참고로 포트폴리오의 yield 근사치를 구하는 한 가지 방법은 각 채권의 yield의 가중평균을 구하되 각 채권의 dollar duration을 그 가중치로 사용하는 것입니다. dollar duration의 개념은 추후 7장에서 다루고 여기서는 그 결과만을 소개하기로 합니다.

> 식 1〉 포트폴리오의 yield 구하기(근사치)
>
> $$y(pf) = \sum_{k=1}^{n} \left[y(k) \times \left(\frac{DD(k)}{\sum_{k=1}^{n} DD(k)} \right) \right]$$
>
> 단,
>
> $y(pf)$ = n개의 채권을 포함하는 포트폴리오의 만기수익률
>
> $y(k)$ = k번째 채권의 만기수익률
>
> $DD(k)$ = k번째 채권의 dollar duration.

한편 '포트폴리오 yield'와 관련된 주제로 이표채의 yield를 생각해 볼 수 있습니다. 왜냐하면 이표채는 여러 무이표채로 이루어진 채권 포트폴리오로 생각할 수 있기 때문입니다. 즉 만기 n년, 액면가 Par, coupon rate c인 이표채는 $Par \times c$의 액면가를 가지는 $(n-1)$개의 무이표채와, $Par \times (1+c)$의 액면가를 가지는 1개의 무이표채로 이루어진 포트폴리오입니다. 이표채의 yield에 대해서는 2절에서 수익률 곡선(yield curve)를 공부하면서 함께 논의하기로 하겠습니다.

제 2 절 수익률 곡선(yield curve)

본절에서는 채권의 만기(maturity)와 yield의 관계를 나타내는 수익률 곡선(yield curve)의 개념, 도출 방법, 종류 등을 공부한 후, 이표채의 수익률 곡선의 특성을 논의합니다.

1. 수익률 곡선 도출

정부가 발행한 zero coupon bond(zcb)들의 만기와 yield의 관계를 나타내는 곡선을 "만기수익률 곡선(yield curve, YC)" 혹은 "수익률 곡선"이라고 합니다. 즉 yield curve는 만기에 따른 현물 이자율(spot rates)들을 보여주는 그래프를 말합니다. 그래서 "spot rate curve", "현물 이자율 곡선"이라고도 불립니다. 또한 이 곡선은 기간(만기)에 따른 이자율(수익률) 값의 수준을 나타낸다는 의미에서 "이자율 기간구조(the term structure of interest rates)"라고도 불립니다. 채권 시장에서 가장 자주 나타나는 yield curve는 아래와 같은 우상향 그래프(upward-sloping curve)입니다.

➢ 그림 6-1〉 yield curve

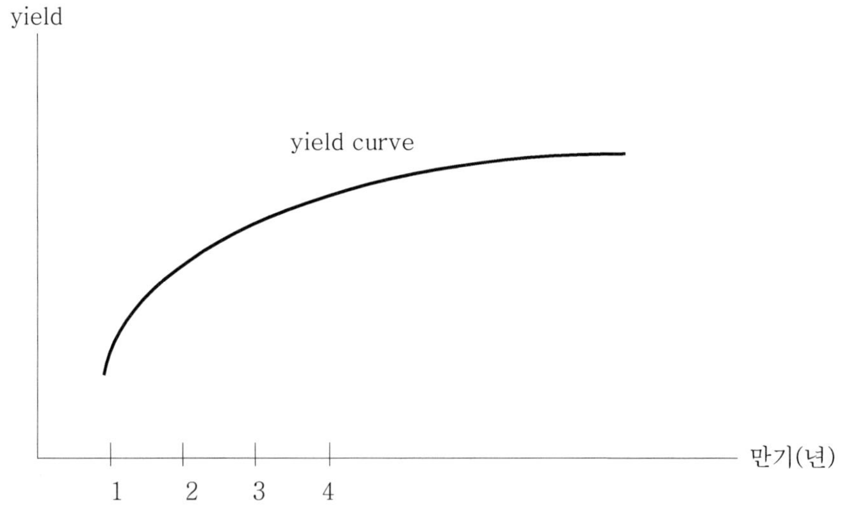

지금까지 우리는 현물 이자율들이 시장에서 주어진 것으로 간주하여 논의를 전개하였습니다. 이는 곧 yield curve(YC)가 주어진 상황임을 의미합니다. 가령 이런 상황에서 coupon bond의 가격을 계산하였습니다. 현물 이자율들의 값을 이용해서 말입니다. 그러나 실제로는 YC는 자동적으로 주어지는 경우보다는 투자자들이 직접 도출해야 하는 경우가 많습니다. 그 이유는, YC를 구성하는 다양한 만기의 현물 이자율들의 값을 쉽게 구할 수 없는 경우가 많기 때문입니다. 왜 그럴까요?

현물 이자율 값을 가장 쉽게 구하는 방법은, 시장의 zero coupon bond(zcb)들의 가격을 통해서입니다. 가령 만기 n년, 액면가 Par, 현재 가격 P인 zcb가 있다면

$$P = \frac{Par}{[1+r(n)]^n}$$

의 방정식을 풀어 현물 이자율 $r(n)$값을 구할 수 있습니다. 물론 단위기간이 6개월인 경우라면

$$P = \frac{Par}{\left[1+\frac{r(n)}{2}\right]^{2n}}$$

의 방정식을 풀어 현물 이자율 $r(n)$값을 구합니다. 그러므로 채권 시장에서 모든 만기의 zcb가 거래되고 있다면 모든 만기에 대한 현물 이자율이 파악됩니다. 하지만 실제 시장에서 거래되는 zcb의 종류는 매우 제한되어 있으므로, 다른 현물 이자율 값들은 추정에 의하여만 파악할 수 있습니다.

그나마 다행스러운 점은, 시장에서 거래되는 대부분의 채권이 coupon bond이고 또 이들은 zcb보다 훨씬 다양한 만기를 가지고 있다는 사실입니다. 그러므로 coupon bond들로부터 현물 이자율을 추정할 수 있다면 보다 다양한 만기에 대하여 현물 이자율들의 값들을 파악할 수 있습니다. 그리고 그런 방법이 있습니다. coupon bond 가격을 이용하여 현물 이자율을 구하는 방법론을

Bootstrapping Methodology

혹은 "Bootstrapping Method"라고 합니다. 여기서는 coupon bond 중 특히 par bond의 가격을 이용하여 현물 이자율을 구하는 방법을 예시합니다. 물론 반드시 par bond의 가

격일 필요는 없습니다만 편의상 par bond를 활용합니다.

예제 6-6〉 이표채로부터 현물 이자율 추출(Bootstrapping Methodology)

채권 액면가와 가격이 같은 채권을 par bond라 합니다. 이 par bond의 coupon rate을 par rate 혹은 '액면이자율'이라 합니다. 시장에서 거래되는 만기 1, 2, 3, 4년의 par bond의 coupon rate이 다음과 같다고 합시다. coupon 지급은 연간 1회를, 모든 채권의 액면가는 100으로 가정합니다.

만기 (n)	par rate
1	5%
2	6%
3	7%
4	8%

이때 동일한 만기의 현물 이자율들을 구하여 봅시다. 먼저 coupon rate 5.0%의 만기 1년 par bond로부터 1년 현물 이자율 r(1)을 구하여 봅시다. par bond이므로 이 채권의 가격은 100입니다. 그러므로 다음 방정식을 풀어야 합니다.

$$100 = \frac{105}{1 + r(1)}.$$

그러면 r(1) = 5.0%로 산출됩니다. 참고로 이 채권은 실질적으로 만기 1년, 액면가 105인 zcb와 같습니다. 이제 r(2)를 구하기 위하여 만기 2년의 par bond를 이용하여 봅시다. 이 채권으로부터는 1년 후 6, 2년 후 106의 현금흐름이 기대되므로 다음의 방정식이 도출됩니다.

$$100 = \frac{6}{1 + r(1)} + \frac{106}{\left(1 + r(2)\right)^2} = \frac{6}{1 + 0.05} + \frac{106}{\left(1 + r(2)\right)^2}.$$

이 방정식을 풀면 r(2) = 6.03%가 산출됩니다. 다음 r(3)를 구하기 위하여 만기 3년의 par bond를 이용하여 봅시다.

$$100 = \frac{7}{1+r(1)} + \frac{7}{(1+r(2))^2} + \frac{107}{(1+r(3))^3}$$

$$= \frac{7}{1+0.05} + \frac{7}{(1+0.0603)^2} + \frac{107}{(1+r(3))^3}.$$

이 방정식을 풀면 r(3) = 7.10%가 산출됩니다. 마찬가지로 r(4)를 구하면 r(4) = 8.22%가 산출됩니다. 이러한 방식으로 coupon bond를(여기서는 par bond) 이용하여 모든 만기의 현물 이자율을 구할 수 있습니다. 이처럼 coupon bond를 이용하여 현물 이자율을 구하는 방법론을 "Bootstrapping Methodology"라고 합니다. ■

참고로 "Bootstrapping"은 원래 부츠에 달린 끈이나 고리를 사용해 스스로를 끌어올린다는 의미에서 유래된 단어로, 비유적으로 "자력으로 무언가를 구축하거나 해결하는 과정"을 뜻합니다. 이 사전적 의미가 채권 분석에서 위의 예처럼

spot rate curve를 점진적으로 산출하는 방법

을 지칭하게 된 이유는, spot rate curve 계산 방식이 '단기 spot rates' 값을 기반으로, 즉 $r(1)$, $r(2)$등을 기반으로, '장기 spot rates'를 단계적으로 추정해 나가는 방식이기 때문입니다. 즉, $r(1)$, $r(2)$ 등의 이전 계산 결과를 바탕으로 스스로를 확장하는 과정이 bootstrapping이라는 단어의 본래 의미와 유사하여 이 용어가 사용됩니다.

예제 6-7〉 다음 자료를 이용하여 현물 이자율들을 구해 보세요.

이제 여러분들은 시장에서 거래되는 만기 1, 2, 3년의 par bond의 coupon rate이 다음과 같을 때 Bootstrapping 방법을 사용하여 현물 이자율을 구해 볼 수 있습니다.

만기 (t)	par rate
1	8%
2	7%
3	6%

간단히 수식 위주로 구해 보겠습니다. 그러면 다음과 같은 현물 이자율 $r(1)$, $r(2)$,

$r(3)$가 산출됩니다.

$$100 = \frac{108}{1+r(1)} \rightarrow r(1) = 0.08.$$

$$100 = \frac{7}{1+r(1)} + \frac{107}{(1+r(2))^2} = \frac{7}{1+0.08} + \frac{107}{(1+r(2))^2}.$$

$$\rightarrow r(2) = 0.0697.$$

$$100 = \frac{6}{1+r(1)} + \frac{6}{(1+r(2))^2} + \frac{106}{(1+r(3))^3}$$

$$= \frac{6}{1+0.08} + \frac{6}{(1+0.0697)^2} + \frac{106}{(1+r(3))^3}.$$

$$\rightarrow r(3) = 0.0592.$$

■

여기서 질문 하나를 배 봅시다.

질문 6-2〉 수익률 곡선은 zero coupon bond들만 대상인가요?

엄격히 말해 수익률 곡선은 좁은 의미와 넓은 의미가 있습니다. 좁은 의미로는 위에서 설명한 대로 무이표채들의 수익률을 만기별로 나타내는 곡선이라 할 수 있습니다. 이때 yield curve는 단 하나만 존재하는, 고유명사 같은 의미입니다. 그런데 coupon bond들에 대해서도 수익률(yield)을 계산할 수는 있습니다. 그러므로 주어진 coupon rate를 가지는 특정 coupon bond가 만기가 길어짐에 따라 그 수익률들이 달라질 수 있는데, 이때 이 coupon bond의 만기별 수익률을 산출한 곡선도 넓은 의미에서는 '수익률 곡선'이라 할 수 있습니다.

가령 2%의 coupon rate를 가지는 이표채의 만기와 yield간의 관계는 아래 그림과 같이 나타낼 수 있습니다. 점선으로 표시된 곡선이 바로 이 2% coupon bond의 yield curve가 됩니다. 그림에서는 "2% cp. rate curve"로 표시됐습니다. 무이표채의 yield curve는 "spot rate curve"로 표시됐고, 이것이 위에서 논의한 바로 그 (좁은 의미의) yield curve입니다. 그리고 2% coupon bond의 yield curve가 있다면 3% coupon bond의 yield curve도 그릴 수 있을 것입니다. 그러므로 이러한 (coupon bond의) yield curve는 하나만 존재하지 않고 여러 개 존재합니다. 참고로 이러한 yield curve는 추후 "이표채의 수익률 곡선"이라는 주제에서 상세히 논의합니다.

➢ 그림 6-2〉 coupon bond의 yield curve

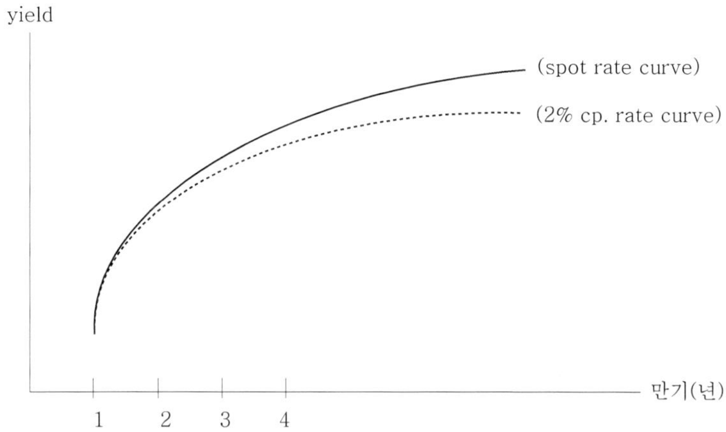

■

2. 수익률 곡선의 완성

수익률 곡선(yield curve) 도출과 관련된 또 하나의 주제를 생각해 봅시다. 위 그림에서의 yield curve(s)는 모두 연속적입니다. 위 그래프에서는 x −축으로 만기(년)을 설정했으므로 이 x −축의 값들일 0.1, 0.2, 0.3 등은 모두 0.1년, 0.2년, 0.3년 등을 뜻합니다. 마찬가지로 4.7, 5.9는 4.7년, 5.7년을 의미합니다. 그런데 실제로 이런 (무수한) 만기의 채권들이 시장에 모두 존재할까요? 물론 그렇지 않습니다. 불가능합니다. 그러면 어떻게 위 그래프처럼 연속적인 yield curve들이 그려질 수 있을까요? 이를 별도로 논의해 보겠습니다.

참고 1〉 한정된 수의 채권들의 만기로부터 연속적인 yield curve 추출하는 방법

먼저 여기서 분명히 할 것이 있습니다. 우리가 배운 Bootstrapping method와 이 주제가 관련이 있는가 하는 것입니다. 결론부터 말하면

관련이 없습니다.

Bootstrapping method는, 시장에 존재하는 coupon bonds를 이용하여 무이표채의 yield curve를, 즉 현물 이자율 곡선(spot rate curve)을, 추출하는 방법론입니다. 가령 시장에 존재하는, 만기가 다른 coupon bond들의 수가 5개이면, 5개 현물 이자율들만 추출할 수 있습니다. 더 구체적으로, 그 coupon bond들의 5개 만기가 1, 2, 3, 4, 5년이라면 이 5개 만기의 현물 이자율들만 추출할 수 있다는 것입니다. 그러므로 $r(1)$, $r(2)$, … , $r(5)$는 추출할 수 있지만 $r(0.5)$, $r(1.7)$, $r(4.5)$ 등은 추출할 수 없습니다. $r(6.2)$도 물론 추출할 수 없습니다. 그러면 어떻게 위 그래프 같은 ($r(n)$들의) 연속적인 yield curve가 가능했을까요? 네, 연속적인 yield curve(s)가 가능했던 이유는

인위적으로 그런 연속적 yield curve를 만들었기 때문

입니다. 즉 존재하지 않는 만기들에 대한 yields를 마치 존재하는 것처럼 인위적으로 만든 것입니다. 어떻게 그렇게 할 수 있을까요?

비교적 쉽습니다. 간단한 예를 들어 보겠습니다. 특정일 특정 지역 오전 9시 기온이 섭씨 20도였다고 합시다. 그리고 오전 11시에 다시 기온을 재어 보니 섭씨 22도가 됐다고 합시다. 그렇다면 오전 10시 기온은 어느 정도였을 것이라고 추정할 수 있을까요? 네, 매우 간단하게, 두 온도의 평균인 섭씨 21도였을 것이라고 추정할 수 있을 것입니다. 물론 실제로 이날 오전 10시 기온이 섭씨 21도였을지는 알 수 없지만, 통상 오전부터 오후 2 ~ 4시까지는 기온이 상승하고 그 이후에는 기온이 내려 가니, 위의 추정이 대단히 잘못된 것이라고는 하기 어려울 것입니다. 물론 기온이 오르는 추세에 있다 하더라도 위 추정처럼 정확히 시간에 정비례해서 오를지 아니면 다른 양상으로 오를지는 실제 측정 결과 데이터를 봐야 하겠지만 말입니다. 그럼에도 불구하고 이처럼 오전 10시 온도를 추정하는 것이 근본적인 문제가 있다고는 할 수 없습니다.

마찬가지 원리가 채권의 yield curve 추정에 있어서도, 여기서는 spot rate curve 추정

에 있어서도, 적용될 수 있습니다. 간단한 예를 들어 보겠습니다. 특정 시점의 두 현물 이자율 값이 $r(1) = 0.04$, $r(2) = 0.06$이라 하겠습니다. 그러면 $r(1.5)$ 값은 두 값의 평균인

$$r(1.5) = \frac{r(1) + r(2)}{2} = \frac{0.04 + 0.06}{2} = 0.05$$

로 추정된다는 것입니다. 그렇다면 $r(1.25)$ 값은 어떻게 추정될까요? 두 가지 방법이 있습니다. $r(1.5)$ 값을 추정했다면 이를 이용하여, $r(1.25)$는 $r(1)$과 $r(1.5)$의 평균으로 추정할 수 있습니다. 즉

$$r(1.25) = \frac{r(1) + r(1.5)}{2} = \frac{0.04 + 0.05}{2} = 0.045$$

가 됩니다. $r(1.5)$ 값을 추정하지 못했어도, $r(1)$, $r(2)$만을 이용해서도 $r(1.25)$를 추정할 수 있습니다. $r(1) = 0.04$, $r(2) = 0.06$의 차이가 0.02인데, 이는 만기로 따지면 1년의 차이에 해당합니다. 즉 만기 1년과 만기 2년의 현물 이자율들 값들의 차이가 0.02입니다. 그러면 $r(1.25)$는 $r(1)$과 만기로는 0.25년의 차이가 나니, 만기 1년 차이의 yield 차이 0.02를 0.25년만큼 적용하면 yield 차이가 0.02의 $\frac{1}{4}$이 되어야 할 것입니다. 그러므로

$$r(1.5) = r(1) + 0.02 \times \frac{1}{4} = 0.04 + 0.005 = 0.045$$

로 추정됩니다. 어느 방법으로 하든 그 원리가 같기에 동일한 값이 산출됩니다.

이제 이 문제를 좀 확장해 보겠습니다. 현재 채권 시장에서 거래되는 무이표채들의 만기가 1년, 2년밖에 없어 현물 이자율도 $r(1) = 0.04$, $r(2) = 0.06$만이 존재한다고 합시다. 만일 정부가 만기 3년의 무이표채를 발행하려고 하면, 이 채권에 대해 투자자들이 요구할 연수익률 즉 $r(3)$는 무엇이 될까요? 이 수치를 알아야 정부는 자신들이 필요로 하는 채권 발행액을 산정할 수 있습니다. 가령 $r(3) = 0.07$로 추정되고 정부가 이 채권을 발행함으로써 얻으려는 현금액이 약 1,000억이라 하면, 이 3년 만기 무이표채의 par 금액은 $1000 \times [1 + r(3)]^3 = 1000 \times [1 + 0.07]^3 = 1{,}225$억원으로 설정되어야 함을 알 수 있습니다. 아무튼 이런 이유로 정부는 $r(3)$ 추정치를 얻어야 하는데, 이를

위해서도 $r(1)$, $r(2)$ 값이 활용될 수 있습니다. 즉 $r(1) = 0.04$, $r(2) = 0.06$의 차이가 0.02인데, 이는 만기로 따지면 1년의 차이에 해당합니다. 또 $r(3)$와 $r(2)$의 만기 차이도 1년입니다. 그러면 $r(3)$도 $r(2)$보다 0.02만큼 더 큰 수치일 것이라 대략적으로 예상할 수 있으므로

$$r(3) \;=\; r(2) + 0.02 \;= 0.06 + 0.02 \;=\; 0.08$$

로 추정할 수 있을 것입니다. 물론 현물 이자율들이 만기에 정비례하여, 만기가 1년씩 증가할 때마다 현물 이자율 값이 0.02씩 증가한다는 간편한, 그러나 현실적이지만은 아닌, 가정을 하면 이렇게 (현재 채권 시장에 없는) 현물 이자율들을 추정할 수 있다는 것입니다.

그리고 $r(1)$, $r(2)$ 값들을 이용하여 그 사이의 현물 이자율인 $r(1.5)$ 혹은 $r(1.25)$를 추정하는 것을

interpolation 혹은 보간법

이라 합니다. interpolation의 의미는

"주어진 데이터 사이에서 값을 추정하는 방법"

입니다. 특히 위에서처럼 만기에 정비례하여 yield가 증대한다고 가정하는 interpolation을 "linear interpolation" 혹은 "선형 보간법"이라 합니다. 반면 $r(1)$, $r(2)$ 값들을 이용하여 그 사이가 아닌 그 구간 외부의 현물 이자율인 $r(3)$ 혹은 $r(2.5)$를 추정하는 것을

extrapolation 혹은 외삽법

이라 합니다. extrapolation의 의미는

"주어진 데이터 바깥에서 값을 추정하는 방법"

입니다. 특히 위에서처럼 만기에 정비례하여 yield가 증대한다고 가정하는 extrapolation을 "linear extrapolation" 혹은 "선형 외삽법"이라 합니다.

그런데 이런 식으로, 즉 선형으로 혹은 만기에 정비례하는 방식으로, (linear) extrapolation으로 더 긴 만기의 yield들을 추정하면, 만기가 길어질수록 무한히 yield가 상승합

니다. 가령 위 사례를 그대로 이용하면, 만기가 30년인 무이표채의 yield는

$$r(30) = r(1) + 0.02 \times (30-1) = 0.04 + 058 = 0.62 = 62\%$$

로 추정될 수도 있습니다.* 물론 위 사례에서 가정한 $r(1) = 0.04,\ r(2) = 0.06$이 다소 높은 수준이지만 말입니다. 또 외삽법이 아닌 보간법에 있어서도 linear interpolation의 문제가 있습니다. 두 만기의 현물 이자율 값들 사이에 위치하는 중간 현물 이자율들 값들의 관계가 선형(linear)이 아닐 수 있기 때문입니다. 즉 만기에 반드시 정비례하지는 않을 수도 있기 때문입니다. 비례한다고 해서 반드시 정비례만을 의미하지는 않기 때문입니다. 만기와 현물 이자율 사이의 비례의 의미는

$$\frac{dr(n)}{dn} > 0$$

인 반면 정비례 관계는

$$\frac{dr(n)}{dn} = k > 0, \qquad where\ k\ is\ a\ constant$$

를 말합니다. 가령 단순한 비례 관계는 $r(n) = n^2$ 도 될 수 있지만 정비례 관계는 $r(n) = 3n$과 같은 경우를 뜻한다는 것입니다. 이제 정비례 관계를 이해했는데요, 과연 무이표채 만기와 yield 관계가 정비례일까요?

네, 정비례는 아닙니다. 이는 실제 전세계 채권 시장들의 yield curves를 보더라도 거의 모두 확인되며, 논리적 추론으로도 정비례가 아님을 알 수 있습니다. 논리적으로 볼 때 정비례가 아님은 다음과 같이 쉽게 설명할 수 있습니다. 가령 시장에서 거래되는, 서로 다른 만기의 무이표채들의 종류가 15개라 합시다. 만일 무이표채 만기와 yield 관계가 정비례라면, 투자자들은 이 15개 무이표채들의 yields를 모두 확인할 필요가 없습니니

---

* 만기 30년인 무이표채가 발행되는 시점에 $r(30)$이 이미 존재하거나 추정됐다면 외삽법으로 $r(30)$를 구할 필요가 없습니다. 그러나 시간이 경과하면 이 채권의 (잔존)만기는 29년, 28년, 27년 등으로 짧아지므로 $r(30)$는 채권 시장에 존재하는 (잔존)만기 30년 미만의 무이표채들의 yields로부터, 즉 30년 미만의 현물 이자율들로부터 외삽법에 의해서 추정되어야 합니다. 본문에서는 여러분들의 선명한 이해를 위해, $r(1)$, $r(2)$로부터 $r(30)$를 추정하는 다소 극단적 방식을 예로 들었습니다. 실제로는 만기 30년 무이표채들이 거의 매년 발행된다면 $r(30)$는 $r(29)$, $r(28)$ 등을 이용한 외삽법으로 추정할 수 있고, 본문의 경우 같은 극단적인 yield 값 $r(30) = 0.62$는 산출되지는 않을 것입니다. 본문 사례는 단지 여러분들의 명료한 이해를 위하여 사용한 것입니다.

다. 어느 무이표채든 2개의 yield만 있으면 다른 13개의 무이표채들의 yields도 파악되기 때문입니다. 가령 위 사례처럼 $r(1) = 0.04,\ r(2) = 0.06$이라면, yield curve에서 이 두 점을 연결하는 직선을 찾으면 그 직선이 바로 yield curve가 됩니다. 아니 yield line이 되겠네요. 그 직선의 식은, (중학교에서 배운) 두 순서쌍의 좌표가 주어졌을 때 직선 함수를 구하는 방법을 기억하면 됩니다. 이 사례에서의 두 좌표는

$$(n, \quad r(n)) = (1, \quad 0.04), \quad (2, \quad 0.06)$$

입니다. 이를 이용해 yield curve 아니 yield line의 함수식을 찾으면

$$r(n) = 0.02 + 0.02 \times n$$

이 됩니다. 모든 상이한 만기 n의 무이표채의 yield는 위 함수식을 충족(해야)합니다. 이것이 사실이라면, 투자자들은 이 두 무이표채의 만기만 보더라도 다른 모든 13개의 무이표채들의 yields를 즉각적으로(instantly) 알 수 있습니다. 다른 13개의 무이표채들의 yields도 위 함수를 충족해야 하기 때문입니다. 과연 이것이 가능할까요? 단 두 개의 무이표채들의 yields를 알면 다른 모든 존재하는 무이표채들의 현물 이자율들도 위 함수를 반드시 충족해야 할까요? 이것이 사실이면 투자자들은 yield curve 자체를, 아니 yield line 자체를, 볼 필요가 없고 단지 두 무이표채들의 yields만 알면 됩니다. 하지만 이는 사실이 아니고 사실이 될 수도 없습니다. 약간 과장된 비유지만, 마치 주식 시장에 존재하는 몇 개의 주식들의 주가만 알면 다른 모든 주식들의 주가도 자동적으로 알 수 있다는 것과 유사합니다. 다소 논리의 비약이 있는 있는 비유이긴 하지만 말입니다.*

* 논리의 비약이 있지만 독자들이 직관적으로 더 쉽게 이해할 수 있는 설명과, 논리의 비약은 없지만 독자들이 이해하기 더 어려운 설명 방식이 있다면 여러분들은 (여러분들이 이 책 저자라면) 어떤 방식을 선호할까요? 참고로, 논리의 비약이 있는 이유는, 무이표채들의 yields 즉 현물 이자율들 값들의 관계는 매우 긴밀하지만, 주식 시장의 많은 주식들의 주가 관계는 그 정도로 긴밀하지는 않기 때문입니다. 물론 주요 주식들의 주가가 상승(하면) 그와 별 상관 없는 주식들의 주가도, 아니 주식 시장 전체가 함께 어느 정도 상승(하락)하는 경향이 있기는 합니다만 … 베타가 본질적으로 (-)일 수밖에 없는 주식들의 주가도 전체 주식 시장의 움직임과 어느 정도 같이 움직인다는 모순이 있음에도 말입니다.

(linear) interpolation 혹은 extrapolation의 문제는 이외에도 있습니다. 4장 1절의 선도 이자율 주제에서 우리는 현물과 선도 이자율의 다음 수치들과 그래프를 본 적 있습니다.

소환〉 연속복리법과 선도 이자율

t	1	2	3	4	5	6	7	8
r(t)	3.00%	4.00%	5.00%	6.00%	7.00%	6.50%	6.00%	5.50%
f(t)	3.00%	5.00%	7.00%	9.00%	11.00%	4.00%	3.00%	2.00%

소환〉 만기, 현물 이자율과 선도 이자율

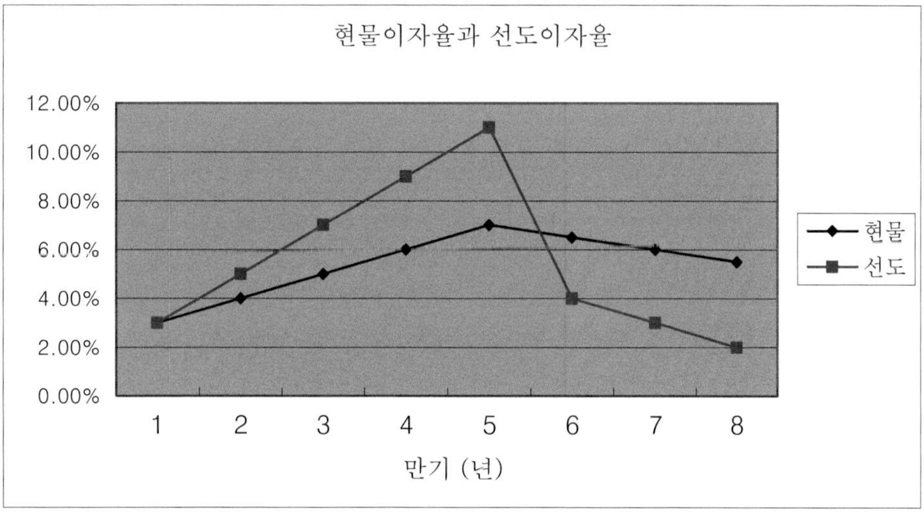

위 그래프에서 알 수 있듯이, 현물 이자율들의 각 만기를 선형으로만 연결하면, 즉 linear interpolation(혹은 linear extrapolation)을 사용하면, 선도 이자율들의 값이 과도하게 움직이게 됩니다. 이것이 linear interpolation의 또 하나의 단점입니다.*

그렇다면 linear interpolation의 이런 문제는 어떻게 극복할 수 있을까요? 네, 극복할

* 위 그래프에서는 만기가 1, 2, ..., 8년인 무이표채들만 존재하고 다른 만기의 무이표채들은 존재하지 않는 경우입니다. 즉 1.2년, 5.6년 같은 만기의 yields는 모두 linear interpolation에 의해 그려진 것입니다. 그러므로 엄밀히 말하면, 만기가 1, 2, ..., 8년인 8개의 현물 이자율들로부터 도출된 8개의 선도 이자율들 중 $f(5) = 11\%$, $f(6) = 4\%$로 급격히 변하는 양상은 linear interpolation과는 관련 없습니다. 단, linear interpolation에 의해 구할, 미래 시점 5.1년이나 5.3년 등의 경우 $f(5.1)$, $f(5.3)$의 선도 이자율 값이 $f(5) = 11\%$에 비해 급격히 하락하는 것은 linear interpolation로 초래되는 결과입니다.

수 없습니다. 결국 이 문제를 극복하려면

non-linear interpolation (비선형 보간법)

을 사용하면 됩니다. 즉 직선이 아닌 곡선(curve)으로 (시장에서 available 하지 않는) 현물 이자율들을 추정하면 됩니다. 그런데 동일한 두 점(yields)을 직선이 아닌 곡선으로 연결하는 것이 가능할까요? 네 가능합니다. 먼저 어떻게 가능한지, 이미 여러분들이 알고 있는 그래프를 아래에 소환합니다. 5장 2절 "coupon 지급일 사이 채권 가격의 변화"에서 배운, 두 coupon 지급일 사이의 단리와 복리 방식의 발생 이자(coupon 액수)를 나타낸 그래프입니다.

소환〉 단리와 복리의 accrued interest

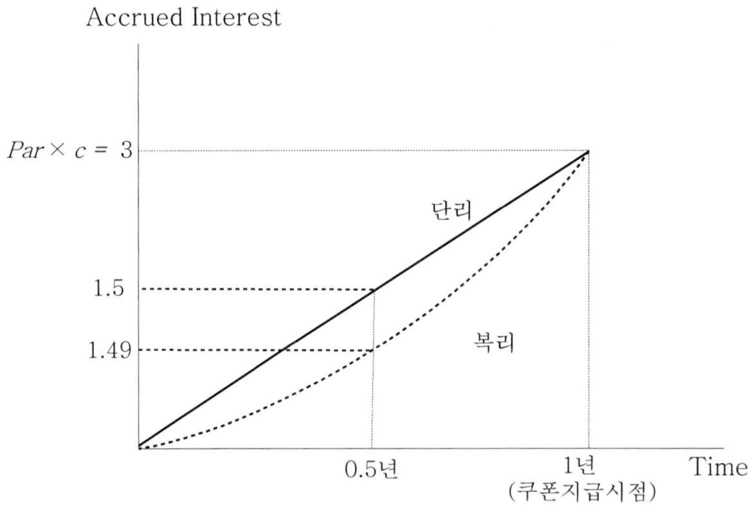

네, 어떻게 두 점을 직선으로나 곡선으로나 모두 연결할 수 있는지 위 그래프가 잘 설명하고 있습니다. 위 그래프의 $x-$축, $y-$축은 만기와 coupon 발생액수로 $(t,\ \$)$가 됩니다. 그리고 두 점은 각각 $(0,\ 0)$, $(1,\ 3)$입니다. 위 그래프에서 확인되듯이 이 두 점을 일반적으로 직선이나 곡선으로 연결할 수 있습니다.

마찬가지로 yield curve 상의 두 점이 존재하면, 가령

$$(n,\quad r(n)) = (1,\quad 0.04),\quad (2,\quad 0.06)$$

이 존재하면 이 두 점을 있는 곡선도 가능합니다. 나아가, 두 점을 잇는 직선은 단일하게 존재하지만 두 점을 잇는 곡선은 여러 개 존재할 수 있습니다. 가령 위 그래프에서는 두 점을 연결하는 곡선이 두 점을 연결한 직선보다 아래에 위치하고 있습니다만, 정반대로 두 점을 연결하는 곡선이 두 점을 연결한 직선보다 위에 위치하도록 그릴 수도 있습니다. 그리고 실제로도 yield curve를 곡선으로 연결하는 경우에는 두 yields를 직선으로 연결한 선 위에 곡선으로 연결한 선이 위치하는 경우가 더 많습니다. 참고로 채권시장에서 세 개의 yields가 관찰될 때 이 세 점을 연결하는 linear interpolation과 non-linear interpolation을 예시하면 아래와 같습니다. 곡선으로 연결된 yield curve가 직선으로 연결된 yield curve보다 위에 위치하는 경우입니다.

➢ 그림 6-3〉 yield curve의 linear interpolation과 non-linear interpolation 사례

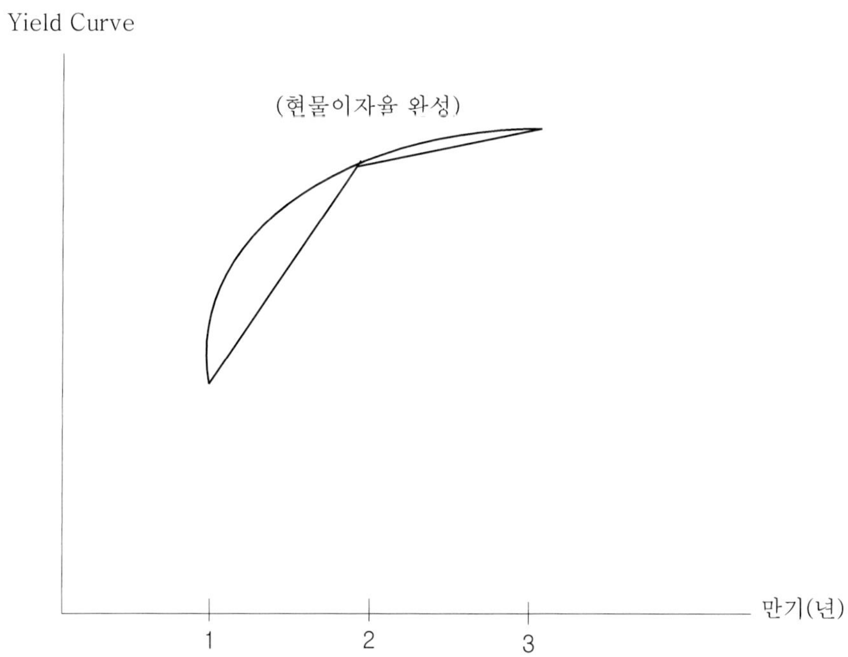

그렇다면 채권 시장에 존재하는 제한된 수의 무이표채들의 yields로부터 전체적인 yield curve를 곡선으로는 어떤 방식으로 연결할까요? 위의 곡선으로 연결된 yield curve는 어떤 방법을 써서 연결된 것일까요?

네, 이를 위한 여러 방법론들이 있습니다. 이들을 일일이 설명하는 것은 본서의 수준을 벗어납니다. 또 이 방법론들을 설명하는 교재들도 최소한의 설명만을 제공하는 경우가 대부분입니다. 본서에서는 이 방법론들을 설명하기보다는 재무금융 학계와 업계에서 많이 쓰이는 방법론들을 간략히 소개하는 것으로 대신합니다.

i) Nelson-Siegel Model

가장 널리 사용되는 방법론 중 하나이며, 중앙은행(미국 Federal Reserve, 유럽중앙은행, 한국은행 등)과 금융기관에서 많이 활용됩니다. 단기, 중기, 장기 금리 변동을 단 3~4개의 매개변수로 모델링할 수 있어 실무에서 유용하다고 알려져 있습니다.

ii) Cubic Spline Interpolation (3차 스플라인 보간법)

금융기관과 학계에서 매끄러운(smooth) 수익률 곡선을 생성하는 데 널리 사용되는 방법론으로 알려져 있습니다.

iii) Nelson-Siegel-Svensson Model

Nelson-Siegel 모델의 확장된 방법론으로, 추가 매개변수를 사용하여 장기 금리 변동성을 더욱 정교하게 모델링할 수 있다고 알려져 있습니다.

iv) Exponential Spline Interpolation (지수 스플라인 보간법)

기존 Cubic Spline Interpolation 방법론의 문제들을 해결하려고 개발된 방법론입니다.

3. 수익률 곡선 형태

현물 이자율은 만기와 함께 상승하기도 또 하락하기도 하므로 수익률 곡선은 다양한 형태를 가질 수 있습니다. 아래 그림은 채권 시장에서 거론되는, 가장 대표적인 수익률 곡선의 네 가지 형태입니다.

➢ 그림 6-4〉 수익률 곡선의 대표적 형태

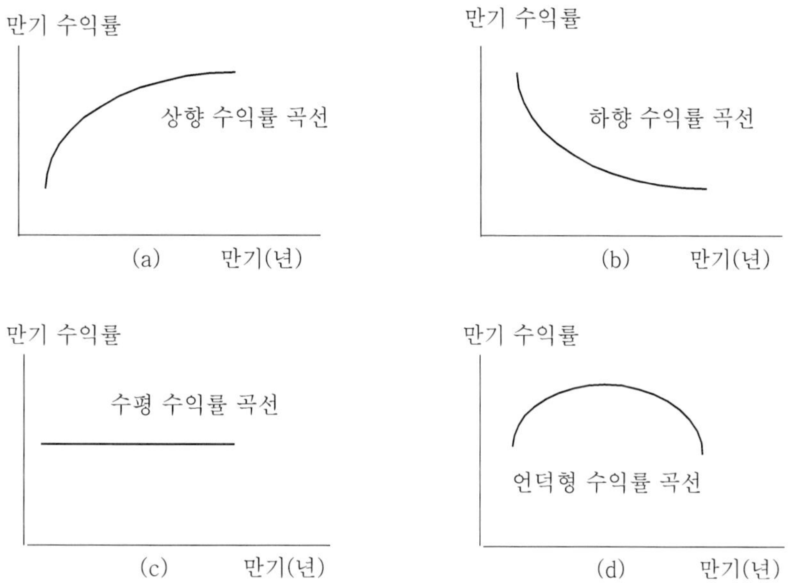

(a)는 "상향 수익률 곡선", "upward-sloping yield curve", "normal yield curve" 혹은 "positively-sloped yield curve"로 불리고, (b)는 "하향 수익률 곡선", "downward-sloping yield curve" 혹은 "inverted yield curve"로, (c)는 "수평 수익률 곡선", "flat yield curve", 또 (d)는 "언덕형 수익률 곡선", "humped yield curve"로 불립니다. 정리하면

(a) upward-sloping (yield curve)
(b) downward-sloping
(c) flat
(d) humped

라 불립니다.*

참고로 2025년 1월 10일 금요일 현재 미국 채권 시장에서의 yield curve 형태는 아래와 같습니다.† 이는 인터넷 New York Times에서 Markets 섹션에서 찾을 수 있습니다. 가장 짙은 그래프가 2025년 1월 10일 금요일 시점의 yield curve이고 그 외에도 한 달

* humped yield curve는 "봉우리형 YC", "둔덕형 YC"라고도 번역할 수 있습니다.

† 본서를 근 1년간 집필하다 보니 '현재' 시점이 달라지기도 합니다.

전의, 1년 전의 yield curve들이 비교로 제시되고 있습니다. 이날 현재의 yield curve는 upward-sloping 형태인 반면, 1달 전 혹은 1년 전 그것들은 만기가 길어짐에 따라 yield가 하락하다가 다시 상승하는 형태임을 확인할 수 있습니다. 이 두 yields curves는 위의 네 가지 형태와도 또 다른 모습입니다. 그러므로 이론적으로나 실제적으로 yield curve는 매우 다양한 형태를 보일 수 있습니다. 채권 시장에서 자금에 대한 수요와 공급이 여하히 이루어지는가에 따라서 말입니다. 단 아래 yield curve는 몇 개의 만기에 대한 현물 이자율들 값을 중심으로 linear interpolation으로 완성된 것이기에, (시장에 존재하는) yields 사이의 모든 다른 만기의 yields는 직선으로 표시되고 있습니다.*

➢ 그림 6-5〉 미국 시장의 실제 yield curve

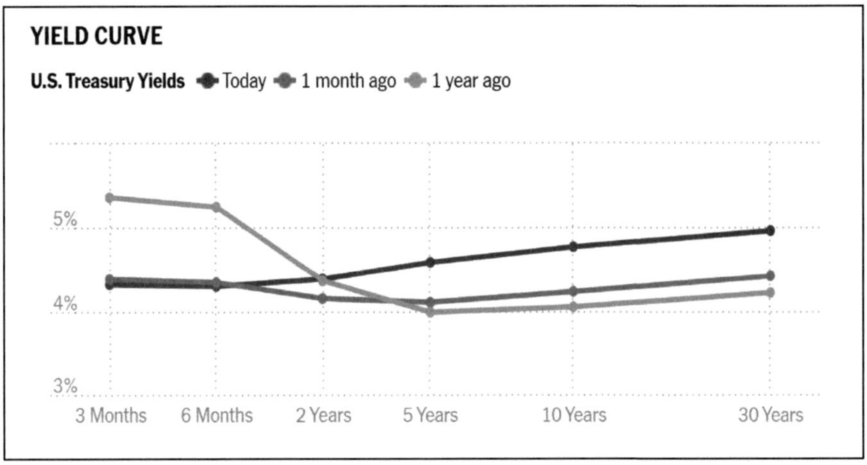

참고로, 역사적으로 볼 때, yield curve(YC)의 형태에 대해서는 두 가지 사실을 기억할 필요가 있습니다.

1) 역사적으로 'upward-sloping YC'가 가장 보편적인 YC 형태입니다.
2) 2000년 전후에는 다른 형태의 YC가 나타난 적이 있습니다.

* 가령 만기 3 months, 6 months, 2 years, 5 years, 10 years, 30 years만이 시장에 존재하는 yields이고 다른 모든 만기의 yields는 이 점들을 직선으로 linear interpolation하여 얻어진 것입니다.

2)에 대한 추가 설명을 하겠습니다. 역사적으로 (a)가 가장 보편적인 yield curve 형태이긴 하지만 시장의 상황에 따라 수익률 곡선은 (b), (c), (d)의 형태가 되기도 하는데, 가령 우리나라의 경우 1997년말 외환위기(the Asian currency crisis in 1997)의 초기에는 장기 이자율이 단기 이자율보다 낮아져서 (b)의 수익률 곡선 형태가 나타났었습니다. 또 2008년 미국의 subprime mortgage 시장 붕괴에서 촉발된 세계금융위기(the world financial crisis) 이후 미국에서는 2008년 ~ 2015년, 그리고 2020년 코로나19 팬데믹으로 인한 경제 충격으로 2020년 ~ 2022년 초까지 1년 이하 단기 현물 이자율 = 0에 가까운 flat yield curve가 나타났었습니다. 유럽에서도 2012년 유로존 재정위기 이후 2012년 ~ 2022년 초까지 유럽중앙은행(ECB)의 정책으로 단기 현물 이자율(들) = 0에 가까운 flat yield curve가 지속되었습니다. 심지어 이 시기 중 독일, 프랑스 등에서는 단기 현물 이자율이 음수(-)가 되기도 했습니다. 이런 사실을 감안하면, 향후에도 경제 위기가 닥칠 때 각국 중앙은행의 특단의 조치로 단기 현물 이자율들이 0에 가까운 flat yield curve가 나타날 개연성을 배제할 수는 없습니다.

질문 6-3〉 그런데 왜 upward-sloping yield curve가 가장 일반적인가요?

그 가장 큰 이유는 투자자들의 위험 회피 성향에 있습니다. 즉 단기 채권보다 장기 채권의 이자율 위험이 더 크기 때문에, 장기 채권에 대해서는 더 높은 (만기)수익률을 요구하는 것입니다. 실제로 동일한 크기만큼 yield가 변화할 때 단기 채권보다 장기 채권의 가격이 더 많이 변합니다. 이에 대해서는 이미 "포트폴리오의 만기수익률"을 공부할 때 "승수효과"를 통해 설명한 바 있습니다. ■

이처럼 수익률 곡선의 형태는 다양하게 나타날 수 있는데, 이러한 형태를 결정짓는 요인에 관하여는 다양한 가설이 제기되었습니다. 여기서는 이 중 대표적인 세 가지 가설들을 소개하기로 합니다.

(1) 순수기대 가설(불편기대 가설)

가장 널리 알려진 가설 중 하나인 이 가설은 영어로는

"pure expectations hypothesis" 혹은 "unbiased expectations hypothesis"

라고 합니다.* 이 가설은 다음을 주장합니다.

a) 투자자들은 위험중립적(risk-neutral)이어서, 기대 수익률에만 관심있다.
b) 미래 단기 현물이자율 예상에 따라 현재의 장기 현물이자율 값이 결정된다.

가령 현 시점의 현물 이자율들이 $r(1) = 0.1,\ r(2) = 0.2$라 하면, 상대적으로 전자는 단기 (현물)이자율, 후자는 장기 이자율입니다. 이 가설에 따르면, $r(2) = 0.2$로 결정된 이유는, 1년 후 1년 현물 이자율 기대값인 $E[r(1,1)]$ 을 현재 시장에서는 $E[r(1,1)] = 0.3091$로 생각하기 때문이라는 것입니다. 즉 다음이 성립합니다.

$$E[r(1,1)] = 0.3091 \quad \rightarrow \quad r(2) = 0.2.$$

왜 그런지 설명해 보겠습니다. 2년 동안의 채권 투자에 있어 대표적인 두 전략은 다음과 같습니다.

1) 매년마다 1년 무이표채를 매수: "roll-over" 전략
2) 2년 만기 무이표채를 오늘 매수하여 만기까지 보유: "buy-and-hold" 전략

이들을 다르게 표현하면, 단기 채권을 두 번 사는 전략(roll-over)과 장기 채권을 한 번 사는 전략이라 할 수 있습니다(buy-and-hold). 그런데 위험중립적 투자자들은 투자의 기대 수익률에만 관심 있고, 투자 수익률의 변동성에는 관심이 없는 투자자들입니다. 즉 어느 투자 전략을 채택하든 현 시점에서 예상되는 평균 수익률에만 신경을 씁니다. 이제 두 전략의 기대 수익률을 구해 보겠습니다. "roll-over" 전략을 사용한다 합시다.

---

* 여기서 "expectations"는 복수 형태로 사용되며, 투자자들의 미래 이자율에 대한 다양한 기대를 종합적으로 나타냅니다. 가령, 이들이 1년 후, 2년 후, 3년 후 등의 이자율에 대해 갖는 여러 기대치를 의미합니다. 따라서, 단일한 기대("expectation")가 아닌, 복수의 예상 이자율 수준을 포함하므로 's'를 붙이는 것이 정확합니다. 한 인공지능의 답변입니다. 저자 입장에서 추천하는 바는, "pure expectations hypothesis" 혹은 "unbiased expectations hypothesis"라는 용어는 그냥 고유명사처럼 기억하면 좋습니다.

시장 예측대로라면 이 2년 동안의 수익률(gross rate)의 기대값은

$$[1+r(1)]\cdot\big[1+E[r(1,1)]\big] \;=\; (1+0.1)\cdot(1+0.3091) \;=\; 1.44$$

입니다. 반면 "buy-and-hold" 전략을 사용하면, 이 2년 동안의 수익률은

$$[1+r(2)]^2 \;=\; [1+0.2]^2 \;=\; 1.44$$

입니다. 이 전략의 경우 1.44는 2년 후 확정될 수익률이므로, 기대 수익률도 당연히 1.44가 됩니다.* (위험중립적) 투자자들은 더 높은 기대 수익률을 제공하는 전략을 선호할 것이므로, 채권 시장이 균형은 두 기대 수익률이 같을 때 이루어집니다. 그러므로 다음이 성립합니다.

$$[1+r(2)]^2 \;=\; [1+r(1)]\cdot\big[1+E[r(1,1)]\big] \;=\; 1.44.$$

양변에 $\frac{1}{2}$승을 한 후 항을 정리하면

$$r(2) \;=\; \Big\{\, [1+r(1)]\cdot\big[1+E[r(1,1)]\big]\,\Big\}^{\frac{1}{2}} - 1$$

이 됩니다. 즉 현재 장기 이자율 $r(2)$는 현재 단기 이자율 $r(1)$과 1년 후 기대되는 단기 이자율 $E[r(1,1)]$에 의해 결정된다는 것입니다. 다르게 표현하면, 현 시점에서 예상하는 1년 후 단기 이자율 $E[r(1,1)]$은 현 시점의 장기 이자율 $r(2)$와 현 시점의 단기 이자율 $r(1)$에 의해 결정된다는 의미도 됩니다. 왜냐하면

$$1+E[r(1,1)] \;=\; \frac{[1+r(2)]^2}{1+r(1)}$$

이므로

$$E[r(1,1)] \;=\; \frac{[1+r(2)]^2}{1+r(1)} - 1$$

이기 때문입니다. 이 논의를 $r(3)$, $r(4)$, $r(5)$ 등에도 적용하면, 일반적으로 $E[r(1,n)]$에 대해서도 유사한 결과가 도출됩니다($n = 1, 2, 3, \ldots$).

---

* 가령 6면에 모두 3이 쓰여진 주사위를 던지면 나올 값은 (불확실성 없는) 3인데, 이 값은 또한 이 주사위를 던지면 나올 기대값(평균)이기도 합니다.

즉 다음이 성립합니다.

$$\begin{aligned}[1+r(n)]^n &= [1+r(1)]\cdot\big[1+E[r(1,1)]\big]\cdot\big[1+E[r(1,2)]\big]\cdot\ldots\\ &\quad\cdot\big[1+E[r(1,n-1)]\big]\\ &= \prod_{t=0}^{n-1}\big[1+E[r(1,t)]\big].\end{aligned}$$

물론 위에서 $r(1,t)$은 t년 후의 1년 현물 이자율, $E[r(1,t)]$은 $r(1,t)$에 대한 현재의 기대값, $E[r(1,0)]$은 현재 예상되는 0년 후 $r(1)$이니 $E[r(1,0)] = r(1)$을 뜻합니다. 그 결과 $[1+r(n)]$은 $\big[1+E[r(1,t)]\big]$들의 기하평균이 됩니다. 즉 $(1+r)$로 표시된 "gross rate" 차원에서는 현재의 장기 이자율은 단기 이자율들의 기하평균입니다.

참고로 연속복리법으로 위 식을 표시하면

$$\left(e^{r(n)}\right)^n = e^{r(1)}\cdot e^{E[r(1,1)]}\cdot e^{E[r(1,2)]}\cdot\ \ldots\ \cdot e^{E[r(1,n-1)]}$$

즉

$$e^{n\times r(n)} = e^{r(1)+E[r(1,1)]+E[r(1,2)]+\cdots+E[r(1,n-1)]}$$

이 되므로

$$n\times r(n) = r(1)+E[r(1,1)]+E[r(1,2)]+\cdots+E[r(1,n-1)]$$

이 되어

$$r(n) = \frac{r(1)+E[r(1,1)]+E[r(1,2)]+\cdots+E[r(1,n-1)]}{n}$$

이 되므로, 장기 이자율 $r(n)$은 현재와 미래의 (예상)단기 이자율들의 정확한 기하평균이 됩니다.

이제 이 가설의 내용을 보다 자세히 정리해 봅시다.

> ➢ 식 2〉 순수기대 가설 (pure expectations hypothesis)
>
> 투자자들은 위험중립적(risk-neutral)이어서, 기대 수익률에만 관심이 있다. 그러므로 다음이 성립한다.
>
> $$\begin{aligned}[1+r(n)]^n &= [1+r(1)]\cdot\big[1+E[r(1,1)]\big]\cdot\big[1+E[r(1,2)]\big]\cdot\ \cdots\ \cdot\big[1+E[r(1,n-1)]\big] \\ &= \prod_{t=0}^{n-1}\big[1+E[r(1,t)]\big].\end{aligned}$$
>
> 여기서,
>
> $r(t) = t$년 만기 현물 이자율, t = 1, 2, 3, 4, ⋯, n
>
> $r(1,t) = t$년 후의 만기 1년 현물 이자율
>
> $E[r(1,t)] =$ 현재 시점에서 예상되는 t년 후 $r(1)$
>
> $E[r(1,0)] =$ 현재 시점에서 예상되는 0년 후 $r(1)$, 즉 $E[r(1,0)] = r(1)$.

이제 관련 예제를 하나 풀어 보겠습니다.

예제 6-8〉 순수기대 가설

만기 1, 2, 3년의 현물 이자율이 다음과 같이 주어졌을 때, 순수기대 가설에 따라 투자자들이 예상하는 미래 단기 이자율의 기대값을 구하여 봅시다.

t	1	2	3
r(t)	3.00%	4.00%	5.00%

이 가설에 의하면 다음 두 식이 도출됩니다.

$$\begin{aligned}[1+r(2)]^2 &= [1+r(1)]\cdot\big[1+E[r(1,1)]\big]. \\ [1+r(3)]^3 &= [1+r(1)]\cdot\big[1+E[r(1,1)]\big]\cdot\big[1+E[r(1,2)]\big].\end{aligned}$$

첫 번째 식은 $(1+0.04)^2 = (1+0.03)\cdot\big[1+E[r(1,1)]\big]$ 이므로 $E[r(1,1)] \approx 0.0501 = 5.01\%$가 됩니다. 즉 현물 이자율들로부터 파악되는, 1년 후 단기 이자율에 대한 시장의 기대값은 5.01%로 추정됩니다. 또 두 번째 식은

$$[1+0.05]^3 = [1+0.03]\cdot[1+0.0501]\cdot\big[1+E[r(1,2)]\big]$$
$$= (1+0.04)^2\cdot\big[1+E[r(1,2)]\big]$$

이므로 $E[r(1,2)] \approx 0.0703 = 7.03\%$가 됩니다. 즉 현물 이자율들로부터 파악되는, 2년 후 단기 이자율에 대한 투자자들의 기대값은 7.03%로 추정됩니다. ■

자, 이제 흥미로운 질문을 하나 해 보겠습니다. 위에서 설명한 다음 관계는 여러분들이 어디선가 본 적 있는 듯하지(reminder) 않나요?

$$[1+r(2)]^2 = [1+r(1)]\cdot\big[1+E[r(1,1)]\big].$$

네, 맞습니다. 그것은 다름아닌

$$[1+r(2)]^2 = [1+r(1)]\cdot[1+f(2)].$$

입니다. 여기서 $f(2)$가 무엇이었나요? 바로 현물 이자율 $r(1)$, $r(2)$에 의해 산출되는 선도 이자율(implied forward rate)입니다. 1년 후 시점에서 1년간 현금을 빌리거나 투자할 때 적용할 이자율인데 현재의 (당사자간의) 선도 계약에서 결정된 값입니다. 차익거래가 발생하지 않도록 말입니다. 결국 순수기대 가설이 성립하면 이는 곧

$$f(2) = E[r(1,1)]$$

을 의미합니다. $r(1)$, $r(2)$ 값으로부터 기계적으로 산출되는 $f(2)$가 경제적인 의미가 있다는 것이고, 그 의미는

$f(2)$ 값이 투자자들이 "예상"하는 1년 후 1년만기 현물 이자율 $r(1)$ 과 같다

는 것입니다. 뿐만 아니라 위의 논리를 $r(3)$로 확장하면

$$[1+r(3)]^2 = [1+r(1)]\cdot\big[1+E[r(1,1)]\big]\cdot\big[1+E[r(1,2)]\big]$$

이 됨을 알 수 있습니다. 그런데 "implied forward rates"을 소환해 보면

$$[1+r(3)]^2 = [1+r(1)]\cdot[1+f(2)]\cdot[1+f(3)]$$

이므로, 일반적으로

$$f(n) = E[r(1, n-1)]$$

이 성립합니다. 즉

선도 이자율$(= f(n))$은 미래 단기 이자율의 기대값

입니다. 이런 이유로 순수기대 가설(pure expectations hypothesis)은 불편기대 가설(unbiased expectations hypothesis)이라고도 불립니다. 즉 "순수기대가설"이 "불편기대가설"이라고도 불리는 이유는, 장기와 단기의 현물 이자율로부터 도출되는 'implied forward rate'이 미래 단기이자율 $[r(1,k)]$에 대한 불편추정량(unbiased estimator)이기 때문입니다.

> **정리 6〉 불편기대 가설과 선도 이자율**
>
> 불편기대 가설에 따르면 선도 이자율(implied forward rate, IFR)은 미래 단기 이자율의 기대값, 즉 불편추정량이다.

이제 여기서 한 가지 질문을 해 봅시다.

질문 6-4〉 yield curve의 형태와 관련하여 이 가설이 뜻하는 바는 무엇입니까?

yield curve는 결국 단기 이자율과 장기 이자율의 집합입니다. 그런데 불편기대 가설이 맞다면, 장기 이자율은 투자자들의 미래 단기 이자율에 대한 기대에 의해 결정됩니다. 위에서 $r(2)$가 $E[r(1,1)]$에 의해 결정되듯 말입니다. 구체적으로, 단기 이자율 $r(1)$이 주어졌을 때, $r(2)$, $r(3)$, $r(4)$, ... 등의 (상대적) 장기 이자율들은 $E[r(1,1)]$, $E[r(1,2)]$, $E[r(1,3)]$ 등의 기대 단기 이자율들에 의해 결정됩니다. 그리고 이렇게 결정된 $r(2)$, $r(3)$, $r(4)$ 등이 ($r(1)$과 함께) yield curve의 형태를 결정합니다. 그러므로 이 가설이 의미하는 바는

투자자들의 미래 단기 이자율 기대에 의해 yield curve 형태가 결정

된다는 것입니다. ■

(2) 유동성선호 가설(Liquidity Premium Hypothesis)

유동성선호 가설은 yield curve 형태에 관한 가설 중 가장 중요한 가설이라 할 수 있습니다. 그리고 불편기대 가설보다 훨씬 더 많은 내용을 담고 있습니다. 불편기대 가설은 이론적으로 명쾌한 가설이기는 하지만 투자자들이 위험을 회피하는 속성을 간과했다는 (치명적) 단점이 있습니다. 왜냐하면 재무금융 분야에서, 이론 분야나 실증 분야를 막론하고, 투자자들이 위험을 싫어한다는(risk-averse) 것은 증명이 필요 없는 공리(axiom)로 받아들여지고 있습니다. 위험을 회피하는 투자자들은 자신의 투자기간보다 긴 장기채권에 투자하기를 꺼리는 성향이 있습니다. 왜냐하면 투자기간 종료 시 자신에게 귀속될 미래가치가 불확실하기 때문입니다. 가령 목표 투자기간이 1년인 투자자가 5년 만기 채권에 투자한다면, 1년 후 4년 만기 채권이 되는 이 채권의 미래 시장 가격을 현재로서는 알 수 없으므로 투자자로서는 위험을 부담하게 됩니다. 즉 4장에서 언급했던 이자율 위험을 부담하게 됩니다. 1년 후 이 4년 만기 채권의 현금흐름을 할인할 현물 이자율들의 값을 오늘 알 수 없으므로 이자율 위험이라 하는 것입니다. 또 이 위험을 market risk(시장 위험) 혹은 price risk(가격 위험)라고도 합니다. 미래 현물 이자율들은 채권 시장에서 결정되기 때문이고 또 이들이 채권 가격을 결정하기 때문입니다.

반면 이 투자자가 1년 만기 무이표채(zcb)에 투자한다면, 투자기간이 끝나는 시점인 1년 후 이 채권은 확정된 액면가를 지급하며 소멸되므로 투자자는 이자율 위험을 부담하지 않습니다. 그러므로 투자기간이 단기인 투자자들이 장기 채권에 투자하기 위해서는, 자신들이 장기 채권에 대해 부담하는 이자율 위험에 대한 추가적인 보상, 즉 위험 프리미엄이 채권 가격(수익률)에 반영될 경우에 한해서만 투자를 실행하게 됩니다. 결과적으로, 이 가설에 의하면

장기 채권에 대한 이자율은 단기 이자율의 기대값에 위험 프리미엄이 가산

된 값으로 결정됩니다. 이를 식으로 표시하면 다음과 같습니다.

> ➢ 식 3〉 유동성선호 가설
>
> $$[1+r(n)]^n =$$
> $$= [1+r(1)]\cdot\left[1+E[r(1,1)+\alpha_1]\right]\cdot[1+E[r(1,2)]+\alpha_2]\cdot ...$$
> $$\cdot[1+E[r(1,n-1)]+\alpha_{n-1}]$$
> $$= \prod_{t=0}^{n-1}[1+E[r(1,t)]+\alpha_t].$$
>
> $r(t) =$ t년 만기 현물 이자율, t = 1, 2, 3, 4, ⋯ , n
>
> $r(1,t) =$ t년 후의 만기 1년 현물 이자율
>
> $E[r(1,t)] =$ 현재 시점에서 예상되는 t년 후 $r(1)$, 단 $E[r(1,0)] = r(1)$
>
> $\alpha_t = t$(년) 후 1년 현물 이자율에 대한 위험 프리미엄(>0), $\alpha_0 = 0$.

위 식의 좌변은 현금 1을 만기 n년의 무이표채에 투자할 때 n년 후 시점에서의 미래가치입니다. 한편 이 식의 우변은, 미래 기대되는 단기 이자율 $E[r(1,t)]$에 일정한 위험 프리미엄 α_t가 가산된 항으로 구성되어 있습니다. 위에서 설명한 바와 같이 투자자가 자신의 투자 기간보다 긴 장기 채권에 투자하는 경우 미래 채권 가격이 불확실하고 따라서 투자의 미래가치 또한 불확실합니다. 그러므로 이러한 위험에 대하여 투자자들은 위험 프리미엄을 요구하게 되는데, 이는 곧 단기채권에 (연속적으로) 투자하는 경우에 기대되는 미래가치보다 더 높은 미래가치를 요구한다는 뜻입니다. 현금 1을 n년 동안 단기채권에 연속적으로 투자할 때 기대되는 미래가치는

$$[1+r(1)]\cdot\left[1+E[r(1,1)]\right]\cdot\left[1+E[r(1,2)]\right]\cdot ...\cdot\left[1+E[r(1,n-1)]\right]$$

이므로, 이 가설에 의하면 다음의 부등식이 성립합니다.

$$[1+r(n)]^n > [1+r(1)]\cdot\left[1+E[r(1,1)]\right]\cdot\left[1+E[r(1,2)]\right]\cdot ...$$
$$\cdot\left[1+E[r(1,n-1)]\right].$$

양변이 일치하려면 위 부등식의 우변 값이 더 커야 하는데, 이 가설에 의하면 각 기간별 위험 프리미엄 α_t가 가산된 값이 되어야 한다는 것입니다. 위 부등식은

$$[1+r(n)]^n > \prod_{t=0}^{n-1}[1+E[r(1,t)]]$$

로 표시할 수 있는데, 이것이 등식이 되려면 다음이 되어야 한다는 것입니다. 물론 $\alpha_0 = 0$이고 $\alpha_t > 0$입니다($t = 1, 2, \cdots, n-1$).

$$[1+r(n)]^n = \prod_{t=0}^{n-1}[1+E[r(1,t)]+\alpha_t].$$

그러므로 현재 예상하는 $E[r(1,1)]$, $E[r(1,2)]$ 등이 현재의 단기 이자율 $r(1)$보다 작더라도 α_1, α_2 등이 충분히 크면 $r(2) > r(1)$, $r(3) > r(1)$ 등이 가능합니다. 가령

$$r(1) = 0.04, \qquad E[r(1,1)] = 0.02, \qquad \alpha_1 = 0.03\text{이면}$$

위 가설에 따르면 $r(2)$는

$$\begin{aligned}[1+r(2)]^2 &= [1+r(1)]\cdot[1+E[r(1,1)]+\alpha_1] \\ &= [1+0.04]\cdot[1+0.02+0.03]\end{aligned}$$

이 되어 $r(2) \approx 0.045$이고 $r(2) > r(1)$입니다. 즉 장기 이자율과 단기 이자율의 크기는 미래 단기 이자율에 대한 투자자들의 예상뿐만 아니라 투자자들이 장기 채권에 요구하는 위험 프리미엄에 의해서도 결정된다는 것입니다. 따라서 수익률 곡선의 형태도 투자자들이 예상하는 미래 단기 이자율의 기대값과 위험 프리미엄에 의해 결정됩니다. 또 α_1, α_2 등을 위험 프리미엄 혹은 유동성 프리미엄(liquidity premium)이라고 부른다는 것입니다.

예제 6-9〉 유동성선호 가설

채권 시장에서 다음과 같은 상향 수익률 곡선이 관찰되었다고 합시다.

t	1	2	3
r(t)	3.00%	4.00%	5.00%

또 투자자들의 예상은 $\boldsymbol{E[r(1,1)] = E[r(1,2)] = 3\%}$라 합시다. 이때 $\boldsymbol{r(2)}$, $\boldsymbol{r(3)}$가 모두 3%보다 크게 나타난 이유는, 2년 혹은 3년의 장기 채권에 투자하는 투자자들이 요구하는 위험 프리미엄이 이 채권들의 가격에 반영되었기 때문이라고 유동성선호 가설은 주장합니다. 이제 이 가설을 전제로 위험 프리미엄 $\boldsymbol{\alpha_1}$, $\boldsymbol{\alpha_2}$의 값을 파악하여 보면 다음과 같습니다.

$$\begin{aligned}[1+r(2)]^2 &= [1+r(1)]\cdot[1+E[r(1,1)]+\alpha_1], \\ [1+r(3)]^3 &= [1+r(2)]^2\cdot[1+E[r(1,2)]+\alpha_2].\end{aligned}$$

첫 번째 식에서

$$[1+0.04]^2 = [1+0.03]\cdot[1+0.03+\alpha_1]$$

이므로 $\alpha_1 \approx 0.0201 = 2.01\%$가 됩니다. 즉 $r(1)$, $r(2)$로부터 파악되는, 투자자들이 요구하는 위험 프리미엄 α_1은 2.01%로 추정됩니다. 또 두 번째 식은

$$[1+0.05]^3 = [1+0.04]^2\cdot[1+0.03+\alpha_2]$$

이므로 $\alpha_2 \approx 0.0403 = 4.03\%$가 됩니다. 즉 $r(2)$, $r(3)$로부터 파악되는, 투자자들이 요구하는 위험 프리미엄 α_2는 4.03%로 추정됩니다. ■

한편 현물 이자율과 선도 이자율(implied forward rate) 관계에 의해

$$[1+r(n)]^n = [1+r(1)]\cdot[1+f(2)]\cdot\ldots\cdot[1+f(n)]$$

이므로

$$[1+r(n)]^n = \prod_{t=0}^{n-1}[1+E[r(1,t)]+\alpha_t]$$

과 비교하면

$$\begin{aligned}f(2) &= E[r(1,1)] + \alpha_1, \\ f(3) &= E[r(1,2)] + \alpha_2, \\ f(4) &= E[r(1,3)] + \alpha_3, \\ &\ldots\end{aligned}$$

가 성립합니다. 즉 이 가설에 의하면

선도 이자율은 미래 단기 이자율에 대한 기대값에 위험 프리미엄이 가산된 값입니다.

> ➢ 식 4〉 유동성선호 가설과 선도 이자율
>
> $$f(n+1) = E[r(1,n)] + \alpha_n, \quad where\ n = 1, 2, 3, \ldots$$
>
> 여기서,
> $f(n+1)$ = 현시점에서 산출되는, n년 후 1년 선도 이자율(implied forward rate)
> $E[r(1,n)]$ = 현시점에서 산출되는, n년 후 1년 현물 이자율에 대한 기대값
> α_n = n년 후의 만기 1년 이자율에 대한 위험 프리미엄 ($\alpha_n > 0$).

자, 이제 불편기대가설과 유동성선호 가설의 차이를 구체적으로 알아 볼까요? 두 가설의 내용과 결론은 차이가 있는데, 특히

수익률 곡선의 형태

와 관련되어 어떤 차이가 있는지 파악해 보겠습니다. 이 사안을 명쾌하게 파악하기 위해 단기 이자율은 $r(1)$, 장기 이자율은 $r(2)$로 간주하여 다음 질문을 해보겠습니다.

> 질문 6-5〉 $\boldsymbol{r(1)}$과 $\boldsymbol{E[r(1,1]}$의 상대적 크기에 따른 수익률 곡선(yield curve, YC)의 형태를 설명해 보세요.

네, 앞에서 공부했듯이, YC의 형태는 다양합니다만, 여기서는 간단하게

상승(upward-sloping)
하락(downward-sloping)
수평(flat)

의 세 경우만을 다루겠습니다. 그렇다면

$$E[r(1,1)] > r(1)$$
$$E[r(1,1)] = r(1)$$
$$E[r(1,1)] < r(1)$$

의 각 경우에 YC는 위 세 가지 형태 중 어떤 형태를 보일까요? 이는 불편기대 가설과 유동성선호 가설에 따라 다릅니다. 분석이 간단한 불편기대 가설을 먼저 적용해 보겠습니다. 이 가설에 따르면 $[1+r(2)]^2 = [1+r(1)]\cdot\left[1+E[r(1,1)]\right]$이 성립합니다. 그러므로

$$E[r(1,1)] > r(1) \rightarrow r(2) > r(1),$$
$$E[r(1,1)] = r(1) \rightarrow r(2) = r(1),$$
$$E[r(1,1)] < r(1) \rightarrow r(2) < r(1)$$

이 성립합니다. 즉 미래 예상되는 단기 이자율의 기대값이 현 단기 이자율보다 크면(작으면), 그 기대가 장기 이자율에 반영되어 현 시점의 장기 이자율이 단기 이자율보다 더 크다(작다)는 것입니다. 마찬가지로 기대 단기 이자율이 현 단기 이자율과 같으면 그 기대가 현 시점의 장기 이자율과 단기 이자율 크기가 같다는 것입니다. 그 결과

$$E[r(1,1)] > r(1) \rightarrow r(2) > r(1) \rightarrow upward-sloping\ YC,$$
$$E[r(1,1)] = r(1) \rightarrow r(2) = r(1) \rightarrow flat\ YC,$$
$$E[r(1,1)] < r(1) \rightarrow r(2) < r(1) \rightarrow downward-sloping\ YC$$

가 나타납니다.

네, 불편기대 가설의 경우 YC의 형태가 용이하게 파악됐습니다. 그렇다면 유동성선호 가설의 경우에도 그럴까요? 동일하게 분석해 보겠습니다. 먼저 결과부터 보겠습니다.

$$E[r(1,1)] > r(1) \rightarrow r(2) > r(1) \rightarrow upward-sloping\ YC,$$
$$E[r(1,1)] = r(1) \rightarrow r(2) > r(1) \rightarrow upward-sloping\ YC,$$
$$E[r(1,1)] < r(1) \rightarrow \begin{Bmatrix} r(2) < r(1) & \rightarrow downward-sloping\ YC \\ r(2) = r(1) & \rightarrow flat\ YC \\ r(2) > r(1) & \rightarrow upward-sloping\ YC \end{Bmatrix}.$$

위 결과가 도출되는 이유는 $r(1)$, $r(2)$간에 다음 관계가 성립하기 때문입니다.

$$[1+r(2)]^2 = [1+r(1)]\cdot[1+E[r(1,1)]+\alpha_1], \qquad where\ \alpha_1 > 0.$$

즉

"$E[r(1,1)] > r(1) \ \rightarrow\ r(2) > r(1)$"은 자명하고,

"$E[r(1,1)] = r(1) \ \rightarrow\ r(2) > r(1)$"은 $\alpha_1(>0)$이기에 도출되는 결과이며

$$E[r(1,1)] < r(1) \ \rightarrow \begin{Bmatrix} r(2) < r(1) & \rightarrow downward - sloping\ YC \\ r(2) = r(1) & \rightarrow \qquad flat\ YC \\ r(2) > r(1) & \rightarrow upward - sloping\ YC \end{Bmatrix}$$

는 α_1이 얼마나 큰 양수 인가에 따라 세 가지 결과가 모두 가능하기 때문입니다. 구체적으로, $E[r(1,1)] < r(1)$일 때 다음이 성립합니다.

$$\begin{Bmatrix} E[r(1,1)]+\alpha_1 < r(1) & \rightarrow & r(2) < r(1) \\ E[r(1,1)]+\alpha_1 = r(1) & \rightarrow & r(2) = r(1) \\ E[r(1,1)]+\alpha_1 > r(1) & \rightarrow & r(2) > r(1) \end{Bmatrix}$$

■

마지막으로 조금 새로운 질문을 해 보겠습니다. 유동성선호 가설에서는 유동성 프리미엄 α_1이 양수라고 전제했습니다. 그런데 α_1이 음수일 수도 있을까요? 이 이슈를 본격적으로 그리고 수리적으로 다루어 보겠습니다. 이왕 이 이슈를 다루는 바에 α_1을 양수로 전제한 것에 대해서도 함께 알아보겠습니다.

질문 6-6〉 유동성 프리미엄 $\boldsymbol{\alpha_1}$이 음수가 될 수 있을까요?

네, 이 질문에 답하기 위해, 애초 어떤 논리로 $\alpha_1 > 0$으로 간주했는지 수리적으로 설명해 보겠습니다. 투자자 A가 1년 동안만 채권 투자를 하려 합니다. 이때 대표적인 두 전략은 다음과 같습니다.

1) 1년 무이표채(zcb)를 매수하여 만기까지 보유
2) 2년 만기 무이표채를 매수하여 1년 후 매도

A가 첫 번째 전략에 따라 오늘 현금 1을 1년 만기 zcb에 투자하면 1년 후 얻을 현금은

$$1 \times [1 + r(1)] = 1 + r(1)$$

이 되고 이 수치는 확정된(fixed) 수치, 곧 상수입니다.* 반면 A가 두 번째 전략에 따라 오늘 현금 1을 2년 만기 zcb에 투자해서 1년 후 이 채권을 시장에서 매도하면 얼마의 현금을 얻을 수 있을까요? 액면가 Par의 2년 만기 zcb의 오늘 가격은 다음과 같습니다.

$$P_0 = \frac{Par}{[1 + r(2)]^2}.$$

현금 1로 이 zcb를 몇 단위(개) 살 수 있는가 하면, 1을 이 채권 가격으로 나누면 다음과 같이 x개 살 수 있습니다.

$$\frac{1}{\frac{Par}{[1 + r(2)]^2}} = x.$$

1년 후 이 zcb는 1년 만기 zcb가 되고, 이때 그 가격 P_1은 이 시점의 1년 현물 이자율 $r(1,1)$로 할인된 값 $\frac{Par}{1+r(1,1)} = P_1$입니다. 그리고 A는 이 zcb를 x개 보유하고 있으므로 A의 채권 가치는 다음과 같습니다.

$$x \cdot P_1 = \left(\frac{1}{\frac{Par}{[1 + r(2)]^2}} \right) \cdot \left(\frac{Par}{1 + r(1,1)} \right) = \frac{[1 + r(2)]^2}{1 + r(1,1)}.$$

그런데 오늘 시점에서 볼 때 1년 후 1년 현물 이자율 $r(1,1)$은 확정된 상수가 아니라 불확실한 (확률)변수입니다. 그러므로 위 값도 현재로서는 알 수 없고, 단지 $r(1,1)$에 대한 기대값 $E[r(1,1)]$으로 $r(1,1)$을 추정할 뿐입니다. 이를 위 식에 대입하면, A가

---

* A가 현금 1로 현재 가격 $\frac{Par}{1+r(1,1)}$인 1년 만기 zcb를 y개 매수하는 방식으로 설명해도 동일한 값이 산출됩니다.

1년 후 이 채권을 매도하여 받을 현금은 다음과 같이 (비확정적으로) 추정됩니다.

$$\frac{[1+r(2)]^2}{1+E[r(1,1)]}.$$

이처럼 A가 2년 만기 zcb에 투자하면 1년 후 불확실한 현금을 받습니다. 그런데 이 금액이 1년 만기 zcb 투자 시 받을 확정 현금액 $1 \times [1+r(1)]$보다는 더 커야만 A는 2년 만기 zcb에 투자할 수 있습니다. A가 위험을 싫어하기에(risk-averse), 불확실한 현금 액수가 확정된 현금 액수보다 더 커야만 투자할 수 있기 때문입니다. 그러므로 다음 부등식이 성립합니다.

$$\frac{[1+r(2)]^2}{1+E[r(1,1)]} > 1+r(1), \qquad \text{즉}$$

$$[1+r(2)]^2 > [1+r(1)] \cdot \left[1+E[r(1,1)]\right].$$

좌변이 우변보다 크므로, 위 부등식을 등식으로 바꾸려면 우변을 다음과 같이 변형할 수 있습니다.

$$[1+r(2)]^2 \;=\; [1+r(1)] \cdot [1+E[r(1,1)]+\alpha_1], \qquad where\ \alpha_1 > 0.$$

이렇게 유동성선호 가설에서 유동성 프리미엄 α_1이 양수가 됨을 입증할 수 있습니다.

좁은 의미의 유동성선호 가설은 위의 논의까지만을 허용합니다. 하지만 이 가설을 조금 더 확장하면 어떤 결과가 나올까요? 즉 넓은 의미의 유동성선호 가설은 어떤 내용을 담고 있을까요? 지금부터는 확장된 버전의 유동성선호 가설을 한 번 공부해 보겠습니다.

위험을 싫어하는 투자자 A의 투자 기간이 1년이 아니고 2년이라면 어떤 결과가 나올까요? 이때 A의 대표적 두 전략은 다음과 같습니다.

1) 2년 만기 zcb를 매수하여 만기까지 보유
2) 1년 만기 zcb를 2년 동안 두 번 매수

A가 첫 번째 전략에 따라 오늘 현금 1을 2년 만기 zcb에 투자하면 2년 후 얻을 현금은

$$1 \times [1 + r(2)]^2 = [1 + r(2)]^2$$

이 되고 이 수치는 확정된 상수입니다. 반면 A가 두 번째 전략에 따라 오늘 현금 1을 1년 만기 zcb에 투자하면 1년 후 (확정된) 현금은 $1 \times [1 + r(1)] = 1 + r(1)$가 됩니다. 1년 후 이 금액을 다시 1년 만기 zcb에 투자하면 2년 후 현금은

$$[1 + r(1)] \cdot [1 + r(1,1)]$$

이 될 것입니다. 단 $r(1,1)$은 $t = 1$(년) 시점의 1년 현물 이자율이니 오늘 시점에서는 알 수 없는 (확률)변수입니다. 이 금액에 대한 오늘의 추정치는, $r(1,1)$에 대한 오늘의 추정치 $E[r(1,1)]$를 활용하면, 다음과 같습니다.

$$[1 + r(1)] \cdot \big[1 + E[r(1,1)]\big]$$

이처럼 A가 1년 만기 zcb에 2년간 투자하면 2년 후 불확실한 현금을 받습니다. 그런데 이 금액이 A가 2년 만기 zcb 투자 시 받을 확정 현금액 $1 \times [1 + r(2)]^2$보다는 더 커야만 A는 1년 만기 zcb에 2년간 투자할 수 있습니다. 그러므로 다음 부등식이 성립합니다.

$$[1 + r(2)]^2 < [1 + r(1)] \cdot \big[1 + E[r(1,1)]\big].$$

좌변이 우변보다 작으므로, 위 부등식을 등식으로 바꾸려면 우변을 다음과 같이 변형할 수 있습니다.

$$[1 + r(2)]^2 \;=\; [1 + r(1)] \cdot [1 + E[r(1,1)] + \alpha_1], \qquad where\ \alpha_1 < 0.$$

이렇게 유동성선호 가설에서 유동성 프리미엄 α_1이 음수가 됨을 입증할 수 있습니다.

결론을 말한다면, 유동성선호 가설을 따르더라도 투자자의 채권 투자 기간이 상대적으로 장기인지 단기인지에 따라, 여기서는 2년인지 1년인지, 다음 식에서

$$[1 + r(n)]^n \;=\; [1 + r(n-1)]^{n-1} \cdot [1 + E[r(1, n-1)] + \alpha_{n-1}]$$

α_{n-1}의 부호는 양이 될 수도 음이 될 수도 있습니다. ■

이처럼 유동성선호 가설을 조금만 확장하면 α_k는 양수도 음수도 될 수 있습니다 ($k = 1, 2, 3, \ldots$). 그렇다면 왜 유동성선호 가설에서 유동성 프리미엄은 (대부분) 양수라고 알려져 있을까요? 그것은 채권 투자자들이 대부분 장기 투자가 아닌 단기 투자를 한다고 전제했기 때문입니다. 이것이 단순한 가정(assumption)이 아니고 일정한 전제(presumption)이기에 그런 결론이 도출되는 것입니다.* 하지만 채권 투자자들이 장기 투자를 선호한다면, 혹은 장기 투자를 해야만 하는 보험사 등의 투자자를 감안한다면, α_k는 양수뿐 아니라 음수도 가능합니다.

이제 마지막으로, 확장된 유동성선호 가설에 따르면 yield curve의 형태는 어떻게 될지 생각해 봅시다. 먼저 다음을 확실히 기억합시다.

$$[1+r(2)]^2 = [1+r(1)]\cdot[1+E[r(1,1)]+\alpha_1],$$
$$where\ \alpha_1 > 0\ or\ \alpha_1 < 0.$$

그렇다면 다음 결과가 도출될 것입니다.

$$\begin{Bmatrix} E[r(1,1)] > r(1)\ or \\ E[r(1,1)] = r(1)\ or \\ E[r(1,1)] < r(1) \end{Bmatrix} \rightarrow \begin{Bmatrix} r(2) < r(1) \rightarrow upward - sloping\ YC\ or \\ r(2) = r(1) \quad \rightarrow \quad flat\ YC\ or \\ r(2) > r(1) \rightarrow downward - sloping\ YC \end{Bmatrix}.$$

즉 $E[r(1,1)]$과 $r(1)$의 상대적 크기에 상관 없이 yield curve의 형태는 upward-sloping, flat, downward-sloping의 세 가지 모두 산출될 수 있습니다. 그 이유는 α_1이 양수, 음수 모두 가능하고, 그 절대값이 클 수도 작을 수도 있기 때문입니다. 단 정교하게 따지면 $\alpha_1 \neq 0$이니, $E[r(1,1)] = r(1)$이면 $r(2) < r(1)$ 혹은 $r(2) > r(1)$만이 가능합니다.

이제 지금까지의 논의를 정리해 보겠습니다.

---

* assume은 (아무) 근거 없는 단순한 가정이고 presume은 일정한 근거가 있는 전제입니다. 물론 후자라 해도 완벽한 근거는 아니고 상대적으로 근거가 더 있다는 의미나, '전제'라 해서 항상 옳은 것은 아닙니다만.

정리 7〉 유동성선호 가설의 내용과 결론

(i) 좁은 의미의 유동성선호 가설은 투자자들이 단기 투자를 선호하는 것을 전제로 한다. 이때 유동성 프리미엄(α_k)은 양수가 된다.

(ii) 확장된 버전의 유동성선호 가설은 투자자들이 단기뿐 아니라 장기 투자를 선호하는 것을 허용한다. 이때 유동성 프리미엄은 양수도 음수도 될 수 있다.

(iii) 좁은 의미의 유동성선호 가설에 따르면, yield curve의 형태는 $E[r(1,1)]$과 $r(1)$의 상대적 크기에 따라 다음과 같이 결정된다.

$$E[r(1,1)] > r(1) \ \rightarrow \ r(2) > r(1) \ \rightarrow \ upward - sloping\ YC,$$
$$E[r(1,1)] = r(1) \ \rightarrow \ r(2) > r(1) \ \rightarrow \ upward - sloping\ YC,$$
$$E[r(1,1)] < r(1) \ \rightarrow \ \begin{Bmatrix} E[r(1,1)] + \alpha_1 > r(1) & \rightarrow & upward - sloping\ YC \\ E[r(1,1)] + \alpha_1 = r(1) & \rightarrow & flat\ YC \\ E[r(1,1)] + \alpha_1 < r(1) & \rightarrow & downward - sloping\ YC \end{Bmatrix}.$$

(iv) 확장된 의미의 유동성선호 가설에 따르면, yield curve의 형태는 $E[r(1,1)]$과 $r(1)$의 상대적 크기와 관계없이 세 가지 형태의 yield curve가 모두 가능하다.

(3) 선호기간 가설(preferred habitat hypothesis)

이 가설은 위에서 설명된 확장된 의미의 유동성선호 가설과 유사합니다. 투자자들이 선호하는 채권 투자의 특정 만기가 있어서 이들이 선호하는 만기의 채권 가격이 정해지고 그 수익률이 정해진다는 주장입니다. 단, 충분한 프리미엄이 제공되면 다른 만기의 채권 투자도 할 수 있습니다. 가령 채권 시장에서 1년 투자를 선호하는 채권 투자자들이 있다고 합시다. 이들에 있어서는 만기 1년의 무이표채(zcb)의 수요가 높아서 그 가격이 상승하고(수익률 $r(1)$은 하락하고) 상대적으로 만기 2년의 zcb의 수요는 낮으므로 그 가격이 하락하므로 (수익률 $r(2)$은 상승)

$$r(2) > r(1)$$

의 관계가 성립할 것입니다. 즉 좁은 의미의 유동성선호 가설의 주장과 같은 결과가 도출됩니다. 그런데 이 가설에 따르면 애초 단기(1년) 투자를 선호하는 이 투자자들도 $r(2)$가 $r(1)$에 비해 충분히 높으면, 이 투자자들이 장기(2년) 투자자로 변할 수 있다는 것입니다. 이 경우 투자자들은 (1년 만기 zcb에 투자하는 대신) 2년 만기 zcb에 투자할 수 있습니다. 이처럼 특정 만기를 선호하는 투자자들이, 다른 만기에 투자할 경우의 프리미엄이 충분하면 다른 만기에도 투자할 수 있다는 주장이 유동성선호 가설의 주장과의 차이라고 할 수 있습니다.

이 주장은 장기 투자를 선호하는 투자자들에게도 적용됩니다. 가령 채권 시장에서 2년 투자를 선호하는 채권 투자자들이 있다고 합시다. 이들에 있어서는 만기 2년의 zcb의 수요가 높아 그 가격이 상승하고(수익률 $r(2)$은 하락) 상대적으로 만기 1년의 zcb의 수요는 낮으므로 그 가격이 하락하므로 (수익률 $r(1)$은 상승)

$$r(2) < r(1)$$

의 관계가 성립할 것입니다. 즉 넓은 의미의 유동성선호 가설의 주장과 일맥상통하는 결과가 도출됩니다. 그런데 이 선호기간 가설에 따르면 애초 장기(2년) 투자를 선호하는 이 투자자들도 $r(1)$이 $r(2)$에 비해 충분히 높으면, 이 투자자들이 단기(1년) 투자자로 변할 수 있다는 것입니다. 이 경우 투자자들은 (2년 만기 zcb에 투자하는 대신) 1년 만기 zcb에 투자할 수 있습니다. 결국 근본적으로는 장·단기 금리가 각각의 수요와 공급에 의해 결정되지만, 다른 투자 기간에서 제공하는 프리미엄의 크기에 따라 수요와 공급이 영향받을 수 있어, 장단기 금리가 상호 영향을 주고 받으며 결정된다는 주장입니다.

(4) 시장분할 가설(Segmented Markets Hypothesis)

이 가설은, 선호기간 가설의 극단적 버전이라 할 수 있습니다. 이 가설은 장기 이자율은 장기 채권에 대한 수요와 공급에 의하여 또 단기 이자율은 단기 채권의 수요와 공급에 의해서 결정되기 때문에 장기 이자율과 단기 이자율 사이에 특별한 관계가 존재하지 않는다는 가설입니다. 이는 마치 삼성바이오로직스와 같은 고가 블루칩에 주로 투자하는 투자자들과 코스닥 종목 같은 고위험, 저가 종목에 투자하는 투자자들이 서로 다른 투자 주체인 경우가 많다는 것과 같은 이치입니다. 비트코인 같은 고위험(고수익?) 자산에만 주로 투자하는 주체들도 있을 수 있습니다. 실제로 삼성전자와 같은 블루칩 종목들의 주가와 고위험 저가 종목들의 주가는 큰 관련이 없을 수도 있습니다. 또 대형 평수 아파트와 소형 평수 아파트의 가격 변화가 그다지 큰 상관이 없을 수 있다는 것과도 일맥 상통하는 주장입니다.

반면 선호기간 가설은, 서로 다른 만기의 채권을 선호하는 투자자들이 있지만 이들도 자신들의 선호 만기 외의 다른 만기의 채권이 제공하는 수익률이 충분히 높을 때에는 다른 만기의 채권 투자를 할 수 있다고 주장합니다. 이를 비유하자면, 삼성바이오로직스와 같은 고가 블루칩에 주로 투자하는 투자자들도 코스닥 종목이나 비트코인 같은 코인이 충분히 높은 수익률을 제공한다면 (즉 가격이 충분히 하락한다면) 코스닥 종목이나 비트코인에 투자할 수 있다는 주장입니다.

다시 채권 시장으로 돌아와 봅시다. 장기 이자율과 단기 이자율 사이에 특별한 관계가 존재하지 않는 이유는 채권 시장의 각 투자자마다 자신이 선호하는 만기의 채권에만 주로 투자하기 때문입니다. 예를 들면, (상업)은행이 채권에 투자할 경우에는 투자 자금의 원친인 예금의 만기를 감안하여 매입 채권의 만기를 결정하여야 합니다. 자산운용사의 공사채형 펀드를 운용하는 펀드 매니저들도 그 펀드의 취지 및 약관에 맞추어 매입 채권의 만기를 제한할 필요가 있습니다. 연기금 펀드의 매니저는 또한 보험사들은 주로 장기 채권에 투자하게 됩니다. 자신들의 부채의 만기가 비교적 장기이기에 자신들의 자산의 만기도 장기가 되어야 이른바 'asset-liability management'가 유기적으로 이루어지기 때문입니다.*

이 경우 수익률 곡선의 형태는 장 · 단기 이자율의 유기적 관계에 의해서가 아니라 만기별로 분리된 채권 시장에서의 수요와 공급에 의하여 결정됩니다. 그러므로 시장분할 가설에 따르면 상향, 하향, 수평 및 언덕형 수익률 곡선이 모두 실현될 수 있습니다.

4. 이표채의 만기수익률

본 주제에서는 다음 두 가지 문제를 논의합니다.

1) 특정 이표채의 coupon rate이 증가할 때 yield는 어떻게 변하나?
2) 특정 이표채의 만기가 길어질 때 yield는 어떻게 변하나?

---

* 이 맥락에서는 만기보다 "듀레이션(duration)"이 더 정확한 개념입니다. 듀레이션은 여러분들이 곧 공부하게 됩니다.

즉, 어느 coupon bond에 있어서 다른 모든 것이 동일하고(ceteris paribus) 만기만 증가하거나 coupon rate만이 증가할 때 그 coupon bond의 yield가 어떻게 변하는지를 논의해 보겠습니다. 본 주제는 채권을 배우는 대부분의 초심자에 있어 다소 혼동을 일으키는(confusing) 문제이기도 합니다. 여러분들도 이 내용을 주의깊게 읽어 보기 바랍니다.* 저자도 여러분이 쉽게 이해할 수 있도록 설명해 보겠습니다.

동일한 만기를 가진 coupon bond들도 coupon rate이 다를 경우에는 상이한 yield를 가지게 됩니다. 가령 만기 5년, 액면가(par) 100, coupon rate 5%인 채권의 yield와 동일한 만기, 동일한 액면가이고 coupon rate 10%인 채권의 yield는 서로 다릅니다. 이들은 coupon과 par를 지급하는 시점들이 같으므로, 동일한 할인율들을 사용하여 coupon과 par가 할인되어 채권 가격이 산출됩니다. 그런데 coupon rate이 낮은 low-coupon bond의 경우 만기 이전의 현금흐름(= coupon)은 미미하고 만기일의 par 금액이 크기 때문에, par를 할인할 장기 현물 이자율의 영향을 크게 받습니다. 반면 high-coupon bond의 경우 상당한 액수의 coupon을 초기부터 지급하기에 단기 현물 이자율의 영향도 적잖게 받습니다. 그 결과,

high-coupon bond의 yield는 (low-coupon bond의 yield보다)
단기 현물 이자율들의 값(들)과 더 유사

합니다. 예를 들어, upward-sloping yield curve를, 즉 단기 (현물) 이자율이 장기 이자율보다 더 낮다고, 가정하여 봅시다($r(n) < r(m)\ if\ n < m$). 이 경우 단기 이자율들의 영향을 많이 받는 high-coupon bond의 yield는 low-coupon bond의 yield보다 작습니다. 즉 다음이 성립합니다.

$$\text{high} - \text{coupon bond의 yield} < \text{low} - \text{coupon bond의 yield}$$

물론 단기 이자율이 장기 이자율보다 더 높으면 그 반대가 성립할 것입니다.

$$\text{high} - \text{coupon bond의 yield} > \text{low} - \text{coupon bond의 yield}$$

---

* '정독(精讀)하기 바랍니다'의 의미인데 언제부턴가 정독이란 표현은 학생들에겐 'old-fashioned' 느낌을 주는 것 같습니다.

네, 좀 헷갈리죠?* 이제 예제를 통하여 그 헷갈림을 해소해 봅시다.

예제 6-10〉 coupon rate과 만기수익률

2년 만기의 두 이표채 L, H의 par가 모두 100이고, coupon rate이 각각 c(L) = 1%, c(H) = 50%라고 합시다. 또한 1년 및 2년 현물 이자율이 각각 r(1) = 10%, r(2) = 20%라고 합시다. 이 경우 L, H의 yield를 시행착오법으로 구하면 y(L) = 19.1%, y(H) = 18.2%로 산출됩니다. 그런데 low-coupon bond인 L의 대부분의 현금흐름은 2년 후 시점에 몰려있기에 이를 할인할 $r(2) = 20\%$의 영향을 크게 받아 그 yield가 20%에 더 가까운 y(L) = 19.1%로 산출됩니다. 반면 high-coupon bond인 H는 1년 후 현금흐름 50도 상당하기 때문에 $r(1) = 10\%$의 영향도 상당히 받아 그 yield y(H)가 y(L)보다 낮은 18.2%가 됩니다.

c(L)	c(H)	n	Par	r(1)	r(2)
1%	50%	2	100	10%	20%
	t −	1	2	Price	yield
L	CF (L)	1	101	71.0	19.9%
H	CF (H)	50	150	149.6	18.2%

이제 수리적으로 y(L)와 y(H)의 상대적인 크기를 살펴보면 이들의 관계를 명확하게 파악할 수 있습니다. 먼저 yield의 정의에 의하여 y(L)는 다음의 식에 의하여 결정됩니다.

$$\frac{Par \times c(L)}{1+r(1)} + \frac{Par[1+c(L)]}{\left(1+r(2)\right)^2} = \frac{Par \times c(L)}{1+y(L)} + \frac{Par[1+c(L)]}{\left(1+y(L)\right)^2}.$$

즉

$$\frac{100 \times 0.01}{1+0.1} + \frac{100(1+0.01)}{(1+0.2)^2} = \frac{100 \times 0.01}{1+y(L)} + \frac{100(1+0.01)}{\left(1+y(L)\right)^2}.$$

그러므로 다음이 성립합니다.

* 이런 내용을 처음 접하면서도 전혀 헷갈리지 않는 사람이 있다면 매우 똑똑한 사람이겠지만, 주위에서 '위화감을 조성한다'는 억울한 비난을 받을 수도 …

$$\frac{1}{1+0.1}+\frac{101}{(1+0.2)^2}=\frac{1}{1+y(L)}+\frac{101}{\left(1+y(L)\right)^2}.$$

위 식의 좌변은 채권 L의 현재 시장가격을 의미하는데, 이 방정식의 구조상 0.1 〈 y(L) 〈 0.2임을 알 수 있습니다. 그런데 위 식에서 보듯이, 이 채권의 대부분의 현금흐름은 이 채권의 만기인 2년 후의 101에 집중되어 있습니다. 그러므로 이 101을 할인하는 2년 만기 현물 이자율 $r(2)$ = 20%가 이 채권의 가격 결정에 미치는 영향이 매우 큼을 예상할 수 있습니다. 가령 0.1에 가까운 y(L) 추정치를 위 식에 대입한다면 우변과 좌변의 차이가 매우 커질 것입니다. (101이 커서) 좌변의 $\frac{101}{(1+0.2)^2}$과 우변의 $\frac{101}{\left(1+y(L)\right)^2}=\frac{101}{(1+0.1)^2}$의 차이가 크기 때문입니다. 반면 0.2에 가까운 y(L) 추정치를 대입할 경우 좌변과 우변의 차이는 그다지 크지 않습니다. (1이 작아서) 좌변의 $\frac{1}{1+0.1}$과 우변의 $\frac{1}{1+y(L)}=\frac{1}{1+0.2}$의 차이가 작기 때문입니다. 그러므로, 두 현물 이자율 사이에 위치하는 y(L)은 0.2에 더 가까운 값으로 결정됩니다.

요약하면, low-coupon bond인 A의 경우, 대부분의 현금흐름이 만기에 집중되므로 만기의 현금흐름을 할인하는 장기 (현물) 이자율 $r(2)$가 채권 가격에 보다 큰 영향을 미치게 됩니다. 이는 곧 low-coupon bond L의 yield y(L)은 장기 현물 이자율 $r(2)$에 보다 가까운 값으로 결정됨을 의미합니다. 동일한 논리로 coupon rate이 높은 H는, 만기 이전에 지급되는 현금흐름이 (L에 비해) 상대적으로 크기 때문에, yield y(H)는 상대적으로 단기 현물 이자율 $r(1)$에 가까운 값으로 결정됩니다. y(L)이 $r(1)$에 가까운 것보다 말입니다. 그러므로 위 예제에서와 같이 시장에서 단기 이자율이 장기 이자율보다 낮게 (높게) 형성된 경우, high-coupon bond의 yield는 low-coupon bond의 yield보다 더 낮은 (높은) 값을 가지게 됩니다.

정리 8〉 high-coupon bond와 low-coupon bond의 yield

두 이표채의 yield의 크기는 단기 (현물) 이자율과 장기 이자율의 크기에 달려 있다.

1) 단기 이자율 < 장기 이자율 → $\textbf{yield(H)} < \textbf{yield(L)}$

2) 단기 이자율 > 장기 이자율 → $\textbf{yield(H)} > \textbf{yield(L)}$

($\textbf{yield(H)}$ = high-coupon bond's yield, $\textbf{yield(L)}$ = low-coupon bond's yield)

이와 관련된 다소 새로운 주제를 논의해 봅시다. 위에서는 다른 모든 것이 동일하고 coupon rate만이 다른 두 채권의 yield(s)를 비교했습니다. 이제

다른 모든 것이 동일하고 만기가 다른 채권들의 yield를 비교

해 봅시다. 가령 액면가, coupon rate이 동일하고 만기가 1년, 2년, 3년 등으로 다른 채권들을 비교해 봅시다. 아래 질문에서는 2% coupon bond들 중에서 만기만 다른 채권들의 yield를 비교하고, 덧붙여 30% coupon bond들 중에서도 만기만 다른 채권들의 yield도 비교합니다.

질문 6-7〉 특정 이표채의 만기가 증가할 때 yield는 어떻게 변합니까?

upward-sloping yield curve를 가정합시다. 이 경우 2%와 30%의 coupon rate을 가지는 coupon bond들의 만기와 yield의 관계가 아래 도표에 나와 있습니다. 이 도표에서 알 수 있듯, 이 경우에는 특정 coupon rate을 가지는 이표채의 만기가 길어짐에 따라 그 yield도 상승합니다. 왜냐하면 만기가 길어짐에 적용되는 할인율 $r(n)$이 점차 상승하므로 이 할인율들의 평균이라 할 수 있는 yield도 상승하기 때문입니다. 그리고 high-coupon bond의 yield는 low-coupon bond의 그것과 같거나 더 낮은 값을 가집니다. 반면 downward-sloping yield curve를 가정한다면, 즉 현물 이자율 $r(n)$이 만기가 길어짐에 따라 하락한다면, coupon bond들의 만기수익률도 만기가 길어짐에 따라 하락합니다. 그리고 high-coupon bond의 yield는 low-coupon bond의 그것과 같거나 더 높은 값을 가질 것입니다.

➢ 도표 6-1〉 이표채의 coupon rate과 만기수익률

만기(년)	현물 이자율	2% 이표채의 수익률	30% 이표채의 수익률
1	2.0%	2.0%	2.0%
2	15.0%	14.8%	13.3%
3	25.0%	24.5%	21.0%
4	32.0%	31.2%	25.6%

위 도표를 쉽게 이해하는 한 가지 방법은

현물 이자율은 무이표채(zcb)의 yield와 같다
low-coupon bond는 zero coupon bond와 유사한 채권이다

라는 사실을 기억하는 것입니다. 가령 위 도표의 2% coupon bond는 30% coupon bond 보다는 훨씬 더 무이표채(zcb)에 가까운 현금흐름을 가집니다. 그러므로 2% coupon bond의 가격과 yield는 동일한 만기의 zcb의 가격과 yield에 가깝고, 30% coupon bond의 그것들과는 상대적으로 더 큰 차이가 있습니다. 위 도표의 경우처럼 현물 이자율이 (만기와 함께) 상승할 때에는, low-coupon bond의 만기수익률도 (현물 이자율과 비슷하게) 상승합니다. 반면 high-coupon bond의 yield도 (만기와 함께) 상승하나 현물 이자율과 일정한 괴리를 보이면서 상승하게 되어, low-coupon bond의 yield보다 더 낮은 값을 가지게 되는데 이는 위 도표에서 확인할 수 있습니다.

이제 본절 초기에 우리가 논의했던 질문과 답변을 여기 (축약하여) 소환해 보겠습니다.

소환〉 수익률 곡선은 zero coupon bond들만 대상인가요?

수익률 곡선은 좁은 의미로는 무이표채들의 yield를 만기별로 나타내는 곡선이라 할 수 있습니다. 그런데 (위 사례처럼) coupon bond들에 대해서도 수익률(yield)을 계산할 수 있습니다. 그러므로 주어진 coupon rate를 가지는 특정 coupon bond가 만기가 길어짐에 따라 그 수익률들이 달라질 수 있는데, 이때 이 coupon bond의 만기별 수익률을 산출한 곡선도 넓은 의미에서는 수익률 곡선이라 할 수 있습니다. 반면,

무이표채들의 수익률을 만기수익률라 부르지 않고
단순히 "spot rates(현물 이자율)"라(고만) 부르기도 하고
coupon bond의 수익률만을 만기수익률이라 부르는 경우도 있습니다.

가령 2%의 coupon rate를 가지는 이표채의 만기와 yield간의 관계는 아래 그림과 같이 나타낼 수 있습니다. 점선으로 표시된 곡선이 바로 이 2% coupon bond의 yield curve가 됩니다. 그림에서는 "2% cp. rate curve"로 표시됐습니다. 무이표채의 yield curve는

"spot rate curve"로 표시됐고, 이것이 좁은 의미의 yield curve입니다. 그리고 2% coupon bond의 yield curve가 있다면 3% coupon bond의 yield curve도 그릴 수 있을 것입니다. 그러므로 이러한 (coupon bond들의) yield curve는 하나만 존재하지 않고 여러 개 존재합니다. 참고로 이러한 yield curve는 추후 "이표채의 수익률 곡선"이라는 주제에서 상세히 논의합니다.

➢ 그림 6-6〉 coupon bond의 yield curve

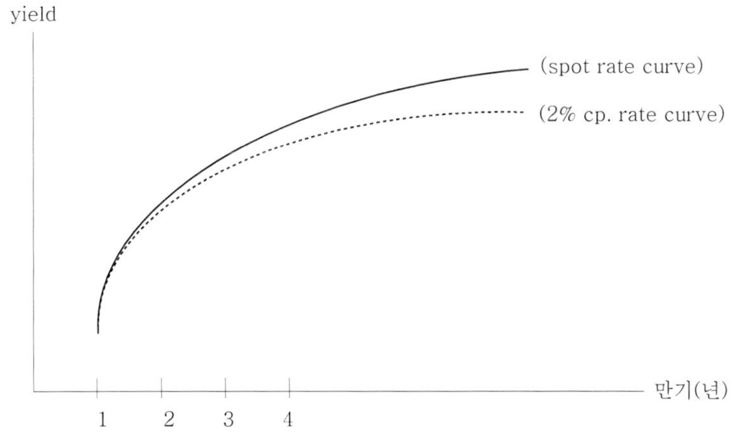

자 이제 위 내용에 대한 기억이 어느 정도 돌아왔나요? 무이표채의 yield curve만 존재하는 것이 아니고 위 그림에서와 같이 특정 coupon rate의 yield curve도 존재합니다. 그리고 위 소환 전 논의에서처럼, 무이표채의 yield curve가 upward-sloping이면, low-coupon bond의 yield curve는 high-coupon bond 그것보다 더 높이 위치하게 됩니다. 또 무이표채의 yield curve가 downward-sloping이면, low-coupon bond의 yield curve는 high-coupon bond의 그것보다 더 낮게 위치합니다. 만일 flat yield curve라면 low-coupon bond의 yield curve와 high-coupon bond 그것은 일치합니다. 가령 yield curve에서 모든 현물 이자율들이 $r(k) = 0.03$ 이라면 low-coupon bond의 yield curve와 high-coupon bond 그것도 $r(k) = 0.03$에서 flat한 yield curve가 될 것입니다. 채권의 coupon rate과 yield 곡선의 이러한 관계를 그래프로 나타낸 것이 아래 그림입니다.

➢ 그림 6-7〉 이표채의 coupon rate과 yield curve

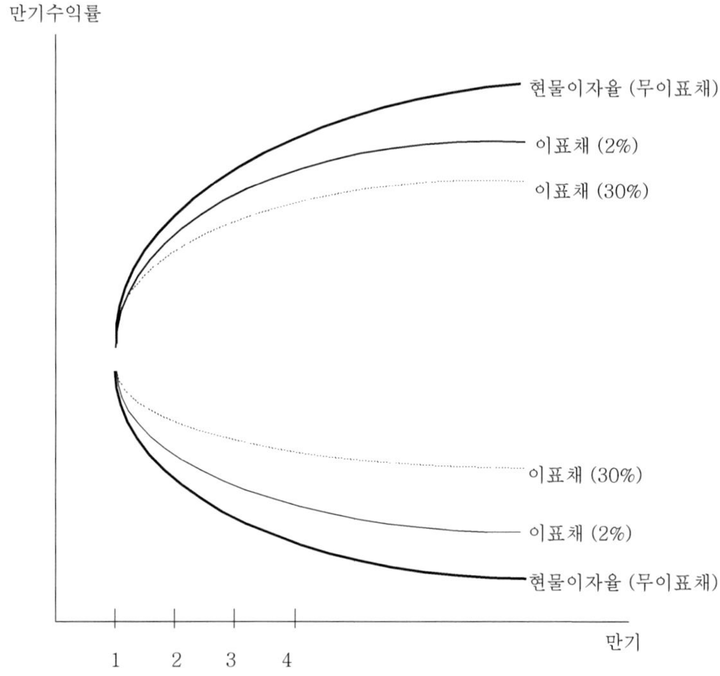

위 내용들을 정리해 보겠습니다. YC = yield curve입니다.

정리 9〉 coupon bond의 만기수익률

(i) upward-sloping YC의 경우, 동일한 만기의 low-coupon bond의 yield는 high-coupon bond의 yield보다 높(거나 같)다.

(ii) downward-sloping YC의 경우, 동일한 만기의 low-coupon bond의 yield는 high-coupon bond의 yield보다 낮(거나 같)다.

(iii) flat YC의 경우, coupon rate과 관계없이 모든 이표채의 yield(s)는 같다.

이제 위 정리를 여러분이 명료히 아는지, 위 정리를 실제 상황에 제대로 응용할 수 있는지 파악하기 위해 다음 문제를 풀어보겠습니다.

예제 6-11〉 다양한 채권들의 yields 비교

현재 채권 시장의 여러 채권들의 yield curve가 다음과 같다고 합시다. upward-sloping yield curve들과 downward-sloping yield curve들이 제시됐는데, 편의상 upward-sloping yield curve들을 대상으로 질문을 하겠습니다.

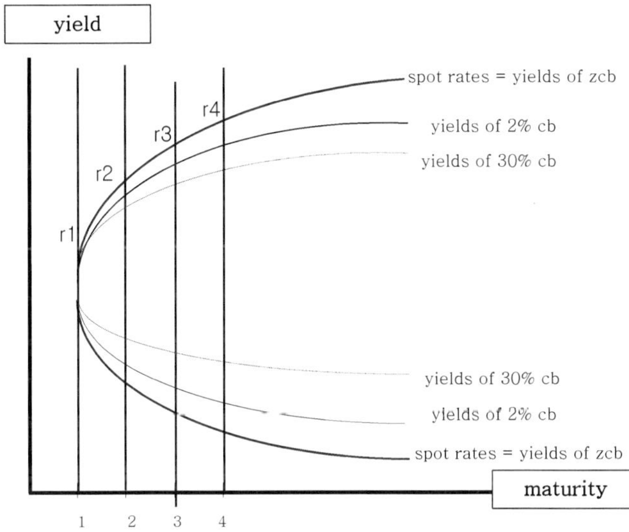

위 채권들 중 coupon bond들은 1년에 한 번 coupon을 지급한다고 가정하겠습니다. 이때 다음 채권들을 각각 a, b, c, d, e로 이름짓고 그 yield들의 크기를 비교해 보겠습니다. 참고로 $y(k,c)$는 만기 k년, coupon rate c인 채권의 yield를 의미합니다.

2 year, 10% coupon bond ($= \mathrm{y(a)} = y(2{,}10\%)$)

1 year, zero coupon bond ($= \mathrm{y(b)} = y(1{,}0\%)$)

1 year, 10% coupon bond ($= \mathrm{y(c)} = y(1{,}10\%)$)

3 year, 5% coupon bond ($= \mathrm{y(d)} = y(3{,}5\%)$)

2 year, 5% coupon bond ($= \mathrm{y(e)} = y(2{,}5\%)$)

이 문제를 풀기 위해서는 채권들의 yield를 비교할 때 기준을 통일해야 합니다. 가령

동일한 만기의 채권들 중 low-coupon bond와 high-coupon bond yield 비교

동일한 coupon rate의 채권들 중 장기 채권과 단기 채권의 yield 비교

로 채권들의 yield를 비교해야 합니다.

먼저 만기가 1년인 두 채권 b와 c의 yield인 $y(1,0\%)$, $y(1,10\%)$를 비교해 봅시다. 두 채권은 무이표채와 이표채로 서로 다른 유형의 채권처럼 보이지만, 어차피 coupon 지급은 1년에 한 번이기에 사실상 둘 다 무이표채라 할 수 있습니다. 즉 c 채권의 액면가가 100이라면, 이 채권은 만기에 액면가 100과 coupon 10을 지급하는, 즉 만기에 110을 한꺼번에 지급하는 채권입니다. 그러므로 이 채권은 만기 1년, 액면가 110인 무이표채와 실질적으로 동등한 채권입니다. 결국 채권 c는 채권 b와 동일한 1년 만기 무이표채이므로 두 채권의 yield는 $r(1)$으로 동일하여 다음이 성립합니다.

$$y(1,0\%) = y(1,10\%) = r(1).$$

이제 채권 a와 e의 yield인 $y(2,10\%)$, $y(2,5\%)$를 비교해 봅시다. 두 채권은 모두 만기 2년 이표채이고 coupon rate만이 서로 다릅니다. e가 a보다 상대적으로 low-coupon bond이므로, $y(e) = y(2,5\%)$는 (y(a) = $y(2,10\%)$보다) $r(2)$에 더 가깝고, y(a) = $y(2,10\%)$는 상대적으로 $r(2)$에 덜 가깝고 $r(1)$에 더 가깝습니다. 또 upward-sloping yield curve에서는 $r(1) < r(2) < r(3)$입니다. 그러므로 다음이 성립합니다.

$$y(2,10\%) < y(2,5\%).$$

이제 채권 d와 e의 yield인 $y(3,5\%)$, $y(2,5\%)$를 비교해 봅시다. 두 채권은 모두 coupon rate 5% 이표채인데 d의 만기는 3년, e의 만기는 2년입니다. 그러므로 d의 현금흐름에 적용될 할인율(수익률)은 $r(1)$, $r(2)$, $r(3)$이고, e의 현금흐름에 적용될 할인율(수익률)은 $r(1)$, $r(2)$입니다. 즉 d의 yield $y(d)$는 $r(1)$, $r(2)$, $r(3)$의 영향을 받고 e의 yield $y(e)$는 $r(1)$, $r(2)$의 영향을 받습니다. 현재 $r(1) < r(2) < r(3)$이므로, 결국 다음이 성립합니다.

$$y(2,5\%) < y(3,5\%).$$

마지막으로, a와 c의 yield인 $y(2,10\%)$, $y(1,10\%)$를 비교해 봅시다. 두 채권은 모두 coupon rate 10% 이표채인데 a의 만기는 2년, c의 만기는 1년입니다. 그러므로 a의 현금흐름에 적용될 할인율(수익률)은 $r(1)$, $r(2)$이고, c의 현금흐름에 적용될 할인율은

$r(1)$입니다. 즉 $y(2,10\%)$는 $r(1)$, $r(2)$의 영향을 받고 $y(1,10\%)$는 $r(1)$의 영향을 받습니다. 현재 $r(1) < r(2)$이므로, 결국 다음이 성립합니다.

$$y(1,10\%) < y(2,10\%).$$

이제 위 모든 부등식을 반영하면 다음이 성립합니다.

$$y(1,0\%) = y(1,10\%) < y(2,10\%) < y(2,5\%) < y(3,5\%),$$
$$y(b) = y(c) < y(a) < y(e) < y(d).$$

■

이제 마지막으로, 무이표채의 yield curve 즉 현물 이자율 곡선과 선도 이자율 곡선(forward rate curve)을 함께 생각해 보겠습니다. 4장 1절에서 배웠던 선도 이자율(implied forward rates)의 정의는 다음과 같습니다.

소환〉 선도 이자율 정의

현 시점에 (만기가 다른) 두 현물 이자율에 의해 결정되는,
차익거래를 허용하지 않는 이자율 ■

위 정의에 의해 현물 이자율 곡선인 yield curve가 주어졌을 때 선도 이자율들을 그래프로 표시한 내용을 소환해 보겠습니다. 4장 1절의 내용입니다.

소환〉 현물 이자율 곡선과 선도 이자율 곡선

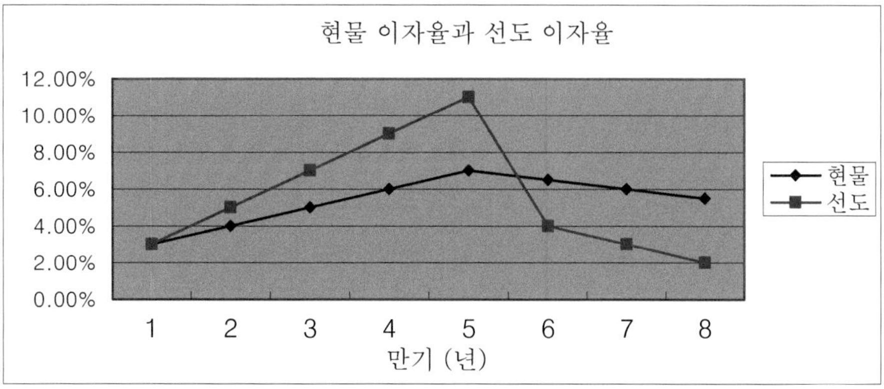

위 두 개의 그래프 중 x −축을 만기, y −축을 선도 이자율로 하는 그래프가 바로 forward rate curve(선도 이자율 곡선)가 됩니다. 위 그래프에서는 직선처럼 그려졌지만 말입니다. 위 그래프를 보면서 선도 이자율에 대한 기억이 좀 돌아왔나요? 그러면 다음 내용도 소환해 보겠습니다. 여전히 4장 1절의 내용입니다.

소환〉 선도 이자율과 현물 이자율

$$\left\{\begin{array}{lll} r(n) > r(n-1) & \leftrightarrow & \left\{\begin{array}{c} f(n) > r(n) \\ f(n) > r(n-1) \end{array}\right\} \\ r(n) < r(n-1) & \leftrightarrow & \left\{\begin{array}{c} f(n) < r(n) \\ f(n) < r(n-1) \end{array}\right\} \end{array}\right\}$$

위 소환된 정리 내용이 복잡해 보입니다만, yield curve와 forward rate curve와의 관계를 직접 나타내는 것은 다음 정리입니다. 물론 여기서 yield curve는 spot rate curve 즉 현물 이자율 곡선을 말합니다.

$$\begin{array}{lll} r(n) > r(n-1) & \leftrightarrow & f(n) > r(n), \\ r(n) < r(n-1) & \leftrightarrow & f(n) < r(n). \end{array}$$

$r(n) > r(n-1)$이 모든 n에 대해 성립한다면 우상향 수익률 곡선(upward-sloping yield curve)이 됩니다. 이때 서로 상응하는 선도 이자율과 현물 이자율의 크기(위치)는 $f(n) > r(n)$이 된다는 것입니다. 즉 선도 이자율이 현물 이자율보다 더 크고, 따라서 forward rate curve가 yield curve보다 위에 위치하게 됩니다. 마찬가지로, $r(n) < r(n-1)$이 모든 n에 대해 성립한다면 우하향 수익률 곡선(downward-sloping yield curve)이 됩니다. 이때 서로 상응하는 선도 이자율과 현물 이자율의 크기(위치)는 $f(n) < r(n)$이 되어, forward rate curve가 yield curve보다 아래에 됩니다. 이를 그래프로 나타내면 다음과 같습니다.

➢ 그림 6-8〉 선도 이자율 곡선과 현물 이자율 곡선

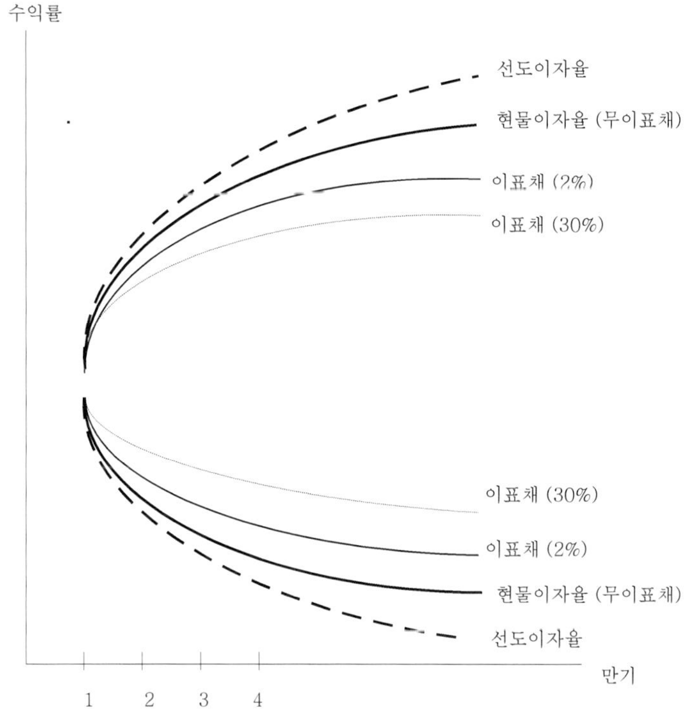

5. par bond의 yield

"액면가채권(par bond)"이란 액면가와 가격이 같은 coupon bond인데, 이 채권은 채권 발행자에게 특별한 의미를 가질 수 있습니다. 채권 발행자가 발행 시장에서 최초로 채권을 발행할 때의 주된 관심 중 하나는 발행되는 채권의 시장 가격입니다. 채권 발행자는 통상적으로 신규 투자 혹은 구채권의 상환 등의 목적으로 채권을 발행하므로, 발행시장에서의 채권의 가격이 이러한 목적을 달성하기에 충분한 금액이 되어야 합니다. 예로써 신규 투자를 위하여 1,000억의 자금이 필요하여 채권을 발행할 경우 액면가 1,000억의 coupon bond를 고려할 수 있습니다. 그런데 이때 제시되는 만기와 coupon rate 수준에 따라 이 채권의 시장가격이 1,000억이 될 수도 또 되지 않을 수도 있습니다. 그러므로 필요한 신규 자금의 100%를 성공적으로 조달하기 위해서는 발행되는 채권이 par bond가 될 수 있도록 coupon rate을 적절히 제시하여야 합니다. 이때 발행되는 채권의 액면가와 채권 가격을 일치시키는 coupon rate 수준을 "액면수익률

(par yield)"이라 합니다.

물론 이 대목에서 다음과 같은 생각을 할 수도 있습니다. 1,000억의 자금이 필요할 때 반드시 par bond를 발행할 필요는 없고 대신

액면가가 1,000억을 초과하는 (low-)coupon bond, 혹은
액면가가 1,000억에 못 미치는 (high-)coupon bond

를 발행해도 되지 않냐는 생각 말입니다. 왜냐하면 액면가 크기에 맞춰 coupon rate를 조절하면 채권 가격이 1,000억이 될 수 있으니까 말입니다.

결론부터 말하면, 이러한 주장은 그 자체로는 옳습니다. 하지만 굳이 세상을 어렵게, 복잡하게 살 필요가 있을까요? 채권 가격만 1,000억으로 맞추려면, 가령 만기 5년의 채권의 경우, 온갖 기이한 채권도 발행할 수 있습니다. 가령 1년 후 127.3억, 2년 후 0.35억, 3년 후 457억,… 등의 현금을 지급하는 채권의 가격도 1,000억이 될 수도 있습니다. 시장의 현물 이자율(=할인율)들을 감안하여 위 현금흐름을 결정하면 되니까 말입니다. 그러나 어느 채권 발행자도 이런 채권을 발행하지는 않습니다. 굳이 그렇게 복잡하게 채권을 만들어 투자자들이 불필요한 신경을 쓰게 할 이유가 없기 때문입니다. 이런 연유로, 1,000억이 필요한 기업이 채권을 발행할 때는 통상

액면가를 1,000억으로 정하고
coupon rate를 현재의 현물 이자율에 맞게 정하는

방식을 취합니다. 즉 par bond를 발행하여 1,000억을 조달하는 방식을 선호합니다.

가령 현물 이자율들이 상대적으로 높은 수준이면 당연히 coupon rate도 그에 맞추어 높이면 채권 가격이 1,000억이 될 수 있습니다. 아주 간단한 예를 들면, 2년 만기에 액면가 1,000(억)의 채권이 par bond가 되기 위해서는 다음 식을 충족할 coupon rate c를 정해야 합니다.

$$1000 = \frac{1000 \cdot c}{1 + r(1)} + \frac{1000 \cdot (1 + c)}{[1 + r(2)]^2}.$$

위 식을 충족할 c는 당연히 $r(1)$, $r(2)$의 (증가) 함수로, 양변이 일치하기 위해서는 $r(1)$, $r(2)$가 클수록(작을수록) c도 커져야(작아져야) 합니다.

우리는 이미 예전에 특정 채권이 par의 가격을 가지기 위해서는, 즉 특정 채권이 par bond이 되기 위해서는, 그 채권이 제시하는 coupon rate과 투자자가 그 채권에 요구하는 수익률이 같아야 함을 배운 바 있습니다. 이 요구수익률은 그 채권의 만기까지 걸친 연평균 수익률을 의미하므로, 결국 par bond의 coupon rate은 그 채권의 만기수익률임을 알 수 있습니다. 이 par bond의 yield를 "액면수익률(par yield)"이라고 부르는데, 이와 관련하여 우리가 이미 배웠던 내용을 여기 소환해 보겠습니다.

소환〉 액면수익률 구하기

시장의 현물 이자율이 r(1) = 10%, r(2) = 20%, r(3) = 30%으로 주어졌을 때, 만기 3년, 액면가 100인 coupon bond가 par bond이 되기 위한 coupon rate c는 다음의 식을 충족하여야 합니다.

$$100 = \frac{100 \times c}{1 + 0.1} + \frac{100 \times c}{(1 + 0.2)^2} + \frac{100 \times (1 + c)}{(1 + 0.3)^3}.$$

c에 대한 이 방정식을 풀면 c = 0.2646입니다. 즉 이 채권의 coupon rate이 26.46%일 때 이 채권의 가격은 액면가와 같은 100이 되는데, 이때 coupon rate 26.46%가 바로 이 채권의 액면수익률입니다. ■

이제 시행착오법이 아닌, 액면수익률을 구하는 일반적인 공식을 찾아 봅시다. 먼저 coupon bond의 가치 P는 다음과 같습니다.

$$P = \sum_{t=1}^{n} \left[\frac{Par \times c}{\left(1 + r(t)\right)^t} \right] + \frac{Par}{\left(1 + r(n)\right)^n}$$

$$= \sum_{t=1}^{n} [Par \times c \times d(t)] + Par \times d(n).$$

이제 $P = Par$를 대입하여 이 식을 만족하는 c를 구하면 다음과 같습니다.

$$Par \ = \ \sum_{t=1}^{n}[Par \times c \times d(t)] \ + \ Par \times d(n).$$

양변을 Par로 나누면,

$$1 \ = \ \sum_{t=1}^{n}[c \times d(t)] \ + \ d(n) \ = \ c\left(\sum_{t=1}^{n} d(t)\right) \ + \ d(n).$$

$$\therefore \ c \ = \ \frac{1 - d(n)}{\sum_{t=1}^{n} d(t)}.$$

그러므로 액면수익률의 공식은 다음과 같습니다.

> ➤ **식 5〉 액면수익률 공식**
>
> $$py(n) \ = \ \frac{1 - d(n)}{\sum_{t=1}^{n} d(t)}$$
>
> 여기서,
>
> n = 채권의 만기
>
> py(n)= 만기 n년 채권의 액면수익률.

위 식을 위 예제에 적용하여 액면수익률을 구하면 다음과 같이 py(3) = 26.46%가 산출됩니다.

3년 만기 이표채	Par	n	
	100	3	
시점 (t)	1	2	3
현물 이자율 r(t)	10%	20%	30%
할인요소 d(t)	0.9091	0.6944	0.4552
1-d(3)	0.5448		
∑d(t)	2.0587		
py(3) =	**26.46%**		

또 coupon을 1년에 2회 지급하는 경우의 액면수익률의 공식은 다음과 같습니다.

> ➢ 식 6〉 액면수익률 공식 (2회 coupon 지급)
>
> $$py(n) = \frac{2 \times (1 - d(n))}{\left(\sum_{t=1}^{2n} d\left(\frac{t}{2}\right)\right)}$$
>
> 여기서,
>
> n = 채권의 만기
>
> py(n)= 만기 n년 채권의 액면수익률.

마지막으로 coupon bond의 만기에 따라 액면수익률(par yield) 값이 어떻게 변하는지 파악하여 봅시다. 시장 이자율, 즉 현물 이자율이 만기와 함께 상승한다면, par yield 값도 만기와 함께 상승합니다. 반면 현물 이자율이 만기가 길어짐에 따라 하락한다면 par yield 값은 만기가 길어짐에 따라 하락합니다.

예제 6-12〉 채권의 만기와 par yield

시장의 현물 이자율이 다음과 같이 주어졌을 때, 만기가 1년, 2년, 3년, 4년 및 5년인 coupon bond의 액면수익률은 다음과 같은 값을 가집니다.

만기 (t)	현물 이자율 r(t)	할인요소 d(t)	액면 수익률 py(t)	spot - par yield =
1	2%	0.9804	2.0%	0.0%
2	15%	0.7561	14.0%	1.0%
3	25%	0.5120	21.7%	3.3%
4	32%	0.3294	26.0%	6.0%
5	37%	0.2072	28.5%	8.5%

가령 만기 2년인 coupon bond의 액면수익률은 위 식에 의하여

$$py(2) = \frac{1 - d(2)}{d(1) + d(2)} = \frac{1 - 0.7561}{0.9804 + 0.7561} = 0.1404 = 14.04\%$$

임을 확인할 수 있습니다. ■

위 예제에서 알 수 있듯이 만기와 함께 현물 이자율이 상승하는 경우(upward-sloping) 액면수익률도 상승하게 됩니다. 투자자들의 요구수익률인 현물 이자율이 upward-sloping이면, 장기 이표채의 coupon rate이 단기 이표채의 coupon rate보다 높아야만 투자자의 요구가 충족되어 채권 가격이 액면가 수준을 유지할 수 있기 때문입니다. 마찬가지 이유로, 만기와 함께 현물 이자율이 하락하는 downward-sloping인 경우에는 액면수익률도 하락합니다.

위 예제의 결과를 그래프로 나타낸 것이 아래 그림입니다. 시장의 현물 이자율 곡선이 주어졌을 때 par bond의 coupon rate을 만기별로 표시한 곡선을 "액면수익률 곡선(par yield curve)"이라 합니다. 위 예제로부터 알 수 있듯이, 현물 이자율 곡선이 upward-sloping이면 액면수익률 곡선도 upward-sloping이고, (아래 그림에서는 생략됐지만) 현물 이자율 곡선이 downward-sloping이면 액면수익률 곡선도 downward-sloping이 됩니다.

➢ 그림 6-9〉 액면수익률 곡선

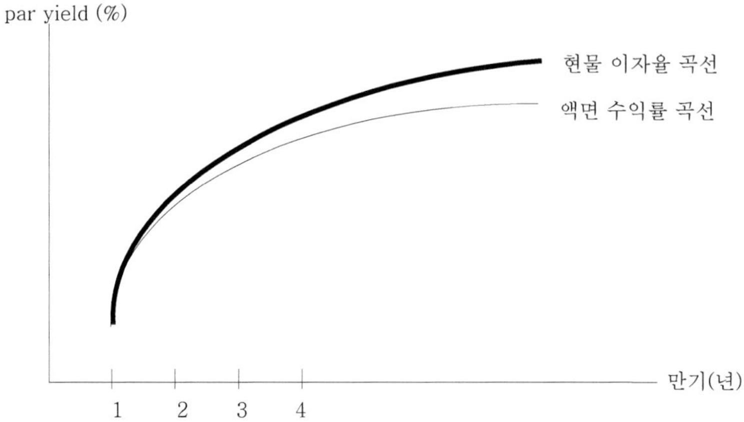

제 3 절 수익률 용어

본절에서는 채권의 다양한 수익률 용어를 설명합니다. 이런 다양한 용어들의 이해는 그다지 어렵지는 않고 다만 관행적으로 그런 용어가 사용된다는 정도만 알고 있으면 됩니다. 다른 채권 교재들은 (상대적으로) yield 설명 초기에 이런 다양한 수익률 용어에 대한 설명을 제시하는 경향이 있는 것 같습니다. 하지만 본서에서 이 용어들에 대한 설명을 이처럼 나중에 제시하는 이유는, yield 설명 초기부터 이런 다양한 용어들을 제시하면 독자 여러분들이 yield를 지나치게 (불필요하게) 복잡한 것으로 잘못 인식할 수 있기 때문입니다. 그보다는 yield 본질에 관한 학습을 먼저 진행하고, 마지막에 추가적으로 이런 설명을 제시하는 것이 yield 공부에 더 효과적일 수 있습니다. 그리고 이런 다양한 용어들은 단순히 시장, 학계의 관행일 뿐 그 자체에 특별히 높은 가치가 있는 것은 아니기 때문입니다. 그럼에도 불구하고, 타인과의 소통을 위해서라도 이런 용어를 한 번쯤은 접할 필요가 있습니다.*

1. 실질 만기수익률

coupon이 연간 2회 지급되는 이표채의 yield를 구하는 방법을 우리는 공부한 적 있습니다. 실제 시장에서는 1년에 두 번 이상 coupon을 지급하는 이표채가 대부분입니다. 그렇다면 이러한 채권의 "진정한 만기수익률"은 어떻게 구해야 할까요? 가령 액면가는 Par, coupon rate는 c, 1년에 coupon을 2회 지급하는 채권의 경우에는 매 6개월마다 $Par \times \frac{c}{2}$만큼의 coupon을 지급합니다. 이 채권의 만기수익률 y는 다음과 같이 매 6개월마다의 coupon을 할인할 할인율로 $\frac{y}{2}$를 사용하여 양변이 일치할 y 값을 구하면 됩니다.

$$P = \sum_{t=1}^{2n}\left[\frac{Par \cdot \frac{c}{2}}{\left(1+\frac{y}{2}\right)^{t}}\right] + \frac{Par}{\left(1+\frac{y}{2}\right)^{2n}}.$$

---

* Let me give you an interesting twist. Maybe, what matters in your job market is not how smart you are, but how smart you look. For you to look smart, you may have to know what others know,

즉 6개월을 단위기간으로 하는 만기수익률 $\frac{y}{2}$에 단순히 2를 곱하여 (연간) 만기수익률 y를 구합니다. 이것이 채권 yield입니다.

그런데 이 간편한 방식은 채권 시장에서 관행적으로 쓰이기는 하지만 복리의 성질을 무시했다는 점에서는 정확한 방법이라고는 하기 어렵습니다. 6개월 등 coupon 지급 단위기간의 yield가 주어졌을 때 이를 이용하여 "실질적인", "실효적인" 만기수익률(effective yield)을 구하기 위하여는 새로운 방식을 적용해야 합니다. 이 실질 만기수익률을 영어로는

effective annual yield (EAY)

라 합니다. 단 채권이 아닌 다른 금융 자산의 경우 EAY를 "effective annual rate(EAR)"이라 합니다. yield는 통상 채권에 주로 사용되는 용어이고 rate는 보다 보편적으로 사용되는 용어이기 때문입니다.

> ➢ 식 7〉 단위기간 만기수익률과 실질 만기수익률
>
> $$\text{실질 만기수익률} = (1 + \text{단위기간 만기수익률})^{\text{연간 coupon 지급 횟수}} - 1,$$
> $$effective\ annual\ yield = (1 + periodic\ yield)^{\text{coupon payment frequency}} - 1.$$

이 식을 이용하여 연간이자지급 횟수가 2회인 경우의 실질 yield를 구하여 봅시다.

예제 6-13〉 EAY (연간 coupon 지급횟수 = 2회)

만기 1년, 액면가 100, coupon rate 10%, 이자지급횟수는 1년에 두 번이고 시장 가격이 100인 coupon bond의 EAY를 위 식에 따라 구하여 봅시다.

$$100 = \frac{5}{1+\frac{y}{2}} + \frac{105}{\left(1+\frac{y}{2}\right)^2}.$$

이 식을 풀면 $\frac{y}{2} = 0.05 = periodic\ yield$가 산출되어 관행적인 만기수익률(yield) $y = 10\%$로 결정됩니다. 반면 이 채권의 EAY를 구하면,

$$EAY = (1+0.05)^2 - 1 = 10.25\%$$

가 됩니다. 그러므로 EAY는 관행적으로 사용되는 만기수익률(yield to maturity) $y =$ 10%와 약간의 차이가 있음을 알 수 있습니다. ■

참고로, 예금(deposit) 등의 경우에는 위 예제에서 $y = 10\%$의 값을 "annual percentage rate(APR)"이라고 합니다.* APR은 복리를 감안하지 않은, 단리 방식으로 계산된 수치입니다.

여기서 중요한 것은, 단위기간 수익률든 연 수익률이든 둘 중 하나의 값을 알게 되면 나머지 하나도 알 수 있다는 사실입니다. 복리를 감안한 방식이든 아니든 말입니다. 가령, 복리를 감안한 방식을 한번 살펴보겠습니다. 위 예제에서 periodic yield가 주어지니까 effective yield를 산출할 수 있는 것과 마찬가지로, effective yield가 주어지면 periodic yield를 산출할 수도 있습니다. 즉 1년에 coupon을 2회 지급하는 경우

$$effective\ yield = (1 + periodic\ yield)^2 - 1$$

이므로 이를 $periodic\ yield$에 대한 공식으로 변환하면

$$periodic\ yield = [1 + effective\ yield]^{\frac{1}{2}}$$

가 됩니다. 이런 논리에 의해, 연간 coupon 지급 횟수가 $n (= 1, 2, 3, \ldots)$번이라면, 즉 단위기간이 $\frac{1}{n}$년이라면

$$\begin{aligned} effective\ yield &= (1 + periodic\ yield)^n - 1, \\ periodic\ yield &= [1 + effective\ yield]^{\frac{1}{n}} \end{aligned}$$

이 성립합니다.

참고로, 복리를 감안하지 않은 APR 방식을 살펴보겠습니다. 수익률 계산 단위가 6개월인 경우 단위기간 수익률 r이 주어지면 APR은

$$APR = r \times 2,$$

---

* "stated annual interest rate"이라고도 하는데 APR이 더 자주 사용되는 용어입니다.

$$r = \frac{APR}{2}$$

이 성립합니다. 나아가, 1년에 이 단위기간이 $n(= 1, 2, 3, \ldots)$개 있다면, 즉 단위기간이 $\frac{1}{n}$년이라면

$$APR = r \times n,$$

$$r = \frac{APR}{n}$$

이 성립합니다.

이제 마지막으로, 각 채권의 yield 수치로부터 EAY를 산출하여 서로 비교하는 예제를 풀어 보겠습니다.

예제 6-14〉 각 채권의 EAY 비교

세 이표채 A, B, D의 yield들이 각각 $y_A = 10\%$, $y_B = 9.9\%$, $y_D = 9.8\%$라 하겠습니다. 단 이 채권들의 coupon은 각각 1년에 한 번, 두 번, 그리고 네 번 지급된다고 합시다. 이들 중 EAY이 가장 높은 채권은 무엇인지 파악해 보겠습니다.

$$EAY_A = (1 + \mathrm{y_A})^1 - 1 = y_A = 10\%,$$

$$EAY_B = \left(1 + \frac{y_B}{2}\right)^2 - 1 = \left(1 + \frac{0.099}{2}\right)^2 - 1 = 10.15\%,$$

$$EAY_D = \left(1 + \frac{y_D}{4}\right)^4 - 1 = \left(1 + \frac{0.098}{4}\right)^4 - 1 = 10.17\% .$$

위에서 파악한 바와 같이, yield만 따지면 A의 yield가 가장 높지만, EAY로 비교하면 이표채 D의 그것이 가장 높습니다. ■

2. Current Yield

"current yield"는 채권의 1년치 coupon 액수를 현재의 채권 가격으로 나눈 값을 의미합니다. 이는 채권의 coupon만을 수익으로 간주한 개념, 용어라 할 수 있습니다. 이런 의미에서 current yield는 "coupon yield"라고도 합니다.* 가령 만기 3년, 액면가 100, coupon ratc 5%인 채권 A를 투자자 B가 그 발행 가격 92로 매수했다고 합시나. 가령 $r(1) = 0.06,\ r(2) = 0.07,\ r(3) = 0.0819$로 주어졌다면 이 채권 가격은 92가 됩니다.

$$92 = \frac{5}{1 + 0.06} + \frac{5}{(1 + 0.07)^2} + \frac{105}{(1 + 0.0819)^3}.$$

채권 A가 coupon을 1년에 2회로 분할 지급하든 1회로 지급하든 1년치 coupon 액수는 $100 \times 0.05 = 5$이므로, 채권 A의 current yield는

$$\frac{5}{92} = 5.43\%$$

입니다.

그런데 채권 투자의 수익은 단순히 coupon 수익만이 아니라 자본이득(capital gain)에서도 발생합니다. 즉 채권 A의 경우, 매년 받는 coupon 5 이외에도, 만기에는 오늘 가격 92보다 더 큰 100의 액면가를 받게 됩니다. 오늘 92의 가격으로 이 채권을 매수한 B는 만기에는 100을 받으므로 (매년 받는 coupon 외에) 8의 자본이득이 발생합니다. 이 자본이득은 current yield에는 포함되지 않습니다. 그러면 이 자본이득은 어떤 수익률 개념에 포함될까요?

네, 여러분이 익히 잘 알고 있는 만기수익률(yield)에는 자본이득이 포함됩니다. 만기수익률의 정의가 무엇이었던가요? 이표채의 만기수익률은 5장 1절 내용 중 (만기수익률의) "경제적 의미"에서 다음과 같이 정의되었습니다.

---

* 이외에도 "running yield"를 비롯한 다른 이름으로 불리기도 합니다.

소환〉 이표채의 만기수익률

이표채(coupon bond)를 매수하여 만기까지 보유할 때 예상 혹은 기대되는 연 평균 수익률 ■

만기수익률은 만기까지 보유할 때의 연 평균 수익률이므로, B가 위 채권을 만기까지 보유하여 액면가 100을 받아 자본이득 8을 얻으면 이 이익도 당연히 만기수익률 값의 일부가 됩니다. 실제로 채권 A의 만기수익률(y_A)을 계산해 보면 $y_A = 8.11\%$가 산출됩니다. 즉

$$92 = \frac{5}{1+0.0811} + \frac{5}{(1+0.0811)^2} + \frac{105}{(1+0.0811)^3}$$

이 성립합니다. $y_A = 8.11\%$는 (PV 개념을 무시하면) 대략 매년 coupon으로 인한 current yield 5.43%에다 자본이득 8을 3년으로 나눈 값을 더한 결과와 유사합니다. 물론 수익률 차원으로 변환해야 하므로 이 값을 주가 92로 나누어야 합니다. 이 결과는 다음과 같습니다.

$$current\ yield\ +\ annual\ capital\ gain$$

$$= 5.43\% + \frac{\frac{8}{3}}{92} = 5.43\% + 2.90\% = 8.33\%.$$

이 8.33%와 정확한 만기수익률 8.11%의 차이가 발생한 가장 큰 이유는, 자본이득 8은 오늘 시점에서 바로 실현되는 것이 아니라 3년 후에 실현되는 미래 가치이이기 때문입니다. 그런데 위 식에서는 이 8의 자본이득이 오늘 실현되는 것처럼 취급되었기에 결과적으로 실제 yield 8.11%보다 더 큰 8.33%가 도출된 것입니다.*

만일 coupon rate이 10%인 이표채 D가 있다면 이 채권의 가격은 105.03이 되어 premium bond가 됩니다.

* 이 방법도 100% 완벽한 설명은 아닙니다만 본서에서는 이 정도로만 설명합니다.

$$105.03 = \frac{10}{1+0.06} + \frac{10}{(1+0.07)^2} + \frac{110}{(1+0.0819)^3}.$$

그리고 D의 만기수익률(y_D)은 8.05%가 됩니다.*

$$105.03 = \frac{10}{1+0.0805} + \frac{10}{(1+0.0805)^2} + \frac{110}{(1+0.0805)^3}.$$

이제 D의 current yield를 구하면 다음과 같습니다.

$$current\ yield = \frac{10}{105.03} = 9.52\%.$$

또 채권 D의 경우, 매년 받는 coupon 10 이외에, 만기에는 오늘 가격 105.03보다 더 작은 100의 액면가를 받게 됩니다. 오늘 105.03의 가격으로 이 채권을 매수한 투자자는 만기에는 100을 받으므로 5.03의 자본손실(capital loss)이 발생합니다. D의 yield y_D = 8.05%는 매년 coupon으로 인한 current yield 9.52%에다 자본이득 "-5.03"을 3년으로 나눈 값을 (수익률로 변환하여) 더한 결과와 유사합니다. 이 결과는

$$\begin{aligned} & current\ yield + annual\ capital\ gain \\ & = 9.52\% + \frac{\frac{-5.03}{3}}{105.03} = 9.52\% - 1.60\% = 7.92\% \end{aligned}$$

가 되어, 정확한 만기수익률 8.05%와 비교적 유사합니다.

이제 마지막으로, current yield의 수치와 다른 수익률 개념으로 산출된 수치들을 비교해 보겠습니다. 채권의 가장 대표적인 수익률은 물론 만기수익률(yield)입니다. 그리고 current yield와 밀접히 관련된 또 다른 수익률은 coupon rate입니다. 위에서 current yield와 만기수익률의 관계를 설명했으니 이제 current yield와 coupon rate의 관계를

---

* 채권 A나 채권 D나 모두 대부분 현금흐름이 만기인 3년 뒤에 몰려 있어, $r(3) = 0.0819$와 유사한 값으로 산출되는 것입니다. 그리고 (A에 비해) D가 high-coupon bond이기에 초기에 더 큰 금액의 coupon을 지급하기에, $r(3)$보다 낮은 현물 이자율 $r(1)$, $r(2)$의 영향을 (A보다) 더 많이 받아, D의 yield 8.05%가 A의 yield 8.11%보다 더 낮은 것입니다.

설명해 보겠습니다.

질문 6-8〉 current yield와 coupon rate의 관계를 설명해 주세요.

두 수익률에서 분자는 모두 1년치 coupon 액수이고 분모만이 다릅니다. current yield의 분모는 채권 가격이고 coupon rate의 분모는 액면가(par)입니다. 채권 A의 경우 coupon rate이 5%로 주어졌는데, 이를 다시 식으로 표시하면 1년치 coupon 액수 5를 채권 A의 액면가 100으로 나눈 수치입니다. 즉 다음과 같이 분모만이 다릅니다.

$$current\ yield\ =\ \frac{annaul\ coupon}{price}\ vs.\ coupon\ rate\ =\ \frac{annaul\ coupon}{par}.$$

그러므로 채권의 price와 par를 비교하면 current yield와 coupon rate 중 어느 수익률이 더 높을지 알 수 있습니다. 가령 par bond의 경우 price = par이므로 두 수익률 수치가 같습니다. 반면 discount bond는 price〈par 이므로, current yield가 coupon rate보다 크고, premium bond는 price〉par 이므로, current yield가 coupon rate보다 작습니다.*

$$\begin{Bmatrix} discount\ bond & \rightarrow current\ yield > coupon\ rate \\ par\ bond & \rightarrow current\ yield = coupon\ rate \\ premium\ bond & \rightarrow current\ yield < coupon\ rate \end{Bmatrix}.$$

■

그렇다면 만기수익률과 이 두 수익률의 상대적 크기는 어떻게 되겠습니까? 이것도 제대로 다루어 보겠습니다. 이 질문 답변은 좀 깁니다.

질문 6-9〉 yield, current yield, coupon rate의 크기 비교를 설명해 주세요.

우리가 이미 알고 있는 만기수익률(yield)과 coupon rate과의 관계를 살펴보겠습니다. premium bond의 가격이 그 액면가보다 큰 이유는, 이 채권의 coupon rate이 투자자들의 요구수익률보다 크기 때문입니다. 투자자들의 요구수익률의 또 다른 이름이 채권의

---

* price와 par가 분모이기 때문입니다.

만기수익률이므로 이 채권은 $coupon\ rate > yield$의 관계를 가집니다. 그런데 위에서 파악한 바와 같이 이 채권은 $coupon\ rate > current\ yield$의 관계도 가집니다. 결국 premium bond의 세 수익률 중 가장 큰 값은 coupon rate입니다.

그럼 이 채권의 yield와 current yield 중 어느 것이 더 클까요? 두 수익률의 분모와 분자를 각각 비교하면 됩니다. yield의 분모는 당연히 price입니다. 주어진 가격에 대해 투자자들이 요구하는 수익률을 의미하기 때문입니다. 또 current yield의 분모도 price입니다. 그러므로 두 수익률의 분자만을 비교하면 어느 수익률이 더 큰지 알 수 있습니다. yield의 분자는 주어진 가격에 대한 연 평균 요구 수익(required income)이고 current yield의 분자는 연 (평균) coupon입니다.

$$current\ yield = \frac{annual\ coupon}{price}\ vs.\ yield = \frac{annual\ required\ income}{price}.$$

그런데 premium bond의 정의에 의해, 이 채권의 coupon 액수는 투자자들의 요구 수익보다 많습니다. coupon 액수가 요구 수익보다 많기에 채권 가격이 그 액면가보다 높은 premium bond가 되기 때문입니다. 그러므로 이 채권에는 $current\ yield > yield$ 관계가 성립합니다. 이상을 종합하면 premium bond의 경우 다음이 성립합니다.

$$coupon\ rate > current\ yield > yield.$$

이 채권의 $current\ yield > yield$ 관계를 설명할 수 있는 또 다른 사실은, 만기수익률(yield)은 coupon 수익뿐 아니라 자본이득(capital gain)을 합친 개념이라는 것입니다.* Premium bond의 경우, 발행 가격이 par보다 높고 만기 직전까지 price > par이기에, 시간이 지남에 따라 채권 가격이 점차 하락하여 par에 일치하게 됩니다. 그러므로 premium bond의 자본이득은 음수가 됩니다. 즉

$$yield = current\ yield + annual\ capital\ gain(PV) < current\ yield.$$

---

* 물론 자본이득의 PV가 yield에 반영됩니다. 아까 본문 예에서는 PV는 무시하고 대략적으로만 (근사치로만) 접근했었습니다.

가령 위에서 사례를 든 par 100, coupon rate 10%, 가격 105.03인(premium bond인) 채권 D의 만기수익률은 $yield(D) = 8.05\%$인 반면 $current\ yield$는 $\frac{10}{105.03} = 9.52\%$이므로 연 평균 자본이득(PV)은 다음과 같이 음수가 됩니다.

$$yield(D)\ -\ current\ yield\ =\ 8.05\%\ -\ 9.52\%\ =\ -1.47\%.$$

반면 discount bond는 모든 것이 premium bond와 반대이므로 다음이 성립합니다.

$$coupon\ rate < current\ yield < yield.$$

위 부등식도 위와 유사하게 설명해 보겠습니다. discount bond 가격이 그 액면가보다 작은 이유는, 이 채권의 coupon rate이 투자자들의 요구수익률보다 작기 때문입니다. 투자자들의 요구수익률의 또 다른 이름이 채권의 만기수익률이므로 이 채권은 $coupon\ rate < yield$의 관계를 가집니다. 그런데 이 채권은 $coupon\ rate < current\ yield$의 관계도 가집니다. 그럼 이 채권의 yield와 current yield 중 어느 것이 더 클까요? 두 수익률의 분모와 분자를 각각 비교하면 됩니다. yield의 분모와 current yield의 분모는 모두 가격입니다. 그러므로 두 수익률의 분자만을 비교하면 어느 수익률이 더 큰지 알 수 있습니다. yield의 분자는 주어진 가격에 대한 연 평균 요구 수익(required income)이고 current yield의 분자는 연 (평균) coupon입니다.

$$current\ yield\ =\ \frac{annaul\ coupon}{price}\ vs.\ yield\ =\ \frac{annaul\ required\ income}{price}.$$

그런데 discount bond의 정의에 의해, 이 채권의 coupon 액수는 투자자들의 요구 수익보다 적습니다. coupon 액수가 요구 수익보다 적기에 채권 가격이 그 액면가보다 낮은 discount bond가 되기 때문입니다. 그러므로 이 채권에는 $current\ yield < yield$ 관계가 성립합니다. 이상을 종합하면 discount bond의 경우 다음이 성립합니다.

$$coupon\ rate < current\ yield < yield.$$

이 채권의 $current\ yield < yield$ 관계를 설명할 수 있는 또 다른 사실은, 만기수익률(yield)은 coupon 수익뿐 아니라 자본이득(capital gain)을 합친 개념이라는 것입니다. discount bond의 경우, 발행 가격이 par보다 낮고 만기 직전까지 price〈par이기에, 시

간이 지남에 따라 채권 가격이 점차 상승하여 par에 일치하게 됩니다. 그러므로 discount bond의 자본이득은 양수가 됩니다. 즉

$$yield = \ current\ yield\ +\ annual\ capital\ gain(PV) > \ current\ yield.$$

가령 위에서 사례를 든 par 100, coupon rate 5%, 가격 92인 (discount bond인) 채권 A 만기수익률은 $yield(A) = 8.11\%$인 반면 $current\ yield$는 $\frac{5}{92} = 5.43\%$이므로 연 평균 자본이득(PV)은 다음과 같이 양수가 됩니다.

$$yield(A)\ -\ current\ yield\ =\ 8.11\%\ -\ 5.43\%\ =\ 2.68\%.$$

한편 par bond의 경우 yield = current yield = coupon rate 이 성립합니다. 이 부분에 대한 설명은 생략합니다. 결과적으로 세 유형의 채권에 있어 세 가지 수익률의 상대적 크기는 아래과 같습니다.

정리 10〉 세 유형의 채권의 다양한 수익률 비교

$$\begin{Bmatrix} discount\ bond & \rightarrow & yield & > & current\ yield & > & coupon\ rate \\ par\ bond & \rightarrow & yield & = & current\ yield & = & coupon\ rate \\ premium\ bond & \rightarrow & yield & < & current\ yield & < & coupon\ rate \end{Bmatrix}.$$

3. BEY와 Coupon Equivalent Yield

"coupon equivalent yield" 개념이 더 직관적이므로 이것부터 설명하겠습니다. 먼저 이름을 다시 봅시다. coupon-equivalent라는 표현은 일단 "coupon이 없는 증권"에 적용되는 표현입니다. 가령 zero coupon bond(zcb)가 그런 증권입니다. 이런 증권에 대해, coupon bond의 "coupon yield"에 상응할 수익률을 계산한다는 의미가 됩니다. coupon equivalent yield의 영어 단어로서의 의미가 그렇다는 말입니다. 그렇다면 이표채의 coupon yield라는 표현이 있어야 하겠죠. 네 그런 용어가 있습니다. 그리고 이 용어는 다음과 같이 정의되어, coupon rate과 같은 의미가 됩니다.

$$coupon\ yield\ =\ \frac{annaul\ coupon}{par}\ =\ coupon\ rate.$$

coupon yield = coupon rate 이므로 여기서 coupon yield를 별도 주제로 설명하는 것을 생략합니다. 동일한 의미에 대해 서로 다른 두 용어가 존재하는 이유는, coupon rate은 채권 발행 시 정해진 고정적인 이자율을 강조하는 용어이고 coupon yield는 수익률이라는 의미를 강조하는 뉘앙스의 차이가 있다고 합니다. 하지만 이런 설명도 그다지 명료하지는 않습니다. 통상 yield(수익률)라는 이름을 사용하는 공식의 분모는 채권 가격(price)이 사용되는데 coupon yield에서는 price가 아닌 액면가(par)가 사용되고 있어, 이 용어 자체가 비일관적이라 할 수 있습니다. 왜냐하면 채권의 price는 시점에 따라, 시장 상황에 따라 달라지지만 par를 사용하면 아무리 시장 상황이 달라져 price가 많이 변해도 par 금액 자체는 달라지지 않기에, 투자자의 매수 가격(price)에 대한 수익률을 정확히 표시할 수 없기 때문입니다. 아무튼 coupon yield에 대한 설명은 여기까지 하기로 합니다.

그러면 zcb의 coupon equivalent yield(CEY) 공식은 어떤 식일까요? 그 식은 다음과 같습니다. (다른 대부분의 yield 용어들과 마찬가지로) 채권 가격이 분모에 사용됩니다.

정의 1〉 무이표채의 coupon equivalent yield(CEY) 공식

$$CEY \ = \ \frac{Par - price}{price} \times \frac{365}{time\ to\ maturity\ (in\ days)}.$$

가령 만기가 182일인 어느 zcb의 액면가가 100이고 현재 가격이 95라면 이 zcb의 CEY는 다음과 같이 산출됩니다.

$$CEY \ = \ \frac{100-95}{95} \times \frac{365}{182} \ = 0.0526 \times 2.0055 \ = 0.105 = 10.5\%.$$

만기가 대략 6개월 남은 이 zcb의 가격이 95인데 6개월 후 이 zcb 보유자는 100의 액면가를 받게 되어 이 기간의 수익률은 $\frac{100-95}{95} = 5.26\%$가 됩니다. 그런데 통상 수익률은 연 수익률을 의미하므로, 이 수치를 연 수익률에 상응하는 값으로 변환할 필요가 있습니다. 이 수익률은 단지 182일 동안 얻을 수익률이므로, 이 값을 연 수익률로 변환하기 위해 $\frac{365}{182}$를 곱해 줘야 합니다. 그러면 5.26%의 약 2배인 10.5%가 산출됩니다.

그런데 대부분 국가에서 zcb는 만기 1년 미만의 fixed income securities(고정수익증권,

FIS)에 해당합니다. 물론 이론적으로는 만기 5년, 10년의 무이표채도 존재할 수 있지만, 현실적으로는 장기 채권에 대해서는 (통상 투자자들의 요구에 따라) 만기 이전까지 매년 일정한 coupon을 지급합니다. 그렇기에 zcb는 만기 1년 미만의 FIS가 많습니다. 가령 미국의 경우 (정부가 발행한) 만기 1년 이하의 FIS는 bills, 만기 1년 초과 10년 이하는 notes, 그리고 만기 10년 초과의 FIS에는 bonds라는 용어를 사용합니다. 그러므로 위의 예에서 만기가 182일 남은 증권은 bond라고 부르지 않는 경우도 있습니다. 이런 (bond 아닌) 증권의 수익률을 bond의 수익률에 상응하는 수치로 바꾼다는 의미에서 위 CEY를 "bond equivalent yield(BEY)"라고도 부릅니다. 사실은 BEY 용어가 CEY보다 더 자주 사용됩니다. 그리고 채권 교재에 따라서는 BEY는 CEY보다 더 확장된 개념으로 정의되기도 합니다.

정의 2〉 무이표채의 bond equivalent yield(BEY) 공식

$$BEY = \frac{Par - price}{price} \times \frac{365}{time\ to\ maturity\ (in\ days)} = CEY.$$

제 4 절 수익률과 스프레드(spread)

우리는 5장과 6장(본장)에 걸쳐 채권의 수익률에 대해 상세히 공부하고 있습니다. 그런데 채권 수익률을 공부할 때의 우리의 기본 가정이 무엇이었나요? 네, 다름 아닌

"신용 위험"이 없는 국채(government bonds without credit risk)

를 대상으로 한다는 것이었습니다. 본절에서는 이 가정을 잠시 완화해서, 국채가 아닌 채권들의 수익률에 대해 논의해 보겠습니다. 국채가 아닌 채권들의 대표는 기업이 발행한 채권, 즉 회사채(corporate bonds)인데, 이 채권들은 모두 신용 위험이 내재되어 있습니다. 신용 위험은 채무불이행 위험(default risk)과 신용 스프레드 위험을 모두 합쳐서 이르는 말입니다. 여기서 채무불이행 위험은 특정 채권의 발행기업이 그 채권에서 약속

한 현금흐름을 정확한 시점에 정확한 금액으로 지불하지 못할 위험을 말합니다. 반면 신용 스프레드 위험은 회사채 등에 투자할 때 투자자들이 요구하는, 국채 수익률에 더해지는 스프레드(spread)가 더 커질 위험을 말합니다. 본절에서는 이 스프레드에 대해서 공부해 보겠습니다. 구체적으로 여러 스프레드 용어의 개념을 파악하고 또 실제 계산도 해 보겠습니다.

1. 수익률과 위험

신용 위험이 있는 회사채에 투자할 때 투자자들은 국채 투자 시 요구하는 수익률보다 더 높은 수익률을 요구합니다. 회사채에는 (국채에는 없는) 신용 위험이 내재하기 때문입니다. 즉 회사채 투자는 국채 투자보다 더 위험하기 때문에

high risk, high return

원칙에 의해, 투자자들은 더 높은 수익률을 요구합니다. 만일 신용 위험과는 또 다른 위험이 회사채에 내재하고 있다면, 그 위험에 대해서도 별도의 수익률을 요구할 것입니다. 가령 회사채의 위험이 (국채 투자의 위험 대부분이라 할 수 있는) 이자율 위험(A)에다 추가적으로 신용 위험(B)과 유동성 위험(C)이 존재한다면, 회사채에 대해 투자자들이 요구하는 수익률은

국채에 요구하는 수익률 + B로 인한 (위험)프리미엄 + C로 인한 프리미엄

으로 구성될 것입니다. 그렇다면 C 말고도 또 다른 위험이 회사채에 있을까요? 네, 회사채 중 수의상환채권(callable bond)이 있습니다. 이런 종류의 채권에는 위 위험들에 더해 또 다른 위험이 내재하고 있습니다. 그 또 다른 위험이 무엇인지는 아래에서 곧 설명될 것입니다.

자, 이쯤에서 여러분들은 궁금증이 들 수 있습니다. 왜 저자가 갑자기 수의상환채권을 거론하는지 말입니다. 네, 그 답은

회사채에 포함된 여러 위험을 함께 논의하기 위해서

입니다. 여러 위험을 통합적으로, 한꺼번에 논의하는 것이 본 주제를 공부하는 데에 효

율적이기 때문입니다. 그럼 수의상환채권에 내재하는 또 다른 위험은 무엇일까요? 이를 파악하기 위해서라도, 수의상환채권이 어떤 채권인지 이미 우리가 배운 사항을 여기 소환해 보겠습니다. 2장 4절의 “채권에 내재한 옵션”이란 주제로 배웠던 내용입니다.* 여기서는 상환요구채권(puttable bond) 등 모든 옵션내재채권들을 대표하여 수의상환채권을 분석합니다.

소환〉 수의상환채권

이 채권은 발행자가 원할 경우 만기일 이전이라도 채권을 상환할 권리가 부여되어 있는 채권입니다. 이러한 권리를 행사할 수 있는 조건 즉 (수의)상환 기간과 (수의)상환액(call price) 등은 채권 발행 시점에 이미 확정되므로, 시장에서의 채권 가격은 이러한 조건이 적절하게 감안되어 결정됩니다. 상환액은 상환 기간 전체에 걸쳐 단일한 금액으로 결정될 수도 있고 상환 시기에 따라 다양한 상환액이 주어지는 상환스케줄(call schedule)을 가질 수도 있습니다.

수의상환채권의 간단한 예를 들어 보겠습니다. 삼성전자가 만기 5년, par 100억원, coupon rate 8%의 채권을 100억원의 가격으로 성공적으로 발행하였습니다. 즉 par bond로 발행한 것입니다. 그런데 발행 후 1년이 지난 시점부터는 언제라도 삼성전자가 원하면 103억원을 채권 보유자(들)에게 지급하여 이 채권을 완전히 상환할 수 있는 조건이 부여되어 있습니다. 이때 이 채권을 수의상환채권(callable bond)이라 합니다. 또 이 103억원을 영어로는 “call price”, 우리말로는 상환가 혹은 상환액이라 합니다.

그렇다면 과연 미래 어떤 상황이 도래할 때 삼성전자가 이 채권을 만기 이전에 상환하려고 할까요? 그런 상황을 하나 예를 들어 보겠습니다. 삼성전자가 발행한 이 채권에 대하여 시장의 채권 투자자들이 요구하는 연수익률이 채권 발행시에는 8%였지만 1년이 지난 후에는 6%로 하락하였다고 합시다. 투자자들이 이 채권에 요구하는 수익률이 6%로 하락한 상황이 되면, 8%의 coupon을 지급하는 이 채권은 과다한 coupon을 지급하는 셈이 되어 채권 투자자들에게는 희소식이 됩니다. 그러므로 이 채권의 수요는 증대하고 채권 가격은 상승하여 발행 당시 가격인 100억원을 초과할 수 있습니다(premium bond). 이와 관련된, 2장에서 제시된 정리를 리뷰해 보겠습니다. 아래 정리에

---

* 여기 소환하는 이유는 독자들이 다시 2장 4절을 찾아 읽는 번거로움을 피하기 때문입니다.

서 market interest rate은 바로 이 채권에 대한 투자자들의 요구수익률을 의미합니다. 편의상 일반 채권에 대한 내용을 활용합니다.

소환〉 coupon rate, market interest rate, bond price의 관계

1. coupon rate〉 market interest rate이면 채권 가격은 par보다 높다.
2. coupon rate〈 market interest rate이면 채권 가격은 par보다 낮다.
3. coupon rate = market interest rate이면 채권 가격은 par와 같다.

이처럼 채권 가격이 100억원 이상으로 상승한다는 사실은 이 채권의 발행 당시 정해진 coupon(rate)이 현재 상황에서는 적정 수준 이상으로 높다는 의미이므로, 과도한 coupon을 지급하는 삼성전자에게는 불리한 상황이 됩니다. 가령, 애초 100억원에, 즉 par와 같은 가격으로 발행된 이 채권이 1년 후에는 시장에서 110억원으로 평가되는 상황을 들 수 있습니다. 이 채권 가격이 110억원이라 함은, 이 시점에서 삼성전자가 부담하는 부채 평가액이 (애초 100억원에서) 110억원으로 상승했다는 뜻입니다. 이 채권의 coupon rate = 8%로 불변이지만, 시장에서 이 채권에 대한 요구수익률이 낮아졌기에 8%인 coupon rate가 삼성전자에 (애초보다) 더 부담이 되는 상황이 되었기 때문입니다. 쉽게 말하면, 100억짜리 부채가 110억원짜리 부채로 변하게 된 것입니다. 채권의 현금흐름 자체는 변하지 않았지만, 이 채권의 현재가치를 결정할 또 다른 변수인 할인율 즉 투자자들의 이 채권에 대한 요구수익률이 변해서 이 채권의 부채로서의 가치가 상승한 것입니다.*

그런데 이 채권이 수의상환채권으로 발행된 경우 발행자는 call price인 103억원을 지불하며 채권을 상환할 수 있는 권리를 보유하므로, 삼성전자는 이 권리를 행사하여 과다한 8% coupon 지급을 피할 수 있습니다. 그러면 삼성전자는 어떻게, 어떤 자금으로 이 채권을 상환할까요? 가장 간단한 방법은 새 채권을 발행하는 것입니다. 원 채권의

---

* 실세계에서도 어떠 사람 A나 어떤 사물 B가 (외형적으로는) 변하지 않았는데 그 사람이나 사물을 보는 사람 C의 시각이나 태도가 변하면 A, B가 다르게 보일 수 있습니다. 본문 예에서는, 수의상환채권 자체는 변하지 않았지만 이 채권에 대한 투자자들의 시각(=요구수익률)이 변했기에 그 채권의 현재가치가 달라진 경우입니다.

상환 일정을 감안하면 이젠 4년 만기 채권을 새로 발행하면 될 것입니다.* 이때는 시장의 요구수익률이 6%이므로 coupon rate 6.4%인 채권을 발행해도 103억원의 가격으로 팔릴 수 있습니다. 그 결과 삼성전자는 기존의 자금조달비용 연 8%를 이제는 연 6.4%로 줄일 수 있습니다. 이는 곧 110억원의 부담이 되는 부채를 103억원의 부담으로 바꿀 수 있음을 뜻합니다. 즉 상환권 행사로 인해 7억원의 이익이 발생하는 것입니다. 이처럼 발행자에게 특정 선택권, 즉 상환권이 부여되어 있으면 이를 향후 자신에게 매우 유리하게 활용할 수 있습니다.

이 상환권은 채권 발행자에게 부여된 것으로 채권 보유자에게는 불리한 조항입니다. 즉 채권 발행자의 권리인 상환권은 이 채권 보유자에게는 상환 위험으로 작용합니다. 참고로 이 상환 위험을 영어로는 "call risk"라고 합니다. 그러므로 수의상환채권의 시장가격은 채권 보유자의 call risk가 감안되어 일반 채권의 가격에서 상환권을 뺀 가격으로 거래됩니다.† 이 상환권 가치를 평가하기 위해서는 옵션 가치평가 방법론이 활용됩니다. 상환권은 미래 시점에 항상 행사되는 권리가 아니라 상황에 따라 행사되는 선택적 권리 즉 옵션(option)이기 때문입니다. 이것이 바로 채권 가치평가와 옵션 가치평가가 종종 상호 관련이 있는 한 이유입니다.‡ ■

회사채의 (요구)수익률을 논의하면서, 이왕이면 상환 위험이 있는 수의상환채권을 대상으로 하는 이유가 위에서 설명됐습니다. 통상적으로 수의상환채권 등 옵션이 내재된 채권을 발행하는 주체는 일반 사기업들입니다. 그러므로 이들이 발행한 수의상환채권은 정부가 발행한 일반 채권에 비하여 다양한 추가적인 위험이 내재되어 있습니다. 이러한 위험에는 ① 신용 위험, ② 유동성 위험, 그리고 ③ 옵션 위험이 포함됩니다. 여기서 옵션 위험이란, 채권 발행자의 (수의)상환권으로 인하여 채권 투자자가 부담하는 상환위험을 의미합니다. 정부가 발행한 일반 채권은, 발행 주체가 정부이므로 신용 위험

---

* 물론 4년 아닌 만기의 채권을 새로 발행해도 됩니다..

† "일반 채권"을 "straight bond", "plain vanilla bond"라 합니다. 물론 여기서 일반 채권이란 수의상환채권과 다른 모든 조건은 동일하고 단지 상환권만이 없는 채권을 말합니다.

‡ 상환원의 가치를 평가하려면 먼저 미래 채권 가치가 어떠한 확률분포를 가질 것인가를 추정하여야 합니다. 채권의 가치는 (시장) 이자율의 함수이므로, 상환권의 현재가치는 미래 이자율의 확률분포와 밀접한 관련이 있습니다. 이는 본서의 수준을 넘는 관계로 자세한 내용은 생략합니다만, 결론만 말하면, "이자율 모형"을 이용하여 미래 이자율의 확률분포를 추정하여 상환권의 적정 가치를 산출할 수 있습니다.

이 없고, 또 수의상환권 등의 옵션이 내재되어 있지 않으므로 옵션 위험도 없습니다. 한편 정부가 발행한 채권에도 유동성 위험은 있을 수 있지만, 일반 사기업이 발행한 채권의 유동성 위험이 더 크다고 할 수 있습니다.* 그러므로 만기, 액면가, 액면이자율 등의 다른 조건이 동일할 때 옵션이 내재된 회사채의 가격이 정부가 발행한 일반 국채의 가격보다 낮은 이유는, 후자에 내포된 추가적인 세 가지 위험 때문임을 알 수 있습니다. 단 유동성 위험까지 포함하면 불필요하게 논의가 복잡해지므로, 여기서는 유동성 위험은 제외하고 논의하도록 하겠습니다.† 즉 기업이 발행한 수의상환채권은 국채에는 없는 신용 위험과 상환 위험이 추가적으로 내재되어 있다고 보고 논의를 전개하겠습니다.

이러한 위험으로 인하여 회사채와 국채의 가격이 상이할 때, 시장에서는 가격의 차이보다 할인율의 차이(spread)로 표시하는 것을 보다 선호합니다. 왜냐하면 채권의 가격은 액면가라는 절대 크기에 영향을 받으므로, 보다 중요한 "상대적인 가격 차이"를 나타낼 수 없기 때문입니다. 반면 할인율의 차이는 이러한 "size effect"를 제거하여 두 채권의 상대적 가격 차이를 간접적으로 나타냅니다. 문제는 여러 다양한 할인율 중에서 어떤 할인율을 사용할 것인가에 있습니다. 우리가 잘 알고 있는 할인율만 나열해도 만기수익률, 현물 이자율, 선도 이자율 등이 있습니다. 본 절에서는, 이러한 할인율을 사용하여 채권들의 가격 차이를 표시하는 관행을 고찰하고 그 함의를 논의하기로 합니다. 특히 일반 채권과 옵션내재채권과의 할인율 크기의 차이를 합리적으로 측정하는 OAS(option-adjusted spread, 옵션조정 스프레드)에 대하여 자세히 살펴 봅니다. OAS는 수의상환채권뿐만 아니라 추후 논의할 MBS(주택저당증권) 등의 가치 평가에 매우 중요한 개념이므로, 본 절에서는 이 개념을 중심으로 논의하기로 합니다.

---

* 국채의 유동성 위험이 있다면 이는 국채의 할인율, 즉 현물 이자율에 이미 반영되어 있을 것이므로, 수의상환채권의 위험 프리미엄에는 추가적인 유동성 위험만이 고려된 것입니다.

† 설혹 유동성 위험을 포함한다 해도, 본 주제의 방법론은 달라지지 않습니다.

2. 명목 스프레드

명목 스프레드(nominal spread, ns)란, 수의상환채권과 같은 옵션내재채권의 만기수익률과 (다른 모든 조건이 동일한) 일반 국채의 만기수익률의 차이를 말합니다.* 옵션내재채권과 일반 국채의 가격 차이는 명목 스프레드의 크기로 측정될 수 있습니다. 가령 기준이 되는 일반 국채와의 명목 스프레드가 큰 채권일수록, 국채에 비하여 저렴하게 거래된다는 것을 알 수 있습니다. 여기서는 먼저 명목 스프레드를 정의하고 또 이에 관한 예제를 다룸으로써 이 개념을 자세히 파악해 보겠습니다.

정의 3〉 명목 스프레드

만기, 액면가, 액면이자율 등이 모두 동일한 일반 국채를 기준으로 할 때 특정한 옵션내재채권의 명목 스프레드 ns는 다음과 같이 정의된다.

$$P = \frac{CF_1}{1+y+ns} + \frac{CF_2}{(1+y+ns)^2} + \frac{CF_3}{(1+y+ns)^3} + \dots$$

여기서

P = 옵션내재채권의 가격

CF_t = 옵션내재채권의 시점 t의 현금흐름

y = 비교대상인 일반 국채의 만기수익률

ns = 옵션내재채권의 명목 스프레드

* 원칙적으로는, 옵션내재채권의 만기수익률을 구하는 것은 불가능합니다. 이러한 채권의 미래 현금 흐름이 불확실하기 때문입니다. 그러므로 이와 같은 채권의 경우에는 현금흐름수익률(cash flow yield)을 산출하여 만기수익률에 갈음합니다. 현금흐름수익률이란. 일정한 상환 시점을 예측하고 이에 근거하여 현금흐름을 확정한 후 이러한 현금흐름으로부터 구하여진 만기수익률을 의미합니다. 즉 옵션내재채권의 불확실한 미래 현금흐름을 인위적으로 확정하여 구한 만기수익률입니다. 특히 모기지담보부증권의 경우에는 이 방법이 자주 쓰입니다. 본문의 수의상환채권의 경우는 현금흐름수익률을 별도로 구하지 않고 일반 채권의 현금흐름과 같다고 가정하여 구한 것입니다.

이제 관련된 예제를 하나 풀어 보겠습니다.

예제 6-15〉 명목 스프레드의 산출

1년 현물 이자율과 2년 현물 이자율이 각각 1%, 50%로 주어졌다고 가정합시다. 이때 액면가 100, 액면이자율 10%, 만기 2년인 국채의 가격 P는 다음과 같습니다.

$$P = \frac{10}{1+0.01} + \frac{110}{(1+0.5)^2} = 58.79.$$

이 채권의 만기수익률 y를 시행착오법으로 구하면 $y = 0.4556$입니다.*

$$58.79 = \frac{10}{1+0.4556} + \frac{110}{(1+0.4556)^2}.$$

이때 동일한 만기, 액면가, 액면이자율을 가진 수의상환 회사채가 시장에서 55.171의 가격에 거래된다고 합시다. 이 수의상환채권의 만기수익률 y'를 시행착오법으로 구하면 $y' = 0.5056$이 산출됩니다.

$$55.171 = \frac{10}{1+0.5056} + \frac{110}{(1+0.5056)^2}.$$

이때 이 수의상환채권의 명목 스프레드 ns는, 이 채권의 만기수익률 y'와 위 국채의 만기수익률 y의 차이를 의미합니다. 그러므로 다음과 같이 ns = 0.05 = 500 bp가 산출됩니다.

$$\begin{aligned}55.171 &= \frac{10}{1+0.5056} + \frac{110}{(1+0.5056)^2}\\ &= \frac{10}{1+0.4556+0.05} + \frac{110}{(1+0.4556+0.05)^2}\\ &= \frac{10}{1+y+ns} + \frac{110}{(1+y+ns)^2}.\end{aligned}$$

■

* 2년 후의 현금흐름인 110이 압도적으로 커서 이 채권의 yield도 2년 만기 할인율 0.5에 매우 근사한 값으로 산출됩니다.

그러므로 우리는 이 수의상환채권이 비교대상인 국채보다 (만기수익률 차원에서) 약 500 bp만큼 저렴한 채권임을 알 수 있습니다. 수의상환채권이 국채보다 500 bp만큼 저렴한 까닭은 이 채권이 국채보다 더 위험하기 때문입니다. 수의상환채권이 국채에 비해 추가적으로 내포하는 위험은 (앞에서 설명한) 신용 위험과 옵션 위험(=상환 위험)입니다. 즉 명목 스프레드 ns = 500 bp에는 이 두 가지 위험으로 인한 위험 프리미엄이 모두 포함되어 있다고 할 수 있는데, 수의상환채권의 경우 특히 옵션 위험으로 인한 위험 프리미엄이 매우 클 수 있습니다. 그러므로 옵션 위험이 제거된, 신용 위험의 크기만을 파악하고자 한다면 명목 스프레드는 정확한 수치가 아닙니다.

명목 스프레드의 또 다른 취약점은, 이 개념이 만기수익률을 기준으로 한 수치라서 할인율로서의 만기수익률의 단점을 고스란히 가지고 있다는 사실입니다. 예를 들면, 만기수익률은 수평 수익률 곡선을 가정하고 또 액면이자의 재투자 수익률과 만기수익률 크기의 일치를 가정하여 산출된 비현실적인 수익률 추정치입니다. 그런데 명목 스프레드는 두 만기수익률의 크기를 비교하여 구한 위험 프리미엄이므로, 이 또한 다분히 비현실적인 수치인을 알 수 있습니다.

3. 무변동 스프레드

무변동 스프레드란 영어로는

zero-volatility spread, Z-spread, 혹은 static spread라고 하는데

옵션내재채권에 적용되는 할인율들의 yield curve A와 (다른 모든 조건이 동일한) 일반 국채의 현물 이자율 곡선인 yield curve의 차이를 말합니다. (통상의 yield curve는 후자를 뜻하기에, 옵션내재채권에 적용되는 yield curve를 A로 표기했습니다.) 주지하듯이, 무이표채인 국채의 만기와 만기수익률의 관계를 나타내는 곡선이 현물 이자율 곡선 즉 yield curve 혹은 spot rate curve입니다. 한편 옵션내재채권의 현물 이자율이란, 이 채권으로부터 지급되는 각 시점의 현금흐름에 대한 할인율을 의미하며, 그러므로 이 채권의 현물 이자율 곡선은 이러한 현물 이자율들을 각 시점(만기)에 대하여 표시한 그래프를 뜻합니다. 무변동 스프레드는

이 두 현물 이자율 곡선의 차이를 하나의 대표적인 값으로

나타낸 것입니다. 명목 스프레드와 마찬가지로, 먼저 무변동 스프레드를 정의하고 또 이에 관한 예제를 다룸으로써 이 개념을 자세히 파악해 보겠습니다.

정의 4〉 무변동 스프레드

만기, 액면가, 액면이자율 등이 모두 동일한 일반 국채를 기준 대상으로 할 때 특정 옵션내재채권의 무변동 스프레드 ss는 다음과 같이 정의된다.

$$P = \frac{CF_1}{1+r(1)+ss} + \frac{CF_2}{(1+r(2)+ss)^2} + \frac{CF_3}{(1+r(3)+ss)^3} + \cdots$$

여기서

P = 옵션내재채권의 가격

CF_t = 옵션내재채권의 시점 t의 현금흐름

$r(t)$ = (일반 국채의) 만기 t년 현물 이자율

ss = 옵션내재채권의 무변동 스프레드

이제 관련된 예제를 하나 풀어 보겠습니다.

예제 6-16〉 무변동 스프레드의 산출

모든 조건이 앞 예제에서와 동일하다고 가정합시다. 그러면 수의상환채권의 무변동 스프레드는 다음과 같이 ss = 0.0507 = 507 bp로 산출됩니다.

$$\begin{aligned} 55.171 &= \frac{10}{1+r(1)+ss} + \frac{110}{(1+r(2)+ss)^2} \\ &= \frac{10}{1+0.01+0.0507} + \frac{110}{(1+0.5+0.0507)^2} \end{aligned}$$

■

그러므로 이 수의상환채권의 명목 스프레드 500 bp와 무변동 스프레드 507 bp는 일치하지 않음을 알 수 있습니다. 왜냐하면, 이 수의상환채권의 명목 스프레드와 무변동 스프레드는 다음의 방정식을 충족시키는 ns와 ss인데, 이 방정식을 충족시키는 ns와 ss

는 일반적으로 같지 않기 때문입니다.

$$P = \frac{CF_1}{1+y+ns} + \frac{CF_2}{(1+y+ns)^2}$$
$$= \frac{CF_1}{1+r(1)+ss} + \frac{CF_2}{(1+r(2)+ns)^2}.$$

여기서 $P = 55.171$, $y = 0.4556$, $CF_1 = 10$, $CF_2 = 110$, $r(1) = 0.01$, $r(2) = 0.50$ 입니다. 이 경우뿐 아니라 여러 다양한 수의상환채권의 경우에도 위 식을 충족시키는 ns와 ss는 항상 일치하지는 않습니다.

무변동 스프레드는 만기수익률이 아니라 현물 이자율을 기준으로 산정된 수치이기 때문에, 명목 스프레드와는 달리 만기수익률의 단점을 가지고 있지는 않습니다. 하지만 무변동 스프레드도 수의상환채권에 내재하는 옵션 위험을 별도로 분리하지 못하여 여러 가지 위험에 대한 복합적인 위험 프리미엄이라는 속성을 여전히 가지고 있습니다. 다음에 소개하는 옵션조정 스프레드는 이러한 단점을 극복한 스프레드 개념입니다.

4. 옵션조정 스프레드

명목 스프레드와 무변동 스프레드는 수의상환채권의 미래 현금흐름을 확정된 것으로 가정하여 구하여진 수치들입니다. 위 사례의 경우 10과 110의 확정된 현금흐름을 가정하고 있습니다. 그러므로 이 수치들은, 미래의 이자율 수준에 의하여 현금흐름이 달라지는 옵션내재채권의 속성을 적절하게 반영하지 못합니다. 옵션조정 스프레드(option-adjusted spread, OAS)란, 미래의 이자율 수준에 의하여 달라지는 현금흐름을 반영하여 산출된 위험 프리미엄을 말합니다. OAS는 이처럼 현금흐름의 변동성을 반영하여 산출된 위험 프리미엄이기 때문에, 이 수치에는 더 이상 옵션 위험에 대한 프리미엄이 포함되어 있지 않습니다. 즉 수의상환채권의 경우 상환 위험(= call risk)에 대한 프리미엄이 포함되어 있지 않습니다.

수의상환채권 등 옵션내재채권들의 현금흐름은 대부분 미래의 이자율 수준 혹은 경로에 의하여 결정됩니다. 가령 어느 수의상환채권의 수의상환액이 100이라면, 채권의 가치가 100보다 클 때는 언제나 발행자에 의하여 상환되는데, 채권의 가치가 100보다 커지는 경우는 시장 이자율 수준이 (애초보다) 낮아지는 때입니다. 그러므로 이러한 채권의 진정한 할인율은 미래 현금흐름의 변동을 반영하여 결정되어야 합니다. 하나의 예로, 미래 가능한 yield curve 경우의 수가 10가지라면, 각 경로에 있어서 수의상환채권의 현금흐름 양상은 달라질 수 있습니다. 현금흐름이 달라지면 채권의 현재가치(=가격)도 달라지게 되므로, 이 채권의 현재의 시장 가격은 이 10가지 경로의 채권 가격들의 평균값이라고 할 수 있을 것입니다.

정의 5〉 옵션조정 스프레드

미래 가능한 yield curve 경우의 수가 N개라고 가정하자. 그리고 i −번째 경우의 yield curve 상의 (무위험) 현물 이자율들을 $r_{1,i}$, $r_{2,i}$, $r_{3,i}$, ...로, i −번째 경우의 옵션내재채권의 현금흐름을 $CF_{1,i}$, $CF_{2,i}$, $CF_{3,i}$, ...로 표기하자. 그리고 i −번째 경우의 이 채권의 가격을 P_i라고 하면 P_i는 다음과 같이 표시된다.

$$P_i = \frac{CF_{1,i}}{1 + r_{1,i} + \alpha} + \frac{CF_{2,i}}{(1 + r_{2,i} + \alpha)^2} + \frac{CF_{3,i}}{(1 + r_{3,i} + \alpha)^3} + \cdots$$

여기서 α는 이 채권의 현물 이자율에 포함된 위험 프리미엄이다. 미래 yield curve $\{r_{1,i}$, $r_{2,i}$, $r_{3,i}, \ldots\}$의 경우의 수가 N개이므로, 각 경우마다 채권가격 P_i가 하나씩 산출되어, 총체적으로 $\{P_1, P_2, \ldots, P_N\}$의 N개의 채권가격이 산출된다. 현재 채권의 시장 가격 P는, 이렇게 구해지는 N개의 (가능한) 채권 가격들이 모두 반영되어 산출된 수치라고 할 수 있다. 그러므로 P는 P_1, P_2, ... , P_N의 평균이 된다.

$$P = \frac{\sum_{i=1}^{N} P_i}{N}.$$

이때 이 채권의 위험 프리미엄 α를 이 채권의

"옵션조정 스프레드(OAS)"

라고 한다. 즉 P_i에 관한 위 식을 다시 표시하면 다음과 같다.

$$P_i = \frac{CF_{1,i}}{1 + r_{1,i} + OAS} + \frac{CF_{2,i}}{(1 + r_{2,i} + OAS)^2} + \frac{CF_{3,i}}{(1 + r_{3,i} + OAS)^3} + \cdots$$

이제 우리는 미래 yield curve의 변화, 즉 $\{r_{1,i},\ r_{2,i},\ r_{3,i}, \dots\}$ 집합의 변화에 따른 현금흐름의 변화가 N개의 $\{CF_{1,i},\ CF_{2,i},\ CF_{3,i}, \dots\}$ 집합에 모두 반영되었음을 알 수 있습니다. 즉 이러한 불확실한 현금흐름 위험이 N개의 P_i에 이미 충실히 반영되었기 때문에, 이렇게 산출된 OAS에는 불확실한 현금흐름에 대한 위험 프리미엄 혹은 위험 스프레드가 더 이상 포함되어 있지 않습니다. 이 불확실한 현금흐름은 다름아닌 "(상환)옵션 위험"입니다. 그러므로 OAS에는 이러한 옵션 위험이 포함되지 않고 단지 신용 위험만이 포함되었음을 알 수 있습니다. 옵션 위험이 제거된 OAS에 대하여 구체적인 예제로 살펴보겠습니다.

예제 6-17〉 OAS와 옵션 위험

시장의 현물 이자율이 r(1) = 0.05, r(2) = 0.06, r(3) = 0.07로 주어져 있다고 가정합시다. 이때 만기 3년, 액면가 100, 액면이자율 10%인 일반 국채의 시장 가격 P_g는

$$P_g = \frac{10}{1+0.05} + \frac{10}{(1+0.06)^2} + \frac{110}{(1+0.07)^3} = 108.217$$

입니다. 한편 삼성전자가 발행한 수의상환 회사채는 이 국채와 모든 조건이 동일하고 단지 향후 1년부터는 발행자가 100의 가격으로 언제든지 상환할 수 있다고 합시다. 그리고 이 회사채에 내재한 신용 위험, 옵션 위험 등의 추가적인 위험으로 인해 시장에서 (보다 낮은 가격인) P_c = 105에 거래된다고 합시다. 이때 이 수의상환채권의 무변동 스프레드 ss는 다음과 같이 구해집니다.

$$P_c = 105 = \frac{10}{1+r(1)+ss} + \frac{10}{(1+r(2)+ss)^2} + \frac{110}{(1+r(3)+ss)^3}$$
$$= \frac{10}{1+0.05+0.0118} + \frac{10}{(1+0.06+0.0118)^2} + \frac{110}{(1+0.07+0.0118)^3}.$$

이제 이 채권의 OAS를 구하여 봅시다. 먼저, 이 채권이 1년 후 상환될 확률, 2년 후 상환될 확률, 또 만기에 상환될 확률이 각각 $\frac{1}{3}$이라고 가정합니다. 그리고 $i-$년 뒤에 상환될 경우의 이 채권의 현재 가치를 $P_{c,i}$ 로 표기하면, 이 채권의 가격 105는

$P_{c,1}$, $P_{c,2}$, $P_{c,3}$의 평균이 됩니다. 참고로 상환액 100은 액면이자 10의 지급 후에 지불됩니다. 그러면 다음이 성립합니다.

$$P_{c,1} = \frac{10+100}{1+0.05+OAS}.$$

$$P_{c,2} = \frac{10}{1+0.05+OAS} + \frac{10+100}{(1+0.06+OAS)^2}.$$

$$P_{c,3} = \frac{10}{1+0.05+OAS} + \frac{10}{(1+0.06+OAS)^2} + \frac{10+100}{(1+0.06+OAS)^3}.$$

또 이 채권의 현재 가격 $P_c = 105$와 $P_{c,1}$, $P_{c,2}$, $P_{c,3}$의 관계는 다음과 같습니다.

$$P_c = \frac{P_{c,1} + P_{c,2} + P_{c,3}}{3}.$$

그런데 $P_{c,i}$는 OAS의 함수이므로 P_c 또한 OAS의 함수가 됩니다.

$$\begin{aligned} P_c &= \frac{P_{c,1}(OAS) + P_{c,2}(OAS) + P_{c,3}(OAS)}{3} \\ &= P_c(OAS) \\ &= 105. \end{aligned}$$

이제 시행착오법으로 위 식을 풀면 OAS = 0.0096 = 96 bp가 됩니다. 이 OAS에는 현금흐름의 불확실성인 "(상환)옵션 위험"에 대한 위험 프리미엄이 포함되어 있지 않습니다. 왜냐하면 현금흐름의 불확실성은 이미 $P_{c,1}$, $P_{c,2}$, $P_{c,3}$에 반영되었기 때문입니다. ■

위 예제에서는, 현금흐름의 시점이 매년(말)이기에 단위 시간을 1년으로 하여 분석하였습니다. 이에 따라 이 채권으로부터의 현금흐름(집합)이 상이한 경우의 수는 3가지로 국한되었습니다. 그러나 OAS는 이렇게 단순한 경우보다는 사실상 미래 현금흐름의 양상이 매우 복잡다양한 경우에 보다 의미있는 개념입니다. 위의 수의상환채권의 경우에는, 미래 yield curve의 경우의 수가 현실에서는 매우 다양함에도 불구하고 현금흐름 양상은 항상 세 가지일 수밖에 없습니다. 즉 이 채권이 1년 후, 2년 후, 그리고 만기에 상환되는 경우 외에 다른 현금흐름 양상은 있을 수 없습니다. 하지만 (향후 배울) MBS(mortgage-backed securities, 주택저당증권) 같은 경우에는

① 만기가 매우 길고

② 현금흐름의 단위 시간이 1개월이고

③ 특정 시점의 이자율뿐 아니라 과거 이자율의 경로도 현금흐름에 영향을 줄 수 있습니다.*

그러므로 이러한 채권의 OAS를 구하려면, 가능한 한 많은 경우를 고려해야 합니다. 가령 30년 만기의 MBS를 생각하여 봅시다. 이 경우에는 현금흐름이 발생하는 시점만 계산해도 $30(years) \times 12(months) = 360$개가 존재합니다. 또 특정 시점의 현금흐름이 그 시점의 이자율 값뿐만 아니라 그 이전의 시장 이자율이 움직여 온 경로에 의해서도 영향을 받을 수 있기에, 가능한 이자율의 경로는 기하급수적으로 증가합니다. 그러므로 이때 이 많은 조합의 현금흐름들로부터 도출되는 채권의 가격 P_i의 개수는 거의 무한하다고 할 수 있습니다. 이러한 조건에서는 이른바 몬테카를로 시뮬레이션 방법을 써서 각 P_i의 값을 일정한 개수만큼 구합니다. 가령 100,000개만큼의 P_i들을 구한 후 이 100,000개의 P_i들을 모두 더한 후 다시 이를 100,000으로 나눈 값을 현재의 채권가격으로 일치시켜 OAS를 구합니다. 즉 다음과 같이 이 채권의 가격을 구합니다.

$$P = \frac{\sum_{i=1}^{N} P_i}{N}, \qquad where\ N = 100{,}000.$$

그러므로 위 예제의 N = 3인 경우는 단지 설명의 편의를 위한 것으로, 실제로 OAS를 구하기 위해서는 매우 큰 숫자의 N이 필요하다는 것을 기억해야 합니다.

* 10장 "모기지(mortgage)와 MBS"에서 상세히 설명됩니다.

CHAPTER 7

채권 가격의 변동성: 듀레이션 I

채권 가격은 시장 이자율 변화에 의하여 변동합니다. 여기서의 시장 이자율은 원칙적으로는 (근원적인) 현물 이자율들을 말합니다. 단지 이자율 변화가 채권 가격에 미치는 영향을 분석할 때는

현물 이자율 변화에 의한 채권 가격의 변화를 추정하기도 하고
각 채권들의 yield 변화에 의한 채권 가격의 변화를 추정하기도

합니다. 그런데 채권의 yield는 사실 각 채권에 고유한, 편의적으로 만들어낸 가상의 수익률 개념입니다. 또 채권 yield가 유용한 이자율 지표가 되려면 여러 복잡한 가정들이 충족되어야 합니다. 그러므로

(모든 채권에 영향 미치는) 현물 이자율의 변화에 의한 채권 가격 변화와
특정 채권을 위해 인위적으로 고안된 yield의 변화에 의한 채권 가격 변화는

그 해석이 다를 수밖에 없습니다. 그런데 아이러니컬하게도 이론적 채권 연구나 실제 채권 투자에서는

yield 변화에 의한 채권 가격 변화를 더 광범위하게 사용

하고 있습니다. 다음 장에서 배울 달러 듀레이션, 수정 듀레이션, PVBP, 유효 듀레이션 등이 바로 그러한 도구들입니다. 그러므로 본서에서도 이를 반영하여, yield 변화에 의한

채권 가격의 변동성을 추정하는 다양한 척도들에 대하여 심도 있게 공부합니다. 추가적으로 현물 이자율 변화에 의한 채권 가격의 변화도 논의합니다. 가령 "Key Rate 듀레이션"이 그러한 도구입니다. 단지 편의상, 본서에서 이자율 변화에 의한 채권 가격의 변동성을 논의할 때는 이자율이 채권들의 "yields"를 의미한다고 가정하겠습니다. 설혹 이자율이 현물 이자율을 의미하는 경우에도 전후 맥락에 따라 명료하게 이해될 것입니다.

한편 이자율 변화가 채권 가격에 미치는 영향이 아닌, 다른 개념의 듀레이션 개념도 존재하는데, 이 개념은 위에서 소개한 여러 듀레이션 개념들을 합친 것만큼 중요합니다. 이는 많은 듀레이션 개념 중 가장 먼저, 가장 널리 알려진 개념으로 바로

매컬리 듀레이션(Macaulay Duration) 혹은 (단순히) 듀레이션

입니다. 매컬리 듀레이션이 단순히 "듀레이션"이라고도 불린다는 사실에서, 매컬리 듀레이션이 여러 듀레이션 용어(개념) 중 가장 기본적인 듀레이션 개념임을 짐작할 수 있습니다. 본서에서는 이를 간단히 D라고 표시하겠습니다.

이 개념의 태동 배경은 채권의 "실질적 만기"를 파악하고자 함입니다. 그런데 채권의 실질적 만기는 이자율 변화에 의한 채권 가격 변동성과도 일정한 관련을 가지기 때문에, 위에서 언급한 수정 듀레이션 등의 개념과도 밀접한 관련을 가집니다. 수학적인 정의는 다르지만, 결과적으로 매컬리 듀레이션과 수정 듀레이션은 유기적인 관계가 있음을 다음 장에서 논의할 것입니다. 우리는 먼저 매컬리 듀레이션을 상세히 공부한 후 이 개념과 다른 듀레이션 개념들과의 관계도 살펴보기로 합니다.

제 1 절 매컬리 듀레이션 기초

매컬리 듀레이션을 직관적으로 이해하기 위해 하나의 비유를 들겠습니다. 우리나라의 대다수 초·중·고등학교의 여름 방학은 7월에 시작되는데 편의상 7월 1일에 시작된다 합시다. 또한 다음이 가능하다고 가정해 보겠습니다. 즉 3, 4월엔 매 수업일에 정규 수업 시간의 두 배씩 수업이 진행되어 5, 6월에는 실제로는 수업이 거의 이루어지지 않

고 7월 1일이 되면 여름 방학을 한다고 합시다. 그렇다면 여름 방학은 명목적으로는 7월 1일에 시작하지만 실질적으로는 5월 1일부터 시작하는 것과 같습니다.

채권의 만기도 이와 유사한 점이 있습니다. 동일한 만기의 두 채권 A. B의 실질적 내용은 퍽 다를 수 있기 때문입니다. 가령 같은 3년 만기, 원금 100인 채권 A의 coupon rate은 1%, B의 그것은 100%라 합시다. A 보유자의 매년 말 현금흐름은 1, 1, 101이고 B 보유자의 그것은 100, 100, 200입니다. 그러면 A 보유자는 만기인 3년이 되어야만 의미 있는 현금을 비로소 지급받고 B 보유자는 1년 혹은 2년만 지나도 상당한 현금을 받게 됩니다. 만일 2년 1개월이 지난 후 채권 발행 기업이 파산한다면, A 보유자의 손실은 막대하고 B 보유자의 손실은 상대적으로 작습니다. 또 현물 이자율들이 상승하면 A 채권 가격의 상대적 하락은 크고 B 채권의 그것은 작습니다. A 채권의 현금흐름은 3년 후 시점에 거의 100% 몰려 있어, 3년 현물 이자율 상승으로 인한 "승수 효과"로 인해 채권 가격이 (B 채권 보다) 상대적으로 크게 하락하기 때문입니다. 그러므로 같은 3년 만기 채권이라도 두 채권의 실제 내용은 투자자들에게 큰 차이가 있습니다. 채권 B의 현금흐름은 그 실질적 만기는 명목적 만기인 3년보다 더 짧은 것으로 볼 수도 있습니다. 마치 위 예에서 명목적인 여름 방학 개시일은 7월 1일이지만 실질적인 개시일은 5월 1일로 봐도 별 문제 없듯이 말입니다.

채권의 명목적 만기와 다른 실질적 만기를 파악하기 위해 캐나다의 매컬리(Frederick Macaulay)라는 경제학자는

채권 현금흐름의 평균 시점

을 계산하였는데 이를

"매컬리 듀레이션(Macaulay Duration)"

이라 합니다. 여기서 유의해야 할 사실은, 통상 대부분 채권 교재에서 인용하는

채권의 매컬리 듀레이션 = 채권의 "가중평균 만기" 혹은 "실질적 만기"

라는 표현은 정확하지는 않다는 것입니다. 저자도 바로 위에서 이 표현을 사용했는데, 왜냐하면 이 표현은 채권 교재 저자들 사이에서 오래전부터 관행적으로 사용된, 매컬리 듀레이션에 대한 정의 혹은 해석이기 때문입니다. 하지만 매컬리 듀레이션의 정확한 정

의 혹은 해석은 본 저가가 위에서 사용한

채권 현금흐름의 평균 시점

입니다. 조금 더 정확하게 표현하면

채권 현금흐름의 현재가치의 평균 시점

입니다. 곧 소개할 매컬리 듀레이션의 정의 식을 보면 이 해석이 가장 정확함을 알 수 있습니다.

참고로 매컬리 듀레이션을 채권의 "(가중)평균 만기" 혹은 "실질적 만기"라고 표현하기 위해서는 약간의 보완이 필요합니다. 그리고 "실질적 만기"는 "평균 만기"라는 뜻에서 파생된 표현이기에, 여기서는 "평균 만기" 중심으로 설명하겠습니다. 먼저, 무이표채의 경우는 "평균 만기"라는 표현을 사용할 이유가 없습니다. "평균 만기"라는 표현을 사용하려면 무이표채의 만기가 여러 개 있어야 하는데, 무이표채는 단 한 번 현금(par)을 지급하므로 "평균 만기"라는 표현을 사용할 이유가 없습니다.

반면 무이표채 아닌 다른 채권의 경우, 가령 이표채는, 만기일 이전에도 현금이 지급됩니다. 그럼에도 불구하고 명목적 만기는 특정 시점 하나에 국한됩니다. 그런데 만기는 특정 시점이지만, 현금흐름의 시점들은 여러 개입니다. 가령 만기 $n(>1)$년의 이표채는 n번의 현금흐름을 갖습니다.* 이러한 현금흐름의 시점들의 "평균" 계산은 가능합니다. 가령 만기 2년의 이표채의 경우 발행 후 1년 후와 2년 후에 현금흐름이 발생합니다. 그러므로 이 두 현금이 지급되는 시점들인 1(년)과 2(년)의 평균은 존재합니다. 또 이 시점들의 평균 계산 때 이 두 시점들의 단순평균인 1.5로 계산하지 않고, 이 두 시점에 지급되는 현금들의 현재가치를 가중치(weight)로 사용해서 평균을 계산하면 그 평균은 "가중평균 시점"이 됩니다.

나아가, 이 2년 만기 이표채는 두 개의 무이표채로 해석할 수 있습니다. 즉 이 이표채는 1년 만기 무이표채와 2년 만기 무이표채로 구성된 포트폴리오로 이해될 수 있으므로, 1과 2는 단순한 "시점"이 아니라 이 이표채를 구성하는 두 무이표채들의 "만기"입니다. 이때 1과 2의 가중평균을 구하면 이 수치는 "평균 만기"라고 불릴 수 있습니다.

---

* coupon 지급 주기가 6개월이면 $2n$번의 현금흐름을 갖습니다.

그리고 두 무이표채들의 가격을 가중치로 해서 1과 2의 평균을 구하면 이 수치는 “가중평균 만기”라고 불릴 수 있습니다. 실제로 이표채를 구성하는 여러 무이표채들의 만기를 그 무이표채들의 가격을 가중치로 해서 수학적으로 산출한 것이 바로 매컬리 듀레이션입니다!

네, 좀 설명이 길었습니다. 위 설명을 요약하면 다음과 같습니다.

i) 채권 B의 매컬리 듀레이션을 “B의 가중평균 만기”라고 말하는 것은 문제가 있다.
ii) 가령 무이표채는 현금흐름이 하나이므로 평균 만기가 적용되지 않는다.
iii) 이표채는 현금(흐름)이 여럿이므로 현금 지급 시점들의 평균은 존재한다.
iv) 다시 말하면, 이표채를 구성하는 무이표채들의 만기는 여럿이고 이들의 평균은 산출할 수 있다.
v) 평균 산출 시 이 무이표채들의 가격을 가중치로 사용하면 이들의 “가중평균 만기”가 산출된다.
vi) 현금흐름이 두 개 이상 있는 채권 B의 매컬리 듀레이션은 B를 구성하는 무이표채들의 가격을 가중치로 사용하여 구한, 그 무이표채들의 “가중평균 만기”이다.

결국, 채권 교재나 실무에서 “채권 B의 매컬리 듀레이션은 B의 가중평균 만기”라고만 말하면 정확하지 않은 표현이고

채권 B의 매컬리 듀레이션은 B를 구성하는 무이표채들의 가중평균 만기

라고 하면 비로소 정확한 표현이 된다는 것입니다.

네, 매컬리 듀레이션의 관행적 정의는 여기까지만 설명하고 매컬리 듀레이션을 하나의 구체적인 예로 설명해 보겠습니다. 1년 후 100 그리고 30년 후 10의 현금이 기대되는 (무위험) 자산이 있다고 합시다. 이처럼 미래 현금흐름이 확정된 자산을 ‘fixed income security(FIS)’라 하며, 우리가 공부하는 채권이 대표적인 FIS입니다. 시장의 현물이자율 곡선이 10%에서 수평을 이루고 있다면 이 FIS의 가치는

$$\frac{100}{1.1} + \frac{10}{1.1^{30}} = 90.91 + 0.57 = 91.48$$

입니다. 그런데 30년 후의 현금 10이 이 자산의 가치에서 차지하는 비중은

$$\frac{0.57}{91.48} = 0.0062 = 0.62\%$$

로 미미합니다. 그러므로 이 자산의 명목적인 만기는 30년이지만, 자산의 현재가치를 생각하면 실질적인 만기는 1년에 가깝다고 할 수 있습니다. 실제로 이 자산의 매컬리 듀레이션을 계산하면 약 1.18(년)이 산출됩니다. 이처럼 어느 자산의 명목적인 만기 대신 미래 현금의 현재가치를 고려하여 산출한 실질적 만기를 "매컬리 듀레이션 "이라 합니다. 이 개념은 여러 듀레이션 개념 중 가장 오래되고 가장 널리 알려진 개념이어서 단순히 "듀레이션"으로 불리기도 합니다. 아래 정의의 대상은 편의상 채권으로 표현했지만 사실은 모든 FIS의 매컬리 듀레이션 공식입니다. 즉 $CF(t)$가 반드시 이표채의 coupon이나 "coupon + par"가 될 필요는 없고 단순히 확정된 액수의 현금이면 됩니다.

정의 1〉 매컬리 듀레이션

만기 n년 채권의 매컬리 듀레이션 D는 다음과 같이 정의된다.

$$D = \sum_{t=1}^{n}\left(\frac{\frac{CF(t)}{(1+y)^t}}{P}\times t\right), \qquad where\ P = \sum_{t=1}^{n}\frac{CF(t)}{(1+y)^t}.$$

여기서

P = 채권의 가격,

$CF(t)$ = 채권으로부터의 시점 t의 현금흐름,

y = 채권의 yield.

또 $\frac{\frac{CF(t)}{(1+y)^t}}{P} = w(t)$라고 하면 다음이 성립합니다.

$$\sum_{t=1}^{n} w(t) = \sum_{t=1}^{n}\left(\frac{\frac{CF(t)}{(1+y)^t}}{P}\right) = \frac{1}{P}\cdot\sum_{t=1}^{n}\left(\frac{CF(t)}{(1+y)^t}\right)$$

$$= \frac{1}{\sum_{t=1}^{n}\left(\frac{CF(t)}{(1+y)^t}\right)}\cdot\sum_{t=1}^{n}\left(\frac{CF(t)}{(1+y)^t}\right) = \frac{\sum_{t=1}^{n}\left(\frac{CF(t)}{(1+y)^t}\right)}{\sum_{t=1}^{n}\left(\frac{CF(t)}{(1+y)^t}\right)} = 1.$$

$w(t)$의 합이 1이므로 $w(t)$는 일종의 가중치이고, $w(t)$를 가중치로 사용한 D는 일종의 가중평균(weighted average)입니다. 그런데 $w(t)$ 는 현금흐름 $CF(t)$ 의 현재가치인 $\frac{CF(t)}{(1+y)^t}$를 이 채권의 가격 P로 나눈 값입니다.* 그러므로 $w(t)$는,

시점 t의 현금흐름의 현재가치가 채권 가격에서 차지하는 비중

을 의미합니다.† 한편 가중치 $w(t)$를 사용하여 평균을 구하고자 하는 대상은 "t"인데 이는 현금흐름 $CF(t)$가 발생하는 "시점"입니다. 그러므로 D는

채권의 현금흐름이 발생하는 시점(들)의 평균

을 의미합니다. 통상적으로 "D는 채권의 실질적 만기를 나타낸다"고 하지만, "실질적 만기"가 정확히 정의되지 않는 한 이는 단순히 편의적 표현일 뿐 D의 정확한 의미는

(현재가치로 측정된) 채권 현금흐름의 평균 시점

입니다.

정리 1〉 매컬리 듀레이션의 해석(interpretation)

특정 채권의 매컬리 듀레이션은, 현재가치 관점에서 그 채권의 현금흐름이 발생하는 평균 시점이다.

또 이와 관련된 하나의 오류로, D를

채권 가치의 약 50%를 차지하는 현금흐름을 받는 시점

으로 해석하려는 시도가 있는데 이는 타당한 해석으로 볼 수 없습니다. 가령 만기수익률 = 0.1일 때, 1년 후의 현금흐름이 110, 또 2년 후 현금흐름 = 121인 어떤 자산을 생각해 봅시다. 이 자산의 가격은 110/1.1 + 121/1.12 = 100 + 100 = 200입니다. 또 채권 가치

* y를 사용하여 현재가치를 구했으므로 수평 수익률 곡선을 가정하여 산출된 현재가치입니다.

† 시점 t의 현금흐름이 채권 가격에서 차지하는 비중이 아닙니다. 객관식 혹은 OX 문제로 시험에 출제될 가능성이 있습니다.

의 50%를 차지하는 현금을 받는 시점은 1년임을 쉽게 알 수 있습니다. 그런데 이 채권의 D는 1(년)이 아니라

$$1 \times \frac{100}{200} + 2 \times \frac{100}{200} = 1.5(\text{년})$$

이 됩니다. 그러므로 D를 "50%의 현금흐름을 받는 시점"으로 해석하는 것은 타당하다고 할 수 없습니다.

제 2 절 채권과 포트폴리오의 매컬리 듀레이션

본절에서는 a) 무이표채, b) 이표채, c) 채권 포트폴리오의 매컬리 듀레이션(D)을 차례로 구해 보겠습니다. 아울러 현금흐름의 평균 시점이라는 D의 의미를 구체적으로 파악하여 보겠습니다.

예제 7-1〉 무이표채의 매컬리 듀레이션

만기=n년, yield=y, 가격은 P인 무이표채(zcb)의 유일한 현금흐름은 만기일의 액면가 $CF(n)$입니다. 그러므로 이 채권의 가격은 $P = \frac{CF(n)}{(1+y)^n}$가 됩니다. 이 채권의 액면가 $CF(n)$이 어떤 값이든 이 채권의 D는 다음과 같습니다.

$$D = \sum_{t=1}^{n}\left(\frac{\frac{CF(t)}{(1+y)^t}}{P}\cdot t\right) = \frac{\frac{CF(n)}{(1+y)^n}}{P}\cdot n$$

$$= \frac{\frac{CF(n)}{(1+y)^n}}{\frac{CF(n)}{(1+y)^n}}\cdot n = n.$$

■

즉 만기 n(년)의 모든 zcb의 D는 "n"입니다. 이로부터 "짐작"할 수 있듯이 D는 채권의

par, price, coupon 같은 절대 크기가 아닌 n 같은 (상대적) 수치

가 됩니다. 그 한 이유는, 이 채권의 현금흐름(들)의 현재가치 $\frac{CF(t)}{(1+y)^t}$가 큰 값이더라도, 이들의 합인 P로 도로 나누어 주기 때문입니다. zcb의 경우, 현금흐름이 한 번만 발생하고 그 시점은 채권의 만기 "n"이므로 이 채권의 현금흐름의 평균 시점도 당연히 "n"입니다. 그러므로, 굳이 형식적 올바름을 따진다면, 현금흐름의 평균 시점으로서의 D의 의미가 일단 zcb의 경우에 유효함을 알 수 있습니다.*

참고로 위에서

채권의 듀레이션은
par-price-coupon 같은 절대 크기가 아닌 n 같은 (상대적) 수치

라 했는데, 아직 우리는 이표채의 듀레이션은 공부하지 않았기에 이 주장이 엄밀히 증명되지는 않았습니다. 이에 대해서는 추후 더 설명하고 또 증명하도록 하겠습니다.

이제 이표채의 D를 구하여 봅시다. 특히 zcb와의 차이를 강조하기 위하여, 매우 높은 coupon rate을 가지는 high-coupon bond의 경우를 분석해 봅시다.

예제 7-2〉 이표채의 매컬리 듀레이션

만기 = 2년, par = 100, coupon rate은 50%, yield(y) = 0.05, 가격은 $\frac{50}{1.05}+\frac{150}{1.05^2}=$ 183.67인 coupon bond의 매컬리 듀레이션 D를 구하면 다음과 같습니다.

$$D = \sum_{t=1}^{n}\left(\frac{\frac{CF(t)}{(1+y)^t}}{P}\cdot t\right) = \frac{\frac{CF(1)}{(1+y)^1}}{P}\cdot 1 + \frac{\frac{CF(2)}{(1+y)^2}}{P}\cdot 2$$

$$= \frac{\frac{50}{(1+0.05)^1}}{183.67}\cdot 1 + \frac{\frac{150}{(1+0.05)^2}}{183.67}\cdot 2$$

* 비유하자면, CPA 2차 시험에서 재무관리를 70점 받은 학생의 경우 재무관리의 '평균 점수'도 70점이라는 사실과 유사합니다.

$$= 0.257 \times 1 + 0.741 \times 2 = 1.741.$$

■

이 coupon bond의 D는 1.741로 계산됩니다. 이 채권의 현금흐름은 두 번 발생하고 그 시점은 각각 1, 2(년)이므로, 이 채권의 현금흐름의 평균 시점은 1과 2 사이의 값을 가집니다. 그런데 $t = 2$(년)에는 coupon 50에 더해 액면가 100도 받으므로

현금흐름의 현재가치에 비례하는 '현금흐름 시점의 가중치'는
2(년)에는 0.741의 큰 값이고 1(년)에는 0.257의 작은 값이 되며
그 결과 현금흐름의 평균 시점은 2(년)에 가까운 1.741로 산출

됩니다. 여기서 이표채의 D가 이렇게 산출된 원리는 다음과 같습니다.

이표채의 D는 그 이표채를 구성하는 무이표채의 D들의 (가중)평균.

즉 위 예제의 이표채는

만기 1년 액면가 50인 무이표채와
만기 2년 액면가 150의 무이표채가 합쳐진 자산(포트폴리오)

이라 할 수 있습니다. 그리고 이 무이표채들의 D는 각각 1과 2이고, 이들의 가격이 이 자산 가격에서 차지하는 비중은 각각

$$\frac{\dfrac{50}{(1+0.05)^1}}{183.67} = 0.257, \qquad \frac{\dfrac{150}{(1+0.05)^2}}{183.67} = 0.741$$

입니다. 결국 이 이표채의 D인 1.741은 두 무이표채의 D인 1과 2의 평균인데, 평균 계산 때 사용된 가중치는 각 무이표채의 (상대적) 가격임을 알 수 있습니다. 이 내용은 추후 하나의 정리로 제시됩니다.

참고로 여기서 한 가지 이상한(?) 질문을 해 보겠습니다.

질문 7-1〉 1, 2년의 현금흐름이 50, 150처럼 큰 차이가 나는 채권의 경우에도 시점 1(년)의 가중치가 더 클 수 있을까요?

네, 그럴 수 있습니다. 이론적으로 볼 때 말입니다. 어떻게 이것이 가능할까요? 네, 매컬리 듀레이션은 단순히 현금흐름의 크기가 중요한 것이 아니라 현금흐름의 현재가치가 중요합니다. 시장 이자율들이 매우 높다면, 따라서 위 채권의 yield도 "극단적으로 높으면" 위 채권의 매컬리 듀레이션 산출 시 1년 후의 현금흐름인 50의 현재가치가 2년 후의 그것인 150의 현재가치보다 더 클 수도 있고, 이때 시점 1에 적용될 가중치가 시점 2에 적용될 가중치보다 더 클 수 있습니다. 매우 극단적인 경우이지만, 이론적으로는 불가능하지 않습니다.* 그리고 이런 질문은 객관식 혹은 OX 문제로 출제될 수도 있는데, 매컬리 듀레이션 개념을 정확히 알면 이런 문제도 맞힐 수 있습니다. ■

이제 매컬리 듀레이션에서 사용되는 가중치의 의미를 더 확실히 파악하기 위해, 위 예제와 다른 모든 조건은 동일하고 단지 yield가 보다 높은 경우를 다루어 봅시다.

예제 7-3〉 이표채의 매컬리 듀레이션

액면가 = 100, 만기 = 2년, 만기수익률 = 0.30, coupon rate은 50%, 가격은 $\frac{50}{1.3}+\frac{150}{1.3^2}=127.22$인 이표채의 D는 다음과 같이 1.698입니다.

$$D = \frac{\frac{50}{1+0.3}}{127.22}\cdot 1 + \frac{\frac{150}{(1+0.3)^2}}{127.22}\cdot 2$$

$$= 0.302\times 1 + 0.698\times 2 = 1.698.$$

■

이 coupon bond의 D는 1.698로 앞의 예제의 1.741보다는 감소하였습니다. D 수치가 감소한 이유는 가중치의 변화입니다. 두 채권에 있어 현금이 지급되는 시점은 1, 2(년)으로 차이가 없기 때문입니다. 각 시점 1, 2에 적용될 가중치 $w(1)$, $w(2)$는 각 시점의 현

* 이 경우 $y > 2 = 200\%$일 때 1년 후 50의 현재가치가 2년 후 150의 현재가치보다 큽니다.

금흐름의 현재가치의 크기에 의해서 산출됩니다. 그런데 yield가 0.05에서 0.30으로 상승하였기 때문에 1, 2년 후의 현금흐름의 현재가치는 모두 하락하는데, (승수효과로 인해) 더 먼 미래인 2년 후의 현금흐름의 현재가치가 더 많이 하락하게 됩니다. 그 결과 시점 2에 적용될 가중치 $w(2)$는 0.741에서 0.698로 하락하고 시점 1에 적용될 가중치 $w(1)$이 0.259에서 0.302로 상승합니다. 이처럼 할인율(= yield)이 높아지는 경우 (먼 미래보다) 가까운 미래 시점의 가중치가 더 커져 현금흐름의 평균 시점이 짧아지므로 채권의 D가 작아집니다.

이와 관련된 D의 기본적 특성은 아래와 같습니다.

정리 2〉 매컬리 듀레이션(D)의 기본적 특성

(i) 무이표채의 D는 액면가에 관계없이 채권의 만기와 일치.

(ii) 이표채의 D는 그 이표채를 구성하는 각 무이표채의 D의 (가중)평균이고, 평균 산출에 사용되는 가중치는 각 무이표채의 가격.

(iii) 포트폴리오의 D는 그 포트폴리오를 구성하는 각 채권의 D의 (가중)평균이고, 평균 산출에 사용되는 가중치는 각 채권의 가격.

(i), (ii)는 위에서 설명되었는데 사실 (ii)는 (iii)의 특수한 경우입니다. 모든 이표채는 무이표채로 구성된 채권 포트폴리오이기 때문입니다. 여기서는 아래 예제를 풀며 (iii)을 입증하고 그 의미를 파악해 보겠습니다.

예제 7-4〉 포트폴리오의 매컬리 듀레이션

만기와 관계없이 모든 현물 이자율이 0.05 = 5%인 "flat yield curve"를 가정하겠습니다. 액면가 = 1000, 만기 = 1년인 무이표채 A와 액면가 = 1000, 만기 = 30년인 무이표채 B로 구성된 포트폴리오 F의 매컬리 듀레이션 D를 구하면 아래 도표와 같이 6.66이 산출됩니다.

➢ 도표 7-1〉 포트폴리오의 매컬리 듀레이션

	A	B	A + B = F
Par =	1000	1000	
n =	1	30	
y =	5%	5%	5%
PV =	952	231	1,183
D =	1	30	6.66
w(·) =	0.805	0.195	

이 포트폴리오의 매컬리 듀레이션 D = 6.66은 어떻게 산출되었을까요? 이 채권 포트폴리오 F를 하나의 채권으로 생각하면 이 문제가 쉽게 해결됩니다. 즉 이 포트폴리오는 1년 후와 30년 후 각각 1000을 지급하는 채권이라는 것입니다. 물론 이는 통상적인 채권은 아니지만, 채권의 또다른 명칭인, 혹은 광의의 채권인 "fixed income security(FIS)"의 정의에 맞게, 미래에 확정 현금을 지급하는 증권입니다. 그러면 이 증권의 매컬리 듀레이션은 이표채의 그것을 산출하는 방식과 동일하게 산출할 수 있습니다. 이 증권이나 이표채나 모두, 미래에 확정 현금을 여러 번 지급한다는 점에서 같은 유형의 자산이기 때문입니다.

먼저 이 증권의 두 미래 현금흐름의 현재가치는 다음과 같습니다.

$$\frac{1000}{(1+0.05)^1} = 952, \qquad \frac{1000}{(1+0.05)^{30}} = 231.$$

그러므로 이 증권의 D는 다음과 같이 산출됩니다. 1(년)에는 가중치 0.805가, 30에는 가중치 0.195가 각각 곱해져서 D = 6.66이 산출되는 것입니다.

$$D = \frac{952}{952+231}\cdot 1 + \frac{231}{952+231}\cdot 30$$

$$= 0.805 \times 1 + 0.195 \times 30 = 6.66.$$

한편 이 증권을 하나의 "채권 포트폴리오"로도 이해할 수 있습니다. 그러면 이 포트폴리오는 두 무이표채로 구성된 채권 포트폴리오입니다. 즉 만기 1년과 만기 30년의 무이표채로 구성된 포트폴리오로 이해할 수 있습니다. 각 무이표채의 매컬리 듀레이션은 당연히 1과 30입니다. 그런데 이 채권 포트폴리오의 매컬리 듀레이션 6.66은 위에서 어떻게 구해졌나요? 이 포트폴리오를 구성하는 두 무이표채의 매컬리 듀레이션 1과 30에 가중치 $w(1) = 0.805,\ w(30) = 0.195$를 각각 곱해서 그 (가중)평균을 구한 것입니다. 그러므로 이 채권 포트폴리오의 매컬리 듀레이션은 그 포트폴리오를 구성하는 각 채권의 매컬리 듀레이션의 가중평균입니다. 그러므로 위 정리의 (iii)이 입증됩니다. 참고로, 이 채권 포트폴리오의 매컬리 듀레이션이 6.66이라 함은, 이 포트폴리오의 현금흐름 시점은 1년과 30년이지만 그 현재가치를 고려하면 그 평균 시점은 6.66(년)이라는 의미입니다. ■

여기서 질문 하나를 다루고 다음 주제로 넘어 가겠습니다.

질문 7-2〉 채권 포트폴리오의 D를 구할 때 항상 무이표채들의 포트폴리오로만 해석하고 이들의 D들의 평균으로 구해야 하나요?

네, 좋은 질문입니다. 정답은 다음과 같습니다.

아닙니다. 특정 채권 포트폴리오는 채권들의 다양한 조합으로 간주될 수 있습니다.

이는 마치 숫자 9가 4와 5의 합으로도 또 7과 2의 함으로도 간주될 수 있음과 같은 이치입니다. 사실 채권도 숫자들의 합, 즉 현금흐름들의 합으로 볼 수 있으니, 이들을 여러 방법으로 분해할 수 있습니다. 위 예제의 (채권) 포트폴리오 F도 만기 1, 30년의 두 무이표채들의 포트폴리오로 볼 수도 있고, 다음과 같은 증권(FIS) X, Y의 합으로 볼 수도 있습니다.

X = 1년 후와 30년 후 각각 700과 400을 지급하는 채권(FIS)
Y = 1년 후와 30년 후 각각 300과 600을 지급하는 채권(FIS)

이 경우 포트폴리오 F의 D를 구하기 위해서는 X, Y의 D를 각각 구한 후 X, Y의 상대가격을 가중치로 하여 그 두 개의 D의 평균을 구하면 됩니다. 물론 이렇게 구하는 과정은 무이표채들의 D의 평균으로 구하는 것보다는 더 번거롭습니다. 그럼에도 불구하고, 이렇게 F의 D를 구해도 동일한 값이 산출됩니다. 이를 일반적으로 수리적으로 증명해 보겠습니다. 증명이 종료되면 이 질문도 종료됩니다.

증명 1〉

채권 포트폴리오의 매컬리 듀레이션은 다양한 (채권 조합) 방식으로 구할 수 있다.

채권 포트폴리오 F에 만기 n년 무이표채와 만기 m년 무이표채가 포함되어 있다고 합시다. 그리고 이들 각각의 액면가는 $a+b,\ c+d$라 하겠습니다. 그러면 F는 다음 채권들의 포트폴리오라고도 이해할 수 있습니다. 즉

채권 ac: n년 후 a를, m년 후 c를 지급하는 채권
채권 bd: n년 후 b를, m년 후 d를 지급하는 채권

우리는 먼저 무이표채들의 매컬리 듀레이션(D)의 가중평균으로 F의 D(= $D(F)$) 값을 구합니다. 그후 채권 ac와 채권 bd의 D인 $D(ac),\ D(bd)$를 구한 후, 이들의 가중평균을 계산하여 $D(F)$와 비교해 보겠습니다. 편리한 비교를 위해 다음을 가정하겠습니다.

i) 연속복리 사용
ii) 모든 현물 이자율들 값이 y여서 yield curve가 y에서 수평

ii)에 의해, 모든 채권들의 할인율 혹은 yield는 y가 됩니다. 이제 F에 포함된 두 무이표채의 가격을 구하면 각각 다음과 같습니다.

$$\frac{a+b}{e^{y\times n}} = (a+b)\cdot e^{-y\times n}, \qquad \frac{c+d}{e^{y\times m}} = (c+d)\cdot e^{-y\times m}$$

F의 가격 $P(F)$는 이 두 가격의 합입니다.

$$P(F) = (a+b)\cdot e^{-y\times n} + (c+d)\cdot e^{-y\times m}.$$

그러므로 F의 매컬리 듀레이션 $D(F)$는 다음과 같이 산출됩니다.

$$D(F) = n\times\frac{(a+b)\cdot e^{-y\times n}}{P(F)} + m\times\frac{(c+d)\cdot e^{-y\times m}}{P(F)}.$$

한편 채권 ac와 채권 bd의 가격은 다음과 같습니다.

$$P(ac) = \frac{a}{e^{y\times n}} + \frac{c}{e^{y\times m}} = a\cdot e^{-y\times n} + c\cdot e^{-y\times m},$$

$$P(bd) = \frac{b}{e^{y\times n}} + \frac{d}{e^{y\times m}} = b\cdot e^{-y\times n} + d\cdot e^{-y\times m}.$$

또 채권 ac와 채권 bd의 매컬리 듀레이션 $D(ac)$, $D(bd)$는 다음과 같습니다.

$$D(ac) = n\times\frac{a\cdot e^{-y\times n}}{P(ac)} + m\times\frac{c\cdot e^{-y\times m}}{P(ac)},$$

$$D(bd) = n\times\frac{b\cdot e^{-y\times n}}{P(bd)} + m\times\frac{d\cdot e^{-y\times m}}{P(bd)}.$$

이제 채권 ac와 채권 bd의 상대 가격을 가중치로 사용하여 두 채권의 매컬리 듀레이션의 가중평균 WA를 구하고, 이 수치를 F의 매컬리 듀레이션 $D(F)$와 비교해 봅시다. $P(ac)+P(bd)=P(F)$를 적용해서 말입니다.

$$\begin{aligned}
WA &= D(ac)\times\frac{P(ac)}{P(ac)+P(bd)} + D(bd)\times\frac{P(bd)}{P(ac)+P(bd)}\\
&= D(ac)\times\frac{P(ac)}{P(F)} + D(bd)\times\frac{P(bd)}{P(F)}\\
&= \left(n\cdot\frac{a\cdot e^{-y\times n}}{P(ac)}+m\cdot\frac{c\cdot e^{-y\times m}}{P(ac)}\right)\cdot\frac{P(ac)}{P(F)}\\
&\qquad + \left(n\cdot\frac{b\cdot e^{-y\times n}}{P(bd)}+m\cdot\frac{d\cdot e^{-y\times m}}{P(bd)}\right)\cdot\frac{P(bd)}{P(F)}\\
&= \left(n\cdot\frac{a\cdot e^{-y\times n}}{P(F)} + m\cdot\frac{c\cdot e^{-y\times m}}{P(F)}\right) + \left(n\cdot\frac{b\cdot e^{-y\times n}}{P(F)} + m\cdot\frac{d\cdot e^{-y\times m}}{P(F)}\right)\\
&= n\cdot\frac{a\cdot e^{-y\times n}}{P(F)} + n\cdot\frac{b\cdot e^{-y\times n}}{P(F)} + m\cdot\frac{c\cdot e^{-y\times m}}{P(F)} + m\cdot\frac{d\cdot e^{-y\times m}}{P(F)}\\
&= n\times\frac{(a+b)\cdot e^{-y\times n}}{P(F)} + m\times\frac{(c+d)\cdot e^{-y\times m}}{P(F)}\\
&= D(F).
\end{aligned}$$

즉, 채권 ac와 채권 bd의 상대 가격을 가중치로 사용하여 두 채권의 매컬리 듀레이션의 가중평균(WA)을 구하면 그것이 바로 F의 매컬리 듀레이션 $D(F)$가 됩니다. (증명 끝) (질문 끝) ■

위 증명에서는 채권 포트폴리오 F에 두 개의 무이표채만이 포함된 사례를 이용했습니다만, 세 개 이상의 무이표채의 경우에도 유사한 방법으로 증명할 수 있습니다. 나아가, 애초 무이표채만 포함하는 포트폴리오가 아니라, 이표채를 포함해도 동일하게 증명할 수 있습니다. 가령

$$a + b = 15, \qquad c + d = 215, \qquad n = 1, \qquad m = 2$$

라 가정해 봅시다. 그러면 F는

만기 1년, 액면가 15인 무이표채
만기 2년, 액면가 215인 무이표채

로 구성된 포트폴리오로 해석할 수 있습니다. 동시에

만기 2년, 액면가 100, coupon rate 10%인 이표채
만기 2년, 액면가 100, coupon rate 5%인 이표채

로 구성된 포함하는 포트폴리오로도 해석할 수 있습니다. 두 해석 모두

1년 후 15, 2년 후 215를 지급하는 채권 포트폴리오

를 의미하기 때문입니다.*

지금까지는 무이표채, 이표채, 포트폴리오의 매컬리 듀레이션에 관한 기본적 특성을 알아 보았습니다. 일반적으로, 채권의 매컬리 듀레이션 값은 채권의 다양한 모수(specifications)의 함수입니다. 즉

coupon rate

---

* 나아가, 채권 포트폴리오에서 특정 시점에 지급하는 현금이 1이더라도 이 금액도 0.3+0.7이나 0.8+0.2로 분해할 수 있기에, 어떤 채권 포트폴리오에서 지급할 어떤 현금도 여러 채권들이 지급하는 현금들의 합으로 해석할 수 있고, 그런 채권들로 구성된 포트폴리오로 해석 가능합니다.

(잔존)만기
yield
coupon 지급 횟수 = 복리계산 주기(compounding frequency)

등의 함수입니다. 그러므로 이 모수 값의 변화에 따라 채권의 매컬리 듀레이션 값도 달라집니다. 이에 관해서는 추후 살펴보도록 하겠습니다. 참고로, 시간이 지남에 따라 채권의 만기도 짧아집니다. 가령 발행 당시 만기 3년의 무이표채의 경우 발행 당시의 D는 3(년)이지만, 발행 후 시간이 1년 지나면 만기 2년의 무이표채가 되어 이때 이 채권의 D는 2가 됩니다. 그러므로 이 무이표채의 명목적 만기는 "3"이라는 고유명사 아니 고유수치이지만, 시간 경과에 따라 이 채권의 실제 만기 즉 "잔존만기(time to maturity)"는 짧아지는데, 이 잔존만기가 이 무이표채의 D가 됩니다. 이표채의 경우에도, 일반적으로는 시간 경과와 함께 그 D가 짧아집니다. 다만 coupon 지급 이후에는 오히려 더 길어질 수 있는데, 이에 대해서는 다음 절에서 논의합니다.

제 3 절 매컬리 듀레이션의 원리

본절에서는 이표채의 매컬리 듀레이션을 계산할 때 유효한 중요한 원리(들)에 대해서 심도 있게 논의하겠습니다. 이 원리는 매컬리 듀레이션을 단순히 현금흐름 시점의 가중평균으로만 이해하는 것에서 벗어나 매컬리 듀레이션(D)의 다양한 속성을 이해하기 위해서입니다. 가령

a) 시간 경과에 따라 모든 채권의 D가 짧아지는가?
(만일 그렇다면 D가 짧아지는 양상은?)
b) 영구연금(perpetuity)의 D를 구할 수 있는가?
c) 모든 이표채의 D를 하나의 공식으로 표시할 수 있는가?
(만일 그렇다면 그 원리는?)

등의 주제가 그것들입니다. 네, 벌써 기대되지 않습니까? 위 주제들을 논의하면서 여러

분들이 점차 깨닫게 되겠지만, 위 질문들은 쉽게 답하기 어려운 까다로운 질문들입니다. 하지만 이런 질문들도 쉽게, 직관적으로, 또 흥미 있게 설명해 보겠습니다. 먼저 이 표채의 D를 계산하는 간단한 예제로 시작해 보겠습니다.

예제 7-5〉 만기수익률과 매컬리 듀레이션(D)

5%의 수평 수익률곡선을 가정합시다. 액면가 = 100, 만기 = 3년, coupon rate = 10%인 채권 B의 매컬리 듀레이션 D(B)를 구하면 다음과 같이 2.75입니다.

매컬리 듀레이션 산출				
Par	c	n	y	
100	10%	3	5%	
t	CF(t)	PV[CF(t)]	w(t)	t· w(t)
1	10	9.52	0.084	0.08
2	10	9.07	0.080	0.16
3	110	95.02	0.836	2.51
P(B) =		113.62		
D(B) =				2.75

■

위 예제를 풀면서 여러분은 어떤 생각이 드셨나요? 혹시 이런 생각은 들지 않았나요?

만기 30년인 이표채의 D를 구하려면 위 작업을 30 lines까지 해야 하나?

네, 맞습니다. 30 lines까지 Excel 작업을 해야 합니다. Excel이나 손을 사용해서 D를 계산하려면 말입니다. 그렇다면 여러분은 다음 질문을 할 수도 있을 것입니다.

Excel이나 손을 사용하지 않고 D를 계산할 때 위보다 더 간단한 방법은?

네, 있습니다. 그것도 대단히 "powerful"한 방법이 있습니다.* 채권 만기가 30년이든 300년이든 단번에 채권 매컬리 듀레이션을 산출하는 방법이 있습니다. 그 방법이 무엇일까요? 그리고 그 원리는 무엇일까요? 이에 대해서는 곧 설명하겠습니다. 단 (모든) 채

---

* Not just powerful but also elegant, effective, efficient, … you name it. (그러고 보니 거스 히딩크 감독도 국내 언론과 대화 시 "you name it."이란 말을 한 적이 있습니다.)

권의 매컬리 듀레이션을 완벽하게 이해하기 위해서는 이 주제를 단계별로 step by step 차근차근 공부할 필요가 있습니다. 그래서 본서에서는 다음과 같은 과정을 거쳐 이 주제를 공부하겠습니다.

1) 영구채권 혹은 영구연금(perpetuity)의 매컬리 듀레이션
2) 채권의 매컬리 듀레이션 공식
3) 시간 경과와 매컬리 듀레이션 변화
4) 그 외의 매컬리 듀레이션의 속성
5) yield 변화와 매컬리 듀레이션의 해석

참고로 마지막 단계인 "채권 yield 변화에 관련된 매컬리 듀레이션의 의미"는 그 위의 주제들과는 결이 다른 내용이며 또한 중요한 내용입니다. 이 주제에 대해서는 아예 절을 달리하여 심층적으로 논의합니다.

1. 영구채권의 매컬리 듀레이션

영구채권 혹은 영구연금(perpetuity)이란 매년 말 특정 금액 C를 무한히 계속 지급하는 채권으로, 시장의 yield curve가 y에서 수평일 때 이 채권의 (현재)가격 $P_p(0)$는 다음과 같음을 본서 제3장 "채권 수학의 기초"에서 설명한 바 있습니다.*

$$P_p(0) \ = \ \frac{C}{y}.$$

그런데 여기서 갑자기 영구채권 주제를 논의하는 이유는

모든 이표채는 그 만기가 늘어날수록 영구채권에 가까워진다

는 사실 때문입니다. 가령 만기 5년, coupon rate 10%, 액면가 100의 이표채의 만기가 10년, 20년, 30년 등으로 늘어날수록 이 채권의 현금흐름 양상은 영구채권의 그것과 유사해집니다. 어떤 영구채권 말입니까? 매년 말 coupon 액수만큼을, 즉 $100 \times 0.1 = 10$만큼을 무한히 계속 지급하는 영구채권과 이 이표채가 유사해진다는 것입니다. 그러면 여

---

* $P_p(0)$의 하첨자 p는 perpetuity를 의미합니다.

러분은 다음 질문을 할 수 있을 것입니다.

이 이표채 만기일에 지급되는 현금은 10이 아니라 110인데요?

네, 맞습니다. 이 10% coupon bond의 만기일에는 coupon뿐 아니라 추가적으로 par가 지급됩니다. 하지만 이 추가적인 par 100의 현재가치는 매우 작습니다. 가령 이 채권이 50년 만기 이표채라면 100의 현재가치는 대략 ($y = 0.05$ 가정)

$$\frac{100}{(1+y)^{50}} = \frac{100}{(1+0.05)^{50}} = 8.7$$

에 불과합니다. 참고로 이 이표채의 현재가치 $P(0)$는 다음과 같습니다. 10이라는 연금이 매년 말 50년 동안 지급되며 또 100의 액면가도 50년 후 지급되므로 이 채권의 (현재)가격 $P(0)$는 (연금의 현재가치 공식 이용하여)

$$\begin{aligned} P(0) &= \frac{C[(1+y)^n - 1]}{y(1+y)^n} + \frac{100}{(1+y)^n} \\ &= \frac{10[(1+0.05)^{50} - 1]}{0.05(1+0.05)^{50}} + \frac{100}{(1+0.05)^{50}} \\ &= 182.6 + 8.7 \\ &= 191.3 \end{aligned}$$

인 반면, 매년 말 10의 현금이 무한히 지급되는 영구채권의 현재가치 $P_p(0)$는

$$P_p(0) = \frac{C}{y} = \frac{10}{0.05} = 200$$

이므로 두 채권의 가격 차이는 불과 8.7, 즉 $\frac{8.7}{200} = 4.4\%$에 불과합니다. 여기서 일단 이 내용을 정리로 요약하고 논의를 더 진행하겠습니다.

> **정리 3〉 이표채와 영구채권**
>
> 이표채는, 만기가 길어질수록, 현금흐름 양상 및 가격에 있어 영구채권과 유사해진다.

이처럼 이표채와 영구채권은 밀접한 관계입니다. 그렇다면 영구채권의 매컬리 듀레이션 D는 어떻게 산출될까요? 위의 이표채의 D를 Excel로 산출했을 때를 참고한다면, 무한히 많은 lines 작업을 해야 할까요? 아래처럼 말입니다.

영구채권의 매컬리 듀레이션 산출				
Price	C	y		
200	10	5%		
t	CF(t)	PV[CF(t)]	w(t)	t· w(t)
1	10	9.52	0.048	0.048
2	10	9.07	0.045	0.091
3	10	8.64	0.043	0.130
4	10	8.23	0.041	0.165
5	10	7.84	0.039	0.196
…	…	…	…	…
50	10	0.87	0.004	0.218
…	…	…	…	…
D =				?

Well, 이렇게 미련하게 할 필요가 없습니다. 왜냐하면 미래 시점이 멀어질수록 현금흐름의 현재가치는 0에 가까워져 D에 미치는 영향이 급격히 줄어들기 때문입니다.* 실제로도 위 표를 보면 yield가 5%일 때 50년 후의 10의 현재가치는 0.87에 불과합니다. 그러므로, 영구채권의 명목적 만기는 무한히 먼 미래이지만, 이 채권의 현금흐름의 평균 시점인 매컬리 듀레이션(D)은 무한히 커지지는 않을 것임을 예상할 수 있습니다.

결론부터 말하면, yield curve가 y에서 수평일 때, 매년 말 일정 금액 C를 무한히 지급하는 영구채권의 매컬리 듀레이션(D)은 다음과 같습니다. 그리고 모든 coupon bond의 매컬리 듀레이션도 영구채권의 그것에 수렴합니다. 만기가 길어질수록 모든 coupon bond는 영구채권과 유사한 채권이 되기 때문입니다. coupon bond의 만기가 얼마나 긴가에 따라 영구채권과 얼마나 유사한가의 차이가 있을 뿐입니다. 자, 이제 영구채권의 매컬리 듀레이션이 어떤 값인지 알아 보고 이를 수식으로 입증해 보겠습니다.

* 이는 수열의 극한(limit) 정리를 이용한 결과입니다. 이와 유사한 예로, (이솝 우화의 "토끼와 거북이"에서) 먼저 출발한 거북이를 토끼가 결코 앞설 수 없다는 궤변을 수열의 극한 정리를 활용하여 반박할 수 있습니다.

정리 4〉 영구채권(perpetuity)의 매컬리 듀레이션(D)

$$D = \frac{1+y}{y}, \quad where\ the\ yield\ curve\ is\ flat\ at\ y.$$

위 정리에서처럼 영구채권의 매컬리 듀레이션은 오로지 시장 이자율(수익률) y만의 함수입니다. 그렇다면 여러분들은 이런 의문이 들 수 있습니다.

매년 지급하는 현금 액수가 10이거나 999거나 매컬리 듀레이션이 같네요?

네, 그렇습니다. 매년 말 10을 무한히 지급하거나 매년 말 999를 그렇게 지급하거나 두 영구채권의 매컬리 듀레이션 D는 위 정리와 같습니다. 가령 $y = 0.05$라면 이 두 개의 서로 다른 영구채권의 매컬리 듀레이션들은 D = 21로 같습니다.

$$D = \frac{1+y}{y} = \frac{1+0.05}{0.05} = 21.$$

왜 그럴까요?

매컬리 듀레이션은 채권 크기(size)의 함수가 아니기 때문

입니다. 즉 채권의 par 혹은 coupon의 크기의 함수가 아닙니다. 매컬리 듀레이션의 정의가 무엇이었는지를 상기해 보면 이 사실을 이해할 수 있습니다. 특정 채권의 현금흐름이 발생하는(지급되는) 시점들의 평균인 매컬리 듀레이션은 그 크기가 항상 제한되어 있습니다. 가령 만기 5년의 이표채의 매컬리 듀레이션은 항상 5보다 작습니다. 가장 늦게 발생하는 현금흐름이 만기일인 5년(후)이고, 그 외 다른 현금흐름들은 모두 그보다 이른 1, 2, 3, 4년(후)에 발생하므로, 이 다섯 시점의 평균은 1보다 크고 5보다는 작아야 하기 때문입니다. 그러므로 이 5년 만기 이표채의 크기가, 즉 par나 coupon이 각각 100과 5이거나 혹은 각각 999와 99이거나 상관 없이 만기 5년의 모든 이표채의 매컬리 듀레이션은 1보다 크고 5보다 작습니다. $D = \frac{1+y}{y}$를 수학적으로 증명하기 전에 이와 관련 있는 질문을 하나 다루어 보겠습니다.

> 질문 7-3〉 만일 어느 채권의 모든 현금흐름이 2배, 일반적으로 $\boldsymbol{k}$배로 커지면 이 채권의 매컬리 듀레이션 D는 어떻게 될까요? (만기일 받을 par까지 2배, 혹은 $\boldsymbol{k}$배로 커지는 경우)

이 채권의 yield가 변하지 않는 가운데 모든 현금흐름이 2배 혹은 k배로 커지는 경우 D는 변함이 없습니다. 그 이유는 이렇게 현금흐름이 변해도

각 시점의 현금흐름의 비중은 변하지 않기 때문

입니다. 할인율(= 만기수익률)이 변하지 않는 가운데 이 채권의 현금흐름이 모두 2배 혹은 k배가 된다면 각 시점의 현금흐름의 현재가치도 모두 2배 혹은 k배 됩니다. 그러므로 채권 가격 자체도 2배 혹은 k 배가 되어, 각 시점(t)의 현금흐름의 현재가치 비중 $w(t)$도 예전과 동일합니다. 그러므로 D도 변하지 않습니다.

이를 또 이렇게 설명할 수 있습니다. 원래의 채권을 A라고 합시다. A의 모든 현금흐름이 2배 혹은 k배로 커지면, 그 결과는 채권 A가 두 개 혹은 k 개가 되는 셈입니다. 그런데 우리는 본장 2절에서 다음 정리를 배웠습니다.

소환〉 매컬리 듀레이션(D)의 기본적 특성

(i) 무이표채의 D는 액면가에 관계없이 채권의 만기와 일치.

(ii) 이표채의 D는 그 이표채를 구성하는 각 무이표채의 D의 (가중)평균이고, 평균 산출에 사용되는 가중치는 각 무이표채의 시장가격.

(iii) 포트폴리오의 D는 그 포트폴리오를 구성하는 각 채권의 D의 (가중)평균이고, 평균 산출에 사용되는 가중치는 각 채권의 시장가격.

이 두 개 혹은 k 개의 채권은 동일한 채권 A이므로 A의 매컬리 듀레이션은 같은 값 $D(A)$를 가집니다. 또 이 채권 포트폴리오에서 각 채권의 비중은 각각 0.5 혹은 $\frac{1}{k}$이 됩니다. 이 채권 포트폴리오의 매컬리 듀레이션은 각 채권의 매컬리 듀레이션의 (가중)평균이므로 결국 채권 A들의 $D(A)$들의 평균이 되어, 단순히 $D(A)$가 됩니다. ■

이제 매컬리 듀레이션의 크기에 대해 약간 감을 잡았나요? 그렇다면 이제 위 정리를 수식으로 입증해 보겠습니다. 영구채권의 현금흐름 C의 크기도 이 채권의 매컬리 듀레이션과는 관계 없으므로, 간편하게 C = 1, 즉 매년 말 1의 현금이 무한히 지급되는 채권을 가정합니다.(물론 매년 말 C의 현금으로 일반화해도 아래 증명이 가능합니다.) 이 영구채권의 현재가치 $P = \frac{1}{y}$임을 기억하기 바랍니다.

증명 2〉 영구채권의 매컬리 듀레이션(D)

$$D = \sum_{t=1}^{\infty}\left[\frac{\frac{1}{(1+y)^t}}{P}\cdot t\right] = \sum_{t=1}^{\infty}\left[\frac{\frac{1}{(1+y)^t}}{\frac{1}{y}}\cdot t\right] = \sum_{t=1}^{\infty}\left[\frac{y\cdot t}{(1+y)^t}\right]$$

$$= \frac{y}{(1+y)^1} + \frac{2y}{(1+y)^2} + \frac{3y}{(1+y)^3} + \frac{4y}{(1+y)^4} + \cdots$$

양변에 $\frac{1}{1+y}$를 곱하면 다음이 성립합니다.

$$\frac{1}{1+y}\cdot D = \frac{y}{(1+y)^2} + \frac{2y}{(1+y)^3} + \frac{3y}{(1+y)^4} + \cdots$$

첫 번째 식에서 두 번째 식을 빼면 (무한등비급수 공식에 의해) 다음과 같습니다.

$$D - \frac{1}{1+y}\cdot D = \frac{y}{(1+y)^1} + \frac{y}{(1+y)^2} + \frac{y}{(1+y)^3} + \frac{y}{(1+y)^4} + \cdots$$

$$= \frac{\frac{y}{1+y}}{1-\frac{1}{1+y}} = \frac{\frac{y}{1+y}}{\frac{y}{1+y}} = 1.$$

즉

$$\left(1-\frac{1}{1+y}\right)\cdot D = \frac{y}{1+y}\cdot D = 1.$$

그러므로

$$D = \frac{1+y}{y}.$$

■

참고로, 시장의 yield curve가 5%에서 수평일 때 영구채권, high-coupon bond, low-coupon bond의 만기와 D의 관계는 아래 그림과 같습니다. 이 그림에 대해서는 추후 상세히 논의합니다. 여기서 high(low)-coupon bond란 5%보다 높은(낮은) coupon rate의 이표채를 뜻합니다. 참고로 시장의 yield curve가 5%에서 수평이면 모든 채권의 yield가 5%입니다.*

➢ 그림 7-1〉 다양한 채권들의 매컬리 듀레이션과 만기

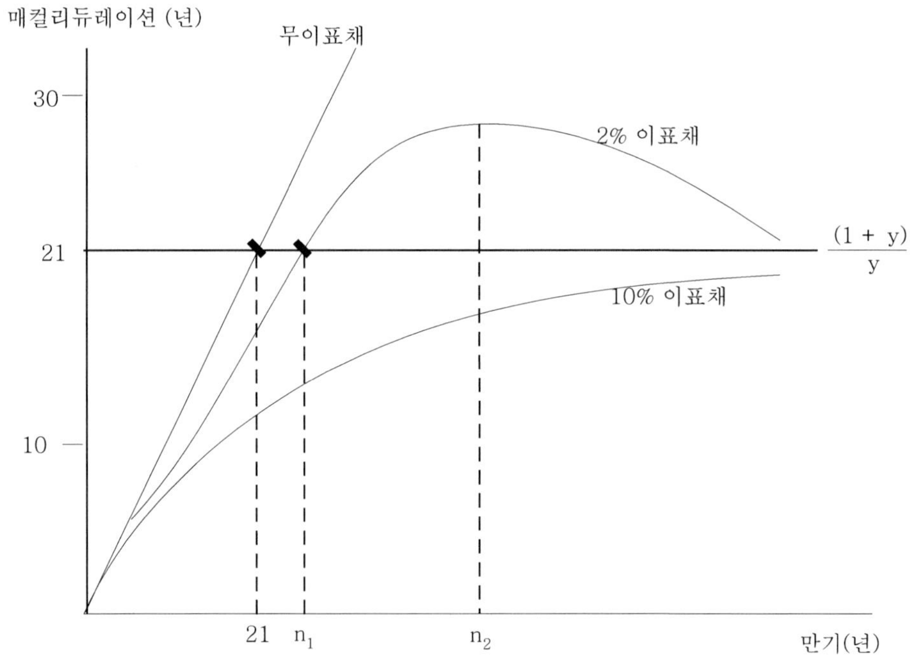

■

* 모든 채권의 yield가 5%란 사실과 5%가 아닌 coupon rate를 지급하는 이표채들이 존재한다는 사실은 별개입니다. yield curve가 5%에서 수평이면 모든 채권의 yield가 5%이지만, 그럼에도 불구하고 5%보다 높거나 낮은 coupon rate을 지급하는 이표채들이 얼마든지 있을 수 있고, 이들의 yield는 모두 5%가 됩니다.

무이표채의 매컬리 듀레이션 D는 만기와 비례하므로, 만기가 x −축일 때 무이표채의 D는 45도 각도의 직선이 됩니다.* 동시에 영구채권의 D는 한정된 값을 가지므로, 만기가 충분히 긴 무이표채의 D는 영구채권의 D보다 더 큰 값을 갖습니다. 위 그림의 경우, 영구채권의 D는 $\frac{1+y}{y} = \frac{1+0.05}{0.05} = 21$입니다만, 만기가 21년보다 긴 모든 무이표채의 D는 21보다 큽니다.

그리고 10% coupon rate같은 high-coupon bond의 D는 항상 영구채권의 D보다 작은데, 만기가 길어질수록 영구채권의 D에 수렴합니다. 수렴하기는 하지만, 결코 영구채권의 D보다 크지는 않습니다. 여기서 high(low)-coupon bond의 정의는, 수평 수익률 곡선(flat yield curve)의 yield 5%보다 더 높은(낮은) coupon rate을 제공하는 채권입니다. 여기서는 편의상

high-coupon bond = HCB
high-coupon bond의 매컬리 듀레이션 = D_H
low-coupon bond = LCB
low-coupon bond의 매컬리 듀레이션 = D_L
영구채권의 매컬리 듀레이션 = D_p
HCB 혹은 LCB의 (공통) 만기 = M

으로 표기합니다.

정리 5〉 HCB의 매컬리 듀레이션 (HCB의 D_H)

a) D_H는 LCB의 D_L보다 항상 작고 (어떤 M 값에서도) ($D_H < D_L$)
b) D_H는 영구채권의 D_p보다 항상 작고 (어떤 M 값에서도) ($D_H < D_p$)
c) 만기가 길어질수록 D_H는 D_p에 지속적으로 수렴 $\left(\lim_{M\to\infty} D_H = D_p\right)$

* 단 본문의 그림에서는 정확히 45도 직선으로 보이지는 않습니다(not drawn to scale).

먼저 a)를 설명하겠습니다. HCB는 시장에서 요구하는 수익률 $y = 5\%$보다 더 높은 coupon rate을 1년말부터 지급하기에, 이른 시점부터 상대적으로 많은 현금(high coupon)이 지급됩니다. 그러므로 이른(작은) 시점들의 가중치가 상대적으로 높아 이 채권의 D_H가 (LCB의 D_L보다) 항상 작습니다. 또 HCB의 D_H는 (만기가 긴) 영구채권의 D_p보다도 항상 작습니다(b). 가령 만기 5년의 이표채의 D_H는 5보다도 작지만 영구채권의 D_p는 21입니다.* 특히 만기가 짧은 모든 HCB, LCB의 매컬리 듀레이션은 영구채권의 D_p보다 "훨씬" 더 작습니다. 모든 이표채의 매컬리 듀레이션은 그 만기보다 작으니, 짧은 만기의 이표채들의 매컬리 듀레이션은 짧기(작기) 때문입니다.

이제 c)를 설명하겠습니다. HCB 포함하여 모든 이표채의 만기가 길어질수록 점점 더 영구채권과 유사해집니다. 가령 HCB의 만기가 30년, 40년이 되면 이 채권은 영구채권과 별 차이가 없습니다. 가격과 매컬리 듀레이션 관점에서 말입니다. 왜냐하면 30년 이상, 40년 이상 미래의 현금흐름의 현재가치는 아주 작은 값이 되어, 이 현금흐름들은 (HCB이건 영구채권이건) 거의 무시해도 되기 때문입니다. 그러므로 만기가 길어질수록 HCB의 D_H는 영구채권의 D_p에 점점 더 수렴합니다.

참고로 수평 수익률 곡선의 yield 5%와 동일한 coupon rate을 제공하는 "par bond"의 듀레이션인 D_{PB}의 형태도 D_H와 같습니다. 즉 D_{PB}도 항상 D_p 아래에 위치하며, 만기가 길어질수록 D_p에 수렴합니다. 이에 대해서는 추후 상세히 설명합니다.†

반면 (coupon rate 2%처럼) LCB의 D_L의 특성은, HCB의 D_H의 특성과는 좀 다른데, 위 그래프를 참조하여 만기별로 설명하면 아래와 같습니다. 아래 정리에서는 "LCB의 만기 M이 길어짐에 따라"라는 조건이 전제되어 있습니다. 영구채권의 매컬리 듀레이션 D_p는 고정된 상수임을 기억하기 바랍니다.

---

* 이는 LCB의 경우에도 마찬가지입니다. 만기 5년의 LCB의 D_L도 5보다 작습니다.

† 지금 액면가채권(par bond)의 듀레이션까지 설명하기에는 이른 감이 있고 독자들에게 많은 내용을 한꺼번에 제공하는 것의 cost가 benefit보다 큽니다.

정리 6〉 LCB의 매컬리 듀레이션 (LCB의 D_L)

a) 만기가 짧을 때는 LCB의 D_L은 만기 M과 거의 비례하여 커지는데
b) 이 과정에서 특정 만기 n_1에서는 영구채권의 D_p와 같아지고 ($D_L = D_p$)
c) $M > n_1$이면 항상 $D_L > D_p$이고
d) $n_1 < M < n_2$이면 D_L이 계속 더 커지다가 $\left(\frac{dD_L}{dM} > 0\right)$
e) $M > \mathrm{n}_2$이면 D_L이 작아지며 $\left(\frac{dD_L}{dM} < 0\right)$
f) $M > \mathrm{n}_2$이면 $\lim_{M\to\infty} D_L = D_p$ (만기 길어질수록 D_L은 D_p에 수렴)

이제 LCB의 D_L의 특성들을 하나씩 살펴 봅시다. (2% 같은) LCB는 무이표채에 가까운 채권입니다. 그러므로 일정 만기까지는 LCB의 D_L은 무이표채의 듀레이션처럼 만기에 거의 비례하여 커집니다(a) 그러다 보니 (무이표채처럼) 만기가 특정 임계치 n_1에 도달하면 LCB의 D_L은 영구채권의 D_p와 같아지고(b), 만기가 n_1보다 길면 D_L은 영구채권의 D_p보다도 더 큽니다(c). 하지만 LCB의 D_L이 만기가 늘어나면서 무한정 계속 커지는 것은 아닙니다. 왜냐하면 만기가 늘어날수록 LCB도 영구채권과 유사한 채권이 되기 때문이며, 영구채권의 D_p는 무한대가 아니라 21 같은 유한한 상수입니다. 이는 곧, 만기가 늘어날수록 LCB의 D_L도 영구채권의 D_p에 수렴한다는 말이므로, 이것이 성립하려면 D_L이 도로 D_p에 가까운 값으로 하락해야 합니다. 그렇기에 LCB의 만기 M이 n_1보다 커지면 한동안 D_L도 함께 커지지만(d) 일정 임계치 n_2에 도달한 후에는 M이 커지면 D_L이 도로 하락합니다(e). M이 커지면 매컬리 듀레이션도 커지는 무이표채와는 달리 이 구간에서는 LCB의 M이 커져도 D_L은 오히려 작아집니다. 그러므로 $M > n_2$이면 LCB는 더 이상 무이표채와 유사한 채권이 아니게 되며, 이후 M이 커질수록 LCB은 영구채권과 유사하게 되어 D_L도 D_p에 수렴합니다.

네, 처음 이 내용을 접하는 독자들은 '생각보다 복잡하네'라고 느낄 수 있습니다. 실제로 이렇게 정리해 보니 복잡해 보이기도 합니다. 그러므로 여러분들은 이 내용을 외우려하기보다는 이해하려 노력하기 바랍니다. 일단 이해가 되면 쉽게 느껴질 수도 있습니다.

이제 영구채권과 이표채의 매컬리 듀레이션에 대한 위 그래프를 보다 명확히 하기 위해 다양한 coupon rate을 지급하는 LCB, HCB들의 매컬리 듀레이션 그래프를 그리면

아래와 같습니다. 위 그림과 같이 x −축은 만기, y −축은 채권들의 매컬리 듀레이션을 뜻합니다. 그리고 아래 4개의 그래프는 위치 순서대로 1%, 2%, 6%, 20% coupon rate을 지급하는 이표채들의 매컬리 듀레이션 그래프입니다. yield curve가 5%에서 수평인 경우이기에 영구채권의 $D_p = 21$의 직선으로 표시되었고, 위 두 개의 정리에서 설명한 내용들이 모두 잘 나타나고 있습니다. 즉 (5%보다 낮은) 1% LCB과 2% LCB의 매컬리 듀레이션은 21보다 커졌다가 점차 21에 수렴하고, 6% HCB와 20% HCB의 매컬리 듀레이션은 단 한 번도 21보다 커지지 않고, 만기가 길어질수록 21에 수렴합니다. 또 coupon rate이 낮은 이표채일수록 (무이표채에 가까워) 그 매컬리 듀레이션이 더 큽니다. 만기가 동일한 다양한 이표채들에 있어서 말입니다.

➢ 그림 7-2〉 이표채들의 coupon rate과 매컬리 듀레이션

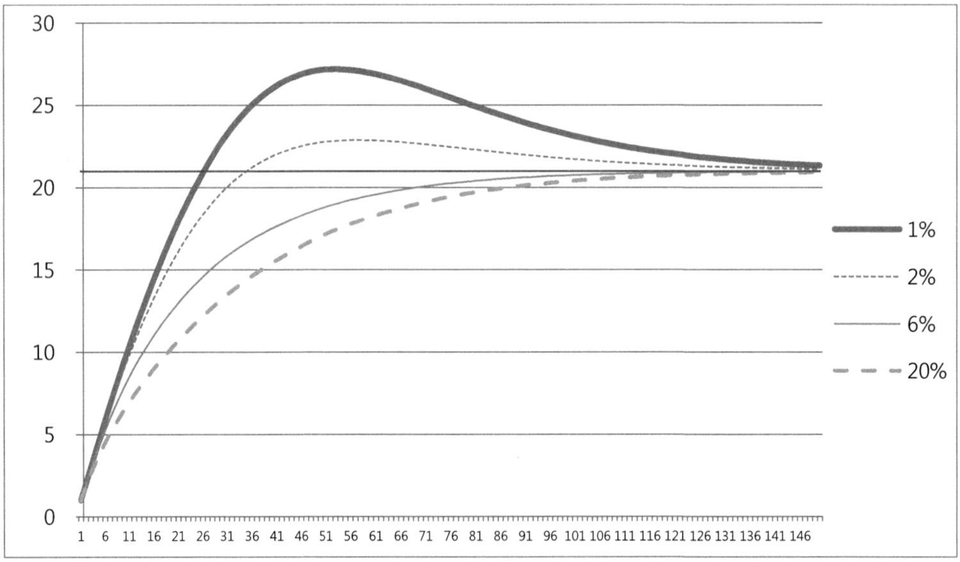

2. 채권의 매컬리 듀레이션 공식

이제 여러분은 영구채권의 매컬리 듀레이션 공식을 잘 기억하고 있을 것입니다. 자 그러면, 다양한 coupon rate을 지급하는 이표채들의 매컬리 듀레이션(D)도 하나의 공식으로 계산될 수 있을까요? 네, 그렇게 할 수 있다고 했습니다. 언제 말입니까? 본절 초기에 한 예제를 풀면서 그런 언급을 했는데 여기 소환해 보겠습니다.

소환〉 만기수익률과 매컬리 듀레이션

5%의 수평 수익률곡선을 가정합시다. 액면가 = 100, 만기 = 3년, coupon rate = 10%인 채권 B의 매컬리 듀레이션 D(B)를 구하면 다음과 같이 2.75입니다.

매컬리 듀레이션 산출				
Par	c	n	y	
100	10%	3	5%	
t	CF(t)	PV[CF(t)]	w(t)	t· w(t)
1	10	9.52	0.084	0.08
2	10	9.07	0.080	0.16
3	110	95.02	0.836	2.51
P(B) =		113.62		
D(B) =				2.75

위 예제를 풀면서 여러분은 어떤 생각이 드셨나요? 혹시 이런 생각은 들지 않았나요?

만기 30년인 이표채의 D를 구하려면 위 작업을 30 lines까지 해야 하나?

네, 맞습니다. 30 lines까지 Excel 작업을 해야 합니다. Excel이나 손을 사용해서 D를 계산하려면 말입니다. 그렇다면 여러분은 다음 질문을 할 수도 있을 것입니다.

Excel이나 손을 사용하지 않고 D를 계산할 때는 위보다 더 간단한 방법이 있나?

네, 있습니다. 그것도 대단히 "powerful"한 방법이 있습니다. 채권 만기가 30년이든 300년이든 단번에 채권 매컬리 듀레이션을 산출하는 방법이 있습니다. 그 방법이 무엇일까요? 그리고 그 원리는 무엇일까요? 이에 대해서는 곧 설명하겠습니다. ■

자, 이제 앞에서 약속했던 그 "powerful"한 매컬리 듀레이션 산출 방법을 소개합니다. 이는 다름 아니고, 모든 이표채의 매컬리 듀레이션(D)을 계산하는 공식을 말합니다. 먼저 공식의 형태부터 보겠습니다. 매컬리 듀레이션은 채권의 가격, par 같은 "size"와는 무관한 상대적 수치이므로 이들은 이 공식에 전혀 나타나지 않습니다. 반면 만기 n이나 coupon rate은 이표채의 'size'와는 관련 없기에 이 공식에서 사용되고 있습니다.

정리 7〉 모든 이표채의 매컬리 듀레이션 공식

yield curve가 y에서 수평일 때, 만기는 n년이고 coupon rate은 c인 모든 채권의 D는 다음과 같다.

$$D = \frac{1+y}{y} - \frac{1+y+n(c-y)}{c\times[(1+y)^n-1]+y}.$$

결과적으로 모든 채권의 D는 n, c, y의 함수가 됩니다($D = D(n, c, y)$). 우리는 위 정리도 수리적으로 입증할 것입니다. 단 'hard-core math'가 아니라 직관적인 방식으로 입증할 것입니다. 먼저 위 정리가 무이표채 및 이표채의 D를 정확히 산출하는지를, 우리가 이미 그 답을 알고 있는 두 채권을 사례로 검증해 보겠습니다.

예제 7-6〉 매컬리 듀레이션 공식 검증

만기 n년의 "무이표채"의 D는 n입니다. 위 공식을 그대로 적용해 보겠습니다. 무이표채의 coupon rate $c = 0$이므로 위 공식을 이 무이표채에 적용하면

$$\begin{aligned} D &= \frac{1+y}{y} - \frac{1+y+n(c-y)}{c\times[(1+y)^n-1]+y} \\ &= \frac{1+y}{y} - \frac{1+y-ny}{y} \\ &= \frac{1+y-1-y+ny}{y} \\ &= n \end{aligned}$$

이 되므로 위 공식은 맞습니다. 더욱이 무이표채의 만기를 특정 값이 아닌 n으로 일반

화했었기에, 위 공식은 모든 무이표채에 유효한 공식입니다.

또 위에서 소환된 예제, 즉 Excel로 푼 이표채의 D가 2.75였습니다. 즉 액면가 = 100, 만기 = 3년, c = 10%인 이표채의 D를 위 공식을 이용해서 다시 계산하면

$$\begin{aligned} D &= \frac{1+0.05}{0.05} - \frac{1+0.05+3(0.1-0.05)}{0.1\times[(1+0.05)^3-1]+0.05} \\ &= 21-18.25 \\ &= 2.75 \end{aligned}$$

가 되어 이 경우 역시 위 공식이 맞습니다. ■

네, 무이표채와 이표채의 사례를 하나씩 들어 매컬리 듀레이션 공식을 점검해 보았습니다. 하지만 아직은 두 개의 특정한 사례에 불과합니다. 아, 물론 무이표채의 경우 일반적인 만기 n의 경우였지만, 이표채의 경우는 아직 한 개의 사례에만 위 공식을 적용해 보았습니다. 그럼 이제는 이 공식이

일반적으로 모든 이표채의 매컬리 듀레이션 산출에 사용될 수 있음을

입증해 보겠습니다. 그런데 여러분 중 일부는 이런 생각을 할 수도 있습니다.

왜 굳이 위 정리를 증명해야 하나요?

네, 모든 정리는 수리적으로 증명해야 안심하고 사용할 수 있습니다. 초등학교 때 우리가 외우는 구구단도, 가령 $7\times3=21$도 그냥 암기했던 것 같지만, 그 이전에 7을 실제로 3번 더하니 21이 된다는 사실을 우리가 이해한 뒤, 단지 편하게 기억-사용하기 위해 외웠던 것입니다.* 초등학생도 이런 과정을 거치는데 여러분들이 위 공식을 증명하는 과정을 체험한 후 (안심하고) 위 공식을 사용하는 것이 신상에 좋습니다. 학구적 신상에 말입니다. 그리고 사실 이런 공식을 증명하는 과정에서 배우는 것들도 많습니다.

---

* 아마도 $7\times3=21$을 이해하는 과정은 먼저 $7\times1=7$을 이해한 후, $7\times2=14$를 이해하기 위해 $7+7=14$라는 덧셈을 해 보았을 것입니다. 이제 $7\times2=14$가 확인되니 안심하고 이를 외우고, 그후에는 $7\times3=21$을 이해하기 위해 $7\times2+7=14+7=21$이 확인되니 안심하고 $7\times3=21$을 외웠을 것입니다. 이는 사실 7 구구단의 하나하나를 증명하는 작업입니다.

증명 3〉 매컬리 듀레이션 공식 증명

위 공식이 꽤 복잡해 보이는데, 도대체 어떻게 이를 입증할 수 있을까요? 저자도 처음 이 공식을 수학적으로 입증할 마음을 먹었을 때 그리 쉬워 보이지는 않았습니다. 그런데 위 공식을 다시 잘 보면 이 문제를 풀 실마리가 하나쯤 보입니다. 그것은 이표채의 매컬리 듀레이션(D) 공식에 영구채권의 D 공식이 첫째 항으로 포함되어 있다는 사실입니다. 이 공식의 형태가 다음과 같으니 말입니다.

$$D \;=\; \frac{1+y}{y} \;-\; \frac{1+y+n(c-y)}{c\times[(1+y)^n-1]+y}.$$

그러므로 이 공식은 영구채권과 어떤 식으로든 관련이 있음을 어렴풋이 느낄 수 있습니다. 사실 모든 이표채는 영구채권(들)을 포함하는 채권 포트폴리오로 이해할 수 있습니다. 물론 이 사실은 여러분이 배웠던 사실은 아닙니다. 여러분이 이표채에 대해 배웠던, 유사한 사실은

이표채는 무이표채들의 포트폴리오

라는 것입니다. 그런데 이표채를 이렇게 해석하면, 만기 30년의 이표채의 D를 계산하려면 30개의 무이표채의 D를 계산하고, 그 무이표채들의 (상대적) 가격을 가중치로 사용하여 30년 이표채의 D를 계산하여야 합니다. 그러니 이 방식도 그다지 간결한 방식은 아닙니다.

반면 이표채를 영구채권들의 포트폴리오로 해석할 수 있다면, 그리고 한 이표채에 포함된 영구채권들의 수가 몇 개 안 된다면, 영구채권의 D를 이미 알고 있는 우리들은 동 이표채의 D를 쉽게 구할 수 있을 것입니다. 그런데 과연 모든 이표채가 몇 개의 영구채권들만의 포트폴리오로 해석될 수 있을까요? 네, 이 질문이 정말 중요(crucial)합니다. 이 질문에 대한 답은

각 이표채는 영구채권 2개로 이루어진 포트폴리오

는 아니고

각 이표채는 영구채권 2개와 무이표채 1개로 이루어진 포트폴리오

라고 해석할 수 있습니다!

저자도 수년 전 이표채의 D 공식을 증명할 방법을 찾던 중 이 결론에 이르렀을 때 쾌재를 불렀던 기억이 납니다. 위 공식을 최초로 제기한 연구자 혹은 실무자도 이런 해석으로 위 공식을 제시했을 가능성이 있습니다. 자 그렇다면 위의 해석이 어떻게 가능한지 직관적으로 알 수 있도록 아래 그림을 한 번 보겠습니다. 아래 그림은 만기 n년, 액면가 1, coupon rate c인 이표채 X의 현금흐름을 2개의 영구채권(A, B)과 1개의 무이표채(E)의 포트폴리오로 해석하고 있습니다. X의 액면가가 1이므로 X의 coupon 금액도 $1 \times c = c$가 되어 X의 coupon rate c와 같습니다.

➢ 그림 7-3〉 이표채 현금흐름의 분해(breakdown)

t =	1	2	3	…	n	n+1	n+2	n+3	…
X	c	c	c	…	1+c				
A	c	c	c	…	c	c	c	c	…
B						c	c	c	…
E					1				
X = A - B + E									

참고로, 여러분 중 일부는 이런 생각을 할 수도 있습니다. 이표채의 액면가를 1로 제한하지 말고 K 등으로 일반화해서 그 매컬리 듀레이션(D)을 구해야 하는 것 아닌가요? 네, 굳이 그렇게 하지 않아도 됩니다. 왜냐하면

만기 n년, coupon rate c, 액면가 K인 이표채는
만기 n년, coupon rate c, 액면가 1인 이표채가 K개 모인 포트폴리오

이기 때문입니다. 그리고 채권 포트폴리오의 D는 그 포트폴리오를 구성하는 채권들의 D(들)의 가중평균임은 이미 입증되었습니다. 그러므로 D의 이 특성을 이용하여 다음을 입증할 수 있습니다. 먼저 만기 n년, coupon rate c, 액면가 1인 이표채를 X라 합시다. 그러면

X가 K개 모인 이표채(Y)의 D(= D_Y)는
X들의 D(= D_{Xi})를 K개 각각 구한 후 ($D_{X1}, D_{X2}, D_{X3}, \cdots, D_{XK}$)

$D_{X1}, D_{X2}, D_{X3}, \cdots, D_{XK}$의 가중평균을 구하면 되는데 $\left(D_Y = \sum_{i=1}^{K}(D_{Xi} \cdot w_i)\right)$
$D_{X1}, D_{X2}, D_{X3}, \cdots, D_{XK}$는 모두 동일한 채권 X의 매컬리 듀레이션이므로
이들의 값은 같고($D_{X1} = D_{X2} = D_{X3} = \cdots = D_{XK} = D_X$)
$D_{X1}, D_{X2}, D_{X3}, \cdots, D_{XK}$의 가중평균은 하나의 X의 D($\sum_{i=1}^{K}(D_{Xi} \cdot w_i) = D_X$)와 같다

는 결론이 도출됩니다. 즉 X의 D를 구하면 그것이 바로 일반적인 이표채 Y의 D가 되는 것입니다.

이제 위 그림을 하나의 정리로 요약한 뒤 이표채의 D 수식을 증명하겠습니다. 참고로 이 증명의 방법론은 어렵지 않지만, 수리적 증명 과정은 좀 깁니다(long).

정리 8〉 이표채의 매컬리 듀레이션

만기 n년, coupon rate c, 액면가 1인 이표채 X는 다음 A, B, E의 포트폴리오이다.

A = 매년 말 c의 현금을 영속적으로 지급하는 영구채권(A)
B = $(n+1)$년 말부터 c의 현금을 영속적으로 지급하는 영구채권(B)
E = n년 말 1의 액면가를 지급하는 무이표채(E)

구체적으로, X는 A와 E를 롱포지션으로, B를 숏포지션으로 보유한 포트폴리오이다.

이표채 X가 왜 A, E를 long position으로, B를 short position으로 보유한 것인지는 〈그림 7-3〉을 보면 쉽게 이해될 것이므로 자세한 설명은 생략합니다. 이제 이를 수식으로 증명해 보겠습니다. 증명 방식은 다음과 같습니다.

1) X는 A, B, E의 포트폴리오이다.
2) X의 D는 A, B, E의 D들의 가중평균이다.
3) A, B, E의 가중평균 구할 때 각 가중치는 이들의 (상대적) 가격이다.
4) 숏 포지션인 B의 가중치는 "−B"의 가중치이므로 음수이다.

증명 4〉 이표채의 매컬리 듀레이션 공식

먼저 A, E, B의 가격 $P(A)$, $P(E)$, $P(B)$를 산출해 봅시다. 이 가격들은 추후 이표채 X의 D를 이 세 채권의 D의 가중평균으로 계산할 때 세 채권의 가중치로 사용됩니다.

$$P(A) = \frac{c}{y}, \qquad P(B) = \frac{c}{y} \times \frac{1}{(1+y)^n}, \qquad P(E) = \frac{1}{(1+y)^n}.$$

이표채 X를 분해하면 '$X = A - B + E$'이므로 그 가격 $P(X)$도 아래와 같습니다.

$$\begin{aligned} P(X) &= P(A) - P(B) + P(E) \\ &= \frac{c}{y} - \frac{c}{y(1+y)^n} + \frac{1}{(1+y)^n} = \frac{c(1+y)^n - c + y}{y(1+y)^n} \\ &= \frac{c[(1+y)^n - 1] + y}{y(1+y)^n} \\ &= \frac{Q}{y(1+y)^n}, \qquad where\ Q = c[(1+y)^n - 1] + y. \end{aligned}$$

이제 A, E, B의 (X에서의) 가중치 $w(A)$, $w(E)$, $w(B)$를 계산해 봅시다. 그런데

$$X = A - B + E = A + (-B) + E$$

이므로 우리가 구할 가중치는 정확하게는 $w(A)$, $w(E)$, $w(-B)$가 됩니다.

$$w(\mathrm{A}) = \frac{P(A)}{P(X)} = \frac{\frac{c}{y}}{\frac{Q}{y(1+y)^n}} = \frac{c}{\frac{Q}{(1+y)^n}} = \frac{c(1+y)^n}{Q}.$$

$$w(E) = \frac{P(E)}{P(X)} = \frac{\frac{1}{(1+y)^n}}{\frac{Q}{y(1+y)^n}} = \frac{y}{Q}.$$

$$w(-B) = \frac{P(-B)}{P(X)} = \frac{-P(B)}{P(X)} = \frac{-\frac{c}{y(1+y)^n}}{\frac{Q}{y(1+y)^n}} = \frac{-c}{Q}.$$

이제 이표채 X의 (매컬리) 듀레이션 $D(X)$를 구해 보아야겠습니다. X의 듀레이션은 A, E, B 각 채권의 듀레이션의 가중평균입니다. 그러니 A, E, B의 듀레이션 $D(A)$, $D(E)$, $D(B)$를 각각 구해 보겠습니다. 먼저 영구채권 A의 $D(A)$는

$$D(A) = \frac{1+y}{y}$$

입니다. 또 n년 후 1의 액면가를 지급하는 무이표채 E의 $D(E)$는

$$D(E) = n$$

입니다. 그러면 $(n+1)$년 후부터 매년 c를 영구히 지급하는 채권 B의 $D(B)$는 어떻게 구할 수 있을까요? 이 문제를 풀 수 있는 key는,

B의 각 현금흐름은 A의 각 현금흐름보다 n(년) 만큼 더 늦게 지급된다

는 사실입니다. 다르게 말하면, 영구채권 B의 보유자는 영구채권 A의 보유자보다

항상 n년만큼 뒤늦게 c를 (영구히) 지급받는다

는 것입니다. 가령 A 보유자의 첫 번째 현금 수령 시점은 지금으로부터 1년 후이지만 B 보유자의 첫 번째 현금 수령 시점은 지금으로부터 '$n+1$'년 후입니다. 마찬가지로 A 보유자의 k번째 현금 수령 시점은 지금으로부터 k년 후이지만 B 보유자의 k 번째 현금 수령 시점은 지금으로부터 '$n+k$'년 후입니다. 둘 다 영구채권이므로, A의 모든 각 현금흐름은 n년 후 B의 각 현금흐름과 1:1로 매칭됩니다. 무한히 말입니다. 그러면 B의 듀레이션 $D(B)$는 A의 듀레이션 $D(A)$와 어떤 관련이 있을까요? 답부터 말하면

$$D(B) = D(A) + n$$

이 됩니다. 이 관계를 수식을 동원하지 않고 직관적인 설명으로 입증해 보겠습니다.

채권의 매컬리 듀레이션의 정의 혹은 의미가 무엇이었는지 기억하나요? 채권으로부터 발생하는(지급받는) 현금들의 평균 시점이었습니다. 그런데 A로부터 k년 후 지급받는 현금은 B로부터 '$k+n$'년 후 지급받는 현금과 1:1로 매칭됩니다. 모든 k에 대해서, 그리고 무한히 말입니다. 즉 $k = 1, 2, 3, \ldots$의 모든 k 번째 현금에 대해서 말입니다. B로

부터 발생하는 각 현금의 시점이 A로부터 발생하는 각 현금보다 n년만큼 늦다면, B로부터 발생하는 현금들의 (가중)평균 시점도 A로부터 발생하는 현금들의 (가중)평균 시점보다 n년만큼 늦습니다. 마치 A, B 두 반 학생들의 수가 50명으로 같은데, B반 k번째 학생의 수학 시험 성적이 A반 k 번째 학생의 수학 시험 성적보다 10점만큼 더 높으면, 그리고 이것이 모든 k에 성립하면($k = 1, 2, 3, \ldots, 50$), B반 학생들의 수학 평균이 A반 학생들의 수학 평균보다 10점만큼 더 높은 이치와 같습니다. 일반적으로, 두 채권 A, B의 현금흐름 형태가 동일한데 단지 B의 각 현금흐름이 A의 각 현금흐름보다 n년 늦게 지급된다면, B의 매컬리 듀레이션 $D(B)$는 A의 그것 $D(A)$보다 n만큼 더 큽니다. 이 내용을 수리적으로도 입증할 예정입니다. 곧.

자, A, E, B 채권들의 듀레이션들을 모두 파악했습니다. 이제 A, E, B 각자의 듀레이션을 각자의 가중치로 곱해 그 가중평균을 구하면 이 수치가 이표채 X의 듀레이션 $D(X)$가 됩니다. 여기서 B의 가중치는 음수가 됨을 유의해야 합니다. 채권 B의 듀레이션 $D(B)$ 자체는 양수이지만, 이표채 X는 채권 B를 short position(매도 포지션)으로 보유하므로 B의 X에서의 비중은 음수가 되기 때문입니다. 그 전에 이렇게 음수인 가중치를 더해서도 세 채권의 가중치 합이 1이 됨을 확인할 필요가 있습니다. 그런데 이는 간단히 확인됩니다. 왜냐하면

$$X = A - B + E = A + (-B) + E$$

인데, 세 채권의 가중치는 단순히 각 채권의 가격을 세 채권의 합인 X의 가격으로 나눈 것이기 때문입니다. 즉, 위 등식의 양변을 가격 차원에서 표시하면

$$P(X) = P(A) - P(B) + P(E)$$

가 되는데

$$w(\mathrm{A}) = \frac{P(A)}{P(X)}, \quad w(-B) = \frac{P(-B)}{P(X)} = \frac{-P(B)}{P(X)}, \quad w(E) = \frac{P(E)}{P(X)}$$

이므로

$$w(\mathrm{A}) + w(-B) + w(E) = \frac{P(E)}{P(X)} + \left(\frac{-P(B)}{P(X)}\right) + \frac{P(E)}{P(X)}$$

$$= \frac{P(A) - P(B) + P(E)}{P(X)}$$

$$= \frac{P(X)}{P(X)} = 1$$

이 됩니다.

이제 아래 증명을 끝까지 잘 따라가 보기 바랍니다. 증명 과정에서 $y(1+y)$를 더하고 도로 빼주는데 왜 그런 짓을 하는지도 생각해 보기 바랍니다.

$$
\begin{aligned}
D(X) &= w(A)D(A) + w(-B)D(B) + w(E)D(E) \\
&= \frac{c(1+y)^n}{Q} \cdot \frac{1+y}{y} + \left(\frac{-c}{Q}\right) \cdot \left(\frac{1+y}{y} + n\right) + \frac{y}{Q} \cdot n \\
&= \frac{c(1+y)^{n+1}}{Qy} - \frac{c}{Q} \cdot \left(\frac{1+(n+1)y}{y}\right) + \frac{ny}{Q} \\
&= \frac{c(1+y)^{n+1} - c \cdot [1+(n+1)y] + ny^2}{Qy} \\
&= \frac{c(1+y)^{n+1} - c(1+y) - cny + ny^2}{Qy} \\
&= \frac{c(1+y)^{n+1} - c(1+y) + y(1+y) - y(1+y) - cny + ny^2}{Qy} \\
&= \frac{c(1+y)^{n+1} - c(1+y) + y(1+y)}{Qy} - \frac{y(1+y) + cny - ny^2}{Qy} \\
&= \frac{[c \times \{(1+y)^n - 1\} + y](1+y)}{Qy} - \frac{y[1+y+cn-ny]}{Qy} \\
&= \frac{Q \cdot (1+y)}{Qy} - \frac{[1+y+cn-ny]}{Q} \\
&= \frac{1+y}{y} - \frac{1+y+n(c-y)}{c[(1+y)^n - 1] + y}.
\end{aligned}
$$

(증명 끝) ■

"증명 과정에 $y(1+y)$를 더하고 도로 빼주는 내용이 있는데, 왜 그런 짓을 하는지도 생각해 보기 바랍니다."라고 위에서 말한 바 있습니다. 실제로 분자에서 $y(1+y)$을 더하고 다시 빼주는, 결국 0을 더하는 그런 과정이 있었습니다. 왜 그랬을까요? 네, 위 증명의 궁극적 목적이

$$D(X) \;=\; \frac{1+y}{y} \;-\; \frac{1+y+n(c-y)}{c[(1+y)^n-1]+y}$$

를 입증하는 것입니다. 그렇기에 궁극적으로는 이런 두 항의 형태로 표시해야만 합니다. 이러한 형태로 증명을 끝내기 위해서 $y(1+y)$를 분자에서 더하고 다시 빼주는 짓을 했던 것입니다.

자, 이제 진짜 마지막으로, 이 듀레이션 공식을 다시 보면서 왜 이런 형태의 공식이 되었을까를 생각해 보기로 합시다.

질문 7 4〉 매컬리 듀레이선 공식이 왜 이린 형태가 되었을까요?

네, 좀 난감한 질문 같습니다만 다시 이 공식을 봅시다.

$$D \;=\; \frac{1+y}{y} \;-\; \frac{1+y+n(c-y)}{c[(1+y)^n-1]+y}.$$

이 공식의 첫째 항은 무엇을 의미할까요? 네, 다름 아니고 바로 영구채권의 듀레이션 $D_p = \frac{1+y}{y}$를 의미합니다. 다시 말하면 이표채의 듀레이션 D 공식은

$$D \;=\; D_p \;-\; \frac{1+y+n(c-y)}{c[(1+y)^n-1]+y}$$

라는 말입니다. 그렇다면 왜 일반 이표채의 D 공식에 뜬금없이 영구채권의 D_p 공식이 포함되었을까요? 그 이유는

모든 이표채는 만기가 길어질수록 영구채권에 유사해지기 때문

입니다. 만일 특정 이표채 A의 만기가 충분히 길다면, 가령 $n > 200$이라면 위 공식의 둘째 항은 0이 되어 A의 매컬리 듀레이션 D_A는

$$D_A = D_p - 0 = D_p = \frac{1+y}{y}$$

가 됩니다. 그러나 n이 충분히 크지 않으면 D_A는 $\frac{1+y}{y}$와 같지 않고 둘째 항도 0이 되지 않습니다. 즉 $\frac{1+y}{y}$에서 둘째 항만큼 빼주어야 정확한 D_A 값이 산출되는 것입니다. 참고로 다양한 $\{n,\ c\}$ 조합에 따른 둘째 항의 값(Ω)들은 아래 도표와 같습니다.* 참고로 첫째 항의 값은 $\frac{1+y}{y} = \frac{1+0.05}{0.05} = 21$입니다.

➢ 도표 7-2〉 $\{\boldsymbol{n},\ \boldsymbol{c}\}$ 값에 따른 $\frac{1+y+n(c-y)}{c[(1+y)^n-1]+y}$ $(=\boldsymbol{\Omega})$의 크기

y = 0.05		c				
		1%	2%	5%	10%	30%
n	1	20	20	20	20	20
	5	16.1	16.2	16.5	16.7	17.3
	10	11.5	11.8	12.9	13.7	14.9
	21	3.1	4.1	7.5	9.2	10.8
	30	-1.8	0.0	4.9	6.7	8.2
	50	-6.1	-3.4	1.8	3.2	4.2
	100	-2.2	-1.2	0.2	0.5	0.7
	200	0	0	0	0	0

위 표에서 각 열(column)은 이표채의 coupon rate인 c 값으로 1%에서 30%까지 값을 가집니다. 또 각 행(row)은 이표채의 만기인 n 값으로 1년에서 200년까지입니다.† 그런데 위 표에서 $n = 1$인 행(row)의 값들은 왜 coupon rate c 값과 관계없이 항상 20이 될까요? 그 이유는 만기 1년($n = 1$)인 이표채의 경우에는, 1년 후 coupon과 par가 함께 지급되므로 사실상 만기 1년의 무이표채와 같기 때문입니다. 그리고 무이표채의 경우 만기가 1년이면 $D = 1$이 되어야 하는데, 첫 항의 $D_p = 21$이 생략되어 있기에 이를 포함하면 $D = 21 - 20 = 1$이 되는 것입니다. c가 1%이든 10%이든 말입니다.

---

* 보기 쉽게 소수 첫째 자리까지만 표기했습니다. 이후 이 표를 이용할 때는 소수 둘째 자리까지 활용할 수 있습니다.

† 무이표채 즉 $c = 0$인 경우에도 매컬리 듀레이션 공식이 유효합니다. 가령 $n = 5$이면 $D = 5$입니다. 그런데 위 표는 둘째 항 값만 표시된 것으로 첫째 항은 $\frac{1+y}{y} = 21$입니다. 그리고 둘째 항의 부호는 음의 부호(−)입니다. 위 표를 사용하여 D를 계산하면, 둘째 항 값은 16이 산출됩니다. 그러면 $D = 21 - 16 = 5$가 되어 매컬리 듀레이션 공식이 유효합니다.

이제 $c = 2\%$ 같은 low-coupon bond(LCB)의 경우 만기 n의 증대에 따른 D의 변화를 보겠습니다.

$$D = 21 - \Omega$$

임을 기억 바랍니다. 위 "Ω 표"에 따르면 n이 커짐에 따라 Ω가 점차 작아지면서 0도 되고 음수가 되지만, 다시 이 음수 절대값이 작아지면서 (Ω가 커지면서) 다시 0이 됩니다. 가령 $n = 30,\ 50,\ 100,\ 200$이 되면서 $\Omega = 0,\ -3.4,\ -1.2,\ 0$이 됩니다. n이 커질 때 Ω가 한동안 작아져서 -3.4까지 되다가 n이 매우 큰 값이 되면서 다시 Ω가 점점 커지며 결국 다시 0이 되는 현상의 의미는 다음과 같습니다. n이 커짐에 따라 "21 – Ω"인 이 LCB의 듀레이션 D가

한동안 D가 커지면서 특정 만기 n^*가 되면 영구채권의 $D_p = 21$과 같아지고
그후에도 더 커져 $D > D_p = 21$이 되다가 (즉 Ω는 계속 작아지다가)
특정 만기 n^{**}가 되면 D가 작아지기 시작하면서 (즉 Ω는 커지면서, $n^{**} > n^*$)
결국은 D가 $D_p = 21$로 수렴하는 것

을 반영하고 있습니다.* 가령

$n = 10$이면 $D = 21 - 11.8 = 9.2$이고
$n = 30 = n^*$이면 $D = 21 - 0 = 21$로 $D_p = 21$과 같고
$n = 50$이면 $D = 21 - (-3.4) = 24.4$로 $D_p = 21$보다도 크고
$n = 200$이면 $D = 21 - 0 = 21 = D_p$가

됩니다.

반면 high-coupon bond(HCB)의 경우에는 초기부터 상당한 coupon이 지급되어 D가 상대적으로 짧으며 단 한 번도 $D_p = 21$보다 커지지 않고, 만기가 매우 길어지면 $D_p = 21$에 수렴하게 됩니다. 가령 $c = 30\%$인 이표채의 경우 n이 커짐에 따라 D는 계속 커지며 (Ω는 계속 작아지며), $n = 10$이면 $D = 21 - 14.9 = 8.1$이고 $n = 100$이 되어도

---

* 여기서 n^{**} 값을 찾으려면 $D = \frac{1+y}{y} - \frac{1+y+n(c-y)}{c\times[(1+y)^n-1]+y}$ 식을 n으로 미분하여 0이 되는 n 값을 찾으면 됩니다.

$D = 21 - 0.7 = 20.3$으로 $D_p = 21$보다 작지만 $n = 200$이면 $D = 21 - 0 = 21 = D_p$가 됩니다.

그럼 $c = 5\%$인 "par bond"의 듀레이션 D_{PB}는 어떨까요? 결론부터 말하면,

만기가 길어질 때 par bond의 듀레이션은 HCB의 듀레이션처럼 움직인다

고 할 수 있습니다. 즉 어느 만기에서든 $D_{PB} < D_p$ 이고, 만기가 충분히 길어지면 $D_{PB} = D_p$가 됩니다. 그럼 왜 "중립적인" par bond의 듀레이션이 왜 영구채권의 듀레이션보다 단 한 번도 커지지 못할까요? par bond의 현금흐름과 영구채권의 그것을 비교하면서 이를 설명해 봅시다. 쉬운 이해를 위해, 매년 말 무한히 5를 지급하는 영구채권과 매년 말 5를 지급하고 만기에는 105를 지급하는 par bond, 즉 par = 100, coupon rate = 5%인 par bond을 비교해 보겠습니다. 영구채권과 현금흐름은 par bond의 매년 말 현금흐름은 각각 아래와 같습니다.(par bond의 만기 n 값과 관계없이 아래와 같은 형태.)

5, 5, 5, 5, 5, 5, 5, 5, 5, 5, 5, 5, 5, 5⋯
5, 5, 5, 5, 5, 5, 5, 105

자, 위 두 현금흐름 형태를 보면, 어느 채권의 듀레이션이 더 짧을까요? 당연히 아래 위치한 par bond의 듀레이션이 더 짧습니다($D_{PB} < D_p$). par bond의 만기 n이 고정되어 있으니 현금흐름도 n개로 제한적이고 마지막 현금흐름 시점이 n입니다. 그러니 이 현금흐름들의 평균 시점이 이들 1, 2, ⋯, n의 (가중)평균이 됩니다. 이는 일반적으로 영구채권의 듀레이션 값보다 작습니다.* 단 par bond의 만기 n이 길어질수록 이 채권도 영구채권과 유사해지므로, n이 충분히 크면 궁극적으로 $D_{PB} = D_p$ 이 됩니다. 결국 par bond의 듀레이션 형태는 high-coupon bond의 듀레이션 형태와 같습니다. 즉 만기가 길어져도 영구채권의 듀레이션보다 커질 수 없고 단지 수렴할 뿐입니다.

---

* 독자 중 일부는 "$c = 1\%$ 같은 low-coupon bond도 유사하게 분석하면 그 듀레이션이 항상 $D_p = 21$보다 작지 않을까?"라는 의문을 가질 수 있습니다. 일단 이런 의문을 가지면 매우 학구적인 독자입니다. 이에 대한 답은, $c = 1\%$ 같은 low-coupon bond는 만기 n(년)에 (상대적으로) 대부분의 현금이 지급되며 거의 무이표채와 유사하므로, 이 채권의 만기가 길면, 가령 30년 정도면, 그 듀레이션이 무이표채의 듀레이션 30에 가까울 수 있어 영구채권의 듀레이션 21보다 더 클 수 있습니다. 물론 이 채권의 듀레이션은 high-coupon bond의 듀레이션보다도 만기와 관계 없이 항상 더 큽니다. 이 정도로만 설명합니다.

이러한 (par bond 포함한) 결과들을 그래프로 나타낸 것이 아래 그림입니다. (x −축은 만기 n.) 이번에는 ("zero"로 표시된) 무이표채 및 par bond의 듀레이션 그래프까지 그렸습니다.* 위에서 네 번째 그래프입니다. 또한 영구채권의 듀레이션이 21임을 강조하기 위해 $y = 21$의 직선 그래프를 삽입했습니다.

➢ 그림 7-4〉 이표채들의 coupon rate과 매컬리 듀레이션

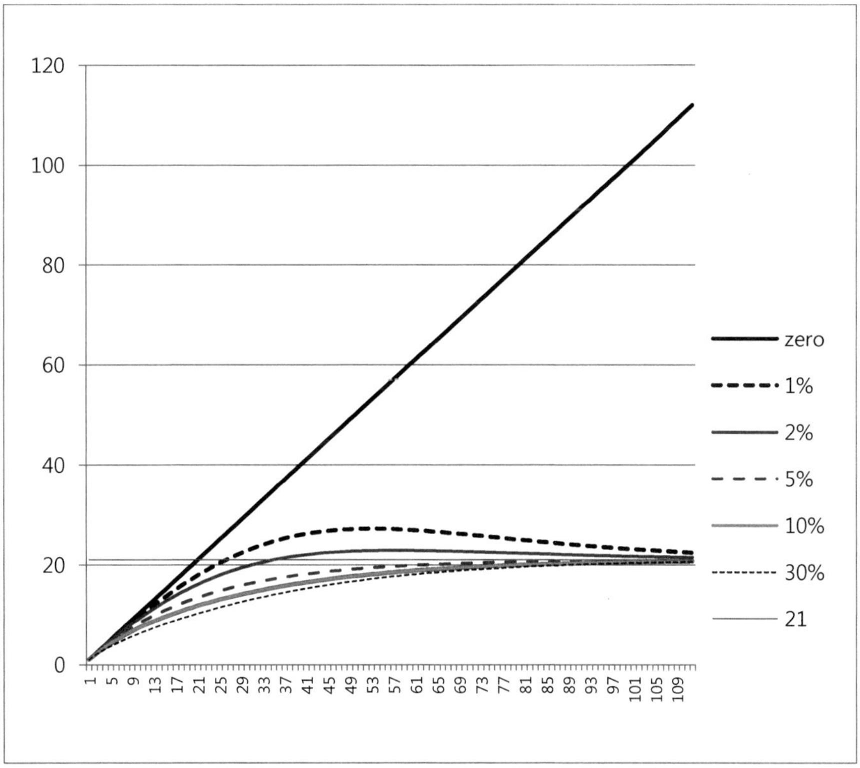

* 이 그래프들은 실제 Excel의 데이터를 사용하여 그렸기에, 저자 마음대로 par bond의 듀레이션이 영구채권 듀레이션인 21보다 선명하게 더 작게 그릴 수는 없었습니다. "5%"로 표시된, 위에서 네 번째 곡선 그래프입니다. 21보다는 항상 작지만, 만기가 길어지면서 21에 수렴합니다.

3. 시간 경과와 매컬리 듀레이션 변화

우리는 앞에서 채권의 (매컬리) 듀레이션 공식

$$D(n,c,y) = \frac{1+y}{y} - \frac{1+y+n(c-y)}{c[(1+y)^n-1]+y}$$

을 깊이 있게 논의했습니다. 그리고 다양한 $\{n,\ c\}$ 조합에 따른 도표도 생성해 보았습니다. 그런데 이 공식 사용에는 하나의 제약이 있습니다. 그 제약은

coupon 지급일에만 유효한 공식
혹은
다음 coupon 지급일이 온전히, 100% 남은 시점에서만 유효한 공식

이라는 것입니다. 가령 2040년 1월 2일에 발행한 만기 5년의 이표채 A는 5년간 항상 12월 31일에 coupon을 지급하며 2044년 12월 31일에는 액면가도 지급한다고 합시다. 위 공식 $D(n,\ c,\ y)$가 2040년 1월 2일 이후 모든 시점에서 이표채 A의 매컬리 듀레이션을 정확히 산출하는 것이 아니라

2040년 1월 2일 $(n = 5)$
2041년 1월 2일 $(n = 4)$
2042년 1월 2일 $(n = 3)$
2043년 1월 2일 $(n = 2)$
2044년 1월 2일 $(n = 1)$

에만 A의 듀레이션을 정확히 산출한다는 것입니다. 이런 날짜들을 제외하면 $D(n,\ c,\ y)$ 공식은 사용할 수 없습니다. 즉 coupon 지급일 사이의 시점이 도래하면 이 공식은 사용할 수 없습니다. 왜 그럴까요? 이 공식을 배출한 전제 조건이 다음과 같았기 때문입니다.

소환〉 이표채 현금흐름의 분해(breakdown)

t=	1	2	3	…	n	n+1	n+2	n+3	…
X	c	c	c	…	1+c				
A	c	c	c	…	c	c	c	c	…
B						c	c	c	…
E					1				
X = A + E - B									

위 그림에서 알 수 있듯, 이 채권의 가장 이른 coupon 지급 시점은 현재로부터 정확히 1년 후가 되는 시점입니다. 만기 n은 1, 2, 3, … 중 어느 값도 될 수 있으므로, 위 5년 만기 이표채 A의 경우 오늘 발행일에는 $n = 5$이므로 $D(n,\ c,\ y) = D(5,\ c,\ y)$를 적용할 수 있고, 오늘로부터 1년 후에는 $n = 4$이므로 $D(n,\ c,\ y) = D(4,\ c,\ y)$를 적용할 수 있습니다. 또한 이런 식으로 $D(3,\ c,\ y)$, $D(2,\ c,\ y)$, $D(1,\ c,\ y)$도 적용할 수 있습니다. 하지만 이렇게 $D(n,\ c,\ y)$을 적용할 수 있는 시점은, 향후 5년간 단 5일에 불과합니다. coupon 지급일 사이에는 $D(n,\ c,\ y)$ 공식을 적용할 수 없습니다. 그렇다면, 가령 만기가 4.75년 남은 시점이나 3.1년 남은 시점에서는 이표채 A의 매컬리 듀레이션은 어떻게 산출해야 할까요?

한 가지 방법은 Excel을 이용하여 매컬리 듀레이션(D)을 산출하는 것입니다. 가령 앞에서 다루었던 예제를 다시 소환해 보겠습니다.

소환〉 만기수익률과 매컬리 듀레이션

5%의 수평 수익률곡선을 가정합시다. 액면가 = 100, 만기 = 3년, coupon rate = 10%인 채권 B의 매컬리 듀레이션 D(B)를 구하면 다음과 같이 2.75입니다.

매컬리 듀레이션 산출				
Par	c	n	y	
100	10%	3	5%	
t	CF(t)	PV[CF(t)]	w(t)	t· w(t)
1	10	9.52	0.084	0.08
2	10	9.07	0.080	0.16
3	110	95.02	0.836	2.51
P(B) =		113.62		
D(B) =				2.75

만일 시간이 경과하여 현재 시점이 $t = 0$에서 $t_1 = 0.25$가 되면 채권 B의 듀레이션 D(B)는 어떻게 산출될 수 있을까요? t_1 시점이 오늘이 되면 이 채권의 coupon과 Par가 지급되는 미래 시점은 1년-2년-3년이 아니라 0.75년, 1.75년, 2.75년이 됩니다. 이를 반영하여 위 Excel 작업을 다시 하면 아래 결과가 산출됩니다.

매컬리 듀레이션 산출				
Par	c	n	y	
100	10%	2.75	5%	
t	CF(t)	PV[CF(t)]	w(t)	t· w(t)
0.75	10	9.64	0.084	0.06
1.75	10	9.18	0.080	0.14
2.75	110	96.19	0.836	2.30
P(B) =		115.01		
D(B) =				2.50

네, $D(B) = 2.5$가 되었네요. 시간이 0.25만큼 경과하니 B의 새 매컬리 듀레이션이 애초의 2.75에서 2.5로 0.25만큼 짧아졌습니다. 즉 경과한 시간만큼 정확히 짧아졌습니다. 이것이

우연의 일치일까요 or 필연적 귀결일까요?

일단 또 다른 수치를 적용해 보겠습니다. 시간이 0.47(년)만큼 경과하면 B의 $D(B)$는 어떻게 될까요? coupon이나 Par 지급 시점이 이제는 0.53(년), 1.53, 2.53이 되므로 이를 반영하면 아래 결과가 산출됩니다.

매컬리 듀레이션 산출				
Par	c	n	y	
100	10%	2.53	5%	
t	CF(t)	PV[CF(t)]	w(t)	t· w(t)
0.53	10	9.74	0.084	0.04
1.53	10	9.28	0.080	0.12
2.53	110	97.23	0.836	2.12
P(B) =		116.25		
D(B) =				2.28

네, $D(B) = 2.28 = 2.75 - 0.47$이 되었네요. 시간이 0.47만큼 경과하니 B의 새 듀레이션이 애초의 2.75에서 2.28로 0.47만큼 짧아졌습니다. 이런 사례로 보아 어쩌면 모든 이표채의 듀레이션은 시간 경과만큼 짧아지는 것일지도 모릅니다. 결론부터 말하면,

네, 맞습니다.

이표채뿐 아니라 모든 fixed income securities(FIS)의 듀레이션은

즉 미래 지급할 현금이 확정된 모든 자산들의 듀레이션은

시간 경과와 함께 짧아지며 그 짧아지는 정도는 "경과한 기간"

입니다. 이를 정리로 요약한 후 수리적으로 증명해 보겠습니다.

> **정리 9〉 시간 경과와 매컬리 듀레이션**
>
> yield curve가 수평이고, 향후에도 계속 수평이라고 가정한다.
>
> 이 경우, 미래 지급할 현금들의 시점과 액수가 정해진 FIS의 듀레이션은 시간 경과에 따라 (경과한 시간만큼) 짧아진다.
>
> 단, 시간 경과가 FIS의 현금 지급 횟수에 영향이 없어야 한다.

여기서 위 정리의 "단서 조항"이 무슨 뜻인지 알아 보겠습니다. 가령 5년 만기 이표채의 경우 만기까지 5번의 현금흐름이 기대되는데, 시간이 1년 이상 경과하면 이 이표채의 남은 현금흐름은 4번 이하로 감소합니다. 이런 경우는 채권의 현금흐름 자체가 근본적으로 바뀌는 경우로, 아예 다른 채권이 되는 것입니다. 반면 시간 경과가 1년 미만이면, 현금흐름의 시점은 변하더라도 5번의 현금 지급이라는 근본 형태는 변함이 없습니다. 이런 경우에는 채권의 듀레이션이 경과 시간만큼 짧아진다는 것입니다. 그렇다면 1년 이상이 경과하면 이 채권의 듀레이션은 어떻게 될까요? 네 이 질문은 일단 위 정리를 증명한 이후에 다루겠습니다. 그리고 결론부터 말하면, 이 질문도 명료하게 해결됩니다.

증명 5〉 시간 경과와 매컬리 듀레이션

채권 시장의 yield curve가 y에서 수평이라 가정합니다. 또 (채권을 포함한) 특정 FIS의 현금흐름이 다음과 같다고 합시다. 즉 현재로부터 n년 후 만기가 도래하며, 현재로부터 t년 후의 이 FIS의 현금흐름을 $CF(t)$라 합시다. 이때 이 FIS의 가격 P와 매컬리 듀레이션 D는 다음과 같이 정의됩니다.

$$P = \sum_{t=1}^{n} \frac{CF(t)}{(1+y)^t},$$

$$D = \sum_{t=1}^{n} \left(\frac{\frac{CF(t)}{(1+y)^t}}{P} \cdot t \right).$$

이제 시간이 k만큼 경과했다고 가정하겠습니다$(0 < k < 1)$. 그럼 이 FIS의 가격 P'와 듀레이션 D'도 P와 D와는 달라집니다. 단 유의할 사항은

시간이 경과해도 현금흐름 액수 자체는 변하지 않는다

는 사실입니다. 즉 이 채권으로부터 t 번째 들어올 현금 액수는 시간 경과$(0 < k < 1)$와 관계없이 여전히 $CF(t)$ 입니다. 즉 $CF(t)$는 확정된 상수입니다. 단 이 현금흐름 $CF(t)$의 현재가치는

$$\frac{CF(t)}{(1+y)^t} \text{에서 } \frac{CF(t)}{(1+y)^{t-k}} \text{로}$$

달라집니다. 가령 yield curve가 0.05에서 (계속) 수평으로 예상될 때, 3년 만기, 액면가 100, coupon rate 10%의 이표채 B의 발행 후 시간이 k만큼 경과하면 (가령 $k = 0.7$(년)) 이 채권의 현재가치는 애초의

$$\frac{10}{(1+0.05)^1} + \frac{10}{(1+0.05)^2} + \frac{110}{(1+0.05)^3} = \sum_{t=1}^{3} \frac{CF(t)}{(1+0.05)^t} = P$$

에서 새 현재가치

$$\frac{10}{(1+0.05)^{1-k}} + \frac{10}{(1+0.05)^{2-k}} + \frac{110}{(1+0.05)^{3-k}} = \sum_{t=1}^{3} \frac{CF(t)}{(1+0.05)^{t-k}}$$
$$= P'$$

로 바뀐다는 것입니다. 이때 분자 $CF(t)$는 바뀌지 않고 분모 $(1+0.05)^{t-k}$만 바뀝니

다. 이를 반영하여 시간이 k만큼 경과했을 때 이 채권의 새 가격 P'와 새 듀레이션 D'는 다음과 같습니다.

$$\begin{aligned}
P' &= \sum_{t=1}^{n} \frac{CF(t)}{(1+y)^{t-k}} \\
&= \sum_{t=1}^{n} \frac{CF(t)}{(1+y)^{t}(1+y)^{-k}} \\
&= \left(\frac{1}{(1+y)^{-k}}\right) \sum_{t=1}^{n} \frac{CF(t)}{(1+y)^{t}} \\
&= \left(\frac{1}{(1+y)^{-k}}\right) \cdot P \\
&= P(1+y)^{k}.
\end{aligned}$$

(경과한 시간 k만큼 채권 가격이 (연)수익률 y 비율로 상승함)

그러므로 다음이 성립합니다.

$$\begin{aligned}
D' &= \sum_{t=1}^{n} \left(\frac{\frac{CF(t)}{(1+y)^{t-k}}}{P'} \cdot (t-k) \right) \\
&= \sum_{t=1}^{n} \left(\frac{\frac{CF(t)}{(1+y)^{t-k}}}{P(1+y)^{k}} \cdot (t-k) \right) \\
&= \sum_{t=1}^{n} \left(\frac{\frac{CF(t)}{(1+y)^{t}}}{P} \cdot (t-k) \right)
\end{aligned}$$

$$= \sum_{t=1}^{n}\left(\frac{\frac{CF(t)}{(1+y)^t}}{P}\cdot t\right) - \sum_{t=1}^{n}\left(\frac{\frac{CF(t)}{(1+y)^t}}{P}\cdot k\right)$$

$$= D - \sum_{t=1}^{n}\left(\frac{\frac{CF(t)}{(1+y)^t}}{P}\cdot k\right)$$

$$= D - k\cdot\sum_{t=1}^{n}\left(\frac{\frac{CF(t)}{(1+y)^t}}{P}\right)$$

$$= D - \frac{k}{P}\cdot\sum_{t=1}^{n}\left(\frac{CF(t)}{(1+y)^t}\right)$$

$$= D - \frac{k}{P}\cdot P$$

$$= D - k.$$

즉 시간이 k(년) 만큼 경과하면 FIS의 듀레이션은 그만큼 짧아집니다. ■

위 증명에서 매 현금흐름을 coupon과 par의 형태로만 제시한 것이 아니고 일반적인 $CF(t)$로 가정했습니다. 이 가정의 의미는 단순히 이표채의 경우만 위 증명이 유효한 것이 아니라, 미래 현금흐름이 확정된 모든 형태의 증권 혹은 자산에 위 증명이 유효함을 의미합니다. 그리고 이 FIS의 만기를 5(년)나 10(년) 등의 특정 수치로 제한하지 않고 일반적인 n(년)으로 설정했습니다. 그러므로 n이 아무리 커도 위 증명은 유효합니다. 즉 $n = 100,\ 1{,}000, 10{,}000$이더라도 위 증명은 유효하며 나아가 n이 무한대(∞)로 수렴해도, 즉 $n \to \infty$이어도 위 증명은 유효합니다. 그러므로 영구채권의 경우에도 위 증명은 유효합니다. 영구채권의 경우 매년 말 확정된 현금 C를 영구히 지급하는 FIS이므로

$$CF(t) = C, \qquad where\ t = 1, 2, 3, \ldots$$

인데, 이 영구채권의 경우에도 위 증명이 유효합니다. 가령 yield curve가 $y = 0.05$

에서 수평이고 계속 수평을 유지한다고 예상되면, 오늘 발행한 모든 영구채권의 듀레이션 D는

$$D = \frac{1+y}{y} = \frac{1+0.05}{0.05} = 21$$

입니다. 이제 발행 후 시간이 k(년)만큼 경과했다고 하겠습니다($0 < k < 1$). 그러면 이 영구채권의 새 매컬리 듀레이션 D'는

$$D' = D - k = \frac{1+y}{y} - k = \frac{1+0.05}{0.05} - k = 21 - k$$

가 됩니다.

자, 이제는 마지막으로 통합적인 질문을 해야 할 때입니다. 가령 만기 4년의 한 이표채에 있어 시간이 0.9년, 1년, 1.1년, 2년, 2.4년 경과하면 이 이표채의 듀레이션을 어떻게 계산해야 할까요? 위 이표채의 듀레이션 공식을 그대로 적용할 수 있을까요? 그렇지 않다면 어떻게 해야 할까요?

질문 7-5〉 만기 4년의 한 이표채에 있어 시간이 0.9년, 1년, 1.1년, 2년, 2.4년 경과하면 각 경과 시점의 이 이표채의 듀레이션을 어떻게 계산해야 할까요?

네, 좀 까다로운 질문 같습니다. 그런데 여러분이 지금까지 배운 두 개의 정리를 기억하면 그리 어렵지 않게 답할 수 있습니다. 첫째, 이표채의 남은 만기가 정확하게 4, 3, 2, 1년인 경우에는 여러분이 배운 이표채 듀레이션 공식을 그대로 사용할 수 있습니다. 왜냐하면 이 공식은 다음 전제에서 파생됐기 때문입니다.

소환〉 이표채 현금흐름의 분해(breakdown)

t =	1	2	3	…	n	n+1	n+2	n+3	…
X	c	c	c	…	1+c				
A	c	c	c	…	c	c	c	c	…
B						c	c	c	…
E					1				
X = A + E - B									

즉 $n = 1, 2, 3, \ldots$ 식의 정수인 경우에는 여러분이 배운 듀레이션 공식을 그대로 사용할 수 있습니다. 즉

$$D(n, c, y) = \frac{1+y}{y} - \frac{1+y+n(c-y)}{c[(1+y)^n - 1] + y}$$

이므로, 가령 yield curve가 $y = 0.05$에서 (계속) 수평이고, 만기 4년이고 coupon rate $c = 0.1$로 발행된 이표채의 최초 듀레이션은

$$\begin{aligned} D(4, 0.1, 0.05) &= \frac{1+0.05}{0.05} - \frac{1+0.05+4(0.1-0.05)}{0.1[(1+0.05)^4 - 1] + 0.05} \\ &= 21 - 17.47 \\ &= 3.53 \end{aligned}$$

입니다. 또 시간이 1년 경과하면 이 이표채의 새 매컬리 듀레이션은

$$\begin{aligned} D(3, 0.1, 0.05) &= \frac{1+0.05}{0.05} - \frac{1+0.05+3(0.1-0.05)}{0.1[(1+0.05)^3 - 1] + 0.05} \\ &= 21 - 18.25 \\ &= 2.75 \end{aligned}$$

입니다.* 즉 시간이 경과하면서 듀레이션이 짧아짐을 알 수 있습니다.

그렇다면 시간이 0.9년, 1.1년, 2.4년 경과하면 이 채권의 듀레이션은 어떻게 될까요? 이 질문은 여러분이 배운 두 번째 정리인

> 미래 지급할 현금들의 시점과 액수가 정해진 FIS의 듀레이션은
> 시간의 경과에 따라 (경과한 시간만큼) 짧아진다.
> 단, 시간 경과가 FIS의 현금 지급 횟수에 영향이 없어야 한다

가 적용되는 상황입니다. 먼저 시간이 0.9년 경과한 경우입니다. 이 채권은 여전히 4번

---

* 이때는 굳이 $y = 0.05$, $c = 0.1$에서만 위 공식이 유효한 것은 아닙니다. 모든 $\{y, c\}$ 조합에 대해서 유효합니다. coupon 지급일 사이의 시점이 아니기 때문입니다.

의 현금흐름을 가지는 채권인데 단지 시간만 $k = 0.9$만큼 경과한 상황입니다. 그러므로 이 채권의 새 듀레이션은

$$D(n,c,y) \; - \; k \; = \; D(4,0.1,0.05) \; - \; 0.9 \; = \; 3.53 \; - 0.9 \; = \; 2.63$$

이 됩니다. 실제로 이를 Excel 작업으로 계산해 보더라도 아래와 같이

매컬리 듀레이션 산출				
Par	c	n	y	
100	10%	3.1	5%	
t	CF(t)	PV[CF(t)]	w(t)	t· w(t)
0.1	10	9.95	0.08	0.01
1.1	10	9.48	0.08	0.08
2.1	10	9.03	0.07	0.15
3.1	110	94.56	0.77	2.38
P =		123.01		
D =				2.63

2.63이 됩니다. 또 시간이 1.1년 경과한 경우입니다. 이 채권은 이제

3번의 현금흐름을 가지는 채권

이 되었습니다. 즉 만기 3년의 채권인데 단지 시간만 $k = 0.1$만큼 경과한 상황입니다. 그러므로 이 채권의 새 매컬리 듀레이션은 일단 만기 3년의 공식을 적용한 후 그 값에서 $k = 0.1$(년)을 빼야 합니다. 즉

$$\begin{aligned} & D(n,c,y) \; - \; k \\ = \; & D(3,0.1,0.05) \; - \; 0.1 \\ = \; & 2.75 \; - \; 0.1 \\ = \; & 2.65 \end{aligned}$$

가 됩니다. 실제로 이를 Excel 작업으로 계산해 보더라도 아래와 같이

매컬리 듀레이션 산출				
Par	c	n	y	
100	10%	2.9	5%	
t	CF(t)	PV[CF(t)]	w(t)	t· w(t)
0.9	10	9.57	0.08	0.08
1.9	10	9.11	0.08	0.15
2.9	110	95.49	0.84	2.43
P =		114.17		
D =				2.65

2.65가 됩니다. 또 시간이 2.4년 경과하면 각 경과 시점의 이 이표채의 매컬리 듀레이션을 어떻게 계산해야 할까요? 이 채권은 만기일까지 남은 기간이 1.6년이 되므로, 이제 2번의 현금흐름을 가지는 채권이 되었습니다. 즉

만기 2년의 채권인데 단지 시간만 $k = 0.4$만큼 경과한

상황입니다. 그러므로 이 채권의 새 매컬리 듀레이션은

$$D(n, c, y) - k = D(2, 0.1, 0.05) - 0.4 = 1.91 - 0.4 = 1.51$$

이 됩니다.* 실제로 이를 Excel 작업으로 계산해 보더라도 아래와 같이

매컬리 듀레이션 산출				
Par	c	n	y	
100	10%	1.6	5%	
t	CF(t)	PV[CF(t)]	w(t)	t· w(t)
0.6	10	9.71	0.09	0.05
1.6	110	101.74	0.91	1.46
P =		111.45		
D =				1.51

1.51이 됩니다. ■

자, 그런데 여기서 한 가지 의문이 생깁니다. 시간이 경과했는데 (매컬리) 듀레이션이 더 커진 사실이 발견되었기 때문입니다. 가령 시간이 0.9년 경과했을 때의 듀레이션은 2.63인데, 1.1년 경과했을 때의 듀레이션은 2.65가 되었기 때문입니다. 어떻게 이런 일이 발생했을까요?

그 원인은 매컬리 듀레이션이

채권의 명목적 (잔존)만기를 측정하는 것이 아니라
채권의 (잔존) 현금흐름이 발생하는 평균 시점

을 측정하기 때문입니다. 무슨 말인지 여전히 잘 모르겠나요? 그러면 간단한 예를 들어

---

* $D(2, 0.1, 0.05) = 1.91$이 되는지 여러분이 직접 공식에 대입하여 확인하기 바랍니다. 재무금융 공부는 이런 작업을 눈으로만, 생각으로만 하지 않고 실제로 풀어 보는 경험이 필요합니다. 특히 학내외 시험 성적이 잘 나오기를 바란다면 말입니다.

이를 설명하겠습니다. 직관적으로 이해가 되지 않는 새로운 내용을 배우는데 굳이 복잡한 사례로 설명할 필요가 없으니 말입니다.

yield curve가 0.05에서 (계속) 수평으로 예상될 때, 2년 만기, 액면가 100, coupon rate 10%의 이표채가 발행되면 이 채권의 듀레이션은 다음과 같습니다.

$$D(n,c,y) \;=\; D(2,0.1,0.05) \;=\; \frac{1+y}{y} - \frac{1+y+n(c-y)}{c[(1+y)^n-1]+y}$$

$$= \frac{1+0.05}{0.05} - \frac{1+0.05+2(0.1-0.05)}{0.1[(1+0.05)^2-1]+0.05}$$

$$= 21 \;-\; 19.09$$

$$= 1.91.$$

시간이 $k = 0.95$(년) 경과하면 이 채권의 듀레이션은

$$1.91 \;-\; 0.95 \;= 0.96$$

이 됩니다. 이때까지는 시간 경과와 함께 듀레이션이 짧아집니다. 그리고 Excel로 구해보아도 0.96이 됩니다.

매컬리 듀레이션 산출				
Par	c	n	y	
100	10%	1.05	5%	
t	CF(t)	PV[CF(t)]	w(t)	t· w(t)
0.05	10	9.98	0.09	0.00
1.05	110	104.51	0.91	0.96
P =		114.48		
D =				0.96

그런데 시간이 $k = 1$(년) 경과하면 (= 첫 coupon을 받은 직후) 이 채권의 잔존 만기는 정확히 1년이 되고 남은 현금흐름은 만기일의 110입니다. 이는 마치 1년 만기 무이표채가 되는 것과 같으니, 이제 이 채권의 듀레이션은 1이 됩니다. 이 수치는 $k = 0.95$일 때의 듀레이션 0.96보다 큰 수치입니다. 또 시간이 $k = 1.01$(년) 경과해도 이 채권의 듀레이션은 0.99가 되는데, 이 수치도 $k = 0.95$일 때의 듀레이션 0.96보다 큰 수치입니다. 그러므로 적어도 이 두 경우에는 시간이 경과함에 따라 듀레이션이 오히려 증가합니다. 왜 이런 결과가 초래되었을까요?

그 이유는 다음과 같습니다. 이 두 경우는

시간이 경과할 때 coupon이 지급되면서 채권 형태가 달라지고
이것이 채권의 듀레이션에 영향을 미치는 것입니다.

채권의 듀레이션은 (남은) 현금흐름들이 발생하는 평균 시점인데, $k = 0.95$(년)인 경우에 위 채권은 여전히 남은 현금흐름이 2개 있습니다. 그리고 이 2개의 현금흐름들이 발생하는 시점은 각각 0.05(년)와 1.05(년)이므로, 이 시점들의 평균도 0.05(년)와 1.05(년) 사이에 존재합니다. 그 결과 $k = 0.95$일 때 듀레이션은 0.96으로 산출된 것입니다. 0.05년의 비중이 어느 정도 있었기 때문입니다. 반면 $k = 1$인 경우 듀레이션은 1이 되는데, 이때는 현금흐름이 단 한 개만 남아 1(년)의 비중이 100%가 되기 때문입니다. 또 $k = 1.01$의 경우에도 매컬리 듀레이션은 0.99가 되는데, 남은 현금흐름의 시점 0.99의 비중이 100%이기 때문입니다. 이처럼 두 개의 현금흐름의 평균 시점이 한 개의 현금흐름의 평균 시점보다 더 작을 수 있습니다. 가령 $k = 0.999\ldots$가 되면, 즉 첫째 현금흐름을 받기 직전 혹은 1초 전이 되면, 두 개의 현금흐름의 시점은 각각 "(almost) 0"과 "(almost) 1"이 됩니다. 그러므로 이때 듀레이션은 1보다 작을 수 있습니다. 0과 1의 (가중)평균이 되어야 하기 때문입니다. 반면 $k = 1.00000000001$이 되면, 즉 첫째 현금흐름을 받은 직후 혹은 1초 후가 되면, 남은 (1개의) 현금흐름의 발생 시점은 0.99999999999이 되니 (almost) 1(년)이 됩니다. 그러므로 첫째 현금흐름 받기 1초 전의 듀레이션보다 이 현금흐름을 받은 1초 후의 듀레이션이 더 커질 수 있습니다. 이 모든 현상의 원인은

coupon 지급 시 남은 현금흐름 개수가 줄어 채권 형태가 변했기 때문

입니다. 이런 경우에는

기존 듀레이션에서 경과 시간 k만큼 뺀 수치가
새 매컬리 듀레이션 수치가 되지는 않습니다.

남은 현금흐름들의 개수와 가중치에 큰 변화가 있기 때문입니다.

가령 만기 5년으로 발행된 이표채 B에 있어 발행 후 시간이 0.6년 경과하는 경우($t = 0.6$)와 그 이후 다시 0.7년 경과하는 경우($t = 1.3$)를 생각해 보겠습니다. 두 시점이 차이는 0.7입니다. 즉 $k = 0.7$로 생각될 수 있습니다. 그렇다고 해서, $t = 1.3$ 시점

의 B의 듀레이션을 산출하기 위해, $t = 0.6$ 시점의 B의 듀레이션 값에서 $k = 0.7$ 값을 빼면 오류가 발생한다는 것입니다. 왜냐하면 두 시점에서 채권 B는 두 개의 서로 다른, 이질적인 이표채이기 때문입니다. 남은 현금흐름 개수의 차원에서 말입니다. 그 결과로 다음 현상이 나타날 수 있습니다.

coupon 받은 직전과 직후에는 시간 경과로 매컬리 듀레이션이 커질 수 있다.

그리고 이 현상은 coupon 액수가 클수록 심해집니다. coupon을 한 번 받을 때 이표채 가격에 미치는 임팩트가 크기 때문입니다. 이를 Excel로 확인해 봅시다. 선명한 비교를 위해 위의 2년 만기 이표채에서 $c = 1 = 100\%$의 coupon rate을 가정해 보겠습니다. 먼저 $k = 0.95$일 때의 매컬리 듀레이션은 0.71에 불과합니다. 0.05년후 받을 coupon 100의 비중이 크기 때문에, 평균 시점 계산 시 0.05(년)의 가중치가 $w(0.05) = 0.34$에 달하기 때문입니다.

매컬리 듀레이션 산출				
Par	c	n	y	
100	100%	1.05	5%	
t	CF(t)	PV[CF(t)]	w(t)	t· w(t)
0.05	100	99.76	0.34	0.02
1.05	200	190.01	0.66	0.69
P =		289.77		
D =				0.71

반면 $k = 1.1$ 심지어 $k = 1.2$가 되어도 듀레이션은 (무이표채니까) 0.9와 0.8이므로 $k = 0.95$의 이 채권의 듀레이션 0.71보다 큼을 알 수 있습니다.* 이런 극단적인 경우를 제외하면, 일반적으로는, 시간 경과로 매컬리 듀레이션이 더 커지는 경우는 coupon 지급 후 시간이 (충분히) 조금만 경과하는 경우라 할 수 있습니다. 어느 정도가 충분히 조금만 경과하는 것인가는 coupon rate에 따라 달라집니다. coupon rate이 높은 이표채일수록, coupon 지급 후 듀레이션이 더 커지는 시간의 범위가 확장됩니다.

* 물론 이 경우에도 $k = 1.3$ 이상이 되면, 즉 시간이 "충분히 많이" 경과하면 듀레이션은 0.71보다 작아집니다.

> **정리 10〉 시간 경과로 매컬리 듀레이션이 커지는 경우**
>
> 이표채의 경우 coupon 지급 직후를 포함한 일정 기간 동안에는
> coupon 지급 전의 듀레이션보다 coupon 지급 후 듀레이션이 더 커질 수 있다.
> 이 현상이 지속되는 시간의 범위는, coupon rate이 높을수록 확장된다.

참고로 아래 그림은 (yield curve가 $y = 5\%$에서 수평일 때) 만기 2년, par 100, coupon rate 10%인 이표채의 듀레이션이 시간 경과에 따라 어떻게 변하는지를 보여줍니다. $x-$축은 시간(t)이고 $y-$축은 이 채권의 듀레이션(D)입니다. $x-$축 값은 0.984(년)부터 1.036(년)으로 각 값의 interval은 0.002(년인)입니다. 이 채권의 시점 $t = 1$ 즉 첫 coupon을 받기 직전의 D = 0.913 (= $D_{t=1}$)이지만 $t = 1.002$의 D = 0.998로 갑자기 점프합니다. 나아가 $1 < t < 1.087$의 범위에서의 모든 D는 $D_{t=1}$보다 큽니다.

➢ 그림 7-5〉 만기 2년 이표채의 듀레이션

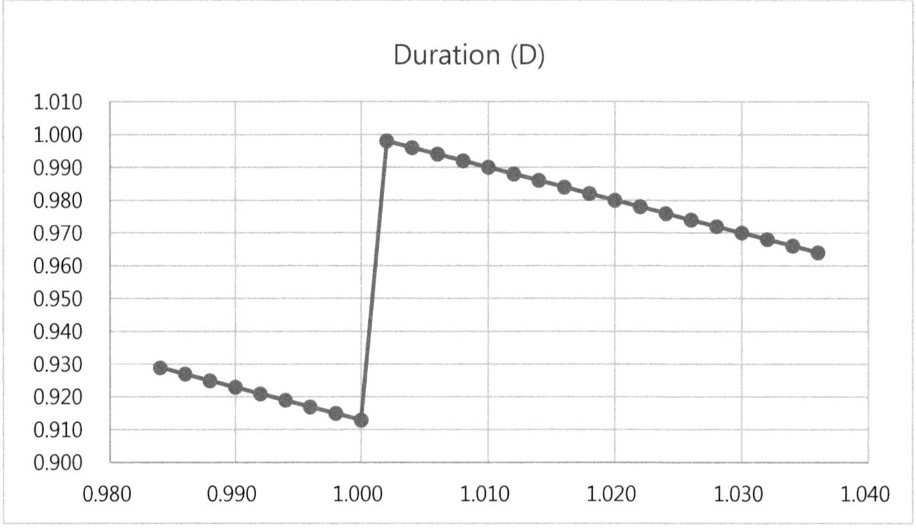

구체적으로, 위 그래프에서는 $t = 1$ 시점을 첫 coupon을 받기 "직전"으로 정의했는데, 이 시점의 D 계산에는 첫 coupon 10이 거의 반영되지 못합니다. 오늘 시점이 $t = 1$이라면 첫 coupon을 받을 "남아 있는 기간"은 (거의) 0이기 때문입니다. 즉 이 시점에서 10의 현재가치는 존재하지만(거의 10), D 계산 시 이 현재가치에 "남아 있는 기간"을 곱

해야 하는데 이 기간이 0입니다. 단 첫 coupon의 현재가치 10이 이 시점의 채권 "가격"에는 포함되어 그 가중치가 약 0.087입니다.* 그러므로 두 번째 현금의 현재가치(=110의 현재가치)의 비중이 1−0.087=0.913입니다. 수식으로는, $t = 1$에서 110의 현재가치는 $110 \times 1.05^{-1} = 104.762$이고 10의 현재가치는 10입니다. 그러므로 $t = 1$ 시점의 D를 D^*로 표기하면

$$\begin{aligned} D^* &= 0 \times \frac{10}{10 + 104.762} + 1 \times \frac{104.762}{10 + 104.762} \\ &= 0 \times 0.087 + 1 \times 0.913 = 0.913 \end{aligned}$$

이 됩니다. 반면 $t > 1$이면, 가령 $t = 1.005$ 시점이 되면, ($t = 2$에 지급되는) 두 번째 현금만 남아 있으므로 이 채권의 D = 2 -1.005 = 0.995가 되어 $D^* = 0.913$보다 큽니다. 결국 $t > 1$이라도 남은 잔존 만기 $n - t = 2 - t$가 $D^* = 0.913$보다 크면, 시점 t의 D는 D^*보다 크다는 결론이 도출됩니다. 이런 연유로 ($2 - t > 0.913$ 풀면)

"$1 < t < 1.087$ 일 때의 D는 $D^* = 0.913$보다 큽니다."

라는 진술(statement)이 앞에서 제공되었던 것입니다.

4. 그 외의 매컬리 듀레이션 속성

우리는 지금까지 채권 혹은 FIS의 매컬리 듀레이션의 "주요" 특성에 관해 논의했습니다. 이제 여기서는 그것들 외의 또 다른 듀레이션 속성에 대해 논의하겠습니다. 또 가능한 직관적으로 이 속성들에 접근해 보겠습니다.

첫째로, 이표채의 coupon rate이 낮을수록 그 듀레이션은 커집니다. 이는 여러분이 이미 잘 알게 된 이표채 듀레이션 그래프들을 다시 보면 명확히 알 수 있습니다.

---

* 남은 기간이 거의 0이므로 첫 coupon 10의 현재가치도 10입니다. 그러므로 이 coupon의 가중치는 $\frac{10}{10 + \frac{110}{1+0.05}} = 0.087$입니다.

소환〉 이표채들의 coupon rate과 매컬리 듀레이션

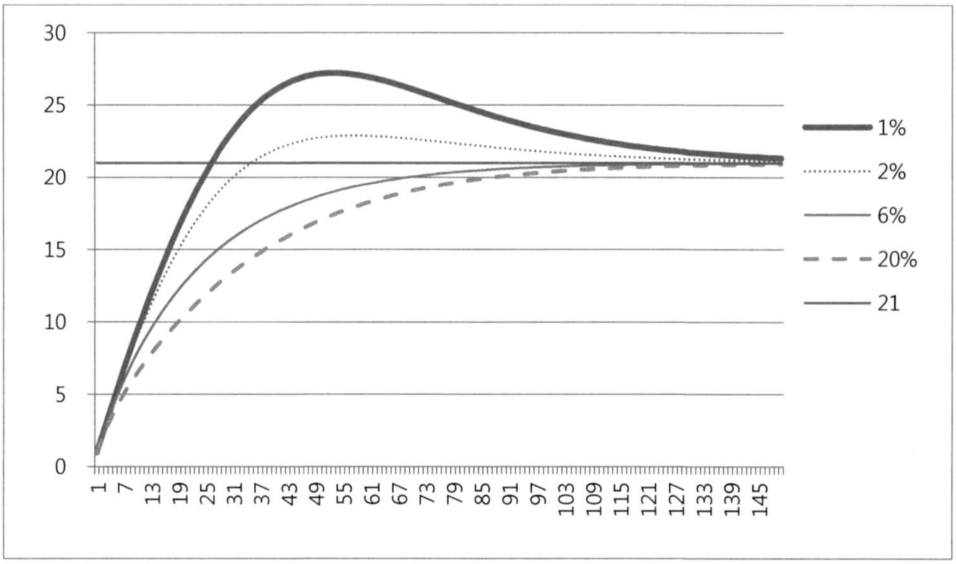

위 그래프들의 x −축은 만기인데, 주어진 만기에서, 가령 특정 만기 n에서 수직선을 그어 보면, coupon rate이 작은 이표채일수록 그 듀레이션이 큽니다. coupon rate이 작은 이표채일수록 무이표채와 유사해지고, 무이표채의 듀레이션은 항상 만기 n과 같은데, 이는 주어진 만기의 모든 채권 중에서 가장 큰 듀레이션이기 때문입니다. 또 반대로 이렇게 생각할 수도 있습니다. 가령 coupon rate이 c에서 $2c$로 증가했다면,

> 만기의 현금흐름은 $Par \cdot (1+c)$에서 $Par \cdot (1+2c)$로 "부분적으로 증대"되는데
> 만기 이전의 현금흐름은 c에서 $2c$로 100% 증대

됩니다. 그러므로 상대적으로는 만기 이전 즉 가까운 미래의 현금흐름 크기가 더 증대됩니다. 그러면 이 가까운 미래의 현금흐름의 현재가치의 크기도 더 증대됩니다.* 듀레이션은 현금흐름의 현재가치를 가중치로 사용하므로, coupon rate이 상승하여 가까운 미래의 현금흐름의 현재가치의 비중이 더 높아지면 더 큰 가중치가 적용되어, 결국 현금흐름의 평균 시점, 즉 듀레이션이 짧아집니다.

두 번째로, 시장 이자율(yield)이 높아질수록 듀레이션은 감소합니다. 이것도 현금흐

* "승수 효과"를 고려해도, 할인율이 극단적으로 높지 않는 한 말입니다.

름의 현재가치에 영향을 미치기 때문입니다. yield가 높아지면 채권의 모든 현금흐름의 현재가치가 감소하는데, 먼 미래 시점의 현금흐름의 현재가치가 더 크게 감소합니다. "승수 효과" 때문입니다. 그러므로 먼 미래 시점의 가중치는 작아지고 가까운 미래 시점의 가중치는 커집니다. 이에 따라 현금흐름의 평균 시점, 즉 듀레이션이 짧아집니다.

세 번째로, 이표채의 par가 커질수록 듀레이션은 커질까요 아니면 작아질까요? 네, 커지지도 작아지지도 않습니다. 즉 듀레이션은 변하지 않습니다.

엥? 이에 무슨 뚱딴지 같은 소리인가요? par가 커지면 만기에 받을 금액이 커지니까 듀레이션도 더 길어져야 하는 것 아닌가요? Nope! par가 커진다고 했지 coupon rate도 커진다고 하지는 않았습니다. 이표채의 액면가(par)가 커지면, coupon 금액도 비례해서 커집니다. 왜냐하면 coupon 금액은 $Par \times c$이기 때문입니다. 그러므로 다른 모든 것은 불면인데 par 금액이 k배만큼 커지면, coupon 금액도 k배만큼 커집니다. 그러므로 상대적인 관점에서는 만기에 지급될 현금의 비중과 만기 이전 각 시점에서 지급될 현금의 비중이 같습니다. 이를 수리적으로 증명해 보겠습니다. 사실 앞에서도

듀레이션은 상대적 수치이기에
이표채의 가격, par 등의 절대적 수치에는 영향을 받지 않는다

고 설명한 바 있는데, 이번 기회에 수리적으로도 증명해 보겠습니다.

증명 6〉 이표채 액면가는 듀레이션에 아무 영향을 미치지 않는다.

n년 만기, par X, coupon rate c인 이표채 B를 이용하여 입증해 보겠습니다. yield curve는 y에서 수평입니다. 그러면 B의 가격 $P(B)$는 다음과 같습니다.

$$P(B) = \sum_{t=1}^{n}\left[\frac{X \cdot c}{(1+y)^t}\right] + \frac{X}{(1+y)^n}$$

$$= \sum_{t=1}^{n}\left[\frac{CF(t)}{(1+y)^t}\right], \quad where\ CF(t) = \begin{cases} X \cdot c & if\ 1 \le t \le n-1 \\ X \cdot (1+c) & if\ t = n \end{cases}.$$

또한 B의 듀레이션 $D(B)$는 다음과 같습니다.

$$D(B) = \sum_{t=1}^{n}\left[t \cdot \frac{\frac{CF(t)}{(1+y)^t}}{P(B)}\right]$$

$$= \frac{1}{P(B)} \cdot \sum_{t=1}^{n}\left[t \cdot \frac{CF(t)}{(1+y)^t}\right].$$

이제 B의 par 금액이 X에서 $X \times k$로 변했다고 가정하고, 이 채권을 B'라 합시다. $k \neq 0$이라 하면 par가 커지거나 작아지거나 모두를 포함하는 경우가 됩니다. 이때 B'의 가격 $P(B')$는 다음과 같습니다.

$$P(B') = \sum_{t=1}^{n}\left[\frac{(X \cdot k) \cdot c}{(1+y)^t}\right] + \frac{X \cdot k}{(1+y)^n}$$

$$= \sum_{t=1}^{n}\left[\frac{CF(t)'}{(1+y)^t}\right]$$

$$\left(where\ CF(t)' = \begin{Bmatrix} X \cdot k \cdot c & if\ 1 \leq t \leq n-1 \\ X \cdot k \cdot (1+c) & if\ t = n \end{Bmatrix} = k \cdot CF(t)\right)$$

$$= \sum_{t=1}^{n}\left[\frac{k \cdot CF(t)}{(1+y)^t}\right]$$

$$= k \cdot \sum_{t=1}^{n}\left[\frac{CF(t)}{(1+y)^t}\right]$$

$$= k \cdot P(B).$$

즉 이 채권의 가격은 원 채권의 가격에 k를 곱한 값이 됩니다. 그러면 B'의 듀레이션 $D(B')$는 다음 과정을 거쳐 $D(B)$와 일치합니다.

$$D(B)' = \sum_{t=1}^{n}\left[t \cdot \frac{\frac{CF(t)'}{(1+y)^t}}{P(B)'}\right]$$

$$= \frac{1}{P(B)'} \cdot \sum_{t=1}^{n} \left[t \cdot \frac{CF(t)'}{(1+y)^t} \right]$$

$$= \frac{1}{k \cdot P(B)} \cdot \sum_{t=1}^{n} \left[t \cdot \frac{k \cdot CF(t)}{(1+y)^t} \right]$$

$$= \frac{k}{k \cdot P(B)} \cdot \sum_{t=1}^{n} \left[t \cdot \frac{CF(t)}{(1+y)^t} \right]$$

$$= \frac{1}{P(B)} \cdot \sum_{t=1}^{n} \left[t \cdot \frac{CF(t)}{(1+y)^t} \right]$$

$$= D(B). \quad \text{(증명 끝)}$$

■

참고로 위의 수식 증명은 사실 여러분이 앞에서 받았던 아래 질문과 관계가 있습니다.

> 질문 〉 만일 어느 채권의 모든 현금흐름이 2배, 일반적으로 ***k***배로 커지면 이 채권의 매컬리 듀레이션 D는 어떻게 될까요? (만기일 받을 par까지 2배, 혹은 ***k***배로 커지는 경우)

그리고 위 질문의 답은

"듀레이션은 변하지 않는다."

였습니다. 그러므로 위의 증명은 이 질문을 수식으로 입증한 것에 다름 아닙니다.
자, 이제 위에서 우리가 논의하고 입명한 내용들을 정리로 요약합니다.

정리 11〉 채권의 매컬리 듀레이션 속성 (추가)

채권의 다른 모든 것이 동일할 때 다음이 성립합니다.

i) 이표채의 coupon rate이 낮을수록 (무이표채에 가까울수록) 그 듀레이션은 커집니다.

ii) 이표채의 yield가 높아질수록 듀레이션은 작아집니다.

iii) 이표채의 par의 크기는 듀레이션과 관계 없습니다.

제 4 절 yield 변화와 듀레이션 해석

네, 매컬리 듀레이션 공부가 만만치 않죠? 그럼에도 불구하고 어느 정도 직관적인 설명이 가능해서 다행입니다. 이제 (매컬리) 듀레이션의 또 다른 해석을 소개하겠습니다. 지금까지는 채권 A의 듀레이션은 A의 현금흐름의 평균 시점으로 해석되었습니다. 왜냐하면 그것이 바로 듀레이션의 (수학적) 정의였기 때문입니다. 그런데 이 정의에서 파생된 해석 중 하나로 듀레이션은

채권 매입 후 yield 변화가 있어도 채권의 미래가치가 변하지 않을 기간

으로 해석될 수도 있습니다. 이것이 무슨 뜻일까요? 간편한 사례로 위 해석의 의미를 파악해 보겠습니다.

예제 7-7〉 yield 변화와 듀레이션 해석 (연속복리)

이해를 쉽게 하기 위해 해석이 매우 편리한 채권 혹은 FIS를 활용하겠습니다. 먼저 yield curve는 y에서 수평이고 연속복리를 가정합니다. 2년 만기 FIS인 B의 현금흐름은 1년 후에 $X \cdot e^{y}$, 2년 후에는 $X \cdot e^{2y}$로 정합니다. (가령 yield curve가 0.05에서 수평이면 B의 현금흐름은 1년 후 $X \cdot e^{0.05}$, 2년 후 $X \cdot e^{0.1}$.) 이때 B의 현재 가격 P_0는 다음과 같습니다.

$$P_0 = \frac{X \cdot e^{y}}{e^{y}} + \frac{X \cdot e^{2y}}{e^{2y}} = X + X = 2X$$

또 B의 듀레이션 $D(B) = 1.5$(년)입니다.

$$D(B) = 1 \times \frac{\frac{X \cdot e^{y}}{e^{y}}}{2X} + 2 \times \frac{\frac{X \cdot e^{2y}}{e^{2y}}}{2X}$$

$$= 1 \times \frac{X}{2X} + 2 \times \frac{X}{2X} = 1 \times \frac{1}{2} + 2 \times \frac{1}{2}$$

$$= 1.5 = D(B).$$

이제 새 가정을 해 보겠습니다.

1) B의 첫 현금흐름 발생 전에, yield curve가 y에서 $y + a$로 평행이동한다
2) B의 듀레이션인 1.5년까지만 B를 보유한다.

이때 B의 투자 기간 1.5년의 연평균 수익률 혹은 사후적 yield는 어떤 값이 될까요? $t = 1.5$ 시점에서의 B 채권 보유로 인한 미래 가치를 계산하려면, B 보유자가 1년 후 받을 첫 현금(흐름)은 0.5년간 재투자해야 하고 2년 후 받을 현금은 0.5년간 할인해야 합니다. 그리고 첫 현금 받기 전에 시장의 모든 yield = $y + a$가 되어 $t = 1.5$(년)까지 유지되므로, 이 두 현금의 재투자 수익률 및 할인율은 모두 $y + a$ 입니다. 이때 B의 $t = 1.5 = D(B)$ 시점의 미래 가치 $P_{1.5}$는 다음과 같습니다.

$$\begin{aligned} P_{1.5} &= (X \cdot e^{y}) \cdot e^{0.5\times(y+a)} + (X \cdot e^{2y}) \cdot e^{-0.5\times(y+a)} \\ &= X \cdot e^{y+0.5y+0.5\times a} + X \cdot e^{2y-0.5y-0.5\times a} \\ &= X \cdot e^{1.5y+0.5\times a} + X \cdot e^{1.5y-0.5\times a} \\ &= X \cdot e^{1.5y} \cdot (e^{0.5\times a} + e^{-0.5\times a}). \end{aligned}$$

만일 a 값이 변해도 $e^{0.5\times a} + e^{-0.5\times a}$가 거의 변하지 않는다면, 가령 $e^{0.5\times a} + e^{-0.5\times a} = 2$로 고정된 상수라면, 채권 B를 그 듀레이션인 1.5년만큼 보유할 때 사후적 yield는 B의 (사전적) yield인 y와 같게 됩니다. 왜냐하면 이 경우

$$P_{1.5} = X \cdot e^{1.5y} \cdot (e^{0.5\times a} + e^{-0.5\times a}) = X \cdot e^{1.5y} \cdot 2 = 2X \cdot e^{1.5y}$$

가 되는데, $t = 0$ 시점의 B의 가격은 "$P_0 = 2X$"였기 때문입니다. 즉

$$P_{1.5} = 2X \cdot e^{1.5y} = P_0 \cdot e^{1.5y}$$

이므로, 이 1.5년 동안 연 수익률 혹은 사후적 yield는 y가 되기 때문입니다.
그럼 과연 a 값이 변해도 $e^{0.5\times a} + e^{-0.5\times a} = 2$로 고정될까요? 결론을 말하면

거의 그렇습니다.
특히 a가 작은 값일 때는 그렇습니다.

가령 B 투자 후 시장의 yield curve가 변하지 않으면, 즉 $a = 0$이면

$$e^{0.5\times a}+e^{-0.5\times a}=e^{0}+e^{-0}=1+1\ =\ 2$$

가 됩니다. 또 a가 0보다 크면 $e^{0.5\times a}$는 1보다 크지만 $e^{-0.5\times a}$는 1보다 작습니다. 마찬가지로 a가 0보다 작으면 $e^{0.5\times a}$는 1보다 작지만 $e^{-0.5\times a}$는 1보다 큽니다. $e^{0.5\times a}$와 $e^{-0.5\times a}$의 이런 관계로 인해 a가 (절대값이 같은) 양수나 음수로 변해도 $e^{0.5\times a}+e^{-0.5\times a}$는 같은 값을 가집니다. 가령

$a=0.01$이면
$e^{0.5\times a}+e^{-0.5\times a}=e^{0.005}+e^{-0.0051}=1.00501+0.99501=2.0001,$
$a=-0.01$이어도
$e^{0.5\times a}+e^{-0.5\times a}=e^{-0.005}+e^{0.005}=0.99501+1.00501=2.0001$

이 됩니다. 사실 yield 변화 a가 $a=\pm 0.01=\pm 100\ basis\ points$이면 엄청 큰 변화이므로, 이 정도까지 a 범위를 취하면 실제 시장에서 발생할 수 있는 yield 변화 범위를 충분하게, 아니 "more than enough"하게 반영한 것입니다. 그렇다면 과연 yield 변화 a가 그만큼 변할 때 "$e^{0.5\times a}+e^{-0.5\times a}$"는 어떻게 변하는지 소수 넷째 자리까지 정밀하게 살펴보겠습니다.

➢ **도표 7-3〉 "$e^{0.5\times a}$ + $e^{-0.5\times a}$"의 변화**

a	$e^{0.5\times a}$	$e^{-0.5\times a}$	$e^{0.5\times a}+e^{-0.5\times a}$
-0.010	0.99501	1.00501	2.0001
-0.008	0.99601	1.00401	2.0001
-0.006	0.99700	1.00300	2.0000
-0.004	0.99800	1.00200	2.0000
-0.002	0.99900	1.00100	2.0000
0	1	1	2
0.002	1.00100	0.99900	2.0000
0.004	1.00200	0.99800	2.0000
0.006	1.00300	0.99700	2.0000
0.008	1.00401	0.99601	2.0001
0.010	1.00501	0.99501	2.0001

네, 위 도표에서 확인되듯 a 값이 변해도 항상 $e^{0.5\times a}+e^{-0.5\times a}\approx 2$가 되어 거의 불변입니다. 결국

B의 듀레이션인 $D(B) = 1.5$년만큼 B를 보유하면
B 매수 후 시장 이자율(yield)이 변해도 B의 미래가치는 변하지 않고
이때 B 보유기간 (연)수익률(= 사후적 yield)은 B의 (사전적) yield와 같습니다.

본 예제에서는 여러분의 선명한 이해를 위해, 만기 2년이고 현금흐름 형태가 아주 간단한 채권 혹은 FIS를 대상으로 활용하였으니, 통상적인 이표채를 사용해도 동일한 결론이 도출됩니다.* ■

네 여기서는 참고로, 위 내용을 수식으로 증명하겠습니다. 대부분 독자들은 이 부분은 생략해도 되며, 증명 과정은 다소 길지만 수리적 엄밀함에 관심 있는 독자는 읽어보기를 권합니다.

증명 7〉 듀레이션과 사후적 만기수익률(연속복리법)

본 증명의 대상은 다음과 같습니다.

$$e^{0.5\times a} + e^{-0.5\times a} \approx 2 \quad if \ a \approx 0.$$

이 등식이 증명되면 위에서 설명한 듀레이션 값의 특성이 입증됩니다. 위 등식을 증명하는 방식은 여러가지가 가지가 있는데, 가령 (곧 소개될) 테일러 급수(Taylor Series)를 사용할 수도 있습니다. 여기서는 지수함수의 정의를 그대로 이용하여 증명해 보겠습니다.

e^x는 다음과 같은 특성이 있습니다.

$$e^{x} = 1 + \frac{x}{1!} + \frac{x^2}{2!} + \frac{x^3}{3!} + \frac{x^4}{4!} + \cdots$$
$$e^{-x} = 1 - \frac{x}{1!} + \frac{x^2}{2!} - \frac{x^3}{3!} + \frac{x^4}{4!} + \cdots$$

그러므로

* $a = 0$이면 정확하게 $e^{0.5\times a} + e^{-0.5\times a} = 2$가 산출되는 반면 $a \neq 0$이면 $e^{0.5\times a} + e^{-0.5\times a} = 2$는 아주 정확하지는 않기에 이 경우 소수 넷째 자리까지 표시했습니다.

$$e^x + e^{-x} = 2 + \frac{2x^2}{2!} + \frac{2x^4}{4!} + \cdots$$

그런데 $x \approx 0$이면 우변은

$$2 + \frac{2x^2}{2!} + \frac{2x^4}{4!} + \cdots \approx 2 + 0 + 0 + \cdots = 2$$

가 되므로 결국

$$e^x + e^{-x} \approx 2$$

이고, 마찬가지로 $a \approx 0$이면

$$e^{0.5 \times a} + e^{-0.5 \times a} \approx 2$$

입니다.

그러면 애초 저자가 전제한

$$e^x = 1 + \frac{x}{1!} + \frac{x^2}{2!} + \frac{x^3}{3!} + \frac{x^4}{4!} + \cdots$$

은 어떻게 입증할 수 있을까요?* 이것만 입증하면 위 증명은 완성되는데 말입니다. 이를 증명해 보겠습니다. 애초 본서 3장 4절에서 연속복리를 설명할 때 e^x가 다음과 같음을 소개한 적 있습니다.

$$e^x = \lim_{n \to \infty} \left(1 + \frac{x}{n}\right)^n.$$

그런데 $\left(1 + \frac{x}{n}\right)^n$을 전개(expansion)하면 다음과 같습니다.†

$$\left(1 + \frac{x}{n}\right)^n = \sum_{k=0}^{n} \binom{n}{k} \left(\frac{x}{n}\right)^k$$

---

* $e^x = 1 + \frac{x}{1!} + \frac{x^2}{2!} + \frac{x^3}{3!} + \frac{x^4}{4!} + \cdots$에 x 대신 $(-x)$를 대입하면 $e^{-x} = 1 - \frac{x}{1!} + \frac{x^2}{2!} - \frac{x^3}{3!} + \frac{x^4}{4!} + \cdots$이 되므로, 첫 등식의 성립을 입증하면 둘째 공식 성립도 입증됩니다.

† $\binom{n}{k}$는 조합(combination)입니다. n개에서 k개를 뽑는 조합으로 가령 $\binom{4}{2} = \frac{4 \cdot 3}{2!} = 6$입니다.

$$= \binom{n}{0}\left(\frac{x}{n}\right)^0 + \binom{n}{1}\left(\frac{x}{n}\right)^1 + \binom{n}{2}\left(\frac{x}{n}\right)^2 + \binom{n}{3}\left(\frac{x}{n}\right)^3 + \cdots$$

$$= 1 + n\cdot\left(\frac{x}{n}\right) + \frac{n(n-1)}{2}\left(\frac{x}{n}\right)^2 + \frac{n(n-1)(n-2)}{6}\left(\frac{x}{n}\right)^3 + \cdots$$

즉 다음이 성립합니다.

$$\left(1+\frac{\mathrm{x}}{n}\right)^n = 1 + n\cdot\left(\frac{x}{n}\right) + \frac{n(n-1)}{2}\left(\frac{x}{n}\right)^2 + \frac{n(n-1)(n-2)}{6}\left(\frac{x}{n}\right)^3 + \cdots$$

이 등식이 맞는가 봅시다. 위 등식에 따르면, 가령 $n = 3$이면 좌변은

$$\left(1+\frac{\mathrm{x}}{3}\right)^3$$

이고 우변은

$$1^3 + 3\cdot 1^2\cdot\left(\frac{\mathrm{x}}{3}\right) + 3\cdot 1\cdot\left(\frac{\mathrm{x}}{3}\right)^2 + \left(\frac{\mathrm{x}}{3}\right)^3$$

$$= 1 + 3\cdot\left(\frac{\mathrm{x}}{3}\right) + 3\cdot\left(\frac{\mathrm{x}}{3}\right)^2 + \left(\frac{\mathrm{x}}{3}\right)^3$$

입니다. 그러면 좌우변이 일치할까요? 네 일치합니다.

$$\left(1+\frac{\mathrm{x}}{3}\right)^3 = 1 + 3\cdot\left(\frac{\mathrm{x}}{3}\right) + 3\cdot\left(\frac{\mathrm{x}}{3}\right)^2 + \left(\frac{\mathrm{x}}{3}\right)^3$$

$n = 1, 2, 4, \ldots$를 대입해도 좌우변이 일치합니다. 곧 $\left(1+\frac{\mathrm{x}}{n}\right)^n = \sum_{k=0}^{n}\binom{n}{k}\left(\frac{x}{n}\right)^k$이 맞습니다. 그러므로 다음이 성립합니다.

$$e^x = \lim_{n\to\infty}\left(1+\frac{x}{n}\right)^n = \lim_{n\to\infty}\sum_{k=0}^{n}\binom{n}{k}\left(\frac{x}{n}\right)^k$$

$$= 1 + n\cdot\left(\frac{x}{n}\right) + \frac{n(n-1)}{2}\left(\frac{x}{n}\right)^2 + \frac{n(n-1)(n-2)}{6}\left(\frac{x}{n}\right)^3 + \cdots$$

즉

$$e^x = 1 + n \cdot \left(\frac{x}{n}\right) + \frac{n(n-1)}{2}\left(\frac{x}{n}\right)^2 + \frac{n(n-1)(n-2)}{6}\left(\frac{x}{n}\right)^3 + \cdots$$

입니다. 그런데 $x \approx 0$이면

$$e^x \approx 1 + n \cdot \left(\frac{0}{n}\right) + \frac{n(n-1)}{2}\left(\frac{0}{n}\right)^2 + \frac{n(n-1)(n-2)}{6}\left(\frac{0}{n}\right)^3 + \cdots$$
$$= 1$$

입니다. 결국

$$x \approx 0 \rightarrow e^x \approx 1$$

이며, x가 0에 가까우면 $(-x)$도 0에 가까우므로

$$x \approx 0 \rightarrow (-x) \approx 0 \rightarrow e^{-x} \approx 1$$

입니다. ■

이제 일반적인 이표채에 대해서도 듀레이션에 대해 위와 유사한 결론이 도출되는지 검증해 보겠습니다.

예제 7-8〉 yield 변화와 듀레이션 해석 (이산복리)

이산복리를 사용하고, yield curve는 $y = 0.05$에서 수평이라 가정하겠습니다. 2년 만기, 액면가 100, coupon rate 10%인 채권 B의 현금흐름은 1년 후에 **10**, 2년 후에는 **110** 입니다. 그러면 B의 현재 가격 P_0는 다음과 같습니다.

$$P_0 = \frac{10}{1 + 0.05} + \frac{110}{(1 + 0.05)^2} = 109.2971.$$

또 B의 듀레이션 $D(B) = 1.91286$(년)입니다. 반올림 오차를 줄이기 위해 Excel에서 $D(B)$를 가능한 정확하게 표시했습니다.

매컬리 듀레이션 산출				
Par	c	n	y	
100	10%	2.0	5%	
t	CF(t)	PV[CF(t)]	w(t)	t· w(t)
1	10	9.5238	0.087	0.087
2	110	99.7732	0.913	1.826
P =		109.2971		
D =				1.91286

이제 다음 가정을 해 보겠습니다.

1) B의 첫 현금 발생 전 yield curve가 $0.05 + a$에서 수평이 되고 유지된다.
2) B의 듀레이션인 1.91286(년)까지만 B를 보유한다.

이때 B의 투자 기간 1.91286년의 연평균 수익률 혹은 사후적 yield는 어떤 값이 될까요? $t = 1.91286$ 시점에서의 B 채권 보유로 인한 미래 가치를 계산하려면, B 보유자가 1년 후 받을 첫 현금(흐름)은 0.91286년간 재투자해야 하고 2년 후 받을 현금은 0.08714년간 할인해야 합니다.* 그리고 첫 현금 받기 전에 시장의 모든 현물 이자율은 $0.05 + a$가 되어 $t = 1.91286$(년)까지 유지되므로, 이 두 현금의 재투자 수익률 및 할인율은 모두 $0.05 + a$입니다. 이때 B의 $t = 1.91286$ 시점의 미래 가치 $P_{1.91286}$은 다음과 같습니다.

$$
\begin{aligned}
P_{1.91286} &= 10 \cdot (1 + 0.05 + a)^{0.91286} + 110 \cdot (1 + 0.05 + a)^{-0.08714} \\
&= 10 \cdot (1.05 + a)^{0.91286} + 110 \cdot (1.05 + a)^{-0.08714} \\
&= X.
\end{aligned}
$$

만일 a 값이 변해도 X 값이 변하지 않고, 게다가

$$X = P_0 \times (1 + y)^{1.91286} = 109.2971 \times 1.05^{1.91286} = 119.9888$$

이 될까요? 즉 채권 B를 그 듀레이션인 $D(B) = 1.91286$(년)만큼 보유할 때, a 값과 상관 없이 사후적 yield는 B의 사전적 yield $y = 0.05$와 같은 값일까요? 이 두 조건을 요약하면, a 값이 변해도

* 2 − 1.91286 = 0.08714.

$$X = 10 \cdot (1.05 + a)^{0.91286} + 110 \cdot (1.05 + a)^{-0.08714} = 119.9888$$

로 고정될까요? 결론부터 말하면 "거의 그렇습니다." 아래 도표로 확인할 수 있습니다.*

➢ 도표 7-4〉 "$\mathbf{10} \cdot (\mathbf{1.05} + \boldsymbol{a})^{0.91286} + \mathbf{110} \cdot (\mathbf{1.05} + \boldsymbol{a})^{-0.08714}$"의 변화

a	X
-0.010	119.9892
-0.008	119.9891
-0.006	119.9889
-0.004	119.9888
-0.002	119.9888
0	119.9888
0.002	119.9888
0.004	119.9888
0.006	119.9889
0.008	119.9890
0.010	119.9892

네, 위 도표에서 확인되듯, a 값이 변해도

$$X = 10 \cdot (1.05 + a)^{0.91286} + 110 \cdot (1.05 + a)^{-0.08714}$$

는 119.9888로 거의 변하지 않습니다. 결국 B의 듀레이션인 $D(B)$(년)만큼 B를 보유하면, 시장 이자율(yield)이 변해도 B의 미래가치는 변하지 않고, 이때 B의 사후적 yield는 사전적 yield와 같습니다. 앞의 연속복리 예제까지 합쳐 두 예제에서 확인되는 사실입니다. 즉 채권 매수 후 그 채권의 듀레이션 기간만큼 보유하면, 시장 이자율(yield)의 변화와 관계없이 채권 매수 시의 만기수익률 y와 같은 사후적 수익률을 실현할 수 있습니다. 물론 이를 위해서는 일정한 가정이 충족되어야 합니다. ■

* 이산복리법을 사용하니 (더 체계적인) 연속복리법보다는 미세하게나마 오차가 더 크게 발생함을 알 수 있습니다.

증명 8〉 듀레이션과 사후적 만기수익률(이산복리법)

먼저 증명의 대상을 파악해 보겠습니다. 2년 만기 채권 B의 액면가는 Par, coupon rate은 c, yield는 y, 듀레이션은 D_B라 합시다. 2년 만기 채권이니 이 채권의 현금흐름 시점의 (가중)평균인 D_B 값의 범위는 $1 < D_B < 2$입니다. 이 채권 발생 시점의 yield curve는 y에서 수평이었는데, 그후 이 채권의 첫 coupon이 지급되기 전에 yield curve가 $y + a$에서 수평하게 되었고 이 형태가 $t \geq D_B$까지 지속된다고 하겠습니다. 여러분이 이 채권 발행 시($t = 0$) 매수하여 $t = D_B$ 시점까지 보유한다 합시다. 그리고 첫 coupon 받은 후 $y + a$로 $t = D_B$ 시점까지 재투자한다고 하겠습니다. 그러면 $t = 0$ 시점과 $t = D_B$ 시점의 이 채권 가격 $P(t)$들은 다음과 같습니다.

$$\begin{aligned} P(0) &= \frac{Par \cdot c}{1+y} + \frac{Par \cdot (1+c)}{(1+y)^2} \\ &= Par \cdot c \cdot (1+y)^{-1} + Par \cdot (1+c) \cdot (1+y)^{-2}, \\ P(D_B) &= Par \cdot c \cdot (1+y+a)^{D_B-1} + \frac{Par \cdot (1+c)}{(1+y+a)^{2-D_B}} \\ &= Par \cdot c \cdot (1+y+a)^{D_B-1} + Par \cdot (1+c) \cdot (1+y+a)^{D_B-2}. \end{aligned}$$

여기서 우리는 다음을 증명하려 합니다.

$$P(D_B) \approx P(0) \cdot (1+y)^{D_B}.$$

이는 곧 다음을 증명하는 것입니다. 좌변은

$$P(D_B) = Par \cdot c \cdot (1+y+a)^{D_B-1} + Par \cdot (1+c) \cdot (1+y+a)^{D_B-2}$$

이고 우변은

$$\begin{aligned} P(0) \cdot (1+y)^{D_B} &= [Par \cdot c \cdot (1+y)^{-1} + Par \cdot (1+c) \cdot (1+y)^{-2}] \cdot (1+y)^{D_B} \\ &= Par \cdot c \cdot (1+y)^{D_B-1} + Par \cdot (1+c) \cdot (1+y)^{D_B-2} \end{aligned}$$

이니 결국 다음을 증명해야 합니다.

$$Par \cdot c \cdot (1+y+a)^{D_B-1} + Par \cdot (1+c) \cdot (1+y+a)^{D_B-2}$$

$$= Par \cdot c \cdot (1+y)^{D_B - 1} + Par \cdot (1+c) \cdot (1+y)^{D_B - 2}.$$

양변을 Par로 나누면 다음과 같습니다.

$$c \cdot (1+y+a)^{D_B-1} + (1+c) \cdot (1+y+a)^{D_B-2}$$
$$= \ c \cdot (1+y)^{D_B-1} + (1+c) \cdot (1+y)^{D_B-2}.$$

혹은

$$c \cdot (1+y+a)^{D_B-1} \ + \ \frac{1+c}{(1+y+a)^{2-D_B}} \ = \ c \cdot (1+y)^{D_B-1} \ + \ \frac{1+c}{(1+y)^{2-D_B}}.$$

우리는 위 식을 증명해야 합니다. 단 $a \approx 0$을 전제하고 있습니다. 채권 yield의 변화량이 a이니 통상 그 값이 매우 작습니다. 심지어 정부가 의도적으로 시장 이자율을 변화시키려 하는 경우에도 $a = 25\ basis\ points$ 정도니 약 0.0025입니다. 시장의 자유로운 yield 변화는 이보다도 작을 수 있습니다.

그런데 좌우변을 다시 살펴보면 사실은 같은 함수 형태입니다. 가령 우변을

$$f(y) = \ c \cdot (1+y)^{D_B-1} \ + \ \frac{(1+c)}{(1+y)^{2-D_B}}$$

라 하면 좌변은

$$f(y+a) = \ c \cdot (1+y+a)^{D_B-1} \ + \ \frac{(1+c)}{(1+y+a)^{2-D_B}}$$

가 되어, 사실은 두 변이 같은 함수를 취하고 단지 독립변수 값만이 y에서 $y+a$로 변한 것뿐입니다. 그런데 a의 절대값 자체가 0.0025 등으로 작을 뿐 아니라, a 값이 두 항에 미치는 영향이 서로 상쇄됩니다. 가령 $a > 0$이면, a가 커짐에 따라

$$c \cdot (1+y+a)^{D_B-1} > c \cdot (1+y)^{D_B-1}$$

이니 이것만 보면 $f(y+a) > f(y)$가 되는데, 동시에

$$\frac{(1+c)}{(1+y+a)^{2-D_B}} < \frac{(1+c)}{(1+y)^{2-D_B}}$$

이니, 이것만 보면 $f(y+a) < f(y)$이 됩니다. $1 < D_B < 2$, $1+y > 1$, $1+y+a > 0$이기 때문입니다. 이 두 효과가 서로 상쇄되어, 결과적으로 y 값이 변할 때 $f(y)$ 값은 별로 변하지 않습니다. 특히 y 값 변화가 a로 작기 때문에, a 값과 관계없이 통상

$$f(y+a) \;\approx\; f(y)$$

가 유지됩니다. 그 결과

$$c \cdot (1+y+a)^{D_B-1} \;+\; \frac{1+c}{(1+y+a)^{2-D_B}} \;\approx\; c \cdot (1+y)^{D_B-1} \;+\; \frac{1+c}{(1+y)^{2-D_B}}.$$

가 성립합니다. (증명 끝) ■

이제 위 예제들의 결과를 정리로 요약해 봅시다.

정리 12〉 채권 투자 성과와 듀레이션

만기 T(년)의 채권 B를 매수하는 시점에서 B의 만기수익률을 y, B의 듀레이션을 $D(B)$라 하자. 또 B 매수 후 $D(B)$년 만큼 보유한다 하자. 그러면 B 매수 후 시장 이자율이 어떻게 변하든, $t = D(B)$(년) 시점의 B의 사후적 yield(= 연평균 수익률)는 y가 된다. 단 다음 가정들이 충족되어야 한다.

i) $t = 0$ 시점에서 B 매수 시 yield curve는 (y에서) 수평이다.

ii) yield curve가 변할 때는 항상 수평 이동(parallel shift)한다. 즉 새 yield curve는 '$y+a$'에서 수평이다($a \neq 0$).

iii) yield curve가 변하는 시점은 B의 첫 현금흐름이 발생하기 이전이다.

iv) 투자자가 B로부터 받은 모든 현금을 yield $y+a$로 $t = D(B)$까지 재투자하고, 향후 받을 모든 현금도 $y+a$로 $t = D(B)$으로 할인하여 이 시점의 B의 투자 성과를 평가한다.

이제 위 정리에 대해 직관적 이해를 시도해 보겠습니다. 도대체 왜 이런 절묘한 결과가 도출되었을까요? 연속복리를 가정한 첫 사례가 직관적 설명이 더 쉬우니 이를 사용하여 설명하겠습니다. 참고로 이 설명은 (매우) 깁니다(long). 직관적 이해를 강조하는 내용이니, 굳이 직관적 이해를 필요로 하지 않는 독자들은 이 부분을 생략해도 별 문제

는 없습니다. 또 앞에서 소개된 내용도 일부 다시 설명됩니다.

> 질문 7-6〉 (yield가 $\boldsymbol{y}$인) 채권 매수 후 그 듀레이션(년) 기간까지 보유하면 왜 추후 시장 이자율이 변해도 이 채권의 사후적 수익률이 $\boldsymbol{y}$와 같아질까요?

(가정에 의해) 애초 yield curve는 y에서 수평이었습니다. 그리고 2년 만기 FIS인 B의 현금흐름이 1년 후에 $X \cdot \mathrm{e}^{y}$, 2년 후에는 $X \cdot e^{2y}$일 때 B의 현재 가격 P_0는 $2X$였습니다.

$$P_0 = \frac{X \cdot \mathrm{e}^{y}}{e^{y}} + \frac{X \cdot \mathrm{e}^{2y}}{e^{2y}} = X + X = 2X$$

또 B의 듀레이션 $D(B) = 1.5$(년)입니다.

$$1 \times \frac{\frac{X \cdot \mathrm{e}^{y}}{e^{y}}}{2X} + 2 \times \frac{\frac{X \cdot \mathrm{e}^{2y}}{e^{2y}}}{2X} = 1 \times \frac{X}{2X} + 2 \times \frac{X}{2X}$$

$$= 1 \times \frac{1}{2} + 2 \times \frac{1}{2} = 1.5 = D(B).$$

그리고 B의 첫 현금흐름 발생 전에 (y에서 수평이었던) yield curve가 $y + a$에서 수평인 yield curve로 변하고, 또 이 형태가 $t = D(B) = 1.5$(년)까지 유지됩니다($a \neq 0$), 이때 B의 듀레이션인 1.5년까지 B를 보유하면, 시점 $t = 1.5$(년)의 이 채권 보유로 인한 총 미래가치 $P_{1.5}$는 다음과 같음을 알았습니다. 중간 과정을 생략하고 결과만 보입니다.

$$P_{1.5} = (X \cdot e^{y}) \cdot e^{0.5 \times (y+a)} + (X \cdot e^{2y}) \cdot e^{-0.5 \times (y+a)}$$
$$= X \cdot e^{1.5y} \cdot (e^{0.5 \times a} + e^{-0.5 \times a}).$$

$1.5 = D(B)$를 위 식에 대입합니다.

$$P_{D(B)} = X \cdot e^{D(B)y} \cdot (e^{0.5 \times a} + e^{-0.5 \times a})$$
$$= X \cdot e^{D(B) \times y} \cdot e^{0.5 \times a} + X \cdot e^{D(B) \times y} \cdot e^{-0.5 \times a}.$$

위 식에서 첫째 항 $X \cdot e^{D(B) \times y} \cdot e^{0.5 \times a}$는 채권 B의 첫 번째 현금 $X \cdot e^{y}$의 $t = D(B)$에서의 (미래)가치이고 둘째 항 $X \cdot e^{D(B) \times y} \cdot e^{-0.5 \times a}$는 채권 B의 두 번째 현금 $X \cdot e^{2y}$의

시점 $t = D(B) = 1.5$ 에서의 (현재)가치입니다. 왜냐하면 B의 $t = 1$ 시점에서 받는 현금 $X \cdot e^{y}$를 $t = D(B) = 1.5$까지 (연)수익률 $y + a$로 재투자하면

$$
\begin{aligned}
(Xe^{y}) \cdot e^{[D(B)-1]\times(y+a)} &= X \cdot e^{y + [D(B)-1]\times y + [D(B)-1]\times a} \\
&= X \cdot e^{D(B)\times y + [1.5-1]\times a} \\
&= X \cdot e^{D(B)\times y + 0.5\times a} \\
&= X \cdot e^{D(B)\times y} \cdot e^{0.5\times a}
\end{aligned}
$$

가 되고, $t = 2$ 시점에서 받을 현금 $X \cdot e^{2y}$를 $t = D(B) = 1.5$까지 (연)수익률 $y + a$로 할인하면

$$
\begin{aligned}
(X \cdot e^{2y}) \cdot e^{[D(B)-2]\times(y+a)} &= X \cdot e^{2y + [D(B)-2]\times y + [D(B)-2]\times a} \\
&= X \cdot e^{D(B)\times y + [D(B)-2]\times a} \\
&= X \cdot e^{D(B)\times y} \cdot e^{[D(B)-2]\times a} \\
&= X \cdot e^{D(B)\times y} \cdot e^{[1.5-2]\times a} \\
&= X \cdot e^{D(B)\times y} \cdot e^{-0.5\times a}
\end{aligned}
$$

이 되기 때문입니다. 그 결과

$$
\begin{aligned}
P_{D(B)} &= X \cdot e^{D(B)\times y} \cdot e^{0.5\times a} + X \cdot e^{D(B)\times y} \cdot e^{-0.5\times a} \\
&= X \cdot e^{D(B)\times y} \cdot (e^{0.5\times a} + e^{-0.5\times a})
\end{aligned}
$$

가 됩니다. 여기서 $a(\neq 0)$ 값과 관계 없이 거의 항상

$$
e^{0.5\times a} + e^{-0.5\times a} = 2
$$

가 되기에

$$
\begin{aligned}
P_{D(B)} &= X \cdot e^{D(B)\times y} \cdot (e^{0.5\times a} + e^{-0.5\times a}) \\
&= (2X) \cdot e^{D(B)\times y} \\
&= P_0 \cdot e^{D(B)\times y}
\end{aligned}
$$

가 됩니다. 즉 B의 매수 가격 P_0가 $D(B)$(년) 동안 (애초 yield였던) (연)수익률 y를 실현한 결과가 되는 것입니다. 결국 yield 변화량인 a가 첫 현금 $X \cdot e^{y}$와 둘째 현금 $X \cdot e^{2y}$

에 미치는 영향이 $t = D(B)$ 시점에서 절묘하게 서로 상쇄되어, yield 변화가 없을 때의 $t = D(B)$ 시점의 (연)수익률 y와 동일한 수익률을 실현하게 됩니다. 가령 $a > 0$이면 첫 현금의 $t = D(B)$ 시점의 (미래)가치가 증대되지만 동시에 둘째 현금의 $t = D(B)$ 시점의 (현재)가치가 감소하는데, 전자와 후자의 크기가 거의 같기에 전체적으로는 투자 수익률에 거의 영향을 미치지 못합니다. 만일 B 보유자가 $D(B)$(년)보다 유의하게 더 오랫동안 이 채권을 보유한다면, 가령 B 만기까지 보유한다면 $t = 2$ 시점의 B 투자 총수익 P_2는 (yield curve는 $y + a$에서 계속 수평) 다음과 같습니다. 참고로 $P_2 > P_0 \times e^{2y}$로 판명되면, 2년간 B 투자의 사후적 yield은 y보다 큰 것입니다. 또 $a > 0$이면 $e^a > 1$이므로 $e^a = 1 + b$로 치환할 수 있습니다($b > 0$).

$$
\begin{aligned}
P_2 &= X \cdot e^y \cdot e^{1 \times (y+a)} + X \cdot e^{2y} \\
&= X \cdot e^{2y+a} + X \cdot e^{2y} \\
&= X \cdot e^{2y}(e^a + 1) \\
&= Xe^{2y} \cdot (1 + b + 1) \\
&= (2 + b) \cdot Xe^{2y} \\
&= (2X) \times e^{2y} + b \cdot Xe^{2y} \\
&= P_0 \times e^{2y} + b \cdot Xe^{2y} > P_0 \times e^{2y}, \quad where\ b > 0.
\end{aligned}
$$

즉

$$P_2 > P_0 \times e^{2y}$$

이기에, 투자 기간 2년의 사후적 (연)수익률은 사전적 yield y보다 큽니다. 그 이유는 yield가 y에서 $y + a$로 커지는데, 그 혜택은 최대화되고 그 비용은 최소화되었기 때문입니다. 즉 $t = 1$에서 받는 현금을 최장기간(만기까지) $y + a$의 수익률로 재투자함에 반해, $t = 2$에서 받을 현금을 $y + a$의 할인률로 할인하지는 않기 때문입니다. 반면 $t = D(B) = 1.5$에서는 후자의 할인도 발생하므로, $y + a$의 혜택과 비용이 상쇄됩니다.

한편 투자 기간이 $D(B) = 1.5$(년)보다 작으면 그 반대의 결과가 산출됩니다. 가령 B 보유자가 1년만 이 채권을 보유한다면, $t = 1$ 시점의 B 투자 총수익 P_1은 (yield curve는 $y + a$에서 계속 수평) 다음과 같습니다. 참고로 $P_1 < P_0 \times e^y$로 판명되면, 1년간 B 투자의 사후적 yield은 y보다 작은 것입니다. 또 $a > 0$이면 $e^{-a} < 1$이므로 $e^{-a} = 1 - d$

로 치환할 수 있습니다($d > 0$).

$$\begin{aligned} P_1 &= X \cdot e^y + (X \cdot e^{2y}) \cdot e^{-(y+a)} \\ &= X \cdot e^y + X \cdot e^{y-a} \\ &= X \cdot e^y (e^{-a} + 1) \\ &= X \cdot e^y (1 - d + 1) \\ &= (2 - d) \cdot X e^y \\ &= 2X \cdot e^y - d \cdot X e^y \\ &= P_0 \times e^y - d \cdot X e^y < P_0 \times e^y, \quad where\ d > 0. \end{aligned}$$

즉

$$P_2 < P_0 \times e^y$$

이기에, 투자 기간 1년의 사후적 (연)수익률은 사전적 yield y보다 작습니다. ■

마지막으로, 다양한 a 값과 다양한 시점(t)을 조합하여, 시장 이자율 변화(a)가 채권 투자 성과에 미치는 영향의 양상을 시간 경과에 따라 살펴보도록 하겠습니다. 연속복리 예제를 그대로 활용합니다. 채권 B는 1년 후에 $X \cdot e^y$, 2년 후에는 $X \cdot e^{2y}$를 지급합니다. $X = 100,\ y = 0.05$를 가정해서, B는 1년 후에 $100 \cdot \mathrm{e}^{0.05} = 105.127$, 2년 후에는 $100 \cdot e^{0.1} = 110.517$을 지급합니다. 현 yield curve는 $y = 0.05$에서 수평을 이루고 있지만, 향후 yield 값이 $a(\neq 0)$만큼 변하면 새 yield는 $y_{new} = y + a$가 되는데, 우리는 이러한 yield 변화를 전제로 하며, 우리의 미션은 이때 채권 B의 투자 성과를 살펴보는 것입니다. 다양한 a 값과 다양한 미래 시점 t_F에서 말입니다($0 < t_F \leq 2$). t_F에서의 채권 투자(보유) 성과 P_{t_F}의 의미는 다음과 같습니다.

t_F가 B의 첫 현금 $100 \cdot \mathrm{e}^{0.05}$을 받지 않은 상태라면 ($t_F < 1$)
P_{t_F}는 B의 두 현금 $100 \cdot \mathrm{e}^{0.05}$와 $100 \cdot \mathrm{e}^{0.1}$을 y_{new}로 할인한 값이고 (시점 t_F로)
$1 \leq t_F < 2$이면 (첫 현금 $100 \cdot \mathrm{e}^{0.05}$ 받고 두 번째 현금 $100 \cdot \mathrm{e}^{0.1}$ 받기 전)
$100 \cdot \mathrm{e}^{0.05}$을 y_{new}로 재투자하고 $100 \cdot \mathrm{e}^{0.1}$을 y_{new}로 할인한 값이고 (시점 t_F로)
$t_F = 2$이면 $100 \cdot \mathrm{e}^{0.05}$을 y_{new}로 재투자하고 ($t_F = 2$로) $100 \cdot \mathrm{e}^{0.1}$를 수령한 값이다.

그렇다면 가령 $a = 0.02$이고 $t_F = 0.4$면 P_{t_F}는 어떤 값을 가질까요? $y_{new} = 0.05 + 0.02 = 0.07$이 되고 이때 P_{t_F}는

$$\begin{aligned} P_{0.4} &= 100 \cdot e^{0.05} \times e^{0.07\times(t_F-1)} + 100 \cdot e^{0.1} \times e^{0.07\times(t_F-2)} \\ &= 100 \cdot e^{0.05} \times e^{0.07\times(0.4-1)} + 100 \cdot e^{0.1} \times e^{0.07\times(0.4-2)} \\ &= 100.803 + 98.807 \\ &\approx 199.6 \end{aligned}$$

입니다. 이 사실은 아래 도표에서 $a = 0.02$ 열(column)과 $t_F = 0.4$ 행(row)에서 확인됩니다. 이때는 첫 현금과 두 번째 현금을 모두 할인하는 경우입니다.

또 $a = -0.02$이고 $t_F = 1.4$면 P_{t_F}는 어떤 값을 가질까요? $y_{new} = 0.05 - 0.02 = 0.03$이 되고 이때 P_{t_F}는

$$\begin{aligned} P_{1.4} &= 100 \cdot e^{0.05} \times e^{0.03\times(t_F-1)} + 100 \cdot e^{0.1} \times e^{0.03\times(t_F-2)} \\ &= 100 \cdot e^{0.05} \times e^{0.03\times(1.4-1)} + 100 \cdot e^{0.1} \times e^{0.03\times(1.4-2)} \\ &= 106.396 + 100.546 \\ &\approx 214.9 \end{aligned}$$

입니다. 이 사실도 아래 도표에서 $a = -0.02$ 열과 $t_F = 1.4$ 행에서 확인됩니다. 이때는 첫 현금은 재투자하고 두 번째 현금만을 할인하는 경우입니다.

이제 두 변수 a와 t_F에 다양한 값들을 대입하여 미래 채권 투자 성과 P_{t_F}가 어떻게 변하는지 살펴보겠습니다. $-0.04 \le a \le 0.04$, $0 \le t \le 2$ 의 값들을 사용하겠습니다. 비교를 위해 $y_{new} = 0.05$ 즉 $a = 0$ 인 경우도 포함합니다. 참고로 B의 듀레이션은 $D(B) = 1.5$입니다.

➢ 도표 7-5〉 시장 이자율 변화($\boldsymbol{a}$)와 채권 투자 성과($\boldsymbol{P_{t_F}}$)

		a				
		-0.04	-0.02	0	0.02	0.04
t_F	0	212.4	206.1	200.0	194.1	188.4
	0.1	212.6	206.7	201.0	195.5	190.1
	0.2	212.8	207.3	202.0	196.8	191.8
	0.3	213.0	208.0	203.0	198.2	193.5
	0.4	213.3	208.6	204.0	199.6	195.3
	0.5	213.5	209.2	205.1	201.0	197.1
	0.6	213.7	209.8	206.1	202.4	198.8
	0.7	213.9	210.5	207.1	203.8	200.6
	0.8	214.1	211.1	208.2	205.3	202.5
	0.9	214.3	211.7	209.2	206.7	204.3
	1	214.5	212.4	210.3	208.2	206.1
	1.1	214.8	213.0	211.3	209.6	208.0
	1.2	215.0	213.7	212.4	211.1	209.9
	1.3	215.2	214.3	213.4	212.6	211.8
	1.4	215.4	214.9	214.5	214.1	213.7
	1.5	215.6	215.6	215.6	215.6	215.6
	1.6	215.8	216.2	216.7	217.1	217.6
	1.7	216.1	216.9	217.7	218.6	219.5
	1.8	216.3	217.5	218.8	220.2	221.5
	1.9	216.5	218.2	219.9	221.7	223.5
	2	216.7	218.8	221.0	223.3	225.5

이제 위 도표 수치들의 결과의 특성을 설명하면서 이 수치들이 “make sense”한 지도 살펴보겠습니다. a가 어느 값이든, 즉 y_{new}가 어떤 값이든 일단 한 번 정해지면, 시간 경과와 함께 채권 B의 보유 가치 P_{t_F}가 증대됨을 알 수 있습니다. This makes sense. 왜 “makes sense”한지 봅시다. $t_F < 1$이면 첫 현금을 받기 전이므로, P_{t_F}는 B가 지급할 두 (미래) 현금들의 현재가치가 되는데, 첫 현금 받는 $t_F = 1$에 가까워질수록 P_{t_F}는 증가합니다. 두 현금들의 현재가치가 커지기 때문입니다. 그리고 $t_F = 1$ 혹은 $1 < t_F \leq 2$의 시점에서도 P_{t_F}는 증가합니다. 지급받은 첫 현금을 없애지 않고 (연)수익률 $y_{new}(> 0)$로 재투자하기 때문입니다. 즉 $1 \leq t_F \leq 2$ 시점에서는, 첫 현금은 재투자하여 그 (미래) 가치가 커지고(at t_F), 두 번째 현금의 (현재)가치 또한 (시간 경과에 따라) 커지기 때문입니다(at t_F). 이 원리는 모든 a 값에 대해 공통으로 적용됩니다.

둘째로, a 값이 어떻게 정해지든, 즉 수평인 yield curve가 새로 어떤 값(y_{new})에서 수평이든, 채권 B의 듀레이션인 $t_F = D(B) = 1.5$(년)까지 보유하면 이 시점의 채권 보유 가치는 215.6으로 (거의) 같습니다.* 이는 이미 앞에서 상세히 설명된 사항입니다.

---

* 물론 앞에서 논의했듯이, a 값이 클수록, 즉 yield curve가 크게 평행 이동할수록, P_{t_F} 값들은 서로 조금씩 달라집니다. $t = D(B)$ 시점에서라도 말입니다. 위 도표에서 소수 첫째자리까지는 $P_{t_F} = 215.6$을 유

셋째로, 오늘 yield curve가 변하면(parallel shift), 즉 $a > 0$ 혹은 $a < 0$이 발생하면, 이 사건이 채권 보유 가치에 미치는 영향은 복합적입니다. 한마디로,

오늘의 채권 보유 가치(P_0)에 즉각적으로 미치는 영향과
미래의 채권 보유 가치$\left(P_{t_F}\right)$에 미치는 영향이($t_F > 0$)
정반대

입니다.

가령 오늘 $a > 0$의 사건이 발생하여 시장의 yield(curve)가 상승하면(parallel shift), 채권 B의 현재가치는 즉각 낮아집니다. 그렇기에 위 도표에서 $a = 0.02$ 열 혹은 $a = 0.04$ 열(row)에서 오늘 이 채권(보유) 가치가 ($a = 0$일 때의) 200보다 낮습니다.* 하지만 이 높아진 시장 이자율(yield)은, 장기적으로는 채권 보유의 미래가치에 유리하게 작용합니다. 더 높은 이자율로 B의 첫 현금을 재투자하는 이익이 B의 두 번째 현금을 더 높은 할인율로 할인하는 손해보다 더 크기 때문입니다. 처음에는 ($0 \leq t_F < D(B) = 1.5$) 손해가 더 크지만 $t_F = D(B)$ 시점이 되면 순손익=0이 되고, 그후에는 ($t_F > D(B)$) 이익이 손해보다 더 커집니다. 여기서 주의할 점은, $P_{t_F} > P_0 = 200$임에도 불구하고 "손해가 더 크다"가 가능하다는 것입니다. 왜냐하면, y가 변하지 않았다면 ($a = 0$이라면)

$$P_{t_F,a=0} = P_0 \times e^{(t_F \times y)}$$

가 되어야 하기 때문입니다. 가령 $t_F = 1.2$이면

$$P_{t_F,a=0} = P_0 \times e^{t_F \times y} = 200 \times e^{1.2 \times 0.05} = 212.4$$

가 되어야 하는데, 위 표에서 $a = 0.02$ 혹은 0.04이면 실제 P_{t_F} 값은 212.4보다 작습니다.

반대로 오늘 $a < 0$의 사건이 발생하여 시장의 yield(curve)가 하락하면, 채권 B의 현재가치는 즉각 높아집니다. 그렇기에 위 도표에서 $a = -0.02$ 열, 혹은 -0.04 열에서

지하지만, 소수 셋째자리까지 표시하면 $a = 0$일 때는 $P_{t_F} = 215.577$이지만 가령 $a = \pm 0.04$이면 $P_{t_F} = 215.62$가 됩니다.

* 각각 194.1과 188.4입니다.

오늘 이 채권(보유) 가치가 ($a = 0$일 때의) 200보다 높습니다.* 하지만 이 낮아진 시장 이자율(yield)은, 장기적으로는 채권 보유의 미래가치에 불리하게 작용합니다. 더 낮은 이자율로 B의 첫 현금을 재투자하는 손해가 B의 두 번째 현금을 더 낮은 할인율로 할인하는 이익보다 더 크기 때문입니다. 처음에는($0 \le t_F < D(B) = 1.5$) 이익이 더 크지만 $t_F = D(B)$ 시점이 되면 순손익 = 0이 되고, 그후에는($t_F > D(B)$) 손해가 이익보다 더 커집니다. 위 표에서 $a < 0$일 때 각 행(row)의 P_{t_F}를 $P_{t_F,a=0}$과 비교해 보면 확인할 수 있습니다.

지금까지 본 주제 "yield 변화와 듀레이션 해석"에서 논의한 내용들을 그림으로 나타내면 다음과 같습니다. 그 해석은 위의 도표 설명에 나와 있습니다.

➢ 그림 7-6〉 yield 변화와 듀레이션

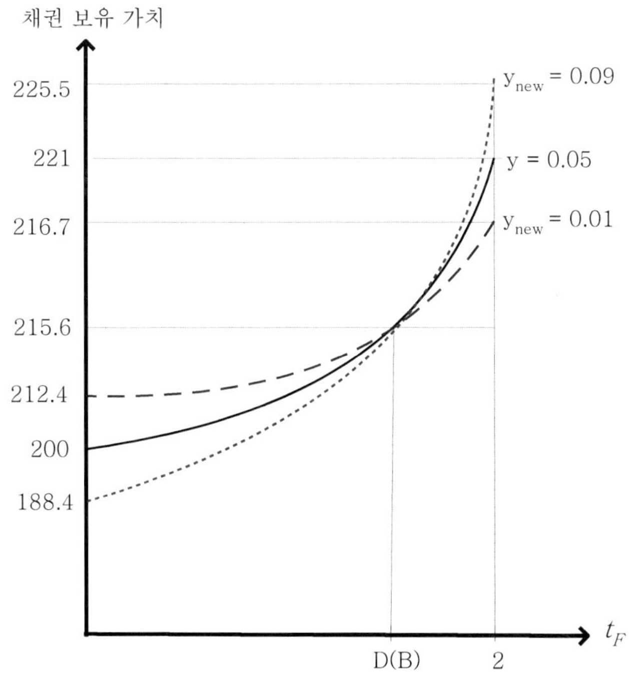

* 각각 206.1과 212.4입니다.

CHAPTER 8

채권 가격의 변동성: 듀레이션 II

우리는 다음과 같은 소개와 함께 7장을 공부하였습니다.

소환〉 듀레이션에 대한 소개

채권 가격은 시장 이자율 변화에 의하여 변동합니다. 여기서의 시장 이자율은 원칙적으로는 (근원적인) 현물 이자율들을 말합니다. 단지 이자율 변화가 채권 가격에 미치는 영향을 분석할 때는

현물 이자율 변화에 의한 채권 가격의 변화를 추정하기도 하고
각 채권들의 yield 변화에 의한 채권 가격의 변화를 추정하기도

합니다. 그런데 채권의 yield는 사실 각 채권에 고유한, 편의적으로 만들어낸 가상의 수익률 개념입니다. 또 채권 yield가 유용한 이자율 지표가 되려면 여러 복잡한 가정들이 충족되어야 합니다. 그러므로

(모든 채권에 영향 미치는) 현물 이자율의 변화에 의한 채권 가격 변화와
특정 채권을 위해 인위적으로 고안된 yield의 변화에 의한 채권 가격 변화는

그 해석이 다를 수밖에 없습니다. 그런데 아이러니컬하게도 이론적 채권 연구나 실제 채권 투자에서는

yield 변화에 의한 채권 가격 변화를 더 광범위하게 사용

하고 있습니다. 다음 장에서 배울 달러 듀레이션, 수정 듀레이션, PVBP, 유효 듀레이션 등이 바로 그러한 도구들입니다. 그러므로 본서에서도 이를 반영하여, yield 변화에 의한 채권 가격의 변동성을 추정하는 다양한 척도들에 대하여 심도 있게 공부합니다. 추가적으로 현물 이자율 변화에 의한 채권 가격의 변화도 논의합니다. 가령 "Key Rate 듀레이션"이 그러한 도구입니다. 단지 편의상, 본서에서 이자율 변화에 의한 채권 가격의 변동성을 논의할 때는 이자율이 채권들의 "yields"를 의미한다고 가정하겠습니다. 설혹 이자율이 현물 이자율을 의미하는 경우에도 전후 맥락에 따라 명료하게 이해될 것입니다. ■

그런데 막상 7장에서는 위 같은 소개 후에, 다소 엉뚱한(?)주제인 매컬리 듀레이션을 공부하였던 것입니다. 그 이유는 매컬리 듀레이션 개념을 먼저 공부하는 것이 더 효율적이기 때문이고, 또한 본장에서 배울 듀레이션 개념도 매컬리 듀레이션과 어차피 관련이 있기 때문입니다. 이제 7장의 소개 내용에 걸맞는 내용을 공부해 보겠습니다. 즉 채권의 yield 변화 시 채권 가격의 변동성을 차근차근 그리고 심층적으로 공부해 보겠습니다. 단 위에서 강조했듯이, 채권의 yield는 가상적, 인위적 개념이라는 태생적 한계가 있습니다. 그럼에도 불구하고 yield를 사용하여 채권 가격의 변동성을 논의하는 이유는, 한 채권과 관련된 시장의 모든 현물 이자율들을 다 동원하여 채권 가격 변동성을 논의하는 것이 너무 복잡하기 때문입니다.

본장을 본격적으로 시작하기 앞서 흥미로운 사실을 알립니다. 그것은 다름 아니고

매컬리 듀레이션 개념과 본장에서 배울 수정 듀레이션이 서로 밀접한 관련이 있다

는 것입니다. 이는 곧

"채권의 실질 만기"와 "이자율 변화에 의한 채권 가격 변동성"이 관련 있음

을 의미합니다. 서로 달라 보이는 이 두 개념이 왜 관련이 있을까요? 네, 그냥 관련이 있는 정도가 아니라 "본질적으로 밀접한 관련"이 있습니다. 추후 이 사실을 수학적으로는 물론 직관적으로도 여러분들은 이해할 수 있게 될 것입니다.* 우리는 먼저 채권의

---

* 여러분들이 (지금은 서로 달라 보이는) 이 두 개념이, 본장을 다 읽은 후에는, 서로 관련이 있음을 수리

가격 곡선을 충실히 학습한 후 수정 듀레이션 개념 등을 논의하겠습니다.

제 1 절 가격 곡선

만기, coupon rate, 액면가 등이 정해졌을 때 채권의 가격은 (투자자들의 요구수익률인) 채권의 yield의 함수입니다. 주어진 채권에 대한 평균 요구수익률인 만기수익률과 채권 가격의 관계를 우리는 "가격 곡선"을 처음 소개할 논의한 적 있습니다. 아래 그림은 이를 다시 보여줍니다.

소환〉 채권의 가격 곡선

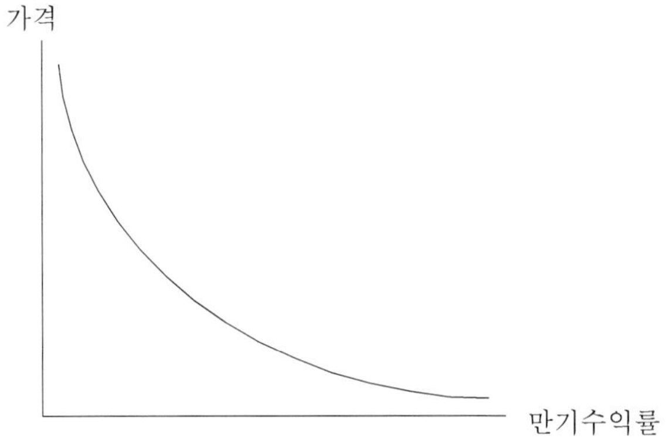

참고로 위 가격 곡선은 채권의 만기수익률과 가격 관계를 나타내는 데 그치지 않고

만기수익률이 변할 때 가격의 변화 양상 또한 나타내고 있습니다.

즉 가격 변화의 특성을 나타내고 있습니다. 본절에서는 가격 곡선의 이런 특성에 관하여 파악하여 봅니다. 아래 정리가 바로 가격 곡선으로부터 추출할 수 있는 채권 가격의

적으로는 물론 직관적으로까지 이해하게 되면 본장의 논의가 효율적이었다고 할 수 있습니다. 만일 본장을 다 읽은 후에도 이 관련성이 직관적으로 잘 이해가 안 되면, "That's your own problem."이라고 저자가 미리 엄포 놓는다면 아마 여러분들이 본장을 더 열심히 정독하지 않을까요?

변화에 관한 특성들입니다. 물론

"다른 모든 조건이 동일함"을 전제

합니다. 가령 i)의

"yield가 상승하면 채권 가격은 하락한다"는 정리의 의미는
만기나 coupon rate 같은 채권의 다른 모수(specifications)는 변하지 않고
채권의 yield만이 상승하면 채권 가격이 하락

한다는 것입니다. 참고로 아래 정리의 특성들은

외우지 않고 (직관적으로) 이해할 수 있는

내용들이므로 자신감을 가지고 공부하기 바랍니다.

정리 1〉 채권 yield와 가격의 관계

(i) 채권의 yield y가 상승하면 채권 가격은 하락한다.
(ii) y가 상승하면 가격함수의 기울기는 보다 완만해진다.
(iii) y 하락에 의한 가격 변화가 y 상승의 경우보다 더 크다.
(iv) y 변화에 따른 가격의 상대적 변화율은 y가 낮을 때에 더 크다.
(v) y 변화에 따른 가격의 상대적 변화율은 장기채권의 경우가 더 높다.
(vi) coupon rate이 낮을수록 y 변화에 따른 가격의 변화율이 더 높다.

네, 위 사항들은 객관식 문제에서도 혹은 OX 문제에서도 출제될 가능성이 있겠네요. 다시 강조하지만, 위 정리의 각 사항들은 암기보다는 이해를 필요로 하는 사항이며 서로 밀접히 연관되어 있습니다. 즉

채권 가격의 결정 메커니즘을 이해(기억)한다면

모두 자연스럽게 파악되는 사항들입니다. (i) ~ (v)에 대해서는 편의적으로 무이표채 (zcb)를 예로 들어 설명하는데, 이표채의 경우에도 성립함을 미리 밝힙니다. 왜냐하면 이표채는 여러 무이표채들로 이루어진 포트폴리오이기 때문입니다. 무이표채들에게 성립하

는 법칙이 그들의 단순한 합(sum)인 이표채에 성립하지 않을 수는 없겠지요.*

이제 위 정리의 내용들을 하나씩 설명하겠습니다. 고등학교 수학 시간에 배운 미분 개념을 제대로 기억하는 독자들에게는 이 설명들은 다소 지루할 수 있습니다.† But, it is better to be bored than struggle with something difficult.‡

(i) yield가 상승하면 채권 가격은 하락

무이표채(zcb)의 가격은 아래와 같이 산출됩니다. 즉 액면가 Par, 만기 n년인 zcb의 가격 P와 이 채권에 대한 만기수익률 y는 다음 같은 함수 관계를 가지고 있습니다.

> ➢ 식 1〉 무이표채의 만기수익률 $\boldsymbol{y}$와 가격함수 ($\boldsymbol{n}$ = 만기)
>
> $$P(y) = Par \cdot (1+y)^{-n}.$$

가령 Par = 100, n = 10년인 zcb의 y가 10%라고 하면 이 채권의 가격은

$$P(0.1) \;=\; 100 \cdot (1+0.1)^{-10} \;=\; 38.55$$

가 됩니다. 이제 y가 변할 때 $P(y)$의 변화 양상을 파악하기 위하여

$$\frac{dP(y)}{dy}$$

를 구하여 봅시다. 여기서 dy는 y 값의 매우 작은 증가를 의미하는, 0에 가장 가까운 양수인데, 편의적으로는 "극히 작은 양의 상수"라고 생각해도 됩니다. 적어도 본서 논의

---

* 가령 어느 고등학생 A의 중간고사 총점이 수학, 영어 등의 여러 개 과목의 합계인데, 각 과목 성적은 A가 시험 공부한 시간에 비례한다는 법칙이 있다고 합시다. 각 과목 시험 준비를 10시간 할 때보다 11시간 할 때 각 과목의 성적이 상승한다면, 당연히 중간고사 총점도 상승할 것입니다. 여기서 중간고사 총점을 이표채라 비유할 수 있고 각 과목은 이 이표채를 구성하는 무이표채라고 비유할 수 있습니다.

† 그런데 오래 대학에서 강의해 보니, 고등학교 때 배운 미분 개념을 정확히 기억하는 학생들은 예상보다 적었던 것 같습니다. 그러니 긴장 풀지 말기 바랍니다.

‡ 참고로 여기의 미분은 (채권의 다른 모수는 불변인 채로) yield만 변하는 경우이니 엄밀히는 편미분입니다. 하지만 다른 모수는 고정되어 있으므로 편미분이나 미분이나 그 결과는 같습니다. 즉 채권의 만기, coupon rate 등은 채권 발생 시 확정된 모수들인 반면, 시장 이자율(= yield)은 매일 변하는 모수이므로, 후자에 대한 편미분 혹은 미분은 같은 의미가 됩니다.

의 편리함을 위해서 말입니다.* 또 채권의 수익률이란 점에서는 $dy \approx 0.0001 = 1\ bp$ 등을 생각할 수 있습니다. 채권 시장에서 실무적으로 yield의 가장 작은 변화량을 1 bp로 간주하는 관행이 있기 때문입니다. 반면 $dP = dP(\mathrm{y})$는 dy만큼 y 값이 증가할 때의 채권 가격 P의 변화량을 의미하는데, dy와는 달리 $dP(y)$는 y 값에 따라 변하는 "변수"입니다. 위 식을 y에 대하여 미분하면 다음과 같은 기울기가 산출됩니다.

> ➢ 식 2〉 무이표채 가격함수의 기울기
>
> $$\frac{dP}{dy} = -n \cdot Par \cdot (1+y)^{-n-1} < 0.$$

즉 이 함수의 기울기는 음수이므로 yield가 커짐에 따라 채권 가격은 하락합니다. 위 무이표채의 경우

$$\frac{dP}{dy} = -10 \cdot 100 \cdot (1+0.1)^{-11} = -350$$

이 됩니다.

(ii) yield가 상승하면 가격함수의 기울기는 완만해집니다.

가격함수의 기울기는 $\frac{dP}{dy} < 0$임을 알았습니다. 이제 y가 변함에 따라 이 기울기 자체가 어떻게 변화하는지 알아봅시다. 가격함수의 기울기 $\frac{dP}{dy}$의 변화 양상을 파악하기 위하여는 P를 y로 두 번 미분해야 합니다.

> ➢ 식 3〉 무이표채 가격함수의 2차 미분
>
> $$\begin{aligned} \frac{d\left(\frac{dP}{dy}\right)}{dy} &= \frac{d(-n \cdot Par \cdot (1+y)^{-n-1})}{dy} \\ &= (-n) \cdot Par \cdot (-n-1) \cdot (1+y)^{-n-2} \\ &= n \cdot (n+1) \cdot Par \cdot (1+y)^{-n-2} > 0. \end{aligned}$$

---

* 수학자들은 이런 정의를 좋아하지는 않습니다만, 본서의 논의를 위해서는 이런 편의적 정의도 괜찮습니다.

2차 미분값이 (+)이므로 y가 커짐에 따라 가격함수의 기울기 값은 커집니다. 그런데 가격함수의 기울기는 항상 (-)이므로, 기울기 값이 커진다는 것은 (-0.5) → (-0.1) → (-0.01)과 같이 점차 0에 가까워짐을 의미합니다. 기울기가 (-) 값을 유지하면서 점차 0에 가까워지므로, 이는 곧 가격함수의 기울기가 점차 완만해진다는 뜻입니다.* 이 경우 가격함수는 y에 대하여 "볼록"한 형태를 띱니다. 가령 위의 무이표채의 경우 y = 2%, 4%, 6%에서의 기울기 "절대값"은 점차 작아져 가격 곡선은 점점 완만해집니다.

$$\left|\frac{dP}{dy}\right|_{y=0.02} = 10 \cdot 100 \cdot (1+0.02)^{-11} = 804,$$
$$\left|\frac{dP}{dy}\right|_{y=0.04} = 10 \cdot 100 \cdot (1+0.04)^{-11} = 650,$$
$$\left|\frac{dP}{dy}\right|_{y=0.06} = 10 \cdot 100 \cdot (1+0.06)^{-11} = 527.$$

y 와 $\frac{dP}{dy}$의 이러한 관계를 그래프로 나타내면 아래 그림과 같습니다.

➢ 그림 8-1〉 가격함수의 기울기와 볼록성

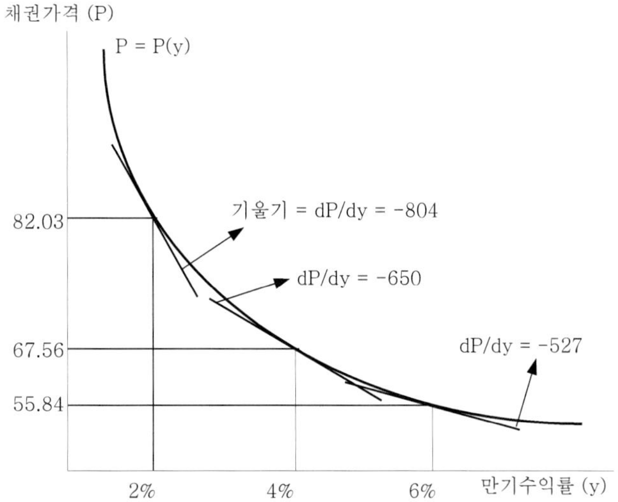

* 기울기가 완만해진다는 것은, 일정한 값의 Δy에 대한 가격 변화 ΔP가 y가 커질수록 작아진다는 뜻입니다. 그 이유는, y 값이 큰 경우에는 Δy가 y 값에 비해 상대적으로 작은 변동이어서 가격에 미치는 영향이 작아지기 때문입니다. 예로써 y = 0.20일 때 Δy = 0.01이 채권 가격에 미치는 영향은 y = 0.02일 때 Δy = 0.01이 채권 가격에 미치는 영향보다 작습니다.

(iii) y 하락에 의한 가격 변화가 y 상승에 의한 가격 변화보다 큽니다.

y의 변화량 Δy가 매우 작다면 P의 변화량 ΔP는 $\pm\Delta y$에 관계없이 일정합니다. 가령 위 무이표채의 $y = 0.04$일 때 $\Delta y = \pm 0.0001 = \pm 1\ bp$일 때 ΔP를 구해봅시다.

$$
\begin{aligned}
P(y = 0.04) &= 100 \cdot (1 + 0.04)^{-10} = 67.56, \\
P(y = 0.0401) &= 100 \cdot (1 + 0.0401)^{-10} = 67.49, \\
P(y = 0.0399) &= 100 \cdot (1 + 0.0399)^{-10} = 67.62.
\end{aligned}
$$

그러므로 $\Delta y = 0.0001$인 경우 ΔP = 67.49 − 67.56 = -0.07이고 $\Delta y = -0.0001$인 경우 ΔP = 67.62 − 67.56 = 0.06으로 그 절대값은 거의 차이가 없습니다. 이론적으로는

y의 변화량 Δy가 $\pm dy$만큼만 변한다면 P의 변화량 ΔP는
$|\Delta P| = |P(y + dy) - P(y)| = |P(y - dy) - P(y)|$가 성립하여

P의 절대 변화량은 차이가 없습니다. 이는 미분가능한 함수 $P(y)$에 있어서 항상 성립합니다.* 반면 $\Delta y > dy$이면 $|\Delta P|$는 Δy의 부호에 따라 차이를 보입니다. 가령 y가 현재 4%이고 $\Delta y = \pm 0.02 = \pm 200\ bp$일 때 ΔP를 구하면 다음과 같습니다.

$$
\begin{aligned}
P(y = 0.04) &= 100 \cdot (1 + 0.04)^{-10} = 67.56, \\
P(y = 0.06) &= 100 \cdot (1 + 0.06)^{-10} = 55.84, \\
P(y = 0.02) &= 100 \cdot (1 + 0.02)^{-10} = 82.03.
\end{aligned}
$$

그러므로 $\Delta y = 0.02$인 경우 ΔP = 55.84 − 67.56 = -11.42이고 $\Delta y = -0.02$인 경우 ΔP = 82.03 − 67.56 = 14.47로, y 하락에 의한 ΔP 절대값이 y 상승에 의한 그것보다 더 큽니다. 설혹 $\Delta y = \pm 200\ bp$만큼 큰 값이 아니더라도, 가격함수는 위 그림에서 나타나듯이 볼록한 형태를 취하기 때문에

$\Delta y > dy$이면 항상 $|P(y + dy) - P(y)| < |P(y - dy) - P(y)|$가 성립

---

* 이때 $|\Delta P| = |dP|$가 됩니다. 여러분은 고등학교 수학 시간 때, 함수 $P(y)$가 특정 값 $y = y^*$에서 미분가능하다면 y^* 값을 중심으로 $y = y^* + dy$ 방향의 기울기와 $y = y^* - dy$ 방향의 기울기 값이 일치한다고 배웠을 것입니다. 이처럼 y가 dy만큼만 움직이면 y가 (dy만큼) 커질 때의 기울기와 y가 작아질 때의 기울기가 같고, 이는 곧 $P(y)$의 변화량 $|\Delta P|$가 양 방향에서 같음을 의미합니다. 그리고 이때 $|\Delta P|$을 $|dP|$라 합니다. dP는 $\Delta y = dy$일 때의 P의 변화량을 뜻합니다.

합니다.

질문 8-1〉 간단한 사례로 수식으로 입증해 보세요.

만기 1년, par 1, 할인율 r인 무이표채의 가격(P)은 $P = \frac{1}{1+r}$입니다. 이때 할인율 r이 $r+a$로 커지거나 $r-a$로 작아지는 경우 이 채권의 가격을 각각 P_+, P_-라고 합시다 ($0 < a < r$). 그러면

$$P_+ = \frac{1}{1+r+a}, \qquad P_- = \frac{1}{1+r-a}$$

입니다. 이제 각각 변동된 가격과 원래 가격 P와의 차이를 파악해 봅시다. 더 큰 값에서 더 작은 값을 빼 보겠습니다. 그러면

$$P_- - P = \frac{1}{1+r-a} - \frac{1}{1+r} = \frac{(1+r) - (1+r-a)}{(1+r-a)(1+r)}$$
$$= \frac{a}{(1+r-a)(1+r)},$$
$$P - P_+ = \frac{1}{1+r} - \frac{1}{1+r+a} = \frac{(1+r+a) - (1+r)}{(1+r+a)(1+r)}$$
$$= \frac{a}{(1+r+a)(1+r)}$$

입니다. 둘 모두 분자는 같지만 $(P_- - P)$의 분모가 더 작으므로 결국

$$P_- - P > P - P_+$$

임을 알 수 있습니다. 즉 y 하락 시 가격 변화가 y 상승 시 그것보다 큽니다. ■

(iv) 가격의 상대적 변화율은 yield가 높을 때보다 낮을 때에 더 큽니다.

이는 위에서 제시된 수식을 이용하면 쉽게 입증됩니다. 상대적 변화율은 절대적 변화량을 채권 가격으로 나눈 것입니다. 수익률이 낮은 경우를 $r-a$로, 높은 경우를 $r+$

a로 가정합시다$(0 < a < r)$. 이때 수익률이 $(+a)$만큼 상승할 때 각 경우의 상대적 변화율을 구해봅시다. 현재 수익률이 $r-a$인 경우 이 채권 가격은 $\frac{1}{1+r-a} = P_-$라 표기할 수 있는데, 새 수익률은 $r-a+a=r$이므로 채권의 새 가격은 $\frac{1}{1+r} = P$입니다. 반면 현재 수익률이 $r+a$인 경우 이 채권 가격은 $\frac{1}{1+r} = P_+$인데, 새 수익률은 $r+a+a=r+2a$가 되므로 채권의 새 가격은 $\frac{1}{1+r+2a} = P_{++}$라고 표기하겠습니다. 그러므로 채권 가격의 상대적 변화율은 전자의 경우

$$\frac{|P - P_-|}{P_-} = \frac{\left|\frac{1}{1+r} - \frac{1}{1+r-a}\right|}{\frac{1}{1+r-a}} = \frac{\frac{a}{(1+r-a)(1+r)}}{\frac{1}{1+r-a}} = \frac{a}{1+r}$$

입니다. 반면 후자의 경우에는

$$\frac{|P_{++} - P_+|}{P_+} = \frac{\left|\frac{1}{1+r+2a} - \frac{1}{1+r+a}\right|}{\frac{1}{1+r+a}} = \frac{\frac{a}{(1+r+2a)(1+r+a)}}{\frac{1}{1+r+a}} = \frac{a}{1+r+2a}$$

입니다. 두 값의 분자는 같으나 분모는 전자가 더 작으므로, 결국 yield가 낮을 때, 즉 채권 가격이 P_-일 때의 상대적 변화율이 더 큼을 알 수 있습니다. 동일한 yield 변화에 대해서 말입니다.

이제 구체적 예로 설명해 봅시다. par = 100, n = 10년인 무이표채의 y = 20%일 때와 y

= 1%일 때를 대비하여 이를 파악하여 봅시다. y가 20%와 1%일 때의 이 채권의 가격을 각각 $P(0.2)$, $P(0.01)$이라고 하면 이 값들은 다음과 같습니다.

$$P(0.2) = \frac{100}{(1+0.2)^{10}} = 16.15,$$

$$P(0.01) = \frac{100}{(1+0.01)^{10}} = 90.53.$$

이제 y가 0.01 = 1% 포인트 상승했을 때 채권 가격은 다음과 같습니다.

$$P(0.2+0.01) = \frac{100}{(1+0.2+0.01)^{10}} = 14.86,$$

$$P(0.01+0.01) = \frac{100}{(1+0.01+0.01)^{10}} = 82.03.$$

그러므로 가격의 변화율은 각각 (절대값으로)

$$\left|\frac{14.86 - 16.15}{16.15}\right| = 8.0\%,$$

$$\left|\frac{82.03 - 90.53}{90.53}\right| = 9.4\%,$$

로 계산됩니다. 즉 y가 작을 때의 상대적 가격 변화율은 y가 클 때의 그것보다 높습니다. y의 변화폭은 0.01 = 1% 포인트로 같았지만, y 자체가 작은 경우 y 변화량은 상대적으로 더 커서 가격에 미치는 임팩트도 더 크기 때문입니다.

(v) 가격의 상대적 변화율은 장기채권의 경우가 단기채권보다 높습니다.

지금까지는 동일한 채권에 있어 수익률의 변화와 가격과의 관계를 살펴보았는데, 여기서는 만기가 서로 다른 채권들에 있어서 수익률의 변화가 가격에 미치는 영향을 살펴봅시다. 무이표채의 경우 $\frac{dP}{dy} = -n \cdot Par \cdot (1+y)^{-n-1}$이므로

$$dP = [-n \cdot Par \cdot (1+y)^{-n-1}] \cdot dy$$

입니다. 즉 이 값이 바로 y가 dy만큼 변할 때의(y → y+dy) 채권 가격의 변화폭입니다.

그런데, 만기가 서로 다른 채권들은 그 가격들도 다르므로 가격의 변화폭보다 변화율을 비교하는 것이 타당합니다. 가격 변화율의 절대값을 구하면

$$\left|\frac{dP}{P}\right| = \frac{n \cdot Par \cdot dy \cdot (1+y)^{-n-1}}{Par \cdot (1+y)^{-n}} = n \cdot dy \cdot (1+y)^{-1}$$

입니다. 이 값은 만기 n에 비례하므로 장기채권의 가격 변화율이 단기채권의 그것보다 큽니다.*

예제 8-1〉 만기와 채권 가격의 변화율

액면가 = 100, 만기수익률 y = 5%, 그리고 만기가 각각 5년과 20년인 무이표채들의 가격은 각각 78.35와 37.69입니다. y가 6%로 상승할 때의 이들의 가격의 변화율은 다음과 같습니다.

Par =	100	n =	5	n =	20
		P	ΔP/P	P	ΔP/P
y =	5%	78.35		37.69	
y =	6%	74.73	-4.63%	31.18	-17.27%

그러므로 20년 만기의 zero coupon bond가 5년 만기의 zero coupon bond보다 가격 변화율이 보다 큼을 알 수 있습니다. ■

(vi) coupon rate이 낮은 채권일수록 가격의 상대적 변화율이 높습니다.

다른 모든 조건이 같고 coupon rate이 상이한 채권들에 있어서 수익률의 변화가 가격에 미치는 영향을 파악하여 봅시다. 현재의 채권 가격은 coupon과 액면가의 현재가치로 이루어지는데, coupon rate이 낮은 채권일수록 액면가의 현재가치가 채권 가격에서 차지하는 비중이 상대적으로 높습니다. yield가 상승하면 coupon의 현재가치와 액면가의 현재가치가 모두 하락하는데, 그중 액면가의 현재가치의 하락률이 높습니다. 왜냐하면 액면가의 지급시점인 만기일은 현재시점으로부터 가장 먼 미래이므로 "승수효과"

---

* 이는 이른바 "승수효과"와 관련됩니다.

로 인해 수익률 상승으로 인한 현재가치의 하락률이 가장 크기 때문입니다. 같은 이유로 yield가 하락할 경우에도 액면가의 현재가치가 가장 크게 상승합니다. 그러므로 yield의 변화로 인한 채권 가격의 변동은 액면가의 비중이 높은 채권일수록 더 큰데, 액면가의 비중이 큰 채권은 곧 coupon rate이 낮은 채권이므로 (vi)이 성립합니다.

예제 8-2〉 coupon rate과 채권 가격의 변화율

액면가 = 100, 만기 = 10년, 만기수익률 y = 5%, 그리고 coupon rate이 각각 1%와 20%인 coupon bond의 가격은 각각 69.11과 215.83입니다. y가 6%로 상승할 때의 이 coupon bond들의 가격의 변화율을 구하면 다음과 같습니다.

Par =	100	c =	1%	c =	20%	n =	10
		P	ΔP/P	P	ΔP/P		
y =	5%	69.11		215.83			
y =	6%	63.20	-8.56%	203.04	-5.92%		

그러므로 1% coupon rate의 이표채가 20% coupon rate의 이표채보다 가격 변화율이 더 크다는 사실을 확인할 수 있습니다. ■

여기서 질문을 하나 다루어 보겠습니다.

질문 8-2〉 만기 1년, par 1, coupon rate $\boldsymbol{c}$, 만기수익률 $\boldsymbol{y}$인 이표채의 가격 P는 $\boldsymbol{P} = \frac{\mathbf{1+c}}{\mathbf{1+y}}$입니다. 또 coupon rate이 더 낮은 $\boldsymbol{c}-\boldsymbol{b}$인 이표채의 가격 $\boldsymbol{P_b} = \frac{\mathbf{1+c}-\boldsymbol{b}}{\mathbf{1+y}}$입니다($\mathbf{0} < \boldsymbol{b} < \boldsymbol{c}$). 이제 만기수익률이 $\boldsymbol{y}$에서 $\boldsymbol{y}+\boldsymbol{a}$로 커질 때 이 채권 가격들의 상대적 변화율을 알아 봅시다($\mathbf{0} < \boldsymbol{a}$). 이때 과연 coupon rate이 낮은 이표채의 가격의 상대적 변화율이 더 클까요?

이들의 만기수익률이 y에서 $y + a$로 커질 때의 가격을 원래의 가격에다 (+) 부호를 추가해서 표기하겠습니다. 즉 만기수익률 y일 때의 가격이 $P(P_b)$이면 만기수익률 $y + a$일 때의 가격이 $P_+(P_{b+})$로 변합니다. 이때 다음이 성립합니다.

$$\frac{|P_+ - P|}{P}$$
$$= \frac{\left|\frac{1+c}{1+r+a} - \frac{1+c}{1+r}\right|}{P} = \frac{\frac{a(1+c)}{(1+r+a)(1+r)}}{P} = \frac{\frac{a(1+c)}{(1+r+a)(1+r)}}{\frac{1+c}{1+r}}$$
$$= \frac{a}{1+r+a}.$$

또한

$$\frac{|P_{b+} - P_b|}{P_b}$$
$$= \frac{\left|\frac{1+c-b}{1+r+a} - \frac{1+c-b}{1+r}\right|}{P_b} = \frac{\frac{a(1+c-b)}{(1+r+a)(1+r)}}{P_b} = \frac{\frac{a(1+c-b)}{(1+r+a)(1+r)}}{\frac{1+c-b}{1+r}}$$
$$= \frac{a}{1+r+a}$$

입니다. 즉 두 상대적 변화율이 같아집니다. 왜 이런 결과가 나올까요? 애초 두 채권 중 하나는 coupon rate이 c, 다른 하나는 $c-b$로 차별화 하였습니다. 그런데 과연 이것이 두 채권의 coupon rate의 차이를 의미하는 것일까요? 아닙니다. 사실은 두 채권 모두 만기가 1년인 무이표채입니다. 유일한 차이는 만기에 받는 par의 차이로, 전자는 $1+c$, 후자는 $1+c-b$일 따름입니다. 그러므로 이 경우는, 형식적인 coupon rate의 차이가 실제로는 아무 의미가 없습니다. 즉 두 채권은 모두 1년 만기 무이표채이기 때문에, 투자자들이 요구하는 (만기)수익률이 변할 때 가격의 상대적 변화율은 같습니다. 물론 절대적 변화는 애초 가격이 높았던(= P) 즉 만기에 $1+c$를 받는 채권이 더 높음을 위의 식에서 확인할 수 있습니다. ■

제 2 절 금액 듀레이션(Dollar Duration)

본절부터 본격적으로 이자율 변화와 채권 가격의 변동성을 공부하겠습니다. 한 채권에 대한 요구수익률 혹은 yield가 변화하면 채권 가격도 변화하는데, 이를 파악하기 위해서는 요구수익률 변화에 의한 채권 가격 변동성을 측정할 척도가 필요합니다. 이 척도는 기존의 채권 보유자들뿐 아니라 새로 채권을 매입하려는 투자자들에게도 필요합니다. 두 주체 모두 자신이 보유한(보유할) 자산의 위험(변동성)을 알아야 채권 매도나 매수, 보유 기간 등의 투자 결정을 체계적으로 할 수 있기 때문입니다. 요구수익률 변화에 따른 채권 가격의 변동성을 측정하는 척도는 여러 가지가 있는데, 그중에서 가장 근본적인 척도가 금액 듀레이션(dollar duration)입니다. 본서에서 DD로 나타내는 dollar duration의 정의는 다음과 같습니다.

정의 1〉 dollar duration의 정의

채권의 dollar duration DD는 다음과 같이 정의됩니다.

$$DD = -\frac{dP}{dy}.$$

여기서 P는 채권의 가격, y는 채권의 만기수익률입니다.

그런데 dollar duration 개념은

시장의 yield curve가 y 값에서 수평이며(즉 모든 현물 이자율 값이 y와 같고)
향후 yield curve는 평행이동(parallel shift)한다

고 가정하고 있음을 기억해야 합니다. 채권의 yield y 자체가 암묵적으로 그런 가정을 하고 있기 때문입니다. dollar duration은 이처럼 매우 제한적인 가정을 바탕으로 한 개념입니다. 가령 yield curve가 수평하지 않거나 혹은 현재는 수평하지만 향후에는 수평하지 않을 것으로 예상된다면 dollar convexity 개념은 유효하지 않습니다. 한편 $\frac{dP}{dy} < 0$이므로 dollar duration은 이에 (-) 기호를 붙여 항상 양수 값을 갖도록 고안되었습니다. 그

러므로 dollar duration은 지금까지 우리가 살펴본 "가격 곡선의 기울기"와 근본적으로 같은 개념이며 단지 부호만이 다를 뿐입니다. 이를 기억하면 dollar duration의 크기, 변화 방향 등을 명확하게 이해할 수 있습니다.

질문 8-3〉 dollar duration에는 왜 이러한 두 가정이 필요할까요?

이는 만기수익률 개념을 기억하면 이해할 수 있습니다. 특정 채권의 만기수익률 y는, 사실 실제 채권 시장의 이자율, 즉 현물 이자율은 아닙니다. 실체적인 이자율이 아니라 편의적으로 산출한 가상의 수치로, 한 채권의 미래 현금흐름 모두에 적용되는 단일한 할인율입니다. 다만 yield가 유일하게 의미 있는 경우는, 그 값이 실제 시장에서 존재할 때입니다. 즉 모든 만기에 대한 현물이자율이 만기수익률 값과 같다면, 다시 말해 수익률 곡선이 특정 만기수익률 값에서 수평한 직선이라면, 이 만기수익률은 실제적 의미를 갖게 됩니다. 그런데 dollar duration은 yield의 변화를 전제하고 있습니다. 수익률 곡선이 특정 만기수익률 값과 같을 때, yield의 증대는 곧 수평한 수익률 곡선 자체가 평행하게 이동(parallel shift)함을 의미합니다. 이러한 이유로 dollar duration 개념은

1) 수평한 yield curve의
2) 평행 이동

을 전제로 한다고 해석할 수 있습니다. ■

위 정의에 의한 무이표채의 dollar duration은 다음과 같이 구할 수 있습니다. 만기 n년, 액면가 Par, coupon rate 0, 만기수익률 y인 무이표채 가격을 P, 이 채권의 dollar duration을 $DD(n, Par, y, 0)$로 표기합시다. 무이표채의 가격함수는 $P = Par \cdot (1+y)^{-n}$이므로 $\frac{dP}{dy} = -n \cdot Par \cdot (1+y)^{-n-1}$입니다. 그러므로

$$\begin{aligned} DD(n, Par, y, 0) &= -\frac{dP}{dy} \\ &= -\frac{Par \cdot (1+y)^{-n}}{dy} \\ &= n \cdot Par \cdot (1+y)^{-n-1} \end{aligned}$$

$$
\begin{aligned}
&= [Par \cdot (1+y)^{-n}] \cdot n \cdot (1+y)^{-1} \\
&= n \cdot P \cdot (1+y)^{-1}
\end{aligned}
$$

입니다. 즉 무이표채의 dollar 듀레이션은 만기, 채권 가격에 비례하고 yield에 반비례합니다. 연간복리계산 횟수 = 2회인 경우에는 $P = Par \cdot \left(1+\frac{y}{2}\right)^{-2n}$ 이므로

$$
\begin{aligned}
DD(n, Par, y, 0) &= -\frac{dP}{dy} \\
&= -\frac{Par \cdot \left(1+\frac{y}{2}\right)^{-2n}}{dy} = 2n \cdot Par \cdot \left(1+\frac{y}{2}\right)^{-2n-1} \cdot \frac{1}{2} \\
&= n \cdot Par \cdot \left(1+\frac{y}{2}\right)^{-2n-1} = n \cdot \left[Par \cdot \left(1+\frac{y}{2}\right)^{-2n}\right] \cdot \left(1+\frac{y}{2}\right)^{-1} \\
&= n \cdot P \cdot \left(1+\frac{y}{2}\right)^{-1}
\end{aligned}
$$

입니다. 일반적으로 연간복리계산 횟수 = m회인 경우 무이표채의 dollar duration은 다음과 같습니다.

$$
DD(n, Par, y, 0) = n \cdot P \cdot \left(1+\frac{y}{m}\right)^{-1}.
$$

다음은 이 모든 결과를 요약한 정리입니다.

정리 2〉 무이표채의 dollar duration

연간복리계산 횟수가 $m(\geq 1)$일 때 무이표채의 dollar duration $DD(n, Par, y, 0, m)$는 다음과 같습니다. P는 무이표채의 가격입니다. 아래 두 식을 통합해서 $n \cdot P \cdot \left(1+\frac{y}{m}\right)^{-1}$로 기억해도 됩니다($m \geq 1$). 연간복리 횟수 m과 관계없이 무이표채의 dollar 듀레이션은 만기, 채권 가격에 비례하고 yield에 반비례함이 확인됩니다.

$$
DD(n, Par, y, 0, m) = \left\{
\begin{array}{lll}
n \cdot Par \cdot (1+y)^{-n-1} = n \cdot P \cdot (1+y)^{-1}, & & where\ m = 1, \\
n \cdot Par \cdot \left(1+\frac{y}{m}\right)^{-m \times n-1} = n \cdot P \cdot \left(1+\frac{y}{m}\right)^{-1}, & & where\ m = 2, 3, 4 \ldots
\end{array}
\right\}.
$$

한편 이표채의 dollar duration은 다음과 같이 구할 수 있습니다. 연간복리계산 횟수가 1회일 때, 만기 n년, 액면가 Par, coupon rate c, 만기수익률 y인 이표채 가격을 P, 이 채권의 dollar duration을 $DD(n, Par, y, c, 1)$ 표기합시다. 그러면 $DD(n, Par, y, c, 1)$는 다음과 같이 도출됩니다.

$$P = \sum_{t=1}^{n} \frac{Par \cdot c}{(1+y)^t} + \frac{Par}{(1+y)^n}.$$

$$\frac{dP}{dy} = \sum_{t=1}^{n} \left[-t \cdot \frac{Par \cdot c}{(1+y)^{t+1}} \right] - n \cdot \frac{Par}{(1+y)^{n+1}}$$

$$= -\frac{1}{1+y} \left(\sum_{t=1}^{n} t \cdot \frac{Par \cdot c}{(1+y)^t} + n \cdot \frac{Par}{(1+y)^n} \right).$$

그러면 dollar duration은 $\frac{dP}{dy}$ 앞에 부호만 바꾸면 되니

$$DD(n, Par, y, c, 1) = -\frac{dP}{dy} = \frac{1}{1+y} \left(\sum_{t=1}^{n} \left[\frac{t \cdot Par \cdot c}{(1+y)^t} \right] + \frac{n \cdot Par}{(1+y)^n} \right)$$

$$= \frac{1}{1+y} \left(\sum_{t=1}^{n} t \cdot PV[CF(t)] \right)$$

$$where\ CF(t) = \begin{Bmatrix} Par \cdot c & if\ t < n \\ Par \cdot (1+c) & if\ t = n \end{Bmatrix}.$$

연간 coupon 지급 횟수 = 2회인 경우에도, 위와 마찬가지 방식으로 전개하면 $DD(n, Par, y, c, 2)$는 다음과 같이 구해집니다. 단 이때 t는 실제 연(year)이 아니라 6개월을 한 단위로 하는 횟수이니, 혼선을 막기 위해 $t \to k$로 바꾸어 표시할 수 있고 $k = 1, 2, 3, \cdots, 2n-1, 2n$입니다.

$$P = \sum_{k=1}^{2n} \frac{Par \cdot \frac{c}{2}}{\left(1+\frac{y}{2}\right)^k} + \frac{Par}{\left(1+\frac{y}{2}\right)^{2n}}.$$

$$\frac{dP}{dy} = \sum_{k=1}^{2n} \left[-k \cdot \frac{Par \cdot \frac{c}{2}}{\left(1+\frac{y}{2}\right)^{k+1}} \cdot \frac{1}{2} \right] - 2n \cdot \frac{Par}{\left(1+\frac{y}{2}\right)^{2n+1}} \cdot \frac{1}{2}$$

$$= -\frac{1}{1+\frac{y}{2}} \left(\sum_{k=1}^{2n} \left[\frac{k}{2} \cdot \frac{Par \cdot \frac{c}{2}}{\left(1+\frac{y}{2}\right)^k} \right] + n \cdot \frac{Par}{\left(1+\frac{y}{2}\right)^{2n}} \right)$$

$$= -\frac{1}{1+\frac{y}{2}} \left(\sum_{k=1}^{2n} \left(\frac{k}{2} \cdot PV[CF(k)] \right) + n \cdot PV[CF(n)] \right)$$

$$= -\frac{1}{1+\frac{y}{2}} \left(\sum_{k=1}^{2n} \frac{k}{2} \cdot PV[CF(k)] \right),^*$$

$$where\ CF(k) = \begin{Bmatrix} Par \cdot \frac{c}{2} & if\ k < 2n \\ Par \cdot \left(1+\frac{c}{2}\right) & if\ k = 2n \end{Bmatrix}.$$

$$DD(n, Par, y, c, 2) = -\frac{dP}{dy} = \frac{1}{1+\frac{y}{2}} \left(\sum_{k=1}^{2n} \frac{k}{2} \cdot PV[CF(k)] \right).$$

그리고 연간복리계산 횟수 = m회, 즉 coupon 1년에 m회 (분할)지급하면 이 이표채의 dollar duration $DD(n, Par, y, c, m)$를 산출하면 다음과 같은 결과가 도출됩니다($m = 2, 3, 4, \ldots$). 자세한 도출 과정은 $m = 2$와 유사하므로 결과만 제시합니다. 현금흐름 총 횟수가 $m \times n$임에 유의하기 바랍니다.

---

* $k = 2n$이면 $\frac{k}{2} = n$이니 n년 후 만기일의 현금흐름도 $Par \cdot \left(1+\frac{c}{2}\right)$가 됩니다.

$$DD(n, Par, y, c, m) = \frac{1}{1+\frac{y}{m}}\left(\sum_{k=1}^{m\times n}\frac{k}{m}\cdot PV[CF(k)]\right),$$

$$where\ CF(k) = \begin{Bmatrix} Par\cdot\frac{c}{m} & if\ k < m\times n \\ Par\cdot\left(1+\frac{c}{m}\right) & if\ k = m\times n \end{Bmatrix}.$$

다음은 이 모든 결과를 요약한 정리입니다. $c = 0$인 경우와 $m = 1$인 경우도 모두 포함하므로 무이표채에 대해서도 성립합니다.

정리 3〉 (무)이표채의 dollar duration

채권 시장의 yield curve가 y에서 수평이고 이표채는 1년에 coupon을 m번 지급함을($m = 1, 2, 3, \ldots$), 즉 연간복리계산 횟수가 m인 경우를 가정합니다. 또 채권 시장의 yield curve가 y에서 수평이고 항상 평행 이동(parallel shift) 합니다. 이때 만기 n년, 액면가 Par, coupon rate c인 이표채의 dollar duration $DD(n, Par, y, c, m)$는 다음과 같습니다. $c = 0$인 무이표채엑도 유효합니다.

$$DD(n, Par, y, c, m) = \begin{Bmatrix} \frac{1}{1+y}\left(\sum_{t=1}^{n} t\cdot PV[CF(t)]\right), & where\ m = 1, \\ \frac{1}{1+\frac{y}{m}}\left(\sum_{k=1}^{m\times n}\frac{k}{m}\cdot PV\left[CF\left(\frac{k}{m}\right)\right]\right), & where\ m = 2, 3, 4\ldots \end{Bmatrix}$$

한편 $CF\left(\frac{k}{m}\right)$는 k 값에 따라, 그리고 모든 m에 대해($m = 1, 2, 3, \ldots$) 다음과 같습니다.

$$where\ CF\left(\frac{k}{m}\right) = \begin{Bmatrix} Par\cdot\frac{c}{m} & if\ k < m\times n \\ Par\cdot\left(1+\frac{c}{m}\right) & if\ k = m\times n \end{Bmatrix}.$$

네, 위 정리의 식들이 복잡해 보인다면, $m = 1$과 $m \geq 2$의 경우를 별개로 이해해 보면 됩니다. 가령 $m = 1$이라면 다음이 성립한다는 의미가 됩니다. $c = 0$인 무이표채에 대해서도 말입니다.

$$DD(n, Par, y, c, 1) = \frac{1}{1+y}\left(\sum_{t=1}^{n} t \cdot PV[CF(t)]\right),$$

$$where\ CF(t) = \begin{cases} Par \cdot c & if\ t < n \\ Par \cdot (1+c) & if\ t = n \end{cases}.$$

그런데 위 공식에 dollar duration(DD)의 매우 중요한 속성이 나타납니다.
그것은 바로

이표채의 DD는 그 이표채를 구성하는 무이표채들의 DD들의 합(sum)

이라는 사실입니다. 이를 입증하기 위해 편의상 $m = 1$인 경우를 보겠습니다. 그러면 이표채의 DD는 다음과 같습니다.

$$\begin{aligned}
&DD(n, Par, y, c, 1) \\
&= \frac{1}{1+y}\left(\sum_{t=1}^{n} t \cdot PV[CF(t)]\right) \\
&= \sum_{t=1}^{n}\{t \cdot PV[CF(t)] \cdot (1+y)^{-1}\} \\
&= \sum_{t=1}^{n-1}\{t \cdot PV[CF(t)] \cdot (1+y)^{-1}\} + n \cdot PV[CF(n)] \cdot (1+y)^{-1} \\
&= \sum_{t=1}^{n-1}\{t \cdot PV[Par \cdot c] \cdot (1+y)^{-1}\} + n \cdot PV[Par \cdot (1+c)] \cdot (1+y)^{-1} \\
&= \sum_{t=1}^{n-1}\{t \cdot Par \cdot c \cdot (1+y)^{-t-1}\} + n \cdot Par \cdot (1+c) \cdot (1+y)^{-n-1}.
\end{aligned}$$

그런데 만기 t년, 액면가 X인 무이표채의 DD는 다음과 같음을 우리는 알고 있습니다.

$$DD(t, X, y, 0, 1) = t \cdot X \cdot (1+y)^{-t-1}.$$

이 무이표채의 임의의 액면가 X의 값이 $X = Par \cdot c$이거나 $X = Par \cdot (1+c)$일 수도 있겠지요. 그리고 이 무이표채의 임의의 만기 t가 $t = n$일 수도 있습니다. 그러므로 다음이 성립합니다.

$$\begin{aligned} DD(t, Par \cdot c, y, 0, 1) &= t \cdot Par \cdot c \cdot (1+y)^{-t-1}, \\ DD(n, Par \cdot (1+c), y, 0, 1) &= n \cdot Par \cdot (1+c) \cdot (1+y)^{-n-1}. \end{aligned}$$

그러므로 이표채의 DD는 다음과 같이 표현(해석)될 수 있습니다.

$$\begin{aligned} &DD(n, Par, y, c, 1) \\ &= \sum_{t=1}^{n-1} \{t \cdot Par \cdot c \cdot (1+y)^{-t-1}\} + n \cdot Par \cdot (1+c) \cdot (1+y)^{-n-1} \\ &= \sum_{t=1}^{n-1} DD(t, Par \cdot c, y, 0, 1) + DD(n, Par \cdot (1+c), y, 0, 1). \end{aligned}$$

결국 이 이표채의 DD는 다음과 같은 n개의 무이표채들의 DD의 합(sum)입니다.

액면가 $Par \cdot c$이고 만기는 $1, 2, 3, \cdots, n-1$년인 무이표채들과
액면가 $Par \cdot (1+c)$이고 만기는 n년인 무이표채의 합.

그런데 이런 무이표채들은 어떤 무이표채들일까요? 이 이표채와 아무 관련이 없는, 'out of nowhere' 갑자기 나타난 무이표채들일까요? 그렇지 않습니다. 이 무이표채들은 다름 아니고 바로

그 이표채를 구성하는 무이표채들

인 것입니다. 왜냐하면 우리가 다루는 이표채는 만기 n년, 액면가 Par, coupon rate c인 채권인데, 이 채권으로부터 지급되는 현금흐름들은

시점 $t = 1,\ 2,\ 3, \ldots,\ n-1$(년)에는 매번 $Par \cdot c$의 현금이 지급되고

시점 $t = n$(년)에는 $Par \cdot (1+c)$가 지급

되는데, 이들 각각이 바로 위 이표채를 구성하는 무이표채들과 일치합니다. 그러므로 다음 정리가 성립합니다.

> **정리 4〉 이표채와 무이표채의 dollar duration**
>
> 이표채의 dollar duration은 그 이표채를 구성하는 무이표채들의 dollar duration들의 합이다.

위 정리로부터 다음 정리도 가능합니다. 그리고 아래 정리가 보다 일반적 정리가 됩니다. 이 정리에 대한 증명도 아래에 제공되고 있습니다.

> **정리 5〉 포트폴리오의 dollar duration**
>
> 채권 포트폴리오의 dollar duration은 그 포트폴리오를 구성하는 각 채권의 dollar duration들의 합이다.

이제 채권 포트폴리오에 관한 위 정리를 증명해 봅시다. 두 개의 채권 A, B로 구성된 채권 포트폴리오 F를 생각해 보겠습니다. 이 채권들은 각각 무이표채일 수도 또 이표채일 수도 있습니다. 각 채권 및 포트폴리오 가격을 P_A, P_B, P_F라 합시다. 그러면 다음이 성립합니다.

$$P_F \ = \ P_A \ + \ P_B.$$

그리고 현재 채권 시장의 yield curve는 y에서 수평이라고 하겠습니다. 즉 두 채권의 yield는 모두 y입니다. 이때 두 채권의 dollar duration DD_{A}와 DD_B는 dollar duration의 정의에 의해 다음과 같이 표시됩니다. 이 정의는 무이표채이거나 이표채인 모든 채권에 대해 유효합니다.

$$DD \ = \ -\frac{dP}{dy}$$

$$DD_A = -\frac{dP_A}{dy}, \qquad DD_B = -\frac{dP_B}{dy}.$$

마찬가지로 이 채권 포트폴리오의 dollar duration도 다음과 같이 표시됩니다.

$$DD_F = -\frac{dP_F}{dy}.$$

그런데 $P_F = P_A + P_B$이므로 위 식은 다음과 같습니다.

$$\begin{aligned} DD_F &= -\frac{dP_F}{dy} = -\frac{d(P_A + P_B)}{dy} \\ &= -\frac{dP_A}{dy} + \left(-\frac{dP_B}{dy}\right) \\ &= DD_A + DD_B. \end{aligned}$$

즉 채권 포트폴리오 F의 dollar duration은 F를 구성하는 두 채권의 dollar duration의 합과 같습니다(증명 끝).

이표채의 dollar duration이 단순히 무이표채들의 dollar duration들의 합이니, dollar duration을 분석할 때 가장 중심이 되고 편리한 채권의 유형은 무이표채입니다. 그러므로 무이표채의 dollar duration을 제대로 분석하면 이표채의 그것도 제대로 분석됩니다. 그런데 (무)이표채의 dollar duration 정리에서 coupon rate $c = 0$으로 입력하면

무이표채의 dollar duration은
그 현금흐름이 커질수록,
yield y가 작아질수록

더 커짐을 알 수 있습니다. ($m = 1$을 가정하고). 만기 n년 무이표채의 경우 $CF(t) = 0$이고($t < n$) $CF(n) = Par$이므로, 이를 무이표채에 적용하면 다음 결과가 산출되므로 위 주장이 쉽게 입증됩니다.

$$DD(n, Par, y, c = 0, m = 1) = \frac{1}{1+y}\left(\sum_{t=1}^{n} t \cdot PV[CF(t)]\right)$$

$$= \frac{n \cdot PV[CF(n)]}{1+y}$$
$$= \frac{n \cdot Par}{(1+y)^{n+1}}.$$

이 속성은 비단 무이표채뿐 아니라 (무이표채의 포트폴리오인) 이표채에 대해서도 성립합니다. 무슨 속성 말입니까? 채권 B가 무이표채든 이표채든, B의

현금흐름(들) $CF(t)$가 클수록 (가격이 높을수록)
만기수익률 y가 작을수록

B의 dollar duration 값이 커진다는 속성을 말입니다. 특히 무이표채의 경우 현금흐름은 단순히 그 무이표채의 액면가(par)를 의미하므로, 무이표채의 액면가가 클수록 그 dollar duration은 커집니다.

정리 6〉 채권의 현금흐름과 yield와 dollar duration

주어진 채권의 현금흐름(들)이 클수록, 또 만기수익률 y가 작을수록 그 채권의 dollar duration은 크다.

dollar duration DD의 또 다른 특성으로는, $DD = -\frac{dP(y)}{dy}(>0)$이기에, 즉 가격 함수 $P(y)$의 기울기의 절대값이기에, yield y가 현재의 y_0에서 $y_0 + dy$로 상승할 때 채권 가격의 절대 변화 $|dP|$가 yield의 변화량 dy의 몇 배가 되는가를 측정합니다. 단 채권 가격은 천차만별인데, 가령 가격이 $10,000인 채권도 있을 수 있는데, 이 가격 변화가 채권 yield y 변화의 몇 배인가를 측정하는 DD 값은 잘 체감이 되지 않습니다. y 값도 1보다 훨씬 작고 dy은 말할 것도 없이 '무한소(infinitesimal)'이니 말입니다. 더욱이 채권 B의 DD가 채권 A의 DD보다 크다고 해서 B의 가격 변동성이 A의 그것보다 크다고는 할 수 없습니다. DD은 채권 가격 변화라는 절대값과 관련됐지만 채권의 가격 변동성 개념은 상대적 개념이기 때문입니다. 즉 가격 자체가 작아, 가령 가격 $100인 채권 A는 1 bp의 yield 상승에 대해 가격이 $0.1 하락함에 반해, 가격 "$10만"인 채권 B는 1 bp의 yield 상승에 가격이 $10 하락할 수 있습니다. 이 경우 A, B의 DD는 각각

$$DD(A) = -\frac{dP(y)}{dy} \approx -\frac{-0.1}{0.0001} = 1{,}000,$$
$$DD(B) = -\frac{dP(y)}{dy} \approx -\frac{-10}{0.0001} = 100{,}000$$

이 되어 $DD(B) > DD(A)$가 됩니다만, 실제 가격 "변동성"은 0.1% 하락한 A가 0.01% 하락한 B보다 더 큽니다. dollar duration의 이런 결함은 (곧 배울) 수정 듀레이션 개념에서 개선됩니다. 이제 예제들을 통하여 무이표채 및 이표채의 달러 듀레이션을 산출해 봅시다.

예제 8-3〉 무이표채의 dollar duration 산출

만기 5년, 액면가 100인 무이표채의 현재 시장에서의 yield가 10%라고 합시다($m = 1$). 이 채권의 dollar duration은 DD(n, Par, y, 0) = DD(5, 100, 0.10, 0) = $5 \times \frac{100}{(1+0.1)^6} = 282.2$로 계산됩니다. $m = 2$이면, DD(n, Par, y, 0) = $n \cdot Par \cdot \left(1+\frac{y}{2}\right)^{-(2n+1)} = 5 \cdot 100 \cdot \left(1+\frac{0.1}{2}\right)^{-(10+1)} = 292.3$으로 계산됩니다. ■

예제 8-4〉 이표채의 dollar duration 산출

만기 5년, 액면가 100, coupon rate 5%인 coupon bond의 현재 시장에서의 yield가 10%라고 합시다. 이 채권의 dollar duration은 다음과 같이 산출됩니다.

금액듀레이션 산출 (연간 1회 이자 지급)			
액면가	액면이자율	만기	만기수익률(y)
100	5%	5	10%
t	CF(t)	PV[CF(t)]	t×PV[CF(t)]/(1+y)
1	5	4.55	4.13
2	5	4.13	7.51
3	5	3.76	10.25
4	5	3.42	12.42
5	105	65.20	296.35
P =		81.05	
DD =			330.66

■

dollar duration 값은 서로 다른 차원인 "가격"과 "이자율"의 기울기이므로 수학적인 계산은 가능하지만 감각적으로 이해하기는 불편한 개념입니다. 가령 위의 예에서 dollar duration = 330.66의 값의 실질적 의미를 파악하는 것은 쉽지 않습니다. 이자율이 매우 작게 상승할 때 채권 가격은 이자율 변화량의 330배만큼 하락한다는 사실 자체는 투자자들에게 매우 의미 있는 정보가 되기 어렵습니다. 그러므로 dollar duration은 현실적인 이자율 변화폭인 25 bp, 50 bp 등의 값과 연관되어 (재)해석될 때에 보다 의미 있는 개념이 될 수 있습니다.

그런데 여기서의 문제는 dollar duration은 dP/dy의 관계인데 반해 실제의 수익률 변화는 dy보다 큰 Δy라는 사실입니다. $\Delta y > dy$일 때 가격함수의 변화 ΔP를 보다 정확히 추정하기 위해서는, 가격함수 P(y)의 고차 도함수들이 많이 동원되어야 합니다. 그러므로 P(y)의 1차 도함수인 dollar duration만을 사용하여 추정된 ΔP 근사치는 정확도에 있어 일정한 한계가 있습니다. 다만 Δy가 그리 크지 않을 때 혹은 ΔP의 대략적인 근사치를 간편하게 파악하려 할 경우 dollar duration은 유효하게 사용될 수 있습니다. 즉 Δy ≈ dy이면 ΔP ≈ (dP/dy)·Δy라는 사실을 활용하는 것입니다. 이제 이를 활용하여 dollar duration을 이용한 채권 가격의 변화를 구하여 봅시다.

예제 8-5〉 dollar duration과 채권 가격 변화의 추정

액면가 = 100, 만기 = 10년, 만기수익률 = 5%, 그리고 coupon rate이 0%인 무이표채의 가격은 61.39 입니다. yield가 25 bp 상승하여 5.25%가 된다면 이 무이표채의 가격은 다음과 같이 59.95로 하락하여 ΔP = 59.59 − 61.39 = -1.44입니다.

Par =	100	c =	0%	n =	10
			P	-dP/dy	
	y =	5%	61.39		
	y ' =	5.25%	59.95	585	
	ΔP =		-1.44		

그런데 이 무이표채의 dollar duration을 구하여 보면($m = 1$)

$$DD(n, Par, y, c = 0) \;=\; DD(10, 100, 0.05, 0)$$
$$=\; n \cdot Par \cdot (1 + y)^{-n-1} \;=\; 10 \cdot 100 \cdot (1 + 0.05)^{-11} \;=\; 585$$

입니다. 수익률의 변화 = Δy = 0.0025이므로 dollar duration과 Δy를 이용하여 가격 변화 ΔP를 추정하면,

$$\begin{aligned} \Delta P &\approx \frac{dP}{dy} \cdot \Delta y \\ &= -DD(10, 100, 0.05, 0) \cdot \Delta y = -585 \times 0.0025 = -1.46 \end{aligned}$$

이 되어 실제의 ΔP와 가까운 값이 됩니다. ■

위 예제에서 산출한 채권 가격의 변화 $1.46을 관행적으로

"25 bp 변화시의 dollar duration"

이라고도 합니다. 이 수치의 의미는, 수익률이 25bp 상승하면 이 채권의 가격은 $1.46 하락한다는 것입니다. 이 개념은 "채권 가격 변동의 크기"로 산출되므로 투자자들이 감각적으로 이해하기 쉽습니다. 이러한 편리함 때문에 이 개념은 dollar duration의 공식적인 정의와는 별도로 관행적으로 사용되고 있습니다. 또 수익률의 변화가 더 미세한 "1 bp 변화시의 dollar duration"도 구할 수 있는데, 이 개념이 바로 추후 논의할 PVBP입니다.

> **정리 7〉 dollar duration과 가격 변화의 추정**
>
> 특정 채권에 대한 수익률의 변화 Δy가 매우 작을 때, 이 채권의 dollar duration DD만으로 추정된 채권 가격의 변화 ΔP는 다음과 같습니다.
>
> $$\Delta P \approx -DD \cdot \Delta y$$
>
> 또 이때의 $|\Delta P|$를 "수익률이 Δy만큼 변할 때의 dollar duration"이라고도 합니다.

기본적으로 dollar duration은 수익률 변화에 대한 채권 가격 변화의 절대값을 산출하기 위한 개념입니다. 그런데 채권 가격이란 그 채권을 구성하는 현금흐름들의 현재가치이므로, 채권 가격의 변화는 개별 현금흐름의 현재가치의 변화의 합과 같습니다. 그러

므로 전체 채권 가격의 변화를 측정하는 채권의 dollar duration은 개별 현금흐름의 dollar duration의 합입니다. 가령 만기 n년, 액면가 Par인 무이표채는, 동일한 만기의 액면가 1인 무이표채가 Par 개만큼 합쳐진 것입니다. 그러므로 n년 후 1의 현금을 받는 현금흐름의 dollar duration을 Par 개만큼 더하면 이 무이표채의 dollar duration이 산출됩니다.

마찬가지로 만기 = n년, 액면가 = Par, coupon rate = c인 이표채도 여러 개의 무이표채들의 현금흐름의 합으로 볼 수 있습니다. 채권 포트폴리오의 경우에도 이 포트폴리오를 구성하는 각 채권의 현금흐름(들)에 기반한 dollar duration의 합을 계산함으로써 포트폴리오의 dollar duration을 구할 수 있습니다.

자, 이제 이런 논의는 여기까지 하고, 꽤 challenging한 문제를 하나 풀어 보겠습니다.

질문 8-4〉 이표채의 만기 $\boldsymbol{n}$이 커지면 그 이표채의 dollar duration이 어떻게 되나요?

네, 이 질문은, 가령 액면가 100, coupon rate 0.1, yield 0.05, 만기 3년인 이표채 B가, 다른 모든 사양은 모두 불변이고 만기만이 4년으로 커지면 B의 dollar duration이 커지는지 작아지는지에 관한 질문입니다. 결론을 먼저 말한다면, 다소 복잡한 결과가 산출됩니다. 그러므로 이 질문은 선명한 결과를 위한 것이 아니고 이런 문제를 어떻게 풀어야 하는가에 대한, 즉 방법론에 대한 논의를 위한 것이라 생각하면 됩니다.

이 문제를 수식으로 파악해 보겠습니다. 일반적으로, 액면가 Par, coupon rate c, yield y, 만기 n년인 이표채의 dollar duration을 DD_n, 그리고 이 채권의 만기가 $n+1$년일 때의 dollar duration을 DD_{n+1}로 표기하겠습니다. 우리의 과제는 $DD_{n+1} - DD_n$의 부호가 양일지 음일지를 파악하는 것입니다. 가령 만기 3년인 이표채 B가, 다른 모든 사양은 모두 불변이고 만기만이 4년으로 커지면 B의 dollar duration이 커지는지 작아지는지에 관한 질문입니다.

$$DD_n = \frac{1}{1+y}\left(\sum_{t=1}^{n} \frac{t \cdot Par \cdot c}{(1+y)^t} + \frac{n \cdot Par}{(1+y)^n}\right).$$

$$DD_{n+1} = \frac{1}{1+y}\left(\sum_{t=1}^{n+1} \frac{t \cdot Par \cdot c}{(1+y)^t} + \frac{(n+1) \cdot Par}{(1+y)^{n+1}}\right).$$

$$\begin{aligned} DD_{n+1} - DD_n &= \frac{1}{1+y}\left(\frac{(n+1)\cdot Par\cdot c}{(1+y)^{n+1}} + \frac{(n+1)\cdot Par}{(1+y)^{n+1}} - \frac{n\cdot Par}{(1+y)^n}\right) \\ &= \frac{Par}{1+y}\left(\frac{(n+1)\cdot c}{(1+y)^{n+1}} + \frac{n+1}{(1+y)^{n+1}} - \frac{n}{(1+y)^n}\right) \\ &= \frac{Par}{1+y}\times A \end{aligned}$$

로 설정하면 A의 부호에 따라 "$DD_{n+1} - DD_n$"의 부호가 결정됩니다.

$$DD_{n+1} - DD_n = \begin{Bmatrix} >0 & if\ A>0 \\ <0 & if\ A<0 \end{Bmatrix}.$$

이제 A를 살펴보겠습니다.

$$\begin{aligned} A &= \frac{(n+1)c}{(1+y)^{n+1}} + \frac{(n+1)}{(1+y)^{n+1}} - \frac{n}{(1+y)^n} \\ &= \frac{(n+1)c + (n+1) - n\cdot(1+y)}{(1+y)^{n+1}} \\ &= \frac{(n+1)c + 1 - ny}{(1+y)^{n+1}} \\ &= \frac{n(c-y) + 1 + c}{(1+y)^{n+1}} \\ &= \frac{nc+1+c-ny}{(1+y)^{n+1}}. \end{aligned}$$

그러므로 A의 부호는 "$nc+1+c-ny$"의 부호에 의해 결정됩니다.

$$\begin{Bmatrix} nc+1+c-ny>0 & if\ y<c+\dfrac{1+c}{n} \\ nc+1+c-ny<0 & if\ y>c+\dfrac{1+c}{n} \end{Bmatrix}.$$

네, 복잡한 결과가 나온 것 같습니다. 위 결과를 감각적으로 이해하는 한 가지 방법은 y

와 c를 직접 비교하는 것입니다. 만일 $y < c$이면 $y < c < c + \frac{1+c}{n}$이므로 언제나 $y < c + \frac{1+c}{n}$가 됩니다. 위 결과에 따르면 이때

$$nc + 1 + c - ny > 0 \ \rightarrow A > 0 \ \rightarrow \ DD_{n+1} - \ DD_n > 0$$

이 됩니다. 즉 시장에서 (만기 n년) 이표채 B에 요구하는 연수익률 y보다 B의 coupon rate c가 더 크면, B는 만기가 길어질 때 dollar duration이 더 커진다는 것입니다.* 반면 $y > c$인 경우 "$DD_{n+1} - \ DD_n$"의 부호는 알 수 없습니다. 왜냐하면 $y > c$이면

$$c + \frac{1+c}{n} > y > c$$

도 가능하고

$$y > c + \frac{1+c}{n}$$

도 가능하기 때문입니다. 단 이러한 불확실성은 $n \rightarrow \infty$의 경우 해소됩니다. 왜냐하면

$$\lim_{n \rightarrow \infty} \left(c + \frac{1+c}{n} \right) \ = \ c$$

이기 때문입니다. 즉 이때는 궁극적으로 다음이 성립합니다.

$$\begin{Bmatrix} DD_{n+1} - \ DD_n > 0 & if \ y < c \\ DD_{n+1} - \ DD_n < 0 & if \ y > c \end{Bmatrix}.$$

■

마지막으로, 여러분이 배운 dollar duration과 이제 배울 수정 듀레이션과의 차이와 관련하여 하나의 질문을 해 보겠습니다. 아직 여러분은 수정 듀레이션을 배우지 않았으니, 다른 개념을 사용하여 질문해 보겠습니다.

---

* 그 한 이유는, dollar duration는 채권 현재가치를 y로 미분한 값이기 때문입니다. $c > y$인 채권은 투자자 요구보다 더 큰 coupon을 지급하므로 (만기가 1년 증가해) 이 coupon을 1년 더 지급하면 이 채권의 현재가치는 더 커집니다. 현재가치가 더 큰 채권, 즉 채권의 가격(size)이 더 크면 그 채권의 dollar duration도 더 커집니다.

질문 8-5〉 포트폴리오와 구성 자산들과의 관계

여러분이 dollar duration *DD*에 관해 배운 사실 중 하나는

이표채의 *DD*는 이표채를 구성하는 무이표채들의 *DD*의 합

이라는 것입니다. 또 여러분 중 일부는 다음과 같은 사실도 알고 있을 것입니다.

주식 포트폴리오의 베타(β)는 그 포트폴리오를 구성하는 주식들의 베타의 평균.

이표채는 무이표채들의 포트폴리오인데, 이 포트폴리오의 *DD*는 각 개별 무이표채의 *DD*의 "합"이지만, 주식 포트폴리오의 베타는 각 개별 주식의 베타의 "평균"이라는 사실이 뭔가 비일관적이지 않습니까? 도대체 왜 포트폴리오의 X가 개별 자산들의 X의 합이 되기도 하고, 왜 포트폴리오의 Y는 개별 자산들의 Y의 평균이 되는 걸까요?

그 이유는 X와 Y의 속성에 달려 있습니다. 구체적으로, 이 변수들이 "절대 크기"와 관련된 것인지 "상대 크기"와 관련된 것인지에 달려 있습니다. dollar duration은

채권 가격이라는 절대 크기

에 관한 것이고, 주식 베타는

주식 시장 전체 수익률 변화에 대한 개별 주식 수익률의 민감도라는 상대 크기

에 관한 것이기 때문입니다. "민감도"처럼 "~도"라 함은 특정한 정도(degree)를 말하는 것이기에 보통 상대적인 척도, 상대적 변수가 됩니다. 상대적인 척도는 단순히 객체 수가 증가한다 해서 그에 비례해서 증가하지는 않습니다. 가령 한 사람의 비만 정도를 low, average, high로 측정하여 각 정도에 1, 2, 3의 수치를 할당한다면, 한 국가 전체 국민들의 '비만도'를 산출해도 1~3 사이의 값이 됩니다. 한편 채권의 dollar duration은 절대 가격(변화)에 대한 측정치이기에, 여러 채권이 포함된 채권 포트폴리오의 dollar duration은 각 채권의 dollar duration의 합계가 됩니다. 여러분이 이제 배울 "수정 듀레이션"은 채권 가격의 '변화율'이라는 상대 척도이기에, 여러 채권이 포함된 채권 포트폴리오의 수정 듀레이션은 여전히 개별 채권의 수정 듀레이션 값과 유사한 수준으로 측정됩니다. ■

제 3 절 수정 듀레이션(Modified Duration)

채권의 dollar duration은 yield의 변화와 채권 가격의 절대적 변화의 관계를 나타냅니다. 높은 가격의 채권은 일반적으로 큰 dollar duration을 가지는데 이는 만기수익률 변화 시 채권 가격의 절대적 변동이 크기 때문입니다. 하지만 채권 가격의 "변동성"은 현재 채권 가격을 베이스로 하는 "상대적 개념"이어서 dollar duration만으로는 이를 제대로 파악할 수 없습니다. 가령, 삼성바이오로직스처럼 주가가 높은 주식들의 가격 변동은 주가가 낮은 주식들의 그것보다는 크지만, 상대적인 수익률 변화의 크기는 반드시 그렇지는 않습니다. 오히려 주가가 낮은 코스닥 종목들의 변동성이 주가가 높은 블루칩 종목들의 변동성보다 일반적으로는 더 높은 것이 사실입니다.

이런 이유로, 채권 가격의 진정한 변동성을 측정하기 위해서는 dollar duration과는 다른 상대적인 척도가 필요합니다. 이 척도 중 하나가 수정 듀레이션(modified duration)입니다. 채권 업계에서는 이를 간단히 ModDur 혹은 MD로 표기합니다. 사실 MD는 medical doctor의 약어이기도 해서 다소 혼란 소지가 있지만, 본서에서는 그런 문제가 없으므로 그대로 사용합니다.

정의 2〉 ModDur의 정의

채권의 수정 듀레이션 MD는 다음과 같이 정의됩니다.

$$MD = \frac{DD}{P} = \frac{\left(-\frac{dP}{dy}\right)}{P} = \frac{\left(-\frac{dP}{P}\right)}{dy}.$$

여기서, P = 채권의 가격, y = 채권의 만기수익률, DD = 채권의 dollar duration입니다.

즉 채권의 ModDur은 그 채권의 dollar duration을 채권 가격으로 나누어 상대적인 수치로 변환한 값입니다. 위 정의에 따른 ModDur 공식은 다음과 같습니다.

정리 8〉 무이표채의 ModDur

만기 n년, 액면가 Par, 만기수익률 y, coupon rate 0인 무이표채의 ModDur을 $MD(n, Par, y, 0)$로 표기합시다.

무이표채의 경우, $P = Par \cdot (1+y)^{-n}$, $DD(n, Par, y, 0) = n \cdot Par \cdot (1+y)^{-n-1}$이므로

$$MD(n, Par, y, 0) \;=\; \frac{DD}{P} \;=\; n \cdot (1+y)^{-1} \;=\; \frac{n}{1+y}$$

입니다. 연간복리계산 횟수 = 2회인 경우 $P = Par \cdot \left(1+\frac{y}{2}\right)^{-2n}$, $DD(n, Par, y, 0) = n \cdot Par \cdot \left(1+\frac{y}{2}\right)^{-2n-1}$이므로

$$MD(n, Par, y, 0) \;=\; \frac{DD}{P} \;=\; n \cdot \left(1+\frac{y}{2}\right)^{-1} \;=\; \frac{n}{1+\frac{y}{2}}$$

입니다.*

그러므로 무이표채의 ModDur은 액면가(par)와는 관계없이, 만기가 길수록 또 yield가 낮을수록 증가함을 알 수 있습니다. 또 (1+y)≈1로 가정하면 무이표채의 ModDur≈n, 즉 만기와 가까운 수치가 됩니다.

무이표채의 ModDur이 par와 관계가 없는 이유는, ModDur은 채권 가격의 절대 변화를 측정하는 것이 아니라 그것의 상대적인 "변동성"을 측정하는 척도이기 때문입니다. 참고로 "~성", "~도", "~율" 등의 표현은 절대 수치가 아니라 상대 수치와 관련된 경우가 대부분입니다. par가 크고 작음에 관계 없이 동일한 만기의 무이표채는 모두 동일한 "변동성"을 갖기 때문에 par는 무이표채의 ModDur을 결정하는 요인은 아닌 것입니다.†

자, 이제는 이표채의 ModDur를 수식으로 표현해 보겠습니다.

---

* 실제적으로 채권의 Par 수치가 MD에 영향을 미치지는 않지만, DD의 연관성 등을 고려하여 MD(n, Par, y, 0)의 표기를 하기로 합니다.

† 만일 OX 문제 혹은 객관식 문제에서 "모든 동일한 만기의 무이표채들의 수정 듀레이션은 같다."라는 내용이 나오면 과감하게 'correct'라고 대응해야 합니다. '모든'이 붙는 경우는 통상 'incorect'가 많더라는 주관적 체험 때문에 이 문제를 고민하지 않아야 합니다.

정리 9〉 이표채의 ModDur

만기 n년, 액면가 Par, coupon rate c, 만기수익률 y인 coupon bond의 ModDur을 MD(n, Par, y, c)로 표기합시다. 그러면 MD(n, Par, y, c)는 다음과 같이 도출됩니다.

$$MD = \frac{DD}{P} = \frac{\frac{1}{1+y} \times \sum_{t=1}^{n} t \cdot PV[CF(t)]}{P}$$

$$= \frac{1}{1+y} \times \left(\sum_{t=1}^{n} t \cdot \frac{PV[CF(t)]}{P} \right) = \frac{1}{1+y} \times \left(\sum_{t=1}^{n} t \cdot w(t) \right)$$

$$= \sum_{t=1}^{n} \left(\frac{t}{1+y} \cdot w(t) \right),$$

$$where\ P = \sum_{t=1}^{n} PV[CF(t)], \quad w(t) = \frac{PV[CF(t)]}{P} \geq 0, \quad \sum_{t=1}^{n} w(t) = 1,$$

$$CF(t) = \begin{Bmatrix} Par \cdot c & if\ t < n \\ Par \cdot (1+c) & if\ t = n \end{Bmatrix}.$$

위에서 $\sum_{t=1}^{n} w(t) = 1$이므로 $w(t)$는 일종의 가중치이고

$$MD = \sum_{t=1}^{n} \left(\frac{t}{1+y} \cdot w(t) \right)$$

는 일종의 가중평균으로 가중평균의 대상은 $\frac{t}{1+y}$이니, ModDur(= MD)는 $\frac{t}{1+y}$의 가중평균입니다. 그런데 $\frac{t}{1+y}$는 다름 아닌 만기 t년, 만기수익률 y인 무이표채의 ModDur입니다. 그러므로 이표채의 ModDur은 이표채를 구성하는 현금흐름(= 무이표채)들의 ModDur의 평균임을 알 수 있습니다. 한편 가중치 $w(t) = \frac{PV[CF(t)]}{P}$는 시점 t의 현금흐름, 즉 만기 t년인 무이표채의 가격 $PV[CF(t)]$를 이 무이표채들의 합인 이표채의 가격 P로 나눈 값입니다. 그러므로 이표채의 ModDur은 (각 무이표채들의 가격 비중을 가중치로 하는) 이 무이표채들의 ModDur들의 평균입니다.

정리 10〉 이표채의 ModDur (연간 coupon 지급 횟수 = 2회)

연간 coupon 지급 횟수 2회인 경우에도 위와 마찬가지 방식으로 전개하면 MD(n, Par, y, c)는 다음과 같이 도출됩니다(t 대신 k 사용).

$$MD = \sum_{k=1}^{2n}\left(\frac{\frac{k}{2}}{1+\frac{y}{2}}\cdot w\left(\frac{k}{2}\right)\right)$$

$$where\ w\left(\frac{k}{2}\right) = \frac{PV\left[CF\left(\frac{k}{2}\right)\right]}{P},$$

$$CF\left(\frac{k}{2}\right) = \begin{Bmatrix} Par\cdot\frac{c}{2} & if\ k = 1,2,3,\ldots,2n-1 \\ Par\cdot\left(1+\frac{c}{2}\right) & if\ k = 2n \end{Bmatrix}.$$

위에서 $\sum_{k=1}^{2n} w\left(\frac{k}{2}\right) = 1$이므로 $w\left(\frac{k}{2}\right)$는 일종의 가중치이고

$$MD = \sum_{k=1}^{2n}\left(\frac{\frac{k}{2}}{1+\frac{y}{2}}\cdot w\left(\frac{k}{2}\right)\right)$$

는 일종의 가중평균으로, 구체적으로는 ModDur(= MD)는 $\frac{\frac{k}{2}}{1+\frac{y}{2}}$의 가중평균입니다. 그런데 $\frac{\frac{k}{2}}{1+\frac{y}{2}}$는 다름 아닌 만기 $\frac{k}{2}$년, 만기수익률 y인 무이표채의 ModDur입니다. 연간 coupon 지급 횟수가 2회인 경우에. 그러므로 이표채의 ModDur은 이표채를 구성하는 현금흐름(= 무이표채)들의 ModDur의 평균임을 알 수 있습니다. 한편 가중치 $w\left(\frac{k}{2}\right) = \frac{PV\left[CF\left(\frac{k}{2}\right)\right]}{P}$는 시점 $\frac{k}{2}$의 현금흐름, 즉 만기 $\frac{k}{2}$년인 무이표채의 가격 $PV\left[CF\left(\frac{k}{2}\right)\right]$를 이 무이표채들의 합인 이표채의 가격 P로 나눈 값입니다. 그러므로 이표채의 ModDur은 (각 무이표채들의 가격 비중을 가중치로 한) 이 무이표채들의 ModDur들의 평균입니다.

이제 무이표채와 이표채의 ModDur를 예제를 통해 계산해 보겠습니다.

예제 8-6〉 무이표채의 ModDur

만기 10년, 액면가 100인 무이표채의 yield가 10%일 때 이 채권의 ModDur을 구하여 봅시다.

우선 이 채권의 가격은 $P(y=0.1) = 100 \cdot (1+y)^{-10} = 100 \cdot (1+0.1)^{-10} = 38.55$, 기울기 $\left.\frac{dP}{\mathrm{dy}}\right|_{y=0.1} = -10 \cdot 100 \cdot (1+\mathrm{y})^{-11} = -10 \cdot 100 \cdot (1+0.1)^{-11} \approx -350.5$, dollar duration $DD = -\left.\frac{dP}{\mathrm{dy}}\right|_{y=0.1} = 350.5$ 가 계산됩니다. 그러므로 이 채권의 $MD = \frac{DD}{P} = \frac{350.5}{38.55} = 9.09$입니다. ■

예제 8-7〉 이표채의 ModDur

만기 5년, 액면가 100, coupon rate 5%, 만기수익률 10%인 coupon bond의 가격 P는 81.05입니다. 이 채권의 dollar duration DD가 알려져 있다면 ModDur은 DD/P로 간단히 계산됩니다. dollar duration 항목에서 이 채권의 dollar duration은 330.66로 이미 계산되었으므로, 이 채권의 ModDur은 DD/P = 330.66/81.05 = 4.08입니다.

DD를 활용한 MD 산출 (연간 1회 이자 지급)			
액면가	액면이자율	만기	만기수익률(y)
100	5%	5	10%
t	CF(t)	PV[CF(t)]	t×PV[CF(t)]/(1+y)
1	5	4.55	4.13
2	5	4.13	7.51
3	5	3.76	10.25
4	5	3.42	12.42
5	105	65.20	296.35
P =		81.05	
DD =			330.66
MD =			4.08

한편 이표채의 ModDur 공식을 이용하여 구해도 다음과 같이 동일한 4.08이 산출됩니다. 위 엑셀 표와 아래 표의 차이점은 이렇습니다. 위 표는 먼저 dollar duration $DD =$

330.66을 구한 후 이를 채권 가격 81.05로 나누어 ModDur = MD를 구한 것입니다. 그러므로 위 엑셀 표의 맨 오른쪽 열(column)에는 절대값인 현금흐름 CF(t)이 사용되고 있습니다. 반면 상대 척도인 MD를 그 공식으로 직접 구할 때는 그런 절대값은 사용되지 않습니다. 맨 오른쪽 열에서 말입니다.

수정듀레이션 산출 (연간 이자 지급 회수 = 1회)					
Par	c	n	y		
100	5%	5	10%		
t	t/(1+y)	CF(t)	PV[CF(t)]	w(t)	[t/(1+y)]· w(t)
1	0.909	5	4.55	0.06	0.05
2	1.818	5	4.13	0.05	0.09
3	2.727	5	3.76	0.05	0.13
4	3.636	5	3.42	0.04	0.15
5	4.545	105	65.20	0.80	3.66
P =			81.05		
MD =					4.08

■

질문 8-6〉 ModDur 수치를 어떻게 해석(interpretation)할 수 있나요? 해석할 때 유의점이 있을까요?

네, 좋은 질문입니다. 앞에서 ModDur과 채권 가격의 상대적 변동성은 밀접한 관련이 있음을 언급한 바 있습니다. 그렇다면 위 예제의 MD = 4.08을 채권 투자자들은 어떠한 의미로 받아들여야 할까요? 이 질문에 답하기 위해서 먼저 ModDur, 즉 MD의 수학적 정의를 살펴보고 이를 현실적으로 해석하여야 합니다. 그러면

$$MD = \frac{DD}{P} = \frac{-\frac{dP}{dy}}{P} \quad \frac{-\frac{dP}{P}}{dy}$$

이므로

$$MD \cdot dy = -\frac{dP}{P}$$

인데 우변의 $\left(-\frac{dP}{P}\right)$의 의미는 "채권 가격의 상대적 변화(율)"입니다. dP가 채권 가격의 절대적 변화이니 말입니다. 즉 $MD \cdot dy$라는 수치는 채권 가격의 상대적 변화를 뜻

합니다. 여기서 (-)부호는 단지 MD 수치를 (+)로 만들기 위하여 사용된 것에 불과합니다. 위의 예의 경우 MD = 4.08이므로, “이자율이 dy만큼 상승할 때 채권 가격의 상대적 변화율”은

$$MD \cdot dy \;=\; -4.08 \cdot dy$$

가 됩니다.

그런데 현실적으로 이자율의 상승은 dy가 아니라 25bp, 50bp 등의 값을 가지는 Δy이므로 dy를 Δy로, 또 가격 변화 dP를 (Δy에 대응하는) ΔP로 대체하면

$$MD \cdot \Delta y \;\approx\; -\frac{\Delta y}{P}$$

가 성립합니다. 여기서 (ΔP/P) 즉 채권 가격의 상대적 변동을 %로 표시하기 위하여 양변에 100을 곱해 봅시다. 그러면

$$MD \cdot \Delta y \cdot 100 \;\approx\; -\frac{\Delta y}{P} \cdot 100$$

은 “채권 가격의 % 변화”를 나타냅니다. 이제 yield의 변화(상승)을

$$\Delta y \;=\; 0.01 \;=\; 100\ bp$$

로 가정하여 위 식 양변에 대입하면

$$MD \cdot 0.01 \cdot 100 \;\approx\; -\frac{\Delta y}{P} \cdot 100, \qquad \text{즉}$$

$$MD \;\approx\; -\frac{\Delta y}{P} \cdot 100$$

가 됩니다. 그러므로 MD는 대략적으로

“yield가 100bp만큼 상승할 때의 채권 가격의 % 변화”

로 이해될 수 있습니다. 그러므로 위의 MD = 4.08을 대략 해석하면,

만기 5년, 액면가 100, coupon rate 5%, yield 10%인 이표채의

yield가 100bp 상승하면 ($y = 0.1$에서 $y' = 0.11$이 되면)

이 이표채의 가격은 약 4.08% 하락

함을 의미합니다.* 이러한 맥락에서 ModDur을 다음과 같이 편의적으로 해석하기도 합니다.

정리 11〉 ModDur의 편의적 해석

채권의 ModDur 값은 그 채권의 yield가 100bp 변동할 때 채권 가격의 % 변화를 나타냅니다.

여기서 한 가지 유의 사항을 말한다면, 위 해석은 자주 사용되기는 하지만 엄격히 말하면 오류가 있습니다. 왜냐하면

dy와 100bp의 차이가 유의하게(significantly) 크기 때문

입니다. 이로 인한 ModDur의 한계를 예제를 통하여 파악하여 봅시다.

예제 8-8〉 ModDur 해석의 타당성 분석 (Δy = 100bp인 경우)

수익률 곡선이 5%에서 수평한 경우를 가정합시다. 액면가=1000, 만기=30년인 무이표채 A, 액면가=1000, 만기=1년인 무이표채 B의 두 채권의 dollar duration(DD), ModDur(MD) 및 Δy = 1% = 100bp일 때의 실제의 가격 변화율을 구하면 다음과 같습니다.

A		Par =	1000	c =	0%
Δy =	1%	n =	30	P	ΔP/P
DD =	6611	y(0) =	5%	231.38	
MD =	28.57	y(1) =	6%	174.11	-24.75%

B		Par =	1000	c =	0%
Δy =	1%	n =	1	P	ΔP/P
DD =	907	y(0) =	5%	952.38	
MD =	0.95	y(1) =	6%	943.40	-0.94%

* $MD = \frac{-\frac{dP}{P}}{dy} > 0$이니 실제 $\frac{-\frac{dP}{P}}{dy} < 0$입니다.

여기서 MD(A) = 28.57, MD(B) = 0.95이므로, ModDur의 편의적 해석을 따르면 y가 100bp 상승할 때 A의 가격은 28.57% 또 B의 가격은 0.95% 하락한다고 해석됩니다. 그런데 실제의 가격 변화율은 ΔP/P(A) = −24.75%, ΔP/P(B) = −0.94%이므로, B의 경우 ModDur으로 추정한 가격변동과 실제 가격변동과의 오차인 0.01%포인트는 크지 않지만 A의 오차는 28.57% - 24.75% = 3.82% ≈ 4%포인트입니다. 이 경우 MD에 의한 가격하락과 실제의 가격하락의 비율은 28.57%/24.75% = 1.15로, MD는 실제보다 가격하락을 15% 과대평가하고 있습니다. 이처럼 경우에 따라서는 ModDur의 해석에 의한 오차는 무시할 수 없는 수치가 됩니다.(예제 끝, 질문 끝) ■

이러한 문제점 때문에 이자율 변화 Δy가 매우 작은 경우에 한하여 ModDur 수치를 활용하는 것이 바람직합니다. 이자율 변화 Δy가 매우 작은 경우에는 ModDur은 다음과 같이 채권 가격의 상대적 변화율을 추정하는 데 유효하게 사용될 수 있습니다.

정리 12〉 ModDur과 상대적 가격 변화의 추정

특정 채권에 대한 yield 변화 Δy가 매우 작을 경우, 이 채권의 가격 변화율 ΔP/P는 이 채권의 ModDur MD에 의해 매우 근사하게 추정됩니다.

$$\frac{\Delta P}{P} \approx -MD \cdot \Delta y.$$

이제 Δy가 작은 경우의 가격 변화율을 MD를 이용하여 추정해 봅시다.

예제 8-9〉 ModDur의 정확성 (Δy가 작은 경우)

위 예제에서 Δy가 10bp이라면 두 채권 가격의 실제의 변화율은 다음과 같습니다.

A		Par =	1000	c =	0%
Δy =	0.10%	n =	30	P	ΔP/P
DD =	6611	y(0) =	5.00%	231.38	
MD =	28.57	y(1) =	5.10%	224.86	-2.82%

B		Par =	1000	c =	0%
Δy =	0.10%	n =	1	P	ΔP/P
DD =	907	y(0) =	5.00%	952.38	
MD =	0.95	y(1) =	5.10%	951.47	-0.10%

$MD(A) = 28.57,\ MD(B) = 0.95$를 사용하여 $\frac{\Delta P}{P}$를 추정하면 $\Delta y = 10bp$일 때

$$\frac{\Delta P(A)}{P(A)} = -28.57 \times 0.001 = -0.02857 = -2.86\%,$$

$$\frac{\Delta P(B)}{P(B)} = -0.95 \times 0.001 = -0.00095 \approx -0.001 = -0.1\%$$

로 추정됩니다. 실제의 가격 변화율은 위 표에서와 같이 ΔP/P(A) = -2.82%, ΔP/P(B) = -0.10%로 산출되므로, ModDur에 의한 가격 변화와 실제의 가격 변화의 차이가 크지 않습니다. 이처럼 Δy가 충분히 작은 경우 ModDur으로 가격 변화를 훌륭하게 추정할 수 있습니다. ■

가격변동성으로서의 ModDur의 특성은 다양합니다. 그런데 이 특성들은 ModDur이 채권 가격의 상대적 변동성을 뜻함을 기억하면 직관적으로도 이해할 수 있는 내용들입니다. 또 ModDur이 매컬리 듀레이션과 긴밀한 관계에 있음을 추후 여러분이 배우게 되면, 매컬리 듀레이션의 특성을 소환하여 통합적으로 이해할 수도 있습니다. 두 듀레이션의 모든 특성들이 (거의) 일치하기 때문에, 별도로 분리해서 설명하는 것보다는 통합적으로 설명하는 것이 더 효율적일 수도 있습니다. 여기서는 일단 ModDur만을 대상으

로 설명합니다. 이후 두 듀레이션의 밀접한 관계에 대해 논의한 후에는 통합적으로 한 번 더 설명하겠습니다.

정리 13〉 ModDur의 기본적 특성 (채권 변동성의 상대적 개념)

(i) 무이표채의 ModDur은 액면가의 영향을 받지 않는다.
(ii) 무이표채의 ModDur은 만기에 비례한다.
(iii) 이표채의 ModDur은, 그 이표채를 구성하는 각 무이표채의 ModDur의 평균이다. 평균 산출에 사용되는 가중치는 각 무이표채의 시장가격이다.
(iv) 포트폴리오의 ModDur은, 그 포트폴리오를 구성하는 각 채권의 ModDur의 평균이다. 평균 산출에 사용되는 가중치는 각 채권의 시장가격이다.

이제 ModDur의 이러한 특성에 관하여 하나씩 파악합시다.

(i) 무이표채의 ModDur은 액면가의 영향을 받지 않습니나.

만기 n년, 액면가 Par, 만기수익률 y인 무이표채의 ModDur $MD(n, Par, y, 0)$는

$$MD(n, Par, y, 0) = \frac{DD}{P} = n \cdot (1+y)^{-1} = \frac{n}{1+y}$$

이므로 만기(n)와 만기수익률(y)만의 함수로 액면가와 관계없습니다. 한편 무이표채의 가격은 $P(y) = Par \cdot (1+y)^{-n}$이므로 액면가와 채권 "가격"은 떼려야 뗄 수 없는, 밀접한 관계에 있습니다. 그러므로 무이표채의 ModDur이 액면가의 영향을 받지 않는다는 것은 곧 이 ModDur이 채권 가격의 영향도 받지 않는다는 뜻입니다. 그 이유는

ModDur은 dollar duration을 채권 가격으로 나눈 값으로
가격 크기로 인한 "size effect"를 제거하였기 때문

입니다. 그러므로 만기 30년, 액면가 1000, 만기수익률 5%인 무이표채의 ModDur과 만기 30년, 액면가 10, 만기수익률 5%인 무이표채의 ModDur은 공히

$$MD = \frac{n}{1+y} = \frac{30}{1+0.05} = 28.57$$

입니다. 이 두 채권은 가격만 다를 뿐, 즉 덩치만 다를 뿐, 만기 30년의 무이표채라는 점에서 동일하기 때문입니다.

(ii) 무이표채의 ModDur은 만기 n에 비례합니다.

이는 위에서 이미 파악되었으므로 설명을 생략합니다.

(iii) 이표채의 ModDur은, 그 이표채를 구성하는 무이표채들의 ModDur(들)의 평균입니다.

이는 $MD = \sum_{t=1}^{n}\left(\frac{t}{1+y}\cdot w(t)\right)$로 이미 설명되었습니다.

(iv) 포트폴리오의 ModDur은, 그 포트폴리오를 구성하는 채권들의 ModDur(들)의 평균입니다.

두 채권으로 이루어진 포트폴리오에 대하여 (iv)를 증명해 봅시다. 먼저 두 채권을 A, B라 하고 이 채권들의 포트폴리오를 F라고 합시다. 그리고 이들의 가격을 P(A), P(B), P(F)로, 이들의 dollar duration을 DD(A), DD(B), DD(F)로, 또 이들의 ModDur을 MD(A), MD(B), MD(F)로 각각 표기합시다. 그러면

① $P(F) = P(A) + P(B)$

② $DD(F) = DD(A) + DD(B)$

③ $DD(A) = MD(A) \times P(A)$

④ $DD(B) = MD(B) \times P(B)$

⑤ $DD(F) = MD(F) \times P(F)$

가 성립합니다. 이제 ① ~ ⑤를 활용하여 MD(F)를 풀어서 정리하면

$$
\begin{aligned}
MD(F) &= \frac{DD(F)}{P(F)} \\
&= \frac{DD(A) + DD(B)}{P(A)+P(B)} = \frac{MD(A)\cdot P(A) + MD(B)\cdot P(B)}{P(A)+P(B)} \\
&= MD(A)\cdot\frac{P(A)}{P(A)+P(B)} + MD(B)\cdot\frac{P(B)}{P(A)+P(B)} \\
&= MD(A)\cdot w(A) + MD(B)\cdot w(B)
\end{aligned}
$$

가 됩니다. 여기서 w(A), w(B)는 채권 가격에 의한 가중치를 의미하므로, 포트폴리오의 ModDur은 포트폴리오를 구성하는 각 채권들의 ModDur에 이 가중치를 적용하여 구한 (가중)평균임을 알 수 있습니다. 세 개 이상의 채권으로 구성된 포트폴리오에 대해서도 이러한 증명이 가능합니다.

예제 8-10〉 포트폴리오의 ModDur

만기와 관계없이 5%의 flat yield curve를 가정합시다. 액면가 = 1000, 만기 = 30년인 무이표채 A, 액면가 = 1000, 만기 = 1년인 무이표채 B로 구성된 포트폴리오의 ModDur과 실제의 가격 변동성(= ΔP/P)을 각각 구하여 보면 다음과 같습니다. $\Delta y = 0.25\%$를 가정하겠습니다.

Δy =	0.25%						
A							
Par =	1000					P(y)	ΔP/P
c =	0%	DD =	6611	y =	5%	231.38	
n =	30	MD=	28.57	y =	5.25%	215.45	-6.89%
B							
Par =	1000					P(y)	ΔP/P
c =	0%	DD =	907	y =	5%	952.38	
n =	1	MD=	0.95	y =	5.25%	950.12	-0.24%
A + B							
						P(y)	ΔP/P
		DD =	7518	y =	5%	1183.76	
		MD =	6.35	y =	5.25%	1165.56	-1.54%

여기서

$$MD(A) = DD(A)/P(A) = 6611/231.38 = 28.57,$$
$$MD(B) = DD(B)/P(B) = 907/952.38 = 0.95$$

로 산출되었습니다. 한편

$$w(A) = 231.38/(231.38 + 952.38) = 0.19546,$$
$$w(B) = 1 - w(A) = 0.80454$$

입니다. 그러므로

$$\begin{aligned} MD(A+B) &= w(A)\cdot MD(A) + w(B)\cdot MD(B) \\ &= 0.19546 \times 28.57 + 0.80454 \times 0.95 \\ &\approx 6.35 \end{aligned}$$

입니다. 이제 $\Delta y = 0.0025$일 때의 이 포트폴리오의 가격 변화율을 추정하면

$$MD \times \Delta y = 6.35 \times 0.0025 = 0.015875 \approx 1.59\%$$

이므로 1.59%의 가격하락이 추정됩니다. 실제 포트폴리오 가치의 변화도 -1.54%이어서 (위 표 참조) 두 값의 차이가 그다지 크지 않습니다. ■

제4절 수정 듀레이션과 매컬리 듀레이션

본절에서는 매컬리 듀레이션 D와 수정 듀레이션 MD의 관련성을 파악합니다.

정리 14〉 매컬리 듀레이션(D)과 수정 듀레이션(MD)

채권의 D와 MD의 관계는 다음과 같습니다.

$$MD \;=\; \frac{D}{1+y}.$$

여기서 y는 채권의 yield를 의미합니다. 만일 연간복리계산 횟수 = m회일 경우에는($m>1$) MD와 D의 관계는 다음과 같습니다.

$$MD \;=\; \frac{D}{1+\frac{y}{m}}.$$

그러므로 m이 무한대(∞)에 수렴하면, 즉 연속복리법 하에서는, $MD \;=\; \frac{D}{1+\frac{y}{\infty}} \;=\; \frac{D}{1+0} \;=\; D$의 관계가 성립합니다.

이제 $MD \;=\; \frac{D}{1+y}$를 수리적으로 증명해 보겠습니다.

증명 1〉 $MD \;=\; \frac{D}{1+y}$ 증명*

$$P \;=\; \sum_{t=1}^{n}\left(\frac{CF(t)}{(1+y)^t}\right) \;=\; \sum_{t=1}^{n}(CF(t)\cdot(1+y)^{-t}).$$

* 연간이자지급 횟수가 1보다 큰 경우도 이 증명을 활용하여 증명할 수 있습니다. 또 이 증명에서는 시점 t의 현금흐름을 CF(t)로 표시하고 구체적인 액면가, coupon rate 등으로 표시하지 않았기 때문에, 모든 액면가와 모든 coupon rate의 채권에도 적용됩니다. 가령 매년 1의 현금흐름이 영원히 지급되는 영구연금에도 이 관계가 적용됩니다. 왜냐하면 n이 무한대로 커져도 위 증명은 성립하기 때문입니다.

$$
\begin{aligned}
\frac{dP}{dy} &= \sum_{t=1}^{n}\left(-t \cdot CF(t) \cdot (1+y)^{-t-1}\right). \\
-\frac{dP}{dy} &= \sum_{t=1}^{n}\left(t \cdot CF(t) \cdot (1+y)^{-t-1}\right) = \sum_{t=1}^{n}\left(\frac{CF(t)}{(1+y)^{t+1}} \cdot t\right) \\
&= \frac{1}{1+y} \cdot \sum_{t=1}^{n}\left(\frac{CF(t)}{(1+y)^{t}} \cdot t\right). \\
MD &= \frac{\left(-\frac{dP}{dy}\right)}{P} = \frac{\frac{1}{1+y} \cdot \sum_{t=1}^{n}\left(\frac{CF(t)}{(1+y)^{t}} \cdot t\right)}{P} \\
&= \frac{1}{1+y} \cdot \sum_{t=1}^{n}\left(\frac{\frac{CF(t)}{(1+y)^{t}}}{P} \times t\right).
\end{aligned}
$$

그런데 여기서

$$
\sum_{t=1}^{n}\left(\frac{\frac{CF(t)}{(1+y)^{t}}}{P} \times t\right)
$$

이 무엇입니까? 이는 바로 이 채권의 매컬리 듀레이션(= D)입니다. 그러므로 다음이 성립합니다.

$$
\begin{aligned}
MD &= \frac{1}{1+y} \cdot \sum_{t=1}^{n}\left(\frac{\frac{CF(t)}{(1+y)^{t}}}{P} \times t\right) \\
&= \frac{1}{1+y} \cdot D.
\end{aligned}
$$

■

$MD = \frac{D}{1+y}$로부터, 두 듀레이션의 크기는 비슷하고 또 서로 비례함을 알 수 있습니다. 즉 D가 감소, 증가, 혹은 불변이면 MD도 감소, 증가, 혹은 불변입니다. 또 (무)이표채의 D는 액면가의 영향을 받지 않는데, $MD = \frac{D}{1+y}$를 적용하면, (무)이표채의 MD도 액면가의 영향을 받지 않음을 추정할 수 있습니다. 이처럼 $MD = \frac{D}{1+y}$를 적용하면 D의 모든 기본적 특성이 MD에게도 유효함을 알 수 있습니다.

질문 8-7〉 왜 MD와 D는 같은 방향으로 움직일까요?

수학적으로는 두 수치가 비례함이 위에서 증명되었습니다. 이제 그 이유를 파악해 봅시다. 어느 채권의 MD가 크다는 것은 그 채권의 현금흐름이 가까운 시점이 아니라 상대적으로 먼 미래 시점에 많이 지급된다는 것을 암시합니다. 이 현금흐름들은 먼 미래에 발생하기 때문에, 시장의 전반적인 할인율 즉 채권(들)의 yield가 변할 때 그 현재가치의 변동이 심합니다. 이른바 '승수 효과'입니다. 그런데 이 채권의 현금흐름들이 비교적 먼 미래에 많이 발생한다는 것은 이 채권의 매컬리 듀레이션이 큼을 의미합니다. 이런 이유로 특정 채권의 MD가 크면 D도 큰 값을 가지고 그 역도 마찬가지입니다. ■

질문 8-8〉 $\boldsymbol{MD} = \frac{\boldsymbol{D}}{\boldsymbol{1+y}}$를 기억하는 편리한 방법이 있을까요?

네, 이 질문을 하는 이유는 여러분들 중 일부는

$$D = \frac{1}{1+y} \cdot MD$$

로 잘못 기억할 수도 있기 때문입니다. 두 듀레이션의 관계식을 정확히 기억하는 방법은 여럿 있을 수 있는데, 여기서는 아마 가장 쉬운 방법을 소개합니다. 가령 만기 3년인 무이표채의 D는 3입니다. 모든 현금흐름이 3년 후에 발생하기 때문입니다. 그런데 만일 위의 오류 있는 식처럼

$$D = \frac{1}{1+y} \cdot MD$$

로 기억한다면 D 값이 정수 3이 될 수가 없습니다. MD 값을 (1+y)로 나누어야 하기 때

문입니다. MD가 특별한 숫자가 되어야만 D는 3 같은 정수가 될 수 있습니다. 그러므로 위 식은 뭔가 잘못됐을 확률이 높습니다.

반면

$$MD = \frac{1}{1+y} \cdot D$$

의 경우, D는 정수가 되는 데 아무 문제가 없습니다. MD가 정수가 되기 어려울 따름입니다. 그런데 MD의 정의 상, MD가 정수가 되기 어려운 것이 자연스럽습니다. 특정 채권의 yield 변화가 그 채권 가격에 미치는 상대적인 변동성이 3, 4, 5 같은 정수가 될 확률이 얼마나 높겠습니? 1.87(%), 0.97(%) 같은 수치가 훨씬 더 자연스럽지 않을까요? 이것만 보더라도 어느 식이 정확하고 어느 식이 오류 있는지 쉽게 분별할 수 있습니다. ■

매컬리 듀레이션(D)과 수정 듀레이션(MD)이 서로 비례하므로, 즉 $MD = \frac{1}{1+y} \cdot D$이므로, D의 대부분의 특성이 MD에게도 나타납니다. 그런데 두 듀레이션의 특성이 같다는 사실은 투자자들에게 큰 도움이 됩니다. MD 특성 중 이해하기 어려운 내용은 D를 기억하여 쉽게 이해할 수 있다는 것입니다. 왜냐하면 현금흐름의 평균 시점으로서의 D는 미분개념의 MD보다 직관적 이해가 보다 용이하기 때문입니다. 이제 이러한 관계를 기억하며 MD와 D의 공통된 특성을 파악하여 봅시다.*

* 매컬리 듀레이션을 이해하기 위해 시소(see-saw) 혹은 저울(beam)의 개념을 사용하기도 합니다. 즉 특정 채권의 현금흐름의 현재가치들을 시소(저울) 위에 놓은 후 이 시소의 균형을 이룰 받침대의 위치로 MacDur을 해석한다는 것입니다. 이러한 접근방식은 편리하기는 하지만 엄밀하게 말하면 문제가 있습니다. 결론부터 말하면, 증명되지 않은 상황에서 현재가치들의 무게중심이 반드시 매컬리 듀레이션이라고 할 수는 없다는 것입니다. 이러한 연유로 본서에서는 매컬리 듀레이션을 "현재가치를 고려한 채권 현금흐름의 평균 시점"의 개념으로만 이해하기로 합니다.

정리 15〉 매컬리 듀레이션과 수정 듀레이션의 공통점

(i) 채권의 coupon rate이 높을수록 듀레이션은 감소합니다.
(ii) 채권의 만기가 길어질수록 "일반적으로" 듀레이션은 증가합니다.
(iii) 채권의 만기수익률(y)이 높을수록 듀레이션은 감소합니다.
(iv) 시간이 경과함에 따라 듀레이션은 감소하는데, coupon이 지급된 직후에는 듀레이션이 증가합니다.
(v) 연속복리이자율을 사용하면 두 듀레이션은 일치합니다.

이제 두 듀레이션의 이러한 특성에 관하여 하나씩 파악하여 봅시다.

(i) 채권의 coupon rate이 높을수록 듀레이션은 감소합니다.

D의 경우는 이미 앞장에서 "상세히" 설명했습니다만, 한번 더 생각해 봅시다. coupon rate이 높을수록, 먼 미래(만기)의 현금흐름보다는 가까운 미래의 현금흐름의 크기가 상대적으로 커집니다. 예로써 coupon rate이 c → 2c로 증가했다면, 만기의 현금흐름은 Par(1+c) → Par(1+2c)로 부분적으로 증대되는데 반해 만기 이전의 현금흐름은 Par × c → Par × 2c로 100% 증대됩니다. 그러므로 상대적으로는 만기 이전 즉 가까운 미래의 현금흐름의 크기가 보다 증대됩니다. 이 가까운 미래의 현금흐름의 현재가치의 크기도 동일하게 증대됩니다. MacDur은 현금흐름의 현재가치를 가중치로 사용하므로, coupon rate이 상승하여 가까운 미래의 현금흐름의 현재가치의 상대적 비중이 보다 높아지면 이 시점에 보다 높은 가중치가 적용되어 현금흐름의 평균 시점이 짧아집니다. 곧 D가 감소합니다.

그렇다면 coupon rate이 높아질 때 MD의 크기는 어떻게 될까요? 이 물음에 대한 답은 즉각적으로 얻을 수 있습니다. 즉 coupon rate이 보다 높은 채권은 보다 작은 D를 가지므로, D와 정비례의 관계에 있는 MD의 경우에도 coupon rate이 커질 때 그 값이 감소합니다. 일단 이 질문의 답은 찾았습니다. 이제 그 이유를 설명하겠습니다.

coupon rate이 높을수록
먼 미래의 현금흐름보다 가까운 미래의 현금흐름(의 현재가치) 비중이
상대적으로 더 커집니다.

가까운 미래의 현금흐름은 yield 변화에 따른 '승수효과'가 작아서 yield가 커질 때 현재가치가 조금만 작아지고 먼 미래의 현금흐름은 yield가 커질 때 현재가치가 많이 작아집니다. coupon rate이 높은 채권은 전자의 비중이 크므로 결국 채권 전체적으로는 yield 증가에 대한 채권 가격 하락률이 작습니다. coupon rate이 작은 채권보다 말입니다. 그러므로 coupon rate이 높아지면 (채권 가격의 변동성을 의미하는) MD는 감소합니다.

예제 8-11〉 coupon rate, 매컬리 듀레이션과 수정 듀레이션

5%의 수평 수익률곡선을 가정합시다. 액면가 = 100, 만기 = 2년, coupon rate = 50%인 채권 A와, 동일한 조건의 coupon rate = 1%인 채권 B의 D와 MD를 비교하여 봅시다. D(A)는 앞장에서 D(A) = 1.741로 파악된 바 있으며 D(B)는 다음과 같이 1.990이 됩니다.

$$P(B) = \frac{1}{1+0.05} + \frac{101}{(1+0.05)^2} = 92.56,$$

$$D(B) = \frac{\frac{1}{1+0.05}}{92.56}\cdot 1 + \frac{\frac{101}{(1+0.05)^2}}{92.56}\cdot 2$$

$$= 0.01\times 1 + 0.99\times 2 = 1.99.$$

채권 A의 현금흐름들인 50, 150의 평균 시점은 1.741(년), 또 B의 현금흐름들인 1, 101의 평균 시점은 1.990(년) ≈ 2(년)입니다. 그러므로 coupon rate이 보다 높은 채권 A의 D 1.741이 채권 B의 D 1.990보다 더 작습니다. 한편 A와 B의 MD는 $MD = \frac{D}{1+y}$에 의해

$$MD(A) = \frac{D(A)}{1+y} = \frac{1.741}{1.05} = 1.658,$$

$$MD(B) = \frac{D(B)}{1+y} = \frac{1.99}{1.05} = 1.895$$

입니다. ■

(ii) 채권의 만기가 길어질수록 일반적으로 듀레이션은 증가합니다.

채권의 만기가 길어지면 보다 먼 미래 시점의 현금흐름이 추가되므로 현금흐름의 평균 시점도 이에 따라 증가하여 D가 증가합니다. 또 이 추가된 현금흐름의 현재가치가 채권 가격의 일부를 이루게 됩니다. 그런데 '승수 효과'로 인해, 보다 먼 미래 시점에 발생하는 이 현금흐름의 현재가치는 할인율(= y)의 변화에 보다 민감하게 반응하게 됩니다. 그러면 할인율 변화에 따른 전체 채권 가격의 변화율도 보다 높아져 (채권 가격의 변동성을 의미하는) MD는 증가합니다.

예제 8-12〉 채권의 만기, 매컬리 듀레이션 및 수정 듀레이션

5%의 수평 수익률곡선을 가정합시다. 액면가 = 100, 만기 = 1년, coupon rate = 10%인 채권 A와, "동일한 조건"의 만기 3년인 채권 B의 D와 MD를 구하여 비교합시다. 먼저 채권 A는 액면가 110의 무이표채와 같으므로 D(A) = 1입니다. 채권 B의 D(B)는 다음과 같이 구해집니다.

매컬리듀레이션 산출				
Par	c	n	y	
100	10%	3	5%	
t	CF(t)	PV[CF(t)]	w(t)	t· w(t)
1	10	9.52	0.084	0.08
2	10	9.07	0.080	0.16
3	110	95.02	0.836	2.51
P(B) =		113.62		
D(B) =				2.75

그러므로 만기 3년인 B의 D(B) 2.75는 만기 1년인 A의 D(A) 1보다 큼을 알 수 있습니다. 한편 MD = D/(1+y)에 의하여 MD(A) = 1/(1+0.05) = 0.95, MD(B) = 2.75/(1+0.05) = 2.62입니다. ■

그런데 엄밀히 말하면 모든 채권에 있어서 매컬리 혹은 수정 듀레이션이 만기의 증가함수가 되지는 않는데, 영구채권(perpetuity)이 좋은 예입니다. 매년 특정 금액을 "영원히" 지급하는 영구채권의 매컬리 듀레이션은, yield curve가 특정 값 y에서 수평

한 경우,

$$D = \frac{1+y}{y}$$

임은 이미 배운 바 있습니다. 그러면 영구채권의 MD는

$$MD = \frac{D}{1+y} = \frac{\frac{1+y}{y}}{1+y} = \frac{1}{y}$$

이 됩니다. 즉 영구채권의 MD는 상수입니다. 그런데 모든 이표채는 만기가 길어질수록 영구채권과 (무한히) 유사해집니다. 왜냐하면 만기가 매우 길어지면서 받을, 매우 먼 미래에 받을 현금의 현재가치는 거의 0이 되기에, 어차피 MD에 미칠 영향이 거의 0이 되기 때문입니다. 그렇기에 이표채의 만기가 길어진다고 해서 이표채의 MD가 무한히 증가하지는 않고 특정 값에 수렴하는데 그것이 바로 영구채권의 MD인 $\frac{1}{y}$인 것입니다.

(iii) 시장 이자율(만기수익률)이 높을수록 듀레이션은 감소합니다.

만기수익률이 상승하면 채권의 현금흐름(들)의 현재가치가 감소하는데, 먼 미래 시점의 현금흐름의 현재가치가 보다 크게 감소합니다. 그러므로 먼 미래 시점의 가중치는 작아지고 가까운 미래 시점의 가중치는 커집니다. 이에 따라 현금흐름 현재가치의 평균 시점은 짧아지므로, 만기수익률이 상승하면 D는 감소합니다.

한편 현재의 만기수익률 y가 높을수록 y의 변화분 dy의 상대적 크기는 작아집니다. 그러므로 y가 높을수록 dy만큼의 변화가 채권 가격에 미치는 효과는 감소합니다. 가령 y = 0.1일 때 dy만큼 증가하여 y = 0.1에서 y = '0.1+dy'로 되는 경우와 y = 0.01일 때 dy만큼 증가하여 y = 0.01에서 y = '0.01+dy'로 되는 경우를 비교하면, y의 상대적 변화율은 y = 0.1일 때 더 작습니다. 따라서 만기수익률 y가 높으면 만기수익률의 (일정한) 변화에 따른 채권 가격 변화율도 작아져 (채권 가격 변동성을 의미하는) MD도 감소합니다.

예제 8-13〉 만기수익률, D 및 MD

앞 예제의 채권 B와 모든 조건은 동일하고 단지 만기수익률 = 30%인 경우의 D, MD를 구해봅시다.

매컬리듀레이션 산출				
Par	c	n	y	
100	10%	3	30%	
t	CF(t)	PV[CF(t)]	w(t)	t· w(t)
1	10	7.69	0.12	0.12
2	10	5.92	0.09	0.19
3	110	50.07	0.79	2.36
P(B) =		63.68		
D(B) =				2.67

가까운 미래시점의 가중치 w(1), w(2)는 각각 0.084 → 0.12, 0.080 → 0.09로 상승하였고, 먼 미래시점의 가중치 w(3)은 0.836 → 0.79로 감소하였습니다. 이에 따라 현금흐름의 현재가치의 평균 시점인 D도 2.75 → 2.67로 짧아졌습니다. 또 이 채권의 MD = D/(1+y) = 2.67/(1+0.30) = 2.05로 이전의 2.62보다 감소합니다. ■

(iv) 시간의 경과에 따라 듀레이션은 감소하며, coupon이 지급된 직후에 듀레이션은 증가합니다.

(ii)에서 설명된 바 만기가 길수록 채권의 D는 증가합니다. 그런데 시간의 경과에 따라 채권 (잔존)만기는 짧아지므로 D가 감소합니다. 하지만 coupon 지급 직후에는 오히려 현금흐름의 평균 시점이 길어집니다. 왜냐하면 coupon이 지급되는 순간에는 현재와 가장 가까운 미래 시점의 현금흐름(coupon)이 소멸되면서 채권 형태가 달라지고 이것이 채권의 매컬리 듀레이션에 영향을 미치기 때문입니다. 가령 만기 2년의 이표채의 첫 coupon이 지급되면 이제는 만기 1년의 채권이 되기 때문입니다. 첫 coupon 지급 직전에는, 가령 1초 전에는, 이 채권의 미래 현금 지급 시점이 "1초 후"와 "(1년 + 1초) 후"이지만, coupon 지급 1초 후에는 가장 가까운 미래 현금 지급 시점이 "(1년 - 1초) 후"가 됩니다. 그러므로 현금이 지급될 미래 시점의 평균이 짧아집니다. 왜냐하면 '1년 + 1초' 후와 '1년 - 1초' 후는 사실상 "1년"으로 같지만, coupon 지급 직전에는 "1초 후"라는 시점도 존재하기에 이는 사실상 "0년 후"가 됩니다. 즉 coupon 지급 직전에는 이 채권

의 매컬리 듀레이션이 0년과 1년의 가중평균인 반면, coupon 지급 직후에는 이 채권의 매컬리 듀레이션은 그냥 1년이 되므로, 매컬리 듀레이션이 오히려 더 길어집니다. 이 내용에 관해서는 매컬리 듀레이션을 심층 분석한 앞장의 내용을 참고할 수 있습니다.

이처럼 coupon의 지급 직후에는 오히려 현금흐름의 평균 시점이 길어지므로, 할인율(=만기수익률)이 채권 가격에 미치는 영향이 보다 커집니다. "승수효과" 때문입니다. 그러므로 coupon의 지급 직후에는 MD도 증가합니다.

예제 8-14〉 시간 경과와 MacDur 및 ModDur

액면가 = 100, 만기 = 2년, coupon rate = 10%, 만기수익률 = 5%인 채권의 D(t)와 MD(t)가 시간(t)이 경과함에 따라 어떻게 변화하는지 살펴봅시다. 시간의 경과는 1개월 = 1/12 ≈ 0.0833을 단위로 하였습니다.

t	D(t)	MD(t)
0.000	1.913	1.822
0.083	1.830	1.742
0.167	1.746	1.663
0.250	1.663	1.584
0.333	1.580	1.504
0.417	1.496	1.425
0.500	1.413	1.346
0.583	1.330	1.266
0.667	1.246	1.187
0.750	1.163	1.107
0.833	1.080	1.028
0.917	**0.996**	**0.949**
1.000	**1.000**	**0.952**
1.083	0.917	0.873
1.167	0.833	0.794
1.250	0.750	0.714
1.333	0.667	0.635
1.417	0.583	0.556
1.500	0.500	0.476
1.583	0.417	0.397
1.667	0.333	0.317
1.750	0.250	0.238
1.833	0.167	0.159
1.917	0.083	0.079
2.000	0.000	0.000

위 표에서 볼 수 있듯이, 시간의 경과와 함께 두 듀레이션의 크기가 지속적으로 감소하지만 coupon이 지급되는 시점(t = 1)에서 D, MD가 모두 약간 증대됨을 알 수 있습니다.* ■

* 'coupon이 지급되는 시점(t = 1)'이란 coupon 지급 직후를 말합니다.

(v) 연속복리이자율을 사용하면 두 듀레이션은 일치합니다.

채권의 미래 현금흐름을 현재가치로 할인할 때 연속복리법을 사용하면 두 듀레이션의 크기가 같습니다. 즉 이 경우에 D = MD/(1+y)가 아니고 D = MD입니다. 이에 대한 증명은 다음과 같습니다.

증명 2〉 연속복리법과 듀레이션

만기 = n, 시점 t의 현금흐름 = CF(t)인 채권을 가정합시다. 이 채권의 가격 = P, 수정 듀레이션 = MD, 그리고 매컬리 듀레이션 = D라고 합시다. 이때 P는 CF(t)를 "연속복리법"으로 할인한 현재가치의 합계로 가정합니다.

$$P = \sum_{t=1}^{n}[PV(CF(t))] = \sum_{t=1}^{n}[CF(t)\cdot e^{-ty}].$$

$$\frac{dP}{dy} = \sum_{t=1}^{n}[CF(t)\cdot e^{-ty}\cdot(-t)].$$

$$DD = -\frac{dP}{dy} = \sum_{t=1}^{n}[CF(t)\cdot e^{-ty}\cdot t].$$

이제 MD를 산출하면 다음과 같습니다. 아래에서 $w[t]$는 매컬리 듀레이션 산출 시 이 채권의 시점 t의 현금흐름(의 현재가치)의 비중 혹은 가중치를 의미합니다.

$$\begin{aligned} MD &= \frac{DD}{P} \\ &= \frac{\sum_{t=1}^{n}[CF(t)\cdot e^{-ty}\cdot t]}{P} = \sum_{t=1}^{n}\left[\frac{CF(t)\cdot e^{-ty}\cdot t}{P}\right] \\ &= \sum_{t=1}^{n}\left[\frac{PV(CF(t))}{P}\cdot t\right] = \sum_{t=1}^{n}[w[t]\cdot t] \\ &= D. \end{aligned}$$

■

다음 절로 진행하기 전, 수정 듀레이션의 한계와 이를 보완할 추가적인 척도의 필요성을 간단히 알아 봅시다. 먼저 MD만을 사용하여 채권 가격의 변화를 추정할 때의 오차를 파악하여 봅시다.

➢ 그림 8-2〉 수정 듀레이션과 채권 가격의 변화

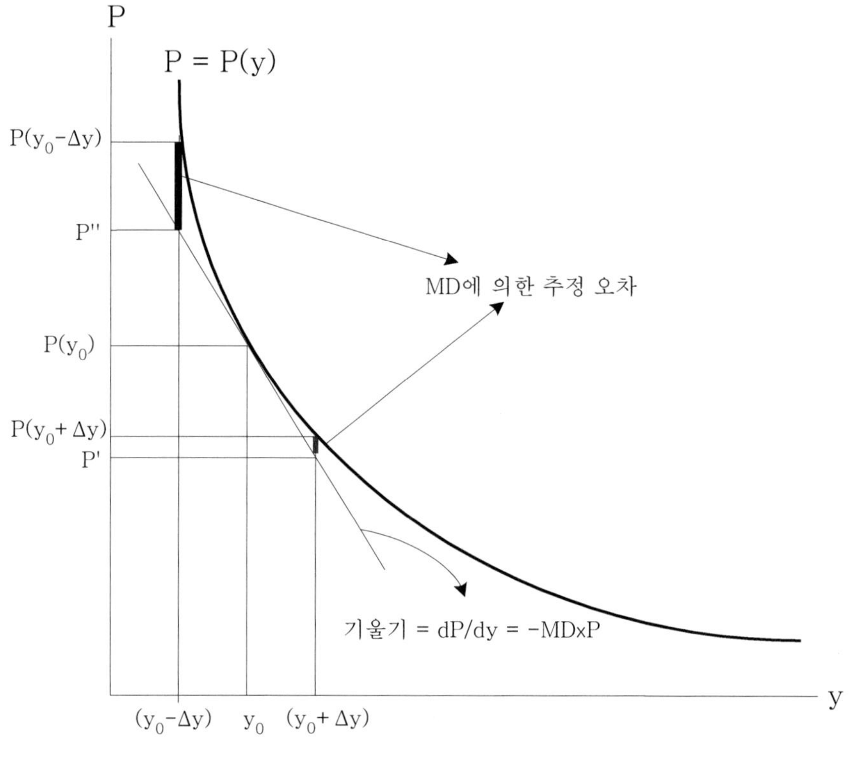

현재의 만기수익률을 y_0, 현재의 채권 가격을 P(y_0)라고 합시다. y가 $+\Delta y$만큼 변할 때 채권 가격은 P($y_0+\Delta y$)입니다. 그러므로 가격 변화 ΔP = P($y_0+\Delta y$) − P(y_0)입니다. 만일 MD로 ΔP를 추정한다면 새로운 채권 가격은 위 그림의 P'가 됩니다. P'는 현재가격 P에다 MD로 추정한 가격 변화분을 더한 것으로

$$P' = P + \left(\frac{dP}{dy}\right) \times \Delta y = P + (-MD \cdot P) \times \Delta y$$

가 됩니다. 그런데 위 그림에서도 알 수 있듯이 MD에 의한 새 가격 P'와 실제의 새 가

격 P(y_0 + Δy)는 완전히 일치하지는 않고 오차가 존재합니다. 또 y가 ($-\Delta y$)만큼 변할 때에는 실제의 가격 P($y_0 - \Delta y$)와 MD로 추정된 새 가격 P" 사이의 오차는 더욱 확대됩니다. 이러한 오차가 발생하는 원인은 채권 가격 P(y)의 기울기 dP/dy가 상수가 아니고 y 값에 따라 변하는 변수이기 때문입니다. 즉 y 값이 y_0일 때와 y_0를 벗어났을 때의 dP/dy의 값이 서로 다르기 때문입니다.

이처럼 가격 곡선 기울기의 변화로 인한 채권 가격의 추정오차를 줄이기 위하여 도입된 척도, 개념이 "컨벡서티(Convexity)"입니다. 컨벡서티는 채권의 yield가 변함에 따라 가격 곡선의 기울기가 변하는 정도를 측정하기 때문에, 기울기의 변화를 감안하지 않을 때의 오차를 대폭 줄일 수 있습니다. 컨벡서티는 다음 장에서 심층적으로 논의합니다.

제 5 절 PVBP

PVBP(the price value of a basis point)란 yield가 1 basis point 변할 때 채권 가격의 변화의 크기를 말하는데 DVBP, DV01, BPV라고도 합니다.* 이는 채권의 상대적인 가격 변화율이 아닌 "가격 변화의 절대값"을 의미하며 항상 양의 값으로 변환됩니다. 시장 이자율의 변화는 적어도 1 bp 이상씩 움직이므로, PVBP는 현실적으로 이자율이 가장 작게 움직일 때의 채권 가격의 변화로 받아들일 수 있습니다. 간단한 예를 통해 PVBP를 구하여 봅시다.

예제 8-15〉 PVBP의 산출

만기 10년, 액면가 100인 무이표채의 yield가 10%일 때 이 채권의 PVBP를 구하여 봅시다. 이 채권의 현재 가격은 $P(0.1) = 100/(1+0.1)^{10} = 38.554329$이고, $\Delta y = 0.0001 = 1\text{bp}$일 때의 새로운 가격은 $P(0.1001) = 100/(1+0.1001)^{10} = 38.519297$입니다. 그러므로 이 채권

---

* DVBP, BPV는 각각 the dollar value of a basis point, the basis point value의 약어입니다.

의 PVBP는

$$|P(0.1001) - P(0.1)|$$
$$= |38.519297 - 38.554329)| = 0.035023$$

입니다. 즉 이 채권의 yield가 0.0001 = 1bp 상승(하락)하면 이 채권의 가격은 0.035023 하락(상승)합니다. ■

한편 금액 듀레이션은 yield가 dy만큼 변할 때 가격 곡선의 기울기의 절대값입니다. 즉 $DD = -\frac{dP}{dy} = \left|\frac{dP}{dy}\right|$. 만일 우리가 Δy = 1bp = 0.0001 ≈ dy로 간주한다면, PVBP는 금액 듀레이션을 이용하여 쉽게 구할 수 있습니다.

예제 8-16〉 PVBP의 산출과 금액 듀레이션

위 예제의 채권의 금액 듀레이션은

$$DD = -\frac{dP}{dy} = -\frac{d[100 \cdot (1+y)^{-10}]}{dy}$$
$$= 10 \cdot 100 \cdot (1+y)^{-11} = 10 \cdot 100 \cdot (1+0.1)^{-11}$$
$$= 350.4939$$

입니다. 이제 이 값에 Δy = 0.0001을 곱하면

$$\Delta P \approx \frac{dP}{dy} \cdot \Delta y = -DD \cdot \Delta y = -350.4939 \times 0.0001 = -0.035049$$

입니다. 이 수치의 절대값은 0.035049인데, 이 값은 위 예제의 PVBP인 0.035023과 매우 가깝습니다. ■

이처럼 PVBP는 DD를 이용하여 쉽게 산출되는데 PVBP와 DD의 관계는 다음과 같습니다.

정리 16〉 PVBP와 dollar duration

$$PVBP \;\approx\; DD \times 0.0001.$$

즉 PVBP와 dollar duration은 서로 비례합니다. 그 결과 PVBP는 DD의 특성을 고스란히 가지는데 이 특성에 대한 설명은 dollar duration에 관한 본장 제2절을 참조할 수 있으므로, 여기서는 그 결과만을 제시하기로 합니다.

정리 17〉 PVBP의 특성

(i) 무이표채의 PVBP는 액면가에 비례합니다.
(ii) 무이표채의 PVBP는 만기에 비례합니다.
(iii) 이표채의 PVBP는, 그 이표채를 구성하는 각 무이표채의 PVBP을 모두 합산한 값입니다.
(iv) 포트폴리오의 PVBP는, 그 포트폴리오를 구성하는 각 채권의 PVBP을 모두 합산한 값입니다.

제 6 절 이자율 듀레이션(Rate Duration)

달러 듀레이션(DD)이나 수정 듀레이션(MD)은 채권의 만기수익률(yield) y의 변동에 기초한 개념들입니다. 그런데 채권의 yield는 실체가 없는, 가상적인 수치임을 기억할 필요가 있습니다. 즉 채권의 yield는

yield curve가 현재 특정 값(y)에서 평행하고
yield curve가 평행하게 이동(parallel shift)하며
채권 보유자가 채권들을 항상 만기까지 보유

함을 가정할 때의 채권 보유 연평균 수익률입니다. 게다가 이보다 더한 가정을 yield는 전제하고 있습니다. 이에 관해서 본서에서 여러분이 yield를 처음 공부할 때 강조했던

내용(질문)을 여기 소환해 보겠습니다.

소환〉 yield 수치를 활용할 때 유의해야 할 점은 무엇입니까?

먼저 yield(y)의 정의식을 다시 살펴서 이 식에 감추어진 또 다른 가정을 파악하여 봅시다. coupon rate c, 만기 n년, yield y의 특정 coupon bond의 현재 가격 P는 다음과 같이 표시됩니다.

$$P \ = \ \sum_{t=1}^{n} \frac{Par \times c}{(1+y)^t} \ + \ \frac{Par}{(1+y)^n}.$$

이 식의 양변에 $(1+y)^n$을 곱하면 다음과 같습니다.

$$\begin{aligned} P(1+y)^n &= \sum_{t=1}^{n} \frac{Par \times c \times (1+y)^n}{(1+y)^t} \ + \ \frac{Par}{(1+y)^n} \times (1+y)^n \\ &= \sum_{t=1}^{n} Par \times c \times (1+y)^{n-t} \ + \ Par. \end{aligned}$$

이 식 우변의 의미는 다음과 같습니다.

> 매 시점 t(년)에 지급받는 coupon인 $Par \times c$를
> 만기 n년까지 연수익률 y로 재투자함을 가정할 때
> 만기일 이 coupon들의 미래가치 $Par \times c \times (1+y)^{n-t}$의 합계와
> 만기일 지급받는 액면가 Par를 더한 금액

입니다. 즉 이 금액은 위 조건 하에서 이 채권의 $t = n$ 시점에서의 미래가치입니다. 한편 이 채권을 현재 가격 P로 구입하여 만기까지 보유할 때 연평균 수익률이 만기수익률 y와 같다면, 채권 투자로 인한 시점 n에서의 미래 가치는 $P(1+y)^n$이 됩니다. 그리고 이는 곧 위 식의 좌변에 해당합니다. 즉, 오늘 가격 P에 매수한 채권이

> 만기까지 연평균 수익률 y를 실현하여 미래가치 $P(1+y)^n$을 창출함은 (좌변)
> 매년 지급받는 coupon을 만기 n년까지 (연)수익률 y로 재투자함을 (우변)

의미합니다. 그러므로 만기까지 보유할 때 기대되는 연평균 수익률로서의 만기수익률 y에 내재한 암묵적 가정은, 이 채권으로부터 매 시점 t(년)에 지급받는 coupon $Par \times c$를 만기일 n(년)까지 (연)수익률 y로 재투자한다는 것입니다. 단순히 이 채권을 만기일까지 보유한다고 해서 사후적으로 (연)수익률이 y가 되는 것이 아니고, 매 시점의 coupon을 다시 y로 항상 재투자해야 비로소 이 채권의 만기까지의 연수익률이 y가 된다는 것입니다.* 그런데 미래 시점에 받는 각 coupon을 재투자할 때 적용받는 수익률은 현재로서는 알 수 없는 확률변수이므로† 이 가정이 실현된다는 보장은 없습니다. 그러므로 yield 수치를 해석, 활용할 때에는 이 한계를 기억해야 합니다. 요약하면,

이표채를 만기일까지 보유하고
미래 모든 coupon을 연수익률 y로 만기일까지 재투자한다

는 가정을 충족할 때 yield의 경제적 의미가 존재하고, 채권 매수 시 계산된 '사전적 yield 값'이 채권 만기 시점의 '사후적 yield 값'과 같아집니다.

자, 그렇다면, 과연 이러한 가정들은 충족될 수 있을가요? 하나의 가능성으로,

현재 모든 현물이자율 $\{r(k)|k = 1, 2, \ldots, n\}$에 있어서 $r(k) = y$이고
채권 만기까지 $r(k) = y$를 유지

한다면 "사전적 yield 값 = 사후적 yield 값"이 됩니다. yield curve가 이 y 값에서 편평하고(flat), 이 형태가 채권 만기까지 그대로 유지되는 경우입니다. 하지만 실제 채권 시장에서 이런 현상이 나타난 적은 (거의) 없습니다. ■

이런 연유로 yield에 기반한 달러 듀레이션(DD)이나 수정 듀레이션(MD)을 사용하여 추정한 채권의 변동성은 지나치게 이상적인 개념입니다. 한마디로 비현실적인 방법론입니다. 다만 간편하다는 장점이 커서 편의상 많이 활용될 뿐입니다.

---

* 물론 투자자가 이 채권의 매컬리 듀레이션과 같은 기간만큼 채권을 보유하고 또 추가적 가정이 충족되면 이 채권의 y와 사후적 연평균 수익률이 일치합니다. 하지만 이것조차 특별한 추가적 가정이 필요하며, 자세한 내용은 7장 4절을 참조하기 바랍니다.

† 더 정확히는 확률과정(stochastic process)이라 합니다. 확률과정은 일반적인 확률변수에 시간의 흐름을 가미한 것입니다.

또한 모든 채권의 가격이 개별 현물 이자율의 변화에 동일한 임팩트를 받지는 않습니다. 가령 만기 4년의 이표채와 만기 5년의 무이표채를 비교하여 봅시다. 만일 5년 만기의 현물 이자율 $r(5)$만 변한다면, 전자의 가격은 전혀 영향 받지 않으나 후자의 가격은 크게 영향 받습니다. 반면 4년 만기의 현물 이자율 $r(4)$만 변동할 경우에는 그 반대의 결과가 나타납니다. 이처럼 모든 상이한 채권(포트폴리오)은 개별 현물 이자율의 변화에 상이하게 반응하는 것이 일반적인데, 그리고 모든 현물 이자율들이 동일한 크기만큼 변동하지는 않는 것이 일반적인데 DD 나 MD는 이를 제대로 반영하지 못합니다. DD 나 MD은 모든 현물 이자율들이 동일한 크기로 변함을(parallel shift) 전제하고 있기 때문입니다. 이자율 듀레이션(rate duration)은 바로 DD와 MD의 이런 맹점을 보완하기 위해 고안된 채권 변동성 개념입니다.

정의 3〉 이자율 듀레이션(rate duration, RD)

특정 현물 이자율이 변할 때의 채권 가격의 상대적 변동성을 말하며, 수식은 다음과 같다. t년 만기 현물 이자율 $r(t)$만이 변할 때의 이자율 듀레이션 $RD(t)$는 다음과 같이 정의된다. 단 P는 채권 가격, ΔP는 $r(t)$ 변화에 의한 채권 가격의 변동을 의미한다. 또 dollar duration이나 수정 듀레이션과 같이, 양수 값을 갖도록 가격 변동의 부호를 조정한다.

$$RD(t) = \frac{\frac{|\Delta P|}{P}}{\Delta r(t)}.$$

위 정의에서처럼, 이자율 듀레이션이란 다른 모든 현물 이자율이 변하지 않고 특정 현물 이자율만 변할 때 채권 가격의 변화율을 측정합니다. 그런데 시장의 현물 이자율의 종류는 3개월부터 30년까지 다양하게 존재합니다. 재무금융 학자 Thomas Ho는 이 중에서 보다 중요한 11개의 현물 이자율에 대한 이자율 듀레이션을 “key rate durations” 라고 이름하였습니다.* 이들은 각각 3개월, 1년, 2년, 3년, 5년, 7년, 10년, 15년, 20년, 25년, 30년의 만기입니다. 애초 그는 어느 두 개의 key rates이 변할 때 그 사이에 위치한 현물 이자율의 변화는 두 key rates의 변화의 선형 함수로 파악하였습니다. 본서에서는

* 이 개념의 창안자는 Thomas S. Y. Ho인데, 그의 1992년 논문인 “Key Rate Durations: Measures of Interest Rate Risk” (The Journal of Fixed Income, Sept. 1992)에서 이 개념을 주창하였습니다.

편의상 단 하나의 key rate만 변하고 다른 모든 key rates 혹은 key rates 사이의 모든 현물 이자율은 변하지 않는다고 가정하여 채권 가격의 변화를 살펴봅니다.

예제 8-17〉 채권의 이자율 듀레이션

시장의 현물 이자율이 r(1) = 0.10, r(2) = 0.20으로 주어졌다고 합시다. r(1)은 변동하지 않고 r(2)만 0.21로 상승할 경우에 만기 2년, 액면가 100, coupon rate 5%인 이표채의 이자율 듀레이션을 $RD(t) = RD(2)$라 표기하면 아래와 같이 $RD(2) = 1.55$로 산출됩니다. 아래에서 $r(t)'$는 업데이트된 t년 만기 현물 이자율을 의미합니다. 가령 이 문제의 경우 $r(1)' = 0.1$, $r(2)' = 0.21$입니다. 또, 업데이트된 현물 이자율을 사용하여 구한 이 채권의 각 현금흐름의 현재가치는 $PV[CF(t)]'$로 표기합니다. $r(2)$만이 변했으므로 이 채권의 현금흐름의 현재가치 중 $PV[CF(2)]'$만이 변합니다. 구체적으로

$$PV[CF(2)]' = \frac{105}{(1+r(2)')^2} = \frac{105}{(1+0.21)^2} \approx 71.72$$

가 됩니다. 그리고 업데이트된 새 채권 가격은 P'로 표기합니다. $r(2)' = 0.21$로 인한 이 채권 가격 변동의 자세한 과정은 아래 표에 나와 있습니다.

t	1	2
r(t)	0.10	0.20
CF(t)	5	105
PV[CF(t)]	4.55	72.92
P =		77.46
Δr(t) =	0	0.01
r(t)' =	0.10	0.21
CF(t)	5	105
PV[CF(t)]'	4.55	71.72
P' =		76.26
ΔP =		-1.20
ΔP/P =		-0.0155
Δr(2) =		0.01
(- ΔP/P)/Δr(2) = RD(2) =		1.55

Δr(2) = 0.01 = 100bp는 만기일 현금흐름의 현재가치를 72.92에서 71.72로 1.20만큼 하락시켜 결국 이 채권의 가격은 77.46에서 76.26으로 하락합니다. 그러므로 r(2)에 대한 이 채권의 이자율 듀레이션 $RD(2)$는

$$RD(2) = \frac{\left|\frac{\Delta P}{P}\right|}{\Delta r(2)} = \frac{\left|\frac{76.26 - 77.46}{77.46}\right|}{0.01} = 1.5492 \approx 1.55$$

입니다. ■

이제 조금 더 복합적인, 채권 포트폴리오의 이자율 듀레이션 예제를 풀어 봅시다.

예제 8-18〉 채권 포트폴리오의 이자율 듀레이션

만기 2년, 16년 및 30년인 현물 이자율의 이자율 듀레이션을 파악하여 봅시다. 먼저 이러한 만기의 현물 이자율이 각각 5%, 7% 및 10%라고 가정합시다. 이 이자율들이 개별적으로 변화할 때 다음의 세 무이표채의 가격 변동성을 파악하여 봅시다. 세 무이표채는

만기 2년, 액면가 100, 시장 가격 90.70인 A
만기 16년, 액면가 300, 시장 가격 101.62인 B
만기 30년, 액면가 190, 시장 가격 10.89인 C

를 가정합니다. 또 포트폴리오 I은 A와 C로, 그리고 포트폴리오 II는 B만으로 구성되어 있다고 하면, 포트폴리오 I의 가격은 P(A) + P(C) = 90.70 + 10.89 = 101.59인데 이는 포트폴리오 II의 시장가격 101.62와 거의 같습니다.

A		Par =	100	
Δr =	0.10%	n =	2	P
DD =	173	r(2) =	5.0%	90.70
MD=	1.90	r(2) =	5.10%	90.53
B = Portfolio II		Par =	300	
Δr =	0.10%	n =	16	P
DD =	1520	r(16) =	7.0%	101.62
MD=	14.95	r(16) =	7.10%	100.11
C		Par =	190	
Δr =	0.10%	n =	30	P
DD =	297	r(30) =	10.0%	10.89
MD=	27.27	r(30) =	10.10%	10.60
A + C = Portfolio I				
				P
DD =	470	y(A+C) =	8.47%	101.59
MD =	4.62	y(A+C) =	8.54%	101.13

이제 현물 이자율 r(2), r(16), r(30)가 변할 때 포트폴리오 I의 가격 변동성을 파악하여 봅시다. r(2)가 0.05에서 0.051로 10bp 상승하면 A의 가격은 90.70에서 90.53으로 0.17만큼 하락하고 C의 가격 변화는 없습니다. 포트폴리오 I의 가격도, 즉 A+C의 가격도, 0.17만큼 하락하여 101.59 − 0.17 = 101.42가 됩니다. 그러므로 r(2)에 대한 포트폴리오 I의 이자율 듀레이션은

$$\frac{\frac{|\Delta P|}{P}}{\Delta r(2)} = \frac{\frac{0.17}{101.59}}{0.001} = 1.67$$

이 됩니다. 또 r(30)이 0.10에서 0.101로 10bp 상승하면, A의 가격은 불변이고 C의 가격은 10.89에서 10.60으로 0.29만큼 하락하며 포트폴리오 I의 가격도 0.29만큼 하락하여 101.59 − 0.29 = 101.30이 됩니다. 그러므로 r(30)에 대한 포트폴리오 I의 이자율 듀레이션은

$$\frac{\frac{|\Delta P|}{P}}{\Delta r(30)} - \frac{\frac{0.29}{101.59}}{0.001} = 2.86$$

이 됩니다. 마지막으로 채권 A, C 모두 r(16)의 영향을 받지 않으므로 포트폴리오 I의 r(16)에 대한 이자율 듀레이션 = 0이 됩니다. 그러므로 RD(n, X)를 포트폴리오 X의 n년 현물 이자율에 대한 이자율 듀레이션으로 표기한다면

$$RD(2, I) = 1.67, RD(16, I) = 0, \text{ 그리고 } RD(30, I) = 2.86$$

입니다.

포트폴리오 II의 경우, r(2) 혹은 r(30)의 상승은 채권 B의 가격과 아무 관계가 없으므로 포트폴리오 II의 가격 변화도 없습니다. 즉 RD(2, II) = RD(30, II) = 0입니다. 반면 r(16)이 0.07에서 0.071로 10bp 상승하면 채권 B의 가격은 101.62에서 100.11로 1.51 하락합니다. 그러므로 r(16)에 대한 포트폴리오 II의 이자율 듀레이션 RD(16, II)는

$$\frac{\frac{|\Delta P|}{P}}{\Delta r(16)} = \frac{\frac{1.51}{101.62}}{0.001} = 14.86$$

입니다. 결과적으로 두 포트폴리오의 이자율 듀레이션은 다음과 같이 매우 다릅니다.

	RD(2, ·)	RD(16, ·)	RD(30, ·)
I	1.67	0	2.86
II	0	14.86	0

■

한편 모든 현물 이자율이 10 bp씩 상승할 때의 포트폴리오의 (상대적) 가격 변화는 이자율 듀레이션을 모두 합친 것과 같을 것입니다. 그러므로 포트폴리오 I의 경우 1.67 + 2.86 = 4.53인데, 이 수치는 이 포트폴리오의 MD 값인 4.62와 매우 가깝습니다. 두 값이 완전히 일치하지 않는 까닭은, MD의 경우에는 서로 다른 값을 갖는 두 현물 이자율의 10bp 상승이 아니라 (모든 현물 이자율 값들이 동일한 값일 때) 만기수익률 y = 0.0847의 10bp 상승을 의미하기 때문입니다. 여기서 "yield의 상승"이란 수평하다고 가정된 현물 이자율 곡선의 (0.0847로부터) 평행이동을 의미하므로, 수평하지 않은 실제의 현물 이자율 곡선을 바탕으로 산출된 이자율 듀레이션과 약간의 오차가 발생합니다. 또 다른 이유로는

MD는 y에서 (y+dy)의 변화를 가정했지만
이 예제에서의 이자율 듀레이션은 r(n)에서 (r(n) + 0.001)의 변화를 가정하였기

때문에 $dy \neq 0.001$로 인한 오차도 발생합니다.

이제 위에서 구한 이자율 듀레이션 수치를 이용하여, 현물 이자율들이 다양하게 변할 때 포트폴리오 I, II의 가격의 변동성을 파악하여 봅시다.

예제 8-19〉 현물 이자율의 변화와 이자율 듀레이션

현물 이자율들의 변화가 다음과 같이 전망된다고 합시다.

(i) r(2), r(16), r(30)가 모두 10bp씩 상승합니다.
(ii) r(2)는 10bp 상승, r(30)는 10bp 하락, 그리고 r(16)은 불변입니다.
(iii) r(2)는 10bp 하락, r(30)는 10bp 상승, 그리고 r(16)은 불변입니다.

먼저 (i)의 상황을 가정하여 봅시다. 포트폴리오 I의 RD(n, I)을 활용하면

$$\begin{aligned} & RD(2,I)\times 10bp \;+\; RD(16,I)\times 10bp \;+\; RD(30,I)\times 10bp \\ &= 1.67\times 0.001 \;+\; 0\times 0.001 \;+\; 2.86\times 0.001 \\ &= 0.00453 \;=\; 0.453\% \end{aligned}$$

가 산출됩니다. 그러므로 (i)의 경우 포트폴리오 I의 가격은 0.453% "하락"합니다. 하락하는 이유는, 이자율 듀레이션 값들은 모두 양수로 표시되었지만, 두 현물 이자율이 상승하므로 채권 가격들은 하락하기 때문입니다.

포트폴리오 II의 경우

$$\begin{aligned} & RD(2,II)\times 10bp \;+\; RD(16,II)\times 10bp \;+\; RD(30,II)\times 10bp \\ &= 0\times 0.001 \;+\; 14.86\times 0.001 \;+\; 0\times 0.001 \\ &= 0.0149 \;= 1.49\% \end{aligned}$$

가 산출됩니다. 그러므로 포트폴리오 II의 가격은 1.49% "하락"합니다.*

(ii)에서 포트폴리오 I의 가격 변화는

$$\begin{aligned} & RD(2,I)\times 10bp \;+\; RD(16,I)\times 0 \;+\; RD(30,I)\times(-10bp) \\ &= 1.67\times 0.001 \;+\; 0\times 0 \;+\; 2.86\times(-0.001) \\ &= -0.00119 \;=\; -0.119\% \end{aligned}$$

이므로, 이 포트폴리오의 가격은 0.119% "상승"합니다. 왜냐하면 $r(30)$ 하락이 포트폴리오 I 가격 상승에 미치는 효과가 $r(2)$ 상승이 포트폴리오 I 가격 하락에 미치는 효과보다 더 크기 때문입니다.

한편 포트폴리오 II의 경우

$$\begin{aligned} & RD(2,II)\times 10bp \;+\; RD(16,II)\times 0 \;+\; RD(30,II)\times(-10bp) \\ &= 0\times 0.001 \;+\; 14.86\times 0 \;+\; 0\times(-0.001) \\ &= 0 \end{aligned}$$

이므로 포트폴리오 II의 가격은 불변입니다.

---

* 두 포트폴리오의 실제 가격하락이 0.453%와 1.49%임을 스스로 계산해 보기 바랍니다.

(iii)에서는 포트폴리오 I의 가격 변화는

$$RD(2,I) \times (-10bp) \ + \ RD(16,I) \times 0 \ + \ RD(30,I) \times (10bp)$$
$$= \ 1.67 \times (-0.001) \ + \ 0 \times 0 \ + \ 2.86 \times (0.001)$$
$$= \ 0.00119 \ = \ 0.119\%$$

이므로, 포트폴리오 I의 가격은 0.119% 하락합니다. 왜냐하면 $r(30)$ 상승이 포트폴리오 I 가격 하락에 미치는 효과가 $r(2)$ 하락이 이 포트폴리오 가격 상승에 미치는 효과보다 더 크기 때문입니다. 한편 포트폴리오 II의 가격 변화는 없습니다.

결과적으로, 위의 세 가지 상황에서의 두 포트폴리오의 가격 변화는 다음과 같이 요약됩니다.

	(i)	(ii)	(iii)
Portfolio I	−0.453%	0.119%	−0.119%
Portfolio II	−0.149%	0%	0%

그러므로 모든 현물 이자율이 10bp씩 수평 상승하는 (i)의 경우 두 포트폴리오의 가격 변화는 각 포트폴리오의 MD인 4.62 및 14.95로 유사하게 추정할 수 있지만, 개별 현물 이자율들이 상이하게 변하는 (ii), (iii)의 경우 각 포트폴리오의 가격 변화는 포트폴리오의 MD에 의한 추정치와는 매우 다릅니다. 이자율 듀레이션은 이러한 경우에 가격변동성을 계산하기 위한 매우 유효한 개념입니다. ■

제 7 절 유효 듀레이션(Effective Duration)

지금까지의 모든 듀레이션 개념은 채권의 현금흐름이 확정된 경우를 전제하여 정립된 것들입니다. 그런데 시장에서 거래되는 채권 중에는 그 yield가 변함에 따라 그 현금흐름 자체가 변하는 채권도 존재합니다. yield가 변한다는 것은 곧 채권 가격이 변한다는 것이므로, 채권 가격이 변하면 현금흐름이 변하는 채권들이 존재한다는 것입니다. 이 채권들의 가격 변동성은 기존의 듀레이션 개념으로는 제대로 파악하기 어렵고, yield

변화에 따른 현금흐름 변화를 반영하여 파악하여야 합니다. 이처럼 yield 변화가 채권의 현금흐름 자체를 변화시킬 가능성을 감안하여 채권 가격의 변동성을 측정하는 척도가 유효 듀레이션(effective duration)입니다. 먼저 예제를 통하여 유효 듀레이션의 필요성을 파악하여 봅시다.

예제 8-20〉 유효 듀레이션의 필요성

만기 2년, coupon rate 10%, 액면가 100, 상환액(call price) 100, 상환기간은 향후 1년에서 만기일까지인 수의상환채권(callable bond)을 가정합시다. 여기서 1년은 첫 coupon 지급 직후 시점으로 계약서 상에 약정되었다고 하겠습니다. 이 채권은 1년 후부터 만기일까지의 기간에는 언제든지 채권 발행자가 원하면 call price인 100을 채권 보유자에게 지불하고 상환될 수 있습니다. 발행 후 1년이 막 지난 시점에서 이 채권의 만기수익률 y = 0.1005라고 하면 이 채권의 가격은 110/1.1005 = 99.95457입니다.

이 상황에서, y가 10bp 상승하여 y = 0.1015가 되면 채권 가격은 110/1.1015 = 99.86382가 되고, 10bp 하락하여 y = 0.0995가 되면 채권 가격은 110/1.0995 = 100.04548이 됩니다. 그런데 후자의 경우 채권발행자는 100을 채권보유자에게 지급하고 채권을 상환할 것이므로, 채권보유자는 $t = 2$(년) 만기일에 110을 지급받는 것이 아니고 $t = 1$ 시점에 100을 지급받습니다.

이처럼 채권의 현금흐름 자체가 변화할 경우 기존의 수정 듀레이션(MD)으로 채권 가격의 변동성을 정확히 측정할 수 없습니다. y = 0.1005라면 이 채권의 MD는 MD = D/(1+y) = 1/(1+0.1005) = 0.9087입니다.* 그러므로 y가 10bp 하락할 경우의 채권 가격의 변화율은 대략

$$\frac{\Delta P}{P} \approx -MD \times \Delta y = -0.9087 \times (-0.001) \approx 0.00091 = 0.091\%$$

입니다. 그러나 실제 채권 가격은 채권발행자의 수의상환권으로 인해 99.95457에서 100으로 변화하므로 그 변화율은

---

* 이 시점에서 이 채권의 D는 1입니다.

$$\frac{100}{99.95457} - 1 \approx 0.00054 = 0.054\%$$

에 불과합니다. 이 경우 이 채권의 실질적인 듀레이션은

$$\frac{\frac{|\Delta P|}{P}}{\Delta y} = \frac{0.00054}{0.001} = 0.54$$

입니다.

결론적으로, yield의 변화가 채권의 현금흐름 자체를 변화시킬 수 있다면 이를 감안하여 채권 가격의 변동성을 측정할 수 있는 척도가 필요한데 "유효 듀레이션"은 이러한 상황에서 매우 합리적인 척도입니다. ■

그렇다면 유효 듀레이션은 어떤 방식으로 산출할 수 있을까요? 위의 예제의 경우 yield가 상승할 때와 하락할 때 채권 가격의 변화 양상이 상이하므로 엄밀하게는 yield가 상승할 경우와 하락할 경우의 각각의 유효 듀레이션을 구하여야 할 것입니다. 위의 예제의 경우 yield가 상승할 경우에는 MD 0.9087이 그대로 유효 듀레이션이 되며, yield가 하락할 경우의 유효 듀레이션은 0.54입니다. 그런데 통상적으로 채권은 특정 만기수익률에서 하나의 듀레이션 값을 가지므로, 이를 감안하여 0.9087과 0.54를 모두 하나의 수치에 반영하여 유효 듀레이션을 정의합니다. 즉 yield의 상승과 하락에 의한 채권 가격의 비대칭적 변화를 모두 반영하여 유효 듀레이션이 정의됩니다.

정의 4〉 유효 듀레이션(ED)

채권의 유효 듀레이션 ED의 정의식은 다음과 같습니다.

$$ED = \frac{\frac{P(y-\Delta y) - P(y+\Delta y)}{P(y)}}{2\Delta y} = \frac{\frac{P(y-\Delta y) - P(y+\Delta y)}{2\Delta y}}{P(y)}.$$

여기서,
y: 현재의 만기수익률
$P(a)$: "$y = a$"일 때의 채권 가격
$2\Delta y$: $(y - \Delta y)$에서 $(y + \Delta y)$로 변할 때 y 변화의 크기

위 식과 일반 수정 듀레이션 식의 차이는 이렇습니다. 일단은, yield 변화의 방향에 따라 채권 가격 변동 양상이 다르기 때문에, 수정 듀레이션처럼 채권 가격 곡선의 기울기(slope)를 사용할 수는 없다는 것입니다. 통상적으로, x의 함수 $f(x)$의 $x = x^*$에서의 기울기 $f(x^*)'$는, x 값이 x^*에서 $x^* + dx$로 변하든, 아니면 x^*에서 $x^* - dx$로 변하든 동일한 값이기 때문입니다. 하지만 수의상환채권 같은 경우, yield 값이 작아질 때의 채권 가격이 원래의 채권 가격 함수(와 그 기울기)를 따르지 않고 특정 값이 될 수 있기에, 채권 가격 함수의 기울기를 적용할 수 없습니다.

그럼에도 불구하고 (모름지기) 듀레이션은 yield의 양 방향 변화를 모두 반영해야 하기 때문에, 별 수 없이 절충적으로 위와 같은 수식이 도출된 것입니다. 즉 기울기를 사용하는 (편리한) 방식을 사용하면 오류가 발생하니 포기하고, yield가 더 크거나 더 작은 값으로 변할 때의 실제 채권 가격을 각각 대입하여 채권 가격 변동성을 구하는 것입니다. 다만, 유효 듀레이션이 다소 불편하기는 하지만 실제로 구할 때는 큰 어려움은 없습니다. 아래 예제를 참고하면 알 수 있습니다.

예제 8-21〉 유효 듀레이션 산출

위의 예제의 수의상환채권의 유효 듀레이션을 구하여 봅시다.

$$ED = \frac{\dfrac{P(y - \Delta y) \; - \; P(y + \Delta y)}{P(y)}}{2\Delta y}$$

$$= \frac{\dfrac{P(0.1005 - 0.001) \; - \; P(0.1005 + 0.001)}{P(0.1005)}}{2 \times 0.001}$$

$$= \frac{\frac{100 - 99.86382}{99.95457}}{2 \times 0.001} = \frac{\frac{0.13618}{99.95457}}{0.002} = 0.6812.$$

■

즉 ED = 0.6812이고 이 값은 두 듀레이션 값인 0.9087과 0.54 사이의 값임을 알 수 있습니다. 이를 그림으로 나타내면 다음과 같습니다.

➢ **그림 8-3〉 유효 듀레이션**

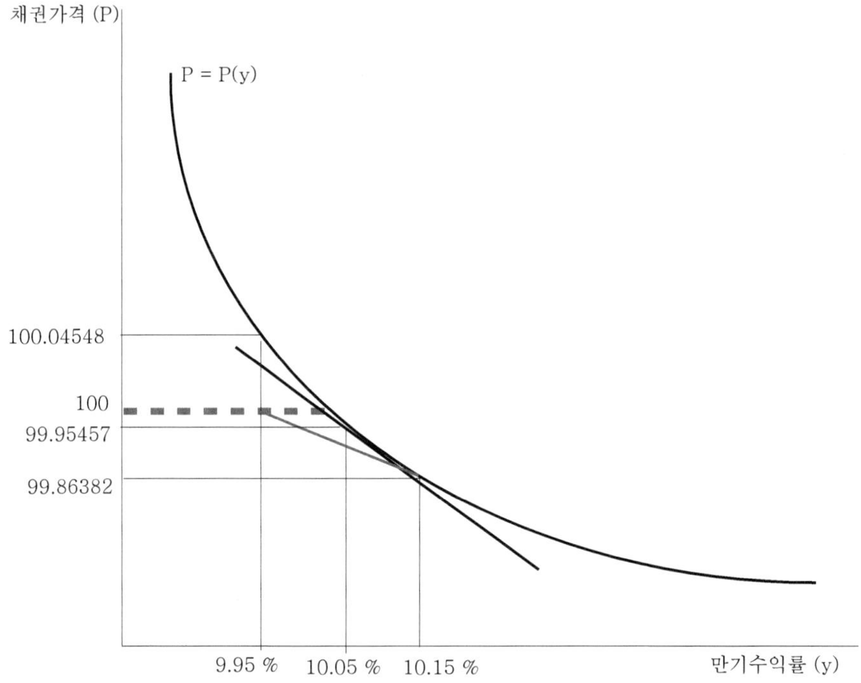

위 식에서 유효 듀레이션 ED의 분자

$$\frac{P(0.1005 - 0.001) - P(0.1005 + 0.001)}{P(0.1005)}$$

는 현재의 yield $y(= 0.1005)$가 $y - \Delta y = 0.1005 - 0.001$ 및 $y + \Delta y = 0.1005 + 0.001$로 변할 때의 채권 가격의 상대적 변화를 나타냅니다. 또 이때 y의 총 변화량은

$$(y+\Delta y)-(y-\Delta y) \;=\; 2\cdot\Delta y$$

인데 ED의 분모는 바로 이를 나타냅니다. 만일 Δy ≈ dy이고 y 변화에 의하여 채권의 현금흐름이 변하지 않는다면, $P(y-\Delta y)$와 $P(y+\Delta y)$ 모두 MD에 의하여 그 근사치를 추정할 수 있습니다. 즉

$$\begin{aligned} P(y-\Delta y) \;-\; P(y) \;&=\; P(y) \;-\; P(y+\Delta y) \\ &=\; |\Delta P| \;=\; P\times MD\times\Delta y \end{aligned}$$

로 추정할 수 있습니다. 하지만 수의상환채권처럼 Δy가 채권의 현금흐름에 영향을 미친다면

$$P(y-\Delta y)-P(y) \;\neq\; P(y)-P(y+\Delta y)$$

입니다. 그러므로

$$P\times MD\times\Delta y$$

로는 "$P(y-\Delta y)-P(y)$"와 "$P(y)-P(y+\Delta y)$"의 두 값을 모두 추정할 수는 없어서 유효 듀레이션 척도를 필요로 합니다.

마지막으로, 위의 유효 듀레이션 공식은 사실상 MD와 완전히 별개의 공식은 아닙니다. Δy ≈ dy이고 또 Δy로 인하여 채권의 현금흐름이 변하지 않는다면

$$\begin{aligned} |\Delta P| \;&\approx\; P(y-\Delta y)-P(y) \;\approx\; P(y)-P(y+\Delta y) \\ &\approx\; P(y-dy)-P(y) \;\approx\; P(y)-P(y+dy) \\ &\approx\; |dP| \end{aligned}$$

입니다. 즉 $|\Delta P| \;\approx\; |dP|$입니다. 그러면 다음과 같이 ED ≈ MD가 됩니다.

$$\begin{aligned} ED \;&=\; \frac{\dfrac{P(y-\Delta y) \;-\; P(y+\Delta y)}{P(y)}}{2\Delta y} \\ &=\; \frac{\dfrac{[P(y-\Delta y)-P(y)] \;+\; [P(y)-P(y+\Delta y)]}{P(y)}}{2\Delta y} \end{aligned}$$

$$\approx \frac{\frac{|\Delta P| + |\Delta P|}{P}}{2\Delta y} = \frac{\frac{2|\Delta P|}{P}}{2\Delta y}$$

$$= \frac{\frac{|\Delta P|}{P}}{\Delta y} \approx \frac{\frac{|dP|}{P}}{dy}$$

$$= MD.$$

이렇게 산출되는 유효 듀레이션은, 위 예제에서와 같이, 수의상환채권과 같은 (옵션 특성이 내재된) 채권의 가격변동성을 측정할 때 매우 유용하게 사용됩니다.

CHAPTER 9

채권 가격의 변동성: 컨벡서티

수정 듀레이션 학습 때 살펴보았듯이 채권 yield의 변화가 크면 수정 듀레이션만으로는 채권 가격의 변화를 정확히 추정하지 못합니다. 가격 곡선이 직선이 아니고 볼록한 형태를 가지기 때문입니다. 가격 곡선의 이러한 특성을 반영하여 채권 가격의 변동성을 보다 정교하게 측정하기 위해 고안된 척도가 바로 채권의 컨벡서티(convexity)입니다. 본장에서는 컨벡서티 개념을 보다 잘 이해하기 위하여 Taylor Series(테일러 급수 혹은 테일러 정리)를 파악하고, 컨벡서티를 이용하여 채권 가격의 변동성을 추정하는 방법론을 공부하며, 컨벡서티의 의미를 선명하게 나타내는 바벨과 불릿의 예를 살펴봅니다.

(특정) 채권 가격 곡선의 기울기는 일정하지 않고 채권 yield 값에 따라 변합니다. 만일 투자자들의 요구수익률 혹은 yield의 실제 변화가 dy와 유사한, 지극히 작은 값으로만 변화한다면 채권 가격의 변화는 쉽게 파악됩니다. 즉 채권의 가격함수 $P(y)$를 y에 대하여 미분한 결과인 기울기 값을 사용하면, yield y 변화에 따른 가격 변화가 계산됩니다. 그러나 실제로는 y가 아무리 작게 변하는 경우에도 미분개념인 dy보다는 매우 큽니다. 예로써 y 변화가 10bp = 0.001 = 0.1% 포인트인 경우에도 이 값은 dy ≈ 0에 비하여는 상대적으로 매우 큰 수치입니다. 한국이나 미국의 중앙은행이 통화정책의 일환으로 단기 이자율을 조정할 때 0.25% 포인트 혹은 0.50% 포인트만큼 변화시키는 경우가 자주 있는데, 이것만 보더라도 실제 이자율의 변동은 dy라는 수치와 매우 큰 갭이 있음을 알 수 있습니다.

이는 곧, 실제 이자율 혹은 채권 yield의 변화는 0에 무한히 가까운 dy가 아니라 이보다 훨씬 큰 25bp 등의 값을 갖는 Δy임을 의미합니다. 그러므로 이자율의 변화가 Δy일 때의 가격 변화 ΔP는, dy를 전제한 기울기(dP/dy)로는 완벽하게 추정하지 못하고 일정한 오차가 발생합니다. 본장에서는 이러한 차이를 명확히 알기 위해 dy, dx 개념부터 다시 파악하고, 이를 바탕으로 Taylor Series를 학습하고, 최종적으로는 (수정 듀레이션의 불완전성을 보완할) 채권 컨벡서티에 관해 공부해 보겠습니다.

제 1 절 dx와 dy의 개념

독자들은 고등학교 수학에서 $y = x^3$일 때, y를 x로 미분하면 $3x^2$이 된다고 배웠을 것입니다. 그리고 이를 수학적으로 표현하면 $\frac{dy}{dx} = 3\text{x}^2$이라고 배웠을 것입니다. 그런데 $\frac{dy}{dx} = 3\text{x}^2$이면 $dy = 3\text{x}^2 \cdot dx$로 표시할 수도 있다고 배우기도 했을 것입니다. dx와 dy 개념을 정교하게 공부할 때는 $dy = 3\text{x}^2 \cdot dx$의 표현을 활용하는 것이 더 의미가 있으므로 우리는 미분에 있어 이 표현을 사용하기로 하겠습니다. 사실은 경제수학 혹은 수리경제학에서 전미분(total differentiation)을 배울 때 이 표현을 배웠을 수 있는데, 여기서 다시 리뷰하기로 하겠습니다.* $dy = 3\text{x}^2 \cdot dx$에서 좌변 dy의 의미는 "y의 변화량"이란 뜻입니다. 마찬가지로 우변 dx의 의미도 "x의 변화량"이란 뜻입니다. 그런데 두 변수의 변화량의 의미는 서로 다릅니다. 어떻게 다른지 차근차근 알아보겠습니다.

예제 9-1〉 0보다 크면서 가장 작은 양수는 무엇일까요?

네, 어려운 문제입니다. 0과 특정 양수 사이의 구간을 얼마든지 좁게 쪼갤 수 있기 때문입니다. 그러면 0보다 크면서 가장 작은 수는 어떤 수일까요? $0.00001 = 10^{-5}$일까요? 물론 아닙니다. $0.0000000001 = 10^{-10}$일까요? 물론 아닙니다. 10^{-11}도 있으니까요. 네, 이렇게 따지면 도대체 어떤 수가, 0보다 크지만 다른 어떤 양수보다도 작은 수일

* 본서가 self-contained book이 되기 위해서입니다. 즉 본서를 이해하기 위해 다른 책을 볼 필요가 없도록 하기 위함입니다.

까요? 네, 찾을 수 없습니다. ■

예제 9-2〉 그렇다면 0 다음의 양수는 편의적으로 어떻게 '표현'할 수 있을까요?

수학자들이 만들어낸 개념이 하나 있는데, dx라는 개념입니다. 이 수치는 혹은 이 질량(mass)은 0보다 큰, 그러나 0에 무한히 가까운 값으로 '무한소' 혹은 "infinitesimal" 이라고 불립니다. dx는 무한히 작은 수이므로 $dx < 10^{-11}$일 뿐 아니라 $dx < 10^{-100}$ 입니다. 나아가 10^{-n}의 n이 아무리 큰 수치라도 $dx < 10^{-n}$ 입니다.* 그러므로 x가 0에서 점차 커지는 양상을 세밀하게, 촘촘하게 묘사한다면, $0 \to dx \to 2 \times dx \to 3 \times dx, \ldots$ 식으로 표현할 수 있습니다.† 이는 수학적으로 엄밀한 표현이라기보다는 독자들의 이해를 위한 설명입니다. 그런데 아무리 많은 dx를 더해도 결코 1이 되지는 않습니다. 이는 마치 무한대(∞)에서 100을 빼도 혹은 100억을 빼도 여전히 무한대인 것과 유사한 논리입니다. 아무튼 x가 0에서 점차 커지는 양상을 가장 세밀하게 묘사한다면 0에서 dx를 지속적으로 더하는 과정으로 생각할 수는 있습니다. 일단 이렇게 이해하는 것이 여러분 신상에 좋습니다. It will make your life easier. ■

참고로 위에서 dx을 마치 하나의 상수(a constant)인 것처럼 표현했는데, 이는 수학적으로 엄밀한 표현은 아닙니다. 단지 여러분의 이해를 돕기 위해 일단 그렇게 "해석"한 것입니다.

예제 9-3〉 그래서 결국 dx와 dy의 차이가 뭔가요?

쉬운 예를 들어 설명하겠습니다. $y = f(x) = x^3$이라 하겠습니다. 또 x 범위가 (혹은 정의역이) $0 \le x \le 10$으로 정해졌다 하겠습니다. 현재 x 값이 0이면, x가 0.1만큼 변할 때 ($\Delta x = 0.1$일 때) y의 변화량 Δy는 다음과 같습니다. $y = x^3$에 의해, $x = 0$이면 $y = 0$이고 $x = 0.1$이면 $y = 0.1^3 = 0.001$이므로 $\Delta y = 0.001$입니다. 반면 현재 x

---

* n이 무한대(∞)보다는 작은 어떠한 큰 수라도 $dx < 10^{-n}$입니다.

† 물론 더 촘촘하게 묘사한다면, $0 \to 0.1 \times dx \to 0.2 \times dx \to 0.3 \times dx, \ldots$식으로 표현할 수도 있고, 이보다도 더 촘촘하게 표현할 수도 있습니다.

값이 9라면, $\Delta x = 0.1$일 때 Δy는 다음과 같습니다. $y = x^3$에 의해, $x =$ 9이면 $y = 9^3 = 729$이고 $x = 9.1$이면 $y = 9.1^3 = 753.571$이므로 $\Delta y = 24.571$입니다. 그러므로 현재 x 값(위치)에 따라 (x 변화량인 $\Delta x = 0.1$로 동일하다 해도) y 변화량인 Δy는 크게 차이가 납니다.

그렇다면, $\Delta x = 0.1$이라는 상수로 주어졌지만 Δy는 어떻게 표시해야 할까요? Δy는 x가 Δx만큼 변할 때의 y의 변화량이란 의미입니다. $y = f(x)$로 표시할 수 있으므로 다음과 같이 표시합니다. $\Delta y = f(x + \Delta x) - f(x)$. 이로 인해 현재 x가 어떤 값인가에 따라 Δy 값이 달라집니다. 가령 우리의 예를 보면 $f(0 + \Delta x) - f(0) = 0.001$이지만 $f(9 + \Delta x) - f(9) = 24.571$입니다. ($\Delta x = 0.1$일 때) $x = 0$일 때에는 $\Delta y = 0.001$이고 $x = 9$일 때에는 $\Delta y = 24.571$입니다. 그러므로

Δy는 x 값의 함수

입니다 물론 $x = 0$일 때나 $x = 9$일 때나 $\Delta x = 0.1$이라는 동일한 값을 사용함을 전제하면서 말입니다. 즉 일반적으로

Δy는 (동일한 변화량인) Δx가 주어졌을 때 x 값의 함수

입니다. ($y = 3x$ 같은 1차 함수의 경우에는 x 값과 관계 없이 $\Delta y = 3\Delta x$이므로 Δy는 Δx만의 함수가 됩니다.)

마지막으로 더 자명한 사실은 "Δy는 Δx의 함수"이기도 하다는 것입니다. 당연하지 않겠습니까? Δy의 정의가 "x가 Δx만큼 변할 때의 y 변화량"이니 말입니다. $\Delta x = 0.1$일 때와 $\Delta x = 0.01$일 때의 Δy는 서로 다르지 않겠습니까? 그러니 "Δy는 Δx의 함수"이기도 합니다.

정리 1〉 Δx와 Δy

y가 x의 함수일 때, 즉 $y = f(x)$일 때, Δy의 정의는 "x가 Δx만큼 변할 때의 y 값의 변화량"이다. 즉 $\Delta y = f(x + \Delta x) - f(x)$. 또 Δx 크기가 다르면 Δy 크기도 다를 것이므로, Δy는 Δx의 함수이기도 하다($\Delta x > 0$). 즉 일반적으로 Δy는 x 값 및 Δx 값의 함수이다.

사실 "Δy는 x 값 및 Δx의 함수"임은 $\Delta y = f(x + \Delta x) - f(x)$에서, 즉 Δy의 정의에서, 바로 알 수 있습니다. 함수 $f(x)$의 입력 변수로 Δx뿐 아니라 x도 포함되기 때문입니다.

위 정리는 모든 Δx에 대해 성립하므로, x의 변화량 Δx가 무한히 작은 경우 (그러나 0보다는 큰 경우)를 생각해 보겠습니다. Δx가 무한히 작은 경우의 값이 바로 dx입니다. 이것이 dx의 정의입니다. 그리고 x가 dx만큼 변할 때의 y의 변화량이 바로 dy인 것입니다. 즉 $dy = f(x + dy) - f(x)$입니다. 그런데 위의 Δy 경우에서 보았듯이, (x 변화량이 dx로 동일해도) 현재의 x 값에 따라 dy 값이 달라집니다. 가령 $x = 0$에서 $x = 0 + dx = dx$로 변할 때의 dy와, $x = 9$에서 $x = 9 + dx$로 변할 때의 dy 값이 다르다는 말입니다. 이를 함수로 표시하면 $f(0 + dx) - f(0)$과 $f(9 + dx) - f(9)$가 다르다는 말입니다. 그럼에도 불구하고 이 두 식은 모두 dy를 나타내는 식인 것입니다. 더 정확히는

$$f(0 + dy) - f(0) \;=\; dy|_{x=0}\text{으로}$$
$$f(9 + dy) - f(9) \;=\; dy|_{x=9}\text{로}$$

구분하여 표시할 수는 있습니다만, 아무튼 둘 다 dy임은 사실입니다.*

결론적으로

$$dy\text{는 } x\text{가 } dx\text{만큼 변할 때의 } y\text{의 변화량}$$

을 의미합니다. 또 "dx는 0에 무한히 가까운 무한소"로서 현재 x 값이 무엇이든 동일한 변화량, 동일한 질량을 의미합니다. 반면 (x의 변화량인) dx에 의해 산출되는 y의 변화량 dy는 x 값이 무엇이었느냐에 따라 달라질 수 있습니다. 가장 쉽게 기억하려면, dx는 0에 무한히 가까운 어떤 "상수"로 기억해도 되고, dy는 현재 x 값이 dx만큼 변할 때 발생하는 y 값의 변화량으로 dy는 "x의 변수"로 기억할 수 있습니다. 단 "dx = 무한히 작은 어떤 상수"는 수학적으로 엄밀한 정의는 아니지만 본서의 논의를 위해서는 허용될 수 있습니다. ■

---

* 단 $y = 3x$와 같은 1차 함수는 x 값이 무엇이든 항상 $dy = 3dx$입니다.

정리 2〉 dx와 dy

$y = f(x)$일 때, dy의 정의는 "x가 dx만큼 변할 때의 y 값의 변화량"이다.

즉, $dy = f(x + dx) - f(x)$. 이때 dy는 x 값의 함수이다.

여기서 질문을 하나 해 보겠습니다.

질문 9-1〉 위 정리는 왜 이전 정리 "$\boldsymbol{\Delta y}$는 $\boldsymbol{x}$ 값 및 $\boldsymbol{\Delta x}$의 함수"와 다를까요?

위 정리 또한 "dy는 x 값 및 dx의 함수이다"가 되어야 하지 않나요? 분명히 $dy = f(x + dx) - f(x)$ 식에서는 dy는 dx의 함수처럼 보이는데 말입니다. 네, 이 부분이 좀 미묘하게 어려운 부분입니다만, 정확한 사실을 알면 이해될 것입니다. 우리가 일반적으로 "p는 q의 함수다"라고 말할 때 q는 독립변수라 불리며 그 자체 값이 변하는 경우를 의미합니다. 만일 q 값이 0.5 등으로 고정되어 있다면 q는 더 이상 독립 "변수"가 아니고 상수가 됩니다. 그런데 dx는 변하는 값이 아닙니다. 여러 번 설명했지만, dx는 0에 무한히 가까운 무한소로서 그 값을 수치로 표현할 수는 없지만 확실한 것은 dx는 스스로 서로 다른 값을 갖는 변수는 아니라는 것입니다. $f(x)$, $g(x)$가 어떤 형태의 함수이든 $f(x + dx)$ 혹은 $g(x + dx)$의 dx는 동일한 값을 의미하는 상수라는 말입니다. 이것이 Δx와 dx의 차이입니다. 그러므로 $dy = f(x + dx) - f(x)$ 식에서 dy 값을 표현할 때 분명히 dx가 사용되고는 있기만, 그렇다고 해서 dy는 dx의 함수라고 할 수는 없습니다. 단 외형적으로는 dx가 포함되고 있으므로 별 생각 없이 dy는 dx의 함수라고 말하는 사람도 있을 수 있습니다.

참고로 아래 그래프는 $y = x^2$을 나타냅니다. x값이 dx, $2dx$일 때의 y 값을 각각 y_1, y_2라 하면 $x = 0$일 때 $dy = y_1$이고 $x = dx$일 때 $dy = y_2 - y_1$을 의미합니다. 이를 더 자세히 표현하면, x 값이 0에서 dx로 변할 때 $dy = y_1$ 이고, x 값이 dx에서 $2dx$로 변할 때 $dy = y_2 - y_1$ 입니다. x 출발점이 어디인가에 따라, 즉 현재 x 위치가 어디인가에 따라, 이처럼 dy 크기가 변함을 알 수 있습니다.

➢ 그림 9-1〉 dy 값의 변화

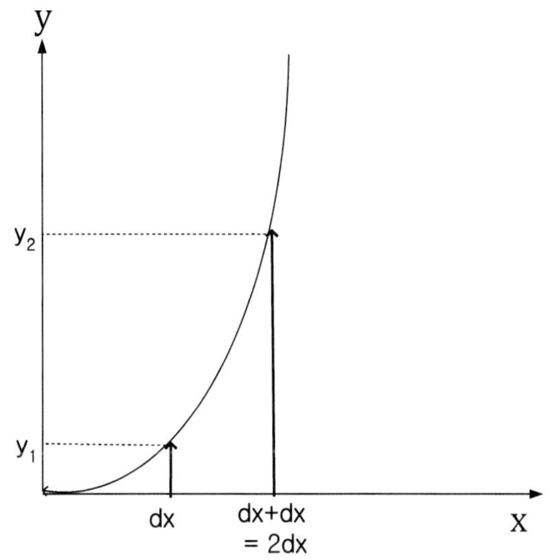

제 2 절 Taylor Series(테일러 급수)

이제 우리는 dx, dy에 관한 논의와 Δx, Δy에 관한 논의를 보다 일반화하여 그들의 관계를 파악해 보겠습니다. $y = f(x) = x^3$을 가정하겠습니다. 이때 x가 dx만큼 변하면 y는 얼만큼 변할까요? 이에 대해서는 $\frac{dy}{dx} = 3x^2$ 혹은 $dy = 3x^2 \cdot dx$로 표시할 수도 있다고 위에서 이미 설명했습니다. (이 식에서도 dy의 크기는 x 값의 함수임이 입증됩니다) 그렇다면 x가 Δx만큼 변하면 y는 얼만큼 변할까요? 즉 Δy는 어떤 값이 될까요? 이를 설명하기 위한 공식이 있으니 이것이 바로 테일러 급수 혹은 Taylor Series입니다. 먼저 이를 Δx, Δy 없이 설명하고, 곧 이를 Δx, Δy 사용하여 추가 설명하겠습니다.

정리 3〉 Talyor Series(테일러 급수)

$f(x)$가 x의 (미분가능한) n-차 함수라 합시다. 그러면 다음이 성립합니다.

$$f(x+a) = f(x) + a \cdot f'(x) + \frac{a^2}{2!} \cdot f''(x) + \frac{a^3}{3!} \cdot f^{(3)}(x) + \cdots + \frac{a^n}{n!} \cdot f^{(n)}(x)$$
$$= \sum_{k=0}^{n} \left(\frac{a^k}{k!} \times f^{(k)}(x) \right).$$

단 $f^{(k)}(x)$는 $f(x)$의 k-차 도함수며, 0차 도함수는 $f^{(0)}(x) = f(x)$.

질문 9-2〉 위 정리를 직관적으로 설명해 주세요.

참고로 위 정리의 우변 항의 개수는, 0차 도함수부터 n차 도함수까지 $(n+1)$개입니다. 또 위 Talyor Series를 유사하지만 다르게 표시할 수도 있지만, 혼동을 막기 위해 여기서는 위의 표현을 선택했습니다. 위 정리의 내용은 다음과 같습니다.

독립변수 값이 x에서 $x+a$로 변할 때 그 함수 값 $f(x+a)$는 어떤 값이 될까

를 $f(x)$의 도함수들(derivatives)과 (x의 변화량) a의 함수로 표시할 수 있다는 것입니다. 혹은 x 값, $f(x)$ 값, a 값이 주어졌을 때 $f(x+a)$ 값을 다음 세 요소로 추정할 수 있다는 것입니다.

1) 현재의 $f(x)$ 값
2) a
3) $f(x)$의 도함수 $f^{(k)}(x)$들의 값

세 요소의 구체적 형태는 위 정리의 우변과 같습니다. 더 축약하면, 1)과 3)은 모두 $f(x)$의 도함수들의 값입니다. $f(x)$의 "0차 도함수"가 바로 $f(x)$이기 때문입니다.

이제 구체적 예로 위 정리의 의미를 파악해 보겠습니다. $f(x) = x^3$이고 현재 $x = 4$, 그리고 (x 변화량) $a = 0.01$라고 합시다. 위 등식의 좌변은

$$f(x+a) = f(4+0.01) = 4.01^3 = 64.481201$$

입니다. 이제 위 식의 우변을 봅시다. Talyor Series의 의미는

$f(4+0.01)$의 값을
$f(4)$와 $f'(4), f''(4), f^{(3)}(4)$ 등의 도함수 값과 $0.01(=a)$을 이용하여

추정할 수 있다는 것입니다. 우변의 각 함수는

$f(x)=x^3,\ f'(x)=3x^2,\ f''(x)=6x,\ f^{(3)}=6,\ f^{(k)}=0\ (k\geq 4)$이므로

우변의 구체적 형태는

$$\begin{aligned} & f(x) + a\cdot f'(x) + \frac{a^2}{2!}\cdot f''(x) + \frac{a^3}{3!}\cdot f^{(3)}(x) + \cdots + \frac{a^n}{n!}\cdot f^{(n)}(x) \\ &= f(4) + 0.01\cdot f'(4) + \frac{0.01^2}{2}\cdot f''(4) + \frac{0.01^3}{6}\cdot f^{(3)}(4) + 0 \\ &= f(4) + 0.01\cdot f'(4) + \frac{0.01^2}{2}\cdot f''(4) + \frac{0.01^3}{6}\cdot f^{(3)}(4) \end{aligned}$$

가 됩니다. 또 우변 각 항은

$$\begin{aligned} f(4) &= 4^3 = 64, \\ 0.01\cdot f'(4) &= 0.01\cdot(3\cdot 4^2) = 0.48, \\ \frac{0.01^2}{2}\cdot f''(4) &= \frac{0.01^2}{2}\cdot(6\cdot 4) = 0.0012, \\ \frac{0.01^3}{6}\cdot f^{(3)}(4) &= \frac{0.01^3}{6}\cdot 6 = 0.000001 \end{aligned}$$

입니다. 결국 좌변 값 64.481201을 우변으로 추정할 때

0차 도함수만 사용하면 64
1차 도함수까지 사용하면 64.48
2차 도함수까지 사용하면 64.4812
3차 도함수까지 사용하면 64.481201

로 근사치를 산출할 수 있습니다. 동일한 의미로(equivalently) 좌변 값 64.481201을 우

변으로 추정할 때 각 오차(잔차)는

0차 도함수만 사용하면	0.481201
1차 도함수까지 사용하면	0.001201
2차 도함수까지 사용하면	0.000001
3차 도함수까지 사용하면	0

이 됩니다. 이 잔차의 크기를 표시하는 방식은

0차 도함수만 사용하면	$R_0(a) = R_0(4) = 0.4811201$
1차 도함수까지 사용하면	$R_1(a) = R_1(4) = 0.001201$
2차 도함수까지 사용하면	$R_2(a) = R_2(4) = 0.000001$
3차 도함수까지 사용하면	$R_3(a) = R_3(4) = 0$

이 됩니다. 그러므로 $f(x)$가 n차 함수이고 m이 n보다 작은 양의 정수이면, Talyor Series는 'm차 도함수'까지만 사용하여

$$f(x+a) = f(x) + a \cdot f'(x) + \frac{a^2}{2!} \cdot f''(x) + \cdots + \frac{a^m}{m!} \cdot f^{(m)}(x) + R_m(a)$$

$$= \sum_{k=0}^{m} \left(\frac{a^k}{k!} \times f^{(k)}(x) \right) + R_m(a)$$

로도 표시할 수 있습니다. ($k = 0$이면 $a^k = 1, k! = 1$) ■

자, 이제 위의 Talyor Series를 $a = \Delta x,\ f(x+a) - f(x) = \Delta y$로 설정하여 설명해 보겠습니다. 즉 위의 Talyor Series를 다시 표현하면 다음과 같습니다.

$$\Delta y = \Delta x \cdot f'(x) + \frac{\Delta x^2}{2!} \cdot f''(x) + \cdots + \frac{\Delta x^m}{m!} \cdot f^{(m)}(x) + R_m(\Delta x)$$

이 형태, 즉 좌변을 다소 바꾼 형태로 Talyor Series를 표현하겠습니다.

정리 4〉 Taylor Series

x 의 $(n+1)$ 차 이상의 함수 $y(x)$ 의 도함수들이 $x = x_0$ 에서 $y(x_0)$, $y'(x_0)$, $y''(x_0)$, $y^{(3)}(x_0)$,⋯ 값을 갖는 것이 알려져 있으면, x가 x_0로부터 Δx만큼 증가할 때 y의 증분인 Δy의 근사치는 다음과 같이 구할 수 있다.

$$\Delta y \;=\; y(x_0)' \times \Delta x \;+\; y''(x_0) \times \frac{(\Delta x)^2}{2!} \;+ \cdots +\; y^{(n)}(x_0) \times \frac{(\Delta x)^n}{n!} \;+\; R_n(\Delta x)$$

$$= \sum_{k=1}^{n} \left(y^{(k)}(x_0) \times \frac{(\Delta x)^k}{k!} \right) \;+\; R_n(\Delta x),$$

$$where\ R_n(\Delta x) = y^{(n+1)}(x^*) \times \frac{(\Delta x)^{n+1}}{(n+1)!}\ ,\ \text{and}\quad x_0 < x^* < x_0 + \Delta x.$$

네, 식이 좀 부담스럽죠? 가령 잔차항 $R_n(\Delta x)$의 구체적 형태가 꽤 복잡합니다. 그러면 잔차항(= 오차항)을 일단 신경 쓰지 않아도 됩니다. 왜냐하면 아래 예제를 풀게 되면 이 형태가 뭘 의미하는지 알 수 있습니다. 이제 위 식을 설명하겠습니다. 위 식에서 좌변 Δy은 실제 y 값의 변화량이고, 우변 중 $R_n(\Delta x)$를 제외한 부분은 Δy를 y의 도함수와 Δx로 추정하기 위한 수식이며 마지막 잔차항 $R_n(\Delta x)$는 좌변 Δy와 우변의 Δy 추정의 차이(오차)를 뜻합니다.*

이때 사용되는 도함수들의 차수는 0차 도함수만 사용하는 경우, 1차 도함수만 사용하는 경우, 2차 도함수까지 사용하는 경우, 3차 도함수까지 사용하는 경우 등 다양한데, 더 높은 차수의 도함수를 포함할수록 Δy 추정은 보다 정교해지고 오차의 크기는 점차 작아집니다. 그러면 Δy 추정에 Δx 와 y의 도함수들이 필요한 이유는 왜일까요? 먼저 Δy는 Δx에 의한 y의 변화량이니 Δx의 함수일 수밖에 없습니다. 또 x가 $x_0 \to x_0 + \Delta x$로 변할 때 y의 변화량 Δy는 x_0에서의 y의 기울기(= 1차 도함수)인 $y'(x_0)$에 비례하기에 Δy는 $y'(x_0)$의 함수가 됩니다. 가령 그 기울기가 크면 x가 변할 때 y가 크게 변함을 의미하니 Δy도 (이를 반영하여) 커지게 되는데, '이를 반영한다' 함은 곧 Δy 추정에 y의 기울기 $y'(x_0)$를 사용함을 의미합니다.

그러면 y의 2차 도함수 y''는 Δy 추정에 왜 포함될까요? 그 이유는, y의 1차 도함수

---

* 그 차이를 $R_n(\Delta x) = y^{(n+1)}(x^*) \times \frac{(\Delta x)^{n+1}}{(n+1)!}$처럼 식으로 표시할 수 있다는 것입니다.

$y'(x_0)$는 x가 $x_0 \rightarrow x_0 + dx$로 변화하는 경우에 한해서만 유효한 반면, $x_0 \rightarrow x_0 + \Delta x$로 변화한 경우에는($\Delta x > dx$) 유효하지 않기 때문입니다. 즉 $y'(x_0)$로는 y의 변화량 Δy를 정확하게 추정하지는 못하기 때문입니다.* 즉 x가 dx보다 크게 변하는 경우 y의 기울기 y'도 변화하기 때문에, 이 기울기의 변화를 따라잡기 위해 y'의 변화를 측정하는 2차 도함수 y''가 필요한 것입니다. 만일 x가 dx 이상으로 변하는 경우 y의 기울기 y' 뿐 아니라 y''도 변화한다면, 이 y''의 변화를 반영하기 위해서는 3차 도함수 $y^{(3)}$도 필요합니다. 일반적으로, y가 x의 $(n+1)$차 함수이면 x가 (dx보다 크게) 변함에 따라 $y', y'', \cdots, y^{(n)}$도 변화합니다. 그러므로 x가 Δx만큼 변할 때 y의 변화량 Δy를 추정하기 위해서는 y의 '$n+1$'차 도함수까지 필요합니다.

이제 마지막으로, 차수가 큰 도함수들을 2!, 3!, 4! 등의 점차 큰 분모로 나누는 이유를 생각해 봅시다. 그 이유는 미분을 거듭함에 따라 새로이 추가되는 도함수들의 계수가

$n,\ n\cdot(n-1),\ n\cdot(n-1)(n-2), \cdots$로 커지게

됩니다. 이 효과를 감안하여 분모의 크기도 2!, 3!, 4! 등으로 함께 커지는 것입니다.† 이제 다음 예제를 풀어 보면 Taylor Series를 잘 이해할 수 있을 것입니다.

예제 9-4〉 Taylor Series

$y = x^3$이고 현재의 x 값은 1, y 값은 $1^3 = 1$입니다. $\Delta x = 0.1$일 때 Δy의 값을 Talyor Series를 이용하여 구하여 봅시다. $y(x) = x^3$의 함수를 직접 사용하면 $y(1.1) = 1.1^3 = 1.331$이므로 $\Delta y = 1.331 - 1 = 0.331$입니다. 이제 Δy를 추정할 때 필요한 사항들을 파악하여 봅시다. 먼저 y의 도함수는, $y' = 3x^2,\ y'' = 6x,\ y^{(3)} = 6$이고, 또 2! = 2, 3! = 6입니다. 이제 차례로 1차, 2차, 3차 도함수까지 사용하여 Δy의 추정치를 구할 때의 오차 $R_1,\ R_2\ R_3$를 구하여 봅시다.

---

* 만일 Δx의 크기가 극단적으로 작아 dx가 된다면 1차 도함수와 dx만 사용해도 Δy를 완벽하게 추정할 수 있습니다. 그리고 이때의 Δx를 dx라고 (정의)합니다.

† 보다 엄밀히 말하면 도함수들의 계수가 $n, n(n-1), n(n-1)(n-2)$로 커질 때 좌변과 우변을 일치시키기 위하여 (순전히 수학적 이유로) 분모의 크기 또한 2!, 3!, 4! 등으로 함께 커져야 합니다.

1차 근사 :

$$
\begin{aligned}
0.331 &= y'(1)\cdot\Delta x + R_1 \\
&= (3\cdot 1^2)\cdot 0.1 + R_1 = 0.3 + 0.031. \\
\rightarrow R_1 &= 0.031.
\end{aligned}
$$

R_1은 x의 함수인 y 값의 변화를 이 함수의 기울기만으로 추적할 때의 오차입니다.

2차 근사 :

$$
\begin{aligned}
0.331 &= y'(1)\cdot\Delta x + \frac{y''(1)\cdot\Delta x^2}{2} + R_2 \\
&= (3\cdot 1^2)\cdot 0.1 + \frac{6\cdot 1\cdot(0.1)^2}{2} + R_2 \\
&= 0.3 + 0.03 + 0.001. \\
\rightarrow R_2 &= 0.001.
\end{aligned}
$$

R_2는, y 값의 변화를 이 함수의 기울기 및 "기울기의 기울기"로도 추적할 때의 오차입니다.

3차 근사 :

$$
\begin{aligned}
0.331 &= y'(1)\cdot\Delta x + \frac{y''(1)\cdot\Delta x^2}{2} + \frac{y^{(3)}(1)\cdot\Delta x^3}{6} + R_3 \\
&= (3\cdot 1^2)\cdot 0.1 + \frac{6\cdot 1\cdot(0.1)^2}{2} + \frac{6\cdot(0.1)^3}{6} + R_3 \\
&= 0.3 + 0.03 + 0.001 + 0. \\
\rightarrow R_3 &= 0.
\end{aligned}
$$

R_3는, y 값의 변화를 이 함수의 기울기, 이 함수의 기울기의 기울기 및 기울기의 기울기의 기울기로 추적할 때의 오차입니다.

한편 1차 근사의 오차 $R_1 = 0.031$은 다음과 같이 표시됩니다.

$$
\begin{aligned}
R_1 &= 0.031 = y(x^*)''\times\frac{(\Delta x)^{1+1}}{(1+1)!} \\
&= 6x^*\times\frac{(0.1)^2}{2!} = 6x^*\times 0.005 = 0.031.
\end{aligned}
$$

$$\therefore x^* = \frac{0.031}{0.03} = 1.033.$$

즉 오차 R_1은 $x_0(=1)$와 $x_0 + \Delta x(= 1 + 0.1)$ 사이의 특정 값 $x^*(= 1.033)$의 함수로 표시될 수 있습니다. 또 2차 근사의 오차 R_2에 대하여도 이러한 x^* 값을 언제나 1과 1.1 사이에서 찾을 수 있는데, 이러한 사실은 Talyor Series에 다음과 같은 단서로 잘 나타나 있습니다.

$$R_n = y^{(n+1)}(x^*) \times \frac{(\Delta x)^{n+1}}{(n+1)!}, \qquad \text{where } x_0 < x^* < x_0 + \Delta x.$$

■

본절에서 Taylor Series를 공부하는 이유는 추후 이를 채권 가격 변동성 추정에 활용하기 위해서입니다. 그럼 향후 Taylor Series를 어떻게 채권 가격 변동성 추정에 활용할까요? 미리 그 내용을 잠깐 파악해 봅시다. 이를 통해 여러분들은 본장에서 향후 논의될 내용을 미리 예상할 수 있습니다.

참고 1〉 듀레이션과 컨벡서티

먼저 특정 채권 가격 P를 그 yield y의 함수 $f(y)$로 표현하겠습니다. (Talyor Series의 x를 여기서는 만기수익률 y로 대체)

$$P = f(y) \quad \rightarrow \quad bond\ price = f(yield).$$

이제 이 채권의 yield가 Δy만큼 변동한다고 가정하고 그때의 이 채권 가격 변화를 ΔP라 합시다. 그러면

$$\Delta P = f(y + \Delta y) - f(y)$$

이 도출되고, 이 식 우변에 Taylor Series를 적용하면

$$f(y + \Delta y) - f(y) \approx f'(y_0) \cdot \Delta y + \frac{f''(y_0)}{2!}(\Delta y)^2$$

이 성립합니다. Δy가 작아 2차 도함수까지만 사용한다면 말입니다. 또 $P = f(y)$이므로

위 식 우변은 다시

$$f'(y_0)\cdot\Delta y \;+\; \frac{f''(y_0)}{2!}(\Delta y)^2 \;=\; \frac{dP}{dy}\cdot\Delta y \;+\; \frac{\frac{d^2P}{dy^2}}{2!}(\Delta y)^2$$

이 됩니다. 여기서

$$\frac{dP}{dy} \;=\; -DD$$

임을 여러분은 이미 알고 있습니다(DD는 달러 듀레이션). 그리고 $\frac{d^2P}{dy^2}$은 아직 여러분들이 배우지는 않았지만 채권의 달러 컨벡서티(dollar convexity) DC라 합니다. 그러므로 결국 위 식은 다음과 같이 표현할 수 있습니다.

$$\Delta P \;\approx\; -DD\cdot\Delta y \;+\; \frac{DC}{2!}(\Delta y)^2.$$

또 양변을 P로 나누면

$$\frac{\Delta P}{P} \;\approx\; -\frac{DD}{P}\cdot\Delta y \;+\; \frac{\frac{DC}{P}}{2!}(\Delta y)^2$$

이 됩니다. 여기서 $\frac{DD}{P} = MD$, 즉 수정 듀레이션임을 여러분은 이미 알고 있습니다. 마찬가지로 $\frac{DC}{P}$도 특별한 명칭을 가지고 있습니다. 그 명칭은 “컨벡서티”이고* 이를 단순히 C로 표기합니다. 즉 위 식은 다음과 같이 표현할 수 있습니다.

$$\frac{\Delta P}{P} \;\approx\; -MD\cdot\Delta y \;+\; \frac{C}{2!}(\Delta y)^2.$$

달러 듀레이션과 달러 컨벡서티 개념이 있음에도 불구하고 수정 듀레이션이나 컨벡서티를 굳이 도입하는 이유는, 채권 가격의 변동성을 가격 그 자체만으로 파악하면 일종의 착시 현상이 발생할 수 있기 때문입니다. 가령 가격이 $1,000,000인 채권 A의 가

---

* 명칭이 수정 컨벡서티가 “아닙니다”.

격 변화가 $1,000인 경우와, 가격이 $1,000인 채권 B의 가격 변화가 $2인 경우 어느 채권의 가격 변동(성)이 더 크다고 할 수 있을까를 생각해 봅시다. 절대 가격 변화는 A가 더 크지만 (상대적인) 가격 변화율 혹은 변동성은 B가 더 큽니다. 그러므로, 천차만별인 채권(가격)들을 통일된 기준으로 그 변동성을 비교하기 위해서는 수정 듀레이션과 컨벡서티를 사용하는 것이 더 합리적이고 일관적입니다. ■

이제 Taylor Series의 마지막 내용으로, 독립변수가 2개인 경우를 생각해 보겠습니다. 본서 내용에 직접 관련되지는 않으므로 생략해도 됩니다.

참고 2〉 독립변수가 2개인 경우의 Taylor Series

이제 참고로, $y = f(x, z)$와 같이 독립변수가 2개인 경우의 Taylor Series를 파악해 보겠습니다. 이 주제는 본장에서 배울 채권의 컨벡서티와는 큰 관련은 없습니다. 우리는 채권 가격을 그 yield만의 함수로 파악하기에, 이 경우 독립변수가 단 하나가 되기 때문입니다. 하지만 Taylor Series 배우는 김에 조금 넓게 배우는 것도 좋을 것 같습니다. 또 추후 여러분들이 파생상품을 공부할 때에는 이 주제가 도움이 될 수 있습니다. 일본 수학자 이또(Ito)가 발견한 Ito's Lemma 즉 "이또의 보조정리"를 배울 때에도 독립변수가 2개 이상인 경우의 Taylor Series의 원리가 도움이 되기 때문입니다.* 참고로 독립변수가 2개인 경우의 Taylor Series를 이해하면 독립변수가 3개 이상인 경우의 Taylor Series의 양상도 충분히 예상할 수 있습니다.

$y = f(x, z)$처럼 독립변수가 2개인 경우의 Taylor Series는 다음과 같습니다. 우리는 곧 예제를 통해 이를 확인할 것입니다.

---

* 물론 여러분들은 저자가 쓴 교재 "파생상품 강의"로 파생상품을 공부할 것이고, 그 교재에는 Ito's Lemma도 친절하게 설명되어 있습니다.

정리 5〉 독립변수 2개일 때의 Taylor Series

$y = f(x,z)$입니다. 또한 다음과 같이 편미분들을

$$\frac{\partial f(x,z)}{\partial x} = f_x(x,z),$$

$$\frac{\partial^2 f(x,z)}{\partial x^2} = f_{xx}(x,z).$$

$$\frac{\partial f(x,z)}{\partial z} = f_z(x,z),$$

$$\frac{\partial^2 f(x,z)}{\partial z^2} = f_{zz}(x,z),$$

$$\frac{\partial f(x,z)}{\partial x \cdot \partial z} = f_{xz}(x,z) = \frac{\partial f(x,z)}{\partial z \cdot \partial x} = f_{zx}(x,z)$$

로 표기합니다. 그러면 x가 x_0로부터 Δx만큼 증가하고 z가 z_0로부터 Δz만큼 증가할 때 y의 증분인 Δy의 근사치는 다음과 같이 구할 수 있습니다.

$$\Delta y \approx f_x(x_0,z_0)\cdot\Delta x + f_z(x_0,z_0)\cdot\Delta z + \frac{f_{xx}(x_0,z_0)\cdot\Delta x^2 + f_{zz}(x_0,z_0)\cdot\Delta z^2 + 2f_{xz}(x_0,z_0)\cdot\Delta x\cdot\Delta z}{2!}.$$

위 정리에서 $f(x,z)$의 3차 도함수 이상은 사용하지 않았습니다. 물론 3차 도함수 이상을 사용하면 Δy에 대한 더 정확한 근사치를 구할 수 있습니다. 그런데 Taylor Series가 적용되는 상황은 Δx와 Δz값이 매우 작은 경우입니다. 그러므로 Δx^2과 Δz^2은 각각 Δx와 Δz보다 더 작으며, 나아가 Δx^3과 Δz^3은 각각 Δx^2과 Δz^2보다 더 작기에, Δx^3과 Δz^3이 없어도 Δy 추정에 큰 오차는 없습니다. 이제 우리는 y가 x와 z 각각의 2차 함수인 사례로 위 정리를 입증하겠습니다.

예제 9-5〉 독립변수 2개일 때의 Taylor Series

$y = f(x,\ z) = x^2 \cdot z^2$ 이고 현재 $x = 1,\ z = 2$ 이라 합시다. 그러면 $f(1,2) = 1^2 \cdot 2^2 = 4$ 입니다. 이제 $\Delta x = 0.1,\ \Delta \mathrm{z} = 0.2$ 일 때 Δy 의 값을 구하여 봅시다. 그러면 $f(1.1, 2.2) = 1.1^2 \cdot 2.2^2 = 5.8594$ 므로 $\Delta y = 5.8594 - 4 = 1.8594$ 입니다. 이제 Δy 를 추정할 때 필요한 사항들을 파악하여 봅시다. 먼저 도함수들을 파악하면

$$f_x(x,z) = 2xz^2,\ f_z(x,z) = 2zx^2,\ f_{xx}(x,z) = 2z^2,\ f_{zz}(x,z) = 2x^2,$$
$$f_{xz}(x,z) = f_{zx}(x,z) = 4xz$$

입니다.*

1차 근사를 하면

$$\begin{aligned} f_x(x,z) \cdot \Delta x \ + \ f_z(x,z) \cdot \Delta z &= 2xz^2 \cdot \Delta x \ + \ 2zx^2 \cdot \Delta z \\ &= 2 \cdot 1 \cdot 2^2 \cdot 0.1 \ + \ 2 \cdot 2 \cdot 1^2 \cdot 0.2 \\ &= 1.6 \end{aligned}$$

이고, 2차 근사는

$$\begin{aligned} &\frac{1}{2}[f_{xx}(x,z) \cdot (\Delta x)^2 \ + \ f_{zz}(x,z) \cdot (\Delta z)^2 \ + \ 2f_{xz}(x,z) \cdot \Delta x \cdot \Delta z] \\ &= \frac{1}{2}[2z^2 \cdot (\Delta x)^2 \ + \ 2x^2 \cdot (\Delta z)^2 \ + \ 2 \cdot 4xz \cdot \Delta x \cdot \Delta z] \\ &= \frac{1}{2}[2 \cdot 2^2 \cdot (0.1)^2 \ + \ 2 \cdot 1^2 \cdot (0.2)^2 \ + \ 2 \cdot 4 \cdot 1 \cdot 2 \cdot 0.1 \cdot 0.2] \\ &= \frac{1}{2} \cdot (0.48) \ = \ 0.24 \end{aligned}$$

입니다. 그러므로 1차 근사와 2차 근사를 더하면 1.6 + 0.24 = 1.84가 되어, 실제 y의 변화량 $\Delta y = 1.8594$ 와의 오차가 0.0194입니다. 만일 우리가 3차 근사까지 실행하면

---

* $y = x^2 \cdot z^2$ 은 2차함수가 아니라 4차함수입니다. 그래서 Talyor Series의 오차를 0으로 하려면 2차 도함수까지가 아니라 4차 도함수까지 전개해야 합니다.

오차는 더 줄어듭니다. 3차 근사는 이보다 복잡하지만 2차 근사의 원리를 그대로 적용할 수 있고 또한 2차 근사까지만 해도 오차가 작으므로 편의상 여기에서는 생략합니다.

실제 Taylor Series가 적용되는 경우는 Δx, Δz가 0.1, 0.2보다 훨씬 더 작은 경우라서 2차 근사만으로 오차를 충분히 작게 만들 수 있습니다. 한 예로, 여전히 (x, z) = (1, 2)로 주어졌고 Δx, Δz가 각각 0.01, 0.02인 경우의 Δy의 값을 구하여 봅시다. $f(1,2) = 1^2 \cdot 2^2 = 4$이고 $f(1.01, 2.02) = 1.01^2 \cdot 2.02^2 \approx 4.162416$이므로 $\Delta y = 4.162416 - 4 = 0.162416$입니다.

1차 근사를 하면

$$\begin{aligned} f_x(x,z)\cdot\Delta x \;+\; f_z(x,z)\cdot\Delta z &= 2xz^2\cdot\Delta x \;+\; 2zx^2\cdot\Delta z \\ &= 2\cdot 1\cdot 2^2\cdot 0.01 \;+\; 2\cdot 2\cdot 1^2\cdot 0.02 \\ &= 0.16 \end{aligned}$$

이므로 이미 1차 근사만으로도 $\Delta y =$ 0.162416와의 차이가 0.002416밖에 나지 않습니다. 위의 사례에서 2차 근사까지 했을 때의 오차 0.0194보다도 적습니다. 2차 근사를 하면

$$\begin{aligned} &\frac{1}{2}[2z^2\cdot(\Delta x)^2 \;+\; 2x^2\cdot(\Delta z)^2 \;+\; 2\cdot 4xz\cdot\Delta x\cdot\Delta z] \\ &= \frac{1}{2}[2\cdot 2^2\cdot(0.01)^2 \;+\; 2\cdot 1^2\cdot(0.02)^2 \;+\; 2\cdot 4\cdot 1\cdot 2\cdot 0.01\cdot 0.02] \\ &= \frac{1}{2}\cdot(0.0048) \;=\; 0.0024 \end{aligned}$$

입니다. 그러므로 1차 근사와 2차 근사를 더하면 0.16 + 0.0024 = 0.1624 가 되어, 실제 y의 변화량 $\Delta y =$ 0.162416와의 오차가 0.000016에 불과합니다. 상대적으로 오차 비율은 $\frac{0.000016}{0.162416} = 0.0000985 \approx 0.0001 = 0.01\%$ 입니다. ■

이 같은 결과들을 요약하면 Taylor Series의 특성은 다음과 같이 파악됩니다.

정리 6〉 Taylor Series 특성의 활용

(i) 사용되는 y 도함수의 최대차수가 커질수록 Δy 추정은 보다 정확해진다.

(ii) Δx가 크지 않을 때에는 2차 도함수까지만 사용하여도 만족할 만한 Δy 근사치를 구할 수 있다.

(iii) 일반적으로, x의 n차 함수인 y의 차수 n이 커질수록 또 Δx의 크기가 커질수록, 만족할 만한 Δy 추정을 위하여는 더 높은 차수의 도함수가 필요함을 알 수 있다.

Taylor Series가 어떻게 활용될 수 있을지 또 다른 예를 들어 보겠습니다.

예제 9-6〉 연속복리 수익률 c와 이산복리 수익률 r의 차이

본서 제3장 "채권 수학의 기초"에서 연속복리 수익률 c와 이산복리 수익률 r의 관계가 $c = \ln(1+r) = f(r)$임을 알 수 있었습니다. 즉 이산복리 수익률 r이 주어졌을 때 연속복리 수익률 c는 r의 함수 $f(r)$입니다. 여기서, 매우 작은 r에 대해서는 $r \approx c$임을 Taylor Series를 통하여 증명하여 봅시다.

r의 특정 값 $r_0 = 0$으로 놓으면 $c_0 = \ln(1+r_0) = \ln(1+0) = 0$입니다. 이때 $r_1 = r_0 + \Delta r = \Delta r$이고, $\Delta c = \ln(1+r_1) - \ln(1+r_0) = \ln(1+\Delta r) - \ln(1+0) = \ln(1+\Delta r)$입니다. 우리는 매우 작은 r_1에 대하여 $r_1 = c_1$임을 입증하려고 하는데, $\Delta r = r_1$이므로 이는 곧 $c_1 = \Delta r$임을 입증하는 것입니다. 참고로

$$f(r)' = [\ln(1+r)]' = \frac{1}{1+r},$$
$$f(r)'' = -\frac{1}{(1+r)^2}$$

입니다.

그런데 Taylor Series에 의하여

$$c_1 = f(r_1) = f(r_0) + \Delta f(r)$$
$$= c_0 + \Delta c = c_0 + f(r)' \cdot \Delta r + f(r)'' \cdot \frac{(\Delta r)^2}{2} + \cdots$$

이고 가정에 의해 $r_0 = c_0 = 0$이므로

$$c_1 = c_0 + \Delta c = c_0 + f(r_0)' \cdot \Delta r + f(r_0)'' \cdot \frac{(\Delta r)^2}{2} + \cdots$$

$$= 0 + \frac{1}{1+r_0} \cdot \Delta r - \frac{1}{(1+r_0)^2} \cdot \frac{(\Delta r)^2}{2} + \cdots$$

$$= \frac{1}{1+0} \cdot \Delta r - \frac{1}{(1+0)^2} \cdot \frac{(\Delta r)^2}{2} + \cdots$$

$$= \Delta r - \frac{(\Delta r)^2}{2} + \cdots$$

입니다. 여기서 Δr이 매우 작으므로 $(\Delta r)^2 \approx (\Delta r)^3 \approx \ldots = 0$입니다. 가령 $\Delta r = 0.001$이면 $(\Delta r)^2 = 0.000001 \approx 0$입니다. 결국 이산복리 수익률 $r_1 (= \Delta r)$이 매우 작으면 $c_1 \approx \Delta r = r_1$이 되어, 연속복리 수익률 c_1과 r_1은 거의 일치합니다. ■

참고로, 본장에서 Taylor Series를 소개할 때는 독립변수가 x, 종속변수가 y였습니다. 하지만 Taylor Series를 적용할 대상에 따라 독립변수와 종속변수 표기는 달라질 수 있습니다. 가령 위 예제에서도 연속복리 수익률은 c, 이산복리 수익률은 r로 표기되었습니다. 채권 가격과 yield와의 관계에서는 독립변수가 y(yield)이고 종속변수가 채권 가격 즉 $P(y)$이니, 이에 맞게 Talyor Series를 적용할 것입니다.

이제 Taylor Series를 채권 가격 함수에 적용해 보겠습니다. 채권의 가격 곡선 $P(y)$는 yield y의 1차함수가 아니기 때문에 가격 곡선의 1차 도함수인 $\frac{dP}{dy}$는 "$\Delta y = dy$"일 때만 유효하고 $\Delta y > dy$이면 $\Delta P(y)$를 $\frac{dP}{dy}$ 만으로 완벽하게 추정할 수는 없습니다. 단 Taylor Series를 활용하여 가격 곡선의 2차 도함수 $\frac{d^2P}{dy^2}$ 을 이용하면 ΔP를 보다 정교하게 추정할 수 있습니다. 반면 앞장에서 장에서 소개된 채권 가격의 변동성 측정치들은(수정 듀레이션, PVBP 등) 모두 가격 곡선의 기울기, 즉 가격 곡선의 1차 도함수에 바탕을 둔 개념들이라서 이들은 $\Delta y = dy$일 때만 유효하고 $\Delta y > dy$이면 ΔP의 대략적인 추정치만을 제공합니다. ΔP를 보다 정확히 측정하기 위해서는 $P(y)$의 2차 도함수를 활용하여야 합니다. 이를 먼저 쉬운 예제를 통하여 파악하여 봅시다.

예제 9-7〉 Δy와 dy

만기 2년, 액면가 100, 만기수익률 y인 무이표채의 가격함수 $P(y)$와 그 기울기 $\frac{dP}{dy}$는 다음과 같습니다.

$$P(y) = \frac{100}{(1+y)^2}, \qquad \frac{dP}{dy} = -\frac{200}{(1+y)^3}.$$

그러므로 현재 $y = 0.1$이라면 이 채권의 가격과 기울기는

$$P(0.1) = \frac{100}{(1+0.1)^2} \approx 82.6446,$$

$$\frac{dP}{dy} = -\frac{200}{(1+0.1)^3} \approx -150.263.$$

입니다. y가 0.00001 = 0.001% = 0.1bp 상승하면($\Delta y = 0.00001$) 이 채권의 가격은 P(0.10001) ≈ 82.6431이므로 가격 변화는 82.6431−82.6446 = −0.0015입니다. 한편 이 곡선의 기울기로부터 가격 변화를 추정하면 $\frac{dP}{dy} \approx -150.263$으로부터

$$dP \approx (-150.263) \cdot \Delta y = -0.0015$$

입니다. 즉 실제 채권 가격의 변화(A)와 기울기를 사용하여 추정한 채권 가격의 변화(B)가 거의 일치합니다. 그러므로 $\Delta y = 0.00001$로 y 변화가 매우 작은 경우 $P(y)$의 1차 도함수(기울기) $\frac{dP}{dy}$를 사용하여 가격 변화를 꽤 정확하게 추정할 수 있습니다.

이제 $\Delta y = 0.01$ 즉 y가 100bp 상승할 때의 가격 변화를 추정하여 봅시다. 이때 이 채권의 가격은 P(0.11) ≈ 81.1622이므로 가격의 변화는 81.1622−82.6446 = −1.4824입니다. 반면 이 곡선의 기울기에 의한 가격 변화 추정치는 $\frac{dP}{dy} \approx -150.263$으로부터

$$dP \approx (-150.263) \cdot \Delta y = (-150.263) \times 0.01 = -1.5026$$

입니다. 그러므로 실제 채권 가격의 변화와 기울기를 사용하여 추정한 채권 가격의 변화의 갭이 −1.4824 − (−1.5026) = 0.0202로 산출됩니다. 만일 액면가가 100이 아닌

"100억"이었다면 가격 추정의 오차도 0.0202가 아닌 0.0202억 = 2,020,000이 됩니다. 그러므로 yield 변화가 극히 작은 값을 가지지 않는다면 가격함수 $P(y)$의 기울기로만 추정하는 가격 변화 추정치는 실제 채권 가격의 변화와 일정한 괴리가 있습니다.

여기서 처음의 yield의 변화인 0.00001은 상대적으로 dy에 가까운 수치인 반면, 두 번째의 0.01은 상대적으로 dy보다 매우 큰 수치여서 dy 개념이 그대로 반영된 기울기를 적용하기에는 적합하지 않은 수치입니다. 그러므로 두 번째 경우 나타나는 가격 변화 추정치의 오차는, $\Delta y = 0.01$을 dy(와 가까운 값으)로 간주하여 기울기$\left(=\frac{dP}{dy}\right)$를 적용한 데에서 기인합니다. ■

제 3 절 금액 컨벡서티(dollar convexity)

가격 곡선 $P(y)$의 기울기는 yield y 값에 따라 변화합니다. 엄격히 말하면, y가 아주 조금만 움직여도, dy 보다 더 크게만 움직이면, $P(y)$ 의 기울기는 달라집니다. 이는 $P(y)$가 가격 직선이 아니라 가격 "곡선"이기 때문입니다. 여기서 dy는 무한히 작은 "무한소(infinitesimal)"이므로, 아무리 작은 특정 양수 값도 dy보다는 큽니다. 실제 채권 시장에서 채권들의 yield y의 변화량도 (무한소인) dy가 아니라, 가령 0.001 정도의, 유한한 값입니다. 그리고 $dy < 0.001$입니다. 즉 yield 변화가 0.001인 경우 $P(y)$의 기울기$\left(=\frac{dP}{dy}\right)$를 이용하여 새 채권 가격을 추정하면 오차가 발생합니다. 사실 이는 yield 변화가 0.00000001인 경우에도 마찬가지입니다. 엄밀히 따진다면 말입니다.

가령 $y = 0.01$에서 특정 채권의 가격 $P(y) = 10$이라 합시다. 그리고 $y = 0.011$일 때 이 채권의 가격의 변화량을 구한다고 합시다. 이때 이 채권의 가격의 변화를 단순히 $y = 0.01$일 때의 $P(y)$의 기울기인 $P(y = 0.01)'$를 이용하여 구하면 일정한 오차가 발생합니다. $y = 0.01$에서의 이 채권 가격의 기울기는 $y = 0.01 + dy$로 변화할 때에만 유효하기 때문입니다. 그러므로 가격함수의 기울기를 나타내는 dollar duration, 혹은 dollar duration을 상대적 수치로 변환한 수정 듀레이션(MD)에만 의지하여 (yield 변화 시) 실제 채권 가격의 변화를 추정할 경우 일정한 오차가 발생합니다. 채권 시장에서의 실제 yield 변화는 dy보다는 훨씬 더 큰 수치이기 때문입니다. 어떤 채권인가와 관계 없이 말입니다. 이 오차를 줄여 채권 가격의 변화를 보다 정확히 추정하기 위하여 도입된 개념이 컨벡서티(convexity)입니다. 컨벡서티 사용의 타당성은 Taylor Series에 의하여 쉽게 입증됩니다.

다르게 설명한다면, 채권 가격 함수는 곡선인데 이 곡선 상의 변화를 직선 상의 변화로 파악하는 것이 바로 미분 개념이고 $\frac{dP}{dy}$인 것입니다. 그리고 이 $\frac{dP}{dy}$가 바로 dollar duration입니다. 단지 부호만 바뀌었을 뿐입니다. 반면 채권 가격 함수를 곡선으로 인식하고 그 변화를 추정하는 척도가 바로 (달러)컨벡서티입니다.*

컨벡서티를 정의하기 전에 MD만을 사용하여 채권 가격의 변화를 추정할 때의 오차를 파악하여 봅시다. 편의를 위해 예전의 그림을 그대로 가져옵니다.

소환〉 MD와 채권 가격의 변화

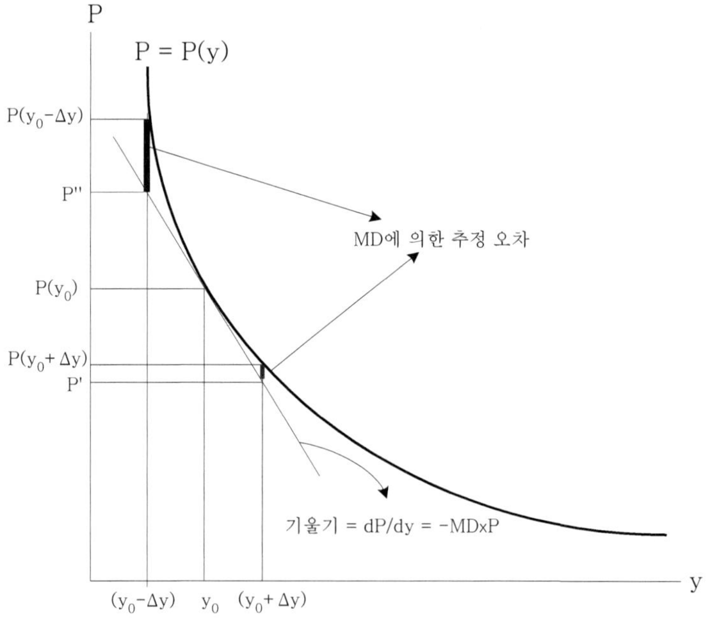

---

* 컨벡서티는 고차 함수일 수도 있는 채권 가격 곡선을 2차 함수만으로 인식한다는 한계가 있습니다만, 컨벡서티는 충분히 좋은 성과를 거둘 수 있습니다. 자세한 내용은 차차 파악될 것입니다.

현재 특정 채권의 yield를 y_0, 현재의 채권 가격을 $P(y_0)$라고 합시다. y가 '$+\Delta y$'만큼 변할 때 채권 가격은 $P(y_0+\Delta y)$ 입니다. 그러므로 가격 변화 $\Delta P = P(y_0+\Delta y) - P(y_0)$ 입니다. 만일 수정 듀레이션 MD로 ΔP를 추정한다면 새로운 채권 가격은 위 그림의 P'가 됩니다. P'는 현재가격 P에다 MD로 추정한 가격 변화분을 더한 것으로

$$P' = P + \frac{dP}{dy}\cdot \Delta y = P + (-MD\cdot P)\cdot \Delta y$$

입니다. 그런데 그림에서도 알 수 있듯이 MD에 의한 새로운 채권 가격 P'와 실제의 새 채권 가격 $P(y_0+\Delta y)$는 완전히 일치하지는 않고 약간의 오차가 존재합니다. 또 y가 "$-\Delta y$"만큼 변할 때에는 실제의 채권 가격 $P(y_0-\Delta y)$와 MD로 추정된 새 채권 가격 P'' 사이의 오차는 더욱 확대됩니다. 이러한 오차들의 발생 원인은 채권 가격 $P(y)$의 기울기 $\frac{dP}{dy}$가 일정한 상수가 아니고 y 값에 따라 변화는 변수이기 때문입니다. ■

이처럼 가격 곡선의 기울기의 변화로 인한 채권 가격의 추정 오차를 줄이기 위하여 도입된 개념 혹은 척도가 "컨벡서티(convexity)"입니다. 컨벡서티는 가격 곡선의 기울기가 변하는 정도를 측정하기 때문에, 기울기의 변화를 감안하지 않을 때의 오차를 대폭 줄일 수 있습니다. 우리는 먼저 금액 컨벡서티(dollar convexity)를 먼저 정의하고 컨벡서티를 논의합니다.

정의 1〉 금액 컨벡서티(dollar convexity)

채권의 금액 컨벡서티 DC(dollar convexity)는 다음과 같이 정의됩니다.

$$DC = \frac{d\left(\frac{dP}{dy}\right)}{dy} = \frac{\frac{d^2P}{dy}}{dy} = \frac{d^2P}{dy^2}.$$

여기서 P = 채권의 가격, y = 채권의 yield입니다. 시장의 현물 이자율 곡선은 y에서 수평이며 또 항상 평행 이동한다고 가정합니다.

위에서 파악되듯이 채권의 금액 컨벡서티는 가격 곡선 $P(y)$를 만기수익률 y로 2차 미분한 값입니다. 가격 곡선의 1차 미분은 기울기를 의미하므로 2차 미분인 금액 컨벡

서티는 기울기의 기울기, 즉 기울기의 변화 정도를 나타냅니다. Taylor Series에 의하여, 금액 컨벡서티 개념을 이용하면 만기수익률 변화에 따른 채권 가격의 변화를 보다 정확히 예측할 수 있습니다.

정리 7〉 채권 가격의 변화와 금액 컨벡서티(dollar convexity)

만기수익률 변화 Δy에 따른 채권 가격의 변화 ΔP를 추정할 때, Taylor Series에서 2차 도함수까지 사용하여 ΔP의 근사치를 구하면 다음과 같습니다.

$$\begin{aligned}\Delta P &\approx P'(y)\times\Delta y + P''(y)\times\frac{(\Delta y)^2}{2!}\\ &= \frac{dP}{dy}\times\Delta y + \frac{d^2P}{dy^2}\times\frac{(\Delta y)^2}{2!}\\ &= -DD\times\Delta y + DC\times\frac{(\Delta y)^2}{2!}.\end{aligned}$$

여기서 DD = dollar duration, DC = 금액 컨벡서티(dollar convexity)를 나타냅니다.

이제 금액 컨벡서티의 실제적인 의미를 파악하기 위하여 다음의 예제를 풀어봅시다.

예제 9-8〉 무이표채의 금액 컨벡서티(dollar convexity)

만기 10년, 액면가 100인 무이표채의 만기수익률 y가 10%라고 합시다. 이 채권의 가격은 $P(y) = 100/(1+y)^{10} = 100/(1+0.10)^{10} = 38.5543$, dollar duration은 $-\frac{dP}{dy} = 10 \times 100/(1+y)^{11} = 1000/(1+y)^{11} = 1000/(1+0.1)^{11} \approx 350.5$, 금액 컨벡서티는 $\frac{d^2P}{dy^2} = 11\times 10 \times 100/(1+y)^{12} = 11000/(1+0.10)^{12} \approx 3505$이 됩니다.

y가 0.10에서 0.105로 상승하면 채권 가격은 $100/(1+0.105)^{10} = 36.8449$로 되어 1.7094만큼 하락합니다. 이때 dollar duration만으로 채권 가격의 변화를 추정하면,

$$\begin{aligned}\Delta P &\approx \left(\frac{dP}{dy}\right)\times\Delta y = -(dollar\ duration)\times\Delta y = -350\times 0.005\\ &\approx -1.7525\end{aligned}$$

즉 1.7525만큼의 "하락"이 추정됩니다. 이제 이 채권의 금액 컨벡서티까지 고려하여 가격 변화를 추정한다면

$$
\begin{aligned}
\Delta P &\approx \left(\frac{dP}{dy}\right) \times \Delta y + \frac{1}{2} \times \left(\frac{d^2P}{dy^2}\right) \times (\Delta y)^2 \\
&= -(dollar\ duration) \times 0.005 + \frac{1}{2} \times (dollar\ convexity) \times (0.005)^2 \\
&= -1.7525 + \frac{1}{2} \times 3505 \times (0.005)^2 \\
&= -1.7525 + 0.0438125 \\
&\approx -1.7087
\end{aligned}
$$

즉, 약 1.7087만큼의 하락이 추정됩니다. 실제의 채권 가격 하락도 약 1.7094이므로, 금액 컨벡서티까지 고려하는 경우 채권 가격의 변화를 매우 정확히 추정할 수 있습니다. ■

일반적으로 무이표채 및 이표채의 금액 컨벡서티 공식은 다음과 같습니다.

정리 8〉 무이표채의 금액 컨벡서티(dollar convexity)

만기 n년, 액면가 Par, 만기수익률 y인 무이표채의 금액 컨벡서티를 $DC(n, Par, y, 0)$로 표기합시다. 무이표채의 가격함수는 $P(y) = Par \cdot (1+y)^{-n}$ 이므로

$$
\begin{aligned}
\frac{dP}{dy} &= -n \cdot Par \cdot (1+y)^{-(n+1)}, \\
\frac{d^2P}{dy^2} &= n(n+1) \cdot Par \cdot (1+y)^{-(n+2)}
\end{aligned}
$$

입니다. 그러므로

$$DC(n, Par, y, 0) = n(n+1) \cdot Par \cdot (1+y)^{-(n+2)}$$

입니다.

연간복리계산 횟수 = 2회인 경우 $P(y) = Par \cdot \left(1+\frac{y}{2}\right)^{-2n}$ 인데 이를 y로 2차 미분하면

$$\frac{dP}{dy} = -2n \cdot Par \cdot \left(1+\frac{y}{2}\right)^{-(2n+1)} \cdot \frac{1}{2} = -n \cdot Par \cdot \left(1+\frac{y}{2}\right)^{-(2n+1)},$$

$$\frac{d^2P}{dy^2} = n(2n+1) \cdot Par \cdot \left(1+\frac{y}{2}\right)^{-(2n+2)} \cdot \frac{1}{2} = n\left(n+\frac{1}{2}\right) \cdot Par \cdot \left(1+\frac{y}{2}\right)^{-(2n+2)}$$

입니다. 그러므로 이때 DC는 다음과 같습니다.

$$DC(n, Par, y, 0) = n\left(n+\frac{1}{2}\right) \cdot Par \cdot \left(1+\frac{y}{2}\right)^{-(2n+2)}.$$

한편 coupon bond의 금액 컨벡서티 공식은 다음과 같습니다.

정리 9〉 이표채의 금액 컨벡서티(dollar convexity)

만기 n년, 액면가 Par, coupon rate c, 만기수익률 y인 coupon bond의 금액 컨벡서티 $DC(n, Par, y, c)$는 다음과 같이 파악됩니다.

$$P = \sum_{t=1}^{n} \frac{Par \times c}{(1+y)^t} + \frac{Par}{(1+y)^n}.$$

$$\frac{dP}{dy} = \sum_{t=1}^{n} \left(\frac{-t \times Par \times c}{(1+y)^{t+1}}\right) - n \cdot \frac{Par}{(1+y)^{n+1}}.$$

$$\begin{aligned} DC(n, Par, y, c) &= \frac{d^2P}{dy^2} \\ &= \sum_{t=1}^{n} \left(\frac{t \times (t+1) \times Par \times c}{(1+y)^{t+2}}\right) + n(n+1) \cdot \frac{Par}{(1+y)^{n+2}} \\ &= \frac{1}{(1+y)^2}\left(\sum_{t=1}^{n} \frac{t \times (t+1) \times CF(t)}{(1+y)^t}\right) \\ &= \frac{1}{(1+y)^2}\left(\sum_{t=1}^{n} t \times (t+1) \times PV[CF(t)]\right) \end{aligned}$$

$$where\ CF(t) = \begin{cases} Par \times c, & if\ t < n \\ Par \times (1+c), & if\ t = n' \end{cases}$$

$$and\ PV[CF(t)] = \frac{CF(t)}{(1+y)^t}.$$

연간복리계산 횟수 = 2회인 경우에도 같은 방법으로 분석하면 다음의 공식을 얻습니다. 6개월이 단위 기간이므로 혼선을 방지하기 위해 t가 아닌 $k = 1, 2, 3, \cdots, 2n$으로 표기합니다.

$$DC(n, Par, y, c) = \frac{1}{\left[1+\frac{y}{2}\right]^2} \times \sum_{k=1}^{2n} \left(\frac{k(k+1)}{4}\right) \times PV[CF(k)],$$

$$where\quad CF(k) = \begin{cases} Par \times \frac{c}{2}, & if\ k < 2n \\ Par\left(1+\frac{c}{2}\right), & if\ k = 2n \end{cases},$$

$$and\ PV[CF(k)] = \frac{CF(k)}{\left(1+\frac{y}{2}\right)^k}.$$

지금까지의 논의를 요약하면, "볼록"한 가격 "곡선"의 변화를 보다 정확히 추정하기 위해서는 2차 도함수까지 동원한 Taylor Series를 활용하여야 하는데, 가격 곡선에 대한 2차 도함수가 바로 dollar convexity라는 것입니다. 이제 위의 식을 사용하여 coupon bond의 dollar convexity를 구하여 봅시다.

예제 9-9〉 coupon bond의 dollar convexity

만기 5년, 액면가 100, coupon rate 5%인 coupon bond의 만기수익률 y = 10%라 합시다. 이 채권의 가격은

$$P(y) = \frac{Par \times c}{y} + \frac{Par \times \left(1-\frac{c}{y}\right)}{(1+y)^n}$$

$$= \frac{100 \times 0.05}{0.1} + \frac{100 \times \left(1-\frac{0.05}{0.1}\right)}{(1+0.1)^5}$$

$$= 81.0461$$

입니다. 이제 yield가 10.50%로 50 bp 상승하면 ($\Delta y = 0.005$) 이 채권의 가격은

$$P(y) = \frac{Par \times c}{y} + \frac{Par \times \left(1 - \frac{c}{y}\right)}{(1+y)^n}$$

$$= \frac{100 \times 0.05}{0.105} + \frac{100 \times \left(1 - \frac{0.05}{0.105}\right)}{(1+0.105)^5}$$

$$= 79.4143$$

입니다. 이때의 채권 가격의 변화 ΔP = 79.4143 − 81.0461 = -1.6318을 dollar duration과 dollar convexity를 사용하여 구하여 봅시다. 먼저 dollar duration과 dollar convexity를 구하면 다음과 같이 330.66과 1738.15가 됩니다.

(연간이자지급 횟수 = 1회)				
Par	c	n	yield	
100	5%	5	10%	
t	CF(t)	PV[CF(t)]	Dollar Duration	Dollar Convexity
1	5	4.55	4.13	7.51
2	5	4.13	7.51	20.49
3	5	3.76	10.25	37.26
4	5	3.42	12.42	56.45
5	105	65.20	296.35	1616.45
Price =		81.05		
Dollar Duration =			330.66	
Dollar Convexity =				1738.15

이제 Taylor Series에 의하여

$$\Delta P = -DD \times \Delta y + DC \times \frac{(\Delta y)^2}{2!}$$

$$= -330.66 \times 0.005 + 1738.15 \times \frac{(0.005)^2}{2!}$$

$$= -1.6533 + 0.0217$$

$$= -1.6316$$

이 산출됩니다. 이 값은 실제 채권 가격의 변화인 -1.6318과 매우 가깝습니다. 한편 dollar duration만으로 ΔP를 추정하는 경우에는 ΔP = -1.6533이 되어 채권 가격이 과도하게 하락하는 것으로 추정됩니다. 이 차이가 미미하게 보일 수 있지만, 가령 채권 (포트폴리오) 액면가가 100이 아니라 100억이라면 이 차이는 결코 미미하지 않습니다. ■

한편 dollar convexity의 특성은 dollar duration의 특성과 매우 유사합니다.

정리 10〉 금액 컨벡서티(dollar convexity)의 특성

(i) 무이표채의 금액 컨벡서티는 액면가에 비례합니다.

(ii) 무이표채의 금액 컨벡서티는 만기가 길수록 커집니다.

(iii) 이표채의 금액 컨벡서티는, 그 이표채를 구성하는 각 무이표채의 금액 컨벡서티를 모두 합산한 값입니다.

(iv) 포트폴리오의 금액 컨벡서티는, 그 포트폴리오를 구성하는 각 채권의 금액 컨벡서티를 모두 합산한 값입니다.

이제 금액 컨벡서티의 이러한 특성에 관하여 하나씩 파악하여 봅시다.

(i) 무이표채의 금액 컨벡서티는 액면가에 비례합니다.

만기 n년, 액면가 Par, 만기수익률 y인 무이표채의 금액 컨벡서티는

$$DC(n, Par, y, 0) = n(n+1) \cdot Par \cdot (1+y)^{-(n+2)}$$

이므로 이 값이 Par에 비례한다는 사실을 쉽게 확인할 수 있습니다. 그러므로 액면가가 큰 무이표채일수록 가격 곡선 기울기의 변화가 크고(볼록하고) 만기수익률 변화에 따른 dollar duration의 변화가 큽니다.

(ii) 무이표채의 금액 컨벡서티는 만기가 길수록 커집니다.

이 속성도 무이표채의 금액 컨벡서티 공식

$$DC(n, Par, y, 0) \;=\; n(n+1) \cdot Par \cdot (1+y)^{-(n+2)}$$

에서 쉽게 알 수 있습니다. n이 커짐에 따라 분모 $(1+y)^{n+2}$ 값은 크게 증가하지 않지만 분자 $n(n+1) \approx n^2$은 급격히 증가하기 때문입니다.

(iii) 이표채의 금액 컨벡서티는, 그 이표채를 구성하는 각 무이표채의 금액 컨벡서티를 모두 합산한 값입니다.

먼저 이를 증명하면 다음과 같습니다.

$$\begin{aligned} DC(n, Par, y, c) &= \sum_{t=1}^{n} \frac{t \times (t+1) \times Par \times c}{(1+y)^{t+2}} \;+\; n(n+1)\frac{Par}{(1+y)^{n+2}} \\ &= \sum_{t=1}^{n} DC(t, (Par \cdot c), y, 0) \;+\; DC(n, Par, y, 0) \\ &= \sum_{t=1}^{n-1} DC(t, (Par \cdot c), y, 0) \;+\; DC(n, Par \cdot (1+c), y, 0). \end{aligned}$$

즉 만기 n년, 액면가 Par, coupon rate c인 coupon bond의 금액 컨벡서티는 두 가지 방법으로 해석될 수 있습니다. 그 coupon bond의 구성을 두 가지 조합으로 해석할 수 있기 때문입니다. 첫째 해석은 다음과 같습니다.

$$\sum_{t=1}^{n} DC(t, (Par \cdot c), y, 0) \;+\; DC(n, Par, y, 0)$$

만기 n년, 액면가 Par인 무이표채의 금액 컨벡서티와
액면가 $Par \cdot c$, 만기 t인$(t = 1, 2, \ldots, n)$ 무이표채들의 금액 컨벡서티를 합산한 값.

둘째 해석은 다음과 같습니다.

$$\sum_{t=1}^{n-1} DC(t, (Par \cdot c), y, 0) \;+\; DC(n, Par \cdot (1+c), y, 0)$$

만기 n년, 액면가 $Par \cdot (1+c)$인 무이표채의 금액 컨벡서티와
액면가 $Par \cdot c$, 만기 t인($t = 1, 2, \ldots, n-1$) 무이표채들의 금액 컨벡서티를 합산한 값.

(iv) 포트폴리오의 금액 컨벡서티는, 그 포트폴리오를 구성하는 각 채권의 금액 컨벡서티를 모두 합산한 값입니다.

이를 증명해 봅시다. 두 개의 채권 A, B로 구성된 채권 포트폴리오 F를 생각해 보겠습니다. 이 채권들은 각각

무이표채일 수도 또 이표채일 수도 있습니다.

각각의 채권 가격을 P_A, P_B라 합시다. 그러면 이 포트폴리오의 가격은 두 채권의 가격의 합입니다. 즉 다음이 성립합니다.

$$P_F = P_A + P_B.$$

그리고 현재 채권 시장의 yield curve는 y에서 수평이라고 하겠습니다. 즉 두 채권의 yield는 모두 y입니다. 이때 두 채권의 dollar convexity DC_A와 DC_B는 dollar convexity의 정의에 의해 다음과 같이 표시됩니다. 이 정의는 무이표채이거나 이표채인 모든 채권에 대해 유효합니다.

$$DC_A = \frac{d^2 P_A}{dy^2}, \qquad DC_B = \frac{d^2 P_B}{dy^2}.$$

마찬가지로 이 채권 포트폴리오의 dollar convexity도 다음과 같이 표시됩니다.

$$DC_F = \frac{d^2 P_F}{dy^2}.$$

그런데 $P_F = P_A + P_B$이므로 위 식은 다음과 같습니다.

$$\begin{aligned} DC_F &= \frac{d^2 P_F}{dy^2} = \frac{d^2(P_A + P_B)}{dy^2} \\ &= \frac{d^2 P_A}{dy^2} + \frac{d^2 P_B}{dy^2} \end{aligned}$$

$$= DC_A + DC_B.$$

즉 채권 포트폴리오 F의 dollar convexity는 F를 구성하는 두 채권의 dollar convexity의 합과 같습니다. 마찬가지로, 세 개 이상의 채권을 보유하는 포트폴리오의 경우도 유사한 방식으로 증명할 수 있습니다. ■

이제 여러분은 yield가 변할 때 채권 포트폴리오의 변화에 대한 두 가지 사실을 알게 되었습니다. 하나는 포트폴리오의 dollar duration에 관한 사실이고 또 하나는 포트폴리오의 dollar convexity에 관한 사실입니다. 전자는 앞장에서 배웠고 후자는 방금 배웠습니다. 그러면 이 두 사실을 결합하여 다음의 내용을 확인할 수 있습니다. 즉 개별 채권과 마찬가지로 Taylor Series을 이용하면

yield 변화에 따른 채권 포트폴리오의 가격 변화도
그 포트폴리오의 dollar duration과 dollar convexity로 추정할 수 있다

는 사실입니다. 이를 수리적으로 입증하고 정리로 요약하겠습니다.

두 개의 채권 A, B로 구성된 채권 포트폴리오 F가 있고, 각 채권 가격을 P_A, P_B라 합시다. 그리고 현재 채권 시장의 yield curve는 y에서 수평이라고 하겠습니다. 즉 두 채권의 yield는 모두 y입니다. 이 yield가 Δy만큼 변할 때 이 F의 가격 변화를 추정해 보겠습니다. "채권 가격의 변화와 금액 컨벡서티"에 대한 정리에 의해 채권의 가격 변화는 다음과 같이 DD와 DC로 추정할 수 있음을 우리는 알고 있습니다.*

$$\Delta P = -DD \times \Delta y + DC \times \frac{(\Delta y)^2}{2!}$$

그러므로 A, B 각 채권의 가격 변화도 아래와 같이 추정할 수 있습니다. 아래 식에서 DD_A, DD_B는 각각 A, B의 dollar duration을, DC_A, DC_B는 각각 A, B의 dollar convexity를 의미합니다.

---

* 편의상 '≈'을 '='로 대체합니다. Δy가 매우 크지 않으면 위 식에서 '≈'과 '='은 큰 차이가 없습니다.

$$\Delta P_A = -DD_A \times \Delta y + DC_A \times \frac{(\Delta y)^2}{2!},$$

$$\Delta P_B = -DD_B \times \Delta y + DC_B \times \frac{(\Delta y)^2}{2!}.$$

yield가 y에서 $y + \Delta y$로 변할 때 F의 가격 변화(ΔP_F)는 '$\Delta P_A + \Delta P_B$'입니다. 그러면 다음이 성립합니다.

$$\begin{aligned}\Delta P_F &= \Delta P_A + \Delta P_B \\ &= \left(-DD_A \cdot \Delta y + \frac{DC_A}{2!}(\Delta y)^2\right) + \left(-DD_B \cdot \Delta y + \frac{DC_B}{2!}(\Delta y)^2\right) \\ &= (-DD_A - DD_B) \cdot \Delta y + \left(\frac{DC_A + DC_B}{2!}\right)(\Delta y)^2 \\ &= -(DD_A + DD_B) \cdot \Delta y + (DC_A + DC_B)\frac{(\Delta y)^2}{2!}.\end{aligned}$$

그런데 포트폴리오 F의 dollar duration DD_A는 F를 구성하는 A, B의 각 dollar duration들을 합산한 값입니다. 마찬가지로 F의 dollar convexity DC_F는 F를 구성하는 A, B의 각 dollar convexity들을 합산한 값입니다. 이 사실들은 이미 여러분들이 배운 내용입니다. 그러므로 위 식은 궁극적으로 아래와 같이 표시할 수 있습니다.

$$\begin{aligned}\Delta P_F &= -(DD_A + DD_B)\Delta y + (DC_A + DC_B)\frac{(\Delta y)^2}{2!} \\ &= -DD_F \cdot \Delta y + DC_F \cdot \frac{(\Delta y)^2}{2!}.\end{aligned}$$

즉 개별 채권이 아닌 채권 포트폴리오의 경우도 yield 변화에 의한 포트폴리오 가격 변화를 그 포트폴리오의 dollar duration와 dollar convexity를 이용하여 추정할 수 있습니다. 그리고 그 원리는 바로 Taylor Series에 근거한 것입니다. 그리고 이 사실은 채권 포트폴리오의 구성 채권이 세 개 이상일 때에도 성립함을 쉽게 입증할 수 있습니다.

정리 11〉 포트폴리오의 dollar duration

채권 시장의 yield curve가 수평(flat)이라 하자. yield가 변할 때, 즉 yield curve가 평행 이동(parallel shift)할 때, 채권 포트폴리오 F의 가격 변화는 F 자신의 dollar duration과 dollar convexity를 이용하여 추정할 수 있다.

제 4 절 컨벡서티(convexity)

채권의 컨벡서티는 금액 컨벡서티를 채권 가격으로 나누어 상대적으로 나타낸 값입니다. 그러므로 채권 가격이 주어지면, 금액 컨벡서티와 컨벡서티는 기본적으로 동일한 정보를 제공합니다. 다만 금액 컨벡서티보다 컨벡서티가 더욱 자주 언급되는 이유는, 채권 가격의 변동성을 상대적인 수치로 표현하는 방식이 편리한 경우가 많기 때문입니다.

정의 2〉 컨벡서티

컨벡서티 C는 다음과 같이 정의됩니다.

$$C = \frac{DC}{P} = \frac{\left(\frac{d^2P}{dy^2}\right)}{P}.$$

여기서 P = 채권 가격, DC = 채권의 금액 컨벡서티, y = 채권의 yield입니다.

채권의 컨벡서티를 별도로 산출하는 이유는, 채권의 yield가 크게 변할 경우 수정 듀레이션(MD)만으로는 채권 가격의 상대적 변화를 정교하게 추정할 수 없기 때문입니다.

정리 12〉 채권 가격의 상대적 변화와 컨벡서티

yield(y) 변화에 따른 채권 가격(P)의 상대적 변화는 다음과 같습니다. 먼저 절대적 변화를 Taylor Series로 접근하면 아래와 같습니다. Δy가 통상 작은 수치이므로 2차 도함수까지만 사용합니다.

$$\Delta P \approx -DD \times \Delta y + DC \times \frac{(\Delta y)^2}{2!}.$$

양변을 P로 나누고 $\frac{DD}{P} = MD$, $\frac{DC}{P} = C$를 대입하면

$$\begin{aligned}\frac{\Delta P}{P} &\approx -\frac{DD}{P} \times \Delta y + \frac{DC}{P} \times \frac{(\Delta y)^2}{2!}\\ &= -MD \times \Delta y + C \times \frac{(\Delta y)^2}{2!}.\end{aligned}$$

여기서 MD = 수정 듀레이션, C = 컨벡서티를 나타냅니다.

이제 컨벡서티의 정의에 따라 무이표채 및 coupon bond의 컨벡서티 공식을 차례로 구하여 봅시다.

정리 13〉 무이표채의 컨벡서티

만기 n년, 액면가 Par, 만기수익률 y인 무이표채의 컨벡서티를 $C(n, Par, y, 0)$로 표기합시다. 아래 식에서 무이표채의 금액 컨벡서티 $DC(n, Par, y, 0) = n(n+1) \cdot Par \cdot (1+y)^{-(n+2)}$를 대입하면

$$\begin{aligned}C(n, Par, y, 0) &= \frac{DC}{P}\\ &= \frac{n(n+1)Par(1+y)^{-(n+2)}}{Par(1+y)^{-n}}\\ &= \frac{n(n+1)}{(1+y)^2}\end{aligned}$$

입니다. 여기서 $(n+1) \approx n,\ 1+y \approx 1$로 가정하면 무이표채의 컨벡서티는

$$C(n, Par, y, 0) = \frac{n(n+1)}{(1+y)^2} \approx \frac{n^2}{1^2} = n^2$$

과 근사한 수치가 됩니다.

연간복리계산 횟수 = 2회이면 채권 가격과 금액컨벡서티는 각각

$$P = Par \times \left(1 + \frac{y}{2}\right)^{-2n}$$

$$DC(n, Par, y, 0) = n\left(n + \frac{1}{2}\right) \cdot Par \cdot \left(1 + \frac{y}{2}\right)^{-(2n+2)}$$

이므로

$$\begin{aligned} C(n, Par, y, 0) &= \frac{DC}{P} \\ &= \frac{n\left(n + \frac{1}{2}\right) \times Par \times \left(1 + \frac{y}{2}\right)^{-(2n+2)}}{Par \times \left(1 + \frac{y}{2}\right)^{-2n}} \\ &= \frac{n\left(n + \frac{1}{2}\right)}{\left(1 + \frac{y}{2}\right)^2} \end{aligned}$$

이 됩니다.

무이표채의 컨벡서티의 형태를 보면 만기 n과 만기수익률 y만의 함수입니다. 즉 채권의 절대적인 크기나 가격을 나타내는 Par의 함수가 아닙니다. 왜냐하면 컨벡서티는 (수정 듀레이션처럼) 상대적 변동성의 척도이기 때문입니다.

예제 9-10〉 만기 n년의 무이표채의 컨벡서티는 n^2과 유사합니다. 그런데 정확히는 n^2 과는 어떤 관계에 있을까요?

무이표채의 컨벡서티를 자세히 살펴보면 다음의 두 부분으로 분해됩니다.

$$\frac{n(n+1)}{(1+y)^2} = n \cdot \frac{n+1}{(1+y)^2}$$

$$= n^2 \cdot \frac{n+1}{n(1+y)^2} = n^2 \cdot \frac{\frac{n+1}{n}}{(1+y)^2} = n^2 \cdot \frac{1+\frac{1}{n}}{(1+y)^2}$$

$$= n^2 A, \qquad where\ A = \frac{1+\frac{1}{n}}{(1+y)^2}.$$

즉 A의 분자인 $1+\frac{1}{n}$와 분모인 $(1+y)^2$의 상대적 크기에 의해 무이표채의 컨벡서티가 n^2보다 크거나 작은 값이 됩니다. 그런데 y는 고정된 값인 반면 n은 무이표채의 만기에 따라 변하므로, 무이표채의 컨벡서티도 그 만기에 따라 변하게 됩니다. 결론적으로 무이표채의 컨벡서티는 (y가 주어졌을 때)

만기가 상대적으로 짧을(길) 때는 n^2보다 큽니다(작습니다).

가령 $y = 0.05$이면 $(1+y)^2 = 1.05^2 = 1.1025$입니다. 그러므로 $1+\frac{1}{n}$ 값이 이 값보다 크면(작으면) 무이표채의 컨벡서티는 n^2보다 큽니다(작습니다). 가령 $n = 1,\ 2,\ 3,\ \ldots, 9$일 때는 $1+\frac{1}{n}$ 값은 1.1025보다 크므로 그 컨벡서티는 n^2보다 크고 $n \geq 10$이면 그 컨벡서티는 n^2보다 작습니다. ■

한편 coupon bond의 컨벡서티 공식은 다음과 같습니다.

정리 14〉 coupon bond의 컨벡서티

만기 n 년, 액면가 Par , coupon rate c , 만기수익률 y 인 coupon bond의 컨벡서티 $C(n, Par, y, c)$는 다음과 같이 파악됩니다.

$$\begin{aligned}
C(n, Par, y, c) &= \frac{DC}{P} \\
&= \frac{\frac{1}{(1+y)^2}\cdot\sum_{t=1}^{n}\left(t\times(t+1)\times PV\left[CF[t]\right]\right)}{P} \\
&= \sum_{t=1}^{n}\left(\frac{t(t+1)}{(1+y)^2}\times\frac{PV[CF(t)]}{P}\right) \\
&= \sum_{t=1}^{n}\left(\frac{t(t+1)}{(1+y)^2}\times w(t)\right),
\end{aligned}$$

$$where$$

$$w(t) = \frac{PV[CF(t)]}{P} \geq 0, \qquad \sum_{t=1}^{n} w(t) = 1, \qquad and$$

$$CF(t) = \begin{cases} Par\times c, & if\ t < n \\ Par\times(1+c), & if\ t = n \end{cases}.$$

위에서 $\sum_{t=1}^{n} w(t) = 1$이므로 $w(t)$는 일종의 가중치이고

$$C(n, Par, y, c) = \sum_{t=1}^{n}\left(\frac{t(t+1)}{(1+y)^2}\times w(t)\right)$$

는 $\frac{t(t+1)}{(1+y)^2}$의 가중평균입니다. 그런데 $\frac{t(t+1)}{(1+y)^2}$은 다름아닌 만기 t년, yield y인 무이표채의 컨벡서티입니다. 그러므로

이표채의 컨벡서티는 그 이표채를 구성하는 무이표채들의 컨벡서티의 가중평균

입니다.

연간복리계산 횟수 = 2회인 경우 동일하게 분석하면 다음 공식이 산출됩니다.

정리 15〉 coupon bond의 컨벡서티: 연간복리계산 횟수 = 2회

$$C(n, Par, y, c) = \frac{\sum_{k=1}^{2n}\left(\frac{k(k+1)}{4} \times PV[CF(k)]\right)}{P \cdot \left[1+\frac{y}{2}\right]^2}$$

$$= \frac{\sum_{k=1}^{2n}\left(\frac{k(k+1)}{4} \times w(k)\right)}{\left[1+\frac{y}{2}\right]^2},$$

$where$

$$w(k) = \frac{PV[CF(k)]}{P} \geq 0, \qquad \sum_{k} w(k) = 1,$$

$$CF(k) = \begin{cases} Par \times \frac{c}{2}, & if\ k < 2n \\ Par\left(1+\frac{c}{2}\right), & if\ k = 2n \end{cases}, \qquad and \quad PV[CF(k)] = \frac{CF(k)}{\left(1+\frac{y}{2}\right)^k}.$$

이제 예제를 통해 무이표채와 이표채의 컨벡서티 산출 과정을 차례로 살펴보겠습니다.

예제 9-11〉 무이표채의 컨벡서티 산출

만기 5년, 액면가 100, 만기수익률 10%인 무이표채의 가격 P는 $100/(1+0.1)^5$ = 62.0921입니다. 이 채권의

$$MD = \frac{n}{1+y} = \frac{5}{1.1} = 4.5455,$$

$$C = \frac{n(n+1)}{(1+y)^2} = \frac{5 \times 6}{1.1^2} = 24.7934$$

입니다. 이제 이 채권의 만기수익률이 10%에서 10.5%로 상승하면 채권 가격 =

$100/(1.105)^5 = 60.7$이 되어 상대적 가격 변화율은

$$\frac{\Delta P}{P} = \frac{60.7 - 62.0921}{62.0921} = -0.022 = -2.2\%$$

입니다. 수정 듀레이션 MD와 컨벡서티 C를 사용하여 $\frac{\Delta P}{P}$의 근사치를 구하면

$$\begin{aligned}\frac{\Delta P}{P} &\approx -MD \cdot \Delta y + \frac{1}{2} \cdot C \cdot (\Delta y)^2 \\ &= -4.5455 \cdot 0.005 + \frac{1}{2} \cdot 24.7934 \cdot (0.005)^2 \\ &= -0.022 = -2.2\%\end{aligned}$$

이므로 실제의 가격변동과 매우 근사함을 알 수 있습니다. ■

예제 9-12〉 coupon bond의 컨벡서티 산출

만기는 5년, Par는 100, c는 5%, 만기수익률 y는 10%인 이표채의 가격 P는

$$\begin{aligned}P(y) &= \frac{Par \times c}{y} + \frac{Par \times \left(1 - \frac{c}{y}\right)}{(1+y)^n} \\ &= \frac{100 \times 0.05}{0.1} + \frac{100 \times \left(1 - \frac{0.05}{0.1}\right)}{(1+0.1)^5} = 81.0461\end{aligned}$$

입니다. 이 채권의 금액 컨벡서티 DC가 알려져 있다면 컨벡서티는 DC/P로 간단히 계산됩니다. 〈예제 9-9〉에서 이 채권의 금액 컨벡서티는 1738.15로 이미 계산되었으므로, 이 채권의 컨벡서티는 DC/P = 1738.15/81.05 = 21.45입니다. 또 이표채 컨벡서티 공식인

$$C(n, Par, y, c) = \sum_{t=1}^{n}\left(\frac{t(t+1)}{(1+y)^2} \times \frac{PV[CF(t)]}{P}\right) = \sum_{t=1}^{n}\left(\frac{t(t+1)}{(1+y)^2} \times w(t)\right)$$

를 사용하여 구하여도 다음과 같이 동일한 21.45가 산출됩니다.

컨벡서티 산출 (연간이자지급 횟수 = 1회)					
Par	c	n	y		
100	5%	5	10%		
t	t(t+1)/(1+y)^2	CF(t)	PV[CF(t)]	w(t)	[t(t+1)/(1+y)^2]*w(t)
1	1.653	5	4.55	0.06	0.09
2	4.959	5	4.13	0.05	0.25
3	9.917	5	3.76	0.05	0.46
4	16.529	5	3.42	0.04	0.70
5	24.793	105	65.20	0.80	19.94
P =			81.05		
C =					21.45

한편 이자지급 횟수 = 2회인 경우에는 컨벡서티는 21.11로 산출됩니다. 아래 표에서 t는 6개월 (단위)기간을 의미하므로, 가령 $t = 9$는 시점 4.5년(후)를 의미합니다.

컨벡서티 산출 (연간이자지급 횟수 = 2회)					
Par	c	n	y		
100	5%	5	10%		
t	t(t+1)/[4(1+y/2)^2]	CF(t)	PV[CF(t)]	w(t)	t(t+1)*w(t)/[4(1+y/2)^2]
1.0	0.454	2.5	2.38	0.03	0.01
2.0	1.361	2.5	2.27	0.03	0.04
3.0	2.721	2.5	2.16	0.03	0.07
4.0	4.535	2.5	2.06	0.03	0.12
5.0	6.803	2.5	1.96	0.02	0.17
6.0	9.524	2.5	1.87	0.02	0.22
7.0	12.698	2.5	1.78	0.02	0.28
8.0	16.327	2.5	1.69	0.02	0.34
9.0	20.408	2.5	1.61	0.02	0.41
10.0	24.943	102.5	62.93	0.78	19.45
P =			80.70		
C =					21.11

■

위 이표채의 yield가 10.5%로 50 bp 상승하면 그 가격은

$$P(y) = \frac{Par \times c}{y} + \frac{Par \times \left(1 - \frac{c}{y}\right)}{(1+y)^n}$$

$$= \frac{100 \times 0.05}{0.105} + \frac{100 \times \left(1 - \frac{0.05}{0.105}\right)}{(1+0.105)^5} = 79.4143$$

이 됩니다. 이때 실제 채권 가격의 상대적 변화율은

$$\frac{\Delta P}{P} = \frac{79.4143 - 81.0461}{81.0461} = -0.0202 = -2.02\%$$

입니다. 한편 앞장에서 구한 이 채권의 MD = 4.08이었습니다(아래 표).

수정듀레이션 산출 (연간이자지급 횟수 = 1회)					
Par	c	n	y		
100	5%	5	10%		
t	t/(1+y)	CF(t)	PV[CF(t)]	w(t)	[t/(1+y)]· w(t)
1	0.909	5	4.55	0.06	0.05
2	1.818	5	4.13	0.05	0.09
3	2.727	5	3.76	0.05	0.13
4	3.636	5	3.42	0.04	0.15
5	4.545	105	65.20	0.80	3.66
P =			81.05		
MD =					4.08

Taylor Series에 의거하여 이 채권의 상대적 가격 변화 ΔP/P를 추정하면

$$\begin{aligned}\frac{\Delta P}{P} &\approx -MD\cdot\Delta y + \frac{1}{2}\cdot C\cdot(\Delta y)^2 \\ &= -4.08\cdot 0.005 + \frac{1}{2}\cdot 21.45\cdot(0.005)^2 = -0.0204 + .0003 \\ &= -0.0201 = -2.01\%\end{aligned}$$

입니다. 이 값은 실제 상대적 가격 변화인 −2.02%와 매우 가깝습니다. 한편 MD만으로 ΔP/P를 추정하는 경우 ΔP/P = -0.0204가 되어 채권 가격이 실제보다 지나치게 많이 하락하는 것으로 추정됩니다.

지금까지 컨벡서티 개념을 수학적으로 정의하고 공식을 산출하고 예제를 풀어 보았습니다. 이를 바탕으로 컨벡서티의 기본적 특성을 정리해 보겠습니다. 참고로 컨벡서티의 이 특성들은 수정 듀레이션의 (혹은 매컬리 듀레이션의) 기본적 특성들과 유사합니다. 두 척도 모두 채권 가격의 "상대적" 변화를 측정하기 때문입니다. 즉 채권의 절대적 크기인 Par 같은 수치는 채권의 컨벡서티나 수정 듀레이션에 영향을 미칠 수 없습니다. 마찬가지로 채권 "가격"도 채권의 컨벡서티나 수정 듀레이션에 영향을 미칠 수 없습니다. 하지만 절대적 수치가 아닌 특성, 가령 채권의 yield y, 만기 n, coupon rate c는

채권의 컨벡서티나 수정 듀레이션에 영향을 미칠 수 있습니다.* 가령 coupon bond의 컨벡서티 공식인

$$C(n, Par, y, c) \ = \ \sum_{t=1}^{n}\left(\frac{t(t+1)}{(1+y)^2} \times \frac{PV[CF(t)]}{P}\right)$$

에서 이 컨벡서티는 yield y, 만기 n, 그리고 coupon rate c의 함수임을 알 수 있습니다. 가령 위 공식의 $PV[CF(t)]$에는 매년 지급되는 coupon이 포함되어 있고 이 금액은 $CF(t) = Par \cdot c$가 됩니다. 즉 c가 이 채권의 컨벡서티 값에 영향을 미칩니다. 참고로 공식에는 Par, P가 모두 들어가지만, 분모에 P가 있어, 이들은 최종적으로는 모두 서로 cancel out 되어 사라집니다. 혹은, 채권의 컨벡서티는 어차피 채권의 가격이나 절대 크기와 관계 없는 척도이기에, (다른 조건은 같고) 임의로 $Par = 1$로 설정해서 컨벡서티를 구하거나 $Par = 157$로 설정해서 구하거나 결과와 같습니다. 실제로도 이표채의 매컬리 듀레이션의 간단한 공식을 구할 때에도 우리는 그렇게 구한 바 있습니다. 결과적으로 Par, P 같은 채권의 절대 크기와 관련된 수치는 모두 사라지고 n, y, c처럼 절대 크기와는 관련 없는 수치만으로 이표채의 컨벡서티를 하나의 공식으로 표시할 수 있습니다만, 이는 지나치게 복잡한 과정이라 본장에서는 생략합니다.

정리 16〉 컨벡서티의 기본적 특성

(i) 무이표채의 컨벡서티는 액면가의 영향을 받지 않습니다.

(ii) 무이표채의 컨벡서티는 만기가 길수록 커집니다.

(iii) 이표채의 컨벡서티는, 그 이표채를 구성하는 각 무이표채의 컨벡서티의 평균입니다. 평균 산출에 사용되는 가중치는 각 무이표채의 가격입니다.

(iv) 포트폴리오의 컨벡서티는, 그 포트폴리오를 구성하는 각 채권의 컨벡서티의 평균입니다. 평균 산출에 사용되는 가중치는 각 채권의 가격입니다.

---

* 만기 n이 왜 절대적 수치가 아니냐고 여러분들 중 일부는 질무할 수 있습니다. 하지만 액면가 1, 만기 $n = 10$인 무이표채도 존재하고 액면가 100, 만기 $n = 1$인 무이표채도 존재함을 기억하면 n는 채권의 크기, 덩치를 나타내는 절대적 수치가 아님을 쉽게 알 수 있습니다.

컨벡서티의 이러한 특성에 관하여 하나씩 파악합시다.

(i) 무이표채의 컨벡서티는 액면가의 영향을 받지 않습니다.

만기 n년, 액면가 Par, 만기수익률 y인 무이표채의 컨벡서티 $C(n, Par, y, 0) = \frac{n(n+1)}{(1+y)^2}$이므로 만기($n$)과 만기수익률($y$)만의 함수이고 액면가의 영향을 받지 않습니다. 이는 곧 무이표채의 컨벡서티는 채권 가격의 영향도 받지 않음을 의미합니다. 그 이유는, 컨벡서티는 금액 컨벡서티를 채권 가격으로 나누어, 가격 크기로 인한 "size effect"를 제거하였기 때문입니다. 예로써 만기 30년, 액면가 1000, 만기수익률 5%인 무이표채의 컨벡서티와 만기 30년, 액면가 10, 만기수익률 5%인 무이표채의 컨벡서티는 공히

$$\begin{aligned} C(30, 1000, 0.05, 0) &= C(30, 10, 0.05, 0) \\ &= \frac{n(n+1)}{(1+y)^2} = \frac{30 \cdot 31}{1.05^2} = 843.54 \end{aligned}$$

입니다.

(ii) 무이표채의 컨벡서티는 만기가 길수록 커집니다.

무이표채의 컨벡서티는 $\frac{n(n+1)}{(1+y)^2}$이므로, 만기 n이 커질수록 상승함을 알 수 있습니다. 여기서 $n(n+1) \approx n^2$으로 간주하면, 무이표채의 경우 컨벡서티는 MD의 제곱인 $\left(\frac{n}{1+y}\right)^2 = \frac{n^2}{(1+y)^2}$의 값과 가깝습니다. 나아가 $1 + y \approx 1$로 간주하면, 무이표채의 컨벡서티는 만기의 제곱(n^2)과 가까운 값이고, 결국 만기의 제곱에 거의 비례함을 알 수 있습니다. 가령 위 30년 만기 무이표채의 컨벡서티 843.54가 $30^2 = 900$과 아주 다른 값은 아닙니다.

(iii) 이표채의 컨벡서티는, 그 이표채를 구성하는 각 무이표채의 컨벡서티의 가중평균입니다.

이표채는 여러 무이표채로 구성된 채권 포트폴리오이므로 바로 아래 (iv)에서 같이

다루기로 합니다.

(iv) 포트폴리오의 컨벡서티는, 그 포트폴리오를 구성하는 각 채권의 컨벡서티의 가중평균입니다.

여기서는 두 채권으로 이루어진 포트폴리오에 대하여 (iv)를 증명해봅시다. 먼저 두 채권을 A, B라 하고 이 채권들의 포트폴리오를 F라고 합시다. 그리고 이들의 가격을 P(A), P(B), P(F)로 또 이들의 금액 컨벡서티를 DC(A), DC(B), DC(F)로 또 이들의 컨벡서티를 C(A), C(B), C(F)로 각각 표기합시다. 그러면

① P(F) = P(A) + P(B)
② DC(F) = DC(A) + DC(B)
③ DC(A) = C(A) × P(A)
④ DC(B) = C(B) × P(B)
⑤ DC(F) = C(F) × P(F)

가 성립합니다. 이제 ① ~ ⑤를 활용하여 C(F)를 풀어서 정리하면

$$
\begin{aligned}
C(F) &= \frac{DC(F)}{P(F)} \\
&= \frac{DC(A)+DC(B)}{P(A)+P(B)} = \frac{C(A)\cdot P(A)+C(B)\cdot P(B)}{P(A)+P(B)} \\
&= C(A)\cdot\frac{P(A)}{P(A)+P(B)} + C(B)\cdot\frac{P(B)}{P(A)+P(B)} \\
&= C(A)\cdot w(A) + C(B)\cdot w(B)
\end{aligned}
$$

입니다. 여기서 $w(A)$, $w(B)$는 채권 가격에 의한 가중치를 의미하므로, 포트폴리오의 컨벡서티는 포트폴리오를 구성하는 채권들의 컨벡서티에 이 가중치를 적용하여 구한 평균임을 알 수 있습니다. 또한 포트폴리오 구성 채권의 수가 3개 이상일 경우에도 유사한 방식으로 증명할 수 있습니다. ■

이제 컨벡서티의 기본적 특성을 전제로 그 중요한 속성을 살펴봅시다.

정리 17〉 컨벡서티의 속성

(i) 모든 일반 채권(straight bonds)의 컨벡서티는 (+)입니다.
(ii) 만기수익률과 만기가 주어졌을 때, coupon rate이 낮을수록 채권의 컨벡서티는 커집니다.
(iii) 컨벡서티는 수정 듀레이션 MD의 제곱과 가까운 값을 가집니다.

컨벡서티가 이러한 속성을 가지는 이유는 다음과 같습니다.

(i) 모든 일반 채권(straight bonds)의 컨벡서티는 (+)입니다.

채권의 yield가 상승함에 따라 가격함수의 기울기가 완만해짐을 우리는 이미 알고 있습니다. 기울기가 완만해진다는 것은 그 값이 0에 점차 가까워진다는 의미입니다. 그런데 가격함수의 기울기는 항상 (-)이므로, 이는 곧 만기수익률이 상승함에 따라 가격곡선의 기울기 값은 (-10) → (-1) → (-0.01)로 점차 커진다는 뜻입니다. 가격곡선의 기울기가 점차 커지므로 가격곡선의 기울기의 기울기로서의 컨벡서티 값은 항상 양(+)의 값을 가집니다. 단 일반 채권이 아닌, 옵션적 성격을 가지는 채권은 가격곡선의 형태가 볼록하지 않아 항상 이러한 법칙이 성립한다고는 볼 수 없는데. 이에 대하여는 8장 7절의 유효 듀레이션에서 논의한 바 있습니다.

(ii) 만기수익률과 만기가 주어졌을 때, coupon rate이 낮을수록 채권의 컨벡서티는 커집니다.

먼저 구체적인 예제로 이를 파악하여 봅시다.

예제 9-13〉 이표채의 coupon rate과 컨벡서티

만기 2년, 액면가 100, 수익률 곡선은 10%에서 수평일 때, coupon rate이 30%와 1%인 coupon bond의 컨벡서티를 구하면 다음과 같습니다.

컨벡서티 산출					
Par	c	n	y		
100	30%	2	10%		
t	$t(t+1)/(1+y)^2$	CF(t)	PV[CF(t)]	w(t)	$[t(t+1)/(1+y)^2]*w(t)$
1	1.653	30	27.27	0.20	0.33
2	4.959	130	107.44	0.80	3.95
P =			134.71		
C =					4.29

컨벡서티 산출					
Par	c	n	y		
100	1%	2	10%		
t	$t(t+1)/(1+y)^2$	CF(t)	PV[CF(t)]	w(t)	$[t(t+1)/(1+y)^2]*w(t)$
1	1.653	1	0.91	0.01	0.02
2	4.959	101	83.47	0.99	4.91
P =			84.38		
C =					4.92

즉 coupon rate이 30%, 1%인 coupon bond의 컨벡서티는 각각 4.29와 4.92입니다. 그러므로 coupon rate이 낮아지면 컨벡서티는 증가함을 알 수 있습니다. ■

요약하면, 만기 n년, 낮은 coupon rate의 이표채의 컨벡서티가 높은 이유는 현금흐름이 상대적으로 만기에 집중되어 (상대적으로) 만기 n년인 무이표채에 가깝기 때문입니다. 이표채는 여러 시점의 현금흐름, 즉 여러 만기의 무이표채의 집합입니다. 이때 만기에 지급되는 현금흐름은 가까운 미래의 현금흐름보다 큰 컨벡서티를 갖는데, 전자의 비중이 높아지면 coupon bond 전체의 컨벡서티는 증가하고 만기 n년인 무이표채의 컨벡서티에 가까워집니다. 위 예제에서도 coupon rate이 30%인 경우 만기에 지급되는 현금흐름의 현재가치가 채권 가격의 80%를 차지하는 반면 1%의 coupon rate의 경우에는 그 비중이 99%로 높아짐을 알 수 있습니다. 또 만기 2년인 "무이표채"의 컨벡서티는 $\frac{n(n+1)}{(1+y)^2} = \frac{2\times 3}{1.1^2} = 4.96$이어서 "1% 이표채"의 4.92와 유사합니다.

(iii) 컨벡서티는 MD의 제곱과 가까운 값을 가집니다.

이는 특히 무이표채의 경우에 현저히 드러납니다. 만기 n년, 만기수익률 y인 무이표채의 MD와 컨벡서티는 각각 $MD = \frac{n}{1+y}$, $C = \frac{n\cdot(n+1)}{(1+y)^2}$입니다. 즉

$$C = MD^2 \times \frac{n+1}{n}$$

입니다. 여기서 $\frac{n+1}{n} \approx 1$로 간주하면 $C \approx MD^2$임을 알 수 있습니다. 이표채의 경우에는 coupon rate이 낮은 경우 (iii)이 대체로 성립하나, coupon rate이 높은 경우에는 컨벡서티와 MD의 제곱의 괴리가 커집니다. 즉 무이표채에 가까운 이표채일수록 (iii)의 특성이 더 현저하게 나타납니다.

자, 이제 여러분은 컨벡서티와 수정 듀레이션까지 철저하게 익혔습니다. 그러므로 적절한 예제를 풀 시간이 되었습니다. 컨벡서티와 수정 듀레이션 종합 예제를 풀기 전에, 채권 포트폴리오 가격과 이들의 관계를 소환해 봅시다. 이미 여러분이 공부한 정리를 다시 소환한 후 채권 포트폴리오 가격과 이들의 관계를 생각해 보겠습니다.

소환〉 채권 가격의 변화와 금액 컨벡서티

만기수익률 변화 Δy에 따른 채권 가격의 변화 ΔP를 추정할 때, Taylor Series에서 2차 도함수까지 사용하여 ΔP의 근사치를 구하면 다음과 같습니다.

$$\begin{aligned}\Delta P &\approx P'(y) \times \Delta y + P''(y) \times \frac{(\Delta y)^2}{2!} \\ &= \frac{dP}{dy} \times \Delta y + \frac{d^2P}{dy^2} \times \frac{(\Delta y)^2}{2!} \\ &= -DD \times \Delta y + DC \times \frac{(\Delta y)^2}{2!}.\end{aligned}$$

여기서 DD = dollar duration, DC = 금액 컨벡서티(dollar convexity)를 나타냅니다. ■

이제 위의 내용을 채권 포트폴리오에 대해 생각해 봅시다. 채권 A, B로 구성된 포트폴리오 F가 있다고 하겠습니다. 아래 표기(notation)는 굳이 설명을 하지 않아도 혼란의 여지가 없기에 추가 설명 없이 논의를 진행합니다. 처음에는 F 가격의 변화에 대해서, 그 다음에는 F의 "상대적" 가격 변화에 대해서 파악합니다.

정리 18〉 채권 포트폴리오 가격 변화와 달러 듀레이션 및 달러 컨벡서티

$$\Delta P_A \approx -DD_A \times \Delta y + DC_A \times \frac{(\Delta y)^2}{2!},$$

$$\Delta P_B \approx -DD_B \times \Delta y + DC_B \times \frac{(\Delta y)^2}{2!}.$$

$$\begin{aligned}\Delta P_F &= \Delta P_A + \Delta P_B = \text{채권 포트폴리오 가격 변화} \\ &\approx \left(-DD_A \cdot \Delta y + \frac{DC_A}{2!}(\Delta y)^2\right) + \left(-DD_B \cdot \Delta y + \frac{DC_B}{2!}(\Delta y)^2\right) \\ &= -(DD_A + DD_B) \cdot \Delta y + \left(\frac{DC_A + DC_B}{2!}\right)(\Delta y)^2\end{aligned}$$

그런데 포트폴리오 dollar duration DD_F와 포트폴리오 dollar convexity DC_F는 그 포트폴리오를 구성하는 각 채권의 그것들의 합이므로 위 식은 다음과 일치합니다.

$$= -DD_F \cdot \Delta y + DC_F \cdot \frac{(\Delta y)^2}{2!}.$$

이처럼 yield가 변할 때 채권 포트폴리오의 가격 변동은 포트폴리오 자체의 dollar duration과 dollar convexity로 추적할 수 있습니다.

이제 채권 포트폴리오 F의 "상대적" 가격 변화에 대해서도 유사하게 파악해 보겠습니다. 먼저 여러분이 이미 알고 있는 정리를 소환해 보겠습니다.

소환〉 채권 가격의 상대적 변화와 수정 듀레이션 및 컨벡서티

yield(y) 변화에 따른 채권 가격(P)의 상대적 변화는 다음과 같습니다. 먼저 절대적 변화를 Taylor Series로 접근하면 아래와 같습니다. Δy가 통상 작은 수치이므로 2차 도함수까지만 사용합니다.

$$\Delta P \approx -DD \times \Delta y + DC \times \frac{(\Delta y)^2}{2!}.$$

양변을 P로 나누고 DD/P = MD, DC/P = C를 이용하면

$$\frac{\Delta P}{P} \approx -\frac{DD}{P} \times \Delta y + \frac{DC}{P} \times \frac{(\Delta y)^2}{2!}$$

$$= -MD \times \Delta y + C \times \frac{(\Delta y)^2}{2!}.$$

여기서 MD = 수정 듀레이션, C = 컨벡서티를 나타냅니다. ■

이제 위의 내용을 채권 포트폴리오에 대해 생각해 봅시다. 채권 A, B로 구성된 포트폴리오 F가 있다고 하겠습니다. F의 시장 가격을 P_F라 하면, 아래 정리에서 $w_A = \frac{P_A}{P_A + P_B} = \frac{P_A}{P_F}$는 포트폴리오 F에서 채권 A의 비중 즉 가중치(weight)를 말합니다. 또 MD_F와 C_F는 각각 F의 수정 듀레이션과 컨벡서티를 뜻합니다. F의 수정 듀레이션이나 컨벡서티는 F를 구성하는 채권 A, B의 그것들의 가중평균이라는 사실을 아래 정리는 활용하고 있습니다.

정리 19〉 채권 포트폴리오 상대 가격 변화와 수정 듀레이션 및 컨벡서티

채권 포트폴리오 상대 가격 변화 $= \dfrac{\Delta P_F}{P_F}$

$$= \frac{\Delta(P_A + P_B)}{P_A + P_B} = \frac{\Delta P_A + \Delta P_B}{P_A + P_B}$$

$$= \frac{\Delta P_A}{P_A + P_B} + \frac{\Delta P_B}{P_A + P_B}$$

$$\approx \frac{-DD_A \cdot \Delta y + \frac{DC_A}{2!}(\Delta y)^2}{P_A + P_B} + \frac{-DD_B \cdot \Delta y + \frac{DC_B}{2!}(\Delta y)^2}{P_A + P_B}$$

$$= \left(-\frac{DD_A}{P_A + P_B} - \frac{DD_B}{P_A + P_B}\right) \cdot \Delta y + \left(\frac{\frac{DC_A}{P_A + P_B} + \frac{DC_B}{P_A + P_B}}{2!}\right)(\Delta y)^2$$

$$= \left(-\frac{MD_A \cdot P_A}{P_A + P_B} - \frac{MD_B \cdot P_B}{P_A + P_B}\right) \cdot \Delta y + \left(\frac{\frac{C_A \cdot P_A}{P_A + P_B} + \frac{C_B \cdot P_B}{P_A + P_B}}{2!}\right)(\Delta y)^2$$

$$= -\left(MD_A \cdot \frac{P_A}{P_A + P_B} + MD_B \cdot \frac{P_B}{P_A + P_B}\right)\Delta y + \left(\frac{C_A \cdot \frac{P_A}{P_A + P_B} + C_B \cdot \frac{P_B}{P_A + P_B}}{2!}\right)(\Delta y)^2$$

$$= -(MD_A \cdot w_A \ + \ MD_B \cdot w_B) \cdot \Delta y \ + \ \left(\frac{C_A \cdot w_A \ + \ C_B \cdot w_B}{2!}\right)(\Delta y)^2$$

$$= -MD_F \cdot \Delta y \ + \ \frac{C_F}{2!} \cdot (\Delta y)^2.$$

이제 듀레이션과 컨벡서티를 활용하는 종합 문제를 풀어 보겠습니다. 여러분들이 이 종합문제를 막힘 없이 풀어야 비로소 듀레이션과 컨벡서티를 모두 제대로 이해하는 경지에 이르른 것입니다.

예제 9-14〉 듀레이션과 컨벡서티 종합 문제

만기 3년, 액면가 100, coupon rate 5%, yield 10%인 coupon bond를 가정합시다. 먼저 이 채권의 dollar duration, MD, 매컬리 듀레이션, dollar convexity, convexity, PVBP를 구하면 다음과 같습니다. 또 yield가 9%로 하락하는 경우의 실제 채권 가격의 변화와 듀레이션-컨벡서티에 의하여 추정된 가격 변화는 다음과 같습니다.

Par	c	n		yield		
100	5%	3		10.00%		
t	CF(t)	PV[CF(t)]	w(t)	Dollar Duration	Dollar Convexity	Mac. D.
				$t \cdot CF(t) \cdot (1+y)^{-(t+1)}$	$t(t+1) \cdot CF(t) \cdot (1+y)^{-(t+2)}$	t
1	5	4.5455	0.052	4.13	7.51	1
2	5	4.1322	0.047	7.51	20.49	2
3	105	78.8881	0.901	215.15	782.36	3
Price =		87.5657				
Dollar Duration =				226.79		
Modified Duration =				2.59		
PVBP =				0.022679		
Dollar Convexity =					810.36	
Convextity =					9.25	
Macaulay Duration =						2.85

$\Delta P = -DD \times \Delta y + DC \times (\Delta y)^2/2!$							
Δy =	P	P' 실제 가격		-DD×Δy	$DC \times (\Delta y)^2/2!$	ΔP	P' = P + ΔP 추정 가격
-1%	87.5657	89.8748		2.2679	0.0405	2.3085	89.8742

그러므로 dollar duration과 dollar convexity를 모두 사용하여 구한 가격 추정치 89.8742는 yield가 9%일 경우의 실제 채권 가격 89.8748과 거의 일치함을 알 수 있습니다. 만일 DD에 의해서만 가격을 추정하면 DC에 의한 추정치 0.0405를 놓치게 되어 이 수치만큼의 오차가 발생합니다. 한편 PVBP에 의해서만 가격 변화를 추정하면

$$\Delta P \ = \ -PVBP \times (-100) \ = \ -0.022679 \times (-100) \ = \ 2.2679$$

가 되어 DD만에 의한 가격 변화 추정치와 같아집니다. 결과적으로 DD, DC를 모두 사용하여 가격의 변화를 구하면, 수익률 변화가 $\Delta y = 0.01 = 100$bp만큼 클 경우에도 매우 정확하게 가격 변화를 추정할 수 있습니다. ■

제5절 유효 컨벡서티

지금까지의 모든 컨벡서티 개념은 채권의 현금흐름이 일정한 경우를 전제하여 정립된 것들입니다. 그런데 시장에서 거래되는 채권 중에는 시장 이자율(만기수익률)이 변함에 따라 그 현금흐름 자체가 변하는 채권도 존재합니다. 이러한 채권의 가격 변동성은 지금까지의 컨벡서티 개념으로는 정확하게 파악하기 어렵고, 만기수익률의 변화에 따른 현금흐름의 변화를 감안하여 파악하여야 합니다. 이처럼 만기수익률의 변화가 채권의 현금흐름 자체를 변화시킬 가능성을 감안하여 채권 가격의 변동성을 측정하는 개념이 유효 컨벡서티(effective convexity)입니다. 즉 유효 컨벡서티의 필요성은 앞장의 유효 듀레이션(effective duration)의 필요성과 동일한 맥락에서 이해할 수 있습니다. 먼저 유효 컨벡서티의 정의를 살펴봅시다.

정의 3〉 유효 컨벡서티

채권의 유효 컨벡서티 EC의 정의는 다음과 같습니다.

$$EC = \frac{\dfrac{P(y+\Delta y) + P(y-\Delta y) - 2P(y)}{P(y)}}{(\Delta y)^2}.$$

여기서,

y = 현재의 만기수익률

P(y) = "만기수익률 = y"일 때의 채권 가격 (현재 채권 가격)

P(y-Δy) = 만기수익률이 Δy만큼 하락할 때의 채권 가격

P(y+Δy) = 만기수익률이 Δy만큼 상승할 때의 채권 가격

위 식을 이해 혹은 기억하기 위하여, 유효 컨벡서티가 컨벡서티와 별개의 개념이 아님을 인지할 필요가 있습니다. 이 설명은 아주 중요한 내용은 아니고 길이도 좀 긴 편이니 여러분 사정에 따라 생략 혹은 집중하기 바랍니다. 위 식의 분자에서

$$\begin{aligned} &P(y+\Delta y) + P(y-\Delta y) - 2P(y) \\ &= [P(y+\Delta y) - P(y)] - [P(y) - P(y-\Delta y)] \end{aligned}$$

이므로

$$\begin{aligned} EC &= \frac{\dfrac{P(y+\Delta y) + P(y-\Delta y) - 2P(y)}{P(y)}}{(\Delta y)^2} \\ &= \frac{\dfrac{[P(y+\Delta y) - P(y)] - [P(y) - P(y-\Delta y)]}{P(y)}}{(\Delta y)^2} \\ &= \frac{\dfrac{P(y+\Delta y) - P(y)}{P(y)} - \dfrac{P(y) - P(y-\Delta y)}{P(y)}}{(\Delta y)^2} \end{aligned}$$

이 성립합니다. 마지막 식의 분자의 두 항인 $P(y+\Delta y) - P(y)$와 $P(y) - P(y-\Delta y)$는 모두 $P(y)$의 변화 즉 ΔP를 나타냅니다. 사실 엄밀히는 $|\Delta P|$를 나타냅니다. 왜냐하

면 후자의 경우, 즉 yield 변화가 "$-\Delta y$"일 경우는 채권 가격 변화는 $\Delta P = P(y - \Delta y) - P(y)$이기 때문입니다. 즉 y가 $y - \Delta y$로 변하는 경우이니 채권 가격의 변화는, 변한 후 가격 $P(y - \Delta y)$에서 변하기 전 가격 $P(y)$을 뺀 값이 됩니다. 그런데 일반적으로는 (일반 독립변수 K와 일반 함수 f를 사용하면)

$$\Delta f(K) = f(K + \Delta K) - f(K)$$

로 정의합니다. 즉 K가 ΔK만큼 "증가"할 때 함수 f의 변화가 바로 $\Delta f(K) = \Delta f$인 것입니다. 애초의 값 K의 형태가 $K - a$든 K든 $K + a$든 말입니다. 그러므로 $\Delta f(K)$를 정의할 때는 이런 형식, 즉 K가 ΔK만큼 "증가"한다는 형식에 맞춰야 합니다. 그러기에

$$\begin{aligned} f(K) - f(K - \Delta K) &= f([K - \Delta K] + \Delta K) - f(K - \Delta K) \\ &= \Delta f(K - \Delta K) \end{aligned}$$

로 표기하는 것이 바람직합니다 이를 감안하면, 그리고 변하기 전의 독립변수의 값을 $y - \Delta y$로 표기한다면,

$$\begin{aligned} P(y) - P(y - \Delta y) &= P(y - \Delta y + \Delta y) - P(y - \Delta y) \\ &= \Delta P(y - \Delta y) \end{aligned}$$

로 표기할 수 있습니다.

일반적으로 $\Delta P(y - \Delta y)$와 $\Delta P(y)$는 다릅니다. $P(y)$가 y의 1차 함수가 아닌 한 말입니다. 단 Δy가 극도로 작아져 dy가 되면, 그래서 $\Delta P(y - \Delta y) \rightarrow \Delta P(y - dy)$가 되면, $\Delta P(y - \Delta y)$와 $\Delta P(y)$도 $dP(y - dy)$와 $dP(y)$가 되며 이때 이 둘은 서로 같아집니다. 그 이유는 다음과 같습니다.

여러분이 고등학교에서 함수의 기울기를 배웠을 때를 상기해 보기 바랍니다. $P(y)$의 특정 y에서의 기울기의 정의는 y가 dy만큼 더 커질 때나 dy만큼 더 작아질 때나 유효합니다. 특정 값 y에서 기울기가 정의될 수 있다면 말입니다. 이는 곧 이 함수의 독립변수가 $y - dy$에서 y로 커질 때 혹은 y에서 $y + dy$로 커질 때 $P(y)$의 변화량이 같음을 의미합니다. 이때 $P(y)$의 변화량을 표기하면 각각 $dP(y - dy)$와 $dP(y)$가 되므로 결국 $dP(y - dy) = dP(y)$가 성립합니다.

즉 $\Delta y \approx dy$이면 $\Delta P(y-\Delta y) \approx dP(y-dy)$, $\Delta P(y) \approx dP(y)$가 됩니다. 그런데 위의 설명처럼 $dP(y-dy) = dP(y)$이므로 $\Delta P(y-\Delta y) \approx \Delta P(y)$가 됩니다.

또한

$$\Delta P(\mathrm{y}) - \Delta P(y-\Delta y) = \Delta\big(\Delta P(\mathrm{y}-\Delta y)\big)$$

로 표기할 수 있습니다. 이때에도 Δy가 매우 작아 $\Delta y \approx dy$라면 $\Delta P \approx dp$이므로

$$\Delta\big(\Delta P(\mathrm{y}-\Delta y)\big) \approx d\big(dP(\mathrm{y}-dy)\big) \approx d\big(dP(\mathrm{y})\big) = d^2P$$

입니다. 그러므로 위 식은, $\Delta y \rightarrow dy$일 때

$$\begin{aligned}
EC &= \frac{\dfrac{P(y+\Delta y)-P(y)}{P(y)} - \dfrac{P(y)-P(y-\Delta y)}{P(y)}}{(\Delta y)^2} \\
&= \frac{\dfrac{\Delta P(y)}{P(y)} - \dfrac{\Delta P(y-\Delta y)}{P(y)}}{(\Delta y)^2} \\
&= \frac{\dfrac{\Delta[\Delta P(y-\Delta y)]}{P(y)}}{(\Delta y)^2} \\
&\approx \frac{\dfrac{d[dP(y-dy)]}{P(y)}}{(dy)^2} \\
&= \frac{\dfrac{d[dP(y)]}{P(y)}}{(dy)^2} \\
&= \frac{\dfrac{d^2P}{P}}{(dy)^2} \\
&= C
\end{aligned}$$

가 되어 유효 컨벡서티(EC)와 컨벡서티(C)가 유사함을 알 수 있습니다. 단지 두 값이 차

이가 나는 이유는 y가 $\pm dy$만큼 변할 때, 채권에 따라서는 $\frac{dP}{dy}$ 값들이 서로 다를 수 있기 때문입니다. 기울기 $\frac{dP}{dy}$가 서로 다른 경우에 대해서는 앞장의 "유효 듀레이션(effective duration)"에서 설명하였으므로 여기서는 생략합니다. 유효 컨벡서티는 수의상환채권(callable bonds)과 같은 옵션내재 채권의 가격변동성을 측정할 때 매우 유용하게 사용됩니다.

예제 9-15〉 유효 컨벡서티

만기 2년, coupon rate 10%, 액면가 100, 상환액(call price) 100, 상환 시점은 1년이 지난 후부터 만기일까지인 수의상환채권(callable bond)을 가정합시다. 이 채권은 1년 후부터(첫 coupon 지급 후부터) 만기일까지의 기간에는 언제든지 채권 발행자가 원하면 100의 가격으로 상환되어야 합니다. 발행 후 1년이 지난 시점에서의 이 채권의 yield가 $y = 0.1005$ 라고 합시다. 이는 곧 이 시점에서 이 채권의 가격이 110/1.1005 = 99.95457임을 의미합니다. 만일 yield가 $\Delta y = 0.001$만큼 상승하여 $y = 0.1015$가 되면 이 채권의 가격은 $P(y + \Delta y) = 110/1.1015 = 99.86382$가 되고, 만기수익률이 $\Delta y = 0.001$ 하락하여 $y = 0.0995$가 되면 이 채권의 가격은 $P(y - \Delta y) = 110/1.0995 = 100.04548$이 됩니다. 그런데 후자의 경우 채권발행자가 수의상환권을 행사하여 상환액 100을 채권보유자에게 지급하고 채권을 상환할 것이므로, 채권보유자는 100을 지급받게 됩니다. 이는 곧 $P(y - \Delta y) = 100$을 의미합니다. 그러므로 이 수의상환채권의 유효 컨벡서티는 다음과 같습니다.

$$EC = \frac{\dfrac{P(y+\Delta y) - P(y)}{P(y)} - \dfrac{P(y) - P(y-\Delta y)}{P(y)}}{(\Delta y)^2}$$

$$= \frac{\dfrac{P(0.1015) - P(0.1005)}{P(0.1005)} - \dfrac{P(0.1005) - P(0.0995)}{P(0.1005)}}{(0.001)^2}$$

$$= \frac{\dfrac{99.86382 - 99.95457}{99.95457} - \dfrac{99.95457 - 100}{99.95457}}{(0.001)^2}$$

$$= -453.487\ (< 0).$$

이처럼 수의상환채권은 "음의 컨벡서티" 값을 가집니다. 한편 이 채권의 유효 듀레이션은 앞장의 예제에 의하여 0.6812로 구해집니다.* $\Delta y = -0.001$이면, 즉 $y = 0.1005$에서 0.0095로 하락할 때, 실제 채권 가격은 99.95457에서 100으로 변하므로

$$\Delta P = 100 - 99.95457 = 0.04543$$

입니다. 이제 유효 듀레이션(ED)과 유효 컨벡서티(EC)를 사용하여 이 채권의 가격 변화를 추정해 봅시다. 먼저

$$\frac{\Delta P}{P} = -ED \cdot \Delta y + \frac{1}{2} \cdot EC \cdot (\Delta y)^2$$

입니다. 양변에 P를 곱하면

$$\begin{aligned} \Delta P &= P \times \left(-ED \cdot \Delta y + \frac{1}{2} \cdot EC \cdot (\Delta y)^2\right) \\ &= 99.95457 \times \left(-0.6812 \cdot (-0.001) + \frac{1}{2} \cdot (-453.487) \cdot (-0.001)^2\right) \\ &= 99.95457 \times (0.000454456) \\ &= 0.045425 \end{aligned}$$

가 되어 실제의 가격 변화와 매우 근사합니다. 이처럼 ED와 EC를 사용하면, 수의상환권 행사에 의한 채권 가치의 비대칭적인 변화 현상을 충실히 반영하여 실제 채권 가격 변화에 근사한 추정치를 산출할 수 있습니다. 그리고 그 대상이 되는 자산은 수의상환채권뿐 아니라 (여러분이 다음 장에서 배울) 모기지대출(mortgage loans)도 해당됩니다. 통상 모기지 대출도 차입자가 만기일 이전에 (조기)상환할 수 있기 때문입니다. ■

---

* $ED = \dfrac{\frac{P(y-\Delta y) - P(y+\Delta y)}{P(y)}}{2\Delta y} = \dfrac{\frac{P(0.1005-0.001) - P(0.1005+0.001)}{P(0.1005)}}{2\times 0.001} = \dfrac{\frac{100 - 99.86382}{99.95457}}{2\times 0.001} = \dfrac{\frac{0.13618}{99.95457}}{0.002} = 0.6812.$

제 6 절 바벨과 불릿

만기수익률이 Δy만큼 변할 때 채권의 상대적 가격 변화 ΔP/P는 수정듀레이션(MD)과 컨벡서티(C)를 이용하여 다음과 같이 근사할 수 있습니다.

$$\frac{\Delta P}{P} \approx -MD \times \Delta y + C \times \frac{(\Delta y)^2}{2!}.$$

$C > 0$이므로, MD가 동일할 때 컨벡서티가 클수록 채권의 상대적 가격 변화 $\frac{\Delta P}{P}$는 보다 큰 값을 가집니다. 가령 $\Delta y < 0$으로 채권 가격이 상승할 때에는 컨벡서티가 큰 채권일수록 더 크게 상승하고, $\Delta y > 0$으로 채권 가격이 하락할 때에는 컨벡서티가 큰 채권일수록 덜 하락함을 뜻합니다. 또 위 식을 변형하면

$$\Delta P \approx \left(-MD \times \Delta y + C \times \frac{(\Delta y)^2}{2!}\right) \times P$$

가 결과합니다. 그러므로 가격 P가 동일한 경우에는 C가 클수록 ΔP 값은 보다 큰 값을 가집니다. 이는 곧 만기수익률이 변할 때, 컨벡서티 C가 큰 채권의 가격$(= P + \Delta P)$이 컨벡서티가 낮은 채권의 가격보다 높게 형성됨을 의미합니다.

컨벡서티가 채권(포트폴리오)의 가격 변동에 주는 영향을 보다 확실하기 파악하기 위해서 바벨(barbell)과 불릿(bullet)으로 불리는 두 포트폴리오를 비교할 수 있습니다. 바벨은 (주로) 단기와 장기 채권으로 이루어진 포트폴리오를, 불릿은 (주로) 중기 채권만으로 이루어진 포트폴리오를 뜻합니다. 가령, 아래 그림처럼, 만기 1, 2, 9, 10년의 채권들이 각각 25%의 비중(가격)으로 존재하는 포트폴리오가 바벨이라면, 만기 4, 5, 6년의 채권들이 각각 33%의 비중으로 존재하는 포트폴리오를 불릿으로 볼 수 있습니다. 이 채권들이 특히 무이표채라면 완벽한 비교가 되어, 두 포트폴리오의 매컬리 듀레이션은 모두 5(년)이 되고, 이들의 수정 듀레이션은 $MD = \frac{5}{1+y}$가 됩니다.

➢ 그림 9-2〉 바벨과 불릿

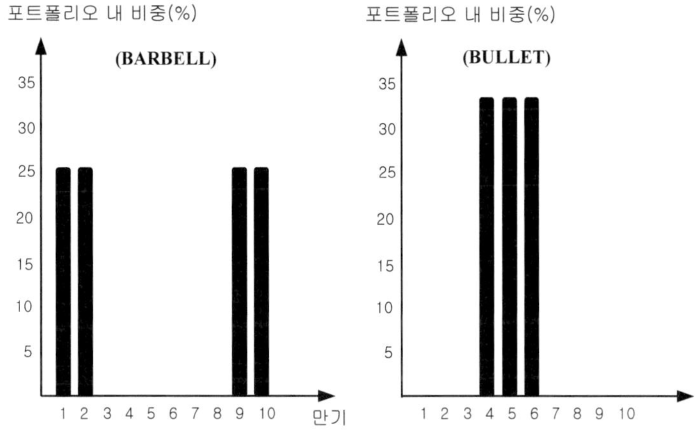

이처럼 포트폴리오의 MD는 이를 구성하는 채권들의 평균 MD이므로, 바벨의 MD은 단기와 장기의 중간값 즉 중기 채권의 MD과 가깝습니다. 즉 대부분의 채권들의 만기가 중기에 집중된 불릿의 MD와 유사한 값을 가집니다. 결국 바벨과 불릿은 그 구성 채권의 만기 구조가 매우 다름에도 불구하고 유사한 MD 값을 갖습니다. 반면 바벨과 불릿의 "컨벡서티"는 다음 예에서와 같이 명확한 대조를 보입니다.

예제 9-16〉 바벨과 불릿의 컨벡서티

yield curve는 10%에서 수평하고, 시장에는 액면가 1000의 채권들만이 거래된다고 가정합시다. 바벨 포트폴리오는 만기 1년과 만기 30년의 무이표채만으로 구성되어 있고, 불릿 포트폴리오는 만기 10년의 채권만으로 구성되어 있다고 가정합시다. 그러면 불릿 포트폴리오의 수정듀레이션(MD)은 채권의 액면가 혹은 개수와 관계없이 MD = D/(1+y) = 10/(1 + 0.1) = 9.091입니다.

불릿이 만기 10년, 액면가 1000인 무이표채 2개로 구성되어 있다고 가정합시다. 그러면 이 포트폴리오의 시장 가격은

$$\frac{2000}{\left(1+r(10)\right)^{10}} = \frac{2000}{(1+y)^{10}} = \frac{2000}{(1+0.1)^{10}} = 771$$

입니다. 우리는 바벨 포트폴리오의 시장 가격도 771이 되도록 두 무이표채를 매입한다고 가정합니다. 또 바벨의 MD가 불릿의 그것과 일치하도록 두 이표채의 구성을 조정한다고 가정합시다. 이렇게 바벨을 구성하는 이유는, 시장 가격과 수정듀레이션이 동일한 바벨과 불릿의 컨벡서티 값의 차이를 구하고 그 의미를 파악하기 위해서입니다.

먼저 바벨을 구성하는 만기 1년과 만기 30년의 무이표채들이 이 포트폴리오에서 차지하는 비중을 각각 w_1, $w_{30}(=1-w_1)$이라 합시다. 이 두 무이표채의 MD는 각각 $\mathrm{MD} = 1/(1+y) = 0.909, 30/(1+y) = 27.273$입니다. 그러므로 바벨의 MD가 불릿의 그것과 일치하기 위해서는 다음의 방정식이 충족되어야 합니다.

$$0.909 \times w_1 + 27.273 \times w_{30} = 9.091.$$

$w_{30} = 1 - w_1$을 위 방정식에 대입하면 다음이 성립합니다.

$$0.909 \times w_1 + 27.273 \times (1 - w_1) = 27.273 - 26.364 \times w_1 = 9.091.$$

그러므로 $w_1 \approx 0.690$입니다. 이제 바벨에 포함된 만기 1년의 무이표채의 비중이 $w_1 \approx 0.690$이 되기 위해서는, 이 무이표채의 시장 가격이 바벨 포트폴리오의 시장 가격 771의 69.0%에 달하여야 합니다. 그러므로 바벨 포트폴리오의 만기 1년 무이표채의 시장 가격은

$$771 \times 0.690 = 532$$

가 됩니다. 이는 곧 이 무이표채의 액면가는

$$532 \times (1 + r(1)) = 532 \times (1 + y) = 532 \times 1.1 = 585$$

가 된다는 의미입니다. 즉 바벨 포트폴리오는 만기 1년, 액면가 1000인 무이표채를 0.585개 포함하여야 합니다. 또 $w_{30} = 1 - w_1 \approx 0.310$이므로 바벨 포트폴리오에 포함된 만기 30년 무이표채의 시장 가격은

$$771 \times 0.310 = 239$$

가 됩니다. 이는 곧 이 30년 만기 무이표채의 액면가는

$$9 \times \left(1 + r(30)\right)^{30} = 239 \times (1 + y)^{30} = 239 \times 1.1^{30} = 4{,}170$$

이 된다는 의미입니다. 그러므로 바벨 포트폴리오는 만기 30년, 액면가 1000인 무이표채를 4.17개 포함하여야 합니다.

이제 두 포트폴리오의 컨벡서티를 구하면 다음과 같습니다. 만기 10년의 무이표채로만 구성된 불릿의 컨벡서티는 공식에 의해

$$\frac{n \cdot (n+1)}{(1+y)^2} = \frac{10 \cdot 11}{(1+0.1)^2} = 90.91$$

입니다. 바벨의 경우에는 두 무이표채의 컨벡서티의 가중평균을 구하여야 합니다. 만기 1년과 30년인 무이표채의 컨벡서티는 각각

$$\frac{1 \times 2}{(1+0.1)^2} = 1.65, \qquad \frac{30 \times 31}{(1+0.1)^2} = 768.60$$

입니다. $w_1 = 0.690,\ w_{30} = 0.310$을 사용하여 이 포트폴리오의 컨벡서티를 구하면

$$1.65 \times w_1 + 768.60 \times w_{30} = 1.65 \times 0.69 + 768.60 \times 0.31 - 239.40$$

입니다. 그러므로 바벨의 컨벡서티 239.40은 불릿의 90.91보다 "훨씬" 큽니다. ■

➢ 도표 9-1〉 바벨과 불릿의 컨벡서티

위 예제의 바벨과 불릿의 MD와 컨벡서티를 도표로 나타내면 다음과 같습니다(소수점 이하의 차이는 반올림 오차).

불릿의 수정듀레이션과 컨벡시티		
Par	n	y
2000	10	10%
P	MD	C
771	9.091	90.91

바벨의 수정듀레이션과 컨벡시티							
y =				10%			
t	MD	C	CF(t)	PV[CF(t)]	w(t)	MD*w(t)	C*w(t)
1	0.909	1.65	585	532	0.69	0.63	1.14
30	27.273	768.60	4170	239	0.31	8.46	238.29
P =				771			
MD =						9.083	
C =							239.44

MD가 (거의) 동일한 바벨과 불릿의 컨벡서티가 위에서와 같이 큰 차이를 보이는 원인은 바벨에 포함된 만기 30년의 채권에서 찾을 수 있습니다. 만기 30년인 채권의 MD는 27.273으로, 불릿의 9.091보다 약 18만큼 큽니다. 그러므로 바벨의 또 다른 채권인 만기 1년 채권의 MD 0.909와의 가중평균이 9.091이 되어, 불릿의 MD인 9.091과 일치할 수 있었습니다(도표의 9.083은 계산과정의 반올림 오차).

하지만 바벨의 만기 30년 채권의 컨벡서티는 768.60으로 매우 큽니다. 그러므로 바벨의 만기 1년 채권의 컨벡서티 1.65와의 가중평균은 239.44가 되어, 불릿의 컨벡서티인 90.91보다 훨씬 더 큰 수치가 됨을 알 수 있습니다. 이처럼 두 포트폴리오의 MD는 일치하지만 컨벡서티가 큰 차이가 나는 이유는, 만기가 긴 채권이 바벨에 포함되어 있기 때문입니다. 물론 만기가 길어질수록 채권의 MD도 증가합니다. 그러나 컨벡서티는 이보다 훨씬 더 크게 증가하는데, 왜냐하면 컨벡서티는 MD와 동등한 차원의 수치가 아니라 MD의 제곱 차원의 수치이기 때문입니다. 이러한 제곱 효과에 의하여, 만기가 긴 채권의 컨벡서티는 그렇지 않은 채권의 컨벡서티와의 차이가 증폭되어 나타나, MD가 서로 같은 바벨과 불릿의 경우 만기가 긴 채권을 포함한 바벨의 컨벡서티는 불릿의 그것보다 일반적으로 더 커집니다.

이를 보다 직관적으로 설명하면 다음 예를 생각해 볼 수 있습니다. {1, 9} 그리고 {4, 6}의 두 (숫자)조합을 생각해 봅시다. 각 조합을 구성하는 숫자들의 산술평균은 모두 5입니다. 반면 각 숫자 제곱들의 평균은 41과 26으로 매우 다릅니다. 즉 $\frac{1^2+9^2}{2} = \frac{82}{2} = 41$ 이고 $\frac{4^2+6^2}{2} = \frac{52}{2} = 26$ 입니다. 각 숫자들의 평균은 동일한데 각 숫자들의 제곱의 평균이 큰 차이가 나는 가장 중요한 이유는 9라는 숫자의 영향력이 제곱 차원에서는 타 숫자들에 비해 훨씬 더 크기 때문입니다. 1과 9 그리고 4와 6은 1차원적으로는 크게 달라 보이지 않습니다. 두 숫자들이 합이 각각 10이고 혹은 두 숫자들의 평균이 각각 5이기 때문일 것입니다. 하지만 제곱의 관점에서 다시 보면 두 숫자들의 집합의 차이가 확연히 드러납니다. 평균 5와 가까운 숫자들의 조합인 4와 6에 비해 평균 5와 매우 먼 숫자들의 조합인 1과 9의 두 경우, 제곱 차원에서는 후자가 더 큰 값을 가집니다. 큰 숫자일수록 그 제곱의 값이 급격하게 커지기 때문입니다. 즉, 9라는 숫자가 제곱 차원에서 더 큰 영향을 미치면서 두 조합의 제곱의 평균에 큰 차이를 만들게 되는 것입니다. 마찬가지로, MD가 4와 6인 두 채권의 포트폴리오(불릿)와 MD가 1과 9

인 두 채권의 포트폴리오(바벨)의 컨벡서티를 각각 계산해 보면 대략 26과 41 정도의 값들이 산출됩니다. 가령 MD가 4와 6인 무이표채들의 만기는 상대적으로 5에 가까운 중기 채권인 반면, MD가 1과 9인 무이표채들의 만기는 상대적으로 5와 크 차이가 나는 단기 채권과 장기 채권입니다. 이때 두 채권 포트폴리오의 MD는 5와 유사한 값을 가질 수 있지만 이들의 컨벡서티는 불릿의 경우 26에 가까운 값을 가지고 바벨의 경우 41에 가까운 값을 가진다고 비유할 수 있습니다. 즉 이 두 포트폴리오의 컨벡서티는 매우 다른 값들을 가집니다.

이제 바벨과 불릿의 (금액)컨벡서티의 차이를 다른 각도에서 생각해 봅시다. 채권의 가격 곡선의 기울기는 음(-)의 값을 가집니다. 그러므로 가격 곡선의 "기울기의 기울기"인 (금액)컨벡서티가 (바벨이) 크다는 것은, 만기수익률이 상승할 때

가격 곡선의 기울기가 보다 빠르게 0에 가까워짐을

의미합니다. 그런데 가격 곡선의 기울기가 0에 가까워질수록, yield 상승에 따른 채권 가격의 하락이 작아집니다. 즉 만기수이률이 상숭할 때 (컨벡서디가 큰) 바벨의 가격 하락은 불릿보다 작게 나타납니다. 이 점은 아래 그림에 잘 나타나 있습니다.

아래 그림은 만기수익률 y_0에서 동일한 수정듀레이션을 가지는 바벨과 불릿 포트폴리오를 나타낸 것입니다. y_0에서 두 포트폴리오의 기울기(= dollar duration)가 같고 시장가격이 P_0로 동일하게 주어졌으므로, 두 포트폴리오의 MD도 동일합니다.*

한편 컨벡서티가 더 큰 바벨의 경우, 만기수익률이 y_0에서 $(y_0 + \Delta y)$로 상승할 때 가격 곡선의 기울기가 0에 보다 가까워지므로 $(y_0 + \Delta y)$에서 바벨 가격 곡선의 기울기가 불릿보다 완만해집니다. 그 결과 $(y_0 + \Delta y)$에서 바벨의 가격은 불릿보다 더 높이 형성됩니다.

---

* 더 정확히는, dollar duration은 가격 곡선 기울기에 음의 부호(-)를 붙인 값입니다.

➢ 그림 9-3〉 바벨과 불릿의 가격 변화

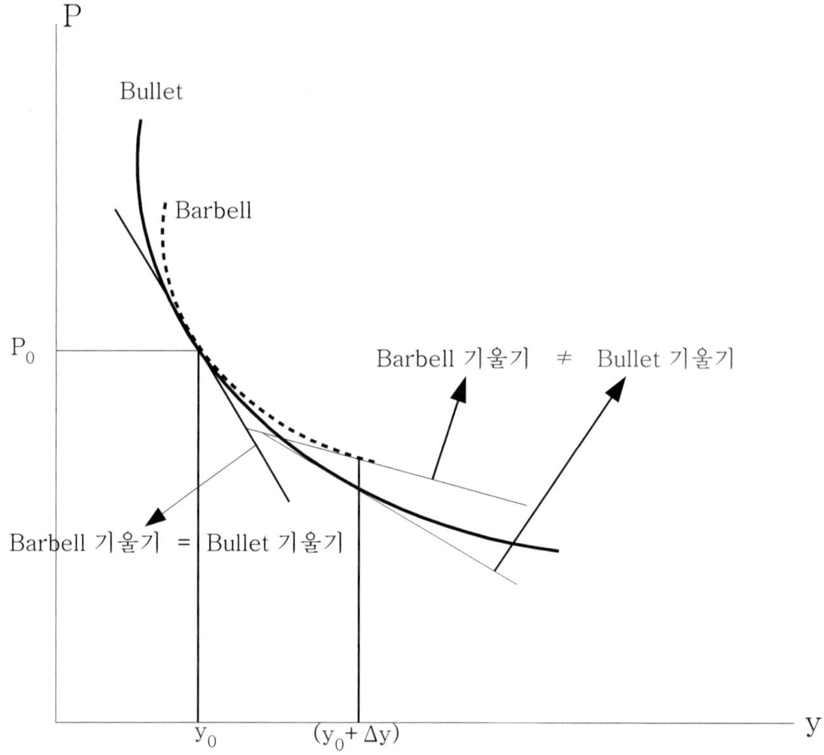

■

질문 9-3〉 그러면 왜 yield 하락 시에도 바벨 가격이 불릿 가격보다 높나요?

바벨의 컨벡서티가 불릿의 그것보다 더 크다는 것은 한마디로 바벨의 가격 곡선의 기울기 변화가 더 크다는 것입니다. 그런데 가격 곡선의 기울기는 항상 (-)이고 볼록하므로, yield가 높을수록 그 기울기가 편평해지고(flat) yield가 낮을수록 그 기울기가 더 가팔라집니다(steep). 이는 곧, yield 하락 시 바벨이나 불릿의 가격은 상승하는데, 특히 바벨의 가격(곡선)은 불릿의 그것보다 더 크게 상승한다는 뜻입니다. 그렇기에 yield 하락 시 바벨 가격이 불릿 가격보다 더 커지는 것입니다. ■

이제 이와 관련된 예제를 하나 풀어 보겠습니다.

예제 9-17〉 바벨과 불릿의 가격 변화

이번에는 만기수익률이 하락할 때에도 바벨의 가격이 불릿보다 높이 형성되는 상황을 살펴봅시다. 앞의 예제를 여기 다시 소환하겠습니다. yield curve는 10%에서 수평하고, 시장에는 액면가 1000의 채권들만이 거래된다고 가정합시다. 바벨 포트폴리오는 만기 1년과 만기 30년의 무이표채만으로 구성되어 있고, 불릿 포트폴리오는 만기 10년, 액면가 1000인 무이표채 2개로 구성되어 있다고 가정합시다. 그러면 불릿의 시장 가격은 $2000/(1+\mathrm{r}(10))^{10} = 2000/(1+\mathrm{y})^{10} = 2000/1.1^{10} = 771$입니다. 바벨의 시장 가격도 771이 되도록 두 무이표채를 매입하고 또 바벨의 MD가 불릿의 그것과 일치하도록 두 이표채의 구성을 완성하면, 바벨 포트폴리오는 만기 1년, 액면가 585인 무이표채와 만기 30년 액면가 4,170인 무이표채를 포함합니다.

만기수익률이 10%에서 9%로 하락하면 두 포트폴리오의 실제의 가격은 다음과 같이 구해집니다. 먼저 불릿의 경우

$$P = \frac{2000}{(1+y)^{10}} = \frac{2000}{1.09^{10}} = 845$$

입니다. 한편 바벨의 경우는 다음과 같이 851이 산출됩니다.

$$P = \frac{585}{(1+y)^{1}} + \frac{4170}{(1+y)^{30}} = \frac{585}{1.09} + \frac{4170}{1.09^{30}} = 851.$$

이처럼 만기수익률이 하락하는 경우에도 바벨의 가격은 불릿의 가격보다 높게 형성됩니다. ■

이 예제에서 바벨의 가격 변화는 ΔP = 851 − 771 = +80이고, 불릿의 그것은 845 − 771 = +74입니다. 두 포트폴리오의 가격 변화를 MD, 컨벡서티(C), 현재의 가격 및 만기수익률의 변동(Δy)으로 근사하면 다음과 같습니다.

$$\Delta P \approx \left(-MD \times \Delta y + C \times \frac{(\Delta y)^2}{2!}\right) \times P.$$

여기서 두 포트폴리오는 공히 P = 771, MD = 9.091이고 $\Delta y = -0.01$을 가정합니다. 이제 바벨의 가격 변화는 대략

$$\begin{aligned}\Delta P &\approx \left(-9.091 \times (-0.01) + 239.44 \times \frac{(-0.01)^2}{2!}\right) \times 771 \\ &= (0.09091 + 0.01197) \times 771 \\ &= 70.1 + 9.2 \\ &= 79.3\end{aligned}$$

과 같고 불릿의 가격 변화는 대략

$$\begin{aligned}\Delta P &\approx \left(-9.091 \times (-0.01) + 90.91 \times \frac{(-0.01)^2}{2!}\right) \times 771 \\ &= (0.09091 + 0.00455) \times 771 \\ &= 70.1 + 3.5 \\ &= 73.6\end{aligned}$$

으로 구해집니다. 그러므로 바벨과 불릿의 가격 변화 중 MD로 인한 변화는 +70.1로 일치하지만 컨벡서티로 인한 변화는 바벨은 +9.2, 불릿은 +3.5로 일정한 차이를 보이고, 이로 인하여 바벨의 가격 상승분 79.3이 불릿의 73.6보다 큼을 알 수 있습니다.*

이제 마지막으로 바벨과 불릿의 “현재 가격”이 타당한 것인지에 대하여 논의해 봅시다.

---

* 바로 위에서 산출된, 바벨과 불릿의 새 가격의 차이 851-845 = 6은 바벨과 불릿의 추정된 가격 변동폭의 차이인 79.3-73.6 = 5.7과 유사합니다.

질문 9-4〉 만기수익률의 변동 방향과 관계없이 항상 바벨의 미래 가격이 보다 높게 형성된다면, 모든 투자자가 불릿보다는 바벨을 매입할 것이므로 바벨의 현재 시장 가격이 불릿의 그것보다 높아야 하지 않을까요?

예를 들면, 바벨의 미래 가격이 언제나 불릿보다 높은데 현재 두 포트폴리오의 시장 가격이 일치한다면, 바벨을 매입하고 불릿을 (공)매도함으로써 차익거래가 발생할 수 있고 이 경우 바벨의 가격은 상승하고 불릿의 가격은 하락할 것입니다. 그런데 이 논리가 맞는가에 대한 답은 다음을 고려해야 합니다. 우리가 지금까지 파악한 바벨과 불릿의 가격 변화는 특정한 상황에서만 유효하기 때문에, 현실에서 미래 바벨 가격이 미래 불릿 가격보다 항상 높을 것이라고 단정할 수는 없다는 것입니다. 그러므로 바벨을 매입하고 불릿을 (공)매도하는 거래가 반드시 차익을 발생시키는 차익거래가 된다고 단정할 수 없습니다.

그 이유를 알아 봅시다. 여기서 특정한 상황 혹은 특정한 조건이란, 바벨과 불릿 비교 시 채권들의 yield 변화에 따른 가격 변화를 추정하였기에, yield를 사용한 이 비교가 티당하기 위해서는 채권 yield의 전제소건이 충족되어야 한다는 것입니다. 그 전제조건을 감안하면

① yield curve가 수평이고(flat)
② yield curve가 평행이동(parallel shift) 할 때만

바벨의 가격이 항상 불릿보다 높아진다는 것입니다. 만일 ①, ②가 동시에 충족되지는 않는다면, 미래 바벨 가격이 항상 불릿 가격보다 높아진다고 단정할 수는 없으며, case-by-case로 따져 보아야 합니다. 이제 편의적으로 ①이 충족된 상황에서 ②가 충족되지 않는 세 가지 경우만 따져 보겠습니다.

1) yield curve가 미래에 우상향(upward sloping) 하는 경우

현재 $y = 0.1$에서 수평인 yield curve가 "향후" 우상향한다고 가정해 보겠습니다. $y = 0.1$에서 수평인 yield curve란 모든 현물 이자율이 0.1, 즉 $r(t) = 0.1$임을 말합니다. 물론 우리 예제에서 $t = 1, 2, , , 30, \dots$입니다. 이제

$$r(t) = 0.1 + (t-10) \times 0.005$$
$$= 0.005 \times t + 0.05$$

라 합시다. 그러면 이 현물 이자율 곡선(spot rate curve)은 t의 증가함수이며, 그 결과 yield curve 또한 우상향하게 됩니다. 이때 세 현물 이자율 값은 다음과 같습니다. (선명한 비교를 위해 $r(30) = 0.2$로 설정되었습니다.)

$$r(1) = 0.055, \qquad r(10) = 0.1, \qquad r(30) = 0.2$$

그러면, 만기 10년, 액면가 1000인 무이표채 2개로 구성된 불릿 포트폴리오의 새 시장 가격은

$$P = \frac{2000}{(1+y)^{10}} = \frac{2000}{1.1^{10}} = 771$$

이고, 만기 1년, 액면가 585인 무이표채와 만기 30년 액면가 4,170인 무이표채로 구성된 바벨 포트폴리오의 새 시장 가격은

$$P = \frac{585}{(1+y)^{1}} + \frac{4170}{(1+y)^{30}} = \frac{585}{1.055} + \frac{4170}{1.2^{30}} = 572$$

가 됩니다. 즉 이 경우 바벨의 가격이 불릿의 가격보다 낮아집니다.

2) yield curve가 미래에 우하향(downward sloping) 하는 경우

현재 $y = 0.1$에서 수평인 yield curve가 향후 우하향한다고 가정해 보겠습니다.

$$r(t) = 0.1 + (10-t) \times 0.001$$
$$= -0.001 \times t + 0.11$$

라 합시다. 그러면 이 현물 이자율 곡선(spot rate curve)은 t의 감소함수이며, 그 결과 yield curve 또한 우하향하게 됩니다. 이때 세 현물 이자율 값은 다음과 같습니다.

$$r(1) = 0.109, \qquad r(10) = 0.1, \qquad r(30) = 0.08$$

그러면, 만기 10년, 액면가 1000인 무이표채 2개로 구성된 불릿 포트폴리오의 시장

가격은

$$P = \frac{2000}{(1+y)^{10}} = \frac{2000}{1.1^{10}} = 771$$

이고, 만기 1년, 액면가 585인 무이표채와 만기 30년 액면가 4,170인 무이표채로 구성된 바벨 포트폴리오의 시장 가격은

$$P = \frac{585}{(1+y)^{1}} + \frac{4170}{(1+y)^{30}} = \frac{585}{1.109} + \frac{4170}{1.08^{30}} = 942$$

가 됩니다. 즉 이 경우에는 바벨의 가격이 불릿의 가격보다 높아집니다.

3) yield curve가 향후 제멋대로(?) 변하는 경우

이 경우 현물 이자율이 변할 때 바벨이 항상 불릿 가격보다 높아지지는 않습니다. 하나의 예로(counter-example) $r(10)$은 하락하고 바벨을 구성하는 $r(1)$, $r(30)$은 상승한다고 가정해봅시다. 이 경우 당연히 불릿의 가격은 상승하고 바벨의 가격은 하락할 것입니다.

이밖에도 현재 yield curve 자체가 수평이 아닌 경우가 오히려 일반적입니다. 이 모든 경우에는 채권의 수정듀레이션(MD)과 컨벡서티를 사용하여 추정한 가격 변화는 더 이상 유효하지 않습니다. 이러한 상황에서 유효한 척도는 앞장에서 배운 바 있는 "이자율 듀레이션"입니다. 즉 (제한적 가정이 내재된) MD와 컨벡서티로부터 추출되는 결론에 의해 실제 시장에서 바벨과 불릿의 가격이 항상 결정된다고는 할 수 없습니다. 나아가, 컨벡서티 측면에서는 바벨이 불릿보다 유리하다 하여도, 다른 측면에서는 불릿보다 불리한 측면이 있을 수 있습니다. 가령 바벨을 구성하는 채권들의 가격이 현재 (일시적으로) 적정 시장 가격(fair market value)보다 높게 형성되어 있을 수도 있습니다. 그러므로 바벨과 불릿의 가격을 비교할 때에는 이러한 모든 요소를 종합적으로 살펴보아야 하며, 단순히 yield 변화 시 바벨이 항상 유리하다고 단정할 수는 없습니다. ■

CHAPTER **10**

모기지와 MBS

본장에서는

은행이 고객에게 제공한 주택담보대출인 "모기지(mortgage loans)"와
모기지의 가장 기초적 파생상품인 자동이체증권(a pass-through security)을

배우고, 이러한 자산의 독특한 위험인 "prepayment risk"에 대하여 논의합니다. 우리나라에서는 영단어인 모기지보다 "모기지론"이란 표현을 훨씬 더 많이 사용하므로, 본서에서도 '모기지론'이란 단어를 사용합니다. 또 MBS(mortgage-backed securities)란 은행이 모기지론을 기초자산으로 하여 발행된 증권을 의미하는데, 우리말로는 주택저당증권이라 합니다.* "~을 기초자산으로 하여 발행된 증권"이라는 표현은 여러분들이 본서에서 (혹은 인생에서) 처음 들어보는 표현인데, 그 의미는 본장 및 다음 장에서 쉽게 설명될 것입니다.

그런데 은행이 고객에게 제공한 부동산담보대출인 모기지론이 주택 구입에만 사용되지는 않고, 말 그대로 '부동산' 구입에 사용됩니다. 즉 '건물' 같은 부동산 구입에도 사용될 수 있는데, 왜 MBS를 우리나라에서는 '주택'저당증권이라 할까요? 마찬가지로, 엄밀히는 건물 등을 포함하는 부동산담보대출인 모기지론을 왜 우리나라에서는 '주택담보대출'로 가장 많이 번역할까요? 그 이유는 다음과 같습니다.

---

* 주택담보부증권이라고도 합니다. MBS가 영어 단어이니 우리말 번역은 여러 버전이 가능합니다.

질문 10-1〉 mortgage와 MBS를 '주택~'으로 번역하는 이유가 있나요?

우리나라, 미국, 유럽, 일본 등 대부분 국가의 모기지론은 주택구입을 위한 모기지론이 90% 내외로 압도적이기 때문입니다.* ■

엄밀히는 모기지론은 residential mortgage(주택담보대출)와 commercial mortgage(상업용 모기지론)을 모두 포함합니다만, 대부분 국가에서 residential mortgage가 금액과 중요성 면에서 압도적이기 때문에 이 사실이 반영되어 두고 주택담보대출 및 주택저당증권이라고 번역되고 있습니다.

한편 prepayment risk는 우리말로 조기상환위험 혹은 중도상환위험이라 하는데, 이에 관해서는 본장 중반에서 상세히 논의합니다. 개별 모기지론 같은 자산에는 파산 위험과 조기상환 위험이 존재하여 이들은 외부 투자자들에게 매력적인 투자 대상이 되기 어렵습니다. 하지만 이들을 기반으로 해서 새롭게 설계된 (MBS 같은) 파생상품은 이런 위험들이 유의하게 감소되고 그 현금흐름 양상(구조)도 투자자들이 선호할만한 형태로 재구성될 수 있습니다. 이처럼 투자자들이 쉽게 접근하기 어렵고 별 인기가 없는 모기지론 같은 (기초)자산을 바탕으로, 보다 매력적인 투자대상으로 변형하여 시장에서 거래되도록 만드는 일련의 과정을

자산 유동화, 영어로는 securitization

이라 합니다. 이 자산 유동화에 대해서도 본장 후반에 상세히 설명합니다.

* 2025년 7월 현재 시점에서입니다.

제 1 절 모기지론(부동산담보대출)

차입자(borrower)가 은행 등의 금융기관에 주택, 상가 건물, 임야, 토지 등을 담보로 제공하고 자금을 조달하는 것을 부동산담보대출(mortgage loan)이라 합니다. 그런데 이 설명만 들으면 마치 차입자가 은행에 주택 등을 먼저 담보로 제공한 후 은행으로부터 대출금을 얻는 것 같아 보입니다. 하지만 실제 선후관계는 이와는 다르게, 은행이 차입자에게 대출금을 제공하면서 동시에 차입자가 구입할 주택에 대한 담보권(저당원)을 설정하는 것입니다. 주택의 소유권 자체는 차입자에게 귀속됩니다. 하지만 차입자가 대출 원리금의 정기적인 지불(pay back)을 연체하거나 아예 지불을 못하는 경우(채무불이행, default)에는, 은행은 해당 주택을 처분해 은행의 (대출) 채권(claim)을 회수할 수 있는 담보권(저당권)을 가집니다. 담보권은 등기부에 기재되어 제3자에게도 효력이 있으며, 차입자가 약정된 상환을 하지 않을 경우 은행은 경매 등을 통해 주택을 처분할 수 있습니다.

참고 1〉 은행의 (대출)채권과 본서의 채권(bond)의 차이를 설명해 주세요.

네, 특히 한자(漢字)를 배운 적 없는 독자들이 자주 혼동할 수 있는 용어들입니다. 은행의 (대출)채권(claim)은

은행이 차입자에게 돈을 빌려주고 이를 돌려받을 수 있는 권리

를 뜻합니다. 반면, 본 교재에서 말하는 채권(bond)은

정부나 기업이 발행하여
투자자로부터 돈을 빌리고 일정 이자를 지급하겠다는 유가증권

입니다. 요약하면, 은행이 차입자에게 제공한 (대출)채권은 무형의 권리이고 정부나 기업이 발행하는 채권은 유형의 증서입니다.* ■

---

* 한자로는 은행의 채권을 "債權"으로, 기업 등이 발행한 채권을 "債券"으로 씁니다. 權은 '권리'를, 券은 '문서', '증서'를 말합니다.

부동산을 담보로 제공한다는 것은, 만일 차입자(mortgagor)가 대출자(mortgagee)에게 대출 원리금을 정기적으로 지급하지 못하면 대출자는 담보물을 처분하여 자신의 경제적 권리를 보호할 수 있다는 의미입니다. 부동산담보는 우리나라의 금융기관에서 가장 선호하는 채권보전 방법 중 하나로 대부분의 금융기관에서 취급하고 있으며, 가령 아파트의 경우에는 특히 금융기관의 선호도가 높아 아파트만을 위한 대출상품이 개발되기도 하는 실정입니다. 참고로 은행 등이 아파트 구입과 관련된 대출을 선호하는 이유는, 우리나라의 아파트는

1) 가치 혹은 시세가 비교적 안정적이고
2) 거래의 유동성이 높고 (= 공정한 시장 가치와 유사한 가격으로 자주 거래됨)
3) 자산으로서의 공정한 감정 평가도 타 부동산에 비해 용이하기

때문입니다. 즉 차입자가 채무를 이행하지 못할 때에도 대출 기관이 아파트를 매각하여 대출금을 (손실 없이) 회수하기 용이하기 때문입니다.

다시 본론으로 돌아와, 본장에서는 부동산담보대출과 이에 대한 파생상품들의 중요한 경제적 특성을 파악하기로 합니다. 부동산담보대출을 기초자산으로 하는 파생상품은 크게 자동이체증권, CMO(collateralized mortgage obligations), 그리고 분리형 부동산담보증권의 세 가지로 분류되는데, 본장에서는 자동이체증권에 대해서만 논의하고 CMO와 분리형 부동산담보증권은 다음 장에서 파악하기로 합니다. 또한 부동산담보의 유형으로는 통상 주택(residential property)과 비주택(nonresidential property)으로 분류되는 바, 여기서는 일반 채권과 비교가능성이 높은 주택담보대출(residential mortgage)을 중심으로 분석하기로 합니다.

1. 대출의 주체

먼저 누가, 어떠한 경제주체가, 차입자에게 주택 등을 구입할 자금을 대출해 주는지 파악해 보겠습니다. 편의상 모기지 시장 규모가 가장 큰 미국 시장을 대상으로 설명합니다.

질문 10-2〉 누가 돈을 빌려주나요?

모기지(론) 시장이 가장 크고 성숙한 미국의 경우 (다양한) 주택담보대출 서비스를 제공하는 주요 금융기관은 상업은행(commercial banks), 저축기관(savings institutions) 및 모기지전문 금융기관(mortgage bankers) 등입니다. "mortgage originators"라 불리는 이 금융기관들은 차입자가 구입할 주택을 담보로 잡고 주택구입자금을 대출해 줌으로써 (대출)채권을 취득합니다. 이들은 이 대출채권을 다양하게 활용합니다.

1) Holding(보유) : 자신들의 투자 포트폴리오 내의 한 자산으로 보유할 수 있습니다.*
2) Selling(양도) : 이 주택담보대출(채권)을 보유하기를 원하는 다른 투자가에게 팔 수도 있습니다. 이것 자체가 하나의 자산(asset)이기 때문입니다. 마치 삼성전자 주식을 타인과 거래하여 매도하는 것처럼 말입니다.
3) Securitization(유동화) : 이 주택담보대출의 현금흐름을 담보(기초자산)로 하여 새로운 증권을 발행하여 팔 수 있습니다. 여기서 증권을 발행한다 함은 주식 같은 증권을 발행하여 뉴욕 증권거래소에 상장시킨다는 의미가 아니고, 투자자들이 거래하기 쉽게 주택담보대출의 $\frac{1}{n}$의 지분으로 쪼개서 거래하는 방식 등을 의미합니다. 다른 말로는 "유동화"라고 합니다.

마지막 경우인 mortgage loan의 "증권화 혹은 유동화(securitization)"의 경우, 그 결과로 파생되는 증권은 mortgage loan에 직접 투자할 수 없는 다른 투자가들에게는 대체투자 대상이 됩니다. 주택담보대출, 즉 mortgage loan을 증권화하는 과정과 유형에 대하여는 본 장의 후반부에서 자세히 논의합니다.

mortgage loan을 증권화한 결과 발생한 파생증권이 바로 MBS(mortgage-backed-securities)입니다. 미국의 경우 MBS를 발행하는 주요 기관은 the Federal Home Loan Mortgage Corporation 및 the Federal National Mortgage Association이고, 민간금융기관이 발행한 MBS를 보증하는 기관은 the Government National Mortgage Association인데, 이들을 줄여서 각각 FHLMC(Freddie Mac), FNMA(Fannie Mae), 그리고 GNMA(Ginnie Mae)라 부릅니다. 우리나라에서는 은행의 mortgage loan을 한국주택금융공사가 신용보증하고 있

---

* 상업은행과 저축기관은 대출 후 대출채권을 자신들의 자산 중 일부로 보유하는 경우가 많지만, 모기지 전문 금융기관은 대출 후에 대출채권을 장기간 직접 보유하는 경우가 드뭅니다.

고 또 이들의 증권화도 담당하고 있습니다. 우리나라에서는 모기지론을 "주택저당채권"으로, 이를 기초자산으로 발행되는 MBS를 "주택저당증권"이라고 부르며, 이러한 증권화 과정을 "유동화"라고도 부르고 있습니다. 본서에서는 주택담보대출(채권), 주택저당대출, 모기지(론)을 모두 같은 의미로 사용합니다. ■

참고 2〉 Freddie Mac, FNMA, Ginnie Mae의 발음에 대해

미국의 주요 주택금융 관련 정부 후원기관(GSE)들은 공식 약어 외에 시장에서 통용되는 고유의 애칭이 존재합니다.* Federal Home Loan Mortgage Corporation(FHLMC)은 일반적으로 Freddie Mac(프레디맥)이라 불리며, Federal National Mortgage Association(FNMA)은 Fannie Mae(패니메이), Government National Mortgage Association(GNMA)은 Ginnie Mae(지니메이)라는 애칭으로 불립니다. 이러한 명칭은 약어를 발음하기 어렵거나 불편한 점, 그리고 시장 참여자들에게 친숙하게 다가가기 위한 이유로 "사람 이름"처럼 의인화된 형태로 정착되었으며, 실무 및 언론에서도 거의 예외 없이 사용됩니다. ■

또 다른 참고로, 우리나라의 경우 은행의 모기지론과 한국주택금융공사의 유사 금융상품을 비교해 보겠습니다. 이 내용은 독자 여러분의 상식을 위한 것입니다.

참고 3〉 우리나라 은행(권)의 모기지론과 한국주택금융공사의 유사 금융상품을 비교해 설명해 주세요.

은행의 모기지론과 주택금융공사(HF)의 보금자리론은 모두 주택담보대출의 한 형태이지만, 구조와 목적 면에서 본질적인 차이가 있습니다. 은행 모기지론은 민간 금융기관이 자체 자금을 활용하여 운영하는 상품으로, 차입자의 신용, 담보 가치, 소득 수준 등에 따라 대출 이자율과 조건이 결정됩니다. 고정금리와 변동금리 중에서 선택할 수 있으며, 상환 방식 또한 원리금균등상환, 원금균등상환, 만기일시상환 등 다양합니다.

반면, 보금자리론은 한국주택금융공사에서 공급하는 정책금융상품으로, 일정 소득

---

* GSE는 government-sponsored enterprise의 약어입니다.

이하의 무주택 가구를 대상으로 장기 고정금리로 제공되며, 주택 구입 목적에 한하여 이용할 수 있습니다. 그리고 대한민국 정부가 실질적으로 금리를 조정하기 때문에, 보금자리론은 일반 시중금리보다 낮거나 안정적인 수준에서 대출이 가능하고, 중도상환 수수료가 없거나 매우 낮아 조기 상환 시에도 부담이 적은 편입니다.

다만, 보금자리론은 소득, 주택가격, 무주택 여부 등 엄격한 자격 요건을 충족해야 이용이 가능하므로, 해당 요건에 부합하지 않는 경우 선택이 어려울 수 있습니다. 이에 반해 은행 모기지론은 자격 요건이 상대적으로 완화되어 있으며, 대출금의 사용 목적에 있어서도 제약이 적어 활용 범위가 넓다는 장점이 있습니다. 요약하면, 보금자리론은 금리의 안정성과 제도적 보호를 선호하는 차입자에게 적합하며, 은행 모기지론은 신용등급이 양호하고 금리 변동에 유연하게 대응할 수 있는 차입자에게 더 적합하다고 할 수 있습니다. ■

네, 좀 딱딱하죠? 모기지론의 내용과 제도가 좀 그렇습니다. 하지만 이런 최초의 과정을 지나면 이 주제도 충분히 흥미로울 수 있음을 느끼게 될 것입니다. 이제 한국주택금융공사를 여러분이 원하지도 않은 상태에서 접하게 되었으니, 이 기관에 대해서 조금만 더 알아보고 모기지론에 대해 계속 논의하겠습니다. 참고로 미국의 Freddie Mac, Fannie Mae, GNMA나 한국의 한국주택금융공사는 주로 주택용 모기지(residential mortgage)를 취급하며 상업용 모기지(commercial mortgage)는 다른 금융기관들이 주로 다룹니다.*

참고 4〉 한국주택금융공사

한국주택금융공사(HF, Housing Finance Corporation)는 대한민국 국민의 내 집 마련을 지원하고 주택금융시장의 안정화를 도모하기 위해 2004년 3월에 설립된 정책금융기관입니다. 이 기관은 과거 주택은행(현 KB국민은행)의 주택금융 기능이 축소된 이후, 장기 및 고정금리·분할상환이 가능한 주택담보대출 상품을 제공하기 위한 공적 필요성에 따라 태동하였습니다. 설립 목적은 서민과 중산층의 주거 안정을 돕고, 모기지(론) 유동

* 구체적으로 상업은행, 보험회사, 투자은행, 부동산투자신탁(REITs) 등이 상업용 모기지론을 제공합니다.

화 시장을 육성하여 금융시장의 안정성과 예측 가능성을 높이는 데 있습니다. 한국주택금융공사의 주요 기능에는 보금자리론, 적격대출 등 장기 고정금리 주택담보대출의 공급, 주택저당증권(MBS)의 발행 및 유통, 유동화 대상 대출의 인수 및 관리, 그리고 주택연금 제도 운영 등이 포함됩니다. 이러한 기능을 통해 은행 등의 금융기관은 대출금을 회수하고, 차입자는 안정적으로 주택 자금을 마련할 수 있도록 지원받습니다.

미국의 패니메이(Fannie Mae), 프레디맥(Freddie Mac), 지니메이(Ginnie Mae)와 비교해 보면, 주택금융공사는 이들 기관의 역할을 일부 결합한 형태라고 할 수 있습니다. 특히 보금자리론을 통해 장기 고정금리 모기지를 공급하고, 이를 유동화하여 주택저당증권(MBS)을 발행하는 구조는 미국의 패니메이와 프레디맥의 기능과 유사합니다. 단지 한국주택금융공사는 정부가 직접 설립한 공공기관으로, 민간 주주가 있는 미국의 정부후원기관(GSE)들과는 설립 구조 면에서 차이가 있습니다. 또한 지니메이처럼, 발행된 MBS에 대해 사실상 정부 보증 역할을 수행하는 점에서는 유사한 측면도 존재합니다. 요약하면 한국주택금융공사는 한국형 공공 모기지 제도를 실현하기 위해 설립된 기관으로서, 미국의 주요 주택금융 기관들과 유사한 유동화 구조를 바탕으로 국민 주거 안정과 주택금융시장 발전에 중요한 역할을 담당하고 있습니다. ■

질문 10-3〉 투자 포트폴리오 내의 한 자산으로 보유할 수 있다고 했는데, 여기서 자산의 구체적 내용은 무엇인가요?

여기서의 자산은 차입자가 금융기관에 담보로 맡긴 부동산이 아닙니다. 어차피 대출 금융기관은 그 부동산의 법적 소유자는 아니고 담보권만을 가지고 있기 때문입니다. 금융기관의 대출로 인해 차입자는 대출 만기일까지 정기적으로 대출 원리금을 갚아나가야 하는데, 차입자가 수십 년간에 걸쳐 지불할 일련의 현금흐름은 금융기관에 귀속됩니다. 이 일련의 미래 현금흐름은 통틀어 하나의 자산으로 볼 수 있습니다. 이 현금흐름에 대한 금융기관의 (배타적) 권리가 바로 일종의 자산이란 뜻입니다. ■

2. 대출의 유형

mortgage loan의 (대출)이자율은 국채에 대한 현물 이자율(무위험 이자율)에 일정한 스프레드가 가산되어 결정됩니다. 일정한 스프레드가 가산되는 이유는, 이 대출에 따른 부수적 업무와 관련하여 일정한 비용이 발생할 뿐 아니라, 대출에 따른 여러 위험을 은행이 부담하기 때문에 그에 대한 보상이 필요하기 때문입니다. mortgage loan의 위험에 대해서는 다음 주제에서 상세히 논의합니다.

mortgage loan의 특성 중 하나는 각 대출이 다양하게 설계될 수 있다는 것입니다. 이 중에서 가장 기본적인 형태는

fixed-rate, level-payment, fully-amortized mortgage

라는 것으로, 이는 차입자가 계약 기간 동안 정기적으로 균등액을 대출기관에 상환하여, 만기일에는 대출의 원리금을 완전 상각하는 대출계약을 말합니다. 두 번째는 "adjustable-rate mortgage(변동금리모기지)"라는 것으로, 이는 대출 이자율이 주기적으로 다시 설정되는 유형입니다. 통상 초기 5년이나 7년 등은 고정금리가 적용되고 그후 매년 혹은 6개월마다 특정 기준금리에 일정한 스프레드가 가산된 값으로 정해집니다. 이 밖에도 "balloon mortgages", "two-step mortgages", "growing equity mortgages", "tiered payment mortgages" 등 다양한 유형의 mortgage loans이 존재하는데, 다음 절에서는 이 중 가장 기본적인 "fixed-rate, level-payment, fully-amortized mortgage"를 중심으로 논의합니다.

참고 5〉 변동금리 모기지론과 금리

참고로, 모기지론 금리는 일반적으로 (무위험) 국채 금리에 credit risk premium 등이 더해지는 방식으로 산정됩니다. 우리나라의 경우 5년 만기 국고채 수익률에 은행이 부과하는 신용 스프레드와 운영 비용 등이 더해져 최종 대출 금리가 결정됩니다.

실무적으로는 이러한 대출 금리 산정 과정에서 기준이 되는 대표적인 지표 중 하나가 COFIX입니다. COFIX는 'Cost of Funds Index'의 약자로, 은행들이 예금이나 적금 등을 통해 조달한 자금의 평균 조달 비용을 나타냅니다. 이는 은행의 실제 자금 조달 비용을

반영하는 금리 지표로서, 변동금리형 모기지론에서 기준 금리 역할을 합니다. COFIX는 주요 시중은행들이 일정 기간 동안 새로 조달한 자금을 가중평균하여 산출되며, 보통 3개월, 6개월, 1년 주기로 발표됩니다.

산출된 COFIX 금리에 은행이 자체적으로 설정한 가산 금리를, 가령 0.5% 포인트를, 더해 변동금리형 모기지론 대출 이자율이 최종 결정됩니다. 예를 들어 COFIX 3개월물이 2.3%이고, 여기에 0.5%의 가산 금리가 붙는다면 실제로 적용되는 모기지론 대출 이자율은 2.8%가 됩니다. 이처럼 COFIX는 국내 변동금리형 모기지 상품에서 핵심적인 기준 금리로 사용되고 있습니다.

한편 변동금리모기지를 영어로 floating-rate mortgage라 하지 않고 adjustable-rate mortgage라 하는 것에 대해 여러분은 궁금할 수 있습니다. 본서에서 이 '영어' 문제를 상세히 설명하기는 어렵지만, 영어 사전에서 adjust가

- to change (something) so that it fits, corresponds, or conforms
- adapt
- accommodate

라고 나온 것을 보면, 상대방(차입자)을 배려하여 "조정"한다는 뉘앙스가 있습니다. 반면 floating은 액체, 기체 위에 뜬다는 의미로 그 액체, 기체의 움직임 그대로 따라 움직임을 암시합니다. 가령 이자율 스왑(interest rat swap) 계약에서 두 당사자가 고정금리(fixed rate)와 변동금리(floating rate)로 이자 금액을 서로 주고 받을 때, 변동금리는 통상 특정 기준금리(에 스프레드를 더해) 움직임 그대로 반영합니다.* 반면 미국의 변동금리 모기지론(adjustable-rate mortgage) 계약에서는 금리 재설정 시 상한(rate cap) 등이 있어 차입자를 어느 정도 보호, 배려하고 있습니다. 아쉽게도 한국의 변동금리 주택담보대출에는 금리 재설정 시 이런 금리 상한 등이 별로 없습니다. 이런 의미에서 미국과 비교할 때 한국의 변동금리 주택담보대출은 '상대적으로' adjustable보다는 floating에 가깝다고 볼 수도 있습니다. ■

* 이자율 스왑 등의 내용은 향후 저자가 발간할 고급채권 교재에서 다룰 예정입니다.

3. 대출의 위험

mortgage loan을 실행한 은행* 혹은 이를 보유한 투자자들은 다음과 같은 다양한 위험에 노출됩니다.

(ⅰ) Default risk, Credit risk (채무불이행 위험, 신용 위험)

이는 차입자가 대출 원리금을 제때에 상환하지 못할 위험입니다. 즉 차입자가 정해진 시점에 정해진 금액을 상환하지 못할 위험을 뜻합니다. 차입자는 mortgage loan의 원리금을 통상 수십 년간 매월 부분 상환하게 되는데, 엄밀하게 말하면, 차입자의 원리금 상환이 한 달만 연체되어도 default가 발생한 것입니다. 단 실제로 은행들이 이 경우 '채무불이행' 혹은 '부실채권'으로 처리하지는 않고 실무적으로는 90일 이상 연체가 발생하는 경우에 한해서 실질적으로 default 처리를 하고 있습니다.

이러한 위험은 근본적으로 항상 존재하기 때문에, 주택담보대출 기관은 자신들이 제공한 대출의 채무불이행 위험을 제거하기 위하여 보험을 드는 경우가 많습니다. 이때 대출기관이 지불하는 보험료는 대출 이자율에 반영되어, 실제적으로 보험료를 부담하는 당사자는 차입자가 됩니다. 보험에 가입되지 않은 모기지론은 "conventional mortgage"라고 하는데, 이 경우 채무불이행 위험은 전적으로 차입자의 신용과 담보물의 가치에 달려 있습니다. 미국의 경우 모기지론을 위한 보험으로 정부가 보장하는 보험과 보험회사가 보장하는 보험의 두 종류가 있습니다. 정부가 보장하는 보험의 경우 채무불이행 위험은 매우 제한적이라고 할 수 있는 반면 보험회사가 보장하는 경우 주택담보대출의 채무불이행 위험은 해당 보험사의 신용에 따라 큰 차이가 날 수 있습니다.

(ⅱ) Liquidity risk (유동성 위험)

모든 자산에 있어 유동성 위험이란 그 자산이 "fair market value"보다 유의하게 작은 가격으로 거래될 위험을 말합니다. 모기지론도 대출 은행 관점에서는 하나의 자산입니다. 그런데 대출 은행이 이 자산 자체를 외부 투자자들에게 매각하려 할 때는 유동성 위험이 부각될 수 있습니다. 이 자산의 적정 가치에 대해서는 외부 투자자와 은행 간의

---

* 영어로는 "Banks generate mortgage loans"라고 할 수 있는데, '모기지 대출을 일으키다'라고도 번역할 수 있습니다.

정보 비대칭(information asymmetry)이 존재하여, 외부 투자자들에게는 그 가격이 (크게) 할인된 가치로 인식될 수 있기 때문입니다. 즉 특정 모기지론의 신용 위험이나 조기상환 위험 등에 대해 잘 모르는 투자자들이 이 자산의 가치를 실제 적정한 가치보다 평가절하할 위험이 있습니다. 더 정확히 말하면, 실제 fair market value를 잘 알 수 없기에 혹은 신뢰할 수 없기에 아예 매수를 포기하거나, 매수를 할 경우에도, 마치 경매에서처럼, 무조건 낮은 가격으로만 매수하려 할 수 있기 때문입니다. 특히 은행이 이런 모기지론을 신속하게 매도하려 할 때는 이 자산 가치의 할인 정도가 더 커지게 되어 유동성 위험이 크게 부각됩니다.

유동성 위험을 논할 때 가장 자주 비교 대상이 되는 자산이 현대자동차와 같은 대형 우형주(블루칩 주식, blue-chip stock)입니다. 이런 주식들은 공정한 시장 가격이 주식 시장에 거의 항상 존재하고, 주식 시장의 효율성에 대한 투자자들의 신뢰가 높아 거래 시의 호가의 차이(bid-ask spread)가 작습니다. 가령 삼성전자 주식을 매수하려는 투자자의 매수 호가가 100,000원이면 이를 매도하려는 투자자의 매도 호가는 100,500원입니다. 반면 개별 모기지론은, 위에서 제기한 정보 비대칭 문제 외에도, 그 금액이 크고 분할되어 거래될 수 없기에 투자에 불편함이 많습니다. 그 결과 개별 모기지론의 매수 호가와 매도 호가는 차이가 클 수밖에 없습니다.

참고로, 개별 모기지론 각각의 다양한 위험들(채무불이행 위험, 조기상환 위험, 유동성 위험 등)을 감소 혹은 제거하기 위한 하나의 방편으로, 모기지론을 그대로 외부 투자자에게 매각하지 않고, 원래의 현금흐름에 일정한 변형을 가하여 매각할 수 있습니다. 이렇게 변형되어 매각되는 형태의 자산이 바로 MBS(mortgage-backed securities)인 것입니다.

(iii) Prepayment risk (조기상환 위험)

차입자가 예정된 만기일 이전에 대출 원리금의 전부 혹은 일부를 상환할 수 있는데, 이는 대출 은행으로서는 일종의 위험이기에 이를 prepayment "risk"라고 부릅니다. 이것이 위험인 이유는

차입자가 그렇게 원금을 조기상환하는 유일한 이유는
그것이 본인에게 유리하기 때문이며

이는 은행 입장에서는 불리한

상황이 되기 때문입니다. 즉 차입자와 대출 기관의 경제적 이해관계는 거의 zero-sum 이기에, 한 당사자에게 유리한 결정은 그 상대방에게는 불리하게 작용합니다. 이에 대해서는 본 주제 "대출의 위험"의 바로 다음 주제인 "조기상환"에서 상세히 설명합니다. 또한 모기지론의 prepayment risk는 수의상환채권의 'call risk'와 유사합니다. 전자의 조기상환이든 후자의 상환이든, 상환하려는 차입자들이 자신에게 유리한 경우에만 상환하기 때문입니다. 참고로 본서에서는 편의상 차입자가 예정된 만기일 이전에 대출 원리금 잔액을 100% 전액 상환하는 prepayment risk만을 다루기로 합니다. 차입자가 대출 원리금 일부를 조기상환하는 경우는, 전액 상환하는 경우를 제대로 이해한다면, 쉽게 적용하고 이해할 수 있습니다.

여기서 여러분들이 기억해야 할 사실 중 하나는, 모기지론이나 주택저당증권(MBS)과 같은 조기상환 가능성이 내포된 채권의 경우에는 조기상환이 이 채권들의 수정듀레이션(MD)에 영향을 미친다는 것입니다.* 일반적으로 채권 만기가 길수록 수정듀레이션은 증가합니다. 그러나 조기상환이 발생할 경우, 실제 현금흐름이 예정보다 앞당겨져 유입되므로, 투자자는 만기까지 원리금을 받지 못하고 원금을 조기에 상환받게 됩니다. 이로 인해 변하는 해당 채권의 "yield 변화에 대한 가격 변동성"은 여러분이 앞장에서 배운 "유효 듀레이션(effective duration)"을 사용하여 구하여야 합니다.

(iv) Interest rate risk (이자율 위험)

이자율 위험이란 시장 금리의 변화로 인해 기존 모기지론의 가치가 변동될 위험을 의미합니다. 일반적인 채권의 경우 시장 이자율이 오르면(내리면) 가격이 하락(상승)합니다. 이 특성은 모기지론에도 똑같이 적용됩니다. 모기지론 차입자(제공자)가 매월 지불(수령)할 모기지론 원리금은 확정되어 있어서, 모기지론의 가치 평가는 일반 채권의 가치 평가와 크게 다르지 않기 때문입니다. 즉 시장 이자율이 상승할 경우, 기존 고정 이자율로 대출된 모기지론은 상대적으로 수익률이 낮은 자산이 되므로 그 가치는 하락하게 됩니다. 가치가 하락하는 이유를 (새삼스럽게) 여기서 다시 설명한다면, 모기지론을 소유한 투자자는 (모기지론 만기까지) 확정된 현금흐름을 받기 때문입니다. 받을 현

---

* 매컬리 듀레이션에도. MD와 유사하게, 직접적 영향을 미칩니다.

금흐름은 고정되어 있는데 그 현금흐름을 현재가치로 할인할 할인율이 상승하면, 즉 시장 이자율이 상승하면, 모기지론의 (현재)가치는 하락합니다.

이때 시장 이자율의 의미는 두 가지로 해석 가능합니다. 모기지론 시장의 이자율, 즉 모기지론의 "현행" 대출 이자율을 지칭할 수도 있습니다.* 이 관계를 부연 설명하면, 특정 모기지론 A의 경우 이미 과거에, 가령 3년 전 대출 시에, 그 대출 이자율 $r(A)$가 정해져 A 대출자(가령 은행)가 $r(A)$의 수익률로 원리금을 상환받고 있는데, 3년이 지난 현 시점에서 A의 prevailing mortgage rate이 상승하여, 가령 "$r(A)+0.02$"가 될 수 있습니다. 이때 "$r(A)+0.02$"가 시장 이자율을 의미합니다.

시장 이자율의 두 번째 의미 혹은 해석은, 지금까지 우리가 가정하고 있는 무위험(국채) 이자율인 $r(n)$를 의미할 수도 있습니다. 가령 모기지론 A 만기가 $n=10$(년)이라면, 이 경우 모기지론의 대출 이자율은 $r(10)$에 일정 리스크 프리미엄(α)을 더한 값이 됩니다($\alpha>0$). 채무불이행 위험 등의 리스크 말입니다. 즉 모기지론 A가 최초로 차입자에게 제공되는 시점에($t=0$) 다음 관계가 성립합니다.

$$r(A)_{t=0} \;=\; r(10)_{t=0} \;+\; \alpha.$$

그리고, 리스크 프리미엄(α)이 시간이 변해도 큰 변화가 없다고 하면, 3년 후인 현재 시점에도 위 식이 성립할 것입니다.

$$r(A)_{t=3} \;=\; r(10)_{t=0} \;+\; \alpha$$

그런데 국채 현물 이자율 $r(10)$이 이 3년 동안 상승했다면, 가령 0.02만큼 상승했다면, 다음 관계가 성립합니다.

$$r(10)_{t=3} \;=\; r(10)_{t=0} \;+\; 0.02.$$

그러면 모기지론 이자율 $r(A)$도 다음과 같이 0.02만큼 상승한 것입니다. 3년 전에 비해서 말입니다.

$$r(A)_{t=3} \;=\; r(10)_{t=3} \;+\; \alpha$$

* "현행" 대출 이자율을 영어로 쓰면 'prevailing mortgage (interest) rate'입니다.

$$= (r(10)_{t=0} + 0.02) + \alpha$$
$$= (r(10)_{t=0} + \alpha) + 0.02$$
$$= r(A)_{t=0} + 0.02.$$

그러면 애초 3년 전 제공된 모기지론 A의 현재 가치는, 확정된 10년간 현금흐름을 현재의 적정한 할인율 "$r(A)_{t=0} + 0.02$"로 할인해야 하기에, 하락할 수밖에 없습니다. $r(A)_{t=0}$로 할인할 때와 비교해서 말입니다. 결과적으로, 시장 이자율이 어느 이자율을 의미하느냐와 관계 없이

"시장 이자율이 상승하면 모기지론의 (현재)가치가 하락한다"는

진술(statement)은 참(true)이 됩니다. 특히 장기 고정금리 모기지의 경우, 시장 이자율 상승이 채권 가격의 하락에 미치는 임팩트가 크게 나타날 수 있습니다.

4. 조기상환(Prepayment)

여기서는 위에서 소개한 조기상환과 이자율 위험을 연계하여 설명해 보겠습니다. 모기지론의 이자율 위험의 임팩트는 단지 자산 가격 하락에만 국한되지 않습니다. 모기지론의 시장 이자율(prevailing mortgage rate) 변화가 조기상환(prepayment)에 영향을 미쳐 결과적으로 현금흐름의 행태, 구조까지 바꿔버리는 위험으로 연결될 수 있습니다. 예컨대 이자율이 급격히 하락할 경우, 차입자들이 기존 고정금리 대출을 조기상환하고 더 낮은 금리의 신규 모기지론으로 변경할 가능성이 커지게 됩니다. 이러한 현상은 모기지론 제공자 혹은 투자자 입장에서 볼 때 (자신들이 예상한) 확정된 장기 고정수익이 만기가 되기 전에 사라지는 것이며, 이는 듀레이션의 감소와 재투자 리스크 증가를 동시에 유발합니다.* 이처럼 이자율 위험은 단순히 모기지론 가치의 등락 문제를 넘어서, 모기지론의 전체 구조적 특성(만기, 현금흐름 패턴, 조기상환 가능성 등)에 영향을 미치는 중대한 위험 요소입니다. 따라서 실무에서는 주로 "effective duration"의 개념을 활용하여 이러한 이자율 위험을 정량적으로 측정하고 관리하게 됩니다.

---

* 물론 여기의 듀레이션은 일차적으로 매컬리 듀레이션을 말하지만, 매컬리 듀레이션과 수정 듀레이션의 긴밀한 관계로 인해 두 듀레이션을 다 의미한다고도 볼 수 있습니다.

이제 차입자가 조기상환 하는 이유를 자세히 알아 봅시다. 위에서 일부 설명한 바 있지만 말입니다.

질문 10-4〉 왜 차입자들이 원리금을 만기일까지 천천히 갚지 않고 조기상환을 선택하나요?

이들이 조기상환하는 근본적인 이유는

조기상환이 자신들에게 경제적으로 유리하기

때문입니다. 가령 시장 이자율이 하락하면, 미래 현금흐름이 확정된 주택담보대출의 가치가 상승합니다. 그런데 주택담보대출 가치의 상승은 이 대출을 자산으로 보유하고 있는 금융기관에겐 좋은 뉴스지만, 이 대출을 부채로 보유하는 차입자에겐 안 좋은 뉴스입니다. 부채의 가치가 상승한 것이니 차입자에겐 나쁜 소식일 수밖에 없습니다. 그런데 만일 차입자가 이 상황에서 새로 대출을 받을 수 있다면 이야기가 달라집니다. 시장 이장율 낮아진 상황에서, 즉 차입 이자율이 낮아진 상황에서 "새로이" 차입을 하면 차입자는 예전보다 낮은 금리로 돈을 빌릴 수 있습니다. 그리고 이렇게 빌린 돈으로, 기존의 (높은 대출 이자율을 부담하고 있던) 주택담보대출 원금을 전부 혹은 일부 상환할 수 있다면 금상첨화일 것입니다. 그런데 다행히도 주택담보대출이라는 대출상품은 차입자의 이러한 중도상환(=조기상환)을 허용하고 있는 것이 대부분입니다. 그러므로, 시장의 차입 이자율이 낮아지면 차입자들은 기존의 높은 금리를 부담하고 있던 주택담보대출의 전부 혹은 일부를 (새로이 낮은 금리로 조달한 돈으로) 상환하려고 합니다. ■

이제 위 내용과 관련해서 독자 여러분이 궁금해 할 질문을 하나 다뤄 보겠습니다.

질문 10-5〉 그러면 차입자가 조기상환을 하면 부채의 가치는 낮아지나요?

그렇지 않습니다. 부채의 가치는 예전과 동일합니다. 즉 시장 이자율이 하락하기 전의 가치와 동일하다는 것입니다. 결국 차입자는 부채의 가치를 낮추기 위해 조기상환을 선택하는 것이 아니라,

부채 가치의 상승을 막고 현재의 부채 가치를 유지하기 위해

조기상환을 선택하는 것입니다. 이 말이 무슨 뜻인지 살펴보겠습니다. 아주 간단한 형태로 먼저 파악해 봅시다. B 은행으로부터 모기지론을 받은 차입자 A가 오랫동안 그 원리금을 매월 갚아 나가다 이제 만기가 한 달만 남았다 합시다. 가령 한 달 후 100만원만 갚으면 된다고 하겠습니다. 그리고 이 모기지론의 대출 이자율(r_M)은 연 12%이라 하겠습니다($r_M = 0.12$). 그러면 이 한 달 남은 부채(모기지론)의 현재 가치는 다음과 같습니다.

$$\frac{1{,}000{,}000}{1+\frac{r_M}{12}} = \frac{1{,}000{,}000}{1+\frac{0.12}{12}} = \frac{1{,}000{,}000}{1+0.01} = 990{,}099.$$

즉 이 부채의 가치는 990,099원입니다. 어제까지는 그랬습니다. 이를 $L_1 = 990{,}099$라 합시다. 참고로 A는 지금 바로 조기상환을 통해 이 모기지론을 (조기)청산할 수 있는데, 그러려면 $L_1 = 990{,}099$원을 B에 갚아야 합니다.

그런데 오늘 시장 이자율이 하락하여 이 모기지론의 대출 이자율이 연 6%가 되었나고 합시다($r_M{}' = 0.06$).* 비교를 위해 극단적인 하락을 가정한 것입니다. 그러면 이 한 달 남은 부채(모기지론)의 현재 가치는 다음과 같아집니다.

$$\frac{1{,}000{,}000}{1+\frac{r_M{}'}{12}} = \frac{1{,}000{,}000}{1+\frac{0.06}{12}} = \frac{1{,}000{,}000}{1+0.005} = 995{,}025.$$

즉 이제 A의 부채의 가치는 995,025원입니다. 이를 $L_2 = 995{,}025$라 합시다. A가 갚을 돈, 즉 (잔여)원금 1,000,000원은 전혀 변하지 않았지만, 단순히 시장 이자율(=할인율)이 하락했기에 부채의 "가치", 즉 부채의 부담이 증대한 것입니다. 그러므로 A가 이 상황에서 아무 짓도 하지 않으면, A는 졸지에 부채 부담이 다음 액수만큼 증가하게 됩니다.

$$L_2 - L_1 = 995{,}025 - 990{,}099 = 4{,}926.$$

* 위에서 언급한 바와 같이 시장 이자율은 국채 이자율일 수도 혹은 이 모기지론 대출 이자율을 의미할 수도 있는데, 여기서는 후자입니다.

그럼 어떤 짓을 하면 이 부채 증가를 완화 혹은 제거할 수 있을까요? 네, 그것은 다름 아니고

오늘 새로 차입을 해서 원 모기지론을 갚고 새 부채를 한 달 후 갚으면

됩니다. 이를 단계별로 알아 봅시다.

1) 오늘 "한 달 만기 모기지론"를 새로 얻습니다.* C 은행에서 말입니다. 즉 한 달 후 100만원을 갚을 모기지론을 오늘 새로 차입하면, 새 대출 이자율 $r_M' = 0.06$이 적용되어 오늘 차입하는 현금액은 다음 액수가 됩니다. 이것이 바로 이 새 모기지론의 가치, 즉 새 부채의 가치입니다.

$$\frac{1,000,000}{1+\frac{r_M}{12}} = \frac{1,000,000}{1+\frac{0.06}{12}} = \frac{1,000,000}{1+0.005} = 995,025$$

2) 이 금액을 A가 B에게 바로 갚습니다(조기상환). 갚아야 할 금액은 $L_1 =$ 990,099(원)입니다. 즉 A는 995,025원을 C에서 대출받아 990,099원을 B에게 갚습니다. A의 수중에는 다음 금액이 남습니다.

$$L_2 - L_1 = 995,025 - 990,099 = 4,926.$$

3) 위의 1), 2)를 합치면 B로부터의 모기지론(부채)는 사라지고 다음 결과가 도출됩니다.

① 새 부채가 발생하며 그 가치는 995,025원입니다.

② A 수중에는 현금 4,926원이 남아 있습니다.

③ 그러므로 새 부채의 순가치는 $995,025 - 4,926 = 990,099 = L_1$이 됩니다. 즉, 시장 이자율이 상승하기 전의 부채 가치와 같습니다.

---

* 비유, 비교를 위한 설정입니다. 따지지 말기 바랍니다.

4) 그러므로 모기지론 이자율 하락 및 차입자의 1), 2)의 대응, 그리고 3)을 감안하면 다음 결과가 산출됩니다.

원래 차입자 A의 부채 가치는 L_1이었는데
모기지론 이자율 하락으로 부채 가치가 L_2로 증가했다가
A가 기존 모기지론을 조기상환하고 새 모기지론을 대출받음으로써
다시 A의 부채 가치가 L_1이 됩니다.
즉 A의 조기상환 및 재대출(refinancing)로
부채 가치가 상승하는 것을 성공적으로 저지하고
애초의 부채 가치를 유지했습니다.

즉 A의 조기상환은 부채 가치를 줄이기 위한 것이 아니라, 증가한 부채 가치를 다시 원래의 값으로 되돌리기 위한 것입니다.

그리고 이 조기상환의 부산물(by-product)로, A에게는 현금 4,926원이 생겼습니다. 즉 A는 이전에나 현재나 한 달 후 100만원을 갚아야 하는 것은 동일하지만, 이와는 별도로 A에게 오늘 현금 4,926원이 생긴 것입니다. 그렇다고 해서 A가 이 금액만큼 이익을 창출한 것은 아닙니다. 한 달 후 갚을 100만원 현재 가치가, 시장 이자율 하락으로 인해 4,926원만큼 상승했는데, A에게 이만큼의 현금이 생겼으므로 부채 가치의 상승이 현금 수입의 증가로 상쇄된 것일 뿐, 4,926원만큼 이익이 발생한 것이 아니란 말입니다.* ■

위에서는 극단적으로 단순화한 사례로 조기상환의 경제적 효과를 알아 보았습니다. 이제 이 사례를 조금 더 현실화하여 새 예제로 한 번만 더 생각해 봅시다. 위에서 설명한 내용들이 부분적으로 중복될 수도 있습니다. 기본적으로 '조기상환의 의미'라는 동일한 주제를 다루고 있기 때문입니다.

---

* 참고로 이런 내용은 시험에서 출제될 수도 있습니다. 조기상환에 대해 독자들이 피상적으로만 이해하면 이런 문제는 틀릴 수 있습니다.

예제 10-1〉 차입자의 조기상환 효과

시장 이자율, 즉 할인율이 하락할 때 차입자 A가 아무 짓도 하지 않고 수수방관하고 있다면 A의 부채 가치는 상승합니다. 예전보다 부채가 더 늘어나는 셈입니다. 가령 기존 모기지론을 100% 상환하기 위해서는 A가 대출 기관 B에게 매월 $100씩 향후 3개월을 갚아야 한다고 가정해 보겠습니다. 이 모기지론은 약 10년 전에 월 대출 이자율 10%로 제공되었습니다. 즉 현재 A에게 남은 대출 원금은

$$100/1.1 + 100/1.1^2 + 100/1.1^3 = 91 + 83 + 75 = \$249$$

입니다. 그러므로 B 입장에서는 A로부터 오늘 $249를 받으나 향후 3개월 동안 매달 $100를 받으나 동일한 가치가 됩니다.

반면 시장 이자율이 월 1%로 하락하면 A에게 부채의 가치는

$$100/1.01 + 100/1.01^2 + 100/1.01^3 = 99 + 98 + 97 = \$294$$

로 상승합니다. 동시에 B에게도 이 대출 자산의 가치 또한 $294로 상승합니다. 그러므로 A에겐 나쁜 일이, 그리고 B에겐 좋은 일이 발생한 것입니다. 이때 A가 다른 금융기관 C로부터 만기 3개월, 월 1% 대출 금리로 $249를 대출받아 이 현금으로 B에게 부채를 모두 갚았다고 합시다. 즉 A에게 B의 부채는 사라졌고 C의 부채(=새 모기지론)만이 남은 상황입니다. 그러면 이제 A에게 부채의 (현재)가치는 어떻게 될까요?

이 부채의 (현재)가치는 당연히 $249입니다. 오늘 C에게 빌린 대출 원금이 $249이니 이 부채의 현재가치가 $249임은 자명합니다.* 그리고 C에게 월 1%로 차입했다 함은 향후 3개월 동안 C에게 갚을 균일한 월 상환액이 약 $85에 불과하다는 뜻입니다.
왜냐하면

$$85/1.01 + 85/1.01^2 + 85/1.01^3 = 84 + 83 + 83 \approx \$249$$

이기 때문입니다. 이렇게 A가 자신의 부채를 B에게 오늘 조기상환하면, A는 향후 3개월

---

* 부채로 빌린 현금이 249인데, 그 현재가치가 가령 300이라면 누구도 이렇게 돈을 빌리지 않을 것입니다. 또 빌려준 돈이 249인데 그 현재가치가 가령 200이라면 누구도 이렇게 돈을 빌려 주지 않을 것입니다.

동안 매달 약 \$85만을 C에게 지불하면 부채를 완전히 다 상환하게 됩니다. 그러므로 A는 매달 \$100 − \$85 = \$15씩 더 적게 지불해도 되니 A는 당연히 오늘 조기상환을 해야 합니다. 그리고 이 새로운 부채의 현재가치는 여전히

$$85/1.01 + 85/1.01^2 + 85/1.01^3 = 84 + 83 + 83 \approx \$249$$

입니다. 즉 시장 이자율이 월 10%였을 때의 부채의 현재가치인 $100/1.1 + 100/1.1^2 + 100/1.1^3 = 91 + 83 + 75 = \$249$과 동일합니다. 결국 A는, 부채 부담을 줄이기 위해서가 아니라 부채 가치의 상승을 막기 위해 이렇게 조기상환을 선택하는 것입니다. 매달 상환할 금액이 \$100에서 \$85로 감소되었음에도 불구하고, A가 매달 \$15씩 이익이 발생하는 것 같지만, 실상은 이렇게 줄어든 3개월 동안의 지급액의 현재가치는 여전히 \$249가 됩니다. 시장 이자율이 (월 10%에서 월 1%로 하락하여) 3개월 동안 \$85씩 지불하는 현금의 현재가치가 조기상환 이전에 3개월 동안 \$100씩 지불하는 현금의 현재가치와 같아졌기 때문입니다.* ■

지금까지는 시장 이자율 하락을 전제로 모기지론의 조기상환을 설명했습니다. 이 방식도 조기상환을 설명하는 좋은 방법이 될 수 있습니다. 그런데 이보다 더 근본적으로 조기상환을 설명할 수도 있는데, 이제 이 방법으로 조기상환을 설명해 보겠습니다. 조기상환이 허용되는 시점부터는, 차입자 A는 항상 두 개의 옵션을 보유합니다. 즉 두 개의 선택 중 하나를 실행할 수 있습니다. 그 첫째는

1) 예정된 스케줄로 원리금 갚는다

입니다. 둘째는

2) 현 시점에서 잔여 원금을 바로 갚는다(= 조기상환)

입니다. 그러면 A는 1)과 2) 중 어떻게 선택할까요? 어느 시점에서든, 가령 현 시점에서, 어느 쪽이든 더 싼(cheap) 방편을 선택할 것입니다. 어떤 점에서 더 싼 것 말입니까? "현

---

* 그러므로, A가 매달 \$15씩 공짜 돈이 생겼다고 착각하여 매달 \$15를 낭비하면 그만큼 손해가 발생할 것입니다. 그 손해의 현재가치는 $15/1.01 + 15/1.01^2 + 15/1.01^3 = \$44$ 정도입니다.

재가치” 측면에서 더 싼 방편, 즉 현재가치 관점에서 더 저렴한 비용을 지불하는 선택을 할 것입니다.

이런 결정을 내리려면, 1)과 2) 각각의 현재가치가 얼마인지를 알아야 합니다. 그런데 2)의 현재가치는 자명합니다. 남아 있는 원금입니다. 그러면 1)의 현재가치는 어떻게 산출할 수 있을까요? 1)의 경우 A가 만기까지 갚을 원리금 schedule은 이미 정해져 있습니다. 즉 A의 만기까지의 'monthly cash outflows'는 이미 확정되어 있습니다. 반면 이들의 현재가치는 그렇지 않습니다. 이 현금흐름들을 할인할 시장 이자율이 항상 변하기 때문입니다. 그러므로 1)의 현재가치는 (모기지론의) 현재 시장 이자율, 즉 'prevailing mortgage rate'의 함수입니다. 그리고 이는 곧

시장 이자율이 상승하면 1)의 현재가치가 하락,
시장 이자율이 하락하면 1)의 현재가치가 상승

함을 뜻합니다. 그런데 A에게 있어 모기지론은 '부채'이므로 1)과 2) 중 현재가치가 더 작은 것을 선택합니다. 그러므로

시장 이자율이 상승하면 1)의 현재가치가 하락하므로 1)을 선택하고
시장 이자율이 하락하면 1)의 현재가치가 상승하므로 1)을 선택하지 않는

것이며 이는 곧

시장 이자율이 상승하면 조기상환 하지 않고 예정대로 원리금 갚아 나가고
시장 이자율이 하락하면 조기상환을 선택하는

것을 의미합니다.

조기상환의 원리는 특별한 것이 아닙니다. 차입자들은 모기지론이라는 부채의 가치가 잔여 대출원금보다 높아질 정도로 시장 이자율이 하락하면 조기상환을 선택하여 잔여원금을 상환합니다. 이 경우 기존의 대출을 제공한 금융기관에게 있어서 모기지론의 가치는, 즉 대출”자산”의 가치는, 잔여원금을 초과해서 상승할 수 없으므로 금융기관은 시장 이자율 하락 시 (대출)자산의 가치상승 혜택이 제한되는 불이익을 당합니다.

여기서 모기지론 관련된 또 하나의 질문을 다루어 보겠습니다.

질문 10-6〉 시장 이자율이 상승하면 모기지론 가치가 하락하고, 시장 이자율이 하락하면 그 가치가 상승하기는 하지만 잔여 대출원금보다 더 높아지지는 않습니다. 그렇다면 시장 이자율 변화에 따른 모기지론의 가치 변동성을 추정하기 위해서는 어느 척도를 사용해야 하나요?

위 사실은 곧 모기지론이 수의상환채권(callable bond)과 같은 "음(-)의 컨벡서티"를 가진다는 의미입니다. "음(-)의 컨벡서티"에 대해서는 이전에 듀레이션과 컨벡서티 주제에서 학습했던 유효 듀레이션(effective duration)과 유효 컨벡서티(effective convexity)를 복습하기 바랍니다. 이처럼 시장 이자율의 등락에 대해 가치가 비대칭적으로 변하는 채권들의 변동성은 (금액 듀레이션이나 금액 컨벡서티가 아닌) 유효 듀레이션과 유효 컨벡서티 척도를 사용해서 측정해야 합니다. 유효 듀레이션을 논의할 때 활용했던 그래프를 여기 소환하니 참조하기 바랍니다. 단 더 이상의 설명은 생략합니다.

소환〉 유효 듀레이션

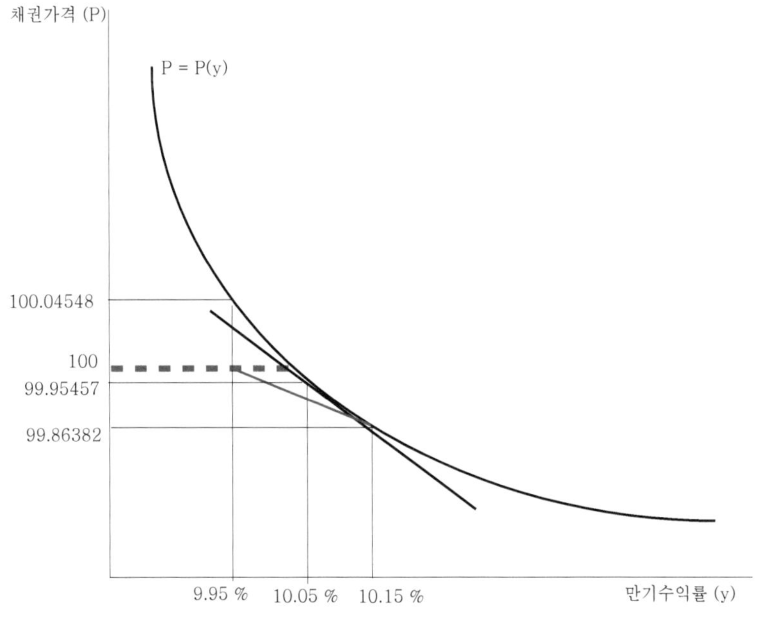

■

이처럼 기존의 모기지론을 제공한 금융기관에게 있어서 모기지론의 가치는, 즉 대출자산의 가치는, (잔여)원금보다 더 높을 수는 없으므로 금융기관은 시장 이자율 하락 시에도 대출자산의 가치상승 혜택이 제한되는 불이익을 당합니다. 게다가 원하지 않는 시점에서 모기지론이 상환되면 이제 새로운 차입자을 찾아 다시 대출을 해야 하는 불확실성에도 노출됩니다. 이처럼 조기상환으로 인하여 받게 되는 다양한 불이익을 모두 합쳐서 "조기상환 위험(prepayment risk)"이라 합니다.*

질문 10-7〉 그럼 prepayment로 인해 대출은행만 불이익을 당하는 것인가요?

그렇지는 않습니다. 그렇게 대출자만 느닷없이 불이익을 당해야만 한다면 아예 대출을 하지 않겠죠. 모기지론 시장이 효율적이라면 이러한 위험도 모두 가치평가에 반영됩니다. 그리하여 대출자나 차입자 중 한쪽만 유리하거나 불리하지 않는 가격으로 모기지대출이 이루어지는 것입니다. 이를 쉽게 설명해 보겠습니다.

prepayment 자체만 생각하면 금융기관이 불리합니다. 그러므로 금융기관은 이 위험을 미리 대출 조건에 반영합니다. 즉 그 위험을 충분히 상쇄할 만큼 대출 이자율을 높입니다. 조기상환 위험이 없는, 그러면서 그외의 조건은 유사한 다른 대출에 비해서 말입니다.† 즉 prepayment risk는 자산 가격에 반영되어 있습니다.‡ 참고로 모기지론은 대출 은행에게는 자산입니다.

구체적으로는, prepayment는 차입자가 보유하는 옵션이므로, 이 옵션의 가치만큼을 (prepayment가 없는) 일반 대출 이자율에 더합니다. 가령 prepayment 옵션이 없는 모기지론의 대출 이자율이 연 5%임에 반해 prepayment가 가능한 모기지론의 그것은 7%가 됩니다. 이처럼 금융기관 입장에서는 prepayment risk를 감안하여 자신들의 요구수익률을 5%에서 7%로 상향조정하는 것입니다. (정확히 얼만큼 대출 이자율을 올릴 수 있는지는, 옵션가치평가 모형을 활용합니다) 차입자는 이로 인해 더 높은 이자율을 부담하므로 이는 곧 비용이 비싼 부채를 얻는 것과 마찬가지입니다. 이런 의미에서 "prepayment

---

* 다만 후자 같은 질적인 위험보다는 전자 같은 '대출자산 가치 증가 기회의 박탈'로 인한 금전적인 손해만을 좁은 의미의 "조기상환 위험"으로 볼 수 있습니다.

† loans that are comparable but without the prepayment option.

‡ Prepayment risk is priced in mortgage loans.

risk is priced in markets"이라고 할 수 있습니다. 사실 효율적인 시장, 효율적인 경제에서는 모든 것이 가격에 적절히 반영되어 매수자나 매도자가 특별히 유리하지도 불리하지도 않게 됩니다. 물론 독점 등의 특별한 상황에서는 이것이 성립하지 않을 수 있지만, 독점은 효율적 시장이라 할 수 없습니다. ■

한편 모기지론이 예정보다 빨리 상환되는 이유는 다양합니다. 이를 간단히 정리해 보겠습니다.

정리 1〉 모기지론이 예정보다 빨리 상환되는 이유

모기지론이 예정보다 빨리 상환되는 이유는 시장 이자율 하락 같은 통상적인(standard) 이유도 있고, 대출자가 모기지론을 일찍 종료해야만 하는 경우 등 비통상적인 이유도 있습니다.
먼저 시장 이자율이 자신의 대출계약의 이자율보다 낮아지면 차입자는 기존의 높은 대출 이자율을 적용받는 모기지론을 상환하고 낮아진 이자율로 새로이 모기지론을 받고자 하는 경제적 유인이 발생합니다.
둘째로 주택보유자들이 직장 이동, 새 주택 구입 등으로 기존의 주택을 매각하여야 하는 경우 예정보다 빨리 대출이 상환됩니다.
셋째로 차입자가 정기적인 할부 상환금을 지급하지 못하는 "채무불이행" 상태가 되면 금융기관은 도리없이 대출의 담보인 주택을 매각하여 자신의 권익을 보호하여야 하므로 예정보다 빨리 상환이 이루어지는 셈입니다.
넷째로 화재, 태풍 등으로 인하여 주택이 소실되면 보험회사로부터 보험금이 지급되는데 이는 결국 주택담보대출이 빨리 상환되는 결과를 초래합니다.

모기지론에 있어서 조기상환의 의미는 매우 큽니다. 먼저, 조기상환이 존재하므로 차입자는 융통성있게 자신의 부채를 상환할 수 있습니다. 우리나라가 1997년 말 ~ 1998년 초 "아시아통화 위기(the Asian currency crisis)", 이른바 'IMF 외환위기'를 혹독하게 겪을 때 시장의 단기 현물 이자율은 연 30%까지 치솟았으며, 장기 이자율도 이 위기의 영향으로 (급)상승하였습니다. 그러나 이로부터 불과 1~2년 후 시장 이자율은 장·단기 불문하고 사상 유례없는 한자리 숫자로 폭락하였습니다. 외환위기 시 급상승한 장기 이자율로 주택담보대출을 받은 차입자의 경우, 시장 이자율이 차후 이처럼 하락할 때 대출금을 조기상환하고 보다 좋은 조건(낮아진 이자율)으로 새로이 대출을 받을 수 있(었)습니다. 조기상환 조건이 없는 경우와 비교하면, 차입자에게 조기상환권의 경제적 효과는 매우 크다고 할 수 있습니다.

그런데 이처럼 조기상환이 차입자에게 큰 혜택을 줄 수 있다는 것은 대출자 입장에서 보면 조기상환으로 큰 손실을 볼 수 있음을 의미합니다. 즉 조기상환의 결과 대출채권의 현금흐름(상환금)의 금액과 시점이 모두 불확실해집니다. 그러므로 대출자는 조기상환 위험을 헤지할 여러 다양한 방안을 추구하게 되는데, 하나의 예로 일정 시점까지는 조기상환을 할 수 없게 하는 lock-out period 규정을 (계약에 의하여) 강제할 수 있습니다. 혹은 조기상환 수수료를 부과할 수도 있습니다. 그러나 lock-out period가 다 지나면 여전히 조기상환 위험에 노출됩니다. 또 조기상환 수수료 금액이 조기상환으로 인한 대출기관의 손실보다 더 작을 수 있습니다. 사후적으로 말입니다. 그러므로 이러한 방안의 효력은 절대적은 아니고 제한적입니다. 그러므로 보다 근본적으로는, 과거 자료, 자신들의 경험 및 노하우 등을 활용하여 미래의 조기상환 확률을 현재 시점에서 최대한 합리적으로 예측하고, 또 조기상환의 충격을 최소한으로 줄이려는 노력을 경주합니다. 한편 모기지론은 대출금액 및 전체 시장 규모가 방대하므로, 조기상환에 대한 효율적 예측 및 대처의 경제적 결과는 매우 크게 나타납니다. 효율적인 조기상환 예측 모형을 만들 수 있는 전문가에 대한 수요가 미국의 채권 시장에서 매우 높은 것은 이러한 이유 때문입니다. 이 전문가들을 "prepayment modelling 전문가"라고 합니다.

조기상환은 수의상환채권의 발행자가 만기일 이전에 채권을 상환하여 소멸시키는 "수의상환(call)"과 유사한 특성을 가지고 있지만, 수의상환이 전적으로 시장 이자율에만 의하여 결정되는 반면 조기상환은 이자율뿐 아니라 (위의 정리에서처럼) 경제사회적 요인과 인구통계학적 요인에 의하여도 영향을 받는다는 점에서 차이가 있습니다.

5. 대출의 문제점

위의 조기상환 외에도 대출자 입장에서 모기지론은 또 다른 문제점을 가지고 있는데, 대표적으로는 "mismatch" 문제를 들 수 있습니다. mismatch(불균형)란, 대출자 입장에서 모기지론은 만기가 매우 긴 자산인 반면 이러한 대출금을 만기가 짧은 부채를 통하여 조달한다면, 부채와 자산간 만기의 불균형 문제가 발생한다는 것입니다. 하나의 예로 상업은행이 모기지론에 필요한 대부분의 자금을 은행예금(deposits)으로 조달하는 경우를 들 수 있습니다. 이 경우 은행예금의 (평균적으로) 짧은 만기와 모기지론의 긴 만기로 인해 부채와 자산의 (수정)듀레이션 갭이 커져 차후 이자율이 불리하게 움직일 때 큰 손실을 볼 수 있습니다. 한 예로 (물가수준이 지속적으로 상승하는) 인플레이션의 경우를 들 수 있습니다. 대출기관이 조달한 대부분의 자금은 단기 부채(은행 예금)이므로 만기가 일찍 돌아오기에 대출기관은 지속적으로 새로운 부채를 얻어야 하는데, 경제에 인플레이션이 진행되고 있으면 보다 높아진 (명목)이자율로 새 자금을 조달하게 됩니다. 반면 대출기관의 자산인 모기지론의 경우는 예전의 낮은 대출 이자율로 차입자에게 제공된 것이고 (긴) 만기가 도래하기 전에는 새 대출 이자율을 적용할 수 없으므로, 대출기관의 수익성이 악화됩니다.

한편 모기지론은 차입자에게는 "tilt(쏠림)" 문제를 야기합니다. "tilt"란, 차입자가 모기지론을 받은 후 인플레이션이 진행되면, 상환금의 실질적 부담이 상대적으로 초기에 몰리고 말기에는 경감되는 현상을 말합니다. 만기까지 매달 지급할 상환금은 고정되어 있는데 물가수준이 점차 상승하여 회폐 가치가 감소하면, 시간이 지날수록 실실적인 상환금 부담은 작아집니다. 다시 말하면 차입자 입장에서는 초기의 상환금일수록 부담이 크다는 의미입니다. 게다가 고정된 급여를 받는 대부분 직장인들의 수입(연봉)이 연차가 쌓이면서 증대되는 사실을 감안하면, 매월 고정적으로 지급하는 상환금에 대하여 느끼는 부담은 상환 말기일수록 작고 상환 초기일수록 큽니다. 그러므로 주택을 구입하려는 잠재적 차입자 중에는 대출 초기 상환금의 지나친 부담으로 대출 시기를 (보다 경제력을 갖추게 되는) 차후로 미루는 경우가 있습니다. 이로 인해 차입자들은 원하는 시기에 주택을 구입하지 못하게 되므로 경제 전체로서는 비효율성이 증대됩니다. "adjustable-rate mortgage(변동금리 모기지론)" 등 새로운 지급 구조를 취하는 상품이 모기지론 시장에 지속적으로 출시되는 이유는, 전통적인 "level-payment, fixed-rate mortgage"가 가지는 이러한 문제점을 해결하기 위함입니다.

본 장에서는 모기지론의 이러한 경제사회적, 인구통계학적인 이슈에 대하여는 이 정도의 소개로 마무리합니다. 앞으로는 채권(bond)의 성질을 보유한 모기지론 및 그 파생상품의 현금흐름, 가치 평가 및 위험 관리에 초점을 맞추어 논의를 진행하기로 합니다.

제 2 절 일반 모기지론

본서에서 "일반 모기지론"이란 2025년 7월 현재 미국에서 가장 보편적인 모기지론인 "fixed-rate, level-payment, fully-amortized mortgage"를 말합니다. 참고로 2025년 7월 현재 한국에서 가장 보편적인 모기지론은 "adjustable-rate, level-payment, fully-amortized mortgage"입니다. 즉 2025년 시점에서 미국과 한국의 가장 보편적인 모기지론 형태의 차이는 고정 금리(미국)와 변동 금리(한국)입니다. 왜 이런 차이가 발생하는지에 대해서는 나중에 간략히 설명하겠습니다. 먼저 "fixed-rate, level-payment, fully-amortized"의 의미를 파악해 보겠습니다.

질문 10-8〉 fixed-rate, level-payment, fully-amortized mortgage란?

이는 차입자가

고정금리대출의(fixed rate) 원리금을
정기적으로(매월) 균등한 금액으로(level payment)* 분할상환하면
대출계약 만기일에는 대출 원리금이 100% 상각되는(fully amortized)

모기지론을 뜻합니다. 매월 상환하는 금액 중 일부는 대출 원금에 대한 이자이고 나머지 부분은 원금에 대한 상환금입니다. 계약 기간 동안 매월 균등액을 상환하여 만기일에 대출 원리금을 완전히 상각하기 위해서는, 매월 상환할 상환금이 대출 계약의 원금와 이자율을 적절히 고려하여 결정되어야 합니다. 대출 계약상의 이자율을 "계약 이자율(contract rate)"이라고 하는데 보통 연이자율로 표시됩니다. 그런데 실제의 현금흐름은 매월 발생하므로, 매월의 상환금을 산출하기 위해서는 계약 이자율을 12(월)로 나누어 1개월 단위의 이자율로 환산하여야 합니다. 이러한 과정을 거쳐서 결정되는 매월의 상환금액은 다음과 같습니다.

---

* 여기서 level은 constant란 의미의 형용사입니다.

> ➢ 식 1〉 매월 상환금액의 산출
>
> 일반 모기지론 계약에 의하여 차입자가 매월 상환할 금액 MP는 다음과 같이 결정됩니다.
>
> $$MP \;=\; MB_0 \times \left[\frac{i\cdot(1+i)^n}{(1+i)^n-1}\right].$$
>
> 여기서
>
> $MP =$ 매월 상환금(monthly mortgage payment)
>
> $MB_0 =$ 대출 계약의 원금(original mortgage balance)
>
> $i =$ 1개월 이자율 $= \frac{\text{계약 이자율}}{12}$
>
> $n =$ 계약 기간(개월 수).

증명 1〉 매월 상환금액 수식 증명

1기간의 이자율이 r일 때, 매 기간 말 현금 C를 받는 연금의 현재가치 $P(0)$는 다음과 같습니다.

$$P(0) \;=\; C \times \left[\frac{(1+r)^n-1}{r(1+r)^n}\right].$$

이 식을 C에 관하여 정리하면

$$C \;=\; P(0) \times \left[\frac{r(1+r)^n}{(1+r)^n-1}\right]$$

이 됩니다. 이 공식은, 1기간의 이자율이 r일 때 원금 $P(0)$를 n 기간 동안 상환할, 매 기간의 균등 상환액 C를 산출하고 있습니다. 일반 모기지론의 경우에는

$$r \;=\; i,$$
$$P(0) = MB_0,$$
$$C = MP$$

이므로 $MP \;=\; MB_0 \times \left[\frac{i\cdot(1+i)^n}{(1+i)^n-1}\right]$이 도출됩니다. ■

이제 모기지론을 제공 받은 차입자가 매월 상환할 금액을 구체적으로 산출해 봅시다. 또 편의상 통화 기호를 삭제했습니다.*

예제 10-2〉 매월 상환금액의 산출

차입자가 100,000,000의 주택을 구입하기 위하여 일반 모기지론을 신청하려고 합니다. 계약 기간이 30년(= 360월)이고 계약 이자율이 8.125% = 0.08125일 때 이 차입자가 매월 지불해야 할 균등 상환금액을 산출하여 봅시다. 먼저 계약 이자율 8.125%를 월 이자율로 환산하면

$$\frac{0.08125}{12} \approx 0.006770833$$

입니다. 12로 나누어야 함을 기억하기 위해 아래 식에서는 $\frac{0.08125}{12}$를 그대로 쓰기로 합니다. 이 수치를 적용하여 매월의 상환금액 MP를 계산하면

$$\begin{aligned} MP &= MB_0 \times \left[\frac{i \cdot (1+i)^n}{(1+i)^n - 1}\right] \\ &= 100{,}000{,}000 \times \left[\frac{\frac{0.08125}{12} \cdot \left(1 + \frac{0.08125}{12}\right)^{360}}{\left(1 + \frac{0.08125}{12}\right)^{360} - 1}\right] \\ &\approx 742{,}497 \end{aligned}$$

이 산출됩니다. 즉 차입자는 매월 742,497만큼을 대출 기관에게 갚아야 합니다.

그런데 만일 모기지론 대출 만기가 30년이 아니라 3개월이면 어떻게 될까요? 이렇게 극단적으로 짧은 기간을 가정하는 이유는, 추후 모기지론의 매월 현금흐름을 산출하는 문제를 풀 때, 첫째 달부터 만기월까지 모두 포함하기 위해서입니다. 이렇게 함으로써 모기지론의 대출 원금이 어떻게 "fully amortized"되는지, 즉 만기가 되면 정확히 대출 원금이 100% 상환되는지를 살펴보기 위해서입니다. 이제 모기지론 만기가 3개월이면

---

* 즉 본문의 대출원금 1억은 1억원일 수도, 1억엔일 수도 있고, 독자들 편의적으로 가정하면 됩니다. 단 주택 1채를 구입하기 위한 대출금이라고 생각하면 됩니다.

매월의 상환금액 MP는

$$\begin{aligned} MP &= MB_0 \times \left[\frac{i \cdot (1+i)^n}{(1+i)^n - 1}\right] \\ &= 100{,}000{,}000 \times \left[\frac{\frac{0.08125}{12} \cdot \left(1+\frac{0.08125}{12}\right)^3}{\left(1+\frac{0.08125}{12}\right)^3 - 1}\right] \\ &\approx 33{,}785{,}738 \end{aligned}$$

이 산출됩니다. 즉 차입자는 매월 33,785,738만큼을 대출 기관에게 갚아야 합니다. 이 수치는 상식적으로도 이해되는 수치입니다. 대출 이자율이 0라면 원금 100,000,000을 3개월 만에 다 갚기 위해서는 $\frac{100{,}000{,}000}{3} \approx 33{,}333{,}333$을 매월 갚아야 하는데, 대출 이자가 0보다 크므로 이 수치보다는 조금 더 큰 금액을 갚아야 하기 때문입니다. ■

이제 위 모기지론를 제공받은 차입자가 매월 상환금액을 꼬박꼬박 갚아 나갈 때의 현금흐름을 살펴 봅시다. 먼저 만기가 단지 3개월인 모기지론의 현금흐름을 살펴보면서 전체적인 현금흐름 추이를 봅시다. 그후 만기가 360개월인 모기지론의 현금흐름을 보겠습니다.

예제 10-3〉 모기지론의 현금흐름: 만기 3개월

위 모기지론의 현금흐름을 파악하면 다음 도표와 같습니다.

대출 원금	계약 이자율	월 이자율	개월수	월 상환금
100,000,000	8.125%	0.677%	3	33,785,738

월	원금 잔액	월 상환금	이자	원금 상각	상환 후 원금
1	100,000,000	33,785,738	677,083	33,108,654	66,891,346
2	66,891,346	33,785,738	452,910	33,332,827	33,558,518
3	33,558,518	33,785,738	227,219	33,558,518	0

첫 번째 상환의 경우 월 상환금 33,785,738에는

$$\text{대출 원금에 대한 이자 } 677{,}083 \ (= 100{,}000{,}000 \times 0.00677083)$$

이 포함되어 있으므로

$$\text{원금에 대한 상환은 } 33{,}785{,}738 - 677{,}083 \ = \ 33{,}108{,}654$$

가 됩니다. 그러므로

$$\text{첫 상환금 지불 후 남는 원금은 } 100{,}000{,}000 - 33{,}108{,}654 \ = \ 66{,}891{,}346$$

입니다. 이 금액은 첫 번째 월말에 남은 원금 잔액이면서 동시에 두 번째 월초의 원금 잔액이기도 합니다. 이제 두 번째 달의 상환금 33,785,738에는

$$\text{잔여 원금에 대한 이자 } 452{,}910 \ (= 66{,}891{,}346 \times 0.00677083)$$

이 포함되어 있으므로

$$\text{원금 상환은 } 33{,}785{,}738 - 452{,}910 \ = \ 33{,}332{,}827$$

이 됩니다(반올림 오차). 매달 상환 금액은 고정되어 있는데, 원금 잔액이 줄었기 때문에 그에 대한 이자 발생액이 줄어 더 많은 원금 상환이 이루어졌습니다. 또

$$\text{둘째 상환금 지불 후 남는 원금은 } 66{,}891{,}346 - 33{,}332{,}827 = 33{,}558{,}518$$

입니다. 이 금액은 두 번째 월말에 남은 원금 잔액이면서 동시에 세 번째 월초의 원금 잔액이기도 합니다. 이제 세 번째 달의 상환금 33,785,738에는

$$\text{잔여 원금에 대한 이자 } 227{,}219(= 33{,}558{,}518 \times 0.00677083)$$

가 포함되어 있으므로

$$\text{원금 상환은 } 33{,}785{,}738 - 227{,}219 \ = \ 33{,}558{,}519$$

가 됩니다(반올림 오차). 그러므로

$$\text{셋째 상환금 지불 후 남는 원금은 } 33{,}558{,}518 - 33{,}558{,}519 = -1 \ \approx \ 0$$

입니다(-1은 반올림 오차). 이러한 방식으로 대출 원금과 이자가 상환되면 위 도표에서

와 마찬가지로 3개월이 지나면 대출 원금 100,000,000은 완전 상각됩니다. ■

위 도표에서 알 수 있듯이, 시간이 지나면서 잔여 원금이 감소하므로 이에 대한 이자 지급액도 줄어듭니다. 또한 고정 상환금 33,785,738에서 차지하는 이자 지급액이 줄어들수록 원금에 대한 상각분이 커집니다. 여러분은 위 표를 Excel 같은 스프레드시트 프로그램을 사용하여 똑같이 구현해 보기 바랍니다. 각 셀마다 적절한 공식을 입력해서 말입니다. 물론 대출 원금이나 이자율 등 이미 설정된 상수들은 그대로 입력해야 합니다.

이번에는 (다른 모든 것은 동일하고) 만기가 360개월인 모기지론의 현금흐름 추이를 살펴보겠습니다.

예제 10-4〉 모기지론의 현금흐름: 만기 360개월

만기가 360개월인 경우의 현금흐름은 다음 도표와 같습니다.*

대출 원금	계약 이자율	월 이자율	개월수	월 상환금
100,000,000	8.125%	0.677%	360	742,497

월	원금	월 상환금	이자	원금 상각	상환후 원금
1	100,000,000	742,497	677,083	65,414	99,934,586
2	99,934,586	742,497	676,640	65,857	99,868,729
3	99,868,729	742,497	676,195	66,303	99,802,427
:	:	:	:	:	:
200	72,659,394	742,497	491,965	250,533	72,408,861
201	72,408,861	742,497	490,268	252,229	72,156,633
202	72,156,633	742,497	488,561	253,937	71,902,696
:	:	:	:	:	:
358	2,197,665	742,497	14,880	727,617	1,470,047
359	1,470,047	742,497	9,953	732,544	737,504
360	737,504	742,497	4,994	737,504	0

첫 번째 상환의 경우 월 상환금 742,497에는†

대출 원금에 대한 이자 677,083 (= 100,000,000 × 0.00677083)

* 월 상환금은 정확히 742,497.180...이어서 미세한 반올림 오차가 있을 수 있습니다.

† <예제 10-2>에서 이 월 상환금 산출의 근거가 제시되어 있습니다.

이 포함되어 있으므로

$$\text{원금에 대한 상환은 } 742{,}497 - 677{,}083 = 65{,}414$$

가 됩니다. 그러므로

$$\text{첫 상환금 지불 후 남는 원금은 } 100{,}000{,}000 - 65{,}414 = 99{,}934{,}586$$

입니다. 이 금액은 첫 번째 월말에 남은 원금 잔액이면서 동시에 두 번째 월초의 원금 잔액이기도 합니다. 이제 두 번째 달의 상환금 742,497에는

$$\text{잔여 원금에 대한 이자 } 676{,}640 \ (= 99{,}934{,}586 \times 0.00677083)$$

이 포함되어 있으므로

$$\text{원금 상환은 } 742{,}497 - 676{,}640 = 65{,}857$$

이 됩니다. 매달 상환 금액은 고정되어 있는데, 원금 잔액이 줄었기 때문에 그에 대한 이자 발생액이 줄어 더 많은 원금 상환이 이루어졌습니다. 또

$$\text{둘째 상환금 지불 후 남는 원금은 } 99{,}934{,}586 - 65{,}857 = 99{,}868{,}729$$

입니다. 이 금액은 두 번째 월말에 남은 원금 잔액이면서 동시에 세 번째 월초의 원금 잔액이기도 합니다. 이러한 방식으로 대출 원금과 이자가 상환되면 위 도표에서와 마찬가지로 360개월이 지나면 대출 원금 100,000,000은 완전 상각됩니다. ■

위 도표에서 알 수 있듯이, 시간이 지나면서 대출 원금이 감소하므로 이에 대한 이자 지급액도 줄어듭니다. 그러므로 고정 상환금 742,497에서 차지하는 이자 지급액이 줄어들수록 원금에 대한 상각분이 커집니다. 여러분은 위 표도 Excel 같은 스프레드시트 프로그램을 사용하여 똑같이 구현해 보기 바랍니다. 만기 3개월 표와 달라진 것은 만기 개월수일 뿐이고, 스프레드시트 프로그램의 총 열(rows)의 숫자입니다. 위 표에서는 편의상 360개월의 현금흐름을 모두 보여주지는 못하고 일부부만 보여줬지만, 여러분 컴퓨터 프로그램을 이용하여 360개월의 현금흐름을 모두 추적-구현하여, 마지막 달 말에는 원금 잔액이 0이 됨을 확인하기 바랍니다.

시간이 지남에 따라 감소하는 모기지론 원금 잔액에 대한 공식은 다음과 같이 파악됩니다.

> ➢ 식 2〉 매월 말 원금 잔액
>
> 일반 모기지론 계약에 의하여 차입자가 매월 균등한 금액을 상환해 나갈 때 k 번째 상환금을 지불한 후 남는 대출 원금 MB_k는 다음과 같습니다.
>
> $$MB_k \;=\; MB_0 \times \left[\frac{(1+i)^n - (1+i)^k}{(1+i)^n - 1}\right].$$
>
> 여기서
>
> MB_0 = 대출 계약의 원금(original mortgage balance)
>
> i = 1개월 이자율 = 계약 이자율/12
>
> n = 계약 기간(개월 수)
>
> k = 월상환금을 지불한 횟수($0 \le k \le n$)

여기서 매월 말이 정확한지 매월 초가 정확한지 논란이 있을 수 있습니다. 이는 첫 번째 월상환금을 지불한 달을 month 0으로 설정할지 혹은 month 1으로 설정할지에 달렸습니다. 본서에서는 편의상 month 1으로 설정합니다. 가령 2030년 1월 2일 360개월 모기지론을 제공받아 대출 원금 1억을 받고, 2030년 1월 31일 월상환금 742,497을 처음으로 대출기관에 지급했다고 합시다. 그러면 2030년 1월이 month 1이 되고, 2030년 1월 31일 첫 상환금을 지급 후 남은 잔여 원금은 MB_1이 됩니다. 첫 번째 월말의 잔여 원금입니다. 또 2030년 2월 28일 월상환금 742,497을 대출기관에 지급하고 남은 잔여 원금은 MB_2이 됩니다. 이것이 두 번째 월말의 잔여 원금입니다. 그렇다면, 200 번째 상환금을 지불한 후 남은 원금 잔액은 다음과 같이 72,408,861이 됨을 확인할 수 있습니다. 이 수치는 위 도표의 200번째 월의 맨오른쪽 "상환후 원금" 열에 나와 있습니다.

$$MB_{200} \;=\; 1{,}00{,}000{,}000 \times \left[\frac{(1+i)^{360} - (1+i)^{200}}{(1+i)^{360} - 1}\right]$$

$$= \ 1{,}00{,}000{,}000 \times \left[\frac{\left(1+\frac{0.08125}{12}\right)^{360} - \left(1+\frac{0.08125}{12}\right)^{200}}{\left(1+\frac{0.08125}{12}\right)^{360} - 1} \right]$$

$$= 72{,}408{,}861.$$

■

이제 위 공식이 과연 맞는 공식인지 증명해 봅시다.

증명 2〉 매월 말 원금 잔액 공식

첫 번째 상환금을 지불한 후 남은 원금 MB_1은 다음과 같이 계산됩니다.

$$\begin{aligned} MB_1 \ &= \ MB_0 \ - \ (MP - MB_0 \times i) \\ &= \ MB_0 \ - \ \left(MB_0 \times \left[\frac{i \cdot (1+i)^n}{(1+i)^n - 1} \right] - MB_0 \times i \right) \\ &= \ MB_0 \left(1 \ - \ \left[\frac{i \cdot (1+i)^n}{(1+i)^n - 1} \right] \ + \ i \right) \\ &= \ MB_0 \left(\frac{[(1+i)^n - 1] \ - \ i \cdot (1+i)^n \ + \ i \cdot [(1+i)^n - 1]}{(1+i)^n - 1} \right) \\ &= \ MB_0 \left(\frac{(1+i)^n \ - \ (1+i)}{(1+i)^n - 1} \right). \end{aligned}$$

그러므로 $k = 1$일 때 $MB_k \ = \ MB_0 \times \left[\frac{(1+i)^n - (1+i)^k}{(1+i)^n - 1} \right]$이 성립됨을 알 수 있습니다. 두 번째 상환금을 지불한 후 남은 원금 MB_2도 이런 과정을 거치면

$$MB_2 \ = \ MB_0 \times \left[\frac{(1+i)^n - (1+i)^2}{(1+i)^n - 1} \right]$$

임을 입증할 수 있습니다. 물론 유사한 과정을 거쳐

$$MB_3 = MB_0 \times \left[\frac{(1+i)^n - (1+i)^3}{(1+i)^n - 1}\right]$$

임도 입증할 수 있습니다.

그런데 본서에서는 이런 개별적 증명을 하나씩 제시하기보다, 보다 일반적인 방법으로 증명해 보겠습니다. 이를 위해서는 여러분이 (중)고등학교 때 배운

"수학적 귀납법(mathematical induction)"

을 활용하겠습니다. 즉 위에서 제시한 "매월 말 원금 잔액 공식"이 k가 특정 자연수 k_1일 때 성립한다면, $k = k_1 + 1 = k_2$일 때에도 성립함을 증명하겠습니다. 이것이 증명된다면, $k = k_1 = 1$일 때 이미 우리가 증명했으므로, $k = k_2 = k_1 + 1 = 2$일 때도 증명이 된다고 할 수 있습니다. 또 $k = k_2 = 2$일 때 증명됐으므로, $k = k_2 + 1 = 3$일 때도, $k = 4$일 때도, 그리고 k가 어떤 자연수이더라도 위 공식이 증명됨을 알 수 있습니다. 이 증명은 다소 깁니다.

이제 위 공식이 $k = k_1$일 때 유효하다면, $k = k_1 + 1$일 때도 유효함을 입증해 봅시다. 위 공식이 $k = k_1$일 때 유효하다고 전제하므로 다음이 성립합니다. (편의상 $k_1 = k1$으로도 표기)

$$MB_{k1} = MB_0 \times \left[\frac{(1+i)^n - (1+i)^{k1}}{(1+i)^n - 1}\right].$$

이제 $k = k_1 + 1 = k_2$일 때의 MB_{k2}의 형태를 파악해 보겠습니다. 모기지론의 원금 MB_0는 월상환금 MP를 0번 지급하고 남은 원금으로 해석할 수 있고

월상환금 MP를 1번 지급하고 남은 원금은 MB_1
월상환금 MP를 2번 지급하고 남은 원금은 MB_2
…
월상환금 MP를 k_1번 지급하고 남은 원금은 MB_{k1}
월상환금 MP를 '$k_1 + 1$'번 지급하고 남은 원금은 MB_{k1+1}

입니다. 그리고 월상환금 MP를 k_1번 지급하고 남은 원금은 MB_{k1}은

$$MB_{k1} \;=\; MB_0 \times \left[\frac{(1+i)^n - (1+i)^{k1}}{(1+i)^n - 1}\right]$$

이라고 전제하면서 MB_{k2}의 형태를 알아 보겠습니다. 월상환금 MP를 k_1번 지급하고 남은 잔여 원금은 MB_{k1}이므로, 이제 다음 달에도 월상환금 MP를 지급하면 순수한 원금 상환은 어느 정도일까요? MP에서 잔여 원금에 대한 이자 $MB_{k1} \times i$를 차감하고 남은 금액이 순수한 원금 상환입니다. 그러므로 순수한 원금상환액은 "$MP - MB_{k1} \times i$"입니다. 그러면 현 잔여 원금 MB_{k1}에서 "$MP - MB_{k1} \times i$" 금액을 차감하면 MB_{k2}이 산출됩니다.

$$\begin{aligned} MB_{k2} \;&=\; MB_{k1} \;-\; (MP - MB_{k1} \times i) \\ &=\; MB_{k1} \;-\; \left(MB_0 \times \left[\frac{i \cdot (1+i)^n}{(1+i)^n - 1}\right] - MB_{k1} \times i\right) \\ &=\; MB_{k1} \cdot (1+i) \;-\; MB_0 \times \left[\frac{i \cdot (1+i)^n}{(1+i)^n - 1}\right] \end{aligned}$$

그런데 $MB_{k1} \;=\; MB_0 \times \left[\frac{(1+i)^n - (1+i)^{k1}}{(1+i)^n - 1}\right]$이므로 이를 위 식에 대입합니다.

$$\begin{aligned} &=\; MB_0 \times \left[\frac{(1+i)^n - (1+i)^{k1}}{(1+i)^n - 1}\right] \cdot (1+i) \;-\; MB_0 \times \left[\frac{i \cdot (1+i)^n}{(1+i)^n - 1}\right] \\ &=\; \frac{MB_0}{(1+i)^n - 1} \times \left[[(1+i)^n - (1+i)^{k1}] \cdot (1+i) \;-\; i \cdot (1+i)^n\right] \\ &=\; \frac{MB_0}{(1+i)^n - 1} \times [(1+i)^{n+1} - (1+i)^{k1+1} \;-\; i \cdot (1+i)^n] \\ &=\; \frac{MB_0}{(1+i)^n - 1} \times [(1+i)^n \cdot (1+i-i) - (1+i)^{k1+1}] \\ &=\; \frac{MB_0}{(1+i)^n - 1} \times [(1+i)^n - (1+i)^{k1+1}] \\ &=\; MB_0 \times \left[\frac{(1+i)^n - (1+i)^{k2}}{(1+i)^n - 1}\right]. \end{aligned}$$

즉 다음이 성립합니다.

$$MB_{k2} = MB_0 \times \left[\frac{(1+i)^n - (1+i)^{k2}}{(1+i)^n - 1}\right]$$

이는 곧 본서에서 제시한 공식인

$$MB_k = MB_0 \times \left[\frac{(1+i)^n - (1+i)^k}{(1+i)^n - 1}\right]$$

이 $k = k_2 = k_1 + 1$일 때 성립함을 의미합니다. 어떤 전제에서? 이 공식이 $k = k_1$에서 성립한다는 전제에서 말입니다. 그러면 같은 이유로 $k = k_2 + 1 = k_3$에서도 성립할 것입니다. $k = k_2$에서 성립했기 때문입니다. 결국 $k = k_1 + 3,\ k_1 + 4, \ldots$에서도 지속적으로 이 공식은 성립합니다.

그러면, $k = k_1$에서 성립한다는 전제가 충족이 되었을까요? 네, 충족이 되었습니다. $k = 1$일 때 위 공식이 성립했기 때문입니다. 그러므로 $k = 1,\ 2,\ 3,\ 4, \ldots$일 때 이 공식은 모두 성립함이 입증됩니다. ■

자, 이제 증명은 그만하고 흥미로운 질문을 다루어 보겠습니다.

참고 6〉 왜 우리나라에서는 변동금리 모기지론이 많을까요?

2025년 7월 현재, 미국에서는 고정금리 모기지론이 일반적이고 한국에서는 변동금리 모기지론이 그러합니다. 왜 이런 차이가 발생했을까요? 네, 이 질문에 답하기 전에 두 유형의 모기지론의 중요한 차이 하나를 짚고 넘어가겠습니다. 변동금리 모기지론이란 결국 변동금리 대출이므로, 대출 이자율이 그때그때 시장 이자율에 맞게 조정되는 모기지 대출을 말합니다. 그러면 이것이 대출자와 차입자 중 누구에게 더 유리할까요? 금전적으로 말입니다. 네, 사후적으로 본다면(ex post), 누가 더 유리하다고 주장할 수 없습니다. 미래 (모기지론) 시장 이자율이 현재의 그것보다 상승하면 대출자에게 유리했고 그 반대의 경우라면 차입자에게 유리한 결과가 된 것이기 때문입니다. 반면

사전적으로 보면(ex ante) 대출자에게 더 유리

한 측면이 있습니다. 어떤 면에서 그러할까요?

사전적으로 보면, 사후의 결과를 알 수 없으므로, 누구에게 더 유리하다고 장담할 수 없습니다. 금전적인 손익 관계만 보면 말입니다. 그러나 사후적 손익이 아니라 "위험 헤지" 관점에서 보면, 변동금리 모기지론은 대출자에게는 위험이 거의 없고 차입자만 위험에 노출된 계약입니다. 어떤 위험일까요? 네, 다름 아니고 "이자율 위험(intrest rate risk)"입니다. 이자율 위험이 무엇입니까? 앞에서 "대출의 위험" 주제에서 설명한 내용을 여기에 요약 형태로 소환해 봅시다.

> 이자율 위험이란 시장 금리의 변화로 인해 기존 모기지론의 가치가 변동될 위험을 의미합니다. 시장 이자율이 상승할 경우, 기존 고정 이자율로 대출된 모기지론은 상대적으로 수익률이 낮은 자산이 되므로 그 가치는 하락하게 됩니다.

즉 미래 모기지론 시장 이자율이 상승하면 대출자의 자산(=모기지론) 가치가 하락합니다. 그런데 애초에 대출자가 차입자 A에게 변동금리 모기지론의 형태로 대출해 주면, 미래 시장 이자율이 상승할 때 A의 모기지론의 대출 이자율도 그만큼 상승합니다. 그리하여 변동금리 모기지론의 (현재)가치는 추후 시장 이자율이 상승하더라도 불변입니다. 물론 시장 이자율이 하락하더라도 불변입니다. 이때에는 대출자가 A에게 애초 대출 이자율보다 더 낮은, 새로운 대출 이자율을 적용하게 됩니다. 그러므로 대출자가 차입자에게 변동금리 모기지론을 제공하면, 미래 시장 이자율 등락과 관계 없이 그 자산(=모기지론)의 가치는 불변입니다. 즉 변동금리 모기지론은 이자율 위험이 없는 자산, 이자율 위험이 완벽히 헤지된 자산입니다. 반면 차입자는 향후 시장 이자율 변동에 100% 노출됩니다. 시장 이자율이 변동할 때마다 대출자가 모기지론 대출 이자율을 변동시켜 부과하니까 말입니다. 그러므로 변동금리 모기지론은 한마디로, 이자율 위험을 대출자가 차입자에게 100% 부담시킨 대출 형태라 할 수 있습니다. 이처럼 변동금리 모기지론은 대출자에게 월등히 유리한 모기지론입니다. 그러므로 다른 모든 조건이 같다면, 대출 금융기관은 당연히 변동금리 모기지론을 선호합니다.

그런데 왜 미국에서는 고정금리 모기지론이 일반적일까요? 그 주요한 이유 중 하나는, 미국의 경우 모기지론을 대상으로 하여 발행되는 MBS 시장이 매우 활성화되어 있기 때문입니다. 즉 은행이 차입자들에게 모기지 대출을 해 준 후 대부분 MBS 발행 기관에 이 모기지론들을 매각합니다. 모기지론 제공 후 바로 매각해 버리니, 어차피 (시장) 이자율 위험에 거의 노출되지 않습니다. 이자율 위험은 이런 자산들을 계속 보유할 때만 그 보유자에게 영향을 미치기 때문입니다. 둘째 이유로, MBS 사안과는 별도로, 미국 시장은 매우 오랜 기간 동안 30년 만기의

adjustable-rate, fully-amortized 모기지론이

정부 지원(주도)과 함께 매우 성공적으로 정착이 되어 있기에 대출자와 차입자 모두 이 제도를 구조적으로 변화시킬 인센티브가 별로 없습니다.

반면 우리나라의 경우 이런 모기지론을 유동화시키는 MBS 시장이 미국에 비해 제한적입니다. 즉 은행들이 모기지론 실행 후 바로 이 모기지론을 (MBS 발행할) 기관에게 매각하는 것이 미국처럼 쉽지가 않아, 결국 은행들이 이 모기지론들을 장기 보유해야 하는데 이로 인해 (시장) 이자율 위험에 많이 노출되는 것입니다. 그러므로 은행들은 이 위험을 헤지해야 하는데, 가장 확실한 헤지 수단 중 하나가 애초에 모기지론을 변동금리로 제공하는 것입니다. 물론 변동금리로 제공하는 모기지론을 차입자들이 대부분 거부하면 은행들도 고정금리 모기지론을 제공해야 할 수도 있습니다. 하지만 우리나라에서는 역사적으로 그리고 현재에도 주택 구입을 위해 돈 빌리려 하는 차입자들의 원금 총액이 돈 빌려주는 은행이 제공할 자금 총액보다 훨씬 더 크기에, 이 시장은 "sellers' market"이 되어 은행들 입맛대로 변동금리 모기지론이 보편화된 것입니다.* ■

---

* 물론 이밖에 미국과 한국 모두에 다른 이유들도 있지만, 여기에서는 시장 이자율 위험을 중심으로 이 정도만 설명합니다.

제 3 절 자동이체 모기지담보증권

자동이체 모기지담보증권(a mortgage pass-through security) 혹은 자동이체증권(a pass-through security)이란, 다수의 mortgages(모기지론)로 이루어진 “pool”에서 발생하는 현금흐름을 대상으로 발행된, 균등한 권리를 갖는 증권을 말합니다. 모기지론 자체는 투자금액, 유동성, 조기상환 위험 등의 측면에서 외부 투자자들이 투자하기에 매우 적합하다고는 할 수 없는데, 여러 개의 모기지론들을 하나로 묶어 여기에서 발생하는 전체 현금흐름을 (1/n)씩 분배하는 n개의 지분(share)으로 변환하면, 투자하기에 보다 적합한 증권이 될 수 있습니다.

하나의 예로, 앞에서 논의했던 모기지론을 외부의 투자자 A가 매입하는 경우를 가상해 보겠습니다. 이 모기지론은 만기 30년 동안 매월 742,497의 현금흐름이 발생하는 자산입니다. 이 자산의 현재가치는 이 자산의 위험성을 적절히 고려한 할인율로 360개월의 현금흐름을 할인함으로써 결정될 것인데, 이 현재가치는 대출 원금인 100,000,000에 가까운 값이 됩니다. 이 대출을 제공한 금융기관 B가 이 대출을 A에게 매각하려고 할 때 과연 A는 쉽게 이 대출자산을 매입하려고 할까요? 우선 A가 가진 투자 자금이 이 자산의 가격인 약 100,000,000 이상일 경우에만 투자가 가능할 것입니다. 또 향후 시장이자율 수준이 하락하여 이 모기지론의 차입자가 갑자기 조기상환을 하면, A는 예상하지 않던 시점에서 예상보다 낮은 이자율로 재투자하여야 하는 위험을 부담하여야 합니다. 이러한 측면에서, 모기지론이 원래의 mortgage originator로부터 외부의 투자자에게로 거래될 수 있는 유동성은 그리 높다고 할 수 없을 것입니다.

그러나 다음과 같은 경우는 어떨까요? 50개의 모기지론을 모아서 하나의 pool을 만들고, 이 pool로부터 발생하는 전체 현금흐름을 수령할 권리를 가지는 500개의 지분을 발행하면 어떨까요? 이 경우 지분 1개를 소유하면 이 pool로부터 발생하는 전체 현금흐름의 1/500 = 0.2%만큼 수취할 권리를 보유하게 됩니다. 만일 50개 모기지론의 대출원금의 평균이 약 100,000,000이라면 지분 한 개의 가격은

$$\frac{50 \times 100{,}000{,}000}{500} = 10{,}000{,}000$$

이 되므로, 지분 1개를 소유하기 위한 최소 투자 자금은 (1개의 모기지론을 구입할 때에 비해) $\frac{1}{10}$로 줄어듭니다. 또 이 pool에 포함된 50개의 모기지론은 만기, 계약 이자율, 지역 등이 각각 (조금씩이라도) 다르므로, 일시에 50개 모두가 조기상환될 가능성은 미약합니다.* 미래 특정 시점에서 50개 중 일부만 조기상환된다면 이 지분을 구입한 A에게 미치는 영향은 희석됩니다. 지분은 50개의 모기지론을 모두 합친 pool을 (500개로) 균등하게 분할한 것이기 때문입니다. 가령 50개 모기지론 중에서 5개 모기지론의 차입자들이 조기상환을 한다면, 전체 pool의 10%만이 조기상환된 것이므로, A가 구매한 지분의 $\frac{1}{10}$에만 영향을 미칩니다.

반면 A가 이 지분을 구입하지 않고 위 5개 모기지론 중 하나를 직접 매입했다면, A는 투자금 전체가 조기상환을 당하는 셈입니다. 그러므로 A가 당할 조기상환의 위험, 임팩트만 본다면, 지분의 경우 모기지론에 비해 $\frac{1}{10}$이나 약해진 것입니다. 물론 A가 나머지 45개의 모기지론 중 하나에 투자했다면 아무런 조기상환을 당하지 않았을 것입니다. 그러나 이는 사후적 결과에 해당하고, 사전적으로는 '운나쁘면 조기상환을 100%(된통) 당하든지, 운 좋으면 조기상환을 전혀 당하지 않든지'의 "all or nothing" 식의 위험하기 짝이 없는 투자가 됩니다.

그러므로 A는 어느 하나의 모기지론에 투자하는 것보다 (여러 모기지론의 pool을 대상으로 발행된) 이 지분에 투자하는 것을 선호할 가능성이 높습니다. 비유한다면, 자신의 투자 자금 1천만을 현대차 주식에만 투자하지 않고 KOSPI 200 주식을 모두 편입하는 '주가지수 ETF'에 투자할 경우 미래 주가하락으로 인한 위험이 감소하는 것과 동일한 이치입니다. 즉 주식이든 모기지론이든, 여러 개 자산에 분산 투자할 때 위험이 감소되는 잘 알려진 원리가 적용됩니다. 이러한 이유로 외부의 투자자들은 모기지론에 직접 투자하기보다는 이들의 "pool"에 대한 지분에 투자하는 것을 더 선호한다고 할 수 있습니다.

이때 원래의 모기지론 형태에서 이와 같은 지분의 형태로 자산 형태가 바뀌게 되면 모기지론이 "유동화(securitized)"되었다고 하며, 이때의 지분을 자동이체 모기지담보증

---

* 마찬가지로, 모든 사람이 일시에 은행에서 자신의 예금을 현금으로 인출할 확률, 모든 생명보험 가입자의 건강에 이상이 발생하여 보험회사가 모든 가입자에게 막대한 보험금을 지불할 확률도 매우 작은데, 이는 통계학에서의 "대수의 법칙(the law of large numbers)"으로 설명될 수 있습니다.

권, 자동이체 모기지저당증권 혹은 자동이체증권이라 합니다. 500개의 자동이체증권은 위 모기지론 pool의 현금흐름에 대하여 모두 동일한 권리를 즉 (1/500)의 권리를 가집니다. 본 절에서는 이 증권의 특성에 대하여 살펴보기로 합니다.

질문 10-9〉 유동화(securitization)에 대해 설명해 주세요.

유동화(securitization)는 원래 개별적으로 거래되기 어려운 자산을 여러 개 모아서 하나의 금융 상품으로 만들어 투자자들에게 판매하는 과정입니다. 예를 들어, 여러 개의 모기지 대출을 모아서, (자동이체증권 같은) 모기지담보증권(MBS)을 만들어, 이를 투자자들에게 판매함으로써 대출자들이 자금을 쉽게 회수할 수 있게 됩니다. 위에서 설명한 자동이체증권은 가장 기본적인 MBS 형태라 할 수 있습니다. 이렇게 만들어진 MBS는 장외 시장(OTC)에서 거래되며, 뉴욕증권거래소 같은 주식시장에 상장되지는 않습니다. 유동화가 영어로는 "securitization"이라 하여, 모기지론을 (상장)주식으로 만든다는 뜻은 아닙니다. 거래소 시장(exchange market)이 아니라 장외 시장에서 거래되는 증권으로 만든다는 의미입니다. 이 장외시장에서는 주로 기관투자자들이, 즉 보험사, 헤지 펀드, 연기금, 대형 펀드들이 MBS를 거래합니다. 원 모기지론들을 MBS로 유동화함으로써, 모기지 대출을 실행한 은행 등은 대출금을 더 빨리 회수하고, 외부 투자자들은 새로운 투자 자산을 보유하게 됩니다. 이렇게 자산을 유동화하여 시장에 판매함으로써 모기지론을 제공하는 은행들은 기존의 (risky한) 모기지론을 (만기까지 기다리지 않고) 신속히 현금화할 수 있습니다. ■

1. 현금흐름

먼저 모기지론과 자동이체증권의 현금흐름의 차이에 대하여 파악해보겠습니다. 위 예에서 50개의 모기지론의 pool에 유입되는 현금흐름은, 50명의 차입자가 대출 금융기관에 매달 지급하는 50개의 월 상환금을 합친 금액입니다. 이 금액에서 대출 업무와 관련된 수수료(servicing fee)를 제외하고 또 자동이체증권의 현금흐름을 보증하는 기관들에게 귀속되는 수수료 등을 제외한 나머지 금액이 500개의 자동이체증권에 할당됩니다. 그러므로 자동이체증권으로 유입되는 매월의 총 현금흐름은 모기지론의 pool로 유입되는 매월의 총 현금흐름보다는 다소 작은 금액입니다. 이는 곧 모기지론 pool의 평균 (대출) 이자율이 이 pool을 대상으로 발행된 자동이체증권의 평균 이자율(수익률)보다 높음을 말합니다. 또 자동이체증권으로 현금이 유입되기 위해서는 먼저 차입자들이 모기지론의 월 상환금을 지불하여야 하므로, 모기지론의 현금흐름의 시점(timing)이 자동이체증권의 그것보다는 다소 이릅니다.

50개의 모기지론의 만기와 계약 이자율은 모두 같지는 않습니다. 그러므로 다양한 모기지론들을 모두 합친 자동이체증권의 "평균" 만기와 "평균" 액면이자율(pass-through coupon rate)을 구하기 위해서는, 먼저 50개 모기지론의 만기와 계약 이자율의 평균을 계산하여야 합니다. 평균을 산출하기 위한 가중치는 각 모기지론의 대출원금 잔액(outstanding mortgage balance)을 사용하는데, 이렇게 산출된 평균 이자율과 평균 만기를 각각

WAC(weighted average coupon rate)
WAM(weighted average maturity)

이라 합니다. 이들을 구하는 문제를 하나 풀어 봅시다.

예제 10-5〉 WAC과 WAM

3개의 모기지론의 대출금, 계약 이자율, 만기가 서로 상이하며 구체적으로 다음과 같다고 하겠습니다.

부동산담보대출	대출원금	가중치	계약이자율	만기(월)
1	100,000,000	0.1667	8%	360
2	200,000,000	0.3333	10%	240
3	300,000,000	0.5000	12%	300
합계	600,000,000	1		

먼저 이 모기지론 pool의 WAC을 구해보겠습니다. 각 대출의 계약 이자율에 가중치를 곱하면

$$WAC = 8\% \times 0.1667 + 10\% \times 0.3333 + 12\% \times 0.5 = 10.67\%$$

가 됩니다. 또 WAM은

$$360 \times 0.1667 \ + \ 240 \times 0.3333 \ + \ 300 \times 0.5 \ = \ 290(\text{개월})$$

입니다. 시간이 지남에 따라 대출원금의 잔액과 잔존만기는 작아지므로 이 pool의 WAC과 WAM도 시간과 함께 변합니다. 또 이 pool에 대해 발행된 자동이체증권의 액면 이자율은 위에서 설명한 바와 같이 WAC보다 작게 결정됩니다. ■

2. 조기상환의 추정

자동이체증권의 현금흐름을 추정하고 가치를 평가하기 위해서는 우선 조기상환속도(prepayment speed, prepay rate)를 추정하여야 합니다.* 미래 특정 시점에 발생하는 조기상환의 속도를 추정하기 위해서는 불가피하게 조기상환에 대한 일정한 가정이 필요합니다. 물론 조기상환에 대한 가정은 과거의 자료, 현재의 추세, 분석자의 역량 등이 종합적으로 반영되어 설정됩니다. 자동이체증권이 최초로 발행되던 초기에는 조기상환에 대한 주먹구구식 가정이 많았습니다. 그러나 시간이 흐름에 따라 조기상환에 대한 자료가 축적되고 이에 대한 분석이 진행되면서 조기상환 속도를 보다 합리적으로 가정할 수 있게 되었습니다. 여기에서는 조기상환 속도를 추정하는 기본적인 방법에 대하여 살펴보기로 합니다. 한편 실제 금융기관들은 여기에 소개되는 기본적인 방법보다는 보다 현실적이고 정교한 모형을 사용합니다.

(1) 일시상환 모형

가장 간단한 추정 방법으로, 모든 모기지론이 일정한 기간이 경과하면, 가령 대출 후 12년이 지나면, 만기 이전에 모두 조기상환된다고 추정하는 방법을 말합니다. 이 방법은 매우 간편하기는 하지만, 조기상환에 영향을 미치는 다양한 요인과 미래의 불확실성을 무시함으로써 현실의 조기상환 속도를 잘 설명하지 못한다는 단점을 가지고 있습니다.

---

* 조기상환 속도에 대한 추정은 애초에는 주택담보대출을 기초자산으로 하는 파생상품(가령 자동이체증권)의 현금흐름을 합리적으로 추정하기 위하여 시도되었지만, 개별적인 주택담보대출에도 유용한 개념입니다.

(2) 고정조기상환 모형

이는 매달 일정한 확률(비율)로 모기지론의 잔여 원금이 조기상환된다고 가정하는 추정 방법을 의미합니다. 가령 모기지론의 (잔여) 원금이 조기상환될 확률이 매달 0.5%라고 가정할 수 있습니다. 이때 0.5%는 매월 적용되는 확정된 값으로 이를

SMM 혹은 "single monthly mortality(월상환율)"

라 합니다. SMM이 0.5%일 때 첫째 달에 조기상환이 발생할 확률은 물론 0.5%입니다. 혹은 첫째 달 총(잔여) 원금 중 조기상환이 발생할 비율이 0.5%라고 해석해도 됩니다. 둘째 달 조기상환이 발생하는 경우는 우선 첫째 달에 조기상환이 발생하지 않는 경우에 국한됩니다. 그러므로 둘째 달 조기상환이 발생할 확률은

$$(1-0.5\%)\times 0.5\% \;=\; 0.995\times 0.005 \;=\; 0.004975 \;=\; 0.4975\%$$

입니다. 셋째 달 조기상환이 발생하는 경우는 첫째 달에 조기상환이 발생하지 않고, 둘째 달에도 조기상한이 발생하지 않아야 하며, 셋째 달에 조기상환이 발생하는 경우입니다. 그러므로 셋째 달 조기상환이 발생할 확률은

$$(1-0.5\%)^2\times 0.5\% \;=\; 0.995^2\times 0.005 \;\approx\; 0.00495 \;=\; 0.495\%$$

입니다. 참고로 이는 첫째 달 조기상환 발생 전의 총원금 대비한 비율입니다. 위 수치를 입증할 수 있는 또 하나의 방법은 다음과 같습니다. 첫째 달과 둘째 달의 조기상환 확률이 각각 0.5%와 0.4975%이므로, 셋째 달 조기상환이 발생할 확률은

$$(1-0.5\%-0.4975\%)\times 0.5\% \;=\; (1-0.005-0.004975)\times 0.005 \;=\; 0.495\%$$

입니다.

그런데 통상적으로 조기상환의 속도 혹은 확률은 SMM과 같이 1개월을 단위로 표시하지는 않고 1년을 단위로 표시하는데 이 수치를

CPR 혹은 "conditional prepayment rate(조건부 조기상환율)"

이라 합니다. 참고로 재무금융 분야에서는 한 달보다는 1년이 기본 단위가 되는 경우가 더 많습니다. 이런 이유로도 실무적으로 CPR 수치가 널리 이용되는데, SMM과 CPR의

관계는 다음과 같이 파악할 수 있습니다. 월상환율 SMM이 주어졌을 때 1개월 후 조기상환되지 않고 남는 원금의 비율은 (1−SMM)입니다. 또 2개월 후 남는 원금의 비율은 $(1-\text{SMM})^2$이 됩니다. 12개월 후, 즉 1년 후 남는 원금의 비율은 $(1-\text{SMM})^{12}$입니다. 그러므로 1년 동안 조기상환된 원금의 비율은 $[1-(1-\text{SMM})^{12}]$인데, 이 값이 곧 1년 단위로 표시된 조기상환 확률 혹은 속도를 나타내는 CPR인 것입니다. 아래 공식은, 곧 알게 되겠지만, 모기지론이나 자동이체증권의 만기까지의 현금흐름을 추정하는데 매우 중요한 공식입니다. 여러분들은 아래 공식이 도출된 이유도 기억하면 좋습니다. 그러면 굳이 이 공식을 외우지 않아도 언제든지 스스로 쉽게 도출할 수 있기 때문입니다.

정리 2〉 CPR과 SMM

CPR과 SMM은 다음과 같은 관계를 충족합니다.

$$CPR \ = \ 1 \ - \ (1-SMM)^{12}.$$

혹은 이 식을 SMM에 대하여 전개하면 다음과 같습니다.

$$SMM \ = \ 1 \ - \ (1-CPR)^{\frac{1}{12}}.$$

증명 3〉 위 공식 중 SMM에 대한 식을 증명해 보세요.

$CPR \ = \ 1 \ - \ (1-SMM)^{12}$은 위에서 설명되었으므로, 이 식을 변형하여 SMM 공식을 도출해 보겠습니다. 먼저 우변의 1을 좌변으로 옮기고, 양변에 (−1)를 곱하면 다음과 같습니다.

$$1-CPR \ = \ (1-SMM)^{12}.$$

이제 양변을 모두 $\frac{1}{12}$승 하면 다음과 같습니다(Raising both sides to the $\frac{1}{12}$ yields the following.)

$$1-SMM \ = \ (1-CPR)^{\frac{1}{12}}.$$

그 결과 위 정리가 성립합니다. ■

이제 관련 예제를 두 개 풀어 보겠습니다.

예제 10-6〉 CPR과 SMM

SMM이 0.7%일 때 CPR을 구하면

$$\begin{aligned} CPR &= 1 - (1 - SMM)^{12} \\ &= 1 - (1 - 0.007)^{12} = 0.08084 \\ &= 8.084\%. \end{aligned}$$

입니다. 즉 매달 0.7%의 확률로 조기상환이 발생한다면 1년 후까지의 누적 조기상환 확률은 8.084%가 된다는 뜻입니다. 또는 매달 0.7%의 "비율"로 원금의 조기상환이 발생한다면 1년 후까지의 누적 조기상환율은 8.084%입니다.

이 수치는 0.7%를 단순히 12배한 수치인 8.4% = 0.084보다는 작습니다. 왜냐하면, 매달 조기상환 비율(확률) 0.7%가 "잔여원금"에 적용되기에 애초 원금(= 1)에 대비한 (조기상환) 비율은 0.7%보다 다소 작기 때문입니다. 가령 2개월째의 조기상환 비율은 단순히 0.7%가 아니라

$$(1 - 0.007) \times 0.007 = 0.00695 = 6.95\%$$

가 되기 때문입니다. 즉 첫째 달을 제외하고는 매달 0.7%보다는 작은 비율로 조기상환이 발생하기 때문입니다. 애초의 원금 대비하여 말입니다. ■

이제는 SMM이 주어졌을 때 조기상환 금액을 추정해 보겠습니다.

예제 10-7〉 SMM과 조기상환 추정

현재 대출 원금이 ₩91,000,000 남아 있고, 이 달 지급할 월상환금에 포함된 원금 상환액이 ₩250,000이라 가정하겠습니다. SMM이 0.5%일 때 이 달의 조기상환 추정액은

$$(91{,}000{,}000 - 250{,}000) \times 0.005 = 453{,}750$$

입니다. 즉 SMM은 잔여 원금에 직접 적용되지 않고 (잔여 원금 – 예정된 원금 상환액)에 적용됨에 유의하여야 합니다. ■

그런데 실제 조기상환 데이터에 따르면 조기상환은 대출 초기에는 점차 증가하다가 일정한 기간이 경과하면 이보다 낮은 비율로 안정적으로 발생하고 만기에 즈음해서는 다시 활발히 발생하는 경우가 많습니다. 즉 시간 경과에 따라 조기상환의 속도가 다른 것이 일반적입니다. 그러므로 SMM과 CPR은 대출의 전체 기간 동안 단일한 수치로 가정되기보다는, 경과된 기간, 모기지론 pool의 특성, 미래 경제 상황에 대한 추정 등 여러 변수 및 주어진 상황을 적절히 반영하는 것이 필요합니다.

(3) PSA 기준

미국 PSA(The Public Securities Association)는 1985년에 조기상환 속도에 대한 하나의 기준(the PSA standard benchmark)을 제시하였습니다. 실제 모기지론 혹은 자동이체증권의 현금흐름을 추정하는 구체적인 조기상환 모형은 기관에 따라 이 벤치마크 모형을 활용하여 상황에 맞게 탄력적으로 설정할 수 있습니다.*

정리 3〉 100% PSA 기준

- 대출 첫 달의 CPR은 0.2%이다.
- 대출 후 30개월까지 CPR은 매달 0.2%씩 증가한다.
- 대출 후 30개월 이후 만기까지 CPR은 6%로 고정된다.

그러므로 대출 후 t번째 달의 CPR은 다음과 같습니다.

* 참고로 이 기관의 명칭은 The Bond Market Association으로 바뀌었다가 이 기관이 The Securities Industry Association과 합병하여 최종적으로는 The Securities Industry and Finance Markets Association으로 바뀌었습니다.

$$CPR = Min\left[6\% \times \frac{t}{30}, 6\%\right]$$

여기서 $t = 1,\ 2,\ 3, \ldots$이고 $Min[X, Y] = X\ if\ X \leq Y$입니다. 즉 $Min[X, Y]$의 값은 X, Y 중 더 크지는 않은 값을 산출합니다.

이제 이와 관련된 예제를 하나 풀어 보겠습니다.

예제 10-8〉 100% PSA 기준

만기가 360개월인 경우 다섯번 째 달(month 5)과 40번째 달(month 40)의 CPR과 SMM을 100% PSA 기준으로 산출하여 보겠습니다.

(a) month 5:

$$\begin{aligned} CPR &= Min\left[6\% \times \frac{t}{30}, 6\%\right] = Min\left[6\% \times \frac{5}{30}, 6\%\right] \\ &= Min[1\%, 6\%] = 1\% = 0.01. \\ SMM &= 1 - (1 - CPR)^{\frac{1}{12}} \\ &= 1 - (1 - 0.01)^{\frac{1}{12}} = 0.0008372. \end{aligned}$$

참고로 $CPR = 0.01$은 SMM을 12배 하면 산출되는 0.01005보다 (역시) 다소 작습니다.

(b) month 40:

$$\begin{aligned} CPR &= Min\left[6\% \times \frac{t}{30}, 6\%\right] = Min\left[6\% \times \frac{40}{30}, 6\%\right] \\ &= Min[8\%, 6\%] = 6\% = 0.06. \\ SMM &= 1 - (1 - CPR)^{\frac{1}{12}} \\ &= 1 - (1 - 0.06)^{\frac{1}{12}} = 0.005143. \end{aligned}$$

이처럼 month 30 ~ month 360까지의 CPR은 모두 6%로 산출됩니다. ■

100% PSA을 0.5배, 2배 등으로 증폭한 기준을 50% PSA 기준, 200% PSA 기준이라 합니다. 가령 100% PSA에 기반한 조기상환 속도보다 느리게 추정될 때에는 80%, 50% 등의 PSA 기준을 적용할 수 있는 반면, 100% 기준보다 조기상환 속도가 빠르다고 추정될 때에는 150%, 200% 등의 PSA 기준을 적용할 수 있습니다.

정리 4〉 x% PSA 기준

이는 100% PSA 기준을 x%로 증폭한 기준입니다. 그러므로 이 경우 대출 후 t번째 달의 CPR은 다음과 같습니다.

$$CPR = \frac{x}{100} \times Min\left[6\% \times \frac{t}{30}, 6\%\right].$$

관련 예제를 풀어 보겠습니다.

예제 10-9〉 50% PSA 기준

만기가 360개월인 경우 다섯번 째 달(month 5)과 40번째 달(month 40)의 CPR과 SMM을 50% PSA 기준으로 산출하여 보겠습니다.

(c) month 5:

$$\begin{aligned} CPR &= \frac{x}{100} \times Min\left[6\% \times \frac{t}{30}, 6\%\right] = \frac{50}{100} \times Min\left[6\% \times \frac{5}{30}, 6\%\right] \\ &= \frac{50}{100} \times Min[1\%, 6\%] = \frac{50}{100} \times 1\% = 0.005. \end{aligned}$$

$$\begin{aligned} SMM &= 1 - (1 - CPR)^{\frac{1}{12}} \\ &= 1 - (1 - 0.005)^{\frac{1}{12}} = 0.0004176. \end{aligned}$$

(d) month 40:

$$CPR = \frac{50}{100} \times Min\left[6\% \times \frac{40}{30}, 6\%\right] = \frac{50}{100} \times 6\% = 0.03.$$

$$SMM = 1 - (1 - 0.03)^{\frac{1}{12}} = 0.002532.$$

또한 month 30 ~ month 360까지의 CPR은 모두 3%가 됩니다. ■

위 예제에서 알 수 있었듯이, 50% PSA는

SMM이 50%로 축소됨을 말하는 것이 아니고
CPR이 50%로 축소됨을

의미합니다. 가령 50% PSA가 적용될 때 month 5의 SMM인 0.0004176은 100% PSA 경우의 SMM 0.0008372의 50%에 매우 근사하나 정확한 50%는 아닙니다. 한편 100% PSA 기준과 다른 PSA 기준이 적용된 CPR 값들은 시간이 경과함에 따라 아래 그래프와 같이 변화합니다. 이 그래프는 거의 모든 채권 교재에서 볼 수 있는, 매우 잘 알려진 그래프입니다.

➢ 그림 10-1〉 PSA 기준과 조기상환 속도

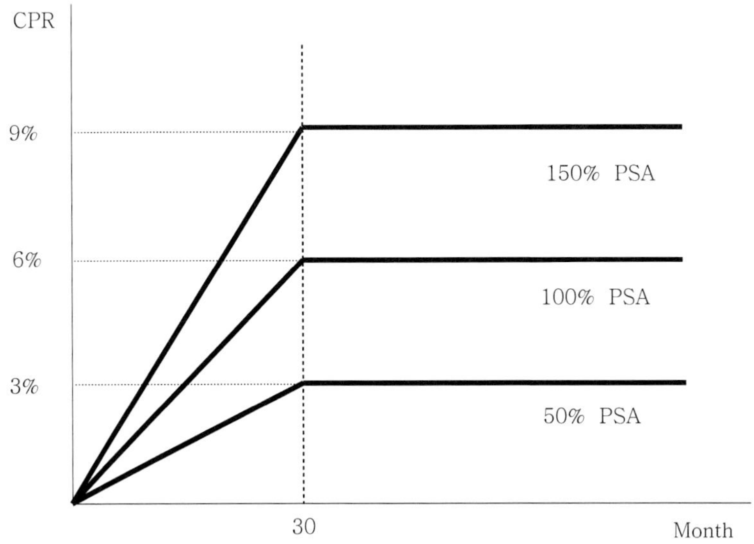

(4) 현금흐름

여기서는 특정 모기지론의 pool을 기초자산으로 하는 자동이체증권의 현금흐름을 산출해 보기로 합니다. 기초자산인 모기지론의 pool은 가장 보편적인 "fixed-rate, level-payment, fully-amortized mortgages"를 가정하겠습니다. 이 모기지 pool에는 다양한 여러 모기지론들이 포함되어 있는데 이 모기지론들의 대출 원금의 합계는 400억 = 40,000,000,000이라 가정하겠습니다. 그리고 이 전체 모기지 pool에 대해서 100개의 동일한 자동이체증권이 발행되었다고 하겠습니다. 이 100개의 자동이체증권을 소유한 투자자들이 원 모기지 pool의 현금흐름에 대해서 가지는 권리는 완전하게 동등합니다. 가령 이 자동이체증권 1개를 보유하는 각 투자자들은, 이 모기지 pool로부터 매달 발생하는 현금흐름의 $\frac{1}{100}$에 대한 권리를 보유합니다. 또 모기지 pool에서 X만큼의 조기상환(금액)이 발생하면 이 자동이체증권 1개를 보유하는 각 투자자들은 $\frac{X}{100}$만큼의 조기상환액을 수령해야 합니다. 또 이 모기지 pool의

WAC = 8.125%
WAM = 360개월(30년)이고
이 pool을 대상으로 발행된 자동이체증권의 액면 이자율 = 7.5%

로 가정합니다. 이 조건에서, 이 모기지 pool에 대해 $\frac{1}{100}$의 권리를 가지는 자동이체증권의 매달 현금흐름은 아래 도표와 같이 산출됩니다. 당연히 이 자동이체증권 1개에 매칭되는 대출 원금은 400억의 $\frac{1}{100}$인 400,000,000이 됩니다.

참고로, 이 도표를 해석하는 방법을 여러분이 이해하게 되면, 동일한 도표를 여러분이 Excel 등의 스프레드시트 프로그램으로 스스로 작성할 수 있어야 합니다. 저자는 이 부분을 대학에서 강의할 때 학생들에게 과제로 아래 도표를 스스로 만들게 하곤 했습니다. 둘째로, 컴퓨터 프로그램 도움 없이 여러분이 연필 등의 필기 도구로 아래 표를, 적어도 두 세 줄(rows)을 산출할 수 있어야 합니다. 이 과정을 스스로 해 보면 아래 표 혹은 유사한 표를 완벽하게 이해할 수 있게 됩니다. 저자가 이 표에 대해 설명하려는 내용을 눈으로만 확인해서는 안 됩니다.*

---

* 학내외 시험에 실패하는 대부분의 학생, 수험생들의 원인은, 저자가 보기에는, 눈으로만 이런 내용을 확

➢ 도표 10-1〉 자동이체증권의 현금흐름 (100% PSA)

만기	WAC	액면이자율 (Pass-through)	1개월 WAC	월 이자율 (Pass-through)	PSA 기준
360	8.125%	7.50%	0.006770833	0.00625	100%

(1) 잔여개월	(2) 월	(3) 원금 잔액	(4) CPR	(5) SMM	(6) 월상환금	(7) 액면이자 (Passthru)	(8) 원금상환	(9) 조기상환	(10) 총현금흐름 (Passthru)
360	1	400,000,000	0.002	0.000167	2,969,989	2,500,000	261,655	66,684	2,828,340
359	2	399,671,660	0.004	0.000334	2,969,493	2,497,948	263,383	133,381	2,894,712
358	3	399,274,897	0.006	0.000501	2,968,502	2,495,468	265,078	200,056	2,960,602
357	4	398,809,763	0.008	0.000669	2,967,013	2,492,561	266,739	266,675	3,025,974
356	5	398,276,350	0.010	0.000837	2,965,028	2,489,227	268,365	333,203	3,090,796
:	:	:	:	:	:	:	:	:	:
5	356	2,520,869	0.060	0.005143	514,461	15,755	497,392	10,407	523,555
4	357	2,013,069	0.060	0.005143	511,815	12,582	498,185	7,791	518,558
3	358	1,507,094	0.060	0.005143	509,183	9,419	498,978	5,185	513,582
2	359	1,002,930	0.060	0.005143	506,564	6,268	499,773	2,588	508,629
1	360	500,569	0.060	0.005143	503,959	3,129	500,569	0	503,698

위 도표에는 모두 10개의 열(columns)이 있습니다. 이를 하나씩 설명하겠습니다. 먼저 이 모기지론 pool의 1개월 기준 WAC = 8.125%/12 = 0.006770833이고, 이 pool을 대상으로 한 100개의 자동이체증권(Passthru)의 (1개월) 액면이자율은 7.5%/12 = 0.00625입니다. 즉 원 모기지 pool의 차입자들의 지불하는 평균 대출 금리는 연 8.125%임에 반해, 이 자동이체증권을 보유한 투자자들이 받는 이자율(coupon rate)은 7.5%입니다. 그러므로 이 두 이자율 사이에는 8.125 − 7.5 = 0.625%의 갭이 존재합니다. 그 이유는, 이러한 자동이체증권의 발행 및 관리 등의 서비스를 담당하는 기관에 대한 수수료 등으로 그만큼이 지불되기 때문입니다. 참고로 연 이자율과 별도로 월 이자율을 파악하는 이유는, 실제의 현금흐름은 매월 발생하므로 월 이자율 수치를 적용하여야 하기 때문입니다.

열 (1), (2)는 모두 시간의 경과를 나타내고 (3)은 매달 초에 남아 있는 원금 액수입니다. (4)는 100% PSA 기준으로 산출된 CPR 값이고 (5)는 이 CPR에 의하여 산출되는 SMM 값입니다. (6)은 기초자산인 모기지 pool에 유입되는 정기적인 월상환금 액수입니다. 더 정확히는, (6)은 원 모기지 pool에 포함된 모든 모기지론의 차입자들이 지불하는 (월)상환금 액수의 $\frac{1}{100}$에 해당합니다. 이렇게 계산해야, 이 모기지 pool에 대해

인하는 데 그치기 때문입니다. 스스로 손으로 풀어보아야 합니다.

발행된 100개의 자동이체증권 중 1개의 자동이체증권에 대한 현금흐름이 정확히 계산됩니다. 그렇기에 대출 원금도 원 모기지 pool의 40,000,000,000(원)이 아니고 그 $\frac{1}{100}$인 400,000,000(원)으로 설정된 것입니다.

모기지 pool에 유입되는 정기적인 월상환금 액수인 (6)에 대해 설명해 보겠습니다. 만일 360개월 동안 조기상환이 전혀 발생하지 않는다면 이 정기적인 월상환금 액수는 최초의 액수인 2,969,989가 항상 유지됩니다. 이때에는 이 월 상환금 액수가 최초 산출되면, 시간이 지나도 매월 새로 월상환금 액수를 산출할 필요가 없습니다. 즉 "fixed-rate, level-payment, fully amortized" 가정 중 "level payment = constant payment"에 의해 매월 월상환금 액수는 항상 일정하기 때문입니다. 하지만 조기상환이 발생하게 되면, 월상환금 액수는 달라질 수밖에 없습니다. 매월 말 조기상환으로 인해, 예상하지 못했던 더 많은 (대출)원금이 상환되기 때문에, 매월 말 "정기 상환 + 조기상환"이 발생한 이후 남은 잔여 원금이 예상보다 작기 때문입니다. 즉 "level-payment"를 가정했을 때 예상되는 잔여 원금액보다 더 적은 금액이 남기 때문입니다. 그러므로

매월 (예상보다) 더 작아진 잔여원금을 새로운 원금 액수로 간주하고
남은 개월 수도 새로운 만기 월수로 간주하여
매월 새로이 월상환 금액을 산출해야

합니다. 이때 새로이 산출되는 월상환금은, 조기상환이 없음을 가정하고 산출된 원래의 월상환금보다는, 당연히 더 적은 수치가 됩니다. 이것이 무슨 말인지, 여러분이 알고 있는 다음 공식을 이용해서 설명해 보겠습니다.

소환〉 매월 상환금액의 산출 (month 1)

$$MP = MB_0 \times \left[\frac{i \cdot (1+i)^n}{(1+i)^n - 1}\right]$$

$$= 400,000,000 \times \left[\frac{\frac{0.08125}{12} \cdot \left(1+\frac{0.08125}{12}\right)^{360}}{\left(1+\frac{0.08125}{12}\right)^{360} - 1}\right]$$

$$= 400{,}000{,}000 \times \left[\frac{0.006770833 \cdot (1 + 0.006770833)^{360}}{(1 + 0.006770833)^{360} - 1}\right]$$

$$= 2{,}969{,}989.$$

이렇게 산출된 최초의 월상환금 2,969,989는, 향후 360개월 동안 모기지 pool의 차입자들이 조기상환을 전혀 하시 않음을 가정한 것입니다. 하지만, 모기지 관련 기관들의 예상처럼 PSA 100% 기준으로 차입자들의 조기상환이 발생한다고 추정하면, 대출 후 첫 달부터 일정액의 조기상환이 발생할 것입니다. 첫 달 발생할 모기지론 조기상환의 규모는 month 1의 SMM에 의해 추정됩니다. 또 month 1의 SMM은 month 1의 CPR에 의해 결정됩니다.

$$\begin{aligned} CPR &= \frac{x}{100} \times Min\left[6\% \times \frac{t}{30}, 6\%\right] = \frac{100}{100} \times Min\left[6\% \times \frac{1}{30}, 6\%\right] \\ &= Min[0.2\%, 6\%] = 0.2\% = 0.002. \\ SMM &= 1 - (1 - CPR)^{\frac{1}{12}} \\ &= 1 - (1 - 0.002)^{\frac{1}{12}} = 0.000166819 \approx 0.000167. \end{aligned}$$

참고로 위 도표에서는 각 달에 해당하는 SMM 수치가 (5)열에 제시되어 있는데, 이는 소수 여섯째자리로 반올림하여 보여준 수치일 뿐입니다.

그럼 첫 달의 조기상환 금액은 어느 정도일까요? 이를 파악하기 위해서는 먼저 첫 달의 상환금액에 포함된 정기적인 원금 상환액을 먼저 계산해야 합니다. 조기상환은 일단 정기적인 월상환금액 2,969,989이 지불되고 남은 잔여 원금에 대해 SMM을 곱해 산출된다고 가정하기 때문입니다. 월상환금 2,969,989은 원금에 대한 이자 상환 및 원금 상환이 합쳐진 금액이므로, 이 중 한 달 이자를 제외한 금액은

$$2{,}969{,}989 - 400{,}000{,}000 \times \frac{0.08125}{12} = 261{,}655$$

인데 이 수치가 월상환금에 포함된 (정기적) 원금 상환액이고, 이 수치는 도표 상의 (8)열에 제시되어 있습니다.* 이제 첫 달의 조기상환액을 산출하려면, 원 모기지 pool의 원

* 원 모기지풀을 대상으로 하는 금액(들)을 산출하고 있으므로 원 모기지풀의 WAC인 8.125%의 대출 이

금 400,000,000에서 일단 261,655이 상환된 후 남은 원금 액수에 SMM을 곱하면 됩니다. 이 수치는

$$\begin{aligned}&(400{,}000{,}000 - 261{,}655) \times SMM\\ =\ &(400{,}000{,}000 - 261{,}655) \times 0.000166819\\ =\ &66{,}684\end{aligned}$$

입니다. 이 수치는 도표 상의 (9)열에 제시되어 있습니다. 이처럼, 조기상환액의 산출은 월초의 (잔여)원금에서 금월(month 1)에 상환된 원금 261,655를 차감한 금액에 SMM을 적용하여 산출됩니다. 이는 매월 동일하게 적용됩니다.

한편 위 도표에서는 원 모기지 pool 관련 수치와 자동이체증권 관련 수치가 모두 제시되어 있습니다. 이 중 (7)은 이 모기지론의 pool에 유입되는 월상환금 중 제비용을 제외하고 자동이체증권 소유자에게 (액면)이자로 지급되는 금액입니다. 가령 month 1의 경우 월초의 (잔여)원금 400,000,000에 자동이체증권의 월 액면이자율 $\frac{0.075}{12} = 0.00625$가 적용되어

$$400{,}000{,}000 \times \frac{0.075}{12} = 2{,}500{,}000$$

이 산출되었습니다.

마지막 열 (10)은 자동이체증권에 매달 유입되는 총현금흐름을 나타내는데 이는 이 증권에 유입되는 이자와 원금 상환을 더한 값입니다. 원금 상환은 예정된 상환과 조기상환을 모두 합친 금액이므로, month 1의 경우

$$\begin{aligned}&\text{이자} + \text{예정된 원금 상환} + \text{원금 조기상환}\\ =\ &2{,}500{,}000 + 261{,}655 + 66{,}684\\ =\ &2{,}828{,}339 \approx 2{,}828{,}340\end{aligned}$$

으로 계산됩니다.* 자동이체증권의 매달의 현금 유입액은 이와 같은 방식으로 360번째 개월까지 산출됩니다. 100% PSA가 아닌 다른 기준이 적용되면 CPR과 SMM만이 다르게

자율이 적용된 것입니다.

* 1의 차이는 반올림 오차.

산출될 뿐 다른 모든 과정은 위 도표와 동일한 방식으로 계산됩니다.

그렇다면 month 2의 경우는 어떨까요? 네, month 1의 조기상환으로 인해, 애초의 모기지 pool로부터의 현금흐름 예상이 결과적으로 틀렸기 때문에, 새로 모든 것을 산출해야 합니다. 이를 질의-응답 형태로 분석해 보겠습니다.

질문 10-10〉 위 도표에서 month 2의 현금흐름을 산출해 보세요.

네, 둘째 달의 현금흐름를 계산하기 위해서는, 애초의 모기지 pool이 아닌 새로운 모기지 pool임을 깨달을 필요가 있습니다. 즉 다른 조건은 애초의 모기지 pool과 모두 같고, 다만 만기와 대출 원금은 달라졌습니다. 만기는 359개월이고 대출 원금은 다음과 같습니다. 원래의 원금 400,000,000에서 첫 달에 상환된 원금을 차감해야 하는데, 상환된 원금은 두 종류입니다. 정기적인 월상환금 2,969,989에 포함되어 상환된 원금 261,655와 조기상환 66,684가 그것인데 이들을 합산해야 하므로, 첫 달에 상환된 원금 액수는

$$261{,}655 \ + \ 66{,}684 \ = \ 328{,}339$$

입니다. 그러므로 첫째 달 말 혹은 둘째 달 초에 남아 있는 잔여 원금은

$$400{,}000{,}000 \ - \ 328{,}339 \ = \ 339{,}671{,}661$$

이 됩니다.* 결국 month 2에서는 만기 359개월과 대출 원금 339,671,661을 가지는 새로운 모기지 pool을 대상으로 현금흐름을 새로이 산출해야 합니다. 이제 이를 하나씩 실행해 보겠습니다. 먼저 매월 상환할 금액을 공식을 통해 산출해 보겠습니다.

$$\begin{aligned} MP \ &= \ MB_0 \times \left[\frac{i \cdot (1+i)^n}{(1+i)^n - 1} \right] \\ &= 339{,}671{,}661 \times \left[\frac{\frac{0.08125}{12} \cdot \left(1 + \frac{0.08125}{12}\right)^{359}}{\left(1 + \frac{0.08125}{12}\right)^{359} - 1} \right] \end{aligned}$$

---

* 도표와의 오차 1은 반올림 오차.

$$= 2{,}969{,}493.$$

여기서 이 수치의 두 특성을 기억할 필요가 있습니다. 첫째, 이 수치가 첫 달의 월상환금 2,969,989보다 작은 이유는, 첫 달의 조기상환 66,684으로 인해 예상보다 원금이 더 많이 상환되어 둘째 달 초 남아 있는 원금이 예상보다 더 작아졌기 때문입니다.* 둘째, 향후 조기상환이 발생하지 않으면, 이 수치가 359개월간 고정된 월상환금이 되지만, 향후 조기상환이 발생한다면 다음 달 즉 358개월이 남은 시점에서 다시 월상환금을 새로 결정해야 합니다.

이제 month 2의 SMM을 month 2의 CPR을 통해 산출해 봅시다.

$$\begin{aligned} CPR &= Min\left[6\% \times \frac{t}{30}, 6\%\right] = Min\left[6\% \times \frac{2}{30}, 6\%\right] \\ &= Min[0.4\%, 6\%] = 0.4\% = 0.004. \\ SMM &= 1 - (1 - CPR)^{\frac{1}{12}} \\ &= 1 - (1 - 0.004)^{\frac{1}{12}} = 0.000333946 \approx 0.000334. \end{aligned}$$

month 2의 조기상환 금액은 정기적인 월상환금액 2,969,493에 포함된 원금 상환을 제외하고 남은 잔여 원금에다 SMM을 곱해 산출됩니다. 월상환금 2,969,493은 원금에 대한 이자 상환 및 원금 상환이 합쳐진 금액이므로, 이 중 한 달 이자를 제외한 금액은

$$2{,}969{,}493 - 399{,}671{,}660 \times \frac{0.08125}{12} = 263{,}383$$

입니다((8)열). 이제 month 2의 조기상환액을 산출하려면, 원 모기지 pool의 원금 399,671,660에서 263,383이 상환된 후 남은 원금 액수에 SMM을 곱하면 됩니다. 이 수치는

* 만일 첫 달에 조기상환이 발생하지 않았다면 둘째 달 남아 있는 대출 원금은 $400{,}000{,}000 - 261{,}655 = 399{,}738{,}345$ 이고, 이를 대상으로 359개월 동안 상환될 월상환금을 구하면 $MP = MB_0 \times \left[\frac{i\cdot(1+i)^n}{(1+i)^n-1}\right] = 399{,}738{,}345 \times \left[\frac{\frac{0.08125}{12}\cdot\left(1+\frac{0.08125}{12}\right)^{359}}{\left(1+\frac{0.08125}{12}\right)^{359}-1}\right] = 2{,}969{,}989$가 되어, 애초 산출했던 월상환금과 일치합니다.

$$
\begin{aligned}
&(399{,}671{,}660 - 263{,}383) \times SMM \\
&= (399{,}671{,}660 - 263{,}383) \times 0.000333946 \\
&= 133{,}381
\end{aligned}
$$

이고 (9)열에 제시되어 있습니다. 이처럼, 조기상환액의 산출은 월초의 (잔여)원금에서 금월(month 2)에 상환된 원금 263,383를 차감한 금액에 SMM을 적용하여 산출됩니다.

한편 위 도표에서는 원 모기지 pool 관련 수치와 자동이체증권 관련 수치가 모두 제시되어 있습니다. 이 중 (7)은 이 모기지론의 pool에 유입되는 월상환금 중 제비용을 제외하고 자동이체증권에 액면이자로 지급되는 금액입니다. 가령 month 2의 경우 월초의 (잔여)원금 399,671,660에 자동이체증권의 월 액면이자율 $\frac{0.075}{12} = 0.00625$가 적용되어

$$399{,}671{,}660 \times \frac{0.075}{12} = 2{,}497{,}948$$

이 산출되었습니다.

마지막 열 (10)은 자동이체증권 소유자에게 매달 유입되는 총현금흐름을 나타내는데 이는 이 증권에 유입되는 이자와 원금 상환을 더한 값입니다. 원금 상환은 예정된 상환과 조기상환을 모두 합친 금액이므로, month 2의 경우

$$
\begin{aligned}
&\text{이자} + \text{예정된 원금 상환} + \text{원금 조기상환} \\
&= 2{,}497{,}948 + 263{,}383 + 133{,}381 \\
&= 2{,}894{,}712
\end{aligned}
$$

로 계산됩니다. 자동이체증권의 매달의 현금 유입액은 이와 같은 방식으로 360번째 개월까지 산출됩니다. 100% PSA가 아닌 다른 기준이 적용되면 CPR과 SMM만이 다르게 산출될 뿐 다른 모든 과정은 위 도표와 동일한 방식으로 계산됩니다. ■

여러분들은 위의 설명을 읽으면서, 모기지 pool의 차입자들이 매월 지불하는 월상환금(= (6)열)과 자동이체증권 소유자들이 매월 수령하는 현금액(= (10)열)이 상이하다는 것을 알게 되었습니다. 이를 그림으로 보다 명확하게 나타내면 아래와 같습니다.

➢ 그림 10-2〉 모기지 pool의 월상환금 vs. 자동이체증권의 총현금흐름

<table>
<tr><td colspan="3">월상환금</td><td></td></tr>
<tr><td>원금</td><td colspan="2">이자 on mortgages</td><td></td></tr>
<tr><td>원금</td><td>이자 on Pass-through</td><td>은행 수수료</td><td></td></tr>
<tr><td colspan="2">(to Pass-through investors)</td><td>(to bank)</td><td></td></tr>
<tr><td>원금</td><td>이자 on Pass-through</td><td></td><td>prepay</td></tr>
</table>

위 그림에서와 같이, 차입자들이 지불하는 월상환금에는 원금과 (모기지 pool에 대한) 이자가 포함되어 있습니다. 그리고 이 이자 전액이 자동이체증권(Pass-through) 투자자들에게 전달되는 것은 아니며, 모기지 pool을 관리하고 현금흐름 전달을 중개하는 서비스기관(servicer)이 받는 수수료(servicing fee)를 뺀 나머지 금액만이 자동이체증권 투자자들에게 전달됩니다. 또, 차입자들의 예정된 월상환금과는 별도로 차입자들의 (원금) 조기상환도 발생합니다. 그러므로 최종적으로 자동이체증권 투자자들에게 전달되는 금액은, 월상환금에 포함된 원금 상환액과 (이 증권에 대한) 이자 및 (원금)조기상환액을 모두 합친 금액입니다.

참고로, 차입자의 월상환금을 관리하고 현금흐름 전달을 중개하는 서비스기관은 모기지론 대출 은행이 직접 맡는 경우가 많고, 혹은 이 은행이나 자동이체증권 발행 기관이 이 서비스 업무를 타 기관에게 외주로 맡기기도 합니다. 후자의 경우에는 전문 모기지 서비스 회사가 차입자의 월상환금을 관리하고 또 자동이체증권 투자자에게 분배합니다. 또, Freddie Mac, Fannie Mae, Ginnie Mae 같은 정부후원기관(GSE)도 직접 혹은 타 기관과 제휴하여 이 업무를 수행하기도 합니다. 이들 기관들이 수행하는 구체적인 업무로는, 차입자에게 청구서 발행 및 납입금 수취, 월상환금에서 수수료 공제 후 자동이체증권 투자자에게 전달, 차입자들의 연체 관리 등입니다.*

---

* 여러분들이 궁금해 할 수 있는 한 가지 질문을 해 보겠습니다. 왜 위의 도표에서는 원 모기지풀에 대한 이자 금액은 보여 주지 않나요? 네, 다른 수치들은 위 도표에서 10개의 열(rows)에 거쳐 상세히 제시하면서, 원 모기지 pool에 대해 차입자들이 지불하는 월 이자 금액은 위 도표에는 나와 있지 않습니다. 그렇기 때문에 (6)열의 월상환금 중 원금 상환 금액(= (8)열)을 쉽게 산출할 수 없고, 모기지 pool에 대한 월 이자 금액을 별도로 계산한 뒤 이 금액을 (6)열의 월상환금으로부터 공제한 뒤에야만 (8)열의 원금 상환액을 알 수 있습니다. 만일 모기지 pool에 대한 이자 금액도 원 도표에서 제시했다면 (8)열 금액을 손쉽게 산출할 수 있었을 것입니다. 그러면 왜 모기지 pool에 대한 이자 금액을 원 도표에서 제시하지 못했을까요? 그 이유는, 본서의 지면의 너비(width)가 충분하지 못하기 때문입니다.

이제 마지막으로 다음 문제도 한번 풀어보기 바랍니다. 위 도표를 EXCEL 등으로 정확히 작성했다면, 아래 도표도 PSA 기준 150%에 해당하는 수치를 입력하면 자동적으로 완성될 것입니다. 그렇지 못하면 애초에 도표 작성에 문제가 있었던 것입니다.

예제 10-10〉 150% PSA를 적용할 경우 아래의 도표가 산출됨을 확인하십시오.

PSA 기준		만기	WAC		액면이자율 (Pass-thru)		1개월 WAC		월 이자율 (Pass-thru)
150%		360	8.125%		7.50%		0.006770833		0.00625
(1)	(2)	(3)	(4)	(5)	(6)	(7)	(8)	(9)	(10)
잔여 개월	월	원금 잔액	CPR	SMM	월상환금	액면이자 (Passthru)	원금상환	조기상환	총현금흐름 (Passthru)
360	1	400,000,000	0.003	0.000250	2,969,989	2,500,000	261,655	100,072	2,861,728
359	2	399,638,272	0.006	0.000501	2,969,245	2,497,739	263,361	200,239	2,961,339
358	3	399,174,673	0.009	0.000753	2,967,756	2,494,842	265,011	300,424	3,060,277
357	4	398,609,238	0.012	0.001006	2,965,521	2,491,308	266,605	400,550	3,158,463
356	5	397,942,083	0.015	0.001259	2,962,539	2,487,138	268,140	500,543	3,255,821
.	:	:	:	:	:	:	:	:	:
5	356	1,003,589	0.090	0.007828	204,813	6,272	198,018	6,306	210,597
4	357	799,265	0.090	0.007828	203,210	4,995	197,798	4,709	207,502
3	358	596,758	0.090	0.007828	201,619	3,730	197,579	3,125	204,433
2	359	396,054	0.090	0.007828	200,041	2,475	197,359	1,555	201,390
1	360	197,140	0.090	0.007828	198,475	1,232	197,140	0	198,372

제 4 절 조기상환의 결정 요인

모기지론의 조기상환 속도에 영향을 미치는 요인은 다양한데, 그 중에서도 결정적인 영향을 미치는 요인들을 설명하면 다음과 같습니다.

1. 시장 이자율

모기지론 시장의 이자율은 다음과 같이 조기상환에 여러 측면에서 영향을 미칩니다.

(1) 현재의 시장 이자율 수준

모기지론은 본질적으로 조기상환이 가능한 대출입니다. 그러므로 모기지론 시장의 현재 이자율 수준이 애초의 계약 이자율보다 낮으면 차입자들은 기존의 모기지론을 조기상환하고 현재의 낮은 이자율로 새로이 차입하고자 합니다. 이를 "refinancing"이라 하는데, 이러한 refinancing 가능성으로 인하여 현재 모기지론 시장의 이자율 수준은 조기상환을 결정짓는 가장 중요한 요인이 됩니다. 참고로 refinancing은 우리나라 실무에서는 대환(대출)으로 종종 번역됩니다.

(2) 이자율의 과거 경로

다른 모든 조건이 동일하다면, 현재의 모기지론 시장의 이자율 수준이 계약 이자율보다 낮을 경우 조기상환이 활발히 이루어질 것입니다. 하지만

다른 조건들이 동일하지 않다면 결과는 달라질 수 있습니다.

여기서의 "다른 조건들" 중 대표적인 예가

대출 이자율의 과거 경로

입니다. 왜냐하면 최초로 모기지론이 실행된 이후 시장의 모기지론 이자율이 변화한 경로에 따라, 동일한 현재의 이자율 수준에서도 조기상환 속도가 상이하게 나타날 수 있기 때문입니다. 가령 대출 이자율이 변화한 경로가 하락 → 상승 → 하락하여 현재의

낮은 이자율에 도달한 경우(A)와, 상승 → 상승 → 대폭 하락하여 현재의 낮은 이자율에 도달한 경우(B)에 있어 현재 시점에서 나타나는 조기상환 정도가 상이하다는 것입니다. A의 경우에는 처음 이자율이 하락할 때 많은 차입자들이 이미 조기상환을 했기 때문에 현재 시점에서 다시 이자율이 낮아져도 조기상환이 매우 활발히 진행되지는 않습니다. 이처럼 과거 조기상환 및 "refinancing" 기회가 있었던 경우 새 조기상환 기회가 도래하여도 조기상환 및 재대출이 활발히 이루어지지 않을 수 있는데 이러한 현상을 "refinancing burnout"이라 합니다. 반면 B의 경우에는 지금까지 이자율이 높아 조기상환 기회가 없다가 현재 시점에서야 비로소 이자율이 (대폭) 하락하여 조기상환의 기회가 처음으로 주어졌기 때문에, A의 경우보다 조기상환이 활발히 이루어질 것입니다. 이처럼 현재 이자율 수준뿐 아니라, 과거 이자율이 변화해 온 경로가 현재의 조기상환 정도에 영향을 미치는 것은 모기지론 시장의 데이터에서도 사실로 나타나고 있습니다.

2. 계절적 요인

주택 구입은 통상 봄부터 활발해지기 시작하여 늦여름 혹은 초가을에 절정을 이루며 그 이후에는 뜸하게 됩니다. 차입자가 새 주택을 구입하려면 기존 주택의 대출을 조기상환해야 하므로, 주택 구입으로 인한 조기상환은 봄에 시작되어 여름에 매우 활발히 이루어지며 가을 및 겨울에는 뜸하게 됩니다. 이러한 계절적 요인도 조기상환으로 인한 자동이체증권에의 현금흐름에 영향을 미칩니다.*

3. 전반적 경제 여건

전반적인 경제 상황 또한 경제 주체들의 주택 구입에 영향을 미침으로써 간접적으로 조기상환 정도에 영향을 미칩니다. 호경기에는 경제 주체들의 소득이 증대되며 취업 및 재취업의 기회가 많아집니다. (재)취업이 활발해지면 이로 인하여 이사 등의 이유로 새로운 주택을 구입하는 경우도 많아지고 그 결과 기존 주택의 담보대출의 조기상환이 보다 자주 발생합니다. 이는 단순히 봄이나 여름에만 국한되는 것은 아니기에 위의 계

* 한편 조기상환으로 인한 자동이체증권에의 현금 유입은 약간의 시차를 두고 발생하는데, 이는 일단 주택담보대출에 대한 조기상환이 이루어진 후에 다시 그로 인한 자동이체증권의 현금흐름이 결정되기 때문입니다.

절적 요인과는 다릅니다. 또 불경기에는 이와 반대의 현상이 나타나 조기상환이 덜 자주 발생합니다.

4. 모기지론의 특성

이외에도 자동이체증권의 기초자산이 되는 모기지 pool의 특성에 따라 조기상환 속도가 영향을 받습니다. 가령 모기지론의 계약 이자율, 대출 시점과 현재 시점과의 경과기간, 대출에 대한 공적인 보증의 유무, 모기지론의 유형 및 부동산의 지리적 위치 등에 따라 조기상환 정도가 달라질 수 있습니다.*

제 5 절 조기상환 위험의 유형

자동이체증권의 공식적 (평균)만기인 WAM은 그 기초자산인 모기지론 pool의 평균만기를 기계적으로 산출한 수치인데 이 수치에는 조기상환이 반영되지 않고 있습니다. 그러므로 '추정된' 조기상환을 반영하여 산출한 자동이체증권의 실질적 만기를 새로이 산출할 필요가 있는데, 이러한 필요성에 의하여 산출된 수치를 자동이체증권의 "평균수명(the average life)"이라 합니다.

정의 1〉 자동이체증권의 평균 수명

$$\text{평균 수명} = \sum_{t=1}^{T}\left(\frac{CF_{Pr}(t)}{Total\ Principal}\times\frac{t}{12}\right).$$

---

* 제3자의 보증 없이 차입자의 신용과 담보의 가치만으로 이루어지는 주택담보대출을 "conventional mortgage"라고 합니다. 제3자의 보증이 개입되는 경우는, 일정한 요건이 충족되어 정부 기관의 보증을 받아 이루어지는 경우와 부동산담보대출 전문보증기관의 보증을 받아 이루어지는 경우 등으로 구분할 수 있습니다.

단, $CF_{Pr}(t)$ = 예정된 원금 상환 + 예상되는 원금 조기상환

$Total\ Principal$ = 대출 원금

T = 만기(월)

t = 현금흐름 시점(월)

가령 100% PSA의 조기상환을 가정했던 이전 도표를 여기 소환해 봅시다.

만기		WAC	액면이자율 (Passthru)		1개월 WAC		월 이자율 (Passthru)		PSA 기준
360		8.125%	7.50%		0.006770833		0.00625		100%
(1) 잔여 개월	(2) 월	(3) 원금 잔액	(4) CPR	(5) SMM	(6) 월상환금	(7) 액면이자 (Passthru)	(8) 원금상환	(9) 조기상환	(10) 총현금흐름 (Passthru)
360	1	400,000,000	0.002	0.000167	2,969,989	2,500,000	261,655	66,684	2,828,340
359	2	399,671,660	0.004	0.000334	2,969,493	2,497,948	263,383	133,381	2,894,712
358	3	399,274,897	0.006	0.000501	2,968,502	2,495,468	265,078	200,056	2,960,602
357	4	398,809,763	0.008	0.000669	2,967,013	2,492,561	266,739	266,675	3,025,974
356	5	398,276,350	0.010	0.000837	2,965,028	2,489,227	268,365	333,203	3,090,796

위 도표에서 $t = 5$(월)의 $CF_{Pr}(t)$를 구하면, 즉 $CF_{Pr}(5)$를 구하면

$CF_{Pr}(5)$ = 5개월 후의 예정된 원금 상환 + 예상되는 원금 조기상환

= 268,365 + 333,203 = 601,568

이 됩니다.* 만일 150% PSA를 가정하면 아래 도표가 산출됩니다.

만기		WAC	액면이자율 (Passthru)		1개월 WAC		월 이자율 (Passthru)		PSA 기준
360		8.125%	7.50%		0.006770833		0.00625		150%
(1) 잔여 개월	(2) 월	(3) 원금 잔액	(4) CPR	(5) SMM	(6) 월상환금	(7) 액면이자 (Passthru)	(8) 원금상환	(9) 조기상환	(10) 총현금흐름 (Passthru)
360	1	400,000,000	0.003	0.000250	2,969,989	2,500,000	261,655	100,072	2,861,728
359	2	399,638,272	0.006	0.000501	2,969,245	2,497,739	263,361	200,239	2,961,339
358	3	399,174,673	0.009	0.000753	2,967,756	2,494,842	265,011	300,424	3,060,277
357	4	398,609,238	0.012	0.001006	2,965,521	2,491,308	266,605	400,550	3,158,463
356	5	397,942,083	0.015	0.001259	2,962,539	2,487,138	268,140	500,543	3,255,821

* 현금흐름의 타이밍은 "t"가 아닌 "$\frac{t}{12}$"로 측정되므로 평균 수명의 단위는 "월"이 아니라 "년"이 됩니다.

이 도표에서 $t = 5$(월)의 $CF_{Pr}(t)$를 구하면, 즉 $CF_{Pr}(5)$를 구하면

$$CF_{Pr}(5) = 5\text{개월 후의 예정된 원금 상환} + \text{예상되는 원금 조기상환}$$
$$= 268{,}140 + 500{,}543 = 768{,}683$$

이 됩니다.*

참고로, 자동이체증권은 근본적으로 조기상환 가능성에 항상 노출되어 있고 이 증권의 투자자들도 이 사실을 익히 알고 있으므로, 모든 조기상환을 위험으로 볼 수는 없습니다. "사전적으로 예상되는" 조기상환은 진정한 위험이라고 할 수 없기 때문입니다. 이와 관련된 질문을 하나 다루어 보겠습니다.

질문 10-11〉 예상되는 위험은 위험이 아니라는 주장의 실례를 들어 주세요.

주식 시장에서 기업이 분기 영업이익 등을 발표할 때 주가의 반응을 적절한 예로 들 수 있습니다. 가령 IT 업체 Apple이 직전 분기 영업 이익을 발표하면 이에 따라 주가가 출렁입니다. 이 경우 어느 때 주가가 상승하고 어느 때 주가가 하락할까요? 어떤 절대적인 영업 이익 규모 이상(이하)이면 주가가 상승(하락)할까요? 그렇지 않습니다. 아무리 영업 이익이 크다 하더라도 시장에서 이를 대략 예상하고 있었다면 단순히 그 영업 이익을 발표한다 해서 주가가 상승하지는 않습니다. 투자자들의 그러한 예상이 이미 시장에서 Apple 주가에 다 반영이 되어 있기 때문입니다. 같은 이유로, 발표된 영업 이익이 작더라도 시장에서 이를 예상하고 있었다면 주가가 하락하지는 않습니다. 이미 시장에서 Apple 주가에 다 반영이 되어 있기 때문입니다. 그러므로, 시장의 예상을 넘는 (시장의 예상에 못미치는) 직전 분기 영업 이익이 발표될 때에만 주가가 상승(하락)합니다. 마찬가지로 자동이체증권의 조기상환 중 이미 예상되는 부분은 투자자들에겐 위험이 아니고, 예상 못한 조기상환 부분만이 투자자들에게 진정한 위험이 됩니다.

참고로 학생들과 관련된 예를 찾아 본다면, C+, C0 등 낮은 학점을 잘 주는 것으로 알려진 교수 B(ad)와 A+, A0 등 높은 학점을 잘 주는 것으로 알려진 교수 G(ood)를 생각

---

* 150% PSA는 100% PSA에 비하여 "예상되는" 조기상환의 속도가 더 빠릅니다. 이처럼 "예상되는" 조기상환의 속도가 빨라지면 자동이체증권의 평균 수명은 단축되는데, 이는 "예상하지 못한" 조기상환이 발생하여 자동이체증권의 평균 수명이 단축되는 경우와는 다릅니다. 즉 전자는 위험으로 볼 수 없는 반면 후자는 위험으로 볼 수 있습니다.

해 볼 수 있습니다. G, B 교수가 이번 학기에 반드시 그 평판에 어울리게 학점을 주지는 않을 수도 있지만, 이 평판이 오랫동안 유지되어 왔다고 하겠습니다. 이런 상황에서, B 교수의 강의를 수강하는 학생들은, B 교수가 이번 학기에도 낮은 학점을 많은 수강생들에게 줄 것이 확실시 되어도 별로 놀라지 않습니다. 이미 그럴 것을 예상 및 각오하며 B 교수 강의를 수강하고 있기 때문입니다. 그러므로 이를 특별히 위험으로 받아들이지는 않습니다. 반면 G 교수의 강의를 수강하는 학생들은, G 교수가 이번 학기에는 (평판과 다르게) C+, C0 등 낮은 학점을 많이 줄 것이 확실시 되면 당황할 것입니다. 예상을 못했기 때문입니다. 이 점만 본다면, G 교수의 강의를 수강하는 것은, 학점 측면에서는 "risky"합니다. ■

이런 관점에서는 "예상하지 못한" 조기상환만이 진정한 조기상환 위험이라고 할 수 있을 것입니다. 위에서 설명한 "평균 수명"은 사전적으로 예상되는 조기상환을 반영하고 있는 수치로, 예상하지 못한 조기상환이 발생하면 이 수치는 변하게 됩니다. 가령 예상 이로 조기상환이 많이(적게) 발생하면 자동이체증권의 평균 수명은 짧아지게(길어지게) 됩니다. 그러므로 자동이체증권의 "조기상환 위험"은

자동이체증권의 평균 수명이 단축되거나 연장될 가능성, 혹은
자동이체증권의 평균 수명의 변동성

을 의미한다고 정의할 수 있습니다.* 이제 이 정의를 기억하며, 자동이체증권의 평균 수명이 단축 혹은 연장 될 때 투자자들이 부담하게 되는 위험을 살펴 봅시다.

정의 2〉 자동이체증권의 조기상환 위험의 정의

자동이체증권의 "평균 수명"이 단축되거나 연장될 가능성.

---

* 물론 자연적인 시간의 경과에 의하여 평균 수명이 변하는 경우는 제외합니다.

1. 단축 위험

자동이체증권의 단축 위험(contraction risk)이란 이 증권의 현금흐름 시점이 빨라질 위험을 의미하는데 이는 곧 시장 이자율이 (예상보다) 하락하여 조기상환이 예상보다 많이 발생할 때 자동이체증권 투자자들이 부담할 위험을 뜻합니다. 아래 그림에서와 같이, 시장 이자율이 (y_0 이하로) 하락하면 일반 채권(straight bonds)의 가격은 상승하지만, 자동이체증권의 가격은 일반 채권의 가격만큼 상승하지는 않습니다(아래 그림 참조). 왜냐하면 이자율이 낮아지면 원 모기지론의 (일부) 차입자들이 조기상환하기 때문입니다. 쉽게 말하면, 모기지론 시장 이자율(= 할인율)이 낮아져 모기지론이라는 자산의 현재가치(= 가격)가 상승하여 자동이체증권 투자자들이 환호하려는 찰나 차입자가 조기상환을 실행하기 때문입니다. 이로 인해 자동이체증권 투자자들은 자신들이 보유한 자산의 가격 상승 기회가 박탈됩니다. 이것을 의미하는 개념이 아래 그림에서 볼 수 있는 "음의 컨벡서티(convexity)"입니다. 이는 수의상환채권(callable bond)의 보유자가 시장 이자율이 하락할 때 음의 컨벡서티로 인하여 겪는 불이익과 유사한 불이익입니다. 게다가 예상보다 빨리 상환된 원금을 재투자해야 할 투자자가 직면한 상황은 낮은 시장 이자율이라는 불리한 상황입니다.*

이처럼 시장 이자율이 하락할 때에 자동이체증권 투자자들은 조기상환 가능성으로 인해 이 증권 가격이 다른 채권만큼 상승하지 않고 또 조기상환된 원금을 낮은 이자율

---

* 본문에서 독자 여러분의 이해를 위해 자동이체증권의 단축 위험을 두 가지 위험으로 설명하였습니다. 하지만 이는 편의를 위한 것으로, 이 두 가지 위험은 서로 긴밀히 연관되어 있고, 사실상 동일한 위험이라 할 수 있습니다. 이를 간단히 수식으로 설명해 보겠습니다. 기업 A가 발행한 수의상환채권은 A가 원하면 103에 상환할 수 있고(call price=103), 또한 *Par*가 121인 무이표채라 합시다. 또 현재 남은 만기는 1년입니다. 현재 이 채권에 대한 시장 이자율(yield)가 0.21이러서 이 채권의 가격은 $\frac{121}{1+0.21} = 100$입니다. 그런데 오늘 갑자기 시장 이자율이 0.10으로 하락했다고 (편의적으로) 가정해 보겠습니다. 그러면 이 채권의 가격은 $\frac{121}{1+0.10} = 110$이 됩니다. 그런데 이때 A가 이 채권 보유자 B에게 103을 주며 이 채권을 상환해버릴 수 있습니다. 그러면 B는, 110의 가격이 될 수 있었던 채권을 잃으면서 현금 103을 받게 됩니다. 즉 이 채권 보유자인 B은 채권 가격이 110으로 상승하는 혜택을 누리지 못하고 103의 가치에서 그 혜택이 제한됩니다. 그리고 이제 이 103의 현금으로 다른 유사한 채권에 투자하려면, 그 수익률(yield)은 0.10 정도밖에 안 됩니다. 그런데 현금 103을 수익률 0.10인 채권에 투자하거나 아니면 현금 103을 그대로 보유하거나 그 결과는 같습니다. 이 두 선택의 결과는 현재가치 103이기 때문입니다. 그러므로, 채권 가치가 (110이 아니고) 103에 머문다는 사실과 이 103의 현금을 (유사 채권에) 투자할 때 수익률(=시장 이자율)이 0.10으로 낮아졌다는(0.21로부터) 사실은 동일한 하나의 경제적 실체를 의미합니다. 두 가지 손실이 중복으로 발생한 것이 아니라, 하나의 손실을 두 가지 측면에서 바라본 것이기 때문입니다.

로 재투자해야 할 위험을 부담하는데, 이를 조기상환의 단축 위험이라고 합니다.

➢ 그림 10-3〉 자동이체증권0의 음의 컨벡서티

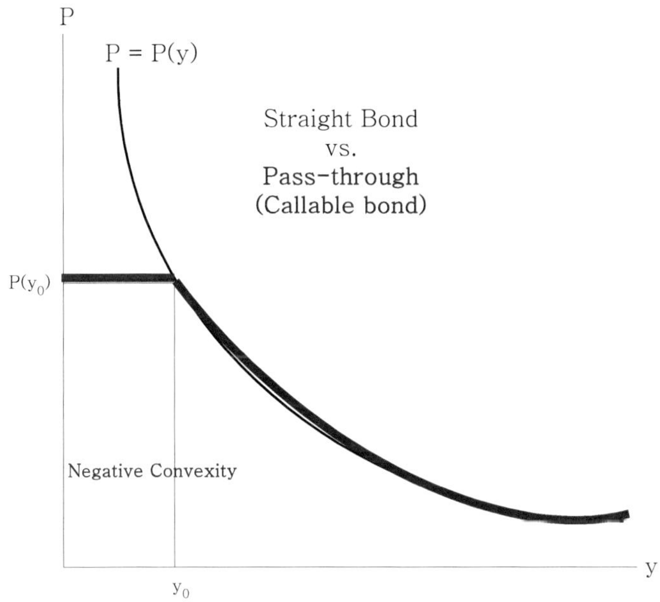

2. 연장 위험

자동이체증권의 연장 위험(extension risk)이란 이 증권의 현금흐름 시점이 늦어질 위험을 의미하는데, 이는 곧 시장 이자율이 (예상보다) 상승하여 조기상환이 예상보다 적게 발생할 때 투자자들이 부담할 위험을 뜻합니다. 시장 이자율이 높아지면 조기상환은 보다 적게, less frequently, 발생합니다. 왜냐하면 기존의 낮은 대출 이자율이 적용된 모기지론을 가능한 한 유지하려고 하기 때문입니다. 이처럼 시장의 이자율이 상승할 때 조기상환이 예정된 수준보다 더 적게 이루어져서 자동이체증권에의 현금흐름이 작아지면, 자동이체증권 투자자들은 (현재의) 높은 이자율로 재투자할 기회를 놓치게 됩니다. 즉 '고금리로 대출할 기회'가 박탈됩니다. 이러한 불이익으로 인해 시장 이자율이 상승하면 자동이체증권은 일반 채권의 가격이 하락하는 정도보다 더욱 하락하는데, 이를 조기상환의 연장 위험이라고 합니다.

단축 위험과 연장 위험을 모두 포함하는 조기상환 위험이란, 한마디로 말하면,

조기상환 속도의 불확실성으로 인한 위험

이라고 할 수 있습니다. 조기상환 속도의 불확실성이 존재하는 한 자동이체증권은 투자자들에게 매우 매력적인 투자 대상으로 인식되지 않습니다. 그러므로 자동이체증권의 현금흐름에 변화를 주어 조기상환의 불확실성을 감소시키면 보다 매력적인 투자 대상이 될 수 있습니다. 다음 장에서 논의하는 CMO(collateralized mortgage obligations)는 자동이체증권의 조기상환 위험을 감소시켜 보다 많은 투자자들이 선호할 수 있게 한, 주택담보대출의 파생상품이며 동시에 자동이체증권의 파생상품입니다.

제 6 절 자산 유동화(Securitization)

본절에서는 자산 유동화를 논의합니다. 유동화(securitization)는 원래, 개별적으로 거래되기 어려운 자산을 여러 개 모아서 하나의 금융 상품 혹은 금융 자산으로 만들어 투자자들에게 판매하는 과정입니다. 예를 들어, 여러 개의 모기지 대출을 모아서, (자동이체증권 같은) 모기지담보증권(MBS)을 만들어, 이를 투자자들에게 판매함으로써 대출자(bank)가 자금을 쉽게 회수할 수 있게 됩니다. 은행 A가 차입자 B에게 대출한 모기지론 BB를 (은행 외부의) 투자자 C가 매입하는 것은 현실적으로 너무 많은 위험이 있습니다. 차입자들의 default risk나 prepayment risk가 그것들입니다. 하지만 이런 모기지론 100여 개로 구성된 '모기지 pool'을 대상으로 자동이체증권을 만들면, 차입자들의 default risk나 prepayment risk가 분산되어 보다 안전한 자산이 됩니다. 이는 주식 투자에 있어 분산 투자의 효과(diversification effect)와 같은 원리입니다. 자동이체증권은 가장 기본적인 MBS 형태라 할 수 있습니다.

이렇게 만들어진 MBS는 장외 시장(OTC)에서 거래되며, 뉴욕증권거래소 같은 주식시장에 상장되지는 않습니다. 유동화를 영어로는 "securitization"이라 하는데, 'securit…'라는 표현이긴 하지만 그렇다고 해서 모기지론을 주식으로 만든다는 뜻은 아닙니다. 여기

서의 증권(security)은, 현대차 주식처럼 거래소에 상장된 자산이 아니더라도, 투자자들 사이에 거래가 가능하고 투자 대상으로서의 가치를 가진 자산 전반을 포괄하는 개념입니다. 즉 거래소 상장 여부와 무관하게, 제3자 간에 비교적 자유롭게 거래될 수 있는 투자 자산을 의미합니다. 그러면 거래소를 거치지 않고 어떻게 거래될 수 있을까요? 가장 대표적으로는, 장외 시장에서 거래되면 됩니다. 이러한 증권도 'security'입니다. 이런 증권들을, 즉 MBS들을, 장외시장에서 주로 기관투자자들이, 즉 보험사, 헤지 펀드, 연기금, 대형 펀드들이 거래합니다. 원 모기지론들을 MBS로 유동화함으로써, 은행은 대출금을 더 빨리 회수하고, 외부 투자자들은 새로운 투자 자산에 투자 기회를 가집니다. 이렇게 자산을 유동화하여 시장에 판매함으로써 모기지론을 제공하는 은행들은 기존의 (risky한) 모기지론을 (그 만기까지 기다리지 않고) 신속히 현금화할 수 있습니다.

1. 자산 유동화의 기초자산

그럼 누가 모기지론들을 MBS로 만들까요? 이 질문에 대한 답은 곧 제시됩니다. 여기서는 먼저, 어떤 자산들이 유동화의 대상이 되는지 설명해 보겠습니다. 일반 투자자들에게 인기 있는, Microsoft 주식이나 Apple 주식 등을 대상으로 하여 자산 유동화를 하지는 않습니다. 또 상장 주식이 아닌 자산이라 해서 모두 다 자산 유동화의 대상이 되지도 않습니다. 자산 유동화의 대상이 되는 자산들의 가장 대표적인 특징은

인기 없는 자산(들)

이라는 사실입니다. 투자자들에게 말입니다. 단 비상장 주식, 비상장 자산이라 해서 모두 인기 없는 자산들이라고는 말할 수는 없습니다. 가령 아직 상장되지 않은 A.I. 관련 스타트업 중에는 투자자들에게 인기 있고 1주당 가격(가치)도 매우 높게 평가되는 기업도 있을 수 있습니다. 그렇다면 어떤 자산들이 인기가 없을까요? 가장 쉬운 예를 든다면, 가치 산정이 어려운 자산들을 들 수 있습니다.

참고 7〉 자산 개념

여기서 자산의 정의는 '미래 현금흐름을 창출할 수 있는 모든 것'이라 할 수 있고 영어로는 다음과 같습니다.

An asset is anything that can generate future cash flows.

참고로 여러분들이 읽고 있는 본서도 여러분에게는 하나의 자산입니다. 그런데 여러분이 단순히 본서를 비용을 지불하고 구입했기에 자산이라 하는 것은 아닙니다. 공짜로 얻었어도 이 책이 자산이 될 수 있습니다. 즉 획득비용(acquisition cost)의 유무에 따라 자산 여부가 결정되는 것이 아닙니다. 자산 여부는 acquisition cost처럼 과거가 아닌, 미래와 관련된 개념입니다. 가령 이 책이 여러분에게 하나의 자산이 되는 이유는, 이 책을 여러분이 여하히 열심히 정독하는가에 따라 여러분 자신(human capital)이 미래에 경쟁력 있는 인재가 되어, 이 책을 읽지 않은 상황보다는, 더 나은 미래 현금흐름을 창출할 수 있기 때문입니다. 미래에 반드시 추가적 현금흐름을 창출한다는 100% 보장이 없어도, 추가적 현금흐름을 창출할 수 있는 기여를 한다면 말입니다. 위 영어 정의의 'can'이 그러한 맥락으로 쓰인 것입니다. 그리고 미래 현금흐름이란, 그 자산을 구입할 때 지불한 비용과는 관계없는, 그야말로 '미래' 발생할 현금흐름으로, 이익(profit) 개념이 아닙니다. 가령 오늘 100을 주고 구입한 어떤 것(A)이, 미래에 평균 80의 판매 수익(income)을, 즉 80의 현금흐름을 가져올 것이라고 예상되어도 A는 자산이라는 것입니다. (물론 이런 자산에 대한 수요는 적거나 없어, 궁극적으로는 현재 가격이 80 미만이 될 것입니다만.) 그리고 이처럼 A의 자산 여부를 판정할 때, 과거 지불한 $100의 acquisition cost는 그야말로 sunk cost(매몰자산)가 되어, A의 자산 여부 판단 때에는 여러분이 관심을 꺼야 하는 수치입니다. 물론 대부분의 투자자들은 A같은 것들을 구입할 때 그 구입 비용보다는 더 많은 현금흐름을 창출할 것으로 추정하기에 A를 구입할 것입니다. 즉 미래 현금흐름이 80임이 거의 확실할 때 이를 100을 지불하며 매입하는 투자자는 거의 없을 것입니다. 하지만 미래 현금흐름이 120이라고 추정하고 매입했지만 결과적으로 그 현금흐름이 80이 될 수는 있습니다. 이처럼 추정이 빗나가 미래 현금흐름이 그 구입 비용보다 더 작게 예상되어도, 그것은 여전히 자산인 것입니다. 가령 1년 전 B라는 것을 구입했을 때 미래 예상 현금흐름은 120이어서 100을 지불하며 구입했다고 합시다. 그후 1개월이 지난 시점에서 B의 가치에 악영향을 주는 사건이 발생하여, 그 시점부터 현재까지는 B의 미래 예상 현금흐름은 80이 될 수 있습니다. 그럼에도 불구하고, B는 미래 80을 창출할 것으로 기대되므로, B는 자산이라 할 수 있다는 것입니다. ■

개별 차입자들의 모기지론의 가치를 외부의 투자자가 산정하기는 현실적으로 거의 불가능합니다. 그러므로 이런 자산은 투자자들에게 매력 없는, 인기 없는 자산이 될 수밖에 없습니다. 하지만 이런 모기지론들이 자동이체증권으로 변하면, 이들의 개별적인 default risk나 prepayment risk가 분산되어, 훨씬 더 안전한 자산이 되고 이때 자동이체증권은 외부 투자자들에게 투자할만한 자산이 될 수 있는 것입니다.

가치 산정이 어렵다는 특성 외에도, 인기 없는 자산들의 특성으로 '거래 유동성(liquidity)'이 낮은 점을 들 수 있습니다. 그리고 흥미롭게도, 가치 산정이 어려운 자산들은 많은 경우에 유동성(liquidity)도 낮습니다. 유동성이 낮다는 사실 자체가, 즉 거래가 자주 이루어지지 않는다는 사실 자체가, 가치 산정이 어렵다는 사실을 암시하기 때문입니다. 위 모기지론의 경우에도, 개별 차입자들의 모기지론의 가치 산정이 어렵기에 이들이 외부 투자자들 사이에 거래가 잘 될 수 없는 것입니다. 그렇다면, 가치 산정이 어렵거나 (그로 인해) 유동성이 낮은 자산들은 어떤 것들이 있을까요? 매우 많은 자산들이 이런 자산에 해당하지만, 이런 자산 유동화(securitization) 기관들이 선호하는 자산으로는 student loans(학자금 대출채권), auto loans(자동차 할부구입채권), credit card receivables(신용카드 매출채권), lease receivables(리스채권) 등이 있습니다. 물론 여기서 '~채권'이란 bond가 아니고 claim(債權)을 뜻합니다.

이 인기 없는 자산들을 유동화(securitization)하는 기관들을 SPV(special purpose vehicle)라 합니다. SPV는 (금융)기관들이 유동화를 위해 설립한, 말 그대로 특정한 목적만을 위한 독립 법인입니다. 그리고 실제로 SPV의 역할을 수행하는 주체는 기초자산(underlying asset)의 종류에 따라 조금씩 다릅니다. 모기지론을 기초자산으로 하여 MBS를 만드는 경우에는 크게 두 가지로 나뉩니다. 하나는 FNMA, FHLMC 등의 GSE의 기준을 충족하는 conforming (mortgage) loans을 기초(자산)로 한 경우이고, 다른 하나는 이 기준을 충족하지 못하는 nonconforming (mortgage) loans을 기초로 한 경우입니다. 전자를 공공기관(GSE)이 보증하는 MBS, 후자를 민간 금융기관이 자체적으로 발행한 MBS라고 구분합니다.

공공형 MBS란, FNMA와 FHLMC가 conforming loans를 대출 은행으로부터 매입한 뒤 이를 유동화하여 발행된 MBS로서, 그 원리금 상환을 자체적으로 보증합니다. 단 GNMA는 직접 모기지론을 매입하거나 유동화를 수행하지는 않지만, conforming loans를 담보로 발행된 MBS에 대해 (정부 명의로) 보증만을 제공합니다. 반면 Goldman Sachs와 같은 투자은행은 nonconforming loans를 기초자산으로 하여, 자체적으로 유동화 구조를 설계하고 MBS를 발행하는데, 이 경우에는 공공기관의 보증 없이, 차별화된 증권(tranche) 구조나 신용보강 장치를 통해 투자자의 신뢰를 확보하며, 이런 장치에 대한 신뢰성은 외부 신용평가기관의 등급평가에 의해 제공됩니다.* 결국 모기지론을 기초로 MBS를 만드는 SPV는 어떤 모기지론인가에 따라, conforming loans인 경우에는 GSE들이 SPV 설립 주체가 되고, nonconformng loans의 경우에는 투자은행들이 SPV 설립 주체가 됩니다.

반면 auto loans를 기반으로 하여 ABS를 만드는 경우에는 보통 Toyota Financial Serives같은 완성차업체의 금융자회사가 SPV 역할을 수행합니다. 또 credit card receivables를 기반으로 ABS를 발행할 때는 Citicorp, Chase같은 신용카드 서비스를 제공하는 은행들이 SPV를 설립하여 운영합니다. 물론 이러한 구조가 반드시 정해진 법칙은 아니며, 단지 시장에서 흔히 나타나는 경향일 뿐입니다.

2. 자산 유동화의 이유

여기에서는 자산 유동화의 이유를 직접적으로 논의해 보겠습니다. 특히 모기지론같은 기초자산을 보유한 대출은행 관점에서 왜 securitization을 선호하는지를 설명해 보겠습니다. 이들이 securitization을 선호하는 이유는, securitization을 통해

(1) 더 많은 이익(profit)을 실현하고

(2) 덜 위험한 자산(less risky assets)을 보유하는

---

* 'Tranche'는 프랑스어로 본래 '조각'이나 '부분'을 뜻하는데, 금융에서는 채권이나 자산유동화상품의 (위험 수준, 만기 등에 따라 구분한) '분할 계층'을 의미합니다.

일석이조의 효과를 얻기 때문입니다. 어떻게 이것이 가능한가를 간단히 요약하면 다음과 같습니다.

(1) 더 많은 이익(profit) 실현

은행들이 자신들이 보유한 모기지론을 SPV에 매각하는 것을 생각하지 못했던 시대에는, 단지 그 모기지론들을 만기까지, 가령 30년 동안, 자신들의 대출자산으로 보유하면서 매달 원리금을 수령하며 이익을 실현해 왔습니다. 만일 이러한 모기지론의 대출이자율이 6%라면, 매년 잔여 원금의 6%를 이익으로 실현한 것입니다. 혹은 매달 잔여 원금의 $\frac{6\%}{12} = 0.5\%$를 이익으로 실현한 것입니다. 그런데 은행들이 자신들의 모기지론을, 30년을 기다리지 않고, 잔여 원금보다 더 비싸게 매각하게 되면, 30년 동안 훨씬 더 많은 이익을 실현할 수 있습니다. 이 원리를 아주 간단한 예로 설명해 보겠습니다.

사례를 아주 간단하게 하기 위해 만기 2개월의 모기지론을 예로 들겠습니다. 은행 A가 차입자 B에게 월 대출 이자율 1%로 1,000,000을 대출해 주었습니다.* 2030년 4월 1일에 말입니다. 만기일은 5월 31일입니다. 그러면 이 2개월간 B가 매달(말) A에게 지불할 월상환금 MP_B는

$$MP_B = MB_0 \times \left[\frac{i \cdot (1+i)^n}{(1+i)^n - 1}\right]$$

$$= 1{,}000{,}000 \times \left[\frac{0.01 \cdot (1+0.01)^2}{(1+0.01)^2 - 1}\right] = 507{,}512$$

입니다.

반면 A가 이 모기지론을 SPV에게 2%만큼 더 높은 가격을 받고 매각한다고 합시다. 가령 4월 20일에 말입니다. 그러면 A는 SPV에게 1,020,000을 받고 이 모기지론을 매각하는 셈입니다. 이때 A가 보유한 (balance sheet 상의) 자산은 "모기지론 1,000,000"이라는 대출채권에서 "현금 1,020,000"으로 변합니다. 물론 이 중 20,000은 이익에 해당됩니다. 그후 5월 1일에 A가 차입자 C에게 만기 2개월, 월 대출 이자율 1%로 $1,020,000을

* 월 대출 이자율 1%라면 연 이자율은 12%입니다.

대출해 주었습니다. 만기일은 6월 30일입니다. 이 2개월 동안 C는 매달(말) A에게 지불할 월상환금 MP_C는

$$MP_C = MB_0 \times \left[\frac{i \cdot (1+i)^n}{(1+i)^n - 1}\right]$$

$$= 1{,}020{,}000 \times \left[\frac{0.01 \cdot (1+0.01)^2}{(1+0.01)^2 - 1}\right] = 517{,}663$$

입니다.* 그리고 5월 25일에 A가 또 다시 이 모기지론를 (또 다른) SPV에게 2%만큼 더 높은 가격을 받고 매각한다고 합시다. 그러면 A는 SPV에게 $1{,}020{,}000 \times 1.02 = 1{,}040{,}400$의 가격으로 매각한 것입니다. 이때 A의 자산은 1,020,000이라는 대출채권에서 현금 1,040,400으로 변합니다. 이 중 20,400은 이익에 해당됩니다. 이 두 번의 매각이, A가 B에게 제공한 모기지론의 만기일인 5월 31일이 도래하기 전에 성사되었습니다.

이제 위 두 가지 경우에 A의 순이익은 어떻게 될 지 파악해 보겠습니다. A에게 있어서 이 두 가지 경우는 두 투자안(investment projects)입니다. 즉 첫 번째 경우는 2달 동안 B로부터 매월 말 507,512를 받는 투자안이고, 두 번째 경우는 (거의) 2달 후 1,040,400을 받는 경우입니다.† 물론 투자 원금은 공히 1,000,000입니다. 이 두 투자안의 "monthly IRR(internal rate of return, 내부수익률)"을 구하면, 즉 월 IRR을 구하면, 전자는 1%이고 후자는 2%입니다. 이를 수식으로 표현하면 다음과 같습니다. irr_K, irr_S은 각각 모기지론을 만기까지 보유(keep)할 때의 월 IRR과 모기지론을 매각(sell)할 때의 월 IRR을 의미합니다.

$$1{,}000{,}000 = \frac{507{,}512}{1+irr_K} + \frac{507{,}512}{(1+irr_K)^2},$$

$$1{,}000{,}000 = \frac{1{,}040{,}400}{(1+irr_S)^2}.$$

---

* 이 수치는 사실 $MP_C = MP_B \times 1.02 = 507{,}512 \times 1.02 = 517{,}663$으로 더 쉽게 산출할 수 있습니다. 대출원금이 2% 늘었으니, 월상환금도 2% 증가되는 것이 자명하기(trivial) 때문입니다.

† 중간의 모기지론 매각이나 모기지론 대출은 이 투자안의 수익률 계산에서는 관계없는 수치입니다.

위의 두 irr을 구해보면 다음과 같이 산출됩니다.

$$irr_K = 0.01, \qquad irr_S = 0.02$$

그러므로 대출자 A 입장에서는 투자 수익률이 더 높은, 즉 이익을 더 많이 실현하는 모기지론 '매각'을 선호하는 것입니다.

(2) 덜 위험한 자산(less risky assets)을 보유

위 사례의 투자 기간은 2개월입니다. 이 두 달 동안 첫 번째 경우는 모기지론이라는 '위험 자산'을 보유합니다. 그 만기까지 말입니다. 그러므로 A에게는 차입자 B의 조기상환 위험과 default risk에 노출됩니다. 반면 두 번째 경우는, 이 두 달 동안 B에게 제공한 모기지론 혹은 C에게 대출한 모기지론을 보유하는 시기도 있지만, 현금으로 보유하는 시기도 있습니다. 현금은 100% 안전한 자산이니, 첫 번째 경우보다 두 번째 경우에 A의 자산의 리스크가 더 줄어듭니다. 현금으로 보유하는 기간만큼 더 줄어듭니다.

질문 10-12〉 위 사례에서는 너무 극단적으로 모기지론 매각이 자주 이루어진다고 가정한 거 아닌가요?

네, 그런 생각이 일리가 있습니다만, 실제 모기지론 만기는 최장 30년 정도의 기나긴 기간임을 기억해야 합니다. 이 30년 기간 동안, 첫째 경우처럼 은행 A가 모기지론을 자신들의 자산으로 계속 보유할 수도 있고, 그 기간 동안

모기지론 매각 → (다시) 모기지론 제공 → 모기지론 매각 → 모기지론 제공

의 과정이 여러 번 발생할 수도 있습니다. 애초 모기지론 만기 30년 동안 단지 2번이 아니라 20번도 가능할 수 있습니다. 이때 A의 이익은 첫 번째 경우의 이익보다 훨씬 더 커질 것입니다. ■

3. 자산 고가 매각 가능성

여러분은 위 사례에서, 어떻게 A가 대출 (잔여)원금이 1,000,000인 자산을 SPV에 1,020,000을 받고 매각할 수 있는지 의아해 할 것입니다. 즉 현재 가격 혹은 현재가치가 1,000,000인 자산이 1,020,000에 팔릴 수 있는가에 대해서 말입니다.* 물론 A가 원한다고 해서 그런 매각이 항상 가능한 것은 아닙니다. '손바닥도 마주 쳐야 소리가 난다'는 속담처럼, SPV가 그런 가격에 매입하려는 의사, 의지가 있어야 하는 것입니다. 그러면 그런 SPV가 있을까요? 그런 SPV가 있다면 왜 그런 행태를 보일까요?

SPV는 충분히 그런 행태를 보일 수 있습니다. 한 가지 조건만 충족된다면 말입니다. 어떤 조건일까요?

자신이 지불한 비용보다 더 높은 가치(가격)를 창출

한다는 조건이 바로 그 조건입니다. 그럼 이런 조건이 쉽게 충족될까요? 네, 쉽게 충족된다고는 할 수 없겠지만, 충족이 되는 다양한 경우가 있다고는 말할 수 있습니다. 아래에서 가장 대표적이고 간단한 유형을 들어 보이겠습니다.

서로 다른 두 은행 A, B가 서로 다른 지역, 가령 A는 미국 동부, B는 미국 서부에 위치해 있다고 하겠습니다. 위치가 다른 것이 중요하기보다는, 두 은행이 모기지론을 대출해 주는 차입자들의 default risk가 (대략적으로) 독립적이라는 것이 핵심입니다 A로부터 모기지론을 대출받은 차입자 AA가 파산하는 경우와 B로부터 모기지론을 대출받은 차입자 BB가 파산하는 경우가 동시에 발생하지는 않는, 즉 각 차입자의 'default event'가 독립적인 경우를 생각해 보겠습니다. 미국 동부와 미국 서부의 주요 경제(산업)가 서로 별 상관이 없다면, 두 은행이 각각 그런 지역에서 영업을 할 때 그 은행의 차입자들이 파산하는 사건도 다소 독립적일 수 있습니다. 가령 미국 서부는 제조업이 중심이고 미국 동부는 서비스업이 중심이라면, 두 지역의 은행에서 주로 돈을 빌리는 사업자들도 서부는 제조업체, 동부는 서비스업체들이 주를 이룰 것이고, 이 두 산업의 흥망의 상관

---

* 더 정확히 말하면, 4월 1일에는 현재가치가 1,000,000이었지만 이 모기지론를 매각한 4월 20일에는 이자가 발생하여, 잔여원금의 가치, 즉 모기지론의 현재가치는 1,000,000보다는 커집니다. 그렇다고 해서, 그 모기지론의 매각 가격인 1,020,000만큼 크지는 않습니다. 그 결과 그 모기지론 매각 시에 A 은행에 이익이 발생하는 것입니다.

관계가 높지 않다면, 두 지역의 사업자들이 파산하는 경우가 동시 발생하는 경우는 별로 없다고 추정할 수 있습니다. 편의상 이렇게 가정합니다.

이제 이러한 두 기업, 즉 default risk의 상관계수가 낮은 두 기업 X, Y가 각각 자신들의 주거래 은행 XX, YY로부터 100만큼의 자금을 차입했다고 합시다. 이들은 default risk가 높기에 1년 후 대출 이자는 물론 원금 100도 제대로 갚지 못할 수도 있습니다. 그래서 이들에게 현금 100을 대출하는 각 은행들은, 자신들의 원금도 갚지 못할 경우를 감안하여, 이들에게 1년 후 130을 갚는 조건으로 대출을 제공한다고 하겠습니다. 실제로 아래 표에서와 같이, 1년 후 미래의 상황(state)은 state 1, state 2가 각 0.5의 확률로 발생하는데, 이 중 하나의 상황에서는 단지 90을 은행에게 갚을 수 있습니다. 그리고 그 결과, 차입자 X, Y는 1년 후 평균 110을 대출 은행에 갚을 수 있습니다. 단 두 차입자의 사업 유형이 달라서, 1년 후 state 1이 되든 state 2가 되든, 두 차입자가 모두 원금을 갚지 못하는 경우는 발생하지 않습니다. 시장의 1년 무위험 이자율은 2%이고, 이 두 대출 채권 혹은 대출 자산의 risk premium은 8%라 하겠습니다.* 이때 이 두 대출 자산에 대한 할인율은 $2\% + 8\% = 10\%$가 됩니다. 또 이들 대출 자산의 미래 기대 가치는 $90 \times 0.5 + 130 \times 0.5 = 45 + 65 = 110$이기에, 이들의 현재가치는 각각 $\frac{110}{1+0.1} = 100$이 됩니다. 즉 이들 대출 자산은 이들의 대출 은행 XX, YY의 balance sheet에 각각 100의 가치로 평가되어 있습니다.

➤ 도표 10-2〉 차입자의 원금 상환

	State 1	State 2	Mean	Price
X	90	130	110	100
Y	130	90	110	100

이때 한 SPV가 두 은행에게 각 대출 자산 X, Y를 102에 구입하겠다고 제의한다고 합시다. 각 은행이 각 차입자에게 100을 대출해 준 지 며칠 만에 말입니다. 대출해 준 지 며칠 지나지 않았기에 수익률 10%도 아직은 거의 발생하지(accrue) 않아, 여전히 balance sheet 상에는 거의 100의 가치로 평가되고 있는 상황입니다. 그러므로 이 은행들

* 물론 여기서 무위험 이자율은 만기 1년의 현물 이자율에 해당합니다.

이 이 자산들을 이 SPV에 즉각 102의 가격으로 매각하면, 즉각적으로 2의 이익이 실현됩니다. 며칠 만에, 한달도 안 되는 기간에 말입니다. 애초 1년 기다려서 차입자에게 상환받으면, 평균 110을 상환받으므로, 1년 평균 수익률이 10%입니다. 그렇다면 월 평균 수익률은 $\frac{10\%}{12} = 0.83\%$에 불과한데, 이 은행들은 한 달도 안 되는 기간에 무려 2%의 수익률을 기록한 것입니다. 그러므로 두 은행으로서는 SPV에게 이 자산들을 102의 가격으로 매각하지 않을 이유가 없습니다. 그래서 대출 자산의 고가 매각이 성사됩니다. 고가 매각(= selling the loan at a higher price) 말입니다.

그러면 이 SPV는 왜 두 은행들에게 이런 매각 제의를 했을까요? 그 이유는 자명합니다. 이 SPV는 이렇게 대출 자산들을 102의 가격으로 구입한 뒤, 그보다 더 비싼 가격으로 재매각할 수 있기에 그렇게 한 것입니다. 그럼 과연 어떻게 그렇게 할 수 있을까요? 이를 가능하게 할 여러 방법 중 하나를 소개하면 다음과 같습니다. 이 SPV가 두 은행으로부터 두 대출 자산을 각각 매입하면 이 SPV는 자신의 balance sheet에 X, Y가 모두 등재됩니다. 이때 X, Y를 각각 별개의 자산으로 보지 않고, X+Y라는 하나의 통합 자산으로 볼 수도 있을 것입니다. 그러면 이 X + Y = Z이라는 자산의 현재가치는 어떻게 평가될까요? Z의 현재가치를 평가하기 위해서는 Z의 미래 가치를, 즉 state 1과 state 2에서의 가치를, 먼저 평가해야 합니다. 그러면 Z의 각 state에서의 가치, 미래 평균 가치 및 현재가치는 다음과 같습니다.

➢ 도표 10-3〉 Z의 미래 가치와 현재가치

	State 1	State 2	Mean	Price
Z = X + Y	90 + 130 = 220	130 + 90 = 220	220	215.7

즉 이 SPV가 보유한 자산 Z의 미래 가치는 state 1이 도래하든 state 2가 도래하든 항상 220이 됩니다.* Z를 구성하는 X, Y 각각은 '위험 자산'이었지만, X + Y = Z라는 포트폴리오는 그 정반대인 '안전 자산'이 되기 때문입니다.† 그러므로 자산 Z의 현재가치를

---

* 물론 state 1의 가치와 state 2의 가치의 평균도 220이 됩니다.

† 애초 X, Y의 default risk가 독립적이라고 했지만, 이 사례의 경우 미래 상태가 2개밖에 없기에, X와 Y의 파산(default)이 발생하는 사건을 독립적으로 설정하다 보면, 즉 동일한 state에서 X와 Y가 동시에 파산하지는 않도록 설정하다 보면, 이런 결과가 산출됩니다. 여하튼 이 사례는 현실을 단순화한 것이므로

산출하려면, 안전 자산에 상응하는 할인율인 무위험 이자율 2%로 할인해야 합니다. 그러면 Z의 현재가치는

$$\frac{220}{1+0.02} = 215.7$$

가 됩니다. 결국 이 SPV는 X, Y를 각각 102의 가격으로, 즉 모두 204의 가격으로 매입하여 215.7의 가치가 있는 자산으로 만든 것입니다. 시장에서 안전 자산 Z를 215.7의 가격으로 평가할 것이기 때문입니다.

위 사례는 두 자산 X, Y로 구성된 포트폴리오 Z가 완벽한 안전 자산이 되는 특별한 경우입니다. 현실에서 이처럼 여러 자산을 합치면 완벽한 안전 자산이 되는 경우는 흔하지 않습니다. 단 이 사례가 여러분에게 주는 시사점은 명확합니다. 개별 모기지론들을 모두 합쳐 모기지 pool을 만든 후 이 모기지 pool에 대한 동등한 권리를 가지는 증권들을 발행하면 (가령 자동이체증권), 이 증권들은 애초의 개별 모기지론들의 (평균적인) 위험보다 훨씬 더 낮은 위험을 가지는 자산이 될 수 있다는 것입니다. 그 위험이 default risk이든 prepayment risk이든 말입니다.

위 사례에서는 자산 X, Y의 default risk만을 다루었지만, 동일한 원리가 prepayment risk에도 적용됩니다. 즉 많은 개별 모기지론들의 prepayment(조기상환)가 동시에 발생하는 경우는 거의 없기에, 모기지 pool 전체의 조기상환 위험의 크기가 (개별 모기지론의 그것보다) 유의하게 작아집니다. 그리고 이 모기지 pool을 기초로 발행된, n개의 각 자동이체증권의 조기상환 위험도 (모기지 pool의 조기상환 위험처럼) 개별 모기지론의 그것보다 작습니다. 왜냐하면, 수학적으로 표현하면,

자동이체증권은 구조적으로 '모기지 pool'과 닮은꼴

이기 때문입니다. 즉 자동이체증권을 단순히 n개 더하면 원 모기지 pool이 되는 관계이므로, 이 둘이 닮은꼴(congruent structure)임을 알 수 있습니다. 그러므로 둘의 위험의 (상대적) 크기는, 조기상환 위험이든 default risk이든, 같습니다. 그 결과, 이렇게 위험이 줄어든 자동이체증권의 가치는 원 모기지론들의 (평균) 가치보다 큽니다.

실제보다는 더 드라마틱한 사례라고도 할 수 있습니다.

원금 액수가 같다고 가정하면 말입니다. 그러므로 SPV들은 모기지론을 매입하여 증권화함으로써 가격 차익을 실현하게 되고, 원 모기지론들을 보유하던 은행들도 SPV에 더 높은 가격으로 이 모기지론들을 매각하게 되어 이익을 실현합니다. 그리고 투자자들은 (자동이체증권 같은) MBS라는 새로운 자산에 투자할 기회를 얻게 되며, MBS는 기존의 주식, 채권, 파생상품 등의 자산과는 현금흐름 구조나 위험 특성이 다르기에, 투자자 입장에서는 "투자자산군(investment universe)의 확장"이라는 의미를 갖습니다. 이는 곧 투자 포트폴리오의 다변화와 기대 효용의 증가로 이어집니다. 결과적으로, 모기지론의 유동화(securitization)는 은행, 유동화 주체(SPV), 투자자 모두의 이익과 효용을 증대시키는 상호이익적 구조(win-win structure)를 창출할 수 있습니다.

이 내용을 그림으로 혹은 비유적으로 표현하면 아래와 같습니다.

➢ 그림 10-4〉 모기지론과 자동이체증권

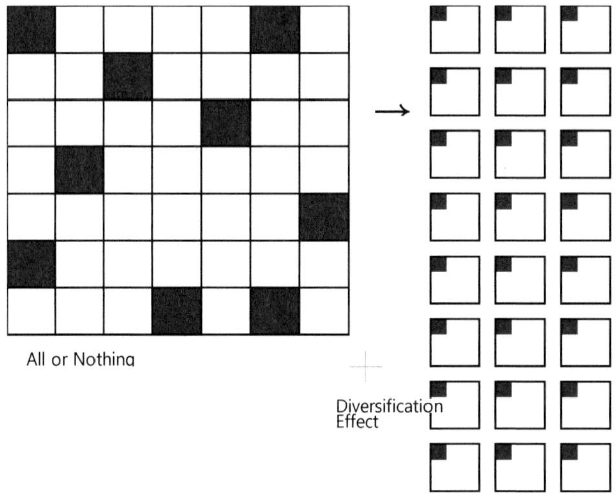

위 그림에서 왼쪽에 위치한 7 × 7 = 49개의 작은 정사각형은 각각 개별 모기지론을 나타냅니다. 가령 은행 A가 이런 모기지론 49개를 자산으로 보유하고 있을 수 있습니다. 그리고 이 가운데 채색된 9개의 정사각형은 차입자의 파산 위험이 높거나, 조기상환 위험이 높거나, 아니면 두 위험 모두 높은 모기지론을 나타냅니다. 반면 채색되지 않은 정사각형은 이런 위험이 거의 없는 모기지론입니다. 이렇듯 이들 개별 모기지론의 위험은 상이한데, 우리는 여기서 위험 수준이 높거나 낮은 두 유형만을 취급합니다.

사실은, 어느 차입자가 위험한 차입자인지 은행 A도 잘 모를 수도 있습니다. 다만 자신들의 과거 자료 등에 근거하여, 대략 49명의 차입자들 중 약 9명의 차입자들은 위험한 차입자가 될 확률이 높다고 추정할 뿐입니다. 이 상태에서는 A가 이 개별 모기지론을 외부의 투자자들에게 성공적으로 매각할 수 없습니다. 투자자 입장에서는 이 자산들의 위험도가 너무 높기 때문입니다. 운좋게 위험하지 않은 모기지론를 매입하면 다행이지만, 그 반대로 위험한 모기지론을 구입하면 낭패이기 때문입니다. 즉 투자자 입장에서 이러한 모기지론를 구입하는 것은 마치 로또와 같은, all-or-nothing 식의 투자와 유사하기에 투자 위험이 너무 큽니다.

그런데, 이러한 49개의 모기지론을 모두 하나의 풀(pool)로 합쳐서, 그 전체 모기지 pool에서 발생하는 현금흐름의 합계를 49개의 (자동이체)증권으로 나누어 똑같이 분배하면 어떨까요? 이 경우에는 원 개별 모기지론들의 위험이 분산되어, 결과적으로 훨씬 더 안전한 자산이 됩니다. 가령 원 49개의 모기지론들 중에 특정 시점에, 가령 2030년 1월에, 3개의 모기지론에서 세 명의 차입자 B, C, D가 자신들의 월 상환금을 상환하시 못했다고 합시다. 나아가 이들이 2030년 1월에 아예 파산을 할 수도 있습니다. 그러면 이런 세 모기지론 중 하나에 투자한 투자자 E는 잔여 원금 모두를 잃게 됩니다. 반면 이 모기지 pool을 기초로 하는 자동이체증권 49개 중 하나에 E가 투자해다면 어떻게 될까요? 49명의 차입자 중 3명의 차입자가 월 상환금을 지급하지 못했기에, 모기지 pool 전체에서는 $\frac{3}{49} = 6\%$ 정도에 불과합니다. 또 이 모기지 pool과 닮은꼴인, 이 pool이 $\frac{1}{49}$로 축소된, 각 자동이체증권에 투자한 투자자 E도 자신이 2030년 1월에 받아야 훨 상환금의 6%의 현금흐름을 못 받게 됩니다. 나아가 이 세 차입자가 아예 파산했어도, E는 (잔여)투자 원금의 $\frac{3}{49} = 6\%$에 해당하는 금액을 잃을 것입니다. 그렇다 해도, 파산한 세 모기지론 중 하나에 투자한 경우와 비교하면, 상대적으로 손실 금액이 훨씬 더 적습니다. 그 세 차입자들이 2030년 1월에만 월상환금을 지불하지 못하든 아예 (영원히) 파산하든 말입니다.

이러한 차이가 위 그림에 잘 나타나 있습니다. 위 그림에서 오른쪽에 위치한 작은 정사각형들은 각각 자동이체증권을 나타냅니다. 위 그림에서는, 왼쪽에 위치한 모기지 pool에 포함된 49개의 개별 모기지론(차입자) 중 9개의 모기지론이 위험 수준이 높은 것으로 표시되었습니다(채색됨). 이는 비율(%)로는 약 $\frac{9}{49} = 18\%$ 정도입니다. 그리고 이 모기지 pool을 기초로 한 (오른쪽에 위치한) 자동이체증권에 투자한 투자자도 자신의 투자 금액에 비해 그와 같은 비율만큼 위험을 감수해야 합니다.* 즉 자신의 투자 금액 중 그 비율만큼은 위험에 처한 것입니다. 단 개별 모기지론에 투자한 투자자는 최악의 경우 투자 금액 전부를 잃을 수 있지만, 자동이체증권에 투자한 경우에는 그 어떤 경우에도 투자 금액 전부를 잃지는 않습니다. 최악의 경우 투자 금액의 18% 정도를 잃을 뿐입니다. 이러한 위험 감소 효과로 인해 투자자들은 자동이체증권을 개별 모기지론보다 더 안전한 자산으로 인식하여, 개별 모기지론을 구입할 때보다 (평균적으로) 더 높은 가격을 주고 자동이체증권을 매입하게 됩니다. 즉 원 모기지풀을 매입하여 자동이체증권을 설계하고 판매하는 기관들은 원 모기지풀을 상대적으로 저렴한 비용으로 구입하여 자동이체증권을 비싸게 매각할 수 있습니다.

---

* 자동이체증권의 증권의 경우, 정사각형이 너무 작아 정확히 18%가 아니고 약 11% 정도만이 채색되었습니다. 이는 저자가 위 그림을 애초 Excel spreadsheet을 이용하여 간편하게 그리다 보니 발생한 결과인데, 본 주제 논의에는 별 문제 없습니다.

CHAPTER **11**

주택저당증권(MBS)

개별 모기지론은 투자금액, 유동성, 조기상환 위험 등의 측면에서 매우 매력적인 투자대상은 아니기 때문에 이러한 불편과 위험을 감소시킨 자동이체증권이 탄생되었습니다. 하지만 자동이체증권도 조기상환 위험 즉 단축 위험과 연장 위험을 완전히 제거할 수 없음은 10장에서 파악한 바 있습니다. 왜냐하면 여러 개의 모기지론을 하나로 묶은 뒤 여기에서 발생하는 현금흐름을 (1/n)씩 분배하는 방식으로는

모기지론의 조기상환 위험을 근본적으로 제거할 수는 없기

때문입니다.

즉 자동이체증권에서도 위험 자체가 사라진 것은 아니고 단지 분산되어 있을 뿐입니다. 모기지론의 차입자의 조기상환권을 박탈하지 않는 한 모기지론 혹은 그 파생상품인 자동이체증권에 내재하는 조기상환 위험을 완전히 제거할 수는 없습니다. 보다 정확하게 말하면, 모기지 pool 전체의 조기상환 위험과 이 pool의 현금흐름을 대상으로 하는 파생상품 전체의 조기상환 위험은 불변이라는 것입니다. 자동이체증권의 경우 모든 모기지론(차입자)의 조기상환 위험을 다 합친 뒤 (1/n)씩 균등하게 분배하기 때문에 조기상환 위험이 골고루 분산되었을 뿐, 자동이체증권 투자자 모두의 조기상환 위험을 모두 합산하면 원래의 모기지 pool의 조기상환 위험의 크기와 일치함을 알 수 있습니다.

그러므로 이처럼 전체로서는 불변인 조기상환 위험을 현저히 감소시키는 유일한 방법은 다음과 같은 현금흐름 구조를 가지는 증권 혹은 지분을 설계하는 것입니다. 즉 증

권을 차별화하여, 모기지풀 전체의 조기상환 위험을 다양한 방식으로 상호 차별적으로 설계된 증권으로 할당하는 것입니다. 다음 질문은 이런 내용을 비유로 설명한 것입니다만, 굳이 비유까지 듣지 않아도 되는 독자는 이 질문은 생략해도 좋습니다.

질문 11-1〉 이를 비유로 설명해 볼 수 있을까요?

네, 비유로도 설명할 수 있습니다. 여러분 앞에 아파트를 지을 땅 100평이 주어졌다고 하겠습니다. 그런데 사업자에 따라 이 100평을 어떻게 활용할 것인가는 다를 수 있습니다. 사업자 A는 대형 평수 아파트를 짓기로 결정하여 50평짜리 2개를 지으려고 합니다. 층수는 10층으로 동일하게 가정합니다. 한편 사업자 B는 중형 아파트로 결정하여 33.3평짜리 3개를 지으려고 합니다. C는 소형으로 20평짜리 5개를 지으려고 합니다. D는 30평 2개와 20평 2개를 지으려 합니다.

이제 질문을 하나 하겠습니다. 이 네 명의 사업자들이 자신들이 지은 아파트를 매각할 때 모두 같은 총수입을 얻을까요? 그렇지는 않을 것입니다. 애초 주어진 조건은 같았지만, 즉 각 사업자에게 땅 100평씩 주어졌지만, 이들이 이 땅을 여하히 분할하여 아파트를 짓는가에 따라 이들의 최종 수입은 달라질 것입니다. 그 이유는 고객들의 아파트 평수에 따른 효용이 그 평수에 정확히 비례하는 것이 아니기 때문입니다. 만일 정확히 비례한다면, 100평짜리 아파트 한 개를 짓는 것이나 20평 아파트 5개를 짓는 것이나 판매 수입 면에서, 아파트 매각 가격 면에서, 아무 차이가 없을 것입니다. 나아가 200평이 주어졌어도, 200평 하나를 지으나 25평 8개를 지으나 수입 면에서 전혀 차이가 없을 것입니다. 그러나 현실은 전혀 그렇지 않음을 우리는 익히 알고 있습니다. 다시 말하면, 그 이유는 아파트 평수에 대한 사람들의 효용이 평수에 정확히 비례하는 것은 아니기 때문입니다. 그러므로 판매 수입을 최대화 할 조합으로 평수를 분할하여 아파트를 지어 팔 때 가장 큰 수입을 얻을 수 있습니다. 가령 우리나라에서도 오래 전에는 대형 평수 아파트의 평당 가격이 (소형 평수 아파트의 그것보다) 더 높았지만, 1인 가구 혹은 자녀가 1인 이하인 가구 등이 늘면서 중소형 평수 아파트의 평당 가격이 더 높아졌습니다. 그러므로 이런 상황에서는, 주어진 100평 혹은 200평의 대지에 대형 평수 위주로 아파트를 짓기보다는 중소형 평수 위주의 아파트를 짓는 것이 아파트 분양 총수입을 최대화할 수 있을 것입니다. 유사한 원리로, 주어진 모기지풀을 서로 다른 현금흐름을 갖는 다양한 증권(지분)들의 조합으로 투자자들에게 매각하면, 모두 동일한 현금흐름과 권리를 갖는 자동이체증권으로 매각하는 것 이상의 수입을 얻을 수 있다는 것입니다. 물론 반드시 전자가 후자보다 더 비싸게 매각된다는 보장은 없습니다만, 전자의 경우 상이한 권리를 가지는 다양한 증권들의 구조가 여럿 있으므로, 그 중 최적의 구조, 즉 최대 매각 가격을 창출할 구조를 선택하면 자동이체증권의 (총)매각 가격보다 더 클 가능성이 높습니다.

또 다른 비유를 들어 보겠습니다. 대학의 어느 수업에 60명의 수강생이 있는데, 학점을 다음과 같이 상대평가로 준다고 합시다. 즉 A+ (= 4.5점), A0 (= 4.0), B+, B0, C+, C0를 각각 1/6씩 줍니다. 그러므로 가장 평가가 높은 10명의 수강생들은 A+, 그리고 그 다음으로 좋은 평가를 받은 수강생 10명은 A0, … 이렇게 받게 됩니다. 그런데 만일 이러한 상대평가의 골격을 유지하면서 다소 다른 버전으로 바꾸면 수강생들의 반응이 어떻게 될까요? 즉 기존 상대평가 방식은 수강생들의 평균 학점이

$$\frac{4.5 + 4.0 + 3.5 + 3.0 + 2.5 + 2.0}{6} = 3.25$$

가 되는 방식입니다. 이 평균 학점 3.25를 그대로 유지하면서 다른 방식으로 학생들을 평가하는 대안이 있을 수 있습니다. 가령 수강생들의 25%에게 각각 A0, B+, B0, C+를 할당하는 방식입니다. 이 경우에도 평균 학점은 $\frac{4.0 + 3.5 + 3.0 + 2.5}{4} = 3.25$가 됩니다. 또 이 등급들의 비중을 동일한 25%로 하지 않고 A0 = 30%, B+ = 20%, B0 = 20%, C+ = 30%로 할당해도 평균 학점은 $4.0 \times 0.3 + 3.5 \times 0.2 + 3.0 \times 0.2 + 2.5 \times 0.3 = 3.25$가 됩니다. 결과적으로, 이 수업 수강생들의 평균 학점을 3.25로 하는 상대평가 방식은 매우 많습니다. 그런데 이러한 다양한 방식들에 대해 수강생들은 모두 똑같이 선호할까요? 다시 말하면, 이들은 이 다양한 평가 방식들에 대해 모두 무차별(indifferent)할까요? 만일 그렇지 않다면, 수강생들이 더 선호하는 방식이 있을 것입니다. 특정 방식을 더 선호한다 함은 그 방식이 수강생들에게 주는 효용이 더 큼을 뜻합니다. 만일 수강생이 아닌 투자자들이 대상이라면, 더 큰 효용을 주는 방식에 대한 수요가 더 높아져 결국 더 높은 가격으로 평가될 것입니다. ■

이제 위의 두 가지 비유를 기억하며, 모기지 풀의 전체 조기상환 위험을 여하히 할당할 것인가를 파악해 보겠습니다. 조기상환 속도가 빨라지거나 느려지면 현금흐름의 크기가 갑자기 증가하거나 감소하는데, 이렇게 증가 혹은 감소한 현금흐름의 대부분을 열등한 증권 B에게 전가하면 우등한 증권 A를 보유한 투자자는 조기상환의 위험으로부터 보호받을 수 있습니다.* 이처럼 조기상환 위험이 "차별적으로" 혹은 "차등하게" 분산된, 모기지론의 파생상품을 CMO(collateralized mortgage obligations)라고 합니다. CMO에는 tranche 혹은 class라고 불리는 여러 계층의 증권이 존재하는데, 각 계층별로 상환 순서와 현금흐름 분배 방식이 다릅니다.† 이로 인해 각 계층은 단축 위험, 연장 위험 등에 노출되는 정도가 다르며, 투자자의 위험 선호도에 맞는 투자 상품(products)을 설계할 수 있습니다. 가령 단축 위험에 크게 노출된 계층, 연장 위험에 크게 노출된 계층, 단축 및 연장 위험에 모두 크게 노출된 계층, 두 위험에 거의 노출되지 않은 계층 등 조기상환 위험에 노출된 정도와 양상이 다양한 증권들로 이루어집니다. 이렇게 다양한 구조, 조합의 증권들을 제시할 수 있기에, 이 다양한 구조, 조합 중 투자자들에게 가장 매력적인, 가장 비싸게 매각할 수 있는 구조를 선택하여 투자자들에게 제공할 수 있습니다. 참고로, CMO의 기초자산은 모기지풀인 경우도 있고 혹은 자동이체증권들의 풀인 경우도 있습니다. 사실 이 둘 모두 실체는 같기 때문입니다.

그렇다면 전체로서의 조기상환 위험을 감소시키지는 못하면서 단지 조기상환 위험이 큰 계층(증권)과 작은 계층(증권)으로 분리된 CMO가 투자자들에게 어필할 수 있는 이유는 무엇일까요? 먼저 투자자들의 (미충족된) 수요를 새로이 충족시키는 증권을 창출할 수 있다는 점을 들 수 있습니다. 가령 모기지론이나 자동이체증권에 내재하는 조기상환 위험을 싫어해서 이러한 증권에 아예 투자하지 않은 "(extremely) risk averse" 투자자들은, 이 위험이 현저하게 감소된 CMO의 일부 증권에는 투자할 수 있을 것입니다. 그러므로 새로운 투자를 촉진하는 결과를 가져 옵니다. 그렇다면 조기상환 위험이 매우 커진 증권에 투자하는 투자자도 있을까요? 이 경우는 반드시 새로운 투자를 촉진하는 결과를 가져온다고는 할 수 없을지 모릅니다. 그러나 전자와 후자 모두를 종합적으로

---

* 이 경우 위험을 균등하게 분산한 자동이체증권의 조기상환 위험은 열등한 증권 B의 그것보다는 작고 우등한 증권 A의 그것보다는 크다고 할 수 있습니다.

† 'Tranche'는 (금융에서는) 채권이나 자산유동화상품의 '분할 계층'을 의미합니다.

파악하면, 조기상환 위험이 균등하게 분산되었지만 여전히 조기상환의 불확실성하에 놓여 있는 자동이체증권보다는 조기상환 위험이 상대적으로 확실하게 분리된 CMO에 대한 수요가 전체적으로는 더 클 가능성이 높다고 할 수 있습니다. 가령 단축 위험과 연장 위험이 애매하게 혼재되어 있지 않고 아예 단축 위험(만)이 매우 커진 증권이 만들어진다면, 단기부채의 비중이 높아서 부채의 듀레이션이 짧은 금융기관은 오히려 이 증권을 자산 포트폴리오에 편입하려고 할 수도 있습니다.

이처럼 산술적으로는 불변인 조기상환의 위험을 효율적으로 분배하는 구조를 가진 증권 조합이 설계되면 전체로서의 투자자들의 효용을 증대시키고 새로운 수요를 창출할 수 있고, 그 결과 전체적으로 (자동이체증권보다) 더 높은 가격으로 매각될 수 있습니다. 여기서

불확실성의 경제학

의 진면목이 드러납니다. 투자자들이 진실로 회피하는 것은 (조기상환의) "불확실성"이기 때문에, 불확실성이 애매하게 뒤섞인 증권들보다는, 오히려 낮은 불확실성과 높은 불확실성으로 확실히 구분되는 증권들이 선호될 수 있다는 것입니다. 하나의 예로 수익성이 높은 사업과 그렇지 않은 사양 사업을 함께 영위하는 기업이 후자를 과감히 정리하여 매각하였다고 합시다. 물론 사양 사업을 매각할 때에는 헐값에 매각할 수도 있으므로 큰 손실이 실현되었을 것입니다. 그리고 이러한 손실은 기업의 주가를 하락시키는 중대한 요인이 될 수 있습니다. 그러나 이 손실에도 불구하고 이러한 구조조정을 끝낸 기업들의 주가가 통상적으로 그 이전보다 더 상승하는 경우를 많이 볼 수 있습니다. 그 이유는 지금까지 이 기업의 주가를 압박했던 가장 큰 요인 중 하나가

사업의 불확실성, 수익의 불확실성, 현금흐름의 불확실성

이었기 때문입니다. 불확실성이 제거되었다는 한 가지 이유만으로도 투자자들에게 크게 어필할 수 있음이 실제적으로 입증된 것입니다. 이와 비슷한 이유로, 조기상환의 불확실성을 비교적 엄격히 분리한 CMO는 전체적으로는 투자자들에게 (불확실성이 명확하게 분리되지 못한 자동이체증권보다) 더 높은 효용과 가치를 제공할 수 있는 것입니다.

투자자들의 수요는 다양하므로 이를 충족시키고 또 새로운 수요를 이끌어내는

CMO의 구조는 매우 다양하게 나타납니다. 본장에서는 그 중에서 보다 중요한 구조만을 살펴보기로 합니다. 한편 모기지론을 기초로 하는 파생상품은 크게 자동이체증권, CMO, 그리고 분리형 모기지담보증권의 세 가지로 분류됩니다. 10장에서는 모기지론과 자동이체증권에 관하여 논의하였습니다. 본장에서는 CMO와 분리형 모기지담보증권에 대하여 논의합니다. 단 그 중요성에 비추어 본 장에서는 CMO에 많은 지면을 할애하였습니다.

제 1 절 CMO의 원리

MBS의 일종이라고 할 수 있는 CMO가 또 다른 MBS인 (가장 기본적인) 자동이체증권과 차별성이 있는 이유, 원리를 간략하게 설명해 보겠습니다. 먼저 그림으로 이 원리를 비유적으로 설명하겠습니다.

➢ 그림 11-1〉 CMO의 원리

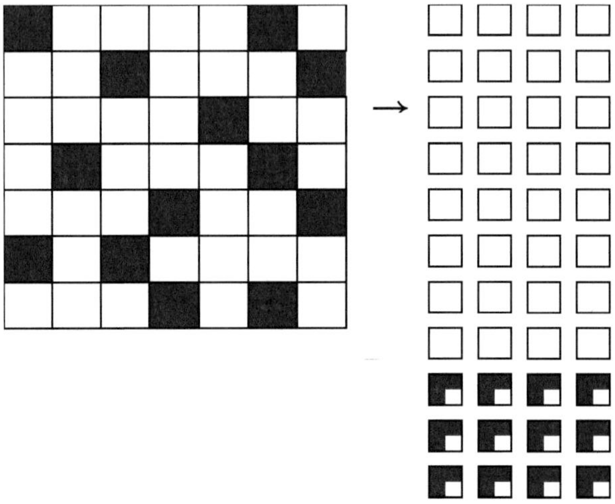

이전 그림에서처럼, 위 그림에서 왼쪽에 위치한 7 × 7 = 49개의 작은 정사각형은 각각 개별 모기지론을 나타냅니다. 그리고 이 가운데 채색된 9개의 정사각형은 차입자의 조기상환 위험이 높은 모기지론을 나타냅니다. 반면 채색되지 않은 정사각형은 이 위험이 거의 없는 모기지론입니다.*

그런데 이러한 49개의 모기지론을 모두 하나의 풀(pool)로 합쳐서, 그 전체 모기지 pool에서 발생하는 현금흐름의 합계를 두 개의 계층(tranche)으로 구분하여 증권화하는 경우를 생각해 보겠습니다. 즉 하나의 모기지 pool에서 두 개의 상이한 증권을 발행하는 것입니다. 그 하나는 조기상환 위험이 거의 없는 증권(tranche)이고 다른 하나는 조기상환이 집중된 증권입니다. 이렇게 두 상이한 증권으로 발행하면, 전자는 조기상환 위험이 없으므로 높은 가격에 팔리고 후자는 위험이 집중되어 있으므로 낮은 가격에 팔릴 것입니다. 그런데 통상적으로 두 증권의 매각 가격의 합이 원 모기지 pool(혹은 자동이체증권)의 매각 가격보다 크기 때문에 이런 차별화된 증권들을 발행하는 것입니다. 물론 그러기 위해서는 투자자들의 효용과 수요를 증대시키는 방식으로 두 증권을 차별화해야 합니다. 이 원리를 감각적으로 이해하기 쉽도록 예제 하나를 풀어 보겠습니다.

예제 11-1〉 CMO 원리 예제

두 모기지론으로 이루어진 모기지풀(pool)의 현금흐름만을 바꾸어 상이한 현금흐름과 위험을 가지는 두 증권(tranche)으로 차별화할 때 그 가치가 더 커질 수 있는 사례를 공부해 보겠습니다. 은행 A가 두 차입자에게 제공한 모기지론 X, Y의 내용이 아래 표와 같습니다.

➢ 도표 11-1〉 CMO 원리

Mortgage	X	Y	(X+Y)	G	B
(state 1)	100	100	200	100	100
(state 2)	100	50	150	100	50
(state 3)	80	100	180	100	80
(state 4)	80	50	130	100	30
mean	90	75		100	65
st. dev.	10	25		0	26.9
risk free rate	0.02	0.02		0.02	0.02
risk premium	0.10	0.25		0	0.269
discount rate	0.12	0.27		0.02	0.289
PV	80.4	59.1		98.0	50.4
Sum of PV	139.5			148.4	

* 편의상 파산 위험은 논의하지 않습니다.

1년 후 미래 시점에는 4개의 상황(states)이 도래될 수 있고 이들이 나타날 확률은 각각 $\frac{1}{4} = 0.25$입니다. 가령 state 1이 발생하면 A의 두 모기지론 X, Y의 가치는 (100, 100)이고 state 2가 발생하면 그것들은 (100, 50)이 되는 식입니다. 쉽게 이해한다면, 각 모기지론의 차입자들은 각각 1년 후 원리금 100을 갚아야 하는데, 두 차입자의 상환 역량이 달라 이런 차별적인 결과가 발생합니다. 물론 1년 후 각 상황에서 두 차입자가 상환할 각 금액들은 은행 A가 추정한 것입니다. 그리고 이 추정에 맞게 A는 각 차입자에게 차별적인 대출이자율을 부과합니다. 즉 차입자 X에게는 원금 80.4을 빌려주면서 1년 후 100을 갚는 대출계약을 맺은 것이고, 신용이 낮은 Y에게는 원금 59.1을 빌려주면서 1년 후 100을 갚는 대출계약을 맺은 것입니다. 왜 이렇게 되었는지를 조금 설명해 보겠습니다.

X를 대상으로 설명하겠습니다. 은행 A에게 있어 X의 미래 가치의 평균은

$$\frac{100 + 100 + 80 + 80}{4} = 90$$

이고, 미래 가치의 변동의 한 척도인 표준편차는

$$\sqrt{(100 - 90)^2 \cdot \frac{1}{2} + (80 - 90)^2 \cdot \frac{1}{2}} = \sqrt{100} = 10$$

이 됩니다. X는 미래 가치가 불확실한 위험 자산이기에 미래 가치의 평균인 90을 단순히 무위험 이자율 0.02로 할인하여 그 현재가치를 구하면 오류입니다. X의 현재가치를 구하려면, 무위험 이자율 0.02에 위험 프리미엄을 더한 값을 할인율로 사용하여 90을 할인해야 합니다. 여기서는 위험 프리미엄 계산을 단순하게 설정했습니다. 즉 각 자산의 가치의 표준편차를 100으로 나눈 값으로 위험 프리미엄을 A가 산출한다고 가정했습니다. 즉 X의 위험 프리미엄은 그 표준편차를 100으로 나누어 $\frac{10}{100} = 0.10$이 되는 방식입니다. 그러면 X의 미래가치의 평균 90을 현재가치로 할인할 할인율은

$$risk - free\ rate\ +\ risk\ premium\ =\ 0.02\ +\ 0.10\ =\ 0.12$$

가 됩니다. 그러므로 X의 현재가치는

$$\frac{90}{1 + 0.12} \approx 80.4$$

가 됩니다. Y에 대해서도 동일하게 분석할 수 있습니다. 이처럼 X의 현재가치가 80.4로 평가되기에 은행 A는 X에게 80.4를 대출하면서 1년 후 원리금 100을 상환하도록 요구하면 'fair'한 것입니다.* 이렇게 산출된 X와 Y의 현재가치를 더하면

$$80.4 + 59.1 = 139.5$$

가 됩니나.

반면 A가 이 두 모기지론으로 이루어진 모기지풀에서 발생하는 현금흐름을 두 개의 증권(tranche) G, B에 차별적으로 할당하여 이 두 증권을 투자자들에게 매각한다고 합시다. 어떤 방식으로 두 증권을 차별화하는가 하면

모기지풀로 유입되는 현금 중 100을 G에 먼저 할당하고 나머지를 B에 할당

합니다. 그러면 각 상태(state)에서 위 그림과 같은 현금이 G와 B에 할당됩니다.

이제 이 새로운 증권들인 G, B에 대해서도 그 현재가치를 구할 수 있습니다. 구하는 방식은 X, Y의 현재가치를 구하는 방식과 동일합니다. G, B의 미래 가치의 평균을 구하고, 이 수치를 G, B의 위험을 감안한 할인율로 할인하여 구하면 됩니다. 물론 G, B의 할인율도 무위험 이자율에다 위험 프리미엄을 더한 값으로 산출될 것이고, 위험 프리미엄은 G, B의 미래 가치의 표준편차를 100으로 나눈 값으로 산출될 것입니다. 구체적으로 보면, G는 미래의 4 상황에서 항상 100을 할당받기에 무위험 자산이 됩니다. 그러므로 그 현재가치는 무위험이자율 0.02로 할인된 약 98이 됩니다.† 반면 B는 모기지풀의 나머지 현금만이 할당되어 그 금액이 100보다 작은 경우가 많고 금액들 간의 변동도 심합니다. 그 결과 B의 미래 가치의 평균은 65이고, 표준편차에 연동된 위험 프리미엄을

---

* 물론 이 과정에서 선후 관계는 다음과 같습니다. X가 A에게 80.4만큼의 현금을 대출받으러 옵니다. 이때까지 X는 A를 주거래 은행으로 이용하고 있었고 신용카드 등도 발급받아 사용해 오고 있었습니다. 과거 X의 대출 및 상환 내역을 잘 알고 있는 은행 A는 X의 채무불이행 위험을 감안하여 X에게 1년 후 이자를 합쳐 100을 지불해야 한다고 일단 요구합니다. 물론 X가 100을 제대로 못 갚을 수도 있는데, A의 추정에 따르면 100을 다 갚을 확률이 0.5이고 단지 80을 갚을 확률이 0.5입니다. 이러한 채무불이행 위험을 감안하여 (표준편차를 위험 척도로 사용하여) X가 상환할 미래 평균 금액인 90을 0.12의 할인율로 할인하면 정확히 80.4가 산출됩니다. 그러므로 A가 X에게 80.4을 대출하면서 1년 후 100을 갚으라고 요구하는 것은 A로서는 "fair deal"이 됩니다. 단, 편의상 이렇게 설명했습니다만, 이 일련의 과정은 한 단계가 아니라 여러 단계를 거쳐 결정될 수 있습니다.

† 정확히는 $\frac{100}{1 + 0.02} = 98.04$인데 반올림된 것입니다.

반영한 할인율은 0.289가 되고, 그 현재가치는 50.4가 됩니다. 결국 무위험자산 G의 현재가치는 매우 높고 B의 그것은 매우 낮습니다. 하지만

G, B의 합인 148.4는 원 모기지론 X, Y의 합인 139.5보다 큽니다. 즉

$$PV(G) + PV(B) = 98 + 50.4 = 148.4 \ > \ PV(X) + PV(Y) = 80.4 + 59.1 = 139.5.$$

이처럼 위험을 차별적으로 할당한 증권들의 가치의 합은 그 증권들의 기초자산인 자산들의 가치의 합보다 더 클 수 있습니다. 이것이 바로 차별화된 MBS인 CMO가 차별화되지 않은 자동이체증권보다 더 투자자들에게 매력적으로 보일 수 있는 이유이고, CMO가 자동이체증권보다 더 높은 가격으로 거래될 수 있는 이유입니다. ■

제 2 절 CMO의 유형

본절에서는 CMO의 대표적인 유형 네 가지를 설명합니다. 이들은 유형은 다르지만 앞절에서 소개한 기본 원리는 유사합니다. 투자자의 needs를 충족시킬, 차별적인 현금흐름 구조를 갖는 여러 증권(tranche)을 제공하는 원리입니다.

1. 순차지급형 CMO

CMO의 기초자산은 모기지풀(pool) 혹은 자동이체증권풀의 현금흐름입니다.* 이 기초자산의 현금흐름 중 원금 상환에 해당하는 금액을 각 트랜치(tranche)에 사전적으로 정해진 순서에 따라 순차적으로 지급하는 CMO를 "순차지급형 CMO(Sequential pay CMO)"라 합니다.† 각 트랜치에 대한 이자 지급은 매월 잔여원금에 비례하여 이루어지

* 애초에 이 모기지풀의 대출 원금의 합계는 40,000,000,000으로 가정했고, 이 모기지풀에 대해서 100개의 동일한 자동이체증권이 발행되어 그 하나의 원금이 400,000,000이 되었다고 가정했습니다. 여기서는 편의상 모기지풀의 대출 원금 합계 자체가 400,000,000이라고 가정하겠습니다.

† 불어에서 온 단어 tranche의 정확한 발음은 "트랜치"와는 다르지만 편의상 "트랜치"로 표기합니다. (이탈리아어에서 온 단어 pizza의 발음도 사실은 영어에서는 존재하지 않는 발음입니다.)

지만, 예정된 혹은 조기상환된 원금은 원금 상환의 우선 순위가 가장 높은 트랜치(A)에 먼저 집중되고 A에 대한 원금 상환이 100% 이루어지면 다음 순위의 트랜치(B)에 원금이 상환되기 시작됩니다. 순차지급형 CMO는 이처럼 모든 트랜치에 대한 원금 상환을 우선 순위에 따라 지급합니다.

예제 11-2〉 순차지급형 CMO

10장에서 활용한 그 자동이체증권을 기초자산으로 하는 순차지급형 CMO의 지급 우선 순위와 원금 액수가 다음과 같다고 가정합시다.

➢ 도표 11-2〉 순차지급형 CMO의 지급 우선 순위와 원금

트랜치	원금	액면이자율
A	194,500,000	7.5%
B	36,000,000	7.5%
C	96,500,000	7.5%
D	73,000,000	7.5%
합계	400,000,000	

이때 조기상환 속도 100% PSA를 가정한 트랜치 A와 B의 현금흐름은 다음 도표와 같습니다.

➢ 도표 11-3〉 순차지급형 CMO의 현금흐름

PSA 기준	만기	액면이자율	월이자율
100%	360	7.50%	0.00625

경과 개월	원금 상환 (예정+조기)	트랜치 A			트랜치 B		
		원금 잔액	원금상환	이자	원금 잔액	원금상환	이자
1	328,340	**194,500,000**	328,340	1,215,625	36,000,000	0	225,000
2	396,764	194,171,660	396,764	1,213,573	36,000,000	0	225,000
3	465,134	193,774,897	465,134	1,211,093	36,000,000	0	225,000
:	:	:	:	:	:	:	:
118	1,410,877	3,067,790	1,410,877	19,174	36,000,000	0	225,000
119	1,404,160	1,656,913	1,404,160	10,356	36,000,000	0	225,000
120	**1,397,478**	**252,753**	**252,753**	**1,580**	**36,000,000**	**1,144,724**	**225,000**
121	1,390,831	0	0	0	34,855,276	1,390,831	217,845

위 도표를 이해하기 위해, 우리가 10장에서 사용한 100% PSA의 자동이체증권의 현금흐름 도표 일부를 다시 소환해 봅시다.

<table>
<tr><td colspan="2">만기</td><td>WAC</td><td colspan="2">액면이자율
(Passthru)</td><td colspan="2">1개월
WAC</td><td colspan="2">월 이자율
(Passthru)</td><td>PSA
기준</td></tr>
<tr><td colspan="2">360</td><td>8.125%</td><td colspan="2">7.50%</td><td colspan="2">0.006770833</td><td colspan="2">0.00625</td><td>100%</td></tr>
<tr><td colspan="10"></td></tr>
<tr><td>(1)
잔여
개월</td><td>(2)
월</td><td>(3)
원금 잔액</td><td>(4)
CPR</td><td>(5)
SMM</td><td>(6)
월상환금</td><td>(7)
액면이자
(Passthru)</td><td>(8)
원금상환</td><td>(9)
조기상환</td><td>(10)
총현금흐름
(Passthru)</td></tr>
<tr><td>360</td><td>1</td><td>400,000,000</td><td>0.002</td><td>0.000167</td><td>2,969,989</td><td>2,500,000</td><td>261,655</td><td>66,684</td><td>2,828,340</td></tr>
<tr><td>359</td><td>2</td><td>399,671,660</td><td>0.004</td><td>0.000334</td><td>2,969,493</td><td>2,497,948</td><td>263,383</td><td>133,381</td><td>2,894,712</td></tr>
</table>

원래 자동이체증권의 경우 첫 번째 달에 유입되는 총 현금흐름은 위 도표의 칼럼 (10)의 2,828,340입니다. 순차지급형 CMO의 경우에도 첫 번째 달의 총 현금흐름은 같은 금액이 되어야 합니다. 즉 후자의 경우 예정된 원금 상환과 조기상환을 합치면 328,340이고(모두 트랜치 A에 할당), 여기에 트랜치 A의 이자 지급 1,215,625, 트랜치 B의 이자 지급 225,000, 그리고 나머지 트랜치 C, D에 지급될 이자액을 모두 합치면 2,828,340이 됩니다. 물론 트랜치 A에의 이자 지급은

$$194{,}500{,}000 \times 0.00625 \;=\; 1{,}215{,}625$$

에 의해 산출된 것입니다. 즉 A의 (잔여)원금에 월이자율 0.625%를 적용한 것입니다 $\left(0.00625 = \frac{0.075}{12}\right)$. 또한 나머지 트랜치 B, C, D의 원금의 합 205,500,000에 월이자율을 곱하면

$$205{,}500{,}000 \times 0.00625 \;=\; 1{,}284{,}375$$

가 됩니다. 트랜치 A에 할당되는 원금과 이자 상환이 328,340 + 1,215,625 = 1,543,965이니, 이들을 합치면

$$1{,}543{,}965 \;+\; 1{,}284{,}375 \;=\; 2{,}828{,}340$$

이 되는 것을 다시 한 번 확인할 수 있습니다.

이처럼 자동이체증권에 유입되는 모든 원금은 (예정된 상환이든 혹은 조기상환이든)

일단 모두 트랜치 A에게 전가됩니다. 그리고 A 이외의 모든 트랜치는 A의 원금 상환이 100% 이루어질 때까지는 각자의 원금에 대한 이자만을 지급받습니다. A의 원금 상환이 완전히 끝나는 120개월 시점부터는 지급 우선 순위에 의해 트랜치 B의 원금 상환이 시작됩니다.* 트랜치 B의 원금 상환이 종료되면 다시 트랜치 C의 원금 상환이 시작되고 같은 방식으로 트랜치 D의 현금흐름도 결정됩니다.

위와 같이 현금흐름이 결정되면, 각 트랜치의 "평균 수명(average life)"은 매우 달라집니다. A의 평균 수명이 가장 짧고 B, C, D로 갈수록 평균 수명이 점차 길어집니다. 원금의 분할 정도에 따라 다르지만, 평균적으로 A, B의 평균 수명은 이들의 기초자산인 자동이체증권의 그것보다 짧고 C, D의 평균 수명은 그보다 깁니다. 그러므로 트랜치 A의 경우 "연장 위험"이 현저히 감소하며 트랜치 D의 경우에는 "단축 위험"이 현저히 감소합니다. 이처럼 평균 수명의 길고 짧음이 파악되면 투자자들은 자신이 필요로 하는 현금흐름을 충족시키는 트랜치를 선택하여 투자할 수 있습니다.

한편 위 도표 "순차지급형 CMO의 현금흐름" 표는 100% PSA를 가정한 것입니다. 만일 이보다 빠른 200% PSA를 가정한다면 모든 트랜치는 더욱 빨리 상환될 것입니다. 또 50% PSA를 가정한다면 모든 트랜치는 더욱 늦게 상환될 것입니다. 즉 조기상환 속도에 따라 각 트랜치의 평균 수명의 변동성(variability)이 커집니다. 이러한 경우에도 트랜치 A의 평균 수명의 변동성은 원 증권인 자동이체증권의 그것보다는 훨씬 작은 반면 트랜치 D의 평균 수명의 변동성은 자동이체증권의 그것보다도 훨씬 큽니다. 단 조기상환 속도에 따른 평균 수명의 변화 정도가 작은 트랜치 A와 같은 증권이 만들어지긴 했지만 조기상환 위험이 완전히 제거되지는 않습니다.

2. 원금증가형 CMO

순차지급형 CMO는 기본적으로 모든 트랜치는 적어도 이자를 지급받으며 원금은 사전에 정해진 순서대로 지급받는 CMO입니다. 그런데 이러한 순차지급형 CMO 중에는 이자 지급이 특별한 조건이 충족될 때까지 연기되는 트랜치를 포함하는 경우가 있습니

---

* 물론 120개월 시점에 B에 유입되는 원금은 자동이체증권에 대한 원금 상환액 1,397,478 중에서 트랜치 A의 잔여 원금 252,753을 차감한 나머지 1,144,724가 됩니다(반올림 오차 = 1).

다.* 이러한 트랜치를 "accrual tranche" 혹은 "Z bond"라고 하는데, 이들은 이자 지급을 받지 못하지만 못받은 이자 금액만큼 잔여 원금 액수가 증가함으로써 보상을 받습니다.

예제 11-3〉 원금증가형 CMO

10장에서 활용한 그 자동이체증권을 기초자산으로 하는 원금증가형 CMO의 지급 우선 순위와 원금 액수가 다음과 같다고 가정합시다.

트랜치	원금	액면이자율
A	194,500,000	7.5%
B	36,000,000	7.5%
C	96,500,000	7.5%
Z	73,000,000	7.5%
합계	400,000,000	

이때 조기상환 속도 100% PSA를 가정한 트랜치 A와 B의 현금흐름은 아래 도표와 같습니다.

> 도표 11-4〉 원금증가형 CMO

PSA 기준	만기	액면이자율	월 이자율
100%	360	7.50%	0.00625

경과 개월	원금 (예정+조기)	트랜치 A 원금 잔액	트랜치 A 원금 지급	트랜치 A 이자 지급	트랜치 B 원금 잔액	트랜치 B 원금 지급	트랜치 B 이자 지급
1	328,340	194,500,000	784,590	1,215,625	36,000,000	0	225,000
2	396,764	193,715,410	855,865	1,210,721	36,000,000	0	225,000
3	465,134	192,859,545	927,104	1,205,372	36,000,000	0	225,000
:	:	:	:	:	:	:	:
84	1,661,689	5,862,859	2,426,919	36,643	36,000,000	0	225,000
85	1,653,653	3,435,940	2,423,666	21,475	36,000,000	0	225,000
86	1,645,660	1,012,274	1,012,274	6,327	36,000,000	1,408,212	225,000
87	1,637,708	0	0	0	34,591,788	2,417,376	216,199
88	1,629,798	0	0	0	32,174,412	2,414,339	201,090
:	:	:	:	:	:	:	:
99	1,545,482	0	0	0	5,767,895	2,385,677	36,049
100	1,538,056	0	0	0	3,382,218	2,383,503	21,139
101	1,530,669	0	0	0	998,715	998,715	6,242

* 이 점에서 '원금증가형 CMO'는 '순차지급형 CMO'의 특수한 경우라 할 수 있습니다.

참고로 순차지급형 CMO의 현금흐름은 아래와 같습니다.

PSA 기준	만기	액면이자율	월이자율
100%	360	7.50%	0.00625

경과 개월	원금 상환 (예정+조기)	트랜치 A			트랜치 B		
		원금 잔액	원금상환	이자	원금 잔액	원금상환	이자
1	328,340	194,500,000	328,340	1,215,625	36,000,000	0	225,000
2	396,764	194,171,660	396,764	1,213,573	36,000,000	0	225,000
3	465,134	193,774,897	465,134	1,211,093	36,000,000	0	225,000

원래 첫 번째 달에 트랜치 A에 귀속되는 원금 상환은 328,340입니다. 그리고 트랜치 Z에 귀속될 이자 지급은

$$73{,}000{,}000 \times 0.00625 = 456{,}250$$

입니다. 이때 트랜치 Z의 이자 456,250은 트랜치 A의 원금 상환을 위하여 사용되므로, 트랜치 A의 원금 상환 총액은 328,340 + 456,250 = 784,590입니다. 동시에 트랜치 Z의 원금은 456,250만큼 증대되어 73,000,000 + 456,250 = 73,456,250이 됩니다. 또 원래 두 번째 달에 트랜치 A에 귀속되는 원금 상환은 396,764입니다. 그리고 트랜치 Z에 귀속될 이자 지급은

$$73{,}456{,}250 \times 0.00625 = 459{,}101$$

입니다. 그런데 트랜치 Z의 이자 459,101은 트랜치 A의 원금 상환을 위하여 사용되므로 트랜치 A의 원금 상환 총액은 396,764 + 459,101 = 855,865입니다. 그리고 동시에 트랜치 Z의 원금은 459,101만큼 증대되어 73,456,250 + 459,101 = 73,915,351이 됩니다.

이 방식으로 원금 상환을 분배하면 트랜치 Z를 제외한 모든 트랜치의 원금 상환이 빨라집니다. 순차지급형 CMO에서보다 말입니다. 100% PSA를 가정하는 경우, 트랜치 Z가 존재하기 전에는 트랜치 A는 120개월 걸려 상환될 수 있었고 트랜치 B는 (147 − 120 + 1) = 28개월 동안 상환되었습니다. 반면 트랜치 Z를 도입한 이후에는 트랜치 A는 86개월 걸려 상환될 수 있었고 트랜치 B는 (101 − 86 + 1) = 16개월 동안 상환되었습니다('원금증가형 CMO 도표' 참조). 조기상환이 100% PSA보다 느리게 진행되는 경우에도 이 트랜치들은 Z의 이자를 원금 상환의 일부로 지급받기 때문에 이 트랜치들의

"연장 위험"은 현저히 감소됩니다. 한편 트랜치 Z는, 다른 트랜치들의 원금 상환이 완전히 끝날 때까지 그 현금흐름이 0이므로, 이자의 재투자 위험이 현저히 감소됩니다. 그러므로 투자자들은 자신이 필요로 하는 현금흐름 패턴에 따라 트랜치 Z 혹은 다른 트랜치들에 투자할 수 있습니다.

3. 이자전용 트랜치

지금까지는 모든 트랜치들이 동일한 이자율을 적용받는 CMO만을 파악하였습니다. 하지만 CMO의 다양한 유형 중에는, 이자만을 지급받는 이자전용 트랜치(Structured interest-only tranche)를 포함하는 구조를 가지는 경우도 있습니다. 즉 이자전용 트랜치의 경우에는 원금 = 0이고 단지 미리 정해진 이자만을 받게 됩니다. 그런데 CMO의 기초자산인 자동이체증권의 액면이자율은 고정되어 있으므로, 이자전용 트랜치가 추가되면 나머지 트랜치들에 적용되는 이자율은 하향조정 되어야 합니다. 여기에서는 위의 원금증가형 CMO 구조에 이자전용 트랜치 IO를 추가하는 경우를 살펴보기로 합시다.

트랜치 IO의 액면이자율이 원 자동이체증권의 그것과 같이 7.5%로 설정되었다고 합시다. 또 이에 맞추어 나머지 트랜치들에 적용되는 이자율이 다음 도표와 같이 하향조정 되었다고 합시다.

➢ 도표 11-5〉 이자전용 트랜치가 포함된 CMO

트랜치	원금	액면이자율
A	194,500,000	6.0%
B	36,000,000	6.5%
C	96,500,000	7.0%
Z	73,000,000	7.3%
IO	**52,080,000**	7.5%
합계	400,000,000	7.5%

트랜치 IO는 원금(principal)을 지급받지는 못하지만 매달 지급받을 이자금액을 결정하기 위한 명목 원금(notional principal)은 필요합니다.* 위 도표에서 알 수 있듯이 트랜치 IO의 명목 원금은 52,080,000으로 결정되었습니다.† 이 수치는 원 자산인 자동이체증권으로부터 유입되는 총 이자금액과 이를 기초자산으로 하는 CMO의 각 트랜치에 지급되는 이자금액이 일치하여야 한다는 조건으로부터 도출되는 원금 액수입니다. 이 CMO의 기초자산인 자동이체증권의 원금 총액은 400,000,000이고 액면이자율은 7.5%이므로, 트랜치 IO의 명목 원금 N은 다음 원리에 의하여 산출됩니다. 먼저 '자동이체증권의 (총)이자'와 CMO의 (총)이자 금액이 일치해야 합니다. 그러므로 다음 식이 충족되어야 합니다.

$$\begin{aligned}&400{,}000{,}000 \times 0.075\\&= 194{,}500{,}000 \times 0.06 + 36{,}000{,}000 \times 0.065 + 96{,}500{,}000 \times 0.07\\&\quad + 73{,}000{,}000 \times 0.073 + \mathrm{N} \times 0.075.\end{aligned}$$

위 식을 충족하는 명목 원금(N)은 N = 52,080,000이 됩니다. ■

4. 변동금리형 CMO

변동금리채권이란 coupon rate이 특정 기준금리에 연동하여 동일한 방향, 동일한 크기만큼 움직이는 채권으로, 기준금리가 변동하면 이 채권의 coupon rate도 (거의) 동일하게 변동하는 채권을 의미합니다. 반면 역변동금리채권은 액면이자율이 특정 기준금리와 반대 방향으로 움직이는 채권입니다. 통상적인 (고정금리) 채권은 변동금리채권과 역변동금리채권으로 구성된 포트폴리오로 간주될 수 있습니다. 지금까지 살펴본 CMO 트랜치들은 모두 고정금리를 지급하므로, 이러한 트랜치들도 변동금리채권과 역변동금리채권의 포트폴리오로 간주될 수 있습니다. 이는 곧 각 트랜치들을 변동금리 트랜치(Floating rate tranche)와 역변동금리 트랜치(Inverse floating rate tranche)로 분리할 수 있다는 의미입니다.

---

* (영어로는) The IO tranche does not receive principal payments, but a notional principal is required to determine the monthly interest payments.

† 이 수치는 합계 400,000,000에는 포함되지 않습니다.

여기에서는 '원금증가형 CMO'의 트랜치 C를 변동금리 트랜치와 역변동금리 트랜치로 분리하는 경우를 살펴보기로 합시다. 하나의 트랜치(채권)를 변동금리와 역변동금리 트랜치로 분리하려면 이 두 트랜치의 액면이자를 조정하여야 하는데 그 조정방법은 두 트랜치의 원금의 상대적 크기에 의하여 결정됩니다. 여기서는 트랜치 C의 원금 96,500,000을 변동금리 트랜치 및 역변동금리 트랜치에 각각 75%, 25%를 할당하는 구조를 가정합시다. 이 경우 변동금리 트랜치 및 역변동금리 트랜치의 원금은

$$96{,}500{,}000 \times 0.75 = 72{,}375{,}000, \quad 96{,}500{,}000 \times 0.25 = 24{,}125{,}000$$

이 됩니다.

트랜치 C의 액면이자는 7.5%입니다. 변동금리 트랜치에 적용되는 이자율을 "(1개월) SOFR + 50bp"로 정하면, 역변동금리 트랜치의 이자율은

$$K \ - \ L \times SOFR$$

형태가 되어야 합니다.* K, L 값들은, 변동금리 트랜치와 역변동금리 트랜치의 가중평균 이자율과 트랜치 C의 이자율 7.5%가 일치하도록 결정됩니다. 이제 원금의 크기에 의거하여 두 트랜치의 가중평균 이자율을 구해보겠습니다.

$$\begin{aligned} & 0.75 \times \text{변동금리 트랜치 이자율} \ + \ 0.25 \times \text{역변동금리 트랜치 이자율} \\ = \ & 0.75 \times (SOFR \ + \ 50bp) \ + \ 0.25 \times (K \ - \ L \times SOFR) \\ = \ & 0.75 \times (SOFR \ + \ 0.005) \ + \ 0.25 \times K \ - \ 0.25 \times L \times SOFR \\ = \ & (0.75 \ - \ 0.25 \times L) \times SOFR \ + \ 0.75 \times 0.005 \ + \ 0.25 \times K \\ = \ & (3 - L) \times 0.25 \times SOFR \ + \ 0.25 \times (3 \times 0.005 \ + \ K) \end{aligned}$$

---

* SOFR는 "Secured Overnight Financing Rate"의 약어로 원래 미국 금융시장에서 단일한 '하루짜리 금리'였지만, 금융시장에서는 다양한 기간 구조(term structure)를 필요로 하므로 이를 보완하기 위해 1개월 이상의 **Term SOFR**도 도입되었습니다. 오랫동안 변동금리의 대표적 지표였던 LIBOR가 금리 조작 사건으로 공식 폐지된 이후에는 (미국에서는) SOFR 등이 변동금리의 지표로 사용되고 있습니다. 한편 우리나라에서도 SOFR와 유사한 지표금리가 있는데 바로 KOFR(Korea Overnight Financing Repo Rate)가 그것이며 '한국 무위험지표금리'라 합니다. 이는 한국은행이 새로 도입한 지표금리로, 콜시장이나 단기금융시장의 '무담보 익일물 환매조건부채권(Repo)'의 실거래 금리의 가중평균으로 산출됩니다. 만기가 하루인 금리로 매 영업일에 발표되며 실시간 시장이 반영되어 조작 위험이 없는 투명한 금리로 (SOFR처럼) 국제 기준에 맞는 금리입니다. 새로이 도입되어 아직 인지도는 높지 않지만 장차 금융상품 등의 기준금리로 널리 이용될 가능성이 높은 미래형 지표금리라 할 수 있습니다. 반면 COFIX는 (상업)은행들의 자금조달의 평균 비용으로 산출되며 주로 모기지론 금리의 기준금리로 사용됩니다.

$= $ 트랜치 C의 이자율

$= 0.075$

이 됩니다. 이제

$$0.075 = (3 - L) \times 0.25 \times SOFR + 0.25 \times (3 \times 0.005 + K)$$

가 $SOFR$에 관계없이 성립하는 항등식이 되기 위해서는

$$0.075 = 0 \times SOFR + 0.25 \times 0.3$$

이 되어야 합니다. 그러므로

$$L = 3, \qquad K = 0.3 - 3 \times 0.005 = 0.285 = 28.5\%$$

입니다. 즉 역변동금리 트랜치의 coupon rate은

$$\begin{aligned} & K - L \times SOFR \\ & = 28.5\% - 3 \times SOFR \end{aligned}$$

가 됩니다. 여기서 L 값은 변동금리 트랜치의 원금과 역변동금리 트랜치의 원금의 상대적 크기를 나타냅니다. 즉 원 채권인 트랜치 C의 원금 중 75%가 변동금리 트랜치의 원금으로 또 나머지 25%가 역변동금리 트랜치의 원금으로 할당되었으므로, 이 트랜치의 원금의 상대적 크기는 $\frac{0.75}{0.25} = 3$이 됩니다.

통상 $SOFR > 0$이므로 역변동금리 트랜치의 이자율인

$$28.5\% - 3 \times SOFR \le 28.5\%$$

입니다. 즉 $K(= 28.5\%)$는 역변동금리 트랜치의 (가능한) 최고 이자율이 됩니다. 한편 $3 \times SOFR > 28.5\%$도 (이론적으로는) 가능하므로 역변동금리 트랜치의 이자율은 음수가 될 수 있습니다. 이를 방지하기 위하여 역변동금리 트랜치 이자율의 하한(a floor)이 미리 설정되는데 보통 그 값은 0입니다. 즉 역변동금리 트랜치 이자율은

$$Max[28.5\% - 3 \times SOFR, \qquad 0\%]$$

가 됩니다. 또 $3 \times SOFR > 28.5\%$이어서 역변동금리 트랜치의 이자율이 하한(= 0)에

도달하면 변동금리 트랜치의 이자율은 상한에 도달하게 될 것입니다. 이 경우에는 원채권인 트랜치 C의 원금 96,500,000에 대한 7.5%의 이자 모두가 변동금리 트랜치에 지급됩니다. 즉

$$95{,}500{,}000 \times 0.075 \ = 7{,}162{,}500$$

의 이자금액이 원금 72,375,000인 변동금리 트랜치에 지급되면 그 비율은

$$\frac{7{,}162{,}500}{72{,}375{,}000} \ = \ 9.90\%$$

가 되므로, 이 변동금리 트랜치의 이자율의 상한은 9.90%임을 알 수 있습니다.*

제 3 절 PAC 구조 CMO

본절에서는 CMO의 계층(tranche) 차별화 기능이 획기적이고 극대화된 유형을 소개합니다. 'PAC CMO' 혹은 'PAC-Support 구조 CMO'라고도 하는 하는 이 CMO는 흥미로운 차별화 특성을 가지고 있습니다. 이 CMO가 본장에서 논의하는 마지막 유형입니다.

1. PAC 트랜치의 등장 배경

조기상환 위험 때문에 자동이체증권에의 투자를 꺼려온 많은 투자자들은 다양한 현금흐름 구조로 조기상환 위험을 현저히 줄인 CMO에 투자를 하게 되었습니다. 하지만 새로운 현금흐름 구조에도 불구하고 CMO가 조기상환 위험을 완전히 제거하지는 못하였습니다. 위에서 살펴본 여러 CMO는 어디까지나 사전적인 예상을 기반으로 한 것이었습니다. 하지만

실제 조기상환이 사전적 예상과 항상 일치하는 것은 아닙니다.

* 9.90%는 물론 연율입니다. 1개월 이자를 계산하려면 이 연율에 $\frac{1}{12}$을 곱하면 됩니다.

실제 조기상환 속도가 예상과 매우 다를 경우에는 이론적으로나 실제적으로 기존 CMO의 여러 트랜치들은 단축 위험과 연장 위험에 노출되어 평균 수명의 변동성이 여전히 높았습니다.

1980년대 후반부터는 이처럼 대부분의 CMO에 여전히 존재하는 조기상환 위험을 보다 안정적으로, 획기적으로 감소시키는 새로운 구조의 CMO들이 시장에 도입되었습니다. 기존의 CMO는 실제 조기상환 속도에 따라 여전히 현금흐름과 평균 수명의 가변성이 높았음에 비해, 이 새로운 구조하의 CMO는

실제 조기상환 속도가 '특정 범위' 안에서 발생한다면
현금흐름이 매우 안정적으로 확보되는 트랜치를 포함

하고 있었습니다. 즉 이전 대부분의 CMO는 사전적으로만 조기상환 위험을 차등적으로 할당하는 데 반해, 새로운 CMO는 사후적으로도 (예상하지 못한) 조기상환 위험을 보호해주는 트랜치를 포함합니다. 하나의 예로

실제 조기상환이 100% PSA ~ 300% PSA의 범위에서 이루어진다면
현금흐름이 거의 불변인 트랜치를 포함하는

CMO가 새로이 태동되었습니다. 그런데 실제 조기상환 속도를 완벽히 예상하는 것은 불가능합니다. 그럼에도 불구하고 특정 트랜치의, 가령 트랜티 A의, 현금흐름이 항상 안정적이려면, (A 아닌) 다른 트랜치의 희생이 있어야만 합니다. 결국 이 새로운 구조의 CMO는

현금흐름이 매우 안정적인 트랜치와
이 트랜치를 위해 현금흐름 안정성을 포기하는 트랜치를 모두 포함

합니다. 전자를 "PAC 트랜치(planned amortization class tranches, PAC bonds)", 후자를 "Support 트랜치(companion tranches)"라 합니다.

그러므로 'PAC 트랜치'의 조기상환 위험을 줄이는 메커니즘은 다름 아니고

'Support 트랜치'의 조기상환 위험을 증가시키는

것입니다. 즉 PAC 트랜치에 예상치 못한 조기상환이 발생할 때마다 Support 트랜치가

이를 대신 흡수함으로써 PAC 트랜치의 원금 상환이 예정대로 이루어질 수 있도록 하는 것입니다. 예상치 못한 조기상환이란, 조기상환이 지나치게 빠르거나 늦어지는 두 경우를 모두 포함하기 때문에, 이 경우 PAC 트랜치는 단축 위험과 연장 위험 모두로부터 보호됩니다.* 이제 구체적인 예제를 통하여 PAC 트랜치가 어떻게 안정적인 현금흐름을 확보할 수 있는지 살펴보겠습니다.

2. PAC 트랜치의 현금흐름

지금까지와 마찬가지로 원금이 400,000,000이고 만기가 360개월인 자동이체증권을 CMO의 기초자산으로 간주합시다. 또 조기상환 속도가 100% PSA ~ 300% PSA 범위 안에서 유지되는 한 조기상환 위험으로부터 보호되도록 설계된 PAC 트랜치를 가정합시다. 이 경우 100-300 PSA를

"initial PAC band" 혹은 "initial PAC collar"

라고 합니다. 이는 곧

100% ~ 300% PSA 속도 범위 내에서 유입되는 원금 상환액 중
최소 금액만 PAC 트랜치의 원금 상환액으로 유입됨

을 의미합니다. 여기서 위의 최소 금액이 곧 "100% PSA 해당 금액"이라고 생각할 수도 있습니다만, 그렇지는 않음이 곧 설명될 것입니다.

편의상 PAC 트랜치의 원금이 200,000,000으로 설정되었다고 하겠습니다. 이때 PAC 트랜치 원금이 전액 상환될 때까지 이 트랜치에 유입되는 매월 원금 상환액은 다음 도표와 같이 결정됩니다.

* 한편 "TAC(targeted amortization class)"은 두 위험 중 어느 하나에 대해서만 보호받는 트랜치를 의미합니다.

➢ 도표 11-6〉 '100-300 PSA'에서 PAC 트랜치의 원금 상환 (원금 = 200,000,000)

경과 개월	100% PSA	300% PSA	PAC 트랜치 실제 원금 상환	PAC 트랜치 잔여 원금
1	328,340	462,076	328,340	199,671,660
2	396,764	664,783	396,764	199,274,897
3	465,134	867,714	465,134	198,809,763
:	:	:	:	:
103	1,516,012	1,528,801	1,516,012	29,045,658
104	1,508,741	1,502,542	1,502,542	27,543,116
105	1,501,509	1,476,726	1,476,726	26,066,390
:	:	:	:	:
126	1,358,119	1,024,708	1,024,708	308,872
127	1,351,680	1,006,956	308,872	0
128	1,345,275	989,504	0	0
129	1,338,903	972,348	0	0

참고로 순차지급형 CMO의 현금흐름을 다시 보겠습니다. 위 아래 두 도표를 비교하면 알 수 있듯이, 조기상환 속도 100%를 가정하면 초기에는 순차지급형의 트랜치 A와 PAC 트랜치에 할당되는 원금 상환의 크기가 같습니다. 이 속도에서는 모든 원금이 각각 이 두 트랜치로 할낭되기 때문입니다.

PSA 기준	만기	액면이자율	월이자율
100%	360	7.50%	0.00625

경과 개월	원금 상환 (예정+조기)	트랜치 A			트랜치 B		
		원금 잔액	원금상환	이자	원금 잔액	원금상환	이자
1	328,340	194,500,000	328,340	1,215,625	36,000,000	0	225,000
2	396,764	194,171,660	396,764	1,213,573	36,000,000	0	225,000
3	465,134	193,774,897	465,134	1,211,093	36,000,000	0	225,000
:	:	:	:	:	:	:	:
118	1,410,877	3,067,790	1,410,877	19,174	36,000,000	0	225,000
119	1,404,160	1,656,913	1,404,160	10,356	36,000,000	0	225,000
120	1,397,478	252,753	252,753	1,580	36,000,000	1,144,724	225,000

그런데 사후적으로 조기상환 속도가 100% 이상이면 어떻게 될까요? 먼저 조기상환 속도가 (상대적으로) 느린 100% PSA와 조기상환 속도가 빠른 300% PSA 중 상환되는 원금의 규모가 더 작은 것은 물론 100% PSA입니다. 위의 "PAC 트랜치의 원금 상환" 도표에서도 첫째 달의 원금 상환은 100% PSA의 경우 328,340이고 300% PSA는 462,076으로 나와 있습니다. 또한 100%를 초과하고 300%에 미달하는 조기상환 속도의 경우 (기초자산인) 자동이체증권의 첫째 달 원금 상환액은 328,340과 462,076 사이의 금액이 됨을

추정할 수 있습니다. 그러므로 PAC 트랜치는 첫째 달에는 이 원금 상환액 중 최소액인 100% PSA의 328,340을 지급받게 됩니다. 조기상환 속도가 100% PSA보다 빠를 경우에는 328,340을 초과하는 원금이 상환되는데, 328,340만이 PAC 트랜치에 귀속되고 나머지는 Support 트랜치에 귀속됩니다. 이처럼 100 ~ 300% PSA의 원금 상환액 중 최소의 금액을 PAC 트랜치가 지급받게 되면 초기에는 100% PSA에 해당하는 원금 상환액만을 받게 됩니다.

그런데 기초자산인 자동이체증권의 원금은 400,000,000으로 고정되어 있습니다. 즉 360개월의 기간 동안 지급받는 원금의 총액은 100% PSA나 300% PSA를 막론하고 400,000,000으로 고정되어 있습니다. 그러므로 상환 초기에 100% PSA의 원금 상환액이 300% PSA의 원금 상환액보다 작았지만

어느 시점에서부터는 전자가 후자보다 커져야

합니다. 그래야만 두 경우의 누적적인 원금 상환액이 400,000,000으로 일치할 수 있기 때문입니다. 위의 "PAC 트랜치의 원금 상환" 도표를 보면 그 시점은 104개월째가 됩니다. 이 시점부터는 100% PSA에 의한 원금 상환액이 300% PSA의 원금 상환액보다 큽니다. 그러므로 이 시점부터는 (더 작은) 300% PSA의 원금 상환액이 PAC 트랜치에 귀속됩니다. 그리고 PAC 트랜치의 원금 200,000,000을 모두 상환되는 시점은 127개월째가 됩니다.

이제 마지막으로 조기상환 비율과 조기상환 원금액의 이러한 양상을 다음 질문을 통해 명확히 파악하겠습니다.

> 질문 11-2〉 원금이 $100이고, 매년 (잔여)원금의 50%가 상환되는 일정 A와 매년 20%가 상환되는 일정 B가 있습니다. 이때 매년 상환되는 B의 원금 액수가 더 커지는 첫 번째 시기는 언제일까요?

정답은 3년째입니다. A의 경우 매년 원금 상환액은

$$50 \rightarrow 25 \rightarrow 12.5$$

가 됩니다. B의 경우는

$$20 \rightarrow (100 - 20) \times 0.2 = 16 \rightarrow (100 - 20 - 16) \times 0.2 = 12.8$$

이 됩니다. 그러므로 세 번째 해부터 B의 원금 상환액이 더 커지게 됩니다. 이처럼 원금 상환 비율이 더 높거나 상환 속도가 더 빠르다고 해서 언제나 원금 상환액이 더 많은 것은 아니고 어느 임계점을 지나면 더 적어집니다. 왜냐하면 조기상환 속도와 관계 없이 애초의 원금 총액은 같기 때문에, 조기상환 속도가 빠르다는 이유 만으로 매번 원금 상환액이 더 많을 수는 없기 때문입니다. ■

3. Support 트랜치

PAC 트랜치가 이처럼 안정적으로 현금흐름을 확보하게 되는 이유는 단순합니다. Support 트랜치의 희생이 있기 때문입니다. 조기상환이 지나치게 느리게(100% PSA보다 느리게) 이루어질 때에는 모든 원금상환이 PAC 트랜치에 귀속되고 Support 트랜치는 이자 외에는 아무런 원금도 상환받지 못하게 됩니다. 그럼으로써 PAC 트랜치는 연장 위험으로부터 보호받습니다. 또 조기상환이 지나치게 빨리, 심지어 300% PSA보다도 빨리 이루어질 때에도 PAC 트랜치는 예정된 원금만을 상환받을 수 있습니다. 그럼으로써 PAC 트랜치는 단축 위험으로부터 보호받게 됩니다.

> 질문 11-3〉 Wait a minute!
> 애초 100-300 PSA가 "initial PAC band"이므로
> 이 조기상환 속도에서 PAC 트랜치가 보호받는 것은 이해가 가는데
> 300% PSA를 초과하는 경우에도 PAC 트랜치가 보호받는다는 것이 가능합니까?

네, 가능합니다. 이 질문은 다음 질문에서 함께 다루겠습니다. ■

PAC 트랜치가 단축 위험과 연장 위험으로 보호받는 데에 가장 중요한 관건은

Support 트랜치의 원금이 얼만큼 풍부하게 책정되는가

에 있습니다. 위의 예에서는 PAC 트랜치와 Support 트랜치에 할당된 원금이 200,000,000으로 기초자산인 자동이체증권의 원금 400,000,000의 50%씩에 해당합니

다. 그러나 만일 PAC 트랜치에 할당된 원금이 자동이체증권의 원금의 90%이고 Support 트랜치의 그것이 10%였다면 어떻게 될까요? 초기에는 Support 트랜치의 원금이 PAC 트랜치의 안정적 원금 상환을 위하여 유용하게 사용되겠지만 얼마 지나지 않아 Support 트랜치의 원금은 모두 소진될 것이며, 그때부터는 조기상환의 위험은 고스란히 PAC 트랜치의 몫이 될 것입니다. 그러므로 이런 경우에는 100-300 PSA가 애초에 불가능합니다.

반면 PAC 트랜치에 할당된 원금이 자동이체증권의 원금의 10%에 불과하고 Support 트랜치의 그것이 90%에 달한다면 사정은 달라집니다. Support 트랜치의 잔여 원금이 풍부하므로, PAC 트랜치의 원금이 모두 상환될 때까지 모든 조기상환 위험은 Support 트랜치에 충분히 흡수될 것입니다. 이런 경우에는 애초 100-400 PSA도 가능할 수 있습니다.

이러한 점에서

Support 트랜치는 PAC 트랜치의 경호원(bodyguards)

이라고도 불립니다. PAC 트랜치에 위험이 닥쳐오면 경호원들이 먼저 방어에 나섭니다. 경호원들이 갑자기 날아오는 총알(조기상환)에 하나씩 쓰러지기 시작하여 마침내 마지막 경호원마저 쓰러지면 PAC 트랜치는 위험으로부터 더 이상 안전할 수 없고 노출되기 시작합니다. 이런 점에서 경호원들이 많을수록, 즉 Support 트랜치에 원금이 많이 할당될수록, PAC 트랜치는 안전하게 보호받음을 알 수 있습니다. 이제 PAC 트랜치의 현금흐름의 속성을 보다 깊이 이해하기 위하여 다음의 질문에 답해 보기로 합시다.

질문 11-4〉 조기상환 속도가 300% PSA보다도 빠를 때 PAC 트랜치의 원금 상환 스케줄은 어떻게 됩니까?

네, 먼저 이 질문에 직접적인 답변을 하기 전에 배경 설명을 좀 해 보겠습니다. 예상치 못한 지나치게 빠른 조기상환이 "언제" 발생하고, 또 그 발생시점 이전까지의 "축적된 조기상환"이 얼만큼인가에 따라 위 질문에 대한 정답이 달라질 수 있을 것입니다. 가령, 조기상환 속도가 6개월째에 500% PSA로 이루어지는 경우를 봅시다. 만일 처음 5개월간의 조기상환 속도는 100% PSA로 발생하였고 6개월째의 조기상환 속도만이 500%

PSA로 발생하였다고 한다면, 500% PSA가 PAC 트랜치에 미치는 영향은 거의 없을 것입니다. 왜냐하면 6개월 평균으로 따지면

$$\frac{100\% \times 5 \ + \ 500\%}{6} = 167\%$$

의 PSA 속도를 의미하기 때문입니다.* 처음 5개월 동안의 부진한 조기상환으로 원금 상환이 많이 이루어지지 않아 Support 트랜치의 원금이 많이 남아 있기 때문에, 500% PSA의 속도로 조기상환이 한 번 발생하여도 이를 흡수할 충분한 Support 트랜치 원금이 존재합니다. 즉 이 경우에는 설혹 500% PSA 속도로 원금 상환이 발생해도 PAC 트랜치는 100%의 원금 상환만 할당 받을 수 있습니다. 반면 처음 5년(60개월) 동안의 조기상환 속도가 줄곧 300% PSA로 발생한 이후 2년(24개월) 연속 조기상환 속도가 500% PSA로 발생하였다면 PAC 트랜치의 원금 상환 스케줄이 여전히 100% 의 원금 상환만 할당 받을 수 있을까요? 이 경우는 위 경우와는 반대의 상황이니 좀 어렵지 않을까요?

네, 이제 위 두 경우에 대한 일관성 있는 정답을 제시하겠습니다. "initial PAC band"가 100-300 PSA일 때를 가정합니다. 이때 모든 경우에 있어, 가령 400% PSA 속도로 원금 상환이 발생할 때에도, PAC 트랜치에게 할당되는 원금 상환 원칙은 다음과 같습니다.

1) "initial PAC band"가 엄밀한 수학적 계산을 통해 사전적으로 설정된다.
2) 매월 300% PSA 속도로 원금 상환이 만기까지 지속되는 경우 포함하여, 100-300 PSA의 범위에서만 원금 상환이 만기까지 지속되기만 하면, PAC 트랜치에는 100% PSA 속도의 원금 상환만 할당해도 아무 문제 없도록 Support 트랜티의 원금 규모가 (충분히 크게) 설정된다.
3) 단, 특정 시점이 지나면 100% PSA의 원금 상환액이 300% PSA의 원금 상환액보다도 커지는데, 이때 PAC 트랜치에는 300% PSA에 해당하는 원금(상환)이 할당된다.
4) 결과적으로, 100% PSA ~ 300% PSA 속도 내에서 원금 상환이 발생하는 한, PAC 트랜치에는 100% PSA ~ 300% PSA 속도의 원금 상환 중 더 작은 원금 상환액이 할당된다.

---

* 이 수치는 물론 편의적으로 계산한 것이므로 원금 상환액의 정확한 수치를 감안하면 167%와는 다소 다른 수치가 산출될 수 있지만 본 논의의 결론을 바꾸지는 못합니다.

5) 나아가, 기초자산의 원금 상환 속도가 initial PAC band 범위를 벗어나도, PAC 트랜치에는 항상 가장 안정적인 원금 상환이 이루어진다.
6) 만일 100% PSA 속도 미만으로 원금 상환이 발생하면, 가령 70% PSA의 원금 상환이 발생하면, 그 원금 상환액 모두를 PAC 트랜치에 할당한다. 이 또한 되도록 PAC 트랜치에 할당될 원금액의 불확실성을 줄이기 위함이다.
7) 만일 300% PSA 속도 초과하여 원금 상환이 발생하면, 가령 500% PSA 속도로 원금 상환이 발생하면, Support 트랜치 원금이 남아 있는 한, PAC 트랜치에는 100% PSA에 해당하는 원금만 상환되고 나머지 400% 원금은 Support 트랜치에 할당된다.
8) 7) 같은 상황이 한 번 이상 발생하면 Support 트랜치의 원금이 만기월 이전에 소진될 수 있는데, 이때부터는 모든 원금 상환이 PAC 트랜치에 할당된다. 단 이는 애초의 "initial PAC band"를 한 번이라도 초과한 경우에만 발생한다. ■

결국 "intial PAC band" 내에서만 원금 상환이 발생하면 PAC 트랜치에 할당되는 원금액의 불확실성은 매우 작습니다. 나아가 "intial PAC band"를 벗어난 원금 상환이 발생하더라도, 가급적이면 PAC 트랜치에의 현금흐름의 불확실성이 작도록 원금이 할당됩니다.

이 외에도 PAC 트랜치를 다시 세분하여 그 중에서도 우선적으로 보호받는 트랜치를 정하고 또 Support 트랜치도 다시 세분하여 역시 그 중에서도 상대적으로 더 보호받는 트랜치를 포함하는 등 CMO 구조는 얼마든지 다양한 형태를 가질 수 있습니다. 이러한 보다 세분화된 CMO는 그러나 근본적으로는 여기에서 소개한 CMO 구조와 유사하므로 여기서는 생략하기로 합니다.

제 4 절 분리형 모기지담보증권

자동이체증권이나 이에 대한 일종의 파생상품인 CMO 등은 기본적으로 잔여 원금에 비례하여 현금이 유입되는 증권입니다. 반면 본절에서 소개되는 "분리형 모기지담보증권"이란 잔여 원금에 비례하지 않고 현금흐름이 정해지는 증권을 의미합니다. 영어로는 'Stripped mortgage-backed securities'라 하며, 금융 문헌이나 보고서에서는 종종 SMBS라는 공식 약어가 사용됩니다. 이 증권의 현금흐름의 이러한 특성으로 인해 이 증권의 가치 평가는 자동이체증권에 적용되는 가치 평가와는 상이할 수 있습니다. 가령 시장 이자율이 하락하여 조기상환이 활발히 이루어지면 자동이체증권의 가치는 하락할 수 있는 반면 분리형 모기지담보증권의 가치는 상승할 수도 있다는 것입니다.

여기에서는 '분리형 모기지담보증권' 중 가장 보편적인 "원금전용 트랜치"와 "이자전용 트랜치"의 구조를 살펴보기로 합니다. 이자전용 트랜치는 "Interest only class", "IO class", "Interest-only mortgage strips"로 불리는데, 자동이체증권의 모든 이자만을 지급받는 증권입니다. 한편 원금전용 트랜치는 "Principal only class", "PO class", "Principal-only mortgage strips"로 불리며, 자동이체증권의 모든 원금만을 지급받는 증권입니다.*

1. 원금전용 트랜치

지금까지와 마찬가지로 원금이 400,000,000이고 만기가 360개월인 자동이체증권을 기초로 하는 원금전용 트랜치를 생각해 보겠습니다. 이 자동이체증권에 대한 '분리형 모기지담보증권' 중 원금전용 트랜치는 기초자산의 원금인 400,000,000만을 지급받는 증권입니다. 그러므로 원금의 조기상환 위험에 100% 노출되어 있습니다. 공식적인 만기는 30년이지만 실제 조기상환의 속도에 따라 15년 만에 모든 원금이 상환되어 현금흐름이 중지될 수 있는 반면 조기상환이 전혀 발생하지 않으면 30년이 걸릴 수도 있습

---

* 분리형 모기지담보증권의 이자전용 트랜치와 제2절에서 소개된 (CMO의 한 유형에 포함되는) 이자전용 트랜치(structured interest-only tranche)의 차이는 다음과 같습니다. 먼저 전자는 자동이체증권의 모든 이자를 지급받지만 후자는 자동이체증권 이자의 일부만을 지급받습니다. 또 후자는 다른 트랜치들과 함께 특정 CMO를 구성하는 일부가 되지만 전자는 CMO와는 현금흐름 속성이 다른 분리형 모기지담보증권의 일종입니다.

니다. 그 결과 이 증권은 시장에서 원금 400,000,000으로부터 대폭적으로 할인되어 거래됩니다. 첫째 이유로, 향후 최장 30년에 걸쳐서 유입되는 현금흐름의 총액이 400,000,000의 원금인데 그 현재가치는 결코 원금보다 클 수 없기 때문입니다. 즉 원금에 대한 이자는 전혀 지급받지 못하기 때문에 현재 가격이 원금보다 높게 형성될 수 없습니다. 둘째 이유로, 조기상환 위험에 100% 노출되어 있어 현금흐름의 불확실성이 매우 커서 '높은 위험 프리미엄'이 붙어 할인되기 때문입니다.

한편 "사후적으로" 볼 때, 즉 일단 이 증권이 구입된 이후에는, 조기상환이 빠르게 이루어질수록 이 증권의 가치가 증대되는데 그 이유는 다음과 같습니다. 투자자는 일단 특정 가격으로 이 증권을 구입하게 되는데, 하나의 예로 이 증권의 현재 시장 가격이 300,000,000이라고 합시다. 일단 이 증권을 300,000,000에 구입하면, 향후 이 증권의 가치를 결정하는 것은 미래 현금흐름의 유입 시기입니다. 그런데 미래 현금흐름의 총합계는 어차피 400,000,000으로 확정되어 있으므로, 투자자 입장에서는 이 금액이 빨리 유입될수록 이 증권의 (현재)가치가 커집니다. 즉 조기상환이 빨리 진행될수록 이 채권의 가치가 커집니다. 단적인 예로 1개월만에 400,000,000이 모두 상환된다면, 이 투자자의 1개월 동안의 투자 수익률은

$$\frac{400{,}000{,}000}{300{,}000{,}000} - 1 = 0.33 = 33\%$$

이고 이를 연수익률로 환산하면 무려 $33\% \times 12 = 396\%$에 달합니다.

또한 조기상환은 시장 이자율이 낮을수록 빨리 진행되므로, 시장 이자율이 낮을수록 이 증권의 가치는 커집니다. 즉 시장 이자율이 낮아지면

① 조기상환이 빨리 진행되어 현금 유입이 빠르게 진행되므로 현금흐름의 시점(timing)이 빨라져서 그 현재가치가 커질 뿐 아니라
② 현재가치 계산을 위하여 사용될 할인율도 전반적인 시장 이자율과 함께 같이 낮아질 것이므로

이러한 복합적인 요인에 의해 이 증권의 현재 가치는 시장 이자율이 낮을수록 커집니다.

질문 11-5〉 그렇다면, 이자(coupon)를 받는 coupon bond는 원금(par)을 늦게 받을수록, 즉 만기일이 늦을수록 더 유리하지 않나요? 왜냐하면 이자(coupon)를 더 오래, 더 많이 받을 수 있으니까요.

물론 coupon bond의 경우 만기가 늦을수록 더 많은 coupon를 받습니다. 그러나 그것이 투자자에게 항상 유리한 것은 아닙니다. 중요한 것은 그 coupon의 규모가 투자자들이 원하는 요구수익률(= yield)을 충족하는가에 있습니다. 본서 제5장에서 이미 배운 바와 같이, yield를 충족하지 못하는 coupon bond는 시장에서 할인되어 거래됩니다. 또 yield 이상으로 coupon(rate)을 지급하는 채권은 시장에서 프리미엄 가격으로 거래됩니다. 이처럼 coupon rate과 yield의 상대적 관계에 따라 채권 가격이 적절하게 결정되므로, coupon bond는 만기가 길수록 좋다는 명제는 참인 명제라고 할 수 없습니다. 중요한 것은, 투자자의 요구수익률, 투자자의 요구 듀레이션, 투자자의 요구 신용 등급 등 투자자의 요구들을 특정 채권이 여하히 충족시키고 있는가 하는 것입니다. 또 그에 따라 채권의 수요가 결정되고 이에 다라 채권 가격이 결정되므로, 단순히 채권 만기의 길고 짧음에 따라 더 좋은(비싼) 채권, 덜 좋은 채권으로 나뉘는 것은 아닙니다.

반면 원금전용 트랜치의 경우는 coupon이 없고 고정된 원금 상환액만이 있습니다. 즉 이 트랜치는 coupon bond와는 전혀 다른 자산입니다. coupon bond는 만기가 늘어나면서 coupon 지급 횟수와 합계도 늘어나지만, 원금전용 트랜치의 경우 지급 시점이 늘어나도 지급 금액은 늘어나지 않고 고정되어 있습니다. 그러므로 원금전용 트랜치의 현재가치와 coupon bond의 현재가치를 이들의 현금흐름 시점 관점에서 비교하는 것은 nonsense에 가깝습니다. ■

2. 이자전용 트랜치

자동이체증권에 대한 분리형 모기지담보증권 중 이자전용 트랜치는 기초자산의 잔여 원금의 이자만을 지급받는 증권입니다. 원금전용 트랜치는 “원금의 조기상환 위험”에 100% 노출되어 있지만, 이 증권은 원금 자체가 없으므로 이 위험에는 노출되어 있지 않습니다. 그런데 이처럼 조기상환의 직격탄은 피할 수 있지만 그 파편은 결코 피할 수 없습니다. 왜냐하면 조기상환의 위험이란 결국 현금흐름의 불확실성으로 귀결되기 때문입니다. 조기상환이 빠르게 이루어지면 잔여 원금이 급속도로 감소됩니다. 이자 지

급액은 항상 잔여 원금액에 비례하므로

신속한 조기상환 → 잔여 원금 신속 감소 → 이자 지급액 신속 감소

가 진행됩니다. 즉 이자 지급액 자체도 급속도로 작아지고 또 이자 지급 기간도 짧아집니다. 원금이 신속히 0에 접근하기 때문입니다. 반면 조기상환이 느리게 이루어지면 이자 지급액도 급속도로 작아지지는 않고 또 이자지급 기간도 길어집니다. 결국 조기상환으로 인한 현금흐름의 불확실성은 이자전용 트랜치의 경우도 원금전용 트랜치 못지않게 크다고 할 수 있습니다.*

유입되는 현금의 총액만을 감안하면, 이자전용 트랜치의 경우에는 조기상환이 느리게 진행될수록 그 총액이 커집니다. 보다 오랫동안 (더 많은) 이자를 지급받기 때문입니다. 반면 현재가치 산출에 필요한 할인율을 감안하면 반대의 결론이 도출됩니다. 조기상환이 느리게 진행되는 경우는 시장 이자율이 높은 경우인데, 이자전용 트랜치에 지급되는 현금을 현재가치로 환산할 할인율도 커지기 때문입니다. 또한 시장 이자율이 낮아지면 조기상환이 빠르게 진행되므로 이자전용 트랜치에 유입되는 현금의 총액도 그에 비례하여 작아집니다. 하지만 그 현재가치를 산출하기 위한 할인율도 작아지므로 할인율 측면에서는 이자전용 트랜치의 가격이 높아질 수 있습니다. 이처럼 시장 이자율과 이자전용 트랜치의 시장 가격의 관계는 원금전용 트랜치의 경우에서와는 달리 복잡합니다. 시장 가격을 결정하는 두 요소는 현금흐름의 크기(총액)와 할인율의 크기인데, 조기상환 속도가 빠를 때나 느릴 때나 이 두 요소가 이자전용 트랜치의 가격에 상반되는 영향을 미치기 때문입니다.

여기에서는 이 이슈를 수리적으로 정확하게 논의하는 것을 지양하고 보다 보편적인 결론만을 제시하기로 합니다. 시장 이자율이 하락하여 조기상환이 빠르게 진행되면, 이자전용 트랜치에 유입되는 현금의 총액이 감소되는 부정적인 효과가 "할인율 하락"이라는 긍정적인 효과를 지배하게 되어, 종국적으로 이자전용 트랜치의 시장 가격이 하락합니다. 반면 시장 이자율이 상승하면 한동안 이자전용 트랜치에 유입되는 현금 총액이

---

* 원금전용 트랜치는 조기상환이 아무리 급속도로 진행되어도, 하나의 예로 1개월 만에 모든 원금 상환이 이루어져도 400,000,000의 원금이 100% 지급되는데 반해, 이 경우 이자전용 트랜치에 유입되는 현금은 1개월 이자 지급액을 제외하고는 0이 됩니다. 이런 점에서는 이자전용 트랜치의 현금흐름의 불확실성이 원금전용 트랜치보다 더 크다고도 할 수 있습니다.

상승하는 긍정적 효과가 "할인율 상승"이라는 부정적인 효과를 압도하여 이자전용 트랜치의 시장 가격이 상승합니다. 하지만 시장 이자율이 일정 범위를 벗어나 극단적으로 높아지면 현금 총액의 상승이라는 긍정적 효과보다 높은 할인율의 부정적 효과가 더 커져 이자전용 트랜치의 시장 가격은 하락하게 됩니다. 이와 같은 관계를 그림으로 표시하면 아래와 같습니다.

➢ 그림 11-2〉 분리형 모기지담보증권의 가격과 시장 이자율

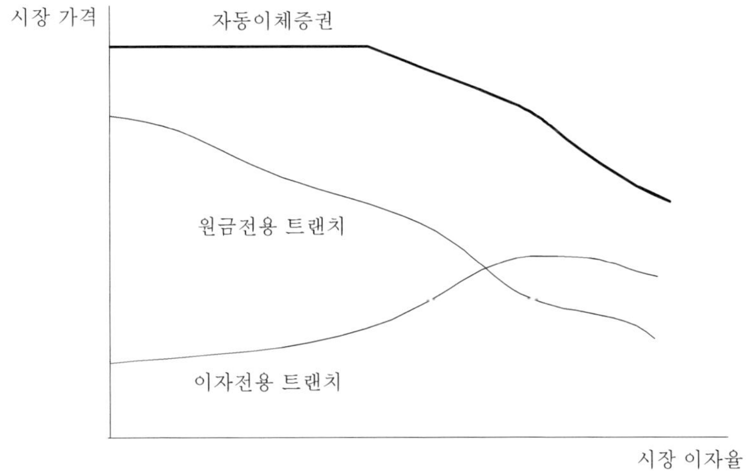

참고문헌

유진, "MBS의 위험과 가치평가," 재무관리연구, 24, 2007: 1-27.

유진, "주택저당증권(MBS)의 발행구조에 관한 연구: 다양한 MBS 구조설계를 중심으로," 재무관리연구, 23, 2006: 165-191.

유진, "자산유동화증권(ABS)의 구조설계가 증권의 가치 및 발행기업의 가치에 미치는 영향에 관한 연구," 선물연구, 13, 2005: 1-37.

유진, "MBS의 발행구조, 가치평가 및 투자자 특성에 관한 연구," 재무관리연구, 22, 2005: 147-179.

유진, 『파생상품 강의』, 경문사, 2024.

유진, 『채권과 이자율파생상품』, 경문사, 2003.

Black, F., E. Derman, and W. Toy, "A One-Factor Model of Interest Rates and Its Application to Treasury Bond Options," *Financial Analyst Journal*, 46, 1990: 33-39.

Black, F., and M. Scholes, "The Princing of Options and Corporate Liabilities," *Journal of Political Economy*, 81, 1973: 634-659.

Caouette, J., E. Altman, and P. Narayanan, *Managing Credit Risk*, Wiley, 1998.

Cox, J., J. Ingersoll, and S. Ross, "A Theory of the Term Structure of Interest Rates," *Econometrica* 53, 1985: 385-408.

Cox, J., J. Ingersoll, and S. Ross, "An Intertemporal General Equilibirum Model of Asset Prices," *Econometrica*, 53, 1985: 363-384.

Cox, J., S. Ross, and M. Rubinstein,, "Option Pricing: A Simplified Approach," *Journal of Financial Economics* 3, 1979: 145-166.

Deutsche Bank Group, *Securitization Market of Japan*, 2002.

Duffie, D., *Dynamic Asset Pricing Theory*, 2nd ed., Princeton Univ. Press, 1996.

Duffie, D., and N. Garleanu, "Risk and Valuation of Collateralized Debt Obligation," *Financial Analyst Journal*, 57, 2001: 41-59.

Duffie, D., and K. Singleton, "Modeling Term Structure of Defaultable Bonds," *Review of Financial Studies*, 12, No.4(special), 1999: 687-720.

Fabozzi, F., *Bond Markets Analysis and Strategies*, 4th ed., Prentice Hall, 2000.

Fabozzi, F. (ed), *Fixed Income Readings for the Chartered Financial Analyst Program*, 2000.

Fabozzi, F. and L. Goodman (ed), *Investing in Collateralized Debt Obligations*, Wiley, 2001.

Fabozzi, F. (ed), *The Handbook of Mortgage-Backed Seurities*, McGraw-Hill, 2001.

Griffin, J., J. Harris, T. Shu, and S. Topaloglu, "Who drove and burst the tech bubbles?," *Journal of Finance*, 66, 2011: 1251-1290.

Heath, D., R. Jarrow, and A. Morton, "Bond Pricing and the Term Structure of Interest Rates: A New Methodology for Contingent Claims Valuation," *Econometrica* 60, 1992: 77-106.

Harrison, M., and D. Kreps, "Martingales and Arbitrage in Multiperiod Securities Markets," *Journal of Economic Theory* 20, 1979: 381-408.

Ho, T., *Strategic Fixed Income Investment*, Irwin, 1990.

Ho, T., "Key Rate Dutation: Measures of Interest Rate Risks," *Journal of Fixed Income*, 2, 1992: 29-44.

Ho, T. and S. Lee, "Term Structure Movements and Pricing Interest Rate Contingent Claims," *Journal of Finance* 41, 1986: 1011-1029.

Hull, J., *Options, Futures, & Other Derivatives*, 7th ed., Prentice Hall, 2008.

Jorion, P., *Value at Risk*, 2nd ed., McGraw Hill Trade, 2000.

Jorion, P., *Financial Risk Manager Instruction Manual*, Carli Management, 1999.

JP Morgan, *CDO Handbook*, 2001.

Kolb, R., *Futures, Options, and Swaps*, 3rd ed., Blackwell, 1999.

Pretitt, B., J. Pinto, W., and Pirie, D, *Fixed Income Analysis*, Wiley, 2015.

Pliska, S., *Introduction to Mathematical Finance: Discrete Time Models*, Blackwell, 2001.

Smith, D, *Bond Math: The Theory behind the Formulas*, Wiley, 2011.

Sundaresan, S., *Fixed Income Markets and Their Derivatives*, 2nd ed., South-Western, 2001.

Tuckman, B., *Fixed Income Securities: Tools for Today's Markets*, 3nd ed, Wiley, 2011.

Vasicek, O., "An Equilibrium Characterization of the Term Structure," *Journal of Financial Economics* 5, 1977: 177-188.

부 록

표 1 | 현재가치($PVIF$)

기간 (t)	t기 후에 받는 1원의 현재가치 $= 1/(1+r)^t$								
	이자율(r)								
	1%	2%	3%	4%	5%	6%	7%	8%	9%
1	0.9901	0.9804	0.9709	0.9615	0.9524	0.9434	0.9346	0.9259	0.9174
2	0.9803	0.9612	0.9426	0.9246	0.9070	0.8900	0.8734	0.8573	0.8417
3	0.9706	0.9423	0.9151	0.8890	0.8638	0.8396	0.8163	0.7938	0.7722
4	0.9610	0.9238	0.8885	0.8548	0.8227	0.7921	0.7629	0.7350	0.7084
5	0.9615	0.9057	0.8626	0.8218	0.7835	0.7473	0.7130	0.6806	0.6499
6	0.9420	0.8880	0.8375	0.7903	0.7462	0.7050	0.6563	0.6302	0.5963
7	0.9327	0.8706	0.8131	0.7599	0.7107	0.6651	0.6227	0.5835	0.5470
8	0.9235	0.8635	0.7894	0.7307	0.6768	0.6274	0.5820	0.5403	0.5019
9	0.9143	0.8368	0.7664	0.7026	0.6446	0.5919	0.5439	0.5002	0.4604
10	0.9053	0.8203	0.7441	0.6756	0.6139	0.5584	0.5083	0.4632	0.4224
11	0.8963	0.8043	0.7224	0.6496	0.5847	0.5268	0.4751	0.4289	0.3875
12	0.8874	0.7885	0.7014	0.6246	0.5568	0.4970	0.4440	0.3971	0.3555
13	0.8787	0.7730	0.6810	0.6006	0.5303	0.4688	0.4150	0.3677	0.3262
14	0.8700	0.7579	0.6611	0.5775	0.5051	0.4423	0.3878	0.3405	0.2992
15	0.8613	0.7430	0.6419	0.5553	0.4810	0.4173	0.3624	0.3152	0.2745
16	0.8528	0.7284	0.6232	0.5339	0.4581	0.3936	0.3387	0.2919	0.2519
17	0.8444	0.7142	0.6050	0.5134	0.4363	0.3714	0.3166	0.2703	0.2311
18	0.8360	0.7002	0.5874	0.4936	0.4155	0.3503	0.2959	0.2502	0.2120
19	0.8277	0.6864	0.5703	0.4746	0.3957	0.3305	0.2765	0.2317	0.1945
20	0.8195	0.6730	0.5537	0.4564	0.3769	0.3118	0.2584	0.2145	0.1784
21	0.8114	0.6598	0.5375	0.4388	0.3589	0.2942	0.2415	0.1987	0.1637
22	0.8034	0.6468	0.5219	0.4220	0.3418	0.2775	0.2257	0.1839	0.1502
23	0.7954	0.6342	0.5067	0.4057	0.3256	0.2618	0.2109	0.1703	0.1378
24	0.7876	0.6217	0.4919	0.3901	0.3101	0.2470	0.1971	0.1577	0.1264
25	0.7798	0.6095	0.4776	0.3751	0.2953	0.2330	0.1842	0.1460	0.1160
30	0.7419	0.5521	0.4120	0.3083	0.2314	0.1741	0.1314	0.0994	0.0754
40	0.6717	0.4529	0.3066	0.2083	0.1420	0.0972	0.0668	0.0460	0.0318
50	0.6080	0.3715	0.2281	0.1407	0.0872	0.0543	0.0339	0.0213	0.0134

표 2 | 미래가치(*FVIF*)

현재 1원의 t기 후의 미래가치 $= (1+r)^t$

기간 (t)	이자율(r) 1%	2%	3%	4%	5%	6%	7%	8%	9%
1	1.0100	1.0200	1.0300	1.0400	1.0500	1.0600	1.0700	1.0800	1.0900
2	1.0201	1.0404	1.0609	1.0816	1.1025	1.1236	1.1449	1.1664	1.1881
3	1.0303	1.0612	1.0927	1.1249	1.1576	1.1910	1.2250	1.2597	1.2950
4	1.0406	1.0824	1.1255	1.1699	1.2155	1.2625	1.3108	1.3605	1.4116
5	1.0510	1.1041	1.1593	1.2167	1.2763	1.3382	1.4026	1.4693	1.5386
6	1.0615	1.1262	1.1941	1.2653	1.3401	1.4185	1.5007	1.5869	1.6771
7	1.0721	1.1487	1.2299	1.3159	1.4071	1.5036	1.6058	1.7138	1.8280
8	1.0829	1.1717	1.2668	1.3686	1.4775	1.5938	1.7182	1.8509	1.9926
9	1.0937	1.1951	1.3048	1.4233	1.5513	1.6895	1.8385	1.9990	2.1719
10	1.1046	1.2190	1.3439	1.4802	1.6289	1.7908	1.9672	2.1589	2.3674
11	1.1167	1.2434	1.3842	1.5395	1.7103	1.8983	2.1049	2.3316	2.5804
12	1.1268	1.2682	1.4258	1.6010	1.7959	2.0122	2.2522	2.5182	2.8127
13	1.1381	1.2936	1.4685	1.6651	1.8856	2.1329	2.4098	2.7196	3.0658
14	1.1495	1.3195	1.5126	1.7317	1.9799	2.2609	2.5785	2.9372	3.3417
15	1.1610	1.3459	1.5580	1.8009	2.0789	2.3966	2.7590	3.1722	3.6425
16	1.1726	1.3728	1.6047	1.8730	2.1829	2.5404	2.9522	3.4259	3.9703
17	1.1843	1.4002	1.6528	1.9479	2.2920	2.6928	3.1588	3.7000	4.3276
18	1.1961	1.4282	1.7024	2.0258	2.4066	2.8543	3.3799	3.9960	4.7171
19	1.2081	1.4568	1.7535	2.1068	2.5270	3.0256	3.6165	4.3157	5.1417
20	1.2202	1.4859	1.8061	2.1911	2.6533	3.2071	3.8697	4.6610	5.6044
21	1.2324	1.5157	1.8603	2.2788	2.7860	3.3996	4.1406	5.0338	6.1088
22	1.2447	1.5460	1.9161	2.3699	2.9253	3.6035	4.4304	5.4365	6.6586
23	1.2572	1.5769	1.9736	2.4647	3.0715	3.8197	4.7405	5.8715	7.2579
24	1.2697	1.6084	2.0328	2.5633	3.2251	4.0489	5.0724	6.3412	7.9111
25	1.2824	1.6406	2.0938	2.6658	3.3864	4.2919	5.4274	6.8485	8.6231
30	1.3478	1.8114	2.4273	3.2434	4.3219	5.7435	7.6123	10.063	13.268
40	1.4889	2.2080	3.2620	4.8010	7.0400	10.286	14.974	21.725	31.409
50	1.6446	2.6916	4.3839	7.1067	11.467	18.420	29.457	46.902	74.358
60	1.8167	3.2810	5.8916	10.520	18.679	32.988	57.946	101.26	176.03

표 3 | 연금의 현재가치($PVIFA$)

기간 (t)	t기까지 매기 1원을 지불하는 연금의 현재가치 $= [1-1/(1+r)^t]/r$								
	이자율(r)								
	1%	2%	3%	4%	5%	6%	7%	8%	9%
1	0.9901	0.9804	0.9709	0.9615	0.9524	0.9434	0.9346	0.9259	0.9174
2	1.9704	1.9416	1.9135	1.8861	1.8594	1.8334	1.8080	1.7833	1.7591
3	2.9410	2.8839	2.8286	2.7751	2.7232	2.6730	2.6243	2.5771	2.5313
4	3.9020	3.8077	3.7171	3.6299	3.5460	3.4651	3.3872	3.3121	3.2397
5	4.8534	4.7135	4.5797	4.4518	4.3295	4.2124	4.1002	3.9927	3.8897
6	5.7955	5.6014	5.4172	5.2421	5.0757	4.9173	4.7665	4.6229	4.4859
7	6.7282	6.4720	6.2303	6.0021	5.7864	5.5824	5.3893	5.2064	5.0330
8	7.6517	7.3255	7.0197	6.7327	6.4632	6.2098	5.9713	5.7466	5.5348
9	8.5660	8.1622	7.7861	7.4353	7.1078	6.8017	6.5152	6.2469	5.9952
10	9.4713	8.9826	8.5302	8.1109	7.7217	7.3601	7.0236	6.7101	6.4177
11	10.3676	9.7858	9.2526	8.7605	8.3064	7.8669	7.4987	7.1390	6.8052
12	11.2551	10.5753	9.9540	9.3851	8.8633	8.3838	7.9427	7.5361	7.1607
13	12.1337	11.3484	10.6350	9.9856	9.3936	8.8527	8.3577	7.9038	7.4869
14	13.0037	12.1062	11.2961	10.5631	9.8986	9.2960	8.7455	8.2442	7.7862
15	13.8651	12.8493	11.9379	11.1184	10.3797	9.7122	9.1079	8.5595	8.0607
16	14.7179	13.5777	12.5611	11.6523	10.8378	10.1059	9.4466	8.8514	8.3126
17	15.5623	14.2919	13.1661	12.1657	11.2741	10.4773	9.7632	9.1216	8.5436
18	16.3983	14.9920	13.7535	12.6593	11.6896	10.8276	10.0591	9.3719	8.7556
19	17.2260	15.6785	14.3238	13.1339	12.0853	11.1581	10.3356	9.6036	8.9501
20	18.0456	16.3514	14.8775	13.5903	12.4622	11.4699	10.5940	9.8181	9.1285
21	18.8570	17.0112	15.4150	14.0292	12.8212	11.7641	10.8355	10.0168	9.2922
22	19.6604	17.6580	15.9369	14.4511	13.1630	12.0416	11.0612	10.2007	9.4424
23	20.4558	18.2922	16.4436	14.8568	13.4886	12.3034	11.2722	10.3741	9.5802
24	21.2434	18.9139	16.9355	15.2470	13.7986	12.5604	11.4693	10.5288	9.7066
25	22.0232	19.5235	17.4131	15.6221	14.0939	12.7834	11.6536	10.6748	9.8226
30	25.8077	22.3955	19.6004	17.2920	15.3725	13.7648	12.4090	11.2578	10.2737
40	32.8347	27.3555	23.1148	19.7928	17.1591	15.0463	13.3317	11.9246	10.7574
50	39.1961	31.4236	25.7298	21.4822	18.2559	15.7619	13.8007	12.2335	10.9617

표 4 | 연금의 미래가치($FVIFA$)

기간 (t)	t기까지 매기 1원을 지불하는 연금의 미래가치 $= [(1+r)^t - 1] / r$								
	이자율(r)								
	1%	2%	3%	4%	5%	6%	7%	8%	9%
1	1.0000	1.0000	1.0000	1.0000	1.0000	1.0000	1.0000	1.0000	1.0000
2	2.0100	2.0200	2.0300	2.0400	2.0500	2.0600	2.0700	2.0800	2.0900
3	3.0301	3.0604	3.0909	3.1216	3.1525	3.1836	3.2149	3.2464	3.2781
4	4.0604	4.1216	4.1836	4.2465	4.3101	4.3746	4.4399	4.5061	4.5731
5	5.1010	5.2040	5.3091	5.4163	5.5256	5.6371	5.7507	5.8666	5.9847
6	6.1520	6.3081	6.4684	6.6330	6.8019	6.9763	7.1533	7.3359	7.5233
7	7.2135	7.4343	7.6625	7.8983	8.1420	8.3938	8.6540	8.9228	9.2004
8	8.2857	8.5830	8.8932	9.2142	9.5491	9.8975	10.260	10.637	11.028
9	9.3685	9.7546	10.159	10.583	11.027	11.491	11.978	12.488	13.021
10	10.462	10.950	11.464	12.006	12.578	13.181	13.816	14.487	15.193
11	11.567	12.169	12.808	13.486	14.207	14.972	15.784	16.645	17.560
12	12.683	13.412	14.192	15.026	15.917	16.870	17.888	18.977	20.141
13	13.809	14.680	15.618	16.627	17.713	18.882	20.141	21.495	22.953
14	14.947	15.974	17.086	18.292	19.599	21.015	22.550	24.215	26.019
15	16.097	17.293	18.599	20.024	21.579	23.276	25.129	27.152	29.361
16	17.258	18.639	20.157	21.825	23.657	25.673	27.888	30.324	33.003
17	18.430	20.012	21.762	23.698	25.840	26.213	30.840	33.750	36.974
18	19.615	21.412	23.414	25.645	26.132	30.906	33.999	37.450	41.301
19	20.811	22.841	25.117	27.671	30.539	33.760	37.379	41.446	46.018
20	22.019	24.297	26.870	29.778	33.066	36.786	40.995	45.762	51.160
21	23.239	25.763	28.676	31.969	35.719	39.993	44.865	50.423	56.765
22	24.472	27.299	30.537	34.248	38.505	43.392	49.006	55.457	62.873
23	25.716	28.845	32.453	36.618	41.430	46.996	53.436	60.893	69.532
24	26.973	30.422	34.426	39.083	44.502	50.816	58.177	66.765	76.790
25	28.243	32.030	36.459	41.646	47.727	54.865	63.249	73.106	84.701
30	34.785	40.568	47.575	56.085	66.439	79.058	94.461	113.28	136.31
40	48.886	60.402	75.401	95.026	120.80	154.76	198.64	259.06	337.88
50	64.463	84.579	112.80	152.67	209.35	290.34	406.53	573.77	815.08
60	81.670	114.05	163.05	237.99	363.58	533.13	813.52	1253.2	1944.8

찾아보기(INDEX)

[저자소개]

유진 (Josaphat)
Ph.D., CFA, FRM

2025년 현재 한양대학교 경제금융대학에 재직 중인 유진 교수는 서울대학교 경영대학 및 서울대 대학원 석사과정(재무관리)을 졸업하였고 New York University의 Stern School of Business에서 MBA(Finance)와 경영학 Ph.D.를 취득하였다.

2000년대 초에 CFA 및 FRM 자격증을 취득했으며 대한투자신탁의 주식운용부 및 국제부에서 프로그램 매매, 파생상품 투자시스템 설계 및 투자전략, 유럽주식시장 투자를 담당하였다.

국내외 학술지에 Yield Curve, Mortgage-Backed Securities, Asset-Backed Securities, Value at Risk, Option Pricing, Average Price Futures, Price Limits 및 Behavioral Finance에 관한 다수 논문을 발표했으며, 국내 학술지들의 편집위원으로 활동했다. 특히 2015년에 세계 최초로 평균가격선물(Average Futures Contract)을 창안하고 그 가치평가 및 특성에 관한 논문을 발표한 바 있다.

2018년도에 한국 금융학회로부터 〈금융정책〉 분야에서 우수논문상을, 2010년도에는 동 학회에서 〈국제금융/외환〉 분야에서 우수논문상을, 2009년도에 Asia Pacific Journal of Financial Studies에서 Best Paper 상을, 그리고 2005년도에 한국재무관리학회로부터 남곡학술상을 수상하였고, 2005년도에 Fulbright 재단으로부터 Mid-Career Research Grant를 받아 Stern School of Business에서 교환교수로 1년 동안 연구하였다.

주요 저서로 『채권과 이자율파생상품』, 『파생상품 강의』 등이 있다.

채권 강의

초판발행 2025년 9월 29일
저자 유진
발행자 한헌주
발행처 도서출판 경문사
주소 서울특별시 서대문구 독립문로 21-9
전화 738-7035 / **팩스** 722-4678
이메일 kmsp@korea.com
홈페이지 http://www.kmsp.co.kr
등록 1995년 11월 9일 제300-1995-138호
ISBN 978-89-420-0084-5 (93320)

정가 43,000원